国家出版基金项目
NATIONAL PUBLICATION FOUNDATION

海上絲綢之路文獻集成

總主编 陳支平 陳春聲

歷代史籍編 11

主編 范金民

海峽出版發行集團
THE STRAITS PUBLISHING & DISTRIBUTING GROUP
福建人民出版社

「十三五」國家重點圖書出版規劃重大出版工程規劃項目
國家新聞出版改革發展項目庫入庫項目
國家出版基金資助項目

本册目次

海島逸誌六卷

〔清〕王大海撰

《海島逸誌》六卷，清王大海撰。大海字碧卿，號柳谷，福建漳浦人。王氏落第後，於乾隆四十八年（一七八三）至爪哇，僑居多年，遊蹤幾遍北岸諸港。書中詳記爪哇及其附近島嶼之山川、形勢、物産、名勝等，於葛剌巴一地記載尤詳，而十八世紀荷蘭治理東印度群島之情形、華僑生活風尚亦有記載。據其自序，成書約在乾隆五十六年。道光二十九年（一八四九），由荷人麥都思（W H Medhurst，一七九六—一八五七）譯爲英文。此書收入《小方壺齋輿地叢鈔》、《舟車所至》、《海外番夷録》時均有所删省，據清嘉慶間刻本影印。

嘉慶丙寅年梓

柳谷王大海著

海島逸誌

漳園藏板

西洋古無志乘穆天子賓西王母僅八駿可到之區越裳氏航海重譯元公作指南車導引亦止在海之東南自明宣德時命王三保下西洋采辦珠寶紀於國史道由安南西去而安南牘爲職方劉大夏所匿不欲通洋又安識西洋水程乎我

朝如天丕冒

湛恩汪濊及於海嶼凡有血氣者莫不尊

親雖西洋人咸思執技圖報是以

欽天監量能擢用日表八線程度俾盡占

測收羣材也不寶異物也顧其地少

通人游覽無有乘一葉紅蓮遺一卷書者攷西域錄南至温都斯坦水皆通海時有閩廣海舩到彼停泊長白椿園氏於乾隆四十年曾晤彼國之海蘭達爾據云去國西南數萬里在大海中有黑白之人白者如雪黑者如漆倘卽逸誌所稱和蘭面粉暴暴漆黑者非耶然則柳谷先生此書足補志乘所未備與西域錄互相發明於以廣證

聖朝聲教飄飄乎其太乙星精泛海而以一卷書見遺也欣然序之

嘉慶十年乙丑八月下澣磊軒周學恭序

序

葢自靈書八會壽靡傳益地之圖雲葢三層古莽著大荒之紀儛鳳歌鸞之地載在山經毎牛雖馬之來書成王會苟遐陬之可志誠著述所必蒐也然而不遊青丙疇解撐犁未歷紫濛何知貳負闟浮地小空傳海外九州亞墨疆分誰識域中五地非誕卽鑿難乎作巳　柳谷先生才儲玉海

學富珠江乘宗慤之長風擬張騫之槎泛箒烟而語從鷗以遊斯時也照海鏡明量天尺朗五峯雲峻筵秋月於源潮八節澗深帳春霞於秀瀨上庫穹而佑客聚新村建而番舶通絲里園開蝦蟝樹古鑒光市遠鸚䳇山高而廼問柔佛之新疆攷闍婆之古系金鈴珠籚巡欄則乘象而來彩飾寶裝葧荷亦雜猴而處一千餘年之統緒

空紀元嘉二十八國之附庸猶傳貞觀先生於是入耳會心以筆爲舌滌硯猴墟之雪湔袍蚱嶼之波竹筏籐橋揮餘玉麈月樓虹榭灑遍金壺愁當多秉歌成思君花發恰值濃迎舞罷侍女香清諧奇淡板之官蒐采訶陵之俗吞河漱月皆胸中有本之書烘日吐霞無世上已談之語誠文人之秘苑海島之新聞也我

國家六合時邕八紘仰鏡東盡暘谷北燮丁令西諸高昌南威續楠豐貂通犀金璣火珠之贄史不絕書鏐鏁雕斧霞布鈿帶之琛府無虛月曶爽闇昧耀光明焉職方之紀旣周輶軒之採亟矣此日一篇跳出囿足增鯷壑之華他時四庫爭收行且重雞林之紙

琴山陸鳳藻謹序

同郡柳谷王君少負不羈之才爲文詞恥就有司繩尺遂棄舉子業以著作自娛一時豪雅士也家本操奇贏術君任持籌者坦坦大臣其賈且多逋負君慨然盡傾田產以畀人蓋不屑以市廛錢布事累胸臆間將名行

序　六

所志又以窮居固陋欲遊大江南北斧資弗備輒思爲海外之行即附賈舶登吧島余既聞而壯之君久遊歸鄉竟復出仙霞嶺歷武林金閶以酬夙志歲戊午於蘇門旅館中握手敘別二十餘年余與君皆老將至矣聞在海外每攬其山

川風物盡入著作行色匆匆未遑索讀舍去既而君錄海島逸誌并洪餘詩鈔郵致京師示余余讀之而歎君真留心世務之賢惜乎其施於僻壤遐陬不入風教地也使其獲居當路而歷方州必能明險易講求利病行諸實事爲

序　七

經濟中人豈徒托空言紀載以備後人採訪已哉詩詞溫厚具見性情未嘗肯稍襲前人牙慧其平居孺慕自許也固宜余所致禮鄉前輩惺齋劉先生與君爲姻黨謂讀君詩孝思溢於言表讀逸誌而憫時病俗之意亦

寓乎其中惟深知君是以知言余不敏又何多贅焉嘉慶十年春正月望後四日同學弟李威升識於京師豫光守道軒中

海島逸誌序

古來高人逸士於稅駕之方必求古跡搜名勝而隨筆劄記非徒以遊目騁懷將以信今而傳後也彙書所載多取諸此自方輿州郡以及邊塞詳矣而外洋番國則闕焉蓋外國有難焉者或不奉貢獻或不通中國其相通而貿販其地者第思射利而不知書既無心誌之亦不能誌是以難也王君碧卿余內人姪也孝於親篤於友少習舉子業工詩詞癸卯之年曾為甘旨之謀而航海者舌耕之暇採風問俗舉諸番之勝概異狀一一誌之十載歸來而歌詠之章與海島諸誌各裒然成集矣讀其詩而孝思溢於言表讀逸誌而憫時病俗之

意亦寓乎其中至諸島之風土人物則纖悉備焉是豈商人所能道其詳而非海島之實錄哉乾隆初浦邑程君遜我未第之前嘗遊吧而作記與斯誌大同小異視此猶畧也故相國文恭蔡公謂其足以裨志乘資博聞使斯誌獲呈蔡公不知何如咨賞耶惜乎其不及見也碧卿再有往藴之役促余序之因不揣固陋為弁數言使博採異聞者得以補彙書之闕焉

旹

嘉慶七年五月二日姑夫劉希程序

序　十

蓋聞郡縣有誌猶國之有史誌者記也記其山川地里古蹟土產人物技藝仙釋異端莫不畢舉余讀程君日炌噶喇吧紀畧誌其方土頗詳而人情未盡也蓋程君當時未遇無有知者有感於是未能平心和氣有失哀而不傷之旨余始到吧繼還於三寶壠又之北膠浪後仍來吧設帳於南江著有海島逸誌人物考畧山海拾遺

序　十一

諸番攷畧閩見錄花果錄
而人物考尚欠采取以至三
保之開創功庇一方郭六
官之英靈澤敷海表華
夷所共欽仰也及蘇氏婦
之節孝捷光妾之激烈亦

千古不磨也至於黃井光
之古厚陳豹卿之慷慨許
芳良之雅量速木生之隱
逸皆表表可傳也西洋荒
服之國竟化為鄭魯之鄉
者皆被

聖朝德澤雖遐陬僻壤莫
不感化海不敏敢不謹錄所
見所聞及其方土人情與
夫一言一行之可傳者悉
表而出之以為正人心扶世
道之小補乎

乾隆五十六年八月百
柳谷王大海自序

第一卷目録

第二卷目録

第三卷目錄

三

第四卷目錄

四

第五卷目錄

第六卷目錄

圖一
過西
占卑
巨港
柔佛
麻六甲
安南
銅柱爲界
廣西界
廣東界
港口
七洲洋
廈門
福建界

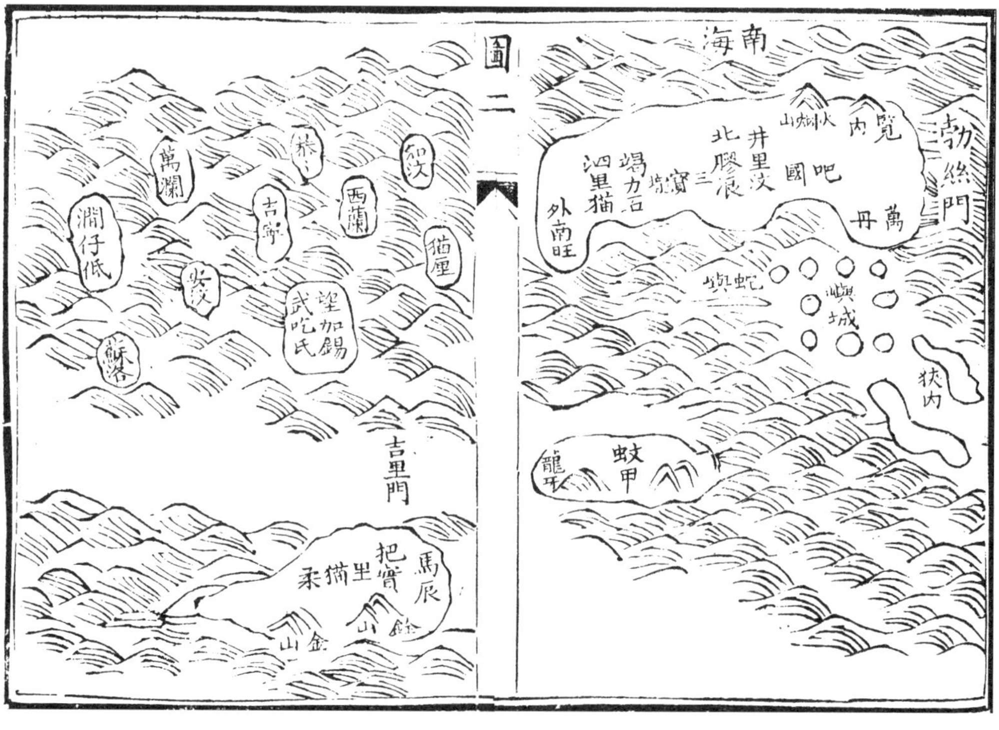
圖二
南海
覽內
吧國
井里汶
北膠浪
三寶壠
泗里猫
外南旺
萬丹
勃絲門
狹內
蚊甲
萬瀾
西蘭
猫厘
望加錫
吉里門
馬辰
把實
金山

海島逸誌卷一

柳谷王大海碧卿氏著
鐵漁王廷珊汝珍氏梓

西洋紀略

噶喇吧音交留巴

噶喇吧邊海澤國極西南一大區處也厦島揚帆過七洲從安南港口歷巨港蘇六甲經三笠而入與城至其澳計水程二百八十更每更五十里約一萬四千里可到其國面北背南後則火煙山以爲屏障其外南海也左萬丹右井裡汶前則嶼城羅列門戶堅固城池嚴峻

地且雄闊街衢方廣貨物充盈百夷聚集之區誠一大都會也但其地勢卑下天氣炎熱四季皆如夏候炎風暴厲觸之生疾河水甘凉浴之卻病春雨秋旱歲只一收而田土肥沃耕種便易米價平賤人民富庶然貨物悉皆各處屬國輻輳以赴貿易者並非吧中所產也其所統轄有北膠浪三寶壠竭力石四里貓馬辰望加錫安汶萬瀾澗仔低萬丹蘇六甲等處不下數十我

朝德澤遠被四夷賓服不禁通商鼓棹揚帆而往者皆閩廣之人自明初迄今四百餘載其留寓者生齒日繁奚止十萬之衆吧國地本爪亞和蘭設計籠絡納其租稅施行號令設立法度盤踞邊海之地征課餉給文憑愼出入嚴盜匪管束諸夷其人隆準赤髮沉潛善慮所以能冠乎諸夷之上也其國相傳一千八百餘年不置閏月月或三十一二日就中絕長補短每年歲首以冬至後十日爲期其官職皆稟命於祖家之國主吧王不敢自專也有大王二王雙柄伽頭山海美色葛內外淡扳公杯突公勃壠諸稱呼其分鎮各處者以地之大小授職之尊卑爪亞之魁處於山中地名覽內稱巡欄如漢

之稱單于唐之稱可汗其餘各處並稱史丹俱尊覽內爲巡欄其官職有二把智淡板公把低各有副如中軍以代行其事其陞降黜陟皆聽命於和蘭華人自明宜德時王三保鄭和等下西洋採買寶物至今通商來往不絕於冬至後厦島開棹廿餘日可達吧城連衢設肆夷民互市貴賤交易所謂利盡南海者也富商大賈獲利無窮因而納賄和蘭其推舉有甲必丹大雷珍蘭武直迷朱葛礁諸稱呼俱通稱甲必丹華人或角口或毆鬪皆質之甲必丹長揖不跪自稱晚生其是非曲直

無不立斷或拘或打無容三思至犯法大罪并嫁娶生死俱當申報和蘭水旱來往皆給與文憑使不得濫相出入其用法之森嚴設稅之周密亦大約可見矣惟人命則不問鄰右而重見證見證必審訊斬雞發誓方敢花押定案所以殺人或棄之道路或流之溝洫皆寘而不問者無敢作見證也嗟乎人命至重竟如此憒憒乎至於和蘭風俗未免掩耳盜鈴之弊揆之於理五常之中無一存者上賊其下肆行貪酷非仁也夫妻反目聽其改醮死未週月由其他適非義也長幼無序男女混

雜非禮也窮奢極慾以終其身不省燕翼詒謀之道非智也惟信之一字其或庶幾乎至於四夷風俗怪形異狀木處穴居虬髮紋身露體血食駭異不經又何足齒哉吧城地勢平坦人居稠密出鹽光市城以外皆爲園地而和蘭園林相接聯絡數十里就中樓閣亭臺橋梁花榭曲盡精美殆非人力所及其窮功極巧難以筆罄每七日一禮拜於巳刻入禮拜寺講念經咒其拱聽者皆低首垂淚似能感發人心也者喧半時許各自散去入園林優宴盡一日之歡不理事以供遊玩車塵馬跡相

望於道轔轔不絕亦一勝事也余謂西洋之地有可愛者亦有可惜者天氣不寒頻年如夏百花暢茂四季俱開冬春之際夜雨朝晴此時景之艷陽可愛也俗重斯文尚風雅喜逢迎善褒獎人或窮困相投未有拒卻或通譜或瓜葛皆無異視童子見客揖讓爲禮婢僕見主屈膝爲敬此人情之古厚可愛也地土肥沃日用平易斗米二三十文雞鶩賤於蔬菜緡錢便可納婢此風俗之便易可愛也然無諸子百家以資博覽無知己良朋以抒情懷無幽巖古刹以肆遊玩是爲可惜耳余秸吧

國未及週歲輒遷於三寶壠復之北膠浪吧中風土人情未能盡悉爰述數言以資明哲考鑒語無倫次匪云著作聊以寄客中之岑寂云爾

三寶壠

三寶壠吧國所屬之區爲形勝也地方寥闊物產繁多賈帆湊集貿易之處甲於東南諸洲北膠浪背森其左右翼也嘮呥吘其倉廩也堤墹二胞縿其門戶也其所領轄上下數千里田土肥沃人民殷富爲諸邦之冠至其天氣清涼勝於吧國人少疾病之憂糧食平易廉於各處世無飢苦之患風俗質朴道不拾遺法度嚴峻夜戶不閉其所鎮之和蘭職名鵝蠻律又有杯突大寫財副新蟯咞嗹等屬以分管各司其事不相渾雜也凡推

華人爲甲必丹者必申詳其祖家甲必丹擇吉招集親友門客及鄉里之投契者數十人至期和蘭一人捧字而來甲必丹及諸人出門迎接和蘭之人入門止於庭中露立開字捧讀上指天下指地云此人俊秀聰明事理通曉推爲甲必丹汝等鄉耆以爲何如諸人齊應曰甚美甚善和蘭俱與諸人握手爲禮畢諸人退方與甲必丹攜手升階至堂中繾綣敘賓主禮其籠絡人皆如此類也吧中甲必丹之權分而利不專三寶壠甲必丹之權專而利攸歸煮海爲鹽丈田爲租皆甲必丹有也所以得膺其職者則富逾百萬矣風俗重華人贅壻吧產不屑也蠟燭壹雙則可以爲聘便易可愛也婢僕百十人各執一事其所責專也主僕之分甚嚴見則屈膝尊事上之禮也妻曰㜮（雅字平聲）人多懼內家事必由主裁婢妾必由管束防閑謹密其鋒不可犯也至於有命者則又怡怡和悅矣夫婦攜手而行並肩而坐甚至攬臂狎抱風俗如斯不知顧忌婢妾持傘蓬日羽葆扇風執帨捧盒而服事於左右者舉國皆然無足怪也西洋惟食與臥最重雖有急事不即通報俟其食畢臥起方敢

言及禮拜寺樓極高鐘聲四處皆聞日夜敲打子午爲一點鐘至十二點而止午後爲二點鐘則家家閉戶而臥路無行人是一日如兩日一世如兩世矣余謂西洋爲極樂之地然必須家無父母終鮮兄弟無內顧之憂者方可終爲極樂之人中華之樂蓋有禮義廉恥以相維不能極其欲也西洋之樂則不知禮義廉恥爲何物而窮奢極慾以自快其身心而已矣

讀是記光景華美風俗便易天氣不寒百花時開飄飄欲仙令人神往然必家無父母終鮮兄弟方可作

極樂之人聞王君碧卿在三寶壠贅於甲必丹家衣食麗都侍婢數十不敢終爲極樂之人者蓋王君家有老母但作南柯一夢拂袖而歸猶棄敝屣甘桑梓之藜藿依然舌耕度口是其一念之孝乃自述其胸臆耳非三寶壠之紀略也

甲寅仲夏東皋愚弟林有孚拜識

北膠浪

北膠浪爲吧國東南之區亞於三寶壠面山背海列屋而居可五六十家南北限以梱華人息居其中俗呼爲八芝蘭街〔衢〕厦屋連綿危樓高聳西向者爲甲必丹第右有園一所可三四畝樹林陰翳翠色可餐有亭曰間雲亭甲必丹公餘之暇遊息其中亭之東百卉俱備四時長放永無殘歇殆有仙家景象南行數武有池一方夾岸垂楊遊魚可數池之東柑園半畝葡萄一架園之西有絲里園（絲里者荖葉也）兩園相接界以牆而巨門通焉園後

家山椰樹數十株亭亭淨直圍可合抱其葉類葵扇而長迎風瑟瑟不覺令人興離索之感也由八芝蘭以北有廟爲澤海眞人祠栅門外爲泊面館〔餉〕所以徵來往之賦稅隨河而北可半里爲外泊面所以稽察遺漏又四五里達於海口其地有聖墓極靈舟楫來往必具香楮拜禱其處由八芝蘭南至猫冬可三十里冬有蔗廍二處分爲東西今合爲一至魯閭三十里其地產木片薙竹又五十里至海坡余每經此地未常不凜然而悲蕭然而淚也但見碧海漫漫白雲無際天長路遠故鄉在

望雖高曠之人豈能忘情與坡盡入林至四務灣館其地當萬山深翠之中寥寂異常晝則猿吟虎嘯鴟鳴鶴唳行旅往來必結伴操戈方敢出入其間林可四五十里經藤橋至日踏館以上皆泿中統轄其下由岸呾葛里嶺峩至三寶壠不過百里之遙出八芝蘭由西過河濟竹筏之渡即磁頭禮些有淡板公官番居此處又二十里至囉呥哖地沃土肥夷民星聚三寶壠之倉廩也自哖由八馬壠至井裡汶計程六百里自汶至吧城各處禮些鄉鎮皆屬吧中統轄旱路約十日可達吧城但皆險

阻難行惟烏拔氏千里馬來往不絕耳泿中所鎮者爲杯突理刑名者曰大寫理錢穀者曰財副有城曰班有兵丁曰喏呀城與八芝蘭只隔一河城之南園林深邃傑閣巍峩者杯突居焉吧城華夷聚會之區街衢方廣宮室華麗泿中山僻之地不假修飾自有山高水長天然景色至於夕陽在山漁人返棹行歌互荅款乃相聞有似楚江音節河水不深不淺菱芡縱橫其中仿佛蘇杭景象俯仰之間皆足以遊目騁懷爲會心者獨得真趣耳

萬丹

萬丹古稱闍婆國在噶喇吧之西爪亞所居地方寬廣田土肥沃貨物繁多人皆富裕所産經紋幼蔴爲西洋最和蘭納其租稅據邊海之地以聚集諸夷來往交易爪亞之番四處星聚雖有國王畏敬和蘭遵循維謹不敢少懈其史丹爪亞之土處於山中所居王府極其壯麗王府之外築一小城和蘭十二人夷兵百人居小城中名曰護衛實所以挾制史丹也其史丹歿諸子非和蘭之命不得立也爪亞性愚蠢皆曰彼畏我所以納我土地

之稅彼敬我所以設小城親自護衛我然爪亞之人四處上下東自吧城井裡汶北膠泿三寶壠背森竭力石四里猫外南旺西自柔佛巨港占卑覽房等數十區處皆其種類衆奚止百萬和蘭人數千不及其一大相懸絕也然而和蘭沉勇有謀設計籠絡以威脅之以利誘之足以懾服其心無敢不遵循畏怖古人尚智不尚力信夫

爪亞風土拾遺

噶喇吧爪亞之國和蘭所居邊海之地十不得一爪亞之人數百倍於和蘭其俗尚質實人愚蠢性柔怯畏懼和蘭聞其名則合掌主僕之分嚴明見主人必屈膝合掌名曰占巴雜處山谷間種田歲只一收於春雨後田水平滿散粟於田則自發生並無耘鋤犂耙草莠不生自然暢茂一穗數百粒故西洋之地米價平賤山斜之處亦可種粟以錐鑿地置粟數粒及時則自蕃茂其粟不用磨礱以長木槽數人用直杵舂之脫粟麩出乃再

舂米其米粒長而嫩內地不及也家計生產皆婦人主之生女為貴贅人於室生男則出贅於人其室如亭四面開窗無椅榻席地而坐房中地皆鋪席施帷幄牀亦不高坐褥茵軟枕疊如塔大小六七級坐則盤膝趺坐見客以握手為禮俗重檳榔客至則捧以為敬所盛之器富者用金銀為之常人用銅唾壺大如花瓶用以承吐檳榔之汁亦銅為之男女渾坐無禁忌也食不設箸以手掬之以牛為享不食豬犬女子腳不纏面不施脂粉首不簪花衣不帶領裙而不袴男子則衣有領髮簪花身有袴可謂顛倒反背矣百花四季不凋開放無歇百果花實並見相續不絕味皆美於閩廣然其地異物性亦殊黃梨黃瓜之類性本濕熱西洋竟以為清涼之藥凡感觸暑氣及風邪者服之反能卻病蔬菜倍貴於雞鶩豢米糧平賤人皆不肯竭力灌種也吧國以風為鬼以水為藥凡有感冒風熱病作者浴於河則愈產婦及小兒出痘皆浴於河且以針挑破痘珠揉出濃漿竟無害者不亦奇乎雖甚暑極熱不敢露體扇風臥必密室施帷幄少冒風則病立作所以樓房屋宇皆用玻璃

以為窗戶取其不透漏風氣而內外光潔明亮也歷覽野史所載皆艷仙家島嶼有四時不絕之花玻璃為戶玳瑁為梁西洋之地處處皆然無足稱焉

蟄園雅集記

歲在辛亥十月初旬梁峯黃先生搆蟄園之樓落成設宴羣季俊秀莫不咸集蓋二十餘人焉園中綠樹扶疏迴廊掩映清流一曲斜抱長堤遠黛娥眉當門挹翠登斯樓也東望汶山插天高聳西盼丹國沃野千里其南背負瀕海上國星槎絡繹從北方而至俯仰之間皆足以遊目騁懷信可樂也酒肴既備絲竹雜陳蔡伯友饋烝羊而佐酒陳鶴郎獻女優而侑觴有善歌成卿者舒皓齒啟朱櫻聲如鶯簧梁蓮生者柳敬亭之流也擊胡

板以相和清歌激揚響徹雲霄舉座莫不傾倒於時韓君若亭素稱道學亦如陳白沙之擅風流焉長生君斜盼垂青肖山翁頻浮大白黃季子存物外之思凭闌遠眺蔡錫公忘車笠之分避席遨遊延陵舊子弟車馬翩翩寧遺世而獨立穎水新大夫衣裳楚楚自顧影而無儔永居士文質彬彬純舍人意氣揚揚其餘或葛巾羽扇而飄搖或竹杖芒鞋而躑躅而梁峯先生賓從獻酬終宴不疲孔北海何以過焉淡齋蔡生向余言曰今日之會足堪千古子其誌之以彰盛事昔摩詰作輞川圖子安賦滕王閣𣪠之作蘭亭序皆君家韻事也向使三人而不爲之摛華掞藻則地之勝辰之良皆湮沒於荒煙蔓草中矣余謝曰余不敏念自癸卯文戰不勝鬱抑無聊流連島上每憶吳粵勝遊耿耿不忘於心況今日者庭開三徑鯖合五侯珠履盈庭妙鬟唱曲雖海外風光傳之中華未必不以爲盛事也因搦管披毫而爲之記

海島逸誌卷二

柳谷王大海碧卿氏著

人物考畧

王三保

王三保者明宣德時内監也宣宗好寶玩因命王三保鄭和等至西洋採買寶物止於萬丹實未嘗至吧國而三寶壠有三保洞俗云三保遺跡極有靈應每朔望士女雲集拜禱其處井裏汶海中有嶼長數百里名蛇嶼相傳其蛇有大珠爲三保所取死而化爲長嶼以禍人

說頗荒唐存之以備攷

澤海眞人

澤海眞人姓郭名六官始以帆海經商舟師番人覘其貨物充盈將萌惡念六官陰知其意乃曰奴輩利吾財耳無須行兇俟余浴畢自獻所欲浴竟更衣赴海而行瞬息不見番人大懼有頃風浪大作舟覆番衆盡死華人以爲神私謚曰澤海眞人立祠以祀焉

蘇某之妻

漳城東門外深青社有蘇某者經商西洋娶婦某氏數載以不獲利而歸遂卒於家西洋婦聞其訃且知其家貧親老子幼乃孑然帆海以歸夫家奉養老母克盡孝道教子成人嗚呼婦人節義求之中華尚不多得況荒服僻壤之地哉誠令人肅然起敬嗟感不忘也惜未詳其姓氏爲可憾耳

連捷公之妻

連捷公之妻某氏容貌豔麗遭吧國之亂夫死爲權貴所得欲納以爲妻某氏佯許而請祭其夫於江然後易吉從之致祭盡禮投江而死

連木生 字性惇

連木生居於聖墓港之蕉園謝絕時務工於草書喜管絃能詩善奕各盡其妙每禮拜日賓朋滿座殆有北海之風園中樹木蒼翠花果叢茂垂楊拂水松柏參天有樓曰得月樓有橋曰月橋有竹林有魚池幽隱屈曲頗有雅致而木生人品淡然如菊襟懷灑落誠當時之隱逸也

陳豹卿

陳豹卿名瀝漳之石美人性機警能知人其堂兄映爲

三寶壠甲必丹豹卿往訪輒能佐理其事映卒遂襲其職賈帆數十發販州府所到則其利數倍不數年富甲一方蓄歌童教舞女食前方丈侍妾數百余始至壠見番官淡板公往候豹卿隊馬數百整肅而來至柵門外則下騎入門則膝行而前豹卿危坐俟其至乃少欠身噫異鄉貴顯一至於是眞爲華人生色也吧中有大第一區名三寶壠土庫唐帆初到客有欲到三寶壠者則進其土庫並有船護送至壠或通譜或瓜葛或薦舉或投奔悉皆收錄因才委任各得其宜華夷均領其資本

經商者不計其數壠地賈帆輻輳貨物充盈甲於西洋追歿之日賈帆停泊生涯頓歇壠中爲之寂寞語云人傑地靈良有以也

許芳良

許芳良漳郡人也爲吧甲必丹性開擴有雅量蔡錫光時爲門下客每稱其氣量人所不可及果有棕梨者漳之佳果也亦不可多得唐帆或有攜一二枚大者百金少者數十金皆有力權貴者買以貢於吧王芳良市兩枚付錫光將以進之吧王而錫光悞以爲常果剖而供之芳良徐曰此誠故鄉中珍果也實希得嘗悉呼其客及家人共嘗之安汶有丁香油用玻璃瓶實之大者每瓶價百金錫光拂几悞碎之香聞遠近不可隱遂告之芳良曰生毀有數何必較也吧中宴貴客則用玻璃器杯盤茗碗俱係玻璃每副價值一二百金一日宴客婢失手盡碎之長跪請死芳良曰無須進內但云我悞碎可矣蓋吧中法度馭婢僕甚嚴僕則自行管束婢則細君主之芳良不如是則婢殆矣有許姓者落魄爲傭時吧中諸許皆貴顯芳良每以自炫有云傭者許姓芳良

即招之曰既係子姪行到吧當即見我何自苦爲也錄用之不數年竟成巨富其雅量如此類甚多不能畢舉焉

黃井公

黃井公漳之漳浦人也性朴訥胸無宿物初爲三寶壠甲必丹以詩酒自豪不受約束遂遭遣謫又以課項未明竟至囹圄或爲井公謀以其所負於己者告之上臺使償已責井公曰緣我一人而累及衆人吾寧死不爲也衆共仰其義願爲之地各斂金而出之長子綿光在

吧舊志經營頗爲小康乃奉老公歸養吧中築園於清漪之沼日與二三遊侶嘯咏其中以自適人皆以爲古厚之報云

僧佛賓

佛賓三寶壠觀音亭住持僧漳之漳浦人也能書善畫出言滑稽公然娶婦育子女各一蓄婢僕客至喚婢烹茗誠可笑也蓋西洋僧家有妻有妾無足爲奇余有戲贈佛賓絶句云聞道金仙在此間禪家世事竟安閒袈裟自繡閨房裏待客烹茶喚小鬟

噴留吧後紀

嗚呼天道循環無往不復原夫和蘭夷衆之據有吧地也以厚幣甘言與爪亞土番暫假其牛皮大之曠地以爲貿易詭計而得之數百年於玆矣堅固其城池嚴立其酷法遠近島嶼之番莫敢挍衡悉歸其賦可謂富強之邦矣爪鴉愚蠢旣貪其利漸受籠絡奈何又設阿片黑烟以誑誘之使其衆必服食此物爲快暗令自致疲弱至於絶滅且使無志與復土地不生報怨之心而爪亞本屬無識蠢類果中其毒無復致慮我中華之人亦

受其朦一服此物遂忘故鄉之苦不以父母妻子爲念遺害不可勝言夫阿片烟之物乃屬春方之意其性歛攝人之服此者盡藉其火力以取快樂於一時不知其能致元陽潛消貽害於後日盡人身之元陽元陰猶日月之光明萬物得其陰陽和氣藉以健運生長阿片烟之火如野火之燒山草木各物當之莫不焦枯腐爛耳凡服之深者則其人必瘦削軟弱振作無志容色青闇元陽元陰爲之散失不能生育縱有生者旋致病死服之既久則欲罷不能破家蕩產由生髓枯怪病種種醫

鄭無功比比皆然和蘭去自奪其勢不得紛服猶者立
置重刑何吾人之不悟同於爪鴉甘墜其術中耶和蘭
之計將謂萬年不拔之基矣乃安不思危漸以剝削爲
事我華人遠販於此向來皆就所售貨銀或置貨或將
銀帶回各從其便今則嚴禁不許寄銀出口必令將銀
轉置貨物方許揚帆而其貨物又皆產於他處未到吧
地以致唐船守候日久風迅過時年年不能抵廈甚至
遭及夏秋風颶人船俱没數十年如是遏海之人業此
者莫不咨嗟長歎國課亦因之減額惟付之莫可如何

已耳豈意英黎紅毛番人伺其利欲圖之已久及嘉慶
拾四年秋遂興其甲板舟師數十往攻不克退回其國
越年夏秋之間仍備舟師再往以天炮環攻而克和蘭
不敢與敵逃回祖家今之吧地悉屬紅毛統轄除去和
蘭酷法招商如故人皆悅服遠近商賈莫不交通紅毛
之勢可謂雄矣信夫詭計之不足恃而機心之無益損
人以利己竟爲造化所不容此其大彰明較著者矣故
備錄之以爲後人之稽考云爾

海島逸誌卷三

柳谷王大海碧卿氏著

諸島考畧

和蘭

和蘭詟氏華人呼爲和蘭通稱曰紅和蘭呼華人爲秦
通稱曰稽居於西北海之隅其人隆準赤髮面粉服絲
不蓄髭鬚衣服精潔短身狹袖步履佻達與紅毛和蘭
西三國鼎峙紅毛國貧而强又居咽喉之地每被其欺
凌和蘭立國至今千八百餘年其據占吧國二百餘年

始因逃風入吧地見其地土雄闊可建城池故假守風
入萬丹卑辭厚幣求史丹（爪亞之魁鎮於萬丹）以暫借海波之地
修理舟楫爲名未幾又以設立木柵蔽內外爲詞增其
歲幣爪亞性愚蠢坦率無謀又貪其利遂爲襲破萬丹
併取吧地（萬丹吧國門戶必爭之地）乃與巡欄（爪亞之國主處覽內）盟約每年
納其租稅而沿海一帶之地盡歸於和蘭統轄建立城
池蠶食附近相傳至今武備嚴謹各城門舖塘（番語曰唠呀）
營卒羅守晝夜匪懈衣甲未常去身竟歲不聞盜賊創
立美色近厝（俗名病厝）以收養貧病鰥寡之徒凡人臨危無

至親者則與案礁和蘭代書作字一如病人之意鐵案不移付美色甘和蘭衙門收貯俟其親人來領并有逐年利息或買賣園宅并婢僕以及交關欠賬俱付作字分文不苟稍有遺約立致囹圄有公勃些里和蘭官專管山上各處地方有沈萬達專管海洋關口事例有內外淡板公分治城內外華人并各種番人皆設以甲必丹使其自申約束惟大罪及命案皆送付和蘭究治其創立法度謹愼嚴明所以能久遠也和蘭云其國嚴寒九月則見霜雪草木凋零人多百歲吧國地氣蒸熱草木不凋頻年

沐浴元氣發洩人多不壽五六十歲爲上壽矣其吧產者髮不紅而瞳亦黑地土使然也

紅毛

膺吃黎氏華人呼爲紅毛居於西北海之隅與和蘭相鄰近其人類和蘭衣服制度與和蘭無異音語字跡却又各別製作精巧其刀銃器皿爲西北諸國之冠在吧貿易者皆處以土庫巨第其交關亦皆遵吧國約束而和蘭待之甚厚無敢有失近有新墾之地在麻六甲之西吉礁之南與大哖相鄰地名檳榔嶼但其立法苛刻寡恩華人有在其地者皆遷徙他處不能堪焉

和蘭西

勃蘭西氏華人呼爲和蘭西居於西北海之隅與和蘭紅毛鼎峙爲鄰其狀貌衣服器用並同和蘭惟字跡言語則異性甚强悍國貧少經商之徒所以罕至吧國和蘭每受紅毛欺凌則倚以爲助和蘭西國大人衆紅毛所畏懼也

呅哖嘮 俗曰宋仔亦曰寔班牛

實班牛華人呼爲宋仔居於西北海之隅國名干絲臘

其狀貌頗類華人帶高角之帽衣狹袖之衣式加上衣下裳飲食器用略同和蘭其國甚富產黃金白銀所鑄圓餅銀肖其國主之面貌大小俱備閩廣貿易者便之每發船往高失踏採買西洋布以販吧國貲本極大華夷均負其責

高奢

處於高失踏在吧國之西從把東望久里約水程二百餘更華人稱爲些逸其人高大多鬚髯狀甚魁梧衣花錦襖白練裙以白布纏首手持念珠國甚富土產西洋

幼布名紋只次名毛里上者每疋百餘金有袈裟薄如蟬翼中有紋綵極其精緻

爪亞音鴉

其類甚多自萬丹吧城井裏汶北膠涙三寶壠竹森竭力石泗里猫仔外南旺邊海一線之地皆旱路可通其餘柔佛巨港占卑覽房之處皆其種類俱遵三寶壠覽丙爲巡欄其餘各處但稱史丹而已其人粗蠢愚直不達事理胸無宿物怡然聽受不紀年歲以十二月爲一歲見月之日爲初一其字蹟如蛇蚓音語則各處有同

異然受制於和蘭役使如奴隸遵循維謹不敢少懈

息坴南字去聲

華人有數世不回中華者遂隔絶聖教語番語食番食衣番衣讀番書不屑爲爪亞而自號曰息坴不食猪犬其制度與爪亞無異日久類繁而和蘭授與甲必丹使分管其屬焉

無來由

其種類甚多散居四處麻六甲吉礁把東望久里馬辰里焉如汶把實之屬皆其類也性狡獪反覆多有劫掠於海洋中者巢穴處於吉裏門龍牙等處內地所謂艇匪者是也出没無常閩廣患之其言語和蘭遵之以通融華夷如官音然

武吃氏

居於望加錫其魁處於山中自稱竹喏如爪亞之稱巡欄其女子極美且乖巧能識人意性强悍剛猛異常視死如歸每揚帆海上賊船遇之莫不辟易不受和蘭節制與盟約爲兄弟相稱而已土産幼布海參二者爲西洋最王抵俟有僕數人隨其駕舟往萬瀾中途遇盜抵

俟大懼舟師爪亞畏怯諸僕曰我等武吃氏武藝皆高强此輩所懾服無恐也戒抵俟不可窺伺令知唐人則不相舍矣又戒舟人勿言動以示懦怯狀盜至乃曰此必吧國唐人之船畏怖如此齊登船上諸僕持刀以待盜衆一見皆錯愕曰何得武吃氏之船即欲遁去僕大喝盜長跪稱悞犯死罪僕曰汝船中尚有何物盜云初出無所獲但當竭誠致意則往攜食品數事以獻叩頭而去

猫釐

居於外南壯之東狀類爪亞男女皆穿耳而大其洞女子頗有顏色性勤儉作家不屬和蘭統轄其地當吧國之極東四面大海浮嶼羅布中多石洞土產燕窩海菜魚翅海參翠羽

武敔

居於望加錫之南與息嘮門相近狀貌醜黑性強悍視死如歸諸番所畏懼其剛猛不亞於武吃而粗豪過之不屬和蘭統轄土產長籐蘇木海參鶴頂龍涎香

暴暴

居於安汶之東狀如夜叉渾身漆黑毛髮螺拳如艾醜惡不堪手足敏捷上樹如飛多木處而穴居不火食血如濃墨性多嗜酒甲必丹高根官有一僕尋之不見以爲逃也酒寵中貯酒之大桶高與簷齊下用石盾墊之僕潛其下以錐竊鑽桶底用草管以口承而飲之醉眠六七日爲人所覺拖而出之宿酒未醒也和蘭喜蓄此種爲僕以其狀醜便於出入與西蘭吉寧比連而處風俗亦略相同皆稱曰烏鬼仔土產文烟血結香木蘇木海菜西國米

西蘭

與暴暴相鄰亦稱烏鬼仔其狀深目高嘴口闊至耳皮黑毛捲赤身露體巢於樹上捄見於脅上下如飛疾同猿猱未常火食見蜘蛛壁虎蜻蜓蜈蚣之類則喜劇而食之風俗與暴暴相同土產香木蘇木魚翅玳瑁羽毛

吉寧

與西蘭相鄰狀漆黑短小髮不拳而微虬風俗略似暴暴土產香木蘇木海菜龍涎余有一婢狀頗端好但其漆黑難看西洋飲食必羣婢羅列左右服役余每見則揮去之內人戲謂曰此古銅如意欲與君搔癢耳何見拒之深也余爲之噴飯

知汶

知汶在尾陳之極東番語東曰知汶故云無來由所居與猫釐相鄰地方磽瘠人物粗蠢國貧不屬和蘭統管土產香木丁香木香蘇木海參海菜

把實

在馬辰之東風土略同馬辰而富裕不及坐地之番什籍無來由自有國王不屬和蘭管轄每年只納貢稅而

巴土產燕窩長簾沙金諸島稱爲富國

色仔啐

色仔啐華人呼爲烏鬼無祖系於吧國設立禮拜寺於城中其年歲字蹟音語俱遵和蘭衣服飲食器用宮室亦並相同人物清秀女子甚美惟與和蘭婚娶其他不屑也其屬多從寫字或從營伍性機警和蘭妬忌不肯使之爲民上也

里猫柔

居於馬辰之西處山中無立國屬馬辰巡欄統轄其狀

海島逸誌　卷三　八

貌畧似爪亞遍身刺紋繡穿耳大其洞可容拱木耳垂至肩其地產沙金長簾鹿肉其類皆以抽簾打鹿淘洗沙金爲事馬臣之國甚富數處產金又產銈石其性最堅磨之光耀如鏡可鑑毫髮閃艷奪目如日月之精華入火不滅磨之光彩依舊大者無價小者用米粒兌之以米十六粒爲一葛力每葛力價二三十金和蘭不貴珠玉以銈石爲至寶鈕扣領袖皆用以爲飾或云重至十葛力以上者佩之可辟凶邪

里罵 罵字平聲

在望加錫之東無來由所居不屬和蘭經管地理偏僻風俗貪暴土產辰馬鮮有經商之舟每年惟載辰馬入貢吧國而已

安汶

安汶在吧國之東南與萬瀾澗仔低相鼎峙色仔啐息坐無來由什處其地其屬國浮嶼有些罷賴余骨亞里哥骨里哥務里萬里罷土產海參丁香荖荽鸚哥霧鳥花油盒蜜

萬瀾

海島逸誌　卷三　九

萬瀾在吧國之極東西洋澤國東盡於此其地息坐無來由什處土產丁香荖荽海參玳瑁其屬國有小知汶稽啐阿汝鶩朗冉黎抹

澗仔低

澗仔低在吧國極東南之地與蘇洛徭務相近相傳從此回厦較之吧國爲近但未有行之者土產海參玳瑁沙金珍珠其浮嶼屬國有地羅缶仔描章外鍵阿微 平聲 海裏嗜嚕萬鴉里

吧國地圖

目投夷華人呼爲噶喇吧國其地一線之橫背負南海左萬丹右自井裏汶直葛北膠浪三寶壠二肥䆃曾森竭力石泗里貓至外南旺不過三四十日可以旱路相通其地與水鄉澤國入吧國經管者東止於萬瀾西至於把東南背於南海北薮於狹吧國港口浮嶼羅布曰王嶼甲板嶼㷔㷋嶼白嶼草嶼不可枚舉總而言之曰嶼城吧國統轄屬國東有望加錫安汶萬瀾澗仔低東北有馬辰西有把東西北有麻六甲柔佛其餘荒壤之國但入貢而已西北大海之中有澤國數處土地甚大

皆屬和蘭統轄但華人未有到其處所以不能盡詳其風土耳

西北海諸島考略 附

鴿甘字入聲合口音

在西北海之隅和蘭甲板船數十隻歲通往其祖家必由此地停泊更換舟工水手裝下伙食然後再駛蓋其地當半途之間華人在吧有受其傭僱爲舟人者至此地必更和人華人暫處於此配船而還吧不令往其祖家然甲板船來往相傳來三去五其來風水爲順只有三月往則水逆道紆當須五月又云將至之處有暗海不見日月舟行二三日始出蓋天地之大有不可思議者矣

壠 朗字平聲舌音

在西北大海之中其地方甚寬廣西北海諸國交商於此貨帆輻輳貨物充盈百夷雲集誠一大聚會之區也華人未常到焉

西壠

在西北海之隅地極廣大和蘭紅毛和蘭西咬㖠嘮諸

國什處其間土產金銀寶石五色俱備光彩奪目地屬和蘭管轄吧國之犯流罪者悉寘於此華人之犯罪者亦寘於此餘則不能到也

龜靜

在西北海之濱與壠西壠三處鼎峙地方甚大和蘭聚集居處其間人烟稠密不亞吧國但華人未有到其地者

明絞嘮 嘮字上聲

在望久里之西土地亦甚寬大和蘭色仔哖紅毛什處

其地四夷雲集交商之所多高奢把東望久里四方諸國相近之番百物俱備貨賄流通土產大哖羽緞嗶吱華人不到其處

補遺

西洋澤國紆迴聯絡窮極無際有以帆檣通往者方可略識其處有以和蘭居守者則爲統轄之地其餘或木處而穴居未常火食赤身露體奇形異狀皆不能盡識亦無可考尚有英黎稽納北戠勿些役溽皆耳其名而居處風俗俱無從採識焉

海島逸誌卷四

椰谷王大海碧卿氏著

山海拾遺

五行

地在西南氣候迥異晝夜之短長潮汐之早晚皆與內地相反春雨夏旱歲以爲常風則朝南暮北來往乘之夜則北斗以下諸星沉没不見而南方星宿倍見明亮朔望不常緣不置閏月也其四時八節悉皆符同以冬至後十日爲一歲首千百載如一

龍吸水 俗云鼠尾

大海之中風雨晝晦有黑雲一片如針下垂漸低漸墜至海者則水爲之瀠洄湍湃遠者無妨近則燒鷄羽放花炮而水櫃水桶皆當謹慎用棉被或用衣服覆蓋不然盡被吸去矣海水味鹹騰而爲雨則淡是天地好生之德不可測議者也

員虹青電

海上之虹遠者只見其半如常也近者竟如環無端矣余初聞之吧人云吉裡門之電青而不條余未之信及

往馬辰道經吉理門是晚有電果不紅而深青其光散漫無條緒東坡云天下奇觀到海盡信哉是言也

南海

和蘭欲胥西洋之地開擴州府以甲板船四各持三載糧從南海尋覓地方望南迅發窮極涯際不見島嶼經一年餘至昏黑之處雲霧繞船不辨天海毒魚怪鳥窺人不避日月無光晝短只二三時則爲長夜矣駭懼而返舟及至吧四者僅存其二焉

穆迦　俗曰佛地

濱於南海眞佛所居山極高峻徧地黃金美玉百神守護不得取也眞修者必登穆迦禮拜眞佛持齋受戒數年而出人皆稱曰老君自能降神伏怪驅邪斬鬼手持念珠慈悲可掬見者知其有道也

火煙山

火煙山在吧城西南六百餘里其山極高人蹟罕到峯頂如竈上之突日夜不息晴明則其煙少滅風雨晦暝則其煙愈熾或有時如鳴巨炮則天雨灰氣味如硫磺意者南海之極南乃地氣所發舒也錄之以備博物者

採取

磁石洋

在南旺之東山谷間及崖岸皆有磁石磁石性能引鐵故其處之船皆用竹釘爲之不敢用鐵釘也來往船楫悉當颺開不得相近或有被狂風驅逐而悞近者則被其牽引不能解脫矣

燕洞

海濱崖岸石齒嵯峨多洞壑海燕千百爲群巢於洞中自萬丹吧城三寶壠竭力石南旺馬臣猫厘把實產燕

窩者不下數十處皆和蘭之有力者掌握焉逐年稅息大者數千金小者數百金而富商大賈納其賦稅以採取焉燕窩者燕巢也燕食海菜吐而成窩歲冬夏兩收不敢多取譬如取蜂之蜜數斯敗矣每採取則結廬其處擇吉刑牲演唱弄迎番人百十用竹梯數十以布囊繫於竹竿之末而取焉逢其盛者利無數也遇其衰者則虧折矣亦關乎其人之否泰歟

猴墟

在竭力石之南地名沮大鄢其地當亂竪深林之中猴

産甚盛有壚在其處人猴雜處而無猜忌其猴有兩洞特相格鬬各有魁者大如嬰孩每行則其類隨之坐則擁之如官長然或得佳果必捧首而進其魁者一回則群然潰散吁獸蓋彬彬知長幼之序也夫

海馬

産於望加錫常登海岸逐牝馬故爲人所牢毛純黑而柔膩尾長掃地其陸行與凡馬無異甚馴日可行千里但不敢浴於河見水則舊性復起遊泳沉潛其力甚大不可復制矣

海人

産於南海之濱身長三四尺形體與人無少異色黃其臍有根長數十丈蒂於海底石中每産必男女相因無鰥寡焉和蘭欲窮覽博物利漁人購得之根斷則死賫以火酒而進焉和人每聞有奇形異狀之物不惜重費必羅納以壯奇觀用火酒賫以玻璃器而藏之廚中怪禽異獸毒蛇惡魚無所不有焉

墨猴

産於北方長四五寸乖覺異常目如瑪瑙毛純黑而滑膩柔軟勝於茵絨喜食濃墨每作字時則叉手趺坐俟作字畢乃飲其殘墨飲畢復蹲故處不事跳舞王砥侯寘之硯頭圖章匣中

霧鳥

産於萬瀾安汶之間狀類錦雞棲於雲中飲霧餐霞未常履地迨其死乃墜落其毛輕鬆柔媚兩翅之端有脩翎長尺餘其尾如燕搖曳輕盈若欲乘風飄去然

鹿鳥

産於安汶之山中形如巨鶴高大倍於鶴毛如鹿皮尾短無翼聲如雄鴨足三趾無後距飲食甚豪樹葉果殼皆食之

吊象蛇

港口地多象用以禦敵有老象爲蛇所斃象奴蹟之在大澤中懸於樹上繞腹數匝奴以刄斫之無少動有老樵者識曰此吊象蛇也邏之山多有之不意在此刀鋸不能傷惟懼火而已焚之節節自斷而斃續而量之三十餘丈王砥侯隨衆而往所目擊焉

犀牛

狀如牛而大過之皮如蔴殼而紋大如錢背有迹如馬鞍以覆其項足臃腫如象頭如鼠嘴如龜好行荊棘中喜食藤刺頭一角在鼻梁上世所繪其角在額者悞也此余所目睹每行深林中觸樹木皆傾折飛禽走獸聞之莫不辟易

四足蛇

狀如壁虎尾三稜而長皮類錦蛇見人則避不敢爲害大者長至數尺水陸並處如水獺性甚鮮毒每羅取用以爲藥其油最佳熬而藏之遇瘡痍疥癬敷之無不立

愈

蛤蚧

狀如壁虎頭大尾闊長盈尺色似銅綠斑紋鮮紅如火磷狀甚醜惡栖於棟梁之上或破壁之間夜則出就燈火食諸飛虫相傳嚙人不救但未聞有傷人者每鳴則人皆數其聲以卜吉凶以五七九爲吉二四六爲不吉誠可笑也

蝘蜓

狀似蜥蜴長五六寸身高脊騰尾長鱗細其行甚捷棲於綠葉之上則其身之色青行於灰則身之色白行於炭則身之色黑其身能隨地之色而變幻亦事物之離奇怪異不可解也

暴暴雞

形如鴿大與家鴨等身高五六寸而冠上羽毛高至徑尺色青藍柔膩如孔雀之屏見人則展其屏以相迎云畜之可辟凶邪却火災絕白蟻和蘭及甲必丹園囿必羅致畜養焉

玳瑁

狀如黿鱉背負十二葉取之之法倒懸其身背潑以醋用火炙之片片自落名曰頭瑁其價昂放之海中越年更生網得再炙則片薄而軟名曰二瑁其價賤以黑斑少者爲貴純白無價亦希逢難得矣

海参

海参者海中之虫也形如長枕初拾之時長一尺餘柔軟如棉絮以礬水煮而晒之則縮小不二三寸耳其所產必於深水併有石之處水愈深則海参愈多而愈美夷名狀甚多不下數十當以刺参烏綴爲最佳也

印魚

狀如鯿魚額似猪嘴釣起放船上則額貼於船板若貼人手足皆難脫也割取其額云善治難産又有小魚二依於兩腮之間行則道之如海蚱之以蝦相依也雖釣上不肯相離其依附愈堅並獲不脫可謂魚之忠矣

沙魚

不一其類大小不均狀亦小異總以皮沙者皆呼曰沙魚有曰狗母沙魚者腹大而臍洞開小沙魚群遊出入臍中似以腹爲窩不亦奇乎

燕魚

狀畧似燕皮黑如墨無鱗有翅大徑尺其尾兩條如燕剪長尺餘飛能離於水面但不高耳每風浪迅發則逆風而飛其疾似箭

鱷魚

狀如壁虎大者長一二丈頭如豕有口無舌脊騰目閃尾尖爪利上岸不波入水無痕每食人則請老君番人道士念經咒以紗線沉之河而引其端少頃則鱷魚之身自纏於線而出焉老君似有法力非虛妄者也

飛頭

郎絲羅蠻安南最多吧國絕少耳其名而未常聞有犯者乃深山中土番別種之番婦也目無瞳子能夜視於夜間則飛頭入房屋食人腸胃惟忌酸則目不敢開每戒之法用酸柑汁灑之則不敢近也

鑿齒

馬辰之別種俗尚經教每於夕陽含山之時對日禮拜咒誦至日入乃止不食猪犬死則拔其鬚鑿其齒亦體而葬云生不帶來死不帶歸亦異端之殘忍者也

海和尚

大海之中不常有也起則有風颶之災形如人口闊至耳見人嘻笑名曰海和尚見之者知爲不祥必遭狂風巨浪立至而舟有傾覆之患也

尿婆

形如婦人有翼如鳥栖於船桅之上則水滛滛自桅而下頃刻滿艙船中登桅安置帆索者名曰阿班則速命其赤體登桅肆罵穢語則飛去不然必有沉溺之憂矣安南港口六崑爲象佛之地恒有之他處希少也

有尾番

里猫柔之別種居深山之中醜惡紋身有尾長五六寸其末有毫數莖長一二寸常傭爲舟工至吧國人或識之則走匿他處有欲廹而觀之者則反顏相仇矣

山客

即野人如猩猩之類産於深山之中面畧似人身如猴猻毛長一二寸高二三尺腹大如鼓不事跳舞每仰卧坦腹見人則以手掩其陰似亦知廉恥焉者嗟乎山客尚有羞惡之心也如此

蝙蝠

西洋之蝙蝠悉皆大數尺重二三觔其目晝昏夜明每於夕陽西下之際則群飛如紅烏蓋其翅肉戾空而飛自下望之紅也多巢於椰樹間食椰肉及百果爪如鉤落地不能飛必登樹上聽其墜下乃乘勢而飛園中鵝食果子番僕以竿逐之或觸破其翅則墜身如巨鼠去其足翅可煮而食味同田鼠其肥美過之聞三千歲則化爲白服之可長生不死未之見也

海島逸誌卷五

柳谷王大海碧卿氏著

聞見錄

量天尺

和蘭行舟不重指南車以量天尺量之則舟行幾許又能按圖知海中沙石泥濘之處毫無差錯其形畧似紙箑能開闔有一横尺一斜尺尺中有分有寸俱書和蘭字每量必於午刻日中之際其横者以定均平其斜者以觀道途之遠近海中之深淺情理頗與華人有從其學者終莫能得其旨焉

察天筒

以玻璃筒二式如筆管長一尺餘內實水銀置之匣中旁書和蘭字其水銀自能升降大約晴明則水銀下沈陰晦則水銀上浮然浮沈有高低覘其旁字以察風雨晦暝未常不驗

定時鐘

一日十二時分爲二十四點子時爲一點巳時末爲十二點午時又爲一點至亥時末又爲十二點合一日爲

二十四候是亦一道也其鐘大小不一小者盈寸大者高數尺鐘鳴之後又有小鐘十餘事聲如八音鏗鏘可聽名曰鬧鐘

天船

其船短小式如亭可容十人內置風櫃極其精巧如渾天儀用數人極力鼓之便能飛騰至極高之處自有天風習習欲往何處則揚帆用量天尺量之至其處乃收帆聽其墜下相傳曾有被日火燒毀并墜死者所以不敢頻用也

風銃

狀與銃畧相似有索可挽用時引索實子放之聲不甚響亦能傷人和蘭法度森嚴民間違禁有之則究莫敢置者

指南車

和蘭行船指南車不用針以鐵一片兩頭尖而中闊形如梭當心一小凹下立一銳以承之式如雨傘而旋轉面書和蘭字用十六方向曰東西南北曰東南東北西南西北曰東南之左東南之右東北之左東北之右西南之左西南之右西北之左西北之右是亦一道也唐帆欲往何方乃旋指南車之字向以繩船洋帆欲往何方則旋船以依指南車之字向揆其理一也但製度異耳

濃迎

番戲名曰濃迎番婦之頗有色者帶虬髮纏錦襪插金花搖紙箑裸衣赤腳歌番歌舞番舞搖頭閃目鶴立鷺行演唱雜劇備諸醜態或兩婦對舞或三四婦共跳舞閒人亦可入其中與之對舞名曰弄濃迎弄畢則酬以

金每於清夜遠遠聽之其音淒切悲楚所謂異鄉之樂秖令人悲耳有帶鬼臉者名曰多秉其演唱畧同濃迎但多淫褻不堪之詞番社中最喜日夜演唱華人住居之地嚴拒不許入境焉又有花英者類影戲俗呼皮猴名曰花英所演唱皆其爪亞上古故事未全人形或飛或遁如稗官所載諸詭誕不經之事竹木雜陳俚鄙之極不堪注目者也

丹六

和蘭每宴會必設長席可坐數十人名曰鑓實踏絲竹

雜陳男女相對而舞名曰丹六其俗女子字人聽其自擇名曰思甲若兩相愛悅則對舞以定匹偶其樂有長如瑟者其音清朗有高如人者立而彈之其聲高曠有形如琹者其音鏗鏘可聽頗有大雅之風其樂具之精妙工巧異常其最者每副價值千金

竹筏

西洋凡有過渡之處不用舟楫皆用籬竹數十片編爲竹筏不用篙槳只用大藤一條長數十丈橫亘東西兩岸或立木爲竿以繫之或繫於大樹之身又以小藤數

條結於筏環繫大藤之上欲渡時數人手挽大藤循藤而過焉

藤橋

兩山相向中夾一溪而水深流急不能造橋兩岸大樹參天而樹杪交柯者用竹筏連綿糾結闊七八尺長十餘丈筏之兩邊以藤懸拄樹杪形如月橋浮空搖曳乍見駭人番衆過之如履平地余自壠至浞必由之徑無可奈何乃下輿戒僕人不得同過懼其搖曳也徐步輕涉而進至其半高處目不敢下視懼而躡足則其搖愈甚乃伏而坐番僕見余懼而欲走進扶掖余愈懼急止之小停則其搖息乃徐起戰戰而下嘻異域畏途於兹僅見也

甲板船

吧城海口有甲板嶼因和蘭建造甲板船之處故名曰甲板嶼其船二十五年則折毀有定限也其船板可用者用之無用者則焚之而取其釘鐵船板厚徑尺橫木駕隔必用鐵板兩傍夾之船板上復用銅鉛板連片徧舖桅三接帆用布船中大小帆四十八片其旁紐縴絆

恐皆銅鐵造成所以堅固牢實鮮有悞事其船艕如女牆安置大炮數十船大者炮兩層小者炮一層水手每人各司一事雖黑夜暴雨狂風不敢少懈法度嚴竣重者立斬船主主之所以甲板船洋寇不敢近也覩我厦島唐帆烏合草創直兒戲耳故每爲洋寇所害也

千里鏡

千里鏡能覩遠景者無足稱奇有屈曲管者能覩其室之偏隅房中幽隱之處無不遍及其佳者每管價值數千金用以禦敵可望敵營中能週知其虛實女牆衣壁

人數多寡洞見底裏誠鬼工之奇技也

天炮

和蘭禦敵多用天炮而紅毛之技較之和蘭又精巧炮用銅鑄每炮尺寸長幾何闊大若干能及其遠近幾許皆有定限也嘗如敵營遠近幾許用量天尺量之用屈曲鏡覰之則舉炮悉中其處不踰尺寸炮必向上而舉到其處銃子即能墜落而旋滾周徧焉因沖天而舉故名曰天炮云

賭棚

甲必丹主之年納和蘭稅餉征其什一之利日日演戲（甲必丹及富人蓄買番婢聘漳泉樂工教之以作錢樹子有官音亂彈泉腔下南二部其服色樂器悉內地運至耳）歲臘無停所以雲集諸賭博之徒燈籠大書國課二字其賭場之帷幄皆書天下最樂不如賭博或寫樂在其中有巡賭者數十人來往稽察遺漏雖父子兄弟到其處不得相管束也巡賭者鬨之立拘其父兄見甲必丹則云教訓子弟當在家中此處國課所關何得浮言惑衆以亂人心使國課無徵罪何可恕即有立致囹圄之禍蓋荒服之國其背謬如此類者甚多不可枚舉錄之以博一笑耳

孕鱷

鱷魚性淫每雌雄交媾其遺精溢出隨水而流婦人浴於河者觸之不自知也竟能成孕而產鱷魚無敢加害必送於河焉聞之安南極多吧國不常有也

猴棗

猴遇獵人被刀銃傷而不死者自識草藥採取以敷患處愈而成疤再爲人所獲者剖取其疤中如石子圓潔光潤名曰猴棗用以爲藥性清凉解毒蓋猴之有棗猶

牛之有黃也

寄生

海濱坡岸沙磧中多死螺之殼小蟹見螺殼則潛隱其中久之而尾暫生附於螺殼帶殼而走依然活螺拾之者見其殼以爲螺覩其肉則猶然小蟹也是可玩而不可食俗呼曰寄生

大小卵

海鵞之大數倍於鵞生卵大至五六寸重至一二觔卵殼堅硬墜地不破有自西洋攜歸一二枚者詭云馬卵

以居奇卽此物是也吧中雄雞亦往往生卵細如白菓剖之則純白而無黃此蓋陰陽反悖不正之氣其所畜養之家必有不祥之事已有驗矣

馬車

四輪者駕兩馬兩輪者駕一馬四輪者前輪小而後輪大用木爲之外鑲以鐵式如小亭大者可坐三四人小者可坐一二人雕花彩繪每輛數百金王坐鑲金者有官職及甲必丹皆坐彩繪者平人坐漆顏色者其座褥悉哖絨爲之華麗奢僭也

奇技

風鋸水鋸風磨水磨弔橋城門弔橋重數千觔早晚開閉一人可挽千觔稱式如筒以鐵爲之中用螺銓一人可銓雖厦屋巨舟銓之立卽欹斜顯微鏡自鳴鐘飛禽走獸自能鳴動木偶如生不可畢舉也

銖厘

番語寫字曰銖厘和蘭寫字用鵞毛管削尖作筆濡墨橫書自左而右紅毛和蘭佀仔哖諸國皆同爪亞無來由息坔則用竹片削尖而書亦橫書則自右而左武吃猫厘把實里猫柔則又各別聞有一種番寫字自下而

上者鮮到吧國未之目覩也

大魚骨

常於番社中見大白石臼能容五斗者怪其不倫而問之云係大魚脊骨之節非石臼也余駭然嘆曰脊骨脱節其洞如臼則其長幾許其大幾何矣俗云吞舟之魚觀此則大海之中未始無矣

酣贛

酣贛教名如白蓮尤溪之類非國名也爪亞無來由里猫柔皆習之其教持經咒法語不論年月揣摩就則成

爲銅身鐵骨刀鎗不能傷惟忌猪犬以猪油犬血塗刀鎗殺之則能飲刄也

製毒

各種赤腳番西北和蘭之屬皆着襪履戴毡笠名曰三角帽東南爪亞之類皆不冠不履名曰赤腳番皆能製作於山僻無人之處用毒蛇惡獸脂膏合藥以塗刀鎗之上製愈久則其毒愈烈傷人及禽獸見血立斃登時潰爛只存皮骨耳

暴暴煙

暴暴地土頗大物産繁多商船無敢交易其處者風俗

彼猶如鬼如蜮懼其煙也不知何藥所製於上風高處焚之聞其煙則舉船之人皆立斃也所以物產卑賤少有通往之船必自運出耳

和蘭醫

王珠生疽發於背腐潰欲絶先是有人薦和蘭醫珠生知其用刀宰割懼而却之後痛楚不堪外科皆束手不得已乃聘和蘭醫入門一見則曰瘡劇矣何不早告自作之孽也急覓一豕乃喚其僕於車中攜小箱出藥酒一瓶斟以盞曰飲之則身麻不知痛癢也出銀刀割去

瘡之腐潰者大如盤縛豕於庭生割其肉亦大如盤摻藥敷之時許棄其豕肉臭黑不堪其毒悉爲拔出矣如是者三曰可矣乃敷以膏藥戒曰當慎房事節酒食匝月耳三日而平復我華人外科無其技也雖華陀扁鵲何以過焉

圓餅銀

和蘭鑄圓餅銀中肖番人騎馬持劍名曰馬劍有半者名曰中劍有小而厚者鑄和蘭字名曰帽盾有半者名曰小盾有小而簿者中肖甲板船名曰搭里又有黄金鑄者中肖番人持劍而立名曰金鈁其馬劍中劍大小帽盾皆有金鑄者以兩爲觔每員當十六員之用又有紅銅鑄者中肖雌虎名曰鐳以當錢文之用紅毛國貧不產金銀無所鑄和蘭西鑄圓餅銀中肖雙鷹名曰雙鷹亦有半者有小者中肖獅子亦名搭里有小而薄者中鑄番字名曰鈁以當十文之用干絲臘國最富多產金銀鑄圓餅銀中肖其國主之面名曰洋錢有半者二當一之用有四當一者有八當一者有十六當一者有三十二當一者中肖一朶花亦稀見矣亦有金鑄者大

小皆如之作十六倍而用又有紅銅鑄者中作十字形名曰瓜以爲錢文也

武藝

西洋諸國皆習武藝武吃氏俗尚剛勇武藝精者父母榮之鄉里敬之尊之曰牛實地（大好漢也）能武斷一鄉無不服從者所以不論男女十歲以上則演習鎗刀跳舞諸技其鎗法刀法皆有教師秘傳其教之名色甚多如太祖達尊猴拳鶴勢之類故其武藝爲西洋之最余一婢名掌珠隨徃馬辰中途遇賊余倉皇失措舟師曰衆寡

不敵奈何婢曰事已如此當共努力余不知所爲婢云無恐持鎗而出守於樓門不動賊登舟擁至婢以鎗揮之立傷數人賊退而相謂曰何得有武吃氏之鎗法婢叱曰我即武吃氏也請再詳試之賊懼而盡披靡

海島逸誌卷五終

海島逸誌卷六

柳谷王大海碧卿氏著

花果錄

山丹

山丹有深紅者有淺紅者有白者能香但其枝柔垂地葉尖而軟皆四時開謝亦無殘歇余於十二月廈島揚帆次年正月初間到吧國悉見諸處園林芙渠菊花雲南菊蜀葵茉莉鳳仙珠蘭草本諸花並開乍見駭異詢之吧人皆云頻年長放相續不絶

薔薇

薔薇有白者其香不如中華蓋百卉之香皆不及中華中華之香香中有清馥海國之香香中多濃濁亦地土使然不可解也

千日紅

千日紅者以其紅之難退也故名今竟有白者江南有橘移之江北則化爲枳山川不同也詢之吧國遺老皆云百卉之種多傳自中華何至於此而紅者或化爲白白者或化而成紅蓋其地土變幻四時背戾使之然也

夾竹桃指甲花

夾竹桃本紅者而有白指甲花本白者而有紅可謂草木之反常矣指甲花有深紅者淺紅者淡黃者五色者共四五種四季並茂未常殘歇

樹蘭花

和蘭園林皆用樹蘭花以爲檻方廣過布高與膝齊闊不滿尺每月必剪兩三次轉接皆有規矩偏隅不失分寸望之如垣幽勝可觀也

夷花

夷花有曰夾指甲者樹大如榕狀如木筆而小花黃其香濁又有未背知者樹如梨花白狀如含蕋之素心其香濃又有君瓏夢者樹如柏花黃如夜合而長其香釅又有曰倒吊者產於西瓏俗呼曰西瓏桂花樹如枇杷花生於葉下狀如樹蘭畧似茘奴花而貫串成穗其香頗清遠當爲夷花之最焉

柳

柳名曰噶喇吧吧國地多柳華人因稱曰噶喇吧云其樹如棕而大其葉如葵扇而長用甚廣可作黍可熬油可釀酒中有水盈升靑者爲佳味如蔗漿食之消渴解暑其殼曰椰瓢用以掬水便捷輕易其皮如棕可打索可作鞋底渾身無棄物焉

槤

槤名曰蚊膠華人皆曰槤其美者勝於閩廣數倍甘馥異常而粉纛無鬚其種有膠逸多遁粿咩索坐阿彌共十餘種餘未考其名有長至徑尺者有瘦而長者有圓而短者有纛如藕者有香如木瓜者皆不能盡識要之當以多遁爲最焉

蕉

蕉名曰皮鬆有長者至尺餘短者只盈寸有方如紙鎮者圓如雞蛋者有紅皮者有白皮者有內中有子者有短小如指皮薄色如鵞黃者名曰金絲甘飴香美蕉中之最佳也其類不可勝舉大約二三十種

柑

柑柚橘皆曰日落華人不忘本皆依本色而稱焉有曰香柑甜柑酸柑虎柑計二十餘種不能徧識其名四季並茂華實無間余有句曰芙蓉江上無殘歇橘柚園中

不斷收蓋實錄也

蔗

蔗名曰直霧其種甚繁有紅者有白者有烏者有青者有絲紋如七絃竹者吐花如蘆荻蔗林之中一望無際亦一勝槩也

染霧 夷果附

染霧樹如柔椹實於八九月間其形如辮璧上尖下圓其竅方內中或有子者或無子者有大如桃者有細如豆者有深紅者有淺紅者有雪白者味最清甘夷果中

之佳品也又有和蘭染霧者形如蛋而味酸共二三十種未能遍識焉

紅毛丹

紅毛丹樹如楓柏其實如卑蔴子紅如鮮荔亦有白者有黃者味皆如荔枝有曰阿齊者阿齊地名在吉礁之右因其種產阿齊故名其核能離於肉可稱夷果之佳者

喃喃

喃喃亦名浮渠安靜樹如羊桃實於樹身或根際狀如桃而扁斑紋凸凹色黃味酸甚醒酒婦人尤深嗜焉

望吃

望吃樹如山茶狀如石榴皮黑肉白味甜而多漿甚消渴其殼可用以染布

絲里啃

絲里啃樹如奈核狀似松蕾肉白而多漿核如黑豆其甘勝於鼎鑊之餡在夷果中稱劣品余嗜之獨以爲佳也

些六 六字撮口音

些六樹如蕨而大梗多刺葉如棕實於根際一穗數十枚形如桃皮赤黑如蛇皮肉黃有核味澀不甚佳和蘭酷嗜焉

流連

流連狀如羊桃實大如柚剖之其肉顆顆形如雞蛋色白有核其香濃濁不堪婦人皆酷好相傳服之甚補華人或不敢食者見之且掩鼻而過焉

阿答

阿答樹如檳榔而花實纍纍下垂如柳絲其葉如椰而

閩可代茅茨以覆屋用甚廣剖其纍中有子卽阿答子
以糖煮之茶果中珍品也

絲連

絲連樹如椰其心如蕉花下垂割之承以竹筒隔宿而
水滿其中焉煮之則成糖俗呼曰爪亞糖

霧櫟 龜字上聲

霧櫟樹如枇杷狀似梅子大如指色黃味甘誠一佳果
也其實成穗纍纍如葡萄然又有弄虱者樹亦如之但
其色赤而小味絕酸不能入口價廉土番酷嗜焉

補遺

百果如葡萄枇杷員眼羊桃黃梨婆羅密黃瓜西瓜之
類味皆美於閩廣但其形狀如常無有奇異故不錄也

附刻黃毅軒先生呂宋紀畧

呂宋爲干絲蠟屬國干絲蠟者化人番國名也在海西
北隅其國不知分封所自始地多產金銀財寶與和蘭
勃蘭西紅毛相鼎峙俗呼爲宋仔又曰實斑牛人之狀
貌類中華帽必高角衣必狹袖飲食器用畧同於和蘭
閩廣中所用銀餅肖其國主之貌而鑄者也海之東南
數千里外卽呂宋在焉東界萬蘭澗仔低大海西界閩
廣大海南界蘇祿大海北界萬水朝東大海計其地三
千里有奇南北東西相去各千餘里與海相距亦數千

里形勢負東向西內外中三湖各廣三百餘里土番戶
口不下數萬餘金珠玳瑁氷片燕窩海參烏紅木魚鹽
之利甲於海外前明時干絲蠟據其國建龜豆城於外
湖西海之濱鎮庚逸窺於城之西左角以控制遐邇土
風最重番僧設巴禮院行禮拜之敎巴禮者番僧也以
濂水爲令將晝作夜院各擊鐘以定時子午爲中天初
點未亥各十二點重高聿不祀先祖所奉之神惟呋氏
而已尤可怪者巴禮爲人改罪人俱以爲榮濂水者以
巴禮王之尸煎爲膏脂有敎父掌之將奉敎之時令人

自誓其身爲吠氏所出誓畢巴禮將脂水滴其頭故曰濂水娶妻謂之牽手親迎之日教父以鍊環男女之頸每七日至院乞巴禮改罪曰看彌卅老幼咸信而行之有女娽院專司財賄以供國用其院封鎖極嚴男子絶跡威望甚尊凡日用所需之物壁上用轉斗傳進女子有欲進院修行者悉入焉巴禮王見院主禮必以鼻味其手常人見之味其足此禮之所不可解也干絲蝋所造甲板船極大帆檣甚固鎗炮畢備洋寇不得近往來呂宋間皆用量天尺照水鏡淺石沉礁無不洞悉其法

更妙于指南車華人之客呂宋者恒樂其舟楫之利而喜其制度之巧焉其甲板船來宋討程行三月迨其船回本國水性不同行須五月華人貿易往來相安數百年矣　國朝乾隆年間西北海之紅毛英黎番猝造甲板船十餘直溯呂宋欲踞其地化人巴禮願納幣請解英黎遂返迄今海宇敉寧昇平共樂仰見

聖朝聲教覃敷威震夷島淪膚浹髓無遠不服余因經商呂宋爰紀其略

毅軒先生名可垂字章夫世居漳之壺嶼郎河間府壺溪先生之弟監察御史訥菴先生之兄也性嚴正不苟勤儉自居訓子姪以詩書相勗交朋友以信義相孚鄉里中咸引重焉年十五時佐其伯祖遠客汶來歷往暹羅蘇祿呂宋繼復客臺灣者數載居廈島者又數載凡海外諸勝地靡不畢覽其閱歷者既久其留心于記載者亦廣甲子冬余與毅軒長君宗超同寄跡于吳門稱莫逆交見余逸誌因出呂宋紀畧相示余益深服其知之詳言之賅而自愧未見未聞者之正多也

柳谷王大海謹跋

臺灣紀略 補附

臺灣古毘舍耶國里猫柔所居俗洞耳紋身在深山中者不火食俗呼曰生番在下者通交易俗呼曰熟番和蘭據邊海之地近鹿耳門築小城以居焉綠其人髮赤俗呼曰紅毛呼其城曰紅毛城實即和蘭也明季海寇鄭氏游颺海上叔掠商船官軍勦捕出沒無常漳泉之民受其荼毒後漸滋蔓鳩集盜艘數百寇乍浦崇明等處入揚子江抵南京爲官軍所敗而逃無處藏匿遂攻取臺灣爲負嵎之所和蘭炮銃雖精然孤城無援敗歸吧國其祖家國主怒即將敗歸之和蘭致死於吧國城樓之上至今吧國之和蘭皆歷歷能道其詳也　國朝康熙年間鄭氏受撫臺灣悉平進列版圖設一府領四縣府曰臺灣縣曰臺灣鳳山彰化諸羅今改嘉義從此海宇安寧鯨鯢永息共沐

聖朝恩波而臺灣之人民富庶矣

附解救斷阿片烟方

每日用赤猪肉四兩切碎放鍋中炒熟加入黄砂糖一二兩仝炒乾取放盆中如思片烟難過時取肉食之則可挨過日日如是吃過七日則烟可斷以後雖思烟不可再吃若再吃之則無藥可救矣雖再吃肉糖亦不靈矣切戒切戒

又解方阿片烟藥丸方

上洋參五分　化州橘紅五分　沉水香五分

上肉桂五分淨　白荳蔻五分　川貝母五分去心

胡椒粒三分　阿烟膏三錢　硃砂五分爲衣

先將七味研細末和阿片膏合拚爲丸再以硃砂爲衣如桐子大每服四五丸或七丸視症之輕重以爲加減凡服此丸未能一時即斷暫服暫減即可斷根二方服之無不效驗故傳之以爲救世蓋阿烟之害甚於砒酖一經入飲欲罷不能傷財受病促壽變形飲食日減甚至不能生育子女爲害匪細奉勸世人如有犯此物者依方作速製服可以永遠除根半月之後即能强飯肥胖勿再戕欲庶可保身承祧也戒之戒之

又解烏煙藥酒秘方服者無不神驗

歸全五錢　熟地四錢　白芍四錢　川芎二錢　洋参四錢用福圓肉數錢煎湯浸晒三次爲妙　白朮二錢炒　兎絲餅四錢　杜仲四錢鹽水炒去絲　炙芪四錢　京桂四錢淨去粗皮　甘枸杞四錢　炙草二錢　棋南香二錢研末　龍涎香三錢要眞者如無用川貝母代之　鹿茸末四錢炙好　眞虎骨四錢酥炙杵碎　阿片膏三錢

以上諸藥用紗袋裝好放酒罈中取上好高粱燒酒六斤浸此藥封固安鍋中隅水朕一炷香久取起待用

每飲此酒一小杯再取白酒一小杯和服如再飲須再和白酒一小杯酒完可以斷根如藥大重則加入燒酒三斤亦可

海録一卷

〔清〕謝清高口述　楊炳南筆述

《海録》一卷，清謝清高口述，楊炳南筆述。炳南字秋衡，廣東嘉應州（今梅州市梅縣區）人。道光舉人。謝清高（一七六五—一八二一）十八歲乘「番舶」出洋經商十四年，後雙目失明，定居澳門，以翻譯爲生。嘉慶二十五年（一八二〇），遇同鄉楊炳南，口述其「遍歷海中諸國」見聞，由楊炳南筆録成書。全書分西南海（亞洲大陸沿岸諸地、自越南至印度西北岸）、南海（印度洋諸島、自印尼柔佛至毛里求斯）、西北海（歐、美、非三洲及千島群島一帶）三部分，略述九十餘國家、地區之航海路線、地理位置、風俗人情及與中國之關係等。書中所記海外華人之經商情況多他書未及者，所記地理範圍亦遠邁前人。據中國國家圖書館藏清道光間刻本影印。

序

近世多博聞强識之士其著述每長于輿地若子所識沈君小宛徐君星伯沈君子敦雖古賈耽劉敞之徒未之或先也然其書往往詳于中國畧于外洋豈以耳目所不及遂存而不論歟方今烽烟告警有志者抱漆室憂葵之念存中流擊楫之思外洋輿地不可以弗考也而前史所載莽畧即以明史考之與今勢有不同獨海錄一書近而可徵蘊香姪素愛奇書樂以公之于人得其本而梓之附以他書言海事者粲然可觀吾嘗嘆刻書者未能有益于世也若蘊香之用心其眞切于時務者哉

道光壬寅孟秋王流書序

余鄉有謝清高者少敏異從賈人走海南遇風覆其舟拯于番舶遂隨販焉每歲徧歷海中諸國所至輒習其言語記其島嶼阨塞風俗物産十四年而後反粤自古浮海者所未有也後盲于目不能復治生産流寓澳門爲通譯以自給嘉慶庚辰春余與秋田李君遊澳門遇焉與傾談西南洋事甚悉向來志外國者得之傳聞證于謝君所見或合或不合蓋海外荒遠無可徵驗而復佐以文人藻繢宜其華而鮮實矣謝君言甚樸拙屬余錄之以爲平生閱歷得藉以傳死且不朽余感其意遂條記之名曰海錄所述國名悉操西洋土音或有音無字止取近似者名之不復強附載籍以失其眞云嘉應楊炳南序

海錄

嘉應楊炳南秋衡

萬山一名曾萬山廣州外海島嶼也山有二東山在新安縣界西山在香山縣界沿海魚船藉以避風雨西南風急則居東澳東北風急則居西澳凡南洋海舶俱由此出口故紀海國自萬山始既出口西南行過七洲洋有七洲浮海面故名又行經陵水見大花二花大洲各山順東北風約四五日便過越南會安順化界見咕嗶囉山朝素山外羅山順化即越南王建都之所也其風俗土產志者既多不復錄又南行約二三日到新州又南行約三四日過龍柰又謂之陸柰即海國見聞所謂祿賴也爲安南舊都由龍柰順北風日餘至本底國

本底國在越南西南又名勘明疑即古城也國小而介于越南暹羅二國之間其人顏色較越南稍黑語音亦微異土產鉛錫象牙孔雀翡翠箭翎斑魚脯又順東北風西行約五六日至暹羅港口

暹羅國在本底西縱橫數千里西北與緬甸接壤國大而民富庶船由港口入內河西行至國都約千餘里夾岸林木葱蘢田疇互錯時有樓臺下臨水際猿鳥號鳴相續不絕男女俱上裸男以幅布圍下體女則被帬它長所被衣其製與中國雨衣畧同以色辨貴賤紅者爲上右臂俱刺文形若任字王則衣文彩繡佛象其上飛金貼身首器皆以金陸乘象輦水乘龍舟凡下見上裸體跣足屈腰蹲身國無城郭民居皆板屋王居則以瓦覆其上臨水爲之土人多力農時至則播種熟則收穫無事耘鋤故家室盈寧稱爲樂土商賈多中國人其釀酒販鴉片煙開場聚賭三者権稅甚重俗尊佛教每日早飯寺僧被袈裟沿門托鉢凡至一家其家必以精飯肴蔬合掌拜獻僧置諸鉢滿則回寺奉佛又三分之僧食其一鳥雀食其一以其一飼蟲鼠終歲如是僧無自舉火者出家爲僧謂之學禮雖富貴家子弟亦多爲之弱冠後又聽其反俗其婚嫁男家件以男女家件以女俱送至僧寺令拜佛然後迎歸合巹焉頗知尊中國文字聞客人有能作詩文者國王多羅致之而供其飲食國有軍旅則取民爲兵一月之內其糗糧皆兵自備越月然後王家頒發四鄰小國多屬焉土產金銀鐵錫魚翅海參鰒魚瑇瑁白糖落花生檳榔胡椒油蔻砂仁木蘭椰子速香沈香降香伽楠香象牙犀角孔雀翡翠象熊鹿水鹿山馬水鹿形似鹿而無角色青其大者如牛山馬形似鹿而大商賈常取其角假充鹿茸犀角有二

種色黑而大者爲鼠角價賤極大者重二三斤小者亦重斤餘其色稍白而旁有一澗直上者爲天曹角其澗直上至頂者亦不貴若頂上二三分無澗而圓滿色潤而微紅者則貴矣椰木如椶直榦無枝其大合抱高者五六丈種七八年然後結子每歲止開花四枝花莖傍葉而生長數尺花極細碎一枝止結椰子數顆四花分四季采之欲釀酒者則於花莖長盡花未及開時用蕉葉裹其莖勿令花開再以繩密束之砍莖末數寸取瓦礶承之其液滴於礶中每日清晨及午酉亥三時則收其液清晨所收味清酣日出後則微酸俱微有酒味再釀之則成酒矣所砍處稍乾則又削之花莖盡而止椰肉可以搾油売可爲器衣可爲船纜故番人多種之歲以上物貢中國

宋卡國在暹羅南少東由暹羅陸路十七八日水路東南行順風五六日可到疆域數百里海國見聞作宋腳緣閩語謂腳爲卡故譌土番名無來由地曠民稀俗不食豬與回回同鬚止留下頷出入懷短刀自衛娶妻無限多寡將婚男必少割其勢女必少割其陰女年十一二即嫁十三四便能生產男多贅於女家俗以生女爲喜以其可以贅婿養老也若男則贅於婦家不獲同居

矣其貧賤則男女各半凡無來由種類皆然死無棺槨葬椰樹下以溼爲佳不封土不墓祭王傳位必以嫡室子庶子不得立君臣之分甚嚴王雖無道無敢覬覦者即宗室子弟國人無敢輕慢婦人穿衣褲男子唯穿短褲裸其上有事則用寬幅布數尺縫兩端襲於右肩名沙郎民見王及官長俯而進至前蹲踞合掌于額而言不敢立王坐受之見父兄則蹲踞合掌于額立而言平等相見唯合掌于額餘與暹羅畧同山多古木土產孔雀翡翠瑇瑁象牙胡椒檳榔椰子銀鐵沈香降香速香伽楠香海參魚翅歲貢于暹羅

太呢國在宋卡東南由宋卡陸路五六日水路順風約日餘可到連山相屬疆域亦數百里風俗土產均與宋卡畧同民稀少而性兇暴海艘所舶處謂之淡水港其山多金山頂產金處名阿羅帥（阿於何切下同）由淡水港至此須陸行十餘日由咭囒丹港口入則三四日可至故中華人到此淘金者船多泊咭囒丹港門以其易于往來也國屬暹羅歲貢金三十斤

咭囒丹國在太呢東南由太呢沿海順風約日餘可到疆域風俗土產畧同太呢亦無來由種類爲暹羅屬國王居在埔頭埔頭者朝市之處而洋船所灣泊也周圍

種竻竹爲城加以木板僅一門民居環竹外王及官長俱席地而坐裸體跣足無異居民出則有勇壯數十擁護而行各持標鎗謂之景子見者咸蹲身合掌王過然後起景子猶華言奴僕也王及酋長富家俱有之政簡易王日坐堂酋長有稱萬者有稱斷者咸入朝環坐議政事有爭訟者不用呈狀但取蠟燭一對俯捧而進王見燭則問何事訟者陳訴王則命景子宣所訟者進質王以片言決其曲直無敢不遵者或是非難辨則令沒水沒水者令兩造出外見道路童子各執一人至水旁延番僧誦咒以一竹竿令兩童各執一端同沒水中番

僧在岸咒之所執童先浮者則爲曲無敢復爭童子父母習慣亦不以爲異也又其甚者則有探油鍋法探油鍋者盛油滿鍋火而熱之番僧在旁誦咒取一鐵塊長數寸寬寸餘厚二三分許置鍋中令兩造探而出之其理直者引手入滚油中取出鐵塊豪無損傷否則手始入油鍋即鼎沸傷人終不能取非自反無愧者雖强詞鮮不臨鍋而服舉國有此法故訟者無大崛强而君民俱奉佛甚虔也王薨或子繼或弟及雖有遺命然必待天意之所歸而後即安故嗣王雖即位若天心不屬民不奉命而兄弟叔姪中有爲民所戴者則讓之而退

處其下不然雖居尊位而號令亦不行也土番居埔頭者多以捕魚爲生每日上午各操小舟乘南風出港下午則乘北風返棹南風謂之出港風北風謂之入港風日日如此從無變易是殆天所以養斯民也其居山中者或耕種或樵採窮困特甚上無衣下無褌唯剝大樹皮圍其下體亦無屋宇穴居野處或於樹上盖小板屋居之凡土番俱善標鎗標鎗者飛鎗也能殺人於數十步外出入常以自隨乘便輒行劫殺人其山多木易于避匿故山谷僻處鮮有行人有爭訟而酋長不能斷者常自請于王願互用標鎗死無悔王亦聽之但酌令理

直者先標中而死則彼家自以尸歸不中則聽彼反標顧鮮有不中者俗淫亂而禁婦女嫁中華人故閩粵人至此鮮娶者有妻皆暹羅女也犯姦者事發執而囚之度其身家厚薄而罰其金謂之阿公凡犯令者亦然少皆杖之刑其金一日不納則次日倍罰若亢不納則囚禁無釋時亦無敢亢者若本夫覺其姦執殺之亦不禁國有大慶王先示令擇地爲場至期于場中飲酒演戲國人各以土物貢獻王受其儀于場中賜之飲食四方來觀之華夷雜沓姦賭無禁越月而後散凡進獻及餽賀其儀物皆以銅盤盛之使者戴于首而行飲食不用

箸多以右手抓取故重右手而輕左手人若以左手取食物相贈遺則怒以爲大不敬云地多瘴癘中華人至此必入浴溪中以小木桶舀水自頂淋之多至數十桶俟頂上熱氣騰出然後止日二三次不浴則疾發居久則可少減然亦必日澡洗即土番亦然或嬰疾察其傷於風熱者多淋水即瘳無庸藥石凡南洋諸國皆然其地名雙戈及呀喇頂等處皆產金由咭囒丹埔頭入內河南行二日許西有小川通太呢阿羅帥又南行日餘雙戈水會之又南行十餘日則至呀喇頂與邦項讀平聲後山麻姑產金處相連河中巨石叢雜水勢峻厲用小舟逆挽而上行者甚艱中國至此者歲數百閩人多居埔頭粵人多居山頂山頂則淘取金砂埔頭則販賣貨物及種植胡椒凡洋船到各國王家度其船之大小載之輕重而權其稅船大而載重者納洋銀五六百枚小者二三百不等謂之凳頭金客人初到埔頭納洋銀一枚居者歲又納丁口銀一枚謂之亞些各貨稅餉謂之碼子居咭囒丹山頂掏金欲回中國者至埔頭必先見王納黃金一兩然後許年老不復能營生者減半若呷咇丹知其貧而爲之請則免呷咇丹者華人頭目也居埔頭者則俱免若洋船有藏匿覺察則船主阿公船主

是洋船出資本置買貨物者凡洋船造船出賃者謂之板主看羅盤指示方向者謂之夥長看柁者謂之太工管理銀錢出入者謂之財庫艙口登記收發貨物者謂之清丁而出資賃船置貨貿易則爲船主船中水手悉聽指麾故有事亦唯船主是問其釀酒販鴉片開賭場者碼子亦特重私家遭負酋長嘗置若罔聞而賭賬則追捕最力各國多如此食鴉片煙則咭囒丹爲甚客商鮮不效尤者其土產唯檳榔胡椒爲多亦以三十斤金爲暹羅歲貢

丁咖囉國一名嗟拉岸疑即丁機宜也在咭囒丹東南由咭囒丹沿海約日餘可到疆域風俗與上數國畧同而富彊勝之各國王俱喜養象閒山中有野象王家則令人砍大木於十里外周圍柵環之旬日漸移而前如此者數柵益狹象不得食俟其羸弱再放馴象與鬬伏則隨馴象出自聽象奴驅遣土產胡椒檳榔椰子沙藤冰片燕窩魚翅海參油魚鮑魚螺頭帶子紫菜孔雀翡翠速香降香伽楠香帶子角帶也形若江瑤柱胡椒最佳甲于諸番歲貢暹羅安南及鎮守噶喇叭之荷囒

邦項讀平聲　在丁咖囉南古志多作彭亨以謝清高所述音近邦項故改從此二字其餘亦多類此由丁咖囉陸

路約二日可到邦項風俗民情均與上數國同亦産金而麻姑所産爲最土産胡椒冰片沙穀米胡椒藤本初種時長尺餘年餘長至數尺則卷成圈復取土掩之俟再生然後開花結子十餘年藤漸弱則取其旁舊土或有雜木葉霉敗其中者糞之復茂不可以他物糞至三十餘年則不復結子須擇地另種舊地非百年後不能復種也子熟採而乾之色黑而縐味辛辣而性温其極熟者則雖乾而圓滿去其皮是爲白椒其性更烈自安南至麻倫呢諸國皆有唯丁咖囉所産爲最冰片木液也周流木內夜則上于樹杪明則下于樹根土番夜聽其樹而知其上下老嫩俟其老時四鼓潛往以刀削其根數處如中國之取松脂然天明其液流從砍處落地滴滴成片若未老則出水而已沙穀米亦以木液爲之其木大者合抱砍伐破碎舂之成屑則以水洗之去其滓俟其水澄取其下凝者暴乾成粉復以水洒之則累累如顆珠煮食之可以療饑以上數國閩粵人多來往貿易者內港船往各國俱經外羅山南行順風約一日過煙筒大佛山又日餘經龍柰口過崑崙海日餘見崑崙山至此然後分途而行往宋卡暹羅大呢咭嚽丹各國則用庚申針轉而西行矣由邦項東南行約日餘復

轉西入白石口順東南風約日餘則到舊柔佛

舊柔佛在邦項之後陸路約四五日可到疆域亦數百里民情風俗畧與上同土番爲無來由種類本柔佛舊都後徙去故名舊柔佛嘉慶年間暎咭利於此闢展土地招集各國商民在此貿易耕種而薄其賦稅以其爲東西南北海道四達之區也數年以來商賈雲集舟船輻輳樓閣連亘車馬載道遂爲勝地矣番人稱其地爲息辣閩粵人謂之新州府土産胡椒檳榔膏沙藤紫菜檳榔膏即甘瀝可入藥

麻六呷在舊柔佛西少北東北與邦項後山毗連陸路通行由舊柔佛水路順東南風半日過琴山徑口又日餘到此土番亦無來由種類疆域數百里崇山峻嶺樹木叢雜民情兇惡風俗詭異屬荷蘭管轄初小西洋各國番船往來中國經此必停泊採買貨物本爲繁盛之區自暎咭利開新州府而此處浸衰息矣土産錫金冰片沙藤胡椒沙穀米檳榔燕窩犀角水鹿瑇瑁翡翠降速伽楠各香閩粵人至此採錫及貿易者甚衆

沙喇我國在麻六呷西北由麻六呷海道順東南風二三日經紅毛淺下有浮沙其水不深故曰淺謂之紅毛則不知其何取也此國在紅毛淺東北岸疆域數百里

民頗稠密性情兇獷後山與丁咖囉咭嘯丹相連山中土番名獠讀力麻切子裸體跣足鳩形鵠面自爲一類亦服國王管轄但與無來由不相爲婚嘗取密蠟沙藤沉香速香降香犀角山馬鹿脯虎皮等物出與國人交易閩粵人亦有到此者其產錫冰片椰子沙藤

新埠海中島嶼也一名布路檳榔又名檳榔士嘆咭利于乾隆年間開闢者在沙喇我西北大海中一山獨峙周圍約百餘里由紅毛淺順東南風約三日可到西南風亦可行土番甚稀本無來由種類嘆咭利招集商賈遂漸富庶衣服飲食房屋俱極華麗出入悉用馬車有嘆咭利駐防番二三百又有叙跛兵千餘閩粵到此種胡椒者萬餘人每歲釀酒販鴉片及開賭場者権稅銀十餘萬兩然地無別產恐難持久也凡無來由所居地有果二種一名流連子形似波羅蜜而多刺肉極香酣一名茫讀莫浪切姑生又名茫栗形如柹而有壳味亦清酣

吉德國在新埠西北又名計噠由新埠順東南風日餘可到後山與宋卡相連疆域風俗亦與宋卡畧同土曠民稀米價平減土產錫胡椒椰子閩粵人亦有至此貿易者由此陸路西北行二三日海道日餘到養西嶺讀力養切陸路又行三四日水路約一日到蓬呀俱暹羅所轄地自宋卡至此皆無來由種類性多兇暴出入必懷短刀以花鐵爲之長六寸有奇鑲以金海馬牙爲柄其刀末有花紋者持以相鬬刀頭有紋者則佩之以爲吉慶王及酋長皆然海馬出麻沙密紀即鬈毛烏鬼國也形似牛而脚短居水中偶上岸食草或睡於沙墠取之之法用大木七八尺方之令上窄下寬上輕下重空其中上有蓋爲環鈕於內旁穿四孔遇海馬在沙墠則三四人各挾標鎗二入木中令人蓋之而放于上流木隨流而下海馬見之必趨赴翻弄覺其無物則置之而復息于墠比其木流至墠前木中人急去其蓋各舉鎗標之鎗有倒鈎以繩繫之中則趨上岸將繩縛於木而縱收之俟其力稍乏各加一標死則宰而食之其味甚美牙以鑲刀柄

烏土國在暹羅蓬牙西北疆域較暹羅更大由蓬牙陸路行四五日水路順風約二日到佗歪爲烏土屬邑廣州人有客于此者又北行百餘里到媚麗居又西北行二百餘里到營工又西行二百餘里到備姑俱烏土屬邑王都在盎畫由備姑入內河水行約四十日方至國都有城郭宮室備姑鄉中有孔明城周圍皆女墻參伍錯綜莫知其數相傳爲武侯南征時所築入者往往迷

路不知所出云北境與雲南緬甸接壤雲南人多在此
貿易衣服飲食大畧與暹羅同而樸實仁厚獨有太古
風民居多板屋夜不閉戶無盜賊爭鬭國法極寬有過
犯者罰之而已重則圈禁旬日而釋無殺戮撲楚之刑
實南洋中樂國也男女俱椎髻婚娶或男至女家或女
至男家交拜成親死則瘞親友哭之旋葬於山不封不
樹土產玉寶石銀燕窩魚翅犀角泥油紫景兒茶寶石
藍者爲貴以其難得也泥油出土中可以然燈紫景亦
土中所人兵色紫土人以代印色自安南至此及南洋
諸國沿海俱有鱷魚形如壁虎是食人土番有被鱷吞

者延番僧咒之垂釣于海食人者即吞鉤而出其餘則
不可得而釣也由備姑西北守沿海數千里重山複嶺
并無居人奇禽怪獸出沒號叫崇巖峭壁間多古木奇
花所未經覩舟行約半月方盡亦海外奇觀也
徹第缸在烏土國大山之北數十年來暎咭利新闢土
地未有商賈其風俗土產未詳
明呀喇暎咭利所轄地周圍數千里西南諸番一大都
會也在徹第缸海西岸由徹第缸渡海順東南風約二
日夜可到陸路則初沿海北行至海角轉西又南行然
後可至爲日較遲故來往多由海道其港口名葛支里

港外沿海千餘里海水渾濁淺深叵測外國船至此不
能遽進必先鳴礮使土番聞之請於暎咭利命熟水道
者操小舟到船爲之指示然後可土番亦必預度其淺
深以泡志之泡者截大木數尺製爲欖形空其中繫之
以繩墜之以鐵隨水道曲折浮之水面以爲之志土番
謂之泡每一望遠及轉折處則置一泡然外人終不能
測是殆天險也港口有礮臺進入內港行二日許到交
牙礮臺又三四日到咕哩噶噠暎咭利官軍鎮明呀喇
者治此有小城城內唯任官軍商民環處城外暎咭利
官吏及富商家屬俱住漲浪居漲浪居者城外地名也

樓閣連雲園亭綺布甲于一國暎咭利居此者萬餘人
又有敘跛兵五六萬即明呀哩土番也酋長有三其大
者稱唧有士第其次爲呢哩又次爲渠景皆命于其王
數年則代國有大政大訟大獄必三人會議小事則聽
屬吏處分其統屬文武總理糧餉一人謂之辣亦數年
而代其出入之儀仗較三酋長特盛前有騎士六人後
有四人左右各一人俱穿大紅衣左右二人裝束亦同
辣唯辣所穿衣當胸繡八卦文爲異耳凡鞫獄訟上下
俱穿黑衣唯三酋長兩肩有白絨綠頭戴白帽用白髮
織成狀如風帽酋長上坐客長十人旁坐客長容商之

長也每會鞫必延客長十人旁坐者欲與眾共之也其獄必僉曰是然後定讞有一不合則復鞫雖再三不以爲煩然怙奢尚利賄賂公行徒事文飾無財不可以爲說也其土番有數種一 明呀哩一 戛哩一 吧藍美明呀哩種較多而吧藍美種特富厚明呀哩食牛不食豬戛哩食豬不食牛吧藍美則俱不食富者衣食居處頗似唊咭利以華麗相尚貧者家居俱裸體以數寸寬幅布圍其腰又自臍下絆至臀後以掩下體男女皆然謂之水幔無來由番亦多如此出門所圍布幅稍寬有吉慶則穿長衣窄袖其長曳地用白布二丈纏其頭以油徧

擦其身所居屋盡塗以牛糞俗以螺殼有文彩者爲貨貝交易俱用之娶妻皆童養夫死婦不再嫁髡髮而居各種不相爲婚男子胷蓋小印數處額上刺紋女人皆穿鼻帶環吧藍美死則葬于土餘俱棄諸水有老死者子孫親戚送至水旁聚而哭之各以手撫其屍而反掌自舐之以示親愛徧則棄諸水急趨而歸以先至家者爲吉明呀哩閒有以火化者更有伉儷敦篤者夫死婦矢殉親戚皆勸阻堅不從則聽之將殉先積柴於野置夫屍于上火之婦則盡戴所有金銀珠寶玩飾繞火行哭親戚亦隨哭極慟見屍將化婦則隨舉諸飾分贈所

厚而跳入火眾皆嘖嘖稱羨俟火化而後去每歲三四月則羣聚而賽神于廟門外先竪直木一再取一木度其長之半鑿孔橫穿直木上令活動可轉橫木兩端各以繩繫鐵鉤二有數人赤身以長幅布圍下體手縮一籃籃內裝各種時果立其下眾先取兩人以橫木南端鐵鉤鉤其背脊兩旁懸諸空中手足散開狀如飛鳥觀者舉橫木推轉之其人則取籃中果分撒于地羣爭拾之果盡復換兩人眾皆歡笑不以爲苦也得果者歸以奉家長及病者以爲天神所賜云自此以西地氣漸寒中華人居此者可穿夾衣自此以東及南洋諸國天氣

俱和暖四時俱可穿單衣土產鴉片煙硝牛黃白糖棉花海參瑇瑁訶子檀香鴉片有二種一爲公班皮色黑最上一名叭第咕喇皮色赤稍次之皆中華人所謂烏土也出於明呀喇屬邑地名叭旦拏其出曼噠喇薩者亦有二種一名金花紅爲上一名油紅次之出嗎喇他及盎叽哩者名鴨屎紅皆中華人所謂紅皮也出孟買及唧肚者則爲白皮近時入中華最多其木似罌粟葉如靛青子如茄每根僅結子二三顆熟時夜以刀劃其皮分許膏液流出凌晨收之而浸諸水數刻然後取出以物盛之再取其葉曝乾末之雜揉其中視葉末多少

以定其成色葉末半則得膏半然後捏爲團以葉褁之
子出膏盡則拔其根次年再種邇年以來閩粤亦有傳
種者其流毒未知何所底止也
曼𠯿喇薩在明呀喇西少南由葛支里沿海陸行約二
十餘日水路順東風約五六日俱暎咭利所轄地至此
別爲一都會有城郭暎咭利居此者亦有萬人叙跛兵
二三萬此地客商多阿哩敏番卽來粤東戴三角帽者
是也土番名雪那哩風俗與明呀哩畧同土產珊瑚珍
珠鑽石銀銅棉花訶子乳香沒藥鴉片魚翅猳梭豸梭
豸形如小洋狗又有金邊洋布價極貴一疋有值洋銀

八十枚者內山爲嘵包補番嘵包補者猶華言大也本
回回種類其閤國名甚多疆域不過數百里所織布極
精細大西洋各國番多用之
笨支里在曼𠯿喇薩西南爲佛郎機所轄地由曼𠯿喇
薩陸行約四五日水行約日餘卽到土產海參魚翅訶
子棉花猳梭豸內山亦屬嘵包補
呢咕叺當國在笨支里西嶺介中疆域甚小土番名耀
亞
西嶺在笨支里少北又名咕嚕慕由笨支里水路約六
七日陸路約二旬可到爲荷蘭所轄地土番名高䡅子

風俗與明呀哩畧同內山爲乃弩王國土產海參魚翅
棉花蘇合油海參生海中石上其下有肉盤盤中生短
蒂蒂末卽生海參或黑或赤各肖其盤之色豎立海水
中隨潮搖動盤邊三面生三鬚各長數尺浮沈水面採
者以鈎斷其蒂撈起剖之去其穢煮熟然後以火焙乾
各國俱有唯大西洋諸國不產
打冷莽柯國在西嶺西北順東南風約二三日可到疆
域甚小民極貧窮然性頗淳良風俗與上畧同洽海屬
邑有地名咖補者西洋客商皆居此土產海參魚翅龍
涎香訶子

亞英咖在咖補西北順風約五六日可到爲暎咭利所
轄地土番風俗與上畧同土產棉花燕窩椰子訶子
固貞在亞英咖西北水路順風約日餘可到爲荷蘭所
轄地土番風俗與上畧同內山爲晏爹呢咖國實回回
種類土產乳香沒藥魚翅棉花椰子蘇合油血竭砂仁
訶子大楓子
隔瀝骨底國在固貞北少西水路順風約二日可到陸
路亦通風俗與上同土產胡椒棉花椰子俱運至固貞
售賣內山仍屬晏爹呢咖
馬英在隔瀝骨底北少西水路順風約二日可到爲佛

郎機所轄地土產風俗與上略同內山亦屬旻爹呢咖

打拉者在馬英西北陸路相去約數十里爲暎咭利所轄地土番風俗亦與上同土產胡椒海參魚翅淡菜內山仍屬旻爹呢咖

嗎喇他國在打拉者西疆域自東南至西北長數千里沿海邊地分爲三國一小西洋一孟婆囉一麻倫呢爲回回種類凡拜廟廟中不設主像唯于地上作三級取各花瓣徧撒其上羣向而拜或中間立一木椎每月初三各于所居門外向月念經合掌跪拜稽首土產棉花胡椒魚翅鴉片

小西洋在嗎喇他東南沿海邊界由打拉者向北少西行經嗎喇他境約六七日到此爲大西洋所轄地疆域約數百里土番名盈丟奉蛇爲神所畫蛇有人面九首者婚嫁與明呀喱同死則葬于土每年五月男女俱下河洗浴延番僧坐河邊女人將起必以兩手掬水洗僧足僧則念咒取水醎女面然後穿衣起又有蘇都嚕番察里多番咕嚕米番三種多孟婆囉國人西洋人取以爲兵其風俗與盈丟畧同西洋番居此者有二萬人土產檀香魚翅珊瑚犀角象牙鮑魚謝清高云昔隨西洋番舶到此時船中有太醫院者聞其妻死特遣土番賫札回大西洋祖家請于國王以半俸給其家養兒女是知此地亦有陸路可通大西洋也

孟婆羅國在小西洋北山中由小西洋水路順風約日餘可至國境王都在山中以竹爲城疆域亦數百里風俗與小西洋同土產檀香犀角

麻倫呢國在孟婆囉北水路順風約日餘可到疆域風俗與孟婆囉同土產海參魚翅鮑魚二國所產貨物多運至小西洋埔頭售賣

盎叽哩國在麻倫呢北少西水路順風一二日可到疆域風俗與小西洋畧同土產洋葱其頭寸餘熟食味極清酣瑪瑙棉花鴉片內山亦屬嘵包補自旻噠喇薩至

唧肚土番多不食豬牛羊犬唯食雞鴨魚蝦男女俱戴耳環

孟買在盎叽哩北少西相去約數十里爲暎咭利所轄地有城郭土番名叭史顏色稍白性極淳良家多饒裕暎咭利鎮此地者有數千人土產瑪瑙大葱棉花阿魏乳香沒藥魚膏魚翅鴉片番鹼棉花最多亦小西洋一大市鎮也鄰近嗎喇他盎叽哩嘵包補唧肚諸國多輦載貨物到此貿易其內山亦屬嘵包補

蘇辣在孟買北水路約三日可到亦暎咭利所轄土番

名阿里敏土產同上
淡項讀平聲在蘇辣北水路約日餘可到爲西洋所轄土產同孟買
唧肚國在淡項北疆域稍大由淡項水路順風約一二日可到風俗民情與盎叽哩諸國畧同土產鴉片海參魚翅俱運往蘇辣孟買販賣自明呀喇至此西洋人謂之哥什嗒我總稱爲小西洋土人多以白布纏頭所謂白頭鬼也遇王及官長蹲身合掌上于額俟王及官長過然後起子見父母亦合掌于額平等相見亦如之其來中國貿易俱附暎咭利船本土船從無至中國中國船亦無至小西洋各國者自此以西海波洶湧一望萬里舟楫不通淺深莫測沿海諸國不可得而紀矣海國見聞謂小西洋西南皆烏鬼國延袤萬里直趨西南海中小西洋與大西洋海道不能直通實爲烏鬼國所阻與謝清高所述互異余止錄所聞于謝清高者以俟博雅之考核不敢妄爲附會也其唧肚內山則爲金眼回回國聞其疆域極大不與諸國相往來故其風俗土產亦不可得而紀也
柔佛國在舊柔佛對海海中別一島嶼也舊柔佛番徙居於此周圍數百里由白石口南行約半日即到土番

爲無來由種類性情兇暴以劫掠爲生土產檳榔膏沙藤椰子冰片
雷哩國在柔佛西南海中別峙一大山不與柔佛相連由柔佛渡海而南行約日餘可到疆域約數百里風俗土產與柔佛同土番較強盛潮州人多貿易于此海東北爲琴山徑
錫哩國在雷哩西北疆域風俗與雷哩同由雷哩買小舟沿海行約四日可到海東北爲麻六甲由此又西北行約二日仍經紅毛淺土產魚脯冰片椰子胡椒
大亞齊國在錫哩西北疆域稍大由紅毛淺外海西北行日餘即到由國都向西北陸行五六日水路順風一二日則至山盡處俱屬大亞齊風俗與無來由各國同海東北岸爲沙喇我國山盡處則與新埠斜對土產金冰片沙藤椰子香木海菜
呢咕吧拉西南海中孤島也由亞齊山盡處北行少西順風約十一二日可到土番俱野人性情淳良日食椰子孰魚不食五穀閩人居吉德者常偕吉德土番到此採海參及龍涎香其海道亦向西北行約旬日可到由此又北行約半日許有牛頭馬面山其人多人身馬面是食人海艘經過俱不敢近望之但見雲氣屯積天日

晴朗遥見山頂似有火燄焉又北行旬日即到明呀喇海口若向北少西行順風六七日可到曼噠喇薩

小亞齊國一名孫支在大亞齊西由大亞齊西北行經山盡處轉東南行約日餘可到疆域亦數百里風俗與大亞齊同土產金沙藤胡椒椰子氷片

蘇蘇國在小亞齊南水路順風約二日即到疆域風俗土產與小亞齊同

叭當國在蘇蘇東南水路順風亦二日可到疆域風俗土產均與上畧同海西别有一島爲呢是國

呢是國又名哇德在蘇蘇叭當二國之西海中獨峙一山民似中國而小常相擄掠販賣出入必持標鎗懼火不食五穀唯以沙穀米合香蕉煎食年老者子孫則抱置樹杪環其下而搖之俟跌死而後已其滅絶倫理至於此極豈其性然耶亦未沐聖人之化無以復其初也自此以西海中多大石風濤險阻難以通行故大西洋海舶往小西洋各國貿易必由叭當之西呢是之東茫讀莫汎切咕嚕在叭當東水路順風約五六日可到陸路亦通但山僻多盜賊故鮮有行者沿海都邑近爲暎咭利所奪國王移居山內然暎咭利居此者不過數十人紋跛兵數百而已土產海參丁香豆蔻胡椒椰子檳榔

舊港國即三佛齊也在茫咕嚕東疆域稍大由茫咕嚕東南行約三四日轉北入噶喇叭峽口順風行半日方出峽峽東西皆舊港國疆土峽西大山名網甲别峙海中山麓有文都上盧寮下盧寮新港等處山南復有二小島一名空売檳榔一名朱廊哩皆產錫閩粤人到此採錫者甚衆文都有暎咭利鎮守而榷錫税凡採錫者俱向借資斧得錫則償之每百觔止給洋銀八枚無敢私賣國王所都在峽西由文都對海入小港西行四五日方至亦有荷嘣鎮守兩岸居民俱臨水起屋頗稱富庶國王殿廷爲三級每日聽政王坐於上次列各酋長庶民爭訟者俱俯伏於下體制嚴肅而民性兇惡多爲盜賊不知尊中國而畏荷嘣暎咭利如虎凡有誅求無敢違抗者無來由番皆然不獨此國也土產金錫沙藤速香降香胡椒椰子檳榔氷片水鹿

龍牙國在舊港北由峽口水路到此順風約三日由此北行日餘則爲柔佛西北行日餘則至雷哩此山多木大者數十圍中華洋船至此多換桅柁凡雷哩錫哩大小亞齊蘇蘇叭當茫咕嚕舊港龍牙九國實同此一山皆無來由種類唯大亞齊蘇蘇民稍淳良餘俱兇惡以盜劫爲生涯凡無來由各國俱產黑燕窩速香降香雞

嘗香檳榔椰子海菜
噶喇叭在南海中爲荷囒所轄地海舶由廣東[illegible]者走
內溝則出萬山後向西南行經瓊州安南至崑崙又南
行約三四日到地盆山萬里長沙在其東走外溝則出
萬山後向南行少西約四五日過紅毛淺有沙坦在水
中約寬百餘里其極淺處止深四丈五尺過□又行三
四日到草鞋石又四五日到地盆山與內溝道合萬里
長沙在其西溝之內外以沙分也萬里長沙者海中浮
沙也長數千里爲安南外屏沙頭在陵水境沙尾卽草
鞋石船誤入其中必爲沙所湧不能復行多□壞者過
此須取木板浮于沙面人臥其上數日內若有海船經
過放三板拯救可望生還三板海舶上小舟也舟輕而
浮故沙上可以往來若直立而待數刻卽爲沙掩沒矣
七洲洋正南則爲千里石塘萬石林立□濤怒激船若
誤經立見破碎故內溝外溝亦必沿西南從無向正南
行者由地盆山又南行約一日到綱甲經噶喇叭峽出
峽口又南行過三洲洋約三日到頭次山卽噶喇叭邊
境也上有中華人所祀土地祠又行二十餘里到海次
山有數島一以居中華之爲木工者一爲瘋疾所居一
爲罪人絞死之所俗呼爲弔人山其餘皆以囤積貨物

凡木工多用風鋸其製先爲一板屋令四柱皆活可隨
意遷轉取大木一長於板屋數尺圓以爲軸橫穿左右
兩壁鐵環之以軸納其中兩端出於壁外以一端爲輪
輪十六輻分兩層環植於軸內層與外層各八相間尺
餘其長數尺編竹篾以爲帆帆有八斜張於內外輻上
以乘風兩輻則張一帆其長視輻寬則較內外輻之縱
而定其尺寸上復冪以布帆帆乘風而輪轉則軸隨之
而轉布帆則視風之疾徐以爲舒卷疾則卷徐則張屋
內軸上環以數鐵鋸架木于鋸端以石壓之鋸隨軸轉
則木自裂矣所以活屋之四柱而任意遷徙者欲以乘
八風也過海次山則至噶喇叭山山縱橫千里有城郭
砲臺南海中一大都會也本荷囒所轄地後暎咭利師
侵而奪之荷囒行成仍命管理而歲收其貢稅焉荷囒
番鎮守此地者三四千人又有烏番兵數千凡荷囒分
守南洋及小西洋各國者俱聽噶喇叭差官調遣土番
亦無來由種類俗尙奢靡宮室衣服器用俱極華麗出
入皆用馬車與明呀喇布路檳榔息辣各處相同而噶
喇叭爲尤盛中國無來由大西洋小西洋各國莫不磬
珍寶貨物商販于此中華人在此貿易者不下數萬人
有傳至十餘世者然各類自爲風氣不相混也民情兇

暴用法嚴峻中華人有毆荷蘭番者法斬手毆其婦女者法絞烏番兵俱奉天主教死則葬於廟荷蘭番死則葬於墳園土番風俗與太泥咭蘭丹各國同土產落花生白糖丁香咖噠子燕窩帶子冰片麝香沈香

萬丹國在噶喇叭南疆域甚小與噶喇叭同一海島由噶喇叭陸路南行三四日可到亦無來由種類風俗與噶喇叭同土產珍珠佳紋席極佳國南臨大海海中有山層巒疊巘峷兀崚嶒時有火燄引風飄忽入夏尤盛俗呼為火燄山蓋南方秉離火之精是山又居其極故火氣蒸鬱乘時發露焉西洋番云其國常有船至此者

船中人土山探望攀危躡險遙見山番穴處而食生魚覺人窺伺噪而相逐蹇趨而逃後者輒為所殺爭生食之比回船僅存十六人急掛帆而遁自此無敢復至者

尖筆闌山在地盆山東少南南海中小島也周圍百里有土番數百人亦無來由種類尖筆闌者華言九也山有九峯故土番呼為尖筆闌由地盆山東行約二日可到山西北即千里石塘土產檳榔椰子冰片

咕噠國疑即古志所稱瓜哇也在尖筆闌山東南海中別起一大山迤邐東南長數千里十數國環據之或謂之息力大山此其西北一國也由尖筆闌東南行順風約二三日可到王居埔頭有荷蘭番鎮守由埔頭買小舟沿西北海順風約一日到山狗王地名為粵人貿易耕種之所由此登陸東南行一日到三劄又名打喇鹿其山多金內山有名喇喇者有名息邦者又有烏落及新泥黎各名皆產金而息邦金為佳皆咕噠所轄地

吧薩國一名南吧哇在咕噠東南沿海順風約日餘可到地不產金中華人居此者唯以耕種為生所轄地有名松柏港者產沙藤極佳亦有荷蘭鎮守

崑甸國在吧薩東南沿海順風約日餘可到海口有荷蘭番鎮守洋船俱灣泊於此由此買小舟入內港行五

里許分為南北二河國王都其中由北河東北行約一日至萬喇港口萬喇水自東南來會之又行一日至東萬力其東北數十里為沙喇蠻皆華人淘金之所乾隆中有粵人羅方伯者貿易于此其人豪俠善技擊頗得眾心是時常有土番竊發商賈不安其生方伯屢率眾平之又鱷魚暴虐為害居民王不能制方伯為壇於海旁陳列犧牲取韓昌黎祭文宣讀而焚之鱷魚遁去華夷敬畏尊為客長死而祀之至今血食不衰云

萬喇國在崑甸東山中由崑甸北河入萬喇港口舟行八九日可至山多鑽石亦有荷蘭番鎮守

戴燕國在崑甸東南由崑甸南河向東南遡洄而上約七八日至雙文肚即戴燕所轄地又行數日至國都乾隆末國王暴亂粵人吳元盛因民之不悅刺而殺之國人奉以爲主華夷皆取決焉元盛死子幼妻襲其位至今猶存

卸敖國在戴燕東南由戴燕內河逆流而上約七八日可至

新當國在卸敖東南由卸敖至此亦由內河行約五六日程聞由此再上將至息力山頂有野人皆鳥首人身云自戴燕至山頂皆產金山愈高金亦愈佳特道遠至

彼者鮮故其金歲不多得自咕噠至萬喇連山相屬陸路通行閩粵到此淘金沙鑽石及貿易耕種者常有數萬人戴燕卸敖新當各國亦有數百人皆任意往來不分疆域唯視本年所居何處則將應納丁日稅餉交該處客長轉輸荷蘭而已其洋船凳頭金亦荷蘭征收本國王祇聽荷蘭給發不敢私征客商也華人居此多娶妻生育傳至數世者其婦女淫亂不知廉恥唯衣服飲食稍學中國云土番皆無來由種類以十二月爲一歲不計閏每歲將終國中無貴賤老幼皆禁煙一月日中唯閉戶安寢夜靜始舉火具食念經徹旦其聲極高平

時則七日一禮拜國王亦然別築禮拜亭至期王及酋長有職事者咸集其中王坐于上番僧列坐其下念經終日而後散民居多板屋三層約束女子甚嚴七八歲即藏之高閣令學針黹十三四歲則贅壻然必男女自相擇配非其所願父母不能強也合婚之夜即以所居正室爲新郎臥房女父母兄弟俱寢于前室女若不貞壻嘗立行刺殺或并殺其父母兄弟而去無敢相仇者夫婦居室無被褥唯以寬幅布長丈餘或用絲綢縫兩端同寢其中作合歡睡終其身無相背而寢者其女亦無嫁中華人者以不食豬肉恐亂其教也其男子若出

海貿易必盡載資財而行妻妾子女在家止少留糧食而已船回則使人告知其家必其妻親到船接引然後回否則以爲妻妾棄之即復張帆而去終身不歸矣所穿沙郎水幔貧者以布富者則用中國絲綢織爲文彩以精細單薄爲貴王女不下嫁臣庶唯兄弟相爲婚王自偁曰亞孤國人偁王曰斷孤偁王兄弟叔姪亦曰斷孤但連其名而偁之子偁父曰伯伯偁母曰妮讀泥馬切弟偁兄曰亞王兄偁弟曰亞勒謂步人曰補藍攀謂女子曰吧喇攀謂夫曰滙居謂婦曰米你自偁其子曰亞匿滙居偁其女已嫁者曰亞匿補藍攀在室者曰亞匿吧

喃攣僯姪及孫俱曰就將僯姊如兄曰亞王而加補藍
攣吧喇攣以別出嫁在室者僯妹曰亞勒亦如弟其出
嫁在室亦加補藍攣吧喇攣以別之謂汝曰魯自僯曰
哇頭謂之呷哈喇手謂之打岸足謂之卡居眼謂之麻
杓耳謂之鼓平鼻謂之氣龍口謂之靡律凡僯一為沙
都二為路哇三為低隔四為菴叭五為黎壓六為安讀阿
切歡喃七為都州八為烏拉班九為尖筆闌十為十蒲盧
百為沙喇殺都律切千為沙哩無萬為沙澌沙凡食謂之
馬干飯謂之拏敘酒謂之阿澌菜謂之灑油米謂之勿
辣穀謂之把哩豆謂之咖將銀謂之杯讀比卯切澌金謂之

錄　三十二

亞末銅謂之打幔呀鐵謂之勿西錫謂之帝嗎錢謂之
卑筆中國所用番銀則謂之連無來由各國大畧相同
也其民尚利好殺雖國王亦嘗南塘一出王薨則以布
束其屍棺擇地為園陵以得水為吉不封不樹山中獠
子極盛雖各據一方不敢逾越稍有遷徙輒相殘滅故
雖強盛而見無來由荷蘭及中華人皆畏懼不敢與爭
恐大兵動無所逃遁也中華人初到彼所娶妻妾皆獠
子女其後生齒日繁始自相婚配鮮有以獠女為妻者
矣獠性尤兇暴喜殺得人首級則歸懸諸門以多者為
能云各國俱產冰片燕窩沙藤香木胡椒椰子藤席

馬神在崑甸南少東由崑甸沿海順風東南行約二日
經戴燕國境又行二三日到此疆域風俗與上畧同土
產鑽石金藤席香木豆蔻冰片海參佳紋席猩猩藤席
極佳鑽石即金剛沙產此山者色多白產亞咩哩隔者
色具五采大者雖黑夜置之密室光能透徹諸番皆寶
之一顆有值白金十餘萬兩者西洋人得極大者奉為
至寶雖竭資購之不惜也小者則以為鑽用治玉石玻
璃堅無不破獨畏羚羊角云山中有異獸不知其名狀
似猴見人則自掩其面或以沙土自壅
蔣哩悶讀去聲在馬神東南沿海順風約二日可到疆域

錄　三十三

稍狹風俗土產與鄰國同
三巴郎國在蔣哩悶南少東海道順風約二三日可到
疆域頗大閩粵人至此者亦多土產沈香海參沙藤燕
窩蜜蠟冰片菸以上三國皆無來由種類為荷蘭所轄
即在噶喇叭東北
麻黎國在三巴郎東南疆域同三巴郎沿海順風約四
五日可到土番名耀亞人多貧窮而甚勤儉風俗淳厚
異于無來由男女俱穿彩衣無鈕以繩束之下體不穿
褲圍以長幅布男戴帽平頂女人髻盤于左喜花常採
各花以線穿之掛於頸如掛珠狀死則葬于土無棺槨

每歲迎神賽會舉國若狂翦紙爲儀仗送至水邊盡棄之急趨而散不知其何爲也娶妻亦童養夫死不再嫁年輕者居夫喪亦穿吉服至二十五歲然後鬋髮而居二十五歲而後寡者當時卽鬋髮既鬋髮出必以布蒙其頭亦不加彩有犯姦者事覺則衆人帶至廟中戒飭之以水灑其面謂之洗罪與明呀喱俗畧同國王名耀亞王居山中土產珍珠海參燕窩魚翅沙藤胡椒沈香氷片

茫讀莫泥切咖薩在麻黎東南沿海約四五日可到亦耀亞種類疆域風俗土產均與麻黎畧同二國俱用中國錢歷代制錢俱有存者

細利窪在茫咖薩東南由海道行約二三日可到沿海土番爲無來由種類內山土番爲耀亞種類耀亞王所居山名伯數奇風俗各從其類皆歸荷蘭管轄三國亦與噶喇叭鄰近其貨物多歸噶喇叭售賣自咕嚧至此同據息力大山西南半面而各分港門其港口皆西向由此東南行海中多亂山周圍或數百里或數十里各有山番占據多無來由耀亞二種別有一種名舞吉子富者攜眷經商所至卽安無故土之思亦無一定之寓貧者則多爲盜劫其國名未能悉數也

唵悶國卽細利窪東南海中亂山之一也萬丹南火燄山在國之西北亦無來由種類而性稍善良土產丁香豆蔻有荷蘭番鎮守

唵門國亦亂山之一風俗土名與唵悶同原歸荷蘭管轄近爲暎咭利所奪

地問在唵門東南海中別起一大島周圍數千里島之西南爲地問歸西洋管轄島之東北爲故邦歸荷蘭管轄山中別分六國不知其名天氣炎熱男女俱祼體圍水幔而風俗淳厚不種稻粱多食包粟閩粤人亦有於此貿易者土產檀香蠟蜂蜜貨物亦運往噶喇叭售賣

文來國在細利窪西北由細利窪東南入小港向西北行順風約五六日可至由地問北行順風七八日可至幅幀甚長中多亂山絕無居人奇禽野獸莫能名狀土番亦無來由種類喜穿中國布帛土產燕窩氷片沙藤胡椒

蘇祿國在文來北少西舟由文來小港順東南風約七八日可至風俗土產與文來同貨物多運往崑甸馬神售賣二國同據息力大山東北半面山中絕巘崇巖荊榛充塞重以野番占據不容假道故與西南諸國陸路不通船由廣東往者出萬山後向東南行經東沙過小

呂宋又南行即至蘇祿海口由咕嗟往則須向東南行至細利窪入小港轉西北沿山行經文來然後可至其國西北大海多亂石洪濤澎湃故雖與咕嗟比鄰舟楫亦不通也

小呂宋本名蠻哩喇在蘇祿尖筆闌之北亦海中大島也周圍數千里爲呂宋所轄故名小呂宋地宜五穀土番爲英酉鬼與西洋同俗性情强悍樂于戰鬭呂宋在此鎮守者有萬餘人中華亦多貿易于此者但各寓一方不能逾境欲通往來必請路票歲輸丁口銀甚重土産金烏木蘇木海參所屬地有名伊祿咕者小呂宋一

大市鎮也米穀尤富其東北海中别峙一山名耶黎亦屬呂宋其人形似中國其地產海參千里石塘是在國西船由呂宋北行四五日可至臺灣入中國境若西北行五六日經東沙又日餘見擔干山又數十里即入萬山到廣州矣東沙者海中浮沙也在萬山東故呼爲東沙往呂宋蘇祿者所必經其沙有二一東一西中有小港可以通行西沙稍高然浮于水面者亦僅有丈許故海舶至此遇風雨往往迷離至于破壞也凡往潮閩江浙天津各船亦往往被風至此泊入港內可以避風掘井西沙亦可得水沙之正南是爲石塘避風于此者慎不可妄動也

妙哩士西南海中島嶼也周圍數百里爲佛郎機所轄凡大西洋各國船回祖家必南行繞嗎喇叭至地問然後轉西少北行約一月可到此山無土人其所居皆佛郎機及所用烏鬼奴土產烏木由此向北少西行約半月有奇謂之過峽一路風日晦暝波濤洶怒寒雪飄零六月不息舟人戰慄咸有戒心其天氣與妙哩士迥别過峽後至一島謂之峽山爲荷蘭所轄天復炎熱但海闊風狂波浪騰湧舟行經此遇風過猛必須稍待風和而行山亦無土人唯荷蘭及鬼奴居之土產梨牛黄有

大鳥莫知其名其卵大數寸由此更北行少西順風約七八日復至一島名散爹哩周圍約百里爲暎咭利來往泊船取水之地無土產有暎咭利兵在此鎮守

大西洋國又名布路叽士氣候嚴寒甚於閩粵由散爹哩正北行約二旬可到國境其海口南向有二礮臺謂之交牙礮臺儲大銅礮四五百架有兵二千守之凡有海艘回國及各國船到本國必先遣人查看有無出痘瘡者若有則不許入口須待痘瘡平愈方得進港內有市鎮七處如中國七府由交牙礮臺進港行數十里到預濟窩亞此一大市鎮也國王建都于此有砲臺無城

郭又由此進則爲金吧喇亦一市鎭凡入中華爲欽王監及至澳門作大和尚者多此土人又進爲窩嗟又進爲維丟其餘爲耒嚕爲阿喇咖爲渣彼皆大市鎭也人煙稠密舟車輻輳各有重兵鎭守土番色白好潔居必樓屋器用俱極精巧色尚白凡墻屋皆以灰塗飾稍舊則復塗之女人亦以色白者爲貴稱王曰哩王太子曰黎番爹王子曰吣林西彼王女曰吣林梭使相國爲干爹將軍爲嗎喇吼乍文官有五等一善施哩二明你是路三信伊干第四東噶哩爹五秦嗎哩噶哆武官有九等一果囉你呢二爹領第果囉你呢三薩喇生第摹喇四蠻喲五呷吣丹六爹領第七阿哩梭裒八噶爹九波嗟蠻哩水師官亦有五等一色嗨裒二呷吣丹嗎喇惹喇三呷吣丹爹領第嗟士四呷吣丹爹領第五爹領第嗎喇其鎭守所屬外洋埔頭各官即取移居彼處之富戶爲之亦分四等一威伊哆掌理民間雜事一油衣使掌理鬭爭一爹佐哩路掌理糧稅一油衣使亞哩乃掌理出入船艘本國每歲別差一文一武到彼管轄疆域大者或差三四人每有大事則六人合議若所差官未攜眷屬則必俟威伊多等四人熟議與彼處民情土風相宜然後施行差官不得自專若均有室家則聽差官

主謀士官多不與爭謂其患難相共也男子上衣短衣下穿褲皆極窄僅可束身有事則加一衣前短後長若蟬翅然官長兩肩別鑲一物如壺蘆形金者爲貴銀次之帽圓旁直而上平周圍有邊女人上衣亦短窄下不穿褲以帬圍之多至八九重貧者以布富者以絲俱以輕薄爲上年輕則露胸老者掩之出必以寬幅長巾掛其首垂至兩膝富者更以黑紗掩其面紗極細緻遠望之如雲煙其價有値一二十金者手中多弄串珠富者則以珍珠或鑽石爲之男女俱穿皮鞋自國王至於庶民無二妻者妻死然後可再娶夫死亦可再嫁生女欲擇壻男家必先計其粧奩滿其所欲而後許之父母但以女不得嫁爲恥雖竭家資不惜也而男之有婦與否則不復計婚禮不禁同姓唯親兄弟不得爲婚寡婦再醮者雖叔姪亦相匹凡至親爲婚者必詣教主求婚教主許然後婚教主者廟中大和尚也俗奉天主教所在多立廟宇每七日婦女俱到廟禮拜凡娶妻男女俱至廟聽大和尚說法然後同歸入贅者則歸女家男女將議婚父母媒妁必先告教主教主則出示通諭俾衆其知男女先有私約許以情告若有告者即令從其私約雖父母莫能爭也婦女有犯姦淫及他罪而欲改過者則

進廟請僧懺悔僧坐于小龕中旁開一竅婦女跪于竅下向僧耳語訴其情實僧爲說法謂之解罪僧若以其事告人衆知之則以僧爲非其罪殺凡男女有犯法恐家主罪之者至廟中求僧僧若許爲解釋以書告其家主家主雖怒不敢復罪也人死俱葬于廟中有後來者則擇其先葬者掘取其骸棄諸廟隅而令後至者葬其處生死皆告于廟僧爲記其世系然其家三代以後亦不復知其祖矣國王立不改元以奉天主教紀其年每年以冬至後七日爲歲始合計一歲而分十二月不論月之合朔與否故月有三十一日者以月借日而光爲

不足法也冬至後五十餘日國中男女俱不肉食謂之食齋至四十九日而後止將止三日婦女徧拜各廟謂之尋祖先三日後則廟僧將所藏木雕教主像置之廟堂或置路隅先見者則徧告以爲尋獲次日番僧及軍民等送置别廟藏之大和尚出迎穿大衣長至地衣四角使四僧牽之爲布幕其長丈許寬五六尺用四竿擎其四角擇富戶四人人執一竿大和尚在幕下手執圓鏡中有十字形儀仗軍士擁之而行見者咸跪道旁俟和尚過而後起其女人亦有出家爲尼者别爲一廟居之而扃閉其門戶衣服飲食俱自賫進終其身不復出

有女爲尼則其家俱食祿于王父母有罪尼爲書請乞輕重咸赦除之凡軍民見王及官長門外去帽入門趨而進手撫其足而嗅之然後垂手屈身拖腿向後退數步立而言不跪子見父久别者亦門外去其帽趨進抱父腰父以兩手拍其背嘴相親數四子乃屈身拖腿退數步立而言未冠則不抱腰但趨進執父手嗅之餘儀同見母則母抱子腰亦親嘴數四子乃垂手向後屈身拖腿如前時見但垂手向後屈身拖腿如前子幼早晚見父母俱執手嗅之餘如前見祖父如見父見祖母如見母兄弟及親戚相好者久别相見則相抱然後垂手

屈身見長輩如見父儀而不相親嘴長輩而年相若者亦相抱唯卑者微懸其足女見父母及祖父母幼則如男長則趨進執其手嗅之退後兩手攝其帬稍屈足數四見舅姑亦如之親戚男女相見男則垂手屈身拖腿女則兩手攝其帬屈足數四然後坐女相見則相向立各攝其帬屈足左右團轉然後坐朋友親戚路遇則各去其帽出外攜眷回家有親戚訪問者女人必出陪坐諳女人出外遊觀則丈夫或家長親戚攜手同行亦有一男攜二女而行者此其大畧也俗貴富而賤貧其家富豪貧者雖兄弟叔姪皆不敢入其室不敢與同食云

土產金銀銅鐵白鐵珊瑚硇砂鼻煙柴魚蒲桃酒番鹼哆囉絨羽紗嗶吱鐘表民多種麥無稻耕犁俱用馬

大呂宋國又名意細班惹呢在西洋北少西由大西洋西北行約八九日可到海口向西疆域較西洋稍寬民情兇惡亦奉天主教風俗與西洋略同土產金銀銅鐵哆囉絨羽紗嗶吱蒲桃酒琉璃番鹼鐘表凡中國所用番銀俱呂宋所鑄各國皆用之

佛朗機國又名佛蘭西在呂宋北少西疆域較呂宋尤大沿海舟行四十餘日方盡由呂宋陸行約二十日可到民情淳厚心計奇巧所製鐘表甲于諸國酒亦極佳風俗土產與西洋畧同亦奉天主教所用銀錢或三角或四方中俱有十字文

荷蘭國在佛朗機西北疆域人物衣服俱與西洋同惟富家將死所有家產欲給誰何必先呈明官長死後即依所呈分授雖給親戚朋友亦聽若不預呈則籍沒雖子孫不得守也原奉天主教後因寺僧滋事遂背之然仍立廟宇亦七日則禮拜死則葬于壙園國王已絕嗣羣臣奉王女爲主世以所生女繼今又絕國中不復立王惟以四大臣辦理國政有死者則除其次如中國循資格以次遷轉不世襲所屬各鎮雖在數萬里之外悉遵號令無敢違背豈其公忠之氣足以震懾與抑其法度有獨詳明者與亦以天主教紀年國中所用銀錢爲人形騎馬舉劍謂之劍錢亦有用紙鈔者土產金銀銅鐵琉璃哆囉絨羽紗嗶吱番鹼酒鐘表羽紗琉璃甲于諸國

伊宣國在荷蘭北疆域較西洋稍狹由荷蘭向北行約七八日可到風俗土產與西洋同

盈蘭你是國在伊宣西北疆域風俗土產與伊宣同由伊宣沿海向北少西行約旬餘可到

亞哩披華國在盈蘭你是東其南與佛郎機毗連由盈蘭你是向東少北行約數日可到人頗豪富男子所穿衣較西洋稍長女人以巾裹頭連下頷包之頭戴一圈平頂插以花其額圍以珠翠亦稍異西洋云

淫跛輦國在亞哩披華東北風俗疆域土產畧同其伊宣盈蘭你是亞哩披華淫跛輦各國交界處有地名郎嗎衆建一廟禮拜者日無隙晷是西洋呂宋佛郎機伊宣淫跛輦雙鷹單鷹七國所共奉祀盈蘭你是亞哩披華二國則不拜

祕（部律切）古國在西洋呂宋佛朗機之後港口在伊宣各國之北疆域極大本回回種類人民強盛穿大袖衣裹

頭服皮服不與諸國相往來西洋人謂之仍跛喇多者

猶華人言大國也唯稱中華及祕古爲然

雙鷹國又名一打輦在祕古港口之西北疆域與西洋同與單鷹國爲兄弟患難相周恤亦奉天主教風俗大畧亦與西洋同番船來廣東有白旗上畫一鳥雙頭者即此國也

單鷹國又名帶輦在雙鷹西北疆域風俗畧同番船來廣東用白旗畫一鷹者是

埔魯寫國又名嗎西噶北在單鷹之北疆域稍大風俗與回回同自亞哩披華至此天氣益寒男女俱穿皮服彷彿與中國所披雪衣夜則以當被自此以北則不知其所極矣

暎咭利國即紅毛番在佛郎機西南對海由散爹哩向北少西行經西洋呂宋佛郎機各境約二月方到海中獨峙周圍數千里人民稀少而多豪富房屋皆重樓疊閣急功尚利以海舶商賈爲生涯海中有利之區咸欲爭之貿易者徧海內以明呀喇曼噠喇薩孟買爲外府民十五以上則供役于王六十以上始止又養外國人以爲卒伍故國雖小而強兵十餘萬海外諸國多懼之海口埔頭名懶倫由口入舟行百餘里地名論倫國中一大市鎮也樓閣連綿林木葱鬱居人富庶匹于國都有大吏鎮之水極清甘河有三橋謂之三花橋橋各爲法輪激水上行以大錫管接注通流藏于街巷道路之旁人家用水俱無煩挑運各以小銅管接于道旁錫管藏于墻閉别用小法輪激之使注於器王則計戶口而收其水稅三橋分主三方每日轉運一方令人徧巡其方居民命各取水人家則各轉其銅管小法輪水至自注於器足三日用則塞其管一方徧則止其輪水立涸次日别轉一方三日而徧週而復始其禁令甚嚴無敢盜取者亦海外奇觀也國多娼妓雖姦生子必長育之無敢殘害男女俱穿白衣凶服則用黑武官俱穿紅女人所穿衣其長曳地上窄下寬腰閒以帶緊束之欲其纖也帶頭以金爲扣名傳咕魯士兩肩以絲帶絡成花搽縫於衣上有吉慶延客飲燕則令女人年輕而美麗者盛服跳舞歌樂以和之宛轉輕捷謂之跳戲富貴家女人無不幼而習之以俗之所喜也軍法亦以五人爲伍伍各有長二十人則爲一隊號令嚴肅無敢退縮然唯以連環鎗爲主無他技能也其海艘出海貿易遇覆舟必放三板拯救得人則供其飲食資以盤費俾得名返其國否則有罰此其善政也其餘風俗大畧與西洋

同土產金銀銅錫鉛鐵白鐵藤哆囉絨嗶吱羽紗鐘表玻璃呀蘭米酒而無虎豹麖鹿

綏亦咕國在暎咭利西少北疆域與西洋畧同風俗土產如暎咭利而民情較淳厚船由荷蘭往約旬餘由暎咭利約六七日可到來廣貿易其船用藍旗畫白十字

盎黎嗎祿咖國在綏亦咕西北與綏亦咕同一海島陸路相通而疆域較大人稍粗壯風俗土產同即來廣州黄旗船是也

咩哩干國在暎咭利西由散爹哩西少北行約二月由暎咭利西行約旬日可到亦海中孤島也疆域稍狹原

為暎咭利所分封今自為一國風俗與暎咭利同即來廣東之花旗也土產金銀銅鐵鉛錫白鐵玻璃沙藤洋參鼻煙呀囒米洋酒哆囉絨羽紗嗶嘰其國出入多用火船船內外俱用輪轆中置火盆火盛沖輪輪轉撥水無煩人力而船行自駛其製巧妙莫可得窺小西洋諸國亦多效之矣自大西洋至咩哩干統謂之大西洋多尚奇技淫巧以海舶貿易為生自王至于庶人無二妻者山多奇禽怪獸莫知其名而無虎豹麖鹿凡船來中國皆南行過峽轉東南經地問噶喇叭置買雜貨北入噶喇叭峽過茶盤即地盆經紅毛淺而來若不泊噶喇叭則由地問北經馬神崑甸西至茶盤北經紅毛淺而來九月以後北風急則由地問借風向文來蘇祿小呂宋東沙而來其往小西洋貿易者則山噶喇叭西北行經蘇蘇之西呢是之東又西北經呢咕吧拉而往由小西洋復來中國則東南行經亞齊東北麻六呷西南入白石口轉茶盤而來遇北風則由白石口東南行至細利窪入小港經蘇祿小呂宋東沙而來內港船來往則必乘南北風其蘇祿呂宋一道從未有能借風而行者此其大畧也

亞咩哩隔國在峽山正西由峽山西行約一月可到土

番為順毛烏鬼性情淳良疆域極大分國數十各有土王不相統屬總名亞咩哩隔天氣炎熱與南洋諸國同中有一山名沿你路周圍較西洋國為大近年西洋王移都于此舊都命太子監守由沿你路西行十餘日地名埋衣鄉亦為西洋所轄又西行十餘日至彼咕嚏哩則為暎咭利所轄其餘各國亦多為荷蘭呂宋佛郎機所侵占至此者腳多生蟲其形如蝨須長洗浴挑剔始巳土產五穀鑽石金銅蔗白糖又有一木可為粉土番多食之由此東北行亦通花旗各國

鬈毛烏鬼國在妙哩士正西由妙哩士西行約一月可

至疆域不知所極大小百有餘國民人惷愚色黑如漆
髮皆鬈生其麻沙密紀國生哪國咖補呸葦國皆爲西
洋所奪又嘗掠其民販賣各國爲奴婢其土產五穀象
牙犀角海馬牙橙西瓜
哇夫島　哇希島　匪支島　唵你島　千你島　鸛
格是　哪葦吧　亞哆歪以上八島俱在東海由地問
正東行約二月可到每島周圍十餘里各有土番數百
其地多豬西洋船經此取鐵釘四枚即換豬一頭可三
十觔人性渾厖地氣炎熱土番不穿布帛唯取鳥衣或
木皮圍下體能終日在水中有娼妓見海舶來俱赤身
落水取大木一段承其頷浮游水面海舶人招呼之即
至聽其調□與之鐵釘二枚則喜躍而去不知其何所
用也有花旗番寓居亞哆歪採買貨物土產珍珠海參
檀香薯芋無五穀牛馬雞鴨有果不知其名形似柚而
小熟時土人取歸火煨而食之味如饅頭不食鹽由此
又東行二三月海中有三山西洋人呼其一爲努玉一
爲衫唓一爲亞喇德反立無居人唯有鳥獸間過此以
東則南針不定番船亦不敢復往云
開於在東北海由哇夫島北行約三月可到謝清高云
伊昔隨西洋海舶至此採買海虎灰鼠狐狸各皮天氣

凝寒雪花徧地船初至海口有冰塊流出大者尋丈未
敢遽進鳴大礮有土人搖小船來引其船皆刳獨木爲
之船中有通其語者故得與交易聞其地名似爲開於
二音遂呼爲開於其人甚稀而形似中國食乾魚每日
見太陽在南方高僅數丈一二時即落而未甚昏黑惟
戌亥二時始晦餘時俱可見人每月唯望前後數日可
見月光星光則未見也初到時手足皆凍裂而土人無
恙唯來往手中皆執大木葉二坐則以足踏之知必有
取也亦效之果愈不知爲何木也土人極喜中國皮箱
見則以皮交易而去偶上岸步行入一土窟土人外出
見藏皮箱十餘開看皆裝人頭二顆怖而返由此復北
行二十餘日至一海港復鳴礮不見人來遂不敢進聞
其北是爲冰海云其東洋諸國淸高所未至故皆不錄

姪懋建校字

海國紀聞一卷

〔清〕李明農撰

《海國紀聞》一卷，清李明農撰。明農字詒卿，廣西蒼梧人。首有友人徐瀾序，末有宋淵島跋。據序所言，明農不事舉業，放迹江湖，時與海内名流遞相唱和，詩名頗著，至爲朝鮮行人所重。其時粤人謝清高游歷海外十四年，歸而兩目皆盲，囑鄉人楊炳南據其口授，於嘉慶二十年（一八二〇）撰成《海録》一書。明農不忍謝清高之際遇湮没無聞，遂據《海録》作詩百首，記謝清高親歷海外諸國之風土人情，彙爲一卷。所附《東南洋各國沿革圖》、《西南洋五印度沿革圖》、《小西洋利未亞洲沿革圖》、《大西洋歐羅巴各國沿革圖》、《漢西域沿革圖》、《北魏書西域沿革圖》、《唐西域沿革圖》、《元代西北疆域沿革圖》，計八種，皆採自魏源《海國圖志》卷三。據中國國家圖書館藏清道光二十四年（一八四四）刻本影印。

海國紀遊

海國紀聞詩序

吾友詒卿作海國紀聞詩百首風韻直逼誠標固不待言獨其於西南洋事瞭如指掌差可以補山經地志之缺實為創見余怪而問之詒卿曰此粵東謝清高所親歷也清高少聰穎走海南遇風覆舟得拯於番舶所至纖徼必記歷十四年而歸兩目皆盲嘉慶庚辰囑其鄉人楊秋衡李秋田

彙成一帙名曰海錄余既惘其遇復不忍没其事因作此詩非敢矜新奇炫耳目也噫詒卿可謂得詩之真髓者矣夫詒卿爲西江吳蘭雪先生弟子其集中集庚譔作久爲朝鮮行人所重而性情蘊藉雖含文自以骨相窮蹇不肯作制舉業放迹江湖時與海内諸名流遞相唱和故其胸中鬱勃之氣亦若有得於江山之助者今觀此作於諸國風土

入情山川形勢信手指來于指間拂之若有生氣妙在一線穿成直可作一幅海圖圖其所及東南洋者蓋借高野長氏地圖為之意付剞劂以備博雅君子之參考云爾

旹

道光二十四年歲次甲辰仲春下浣北平觀濤弟徐瀚拜撰於晉省解梁分署

海國紀聞

蒼梧　李明農　詒卿

萬山形勢鬱蒼蒼（山有二東在新安界西在香山界）兩澳波濤接混茫（為漁船避風雨所西東風急則居東澳東北風急則居西澳）番舶乘風歸去也羅針先指七洲洋（凡出口先向西南行過七洲洋有七洲浮海面故名）

暹羅風景最清幽亙錯田疇夾岸樓禄賴（地為安南舊都勘明即本底也界在越南暹羅之間）無此勝陸乘象輦水龍舟

下頷鬚留宋脚人沙郎飾得右肩新（宋脚在暹羅南少東男子唯穿短褌裸其上有事用

寬幅布數尺縫兩端以飾右肩名沙郎死葬椰樹下以逕處為佳不封土不墓祭

平生不識花豬味椰下淒涼亦愴神（俗不食豬）

阿羅帥在路偏難（阿羅帥太呢產金處也太呢在宋腳東南）十日山行鳥道盤寄椗何須依淡水港門多借咭嘣舟（由淡水港入阿羅帥須陸行十餘日由咭嘣舟港入則三四日即至故中華淘金者多入咭嘣舟口門）

持標景子列儀行笏竹編如碧玉城（咭嘣舟在太呢東南其王出有勇壯各持標鎗擁護而行謂之景子景子猶華言奴僕也）

萬斷入朝頻讞獄（酋長或稱萬稱斷）誰家舉燭願生明（爭訟不用呈狀但取蠟燭一對俯捧而進）

沿水居民掉短篷，埔頭曉泊日初紅。捕魚賴得天心厚，出港還兼入港風。咭嘣丹吐番居埔頭者以捕魚爲業，每日上午乘南風出港，下午乘北風返棹，亦天養斯民也。

溪流灌頂髮毛侵，此地須防瘴癘深。咭嘣丹多瘴癘，中華人到此必以小木桶舀水自頂淋之，庶不嬰疾。呷吣丹華人頭目也來曾問訊，教人先納凳頭金。其國度船之大小權税，大者約洋銀五六百枚，小者亦二三百枚，謂之凳頭金。

皋澤頻將木栅圍，番酋想亦入非非。山中羸困終降伏，野象長隨馴象歸。丁咖囉在咭嘣丹東南，王喜象，聞山中有象，令人作大木栅于十里外圍之，漸移漸狹，俟其困弱，再放馴象鬬伏之，自聽驅遣。

藤樣扶疎枝曲拳白椒花放已成田須知辛辣長移種沃土繞禁三十年白椒以丁咖囉為最冀至三十年外便不結子擇地另種舊地非百年後不能復種也

多年木液釀菁華十里香風樹杪斜夜半土番聽老嫩寶刀揮落萬梅花冰片木液也周流木內夜上樹杪明下樹根土番于四鼓潛往聽其樹而知其上下老嫩以刀削其根數處其液落地滴滴成片若未老則出水而已

萬丈崑崙指顧間分途從此記彎環彭亨在丁咖囉南由外羅山至崑崙往宋脚太呢咭囒丹諸國用庚申針西行彭亨東南行復轉西入白石口則到舊柔佛

庚申初至彭亨遠不見煙筒大佛山

柔佛荒涼徙舊都誰知四達是名區舊柔佛在彭亨之背後從去近年暎夷于此闢展土地招集商民遂為勝地一從商賈帆檣聚樓閣連雲入畫圖

峻嶺叢林界海天謂麻六呷也在舊柔佛少北與彭亨後山毗連小西洋到取山泉繁華不及新州府誰似當年泊海船新州府即暎夷所闢舊柔佛也初小西洋往來中國必于麻六呷買貨取水本為繁盛自新州闢而此處寖衰息矣

獴子山中着虎皮鳩形鵠面不須疑順風直下紅毛淺正取沈香蜜蠟時沙喇我在麻六呷西北紅毛淺東北岸後山與丁咖囉咭喃丹相連自為種類土番名獴子

檳榔士似染青螺土產元稀奈若何檳榔士即新埠也為海中島嶼在沙喇我西北近年

三

爲嘆夷開闢駐敘跋兵千餘然土產少不能久也

唯有流連流連子形似波羅蜜而多刺肉極香甜蕉茫栗又名茫姑形似柿而有壳味亦清甘清香品味却偏多

計噠在新埠西北後山與宋腳相連民極兇暴何須海馬誇海馬出麻沙審紀即鬈毛烏鬼國也形似牛而腳短偶上岸食草或曝于沙墠廛所味甚美牙可鑲刀柄佩刀裝飾最清華

鬈毛烏鬼國應恨花鐵鑲金柄作牙

曾聞烏土甲諸番風俗猶將太古存烏土在蓬牙西北疆域較暹羅更大蓬牙與計噠相連者也

板屋人家椎髻慣泥油出土中可以燃燈燈火照柴門

此間形勢壯雄圖宮闕輝煌盎畫都盎畫烏土所都也

媚麗居人亦風

雅可看紫景印紋無（紫景出土中可代印色）
遥見參差列女墻孔明城在備姑鄉而今感激猶流涕道是南征不忍忘（烏土北境與緬甸接壤有孔明城相傳爲武侯南征時所築）
袒膊番僧下石幢鱷魚一咒便能降（鱷魚形如壁虎土番有被食者延番咒之垂釣于海即吞鉤而出其餘不可得也）
沿邊尚有居民在直北應爲徼第缸（在烏土之北）
怪獸珍禽嘯未闌備姑西北疊烟巒數千里路無人跡古木奇花儘飽看（烏土沿海風景半月方盡海外奇觀也）
千里渾渾水道迷土番曲淅志泡時（明呀喇爲暎夷所轄在徼第缸海西岍港口名葛支）

里港外千餘里海水渾濁凡船到此不能遽進必先鳴礮使土番聞之操小舟來爲之指示然土番亦必預度其淺深截大木数尺製爲欖形空其中繫之以繩墜之以鐵隨水道曲折浮之以爲志謂之浛每一望遠及轉折處則置一浛外人終不能測殆天險也

港門元在葛支里外國船來總不知

漲浪居邊喉爽鎮軍所駐處敘跛兵即明呀喇土番也園亭綺布煥霞明兩行

儀仗看酋長八卦紅衣勒馬行所穿紅衣當胸繡八卦文

長衣窄袖喜翩翩吉事頭偏白布纏貨貝可知誰最貴螺獅殼子抵金錢俗以螺殼有文采者爲貨貝

水幔遮來詎似神淩空笑語肖偏真提籃諸果應拋下珍重檇

歸奉至親明呀喇賽神先豎直木一丹取一木度其長之半鑿孔橫穿直木上令活動可轉橫木兩端各以繩繫鐵鉤二令二人赤身以長幅布圍下體謂之水幔手縮一籃裝谷種時果立其下衆取二人以橫木兩端鐵鉤鉤其背脊兩旁懸諸空中手足散開狀如飛鳥觀者舉橫木推轉之其人則取籃中果分撒于地羣爭拾之得果者歸奉家長以為天神所賜云

帽樣裝成三角奇雪鄁即曼達喇薩也又名雪鄁哩在明呀喇西少南嘆夷所轄風景合相

宜此間大有稀珍在紅透珊瑚十萬枝

海上波濤岍翠嵐笨支里又在西南謂雪鄁哩西南內山甚是嘵包

補猶華言大也種類多於食葉蠶

天風浩浩海山蒼曾記山中乃弩王國名為西嶺內山西嶺在笨支里少北海外

是山山外海要從西嶺駛帆檣

石下偏生赤肉盤三鬚短帶水中看參（即海參也乃彎生帶末王所產如此）

隨潮動採把金鉤亦不難（採者以鉤斷其帶取之）

龍涎十里便聞香是處居民半客商到此句留還不去大西洋與小西洋（謂打冷莽柯也在西嶺西北西洋各商多居于此）

帆脚偏西亦有情亞英咖北記舟行（亞英咖在打冷莽柯西北嘆夷所轄）曼參（曼參呪咖為固貞內山固貞在亞嘆咖西北）隔瀝（隔瀝骨底在固貞北少西陸路由曼參亦通固貞）

梯山處不及乘風到固貞（隔瀝骨底貨物俱運至固貞售賣）

打拉曾傳有赫嚨馬英相近未應迷（打拉者在馬英西北嘆[illegible]所轄馬英又在隔瀝骨底北少西由陸路至打拉者約数十里）尾閭僻處饒風味東海夫人手自攜

一片經聲出廟中不曾設主拜偏同好花幾瓣拈來處三級渲妍廿四風（嗎喇他在打拉者西凡拜廟不設主像唯于地上作三級取各花瓣偏撒其上羣向而拜）

怪他到處覺風腥奇異如緇山海經人面蛇身還九首家家供奉説通靈（小西洋在嗎喇他東南有陸路可通大西洋土番名盈丢奉蛇為神）

平林夾岍綠陰繁十里河流大語喧浴佛因緣傳此地番僧番女不堪論（小西洋女人每于五月下河洗浴必延番僧坐河邊念咒以為吉祥）

犀角通明竟若何竹城遥指孟婆囉在小西洋北圓光頂上無纖潤紅潤天曹此最多犀角旁有一潤直上者為天曹角若頂上二三旁無潤圓滿色潤而微紅極為貴重

麻倫僻處不通商數國由來共一疆自嗎喇他東南至西北沿海邉地數千里分為三國一小西洋一孟婆囉一麻倫呢翡翠明璫無售處運船長到小西洋麻倫呢貨物須運至小西洋售賣

叭史曾呼孟買城孟買在麻倫呢北少西暎夷鎮此者數千人有城郭名叭史小西洋鎮最知名此間微覺容顏好恨煞紅毛鎮守兵

淡亨在蘇辣北蘇辣在孟買北暎夷所轄俗相同都在蒼蒼島嶼中蜃氣樓臺

煙雨後往來只借一帆風

嘟肚西偏盡海天洪濤洶湧更茫然嘟肚在淡亭北由明呀喇至此西洋人謂之哥什嗒我総稱為小西洋自此以西洪濤萬里舟楫不通矣

此間俱是白頭鬼不附紅毛不放船嘟吐來中華俱附載嘆夷船隻本土從無船至中華亦無至小西洋者

裹延萬里浪雲堆諸國何堪紀溯洄舊說謂小西洋西南皆烏鬼國裹延萬里直趋西南海中小西洋與大西洋海道不能直通實為烏鬼所阻附此俟考

只有內山嘟肚內山疆域大可曾金眼識回回

彭亨記得放舟行謂白石口在彭亨東南者也

又向東南第一程對面青山

柔佛在柔佛在舊柔佛對海海中別一島嶼也檳榔椰子瘴煙橫

霤哩周圍縈翠顏霤哩在柔佛西南海中別峙一山不與柔佛連海程誰與記迴環莫

教錯認琴山徑在海東北柔佛西南別有山

且莫乘風汗漫遊還從錫哩記庚鄒錫哩在霤哩西北沿海邊即至者番仍過

紅毛淺不用驚張避海鰌

須從外海畧偏西取道知為大亞齊在錫哩西北須由紅毛淺外海向西西北行東北岸為沙喇我山盡處與新埠斜對沙喇我山綫盡處可聞新埠有雞啼

海中孤島試浮槎謂呢咕吧拉也由亞齊山北行盡處少西穴處巢居便是家尚喜

野人馴性好不餐五穀但魚蝦
雲氣濱濛望不真山頭焰焰似青燐在呢咭吧拉之北 海艘誰敢爭前
泊半是牛頭馬面人
誰把孫支即小亞齊也在大亞齊西由大亞齊西北行經山盡處轉東南行即至 路細尋崇巖峻
嶺聽猿吟山迴路轉峰巒盡記取帆風乙夘針
纔過蘇蘇又叭當蘇蘇在小亞齊南叭噹在蘇蘇東南 西邊哇德即呢是也在蘇蘇叭噹二國之
西 色蒼蒼青山一髮分明是更把羅盤仔細詳
愛食香蕉亦性成畏人擄掠最傷情摽鎗出入何須挾怕自聽轟

雷礟火聲

雷礟火聲哇德民似中國而小出入必持標鎗惧礟火不食五穀唯以沙穀米合香蕉煑食而已西邉又聽怒風號險阻頻教首重搔萬石森嚴如列戟亂濤飛舞接天高哇德以西海中多大石風濤險阻難以通行故大西洋往小西洋各國海船必由叭嚐之西哇德之東叭嚐東去路迢迢豆蔻丁香無限嬌今日居人非昔比内山岑寂太無聊謂茫咕嚕也在叭嚐東沿海都邑近為唤夷所奪之番移居山内東西峽裏畫難檔出峽還乘入峽潮謂舊港也即三佛齊在茫咕嚕東由茫咕嚕東南轉北入噶喇叭峽口半月即出峽東西皆舊港也別有名山呼網甲上盧寮與下盧寮網甲山麓地名

文都（屬三佛齊有唊夷鎮此榷稅）處處掛銅刀此地誰能榷海艘空虎栱榔

（山名）產錫還稅錫貪狼最恨是紅毛

小港西行四五程鎮軍又見荷囒兵（國王所都在峽西由文都對海入小港西行四五日可至亦有荷囒鎮守）

可憐舊港雖饒裕兩虎眈眈不敢爭（謂荷囒及唊夷也）

古木曾傳數千圍龍牙風景記依稀中華到此船多少俱換沈檀桅柁歸（龍牙在舊港北由此再北行為柔佛西北為雷哩凡雷哩錫哩大小亞齊蘇蘇叭嚧茫咕嚕舊港龍牙九處實同此一山皆無來由種類）

沙線微分辨海波放洋誰與定風螺採來雞骨（香名）何堪異可見

龍牙黑燕窩

安南陵水是沙頭萬里須分內外溝此去程途休誤入草鞋石畔莫停舟謂往噶喇叭也走內溝須出萬山後向西南行經瓊州安南西南至地盆山萬里長沙在其東走外溝須出萬山後向南行少西過紅毛淺有沙坦在水中約寬百餘里其極淺處止深四丈五尺過淺又行到草鞋石又行四五日到地盆山與內溝道合萬里長沙在其西溝之內外以沙分也萬里長沙者海中浮沙也長數千里為安南外屏沙頭在陵水境沙尾即草鞋石船誤入必為沙所擁矣

一望森森似石塘此間繞過七洲洋正南不是舟行路怒激洪濤且莫忘七洲洋正南為千里石塘萬石林立洪濤怒激船若誤入立見破碎故內溝外溝亦必沿西南從無向正

南行許即抵龕山經噶喇叭峽出峽口南行過三洲洋到頭次山即噶喇叭邊境也

曾傳風鋸法堪稽利用何須賽鵝鶩車輪轉八帆機轄巧山魈木魅一時啼風鋸噶喇叭木工所製也

雉堞參差亦壯哉埔頭雲集萬商來荷蘭不及紅毛勁何事當年築礮臺 噶喇叭縱横千里有城郭砲臺南海中一大都會也本荷蘭所轄後為暎夷侵奪荷蘭行成仍命管理歲收其貢稅焉

地暖全無海氣寒蝦鬚簾子下珊瑚尋常器用都華麗玉箸金樽翡翠盤 噶喇叭俗尚奢靡各處珍寶俱商販于此

山色青如碧玉環萬丹（在噶喇叭南）風景獨幽閒佳紋席子涼於水半在茶烟竹榻間

一片紅雲咫尺間誰從峭壁學猿攀炎精想是離宮位故遣蒸為火燄山（在萬丹之南）

九峰高聳勢攢屼是處呼為尖筆闌（在地盆山東少南尖筆闌猶華言九也山有九峰故土番以為名）

千里石塘西北望教人爭得不心寒

山形起伏似龍蟠咕嚏（在尖筆闌東南海中別有一大山迤邐東南長數千里十數國環據之疑即古志所稱爪哇也或謂之息力大山此其西北一國也）峰巒大觀雲氣可如鱗爪

勁四圍環據有諸番

岸邊風景亦蕭森，格磔鉤輈聽怪禽。更往東南打喇鹿，不辭辛苦為淘金。由咕噠埔頭沿西北海行至山狗王登陸到三劃，又名打喇鹿，其山多產金。

匙翻玉粒覺香騰，吧薩頻看疊稻塍。吧薩一名南吧哇，在咕噠東南。最是關心

松柏港，風風雨雨採沙藤。

進口誰從崑甸過，洋船灣泊竟如何？支條須記分南北，內港河流外海波。崑甸在吧薩東南，洋船俱灣泊于此，由此買小舟入內港，分為南北二河。

萬喇在崑甸東，由崑甸北河入。支條異戴燕，在崑甸東南，由崑甸南河入。逆流同溯上

河船卸教（在南）戴燕東一去新當遠疑是乘槎入九天（新當在卸教東南由崑甸河道逆流而上山愈高金亦愈佳時道遠且牽挽艱難耳）

深山雲氣半生愁鳥首頻將怪異搜（息力山頂有野人鳥首人身）獠性兇殘尤嗜殺門前滴血掛人頭（山中獠子得人首級則歸懸諸門）

一路風帆到馬神（在崑甸南少東）猩猩鸚鵡話三春金剛沙在元難覓五采誰堪百萬緡（金剛沙即鑽石也色多白如色具五采黑夜置之密室光能透澈西洋人得極大者奉為至寶雖竭貲購之不惜也）

沿邊蔣哩（蔣哩悶在馬神東南）與巴郎（三巴郎在蔣哩悶南少東）器具頻雕蜜蠟黃怪

底風來饒馥郁家家門外有沉香

左邊雲髻挽偏高長喜花園掛碧桃道是風流還自賞緣衣無鈕束絨條謂麻黎也在三巴郎東南女人髻盤于左喜花以線穿之掛于項下體不穿褌唯上穿緣衣束以繩而已

無數珍珠照海天金鑪自自爇龍涎誰知貨布長珍重今日猶存歷代錢謂茫咖薩也在麻黎東南

伯数奇中耀亞王伯数奇細利窪内山也在茫咖薩東南耀亞王所居自咕噠至此同據息力大山西南半面而各分港門其港口皆西向由此東南行海中多亂山皆無來由種類

亂山國厰又蒼蒼誰從海上攜家去不復回頭望故鄉耀亞二種別有一種名舞吉子攜眷經商所至即安不思故土

唵悶唵門似虎鐏萬舟火燄照黄昏唵悶唵門俱亂山之一在細利窪東南西北即萬丹火燄山也伽楠瑇瑁知多少却被紅毛據海門唵悶唵門本荷蘭管唵門近為英夷所奪

半圍水幔露酥胸四季花開霧氣濃却是蜜多誰醖釀抱香長重細腰蜂謂地悶也在唵門東南海中别起一島天氣炎熱不種稻梁唯産蜂蜜

愛極衣裳織不成中華布帛最關情亂山半繞居人屋異獸珍禽總莫名謂丈來也在地悶之北土番亦無來由種類喜穿中華布帛

絶巘荆榛未盡刪野番據守不容攀帆隨山轉峰還背只在文來咕噠間謂蘇禄也在文來北與文来同據息力大山東北半西山中野番占據不容假道必由萬山後向東南行

經東沙過小呂宋又南行始至由咕噠往須向東南行至細利窪入小港轉西北沿山行經文來然後可至其國西北大海多亂石故雖與咕噠比鄰舟楫亦不通也

曾聞賦稅重於山丁口銀多甲百蠻防守却煩英酉鬼不持路票不開關小呂宋本名蠻哩喇在蘇祿尖筆闌之北亦海中大島也周圍数千里為呂宋所轄有兵鎮守土番為英酉鬼貿易到此必請路票始通往來歲輸丁口銀甚重國西即千里石塘也船由呂宋北行可達琉球臺灣等處若西北行經東沙即入萬山矣

一路風濤盡晦冥雪花六月尚飄零舟人不敢多言語恐有魚龍在下聽凡大西洋各船回國必由地問轉西少北約一月可到妙哩士山又向北少西約半月有奇謂之過峡風

日晦冥波濤洶湧寒雪飄零六月不息
舟人戰慄咸有戒心
海闊風狂浪接天峽山少泊再開船過峽後至一島名峽山天復炎熱但海闊風狂波浪騰湧舟行遇此須少泊以待風和
散爹何事勞兵守多恐他人取澗泉散爹哩在峽山北少西亦海中一島也無土產為唊夷往來泊船取水之處有兵鎮守
一望交牙是港門可曾查驗痘瘢痕大西洋由散爹哩北行約二旬可到其海口南向有二砲臺謂之交牙礮臺儲大銅砲四五百架有兵二千守之凡海船到必先遣人查看有無出痘者若有不許入口須痘平愈方得進港
怪他市鎮稱雄麗銅礮還看五百尊
樓外全塗蛤粉牆樓中女子蓺奇香黑沙蒙面誇嬌麗不作梅

十三

花點額粧大西洋女子好以黑沙掩面沙極精緻望之如雲烟然其價有值二十金者

齋餘尋祖徧西東大西洋冬至後男女俱食齋至四十九日而後止渏止婦女偏拜各堂謂之尋祖先

十字圓光入鏡中手把念珠曾禮拜綠蒲桃酒降香風

佛朗雲連呂宋雲山行曲折路曾分佛朗機又名佛囒西在大呂宋北少西大呂宋在大西洋北少西由大呂宋至佛朗機陸行約二十日可到沿海舟行較遠

番銀兩地翻花樣番銀俱大呂宋所鑄各國通用佛朗機則鑄三角形或四方形俱鑄中間十字文

鑄成錢樣費陶鎔持劍人騎馬似龍荷囒在佛朗機西北所鑄錢如此謂之劍錢

奇技本來諸國少自鳴琴與自鳴鐘

盈嘣你是接伊宣伊宣在荷蘭盈嘣你是在伊宣西北亞哩披華別有天亞哩披華在盈嘣你是東其南與佛朗機毗連由盈嘣你是向東少北約數日可到人頗豪富平頂花園珠翠繞

教人滿地拾金鈿風俗與大西洋同唯婦女頭戴一圈平頂插以花其額圍以珠翠稍異

寶鴨金鑪裊翠煙誰從郎嗎淫跛輦在亞哩東北有地名郎嗎郎嗎衆建一廟為大西洋大呂宋佛朗機伊宣淫跛輦雙鷹单鷹七國所供奉祀唯盈嘣你是亞哩披華二國不拜拜尤虔諸番願結來

生福不惜青蚨子母錢

海天寒氣漸冰凝疆域誰將祋古稱祋古在西洋呂宋佛朗機之後其港口在伊宣各國之北疆域極大不與諸國相往來西洋人所謂仍跛喇多者是也且看船旗分畫鳥雙鷹國外

又單鷹雙鷹在設古港口之西北船旗上畫一鳥雙頭單鷹在雙鷹西北船旗上畫一鷹

懈倫港口即紅毛紅毛番即唊夷也在佛朗機西南對海白散爹哩向北少西行經西洋呂宋佛朗機各境約二月方到以海船為生涯海中有利之區咸欲爭其海口埔頭名懶倫何事年年泛海濤頻向天涯爭利數遷環鏤礮縱貪饕

錫管通流銅管殊清波激宕似跳珠三花橋上機輪轉知道無煩調水符論倫唊夷一大市鎮也水極清甘河有三橋謂之三花橋橋上各為法輪激水上行以大錫管接注通流人家用水俱無煩挑運各以小銅管接于錫管別用小法輪激之使注于器計户口收其水稅亦淫巧專利之極也

藍旗即綏亦咭也在唊夷西少北認處又黃旗即盈黎嗎祿咖也在綏亦咭西北不與花旗

共一支花旗即咩哩干在唊夷西海中孤島誰造火船輪轄巧放洋不待掛帆時火船花旗所造其製巧妙諸國亦多效之自大西洋至洋哩干統謂之大西洋多尚奇技淫巧

亞洋哩隔峽西通亞洋哩隔即順毛鳥鬼也在峽山正西約一月可到疆域極大分國數千不相統屬有山名沿你路近年西洋王移都于此其餘各國亦多為荷嘛呂宋佛朗機所侵占似與南洋景畧同唯有腳蟲桃剔苦炎天長見海雲紅天氣炎熱腳多生蟲由此東北行亦通花旗各國

麻沙寄紀在妙哩士正西大小百有餘國疆域不知所極髮鬈生漆黑容顏碧綠睛

聞說袤延差萬里百餘國數不知名

烏衣木葉古初風努玉哇夫路亦通海上有三山西洋人呼為努王衫哩亞喇德反在哇

十五

夫東約行二三月並無居人唯有鳥獸哇夫島名在地問正
東約二月可到土人得鐵釘則喜躍而去不知其何所用也到
此南針都不定謂努玉莽山也海天爭得辨西東
茫茫何處覓人居只有呀嚨采名大西洋所産也數斗儲記向天妃靈火
拜浪雲高湧鹿頭魚
北去陰雲慘淡生二三時刻太陽明由哇夫北行約三月至一海口聽其土音似為開於
每日見太陽高僅數丈一二時即落
月望前後可見月光星光則未也總教妙藥醫龜手冰海前
頭不敢行
天吳燕鳳憶迴翔海國西南紀畧詳唯有扶桑舊大蘭放舟誰

與話東洋日本諸國俱在東洋以未聞其畧故不能紀也

書今來山水文章恆相因也識處樂亦至麻源諸詩元次山道州諸什柳子厚柳州永州諸記其蕭閒澹遠之致議者歷歷如見然猶耳目所逮身車所通探矚且難跡所未到漢家都護所不能至也今讀諸鄉先生海國紀聞詩百首風土瑰怪筆墨談諧愈覺處載之遼處廬之廣福硜堂與自守者何足爲言與此詩一舉

所謂西域記蒙胥餘星槎瀛涯勝覽諸錄皆可來之萬國矣識者以為然否甲辰暮春月雪苑宗淵島題跋

海國圖志 卷三 沿革圖 四

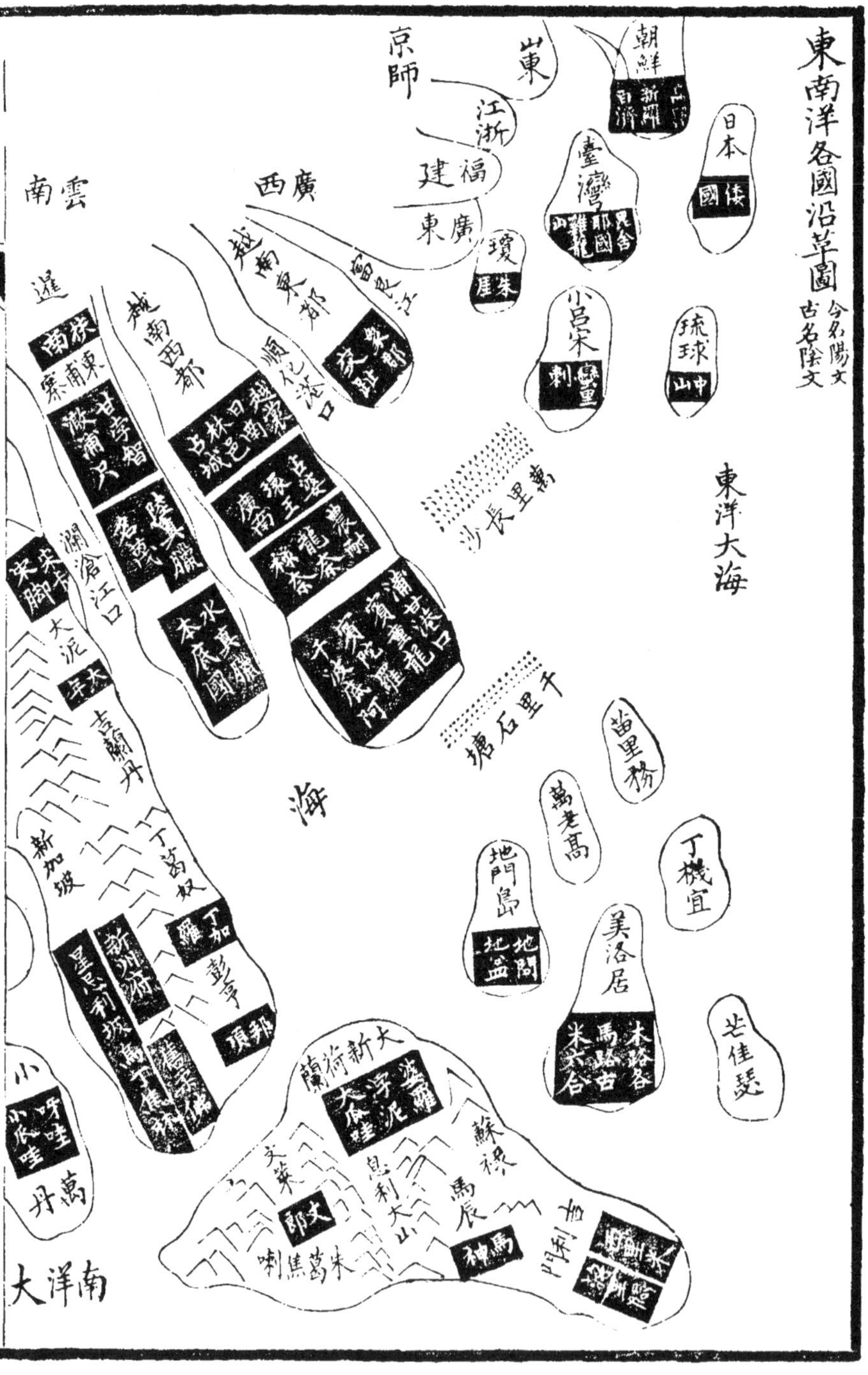
東南洋各國沿革圖
今名陽文
古名陰文
京師
山東
江浙
福建
廣東
廣西
雲南
朝鮮
日本
倭國
臺灣
琉球
中山
小呂宋
東洋大海
萬里長沙
千里石塘
海
苗里務
萬老高
丁機宜
地問島
美洛居
芒佳瑟
新加坡
彭亨
蘇祿

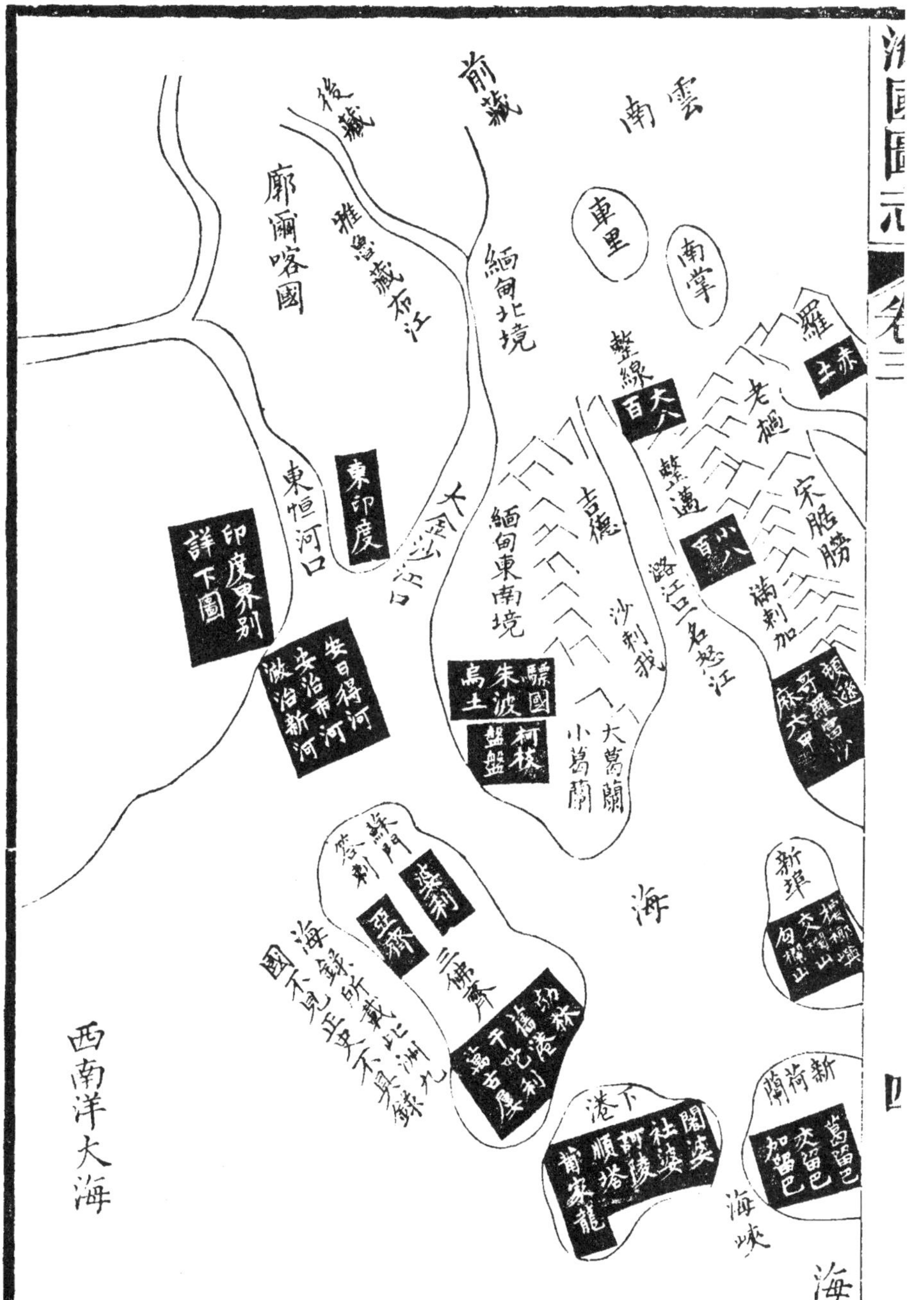
雲南
前藏
後藏
廓爾喀國
雅魯藏布江
緬甸北境
車里
南掌
東印度
東恒河口
印度界別詳下圖
大金沙江口
緬甸東南境
吉德
沙剌我
大葛蘭
小葛蘭
大八百
整線
小八百
整邁
老撾
路江口一名怒江
宋腒朥
滿剌加
赤土
羅
新埠
蘇門答剌
亞齊
三佛齊
海
海錄所載此洲九國不見正史不具錄
西南洋大海
下港
新荷蘭
海峽
海

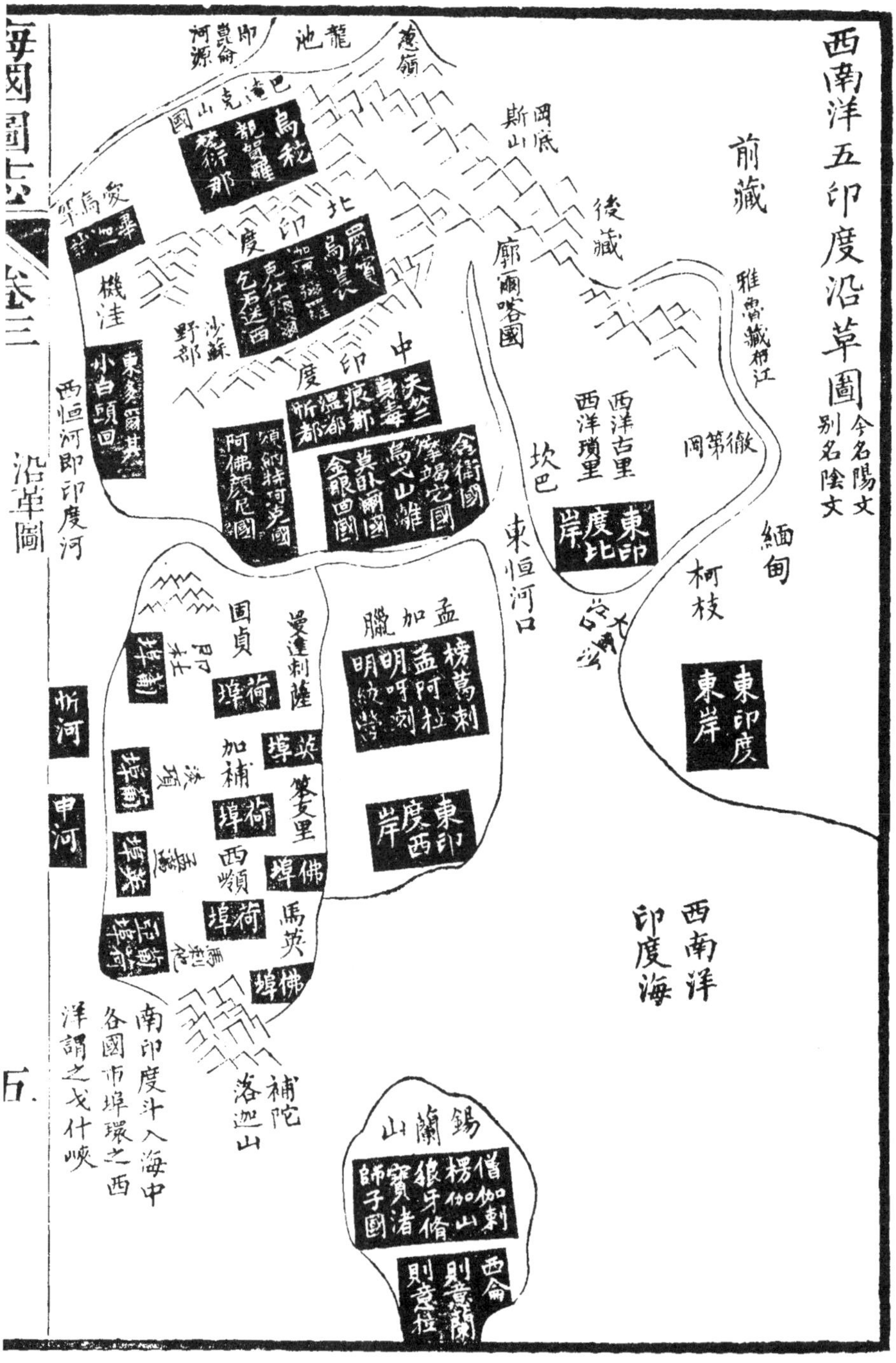
西南洋五印度沿革圖
今名陽文
別名陰文
海國圖志 卷三
沿革圖
五
龍池
前藏
後藏
廓爾喀國
中印度
北印度
東印度
西印度
東印度東岸
東印度西岸
東印度比岸
西洋古里
西洋瑣里
坎巴
東恒河口
西恒河即印度河
孟加臘
榜葛剌
孟阿拉
明呀喇
緬甸
柯枝
天竺
身毒
機洼
錫蘭山
僧伽剌
楞伽山
狼牙脩
寶渚
師子國
西南洋
印度海
南印度斗入海中
各國市埠環之西
洋謂之戈什峽
補陀
洛迦山
西嶺
馬英
佛埠
荷埠
英埠
申河
忻河

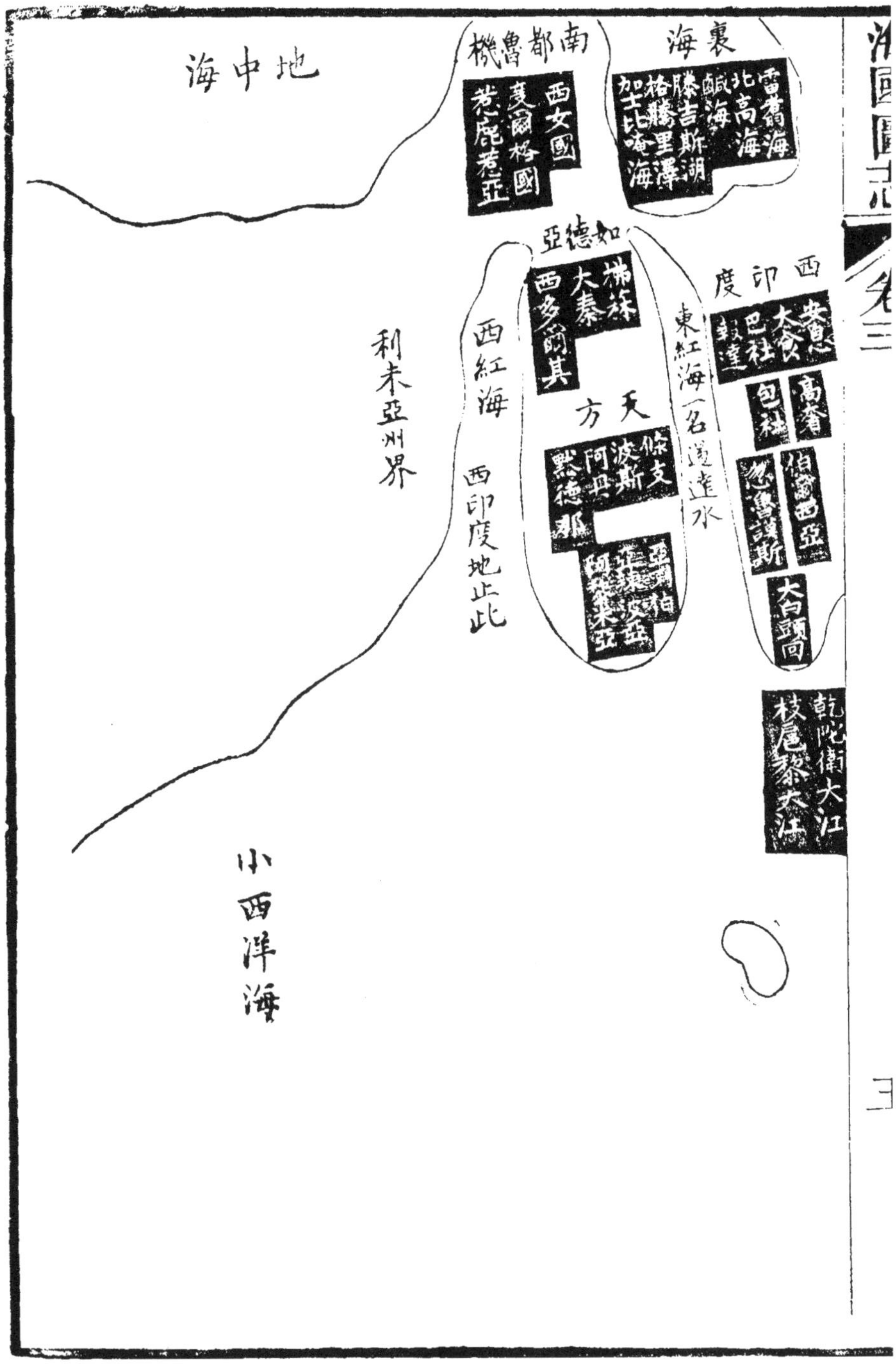

地中海
南都魯機
西女國
度爾格國
裏海
北高海
鹹海
騰吉斯湖
格騰里澤
加士比唵海
如德亞
拂菻
大秦
西多爾其
西印度
安息
大食
巴社
報達
高奢
包社
伯爾西亞
忽魯謨斯
大白頭回
天方
條支
波斯
阿丹
默德那
亞刺伯
西紅海
東紅海
利未亞州界
西印度地止此
乾陀衛大江
枝扈黎大江
小西洋海
海國圖志
卷三
三

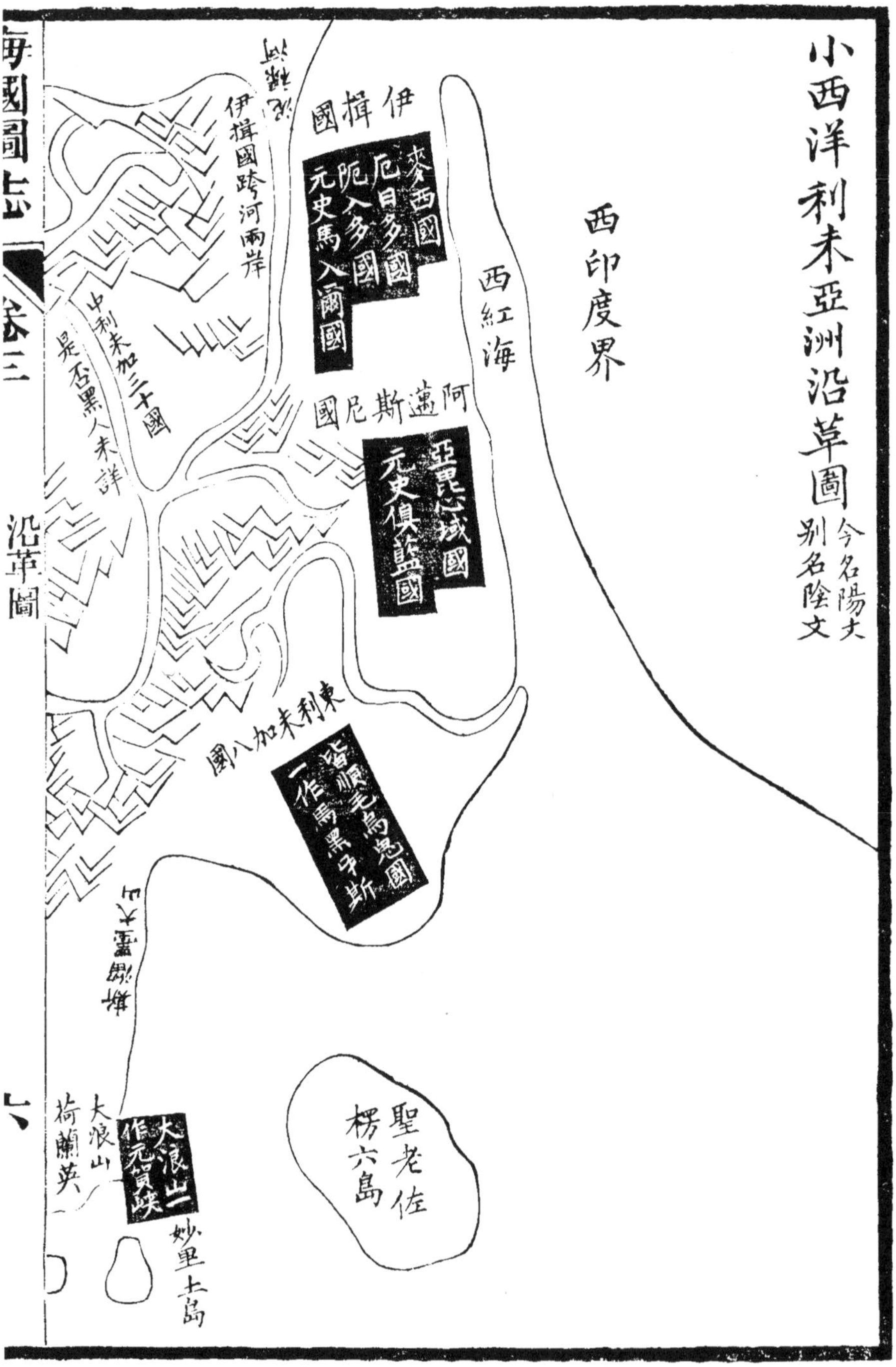
海國圖志 卷三 沿革圖 六
小西洋利未亞洲沿革圖
今名陽文
別名陰文
西印度界
西紅海
伊揖國
泥羅河
伊揖國跨河兩岸
麥西國
厄日多國
阨入多國
元史馬八爾國
阿邁斯尼國
亞毘心域國
元史俱藍國
中利未加三十國
是否黑人未詳
東利未加八國
順毛烏鬼國
一作馬黑予斯
聖老佐
楞六島
大浪山 一作元賀峽
大浪山
荷蘭英
妙里士島

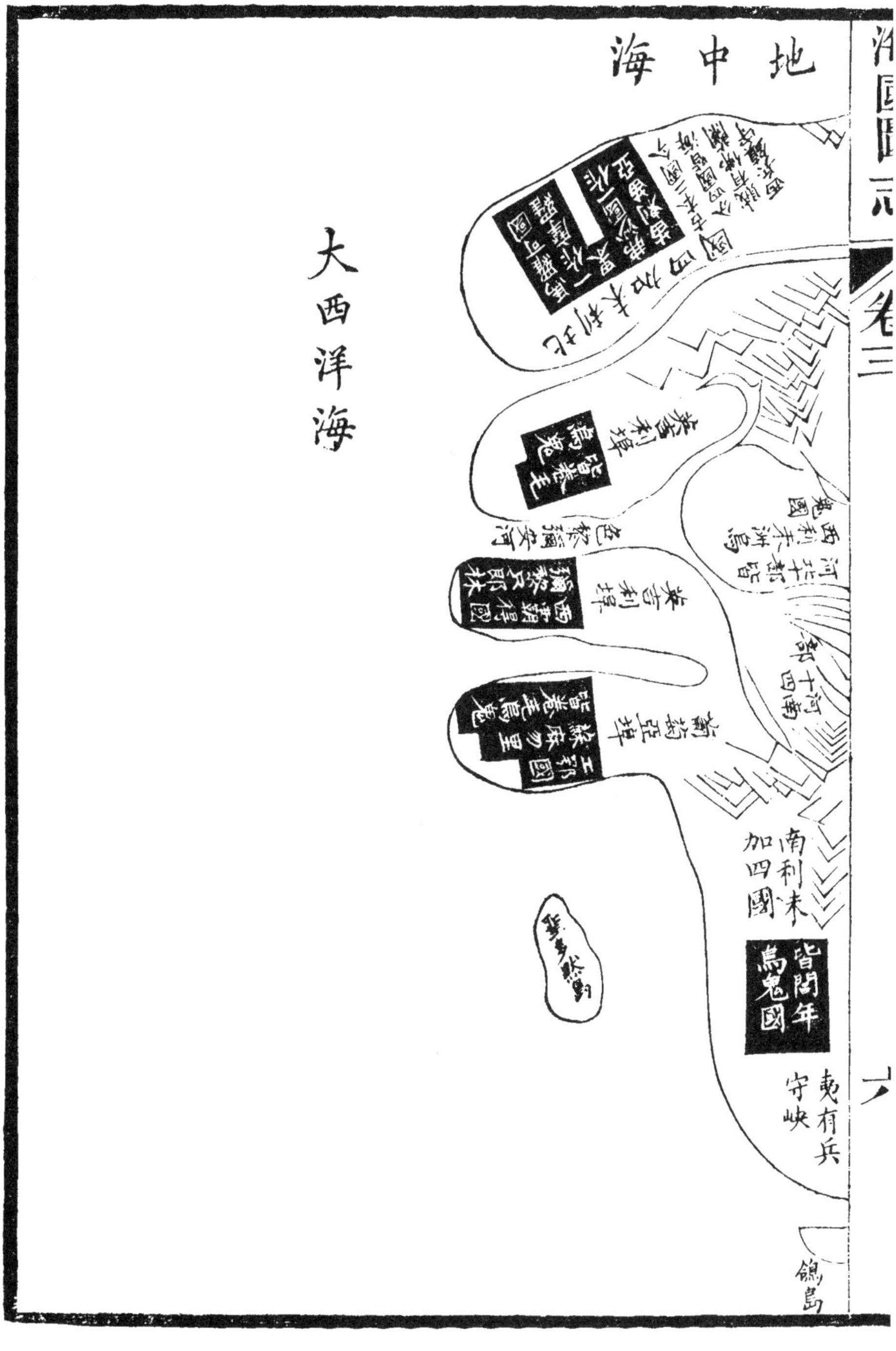
地中海
大西洋海
南利未加四國
皆闇年烏鬼國
夷有兵守峽

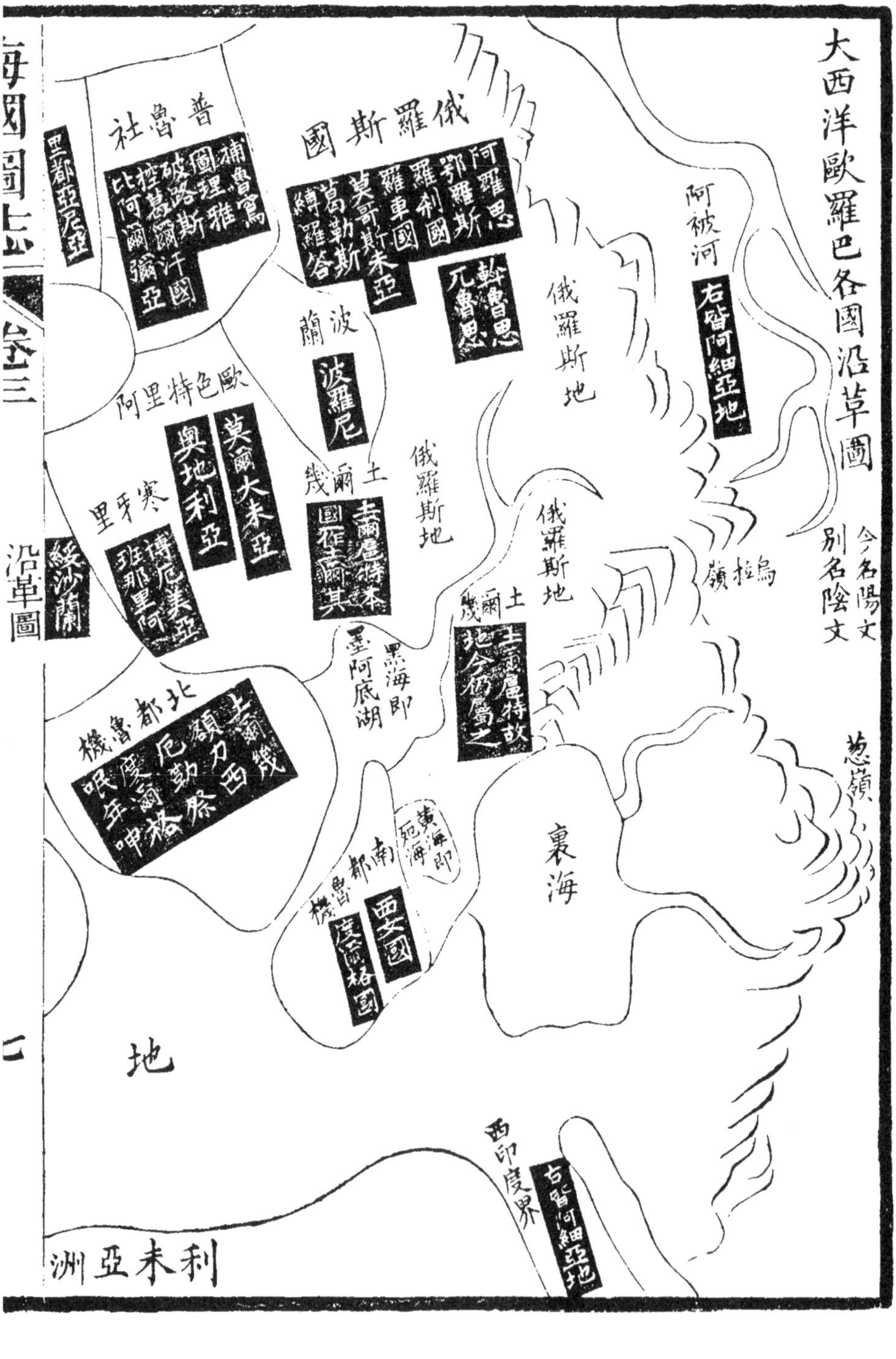

大西洋歐羅巴各國沿革圖
今名陽文
別名陰文
海國圖志
卷三
沿革圖
七
阿被河
右皆阿細亞地
烏拉嶺
葱嶺
俄羅斯國
阿羅思
鄂羅斯
羅刹國
羅車國
莫哥斯未亞
葛勒斯
縛羅答
斡魯思
兀魯思
俄羅斯地
俄羅斯地
俄羅斯地
普魯社
補魯寫國
理雅
破路斯
汗國
控葛爾
比阿爾彌亞
里都亞尼亞
波蘭
波羅尼
歐色特里阿
莫爾大未亞
奧地利亞
寒牙里
博厄美亞
班那里阿
綏沙蘭
土爾幾
土爾扈特本國在土爾其
黑海即墨阿底湖
土爾幾
土爾扈特故地今仍屬之
北都魯機
土爾幾
額力西
厄勒祭
度爾格
哏年呷
裏海
南都魯機
西安國
度爾格國
地
利未亞洲
西印度界
古皆阿細亞地

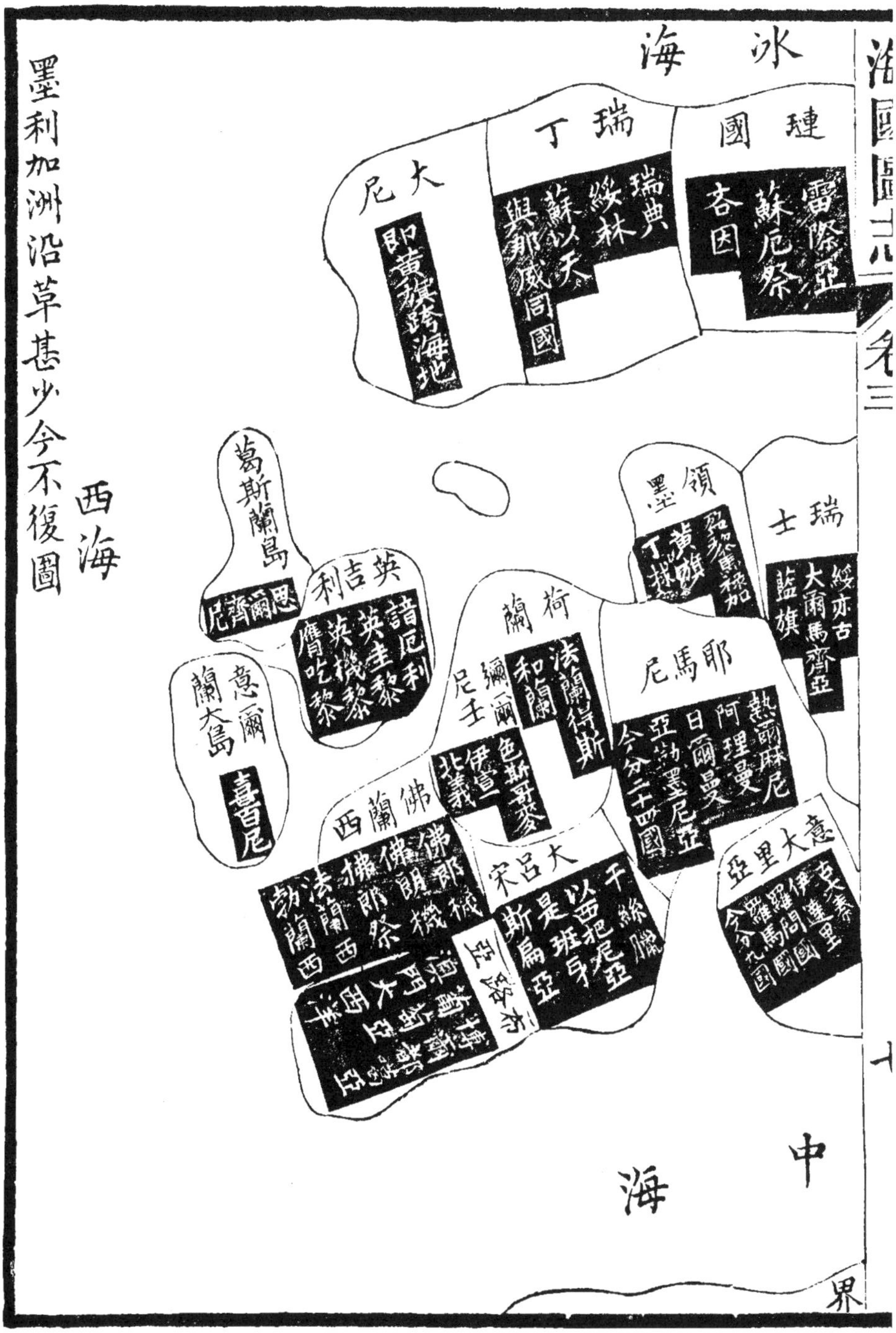
墨利加洲沿革甚少今不復圖
冰海
嗹國
雷際亞
蘇尼祭
吝因
瑞丁
瑞典
綏林
蘇以天
與那威同國
大尼
即黃旗跨海地
西海
葛斯蘭島
英吉利
諳厄利
英圭黎
英機黎
膺吃黎
意爾蘭大島
荷蘭
法蘭得斯
和蘭
領墨
黃旗
丁抹
瑞士
藍旗
耶馬尼
熱爾麻尼
阿理曼
日爾曼
今分三十四國
佛蘭西
佛郎機
佛朗機
佛郎祭
法蘭西
勃蘭西
大呂宋
干絲臘
以西把尼亞
是班牙
斯扁亞
意大里亞
伊達里
羅馬國
今分九國
中海
界

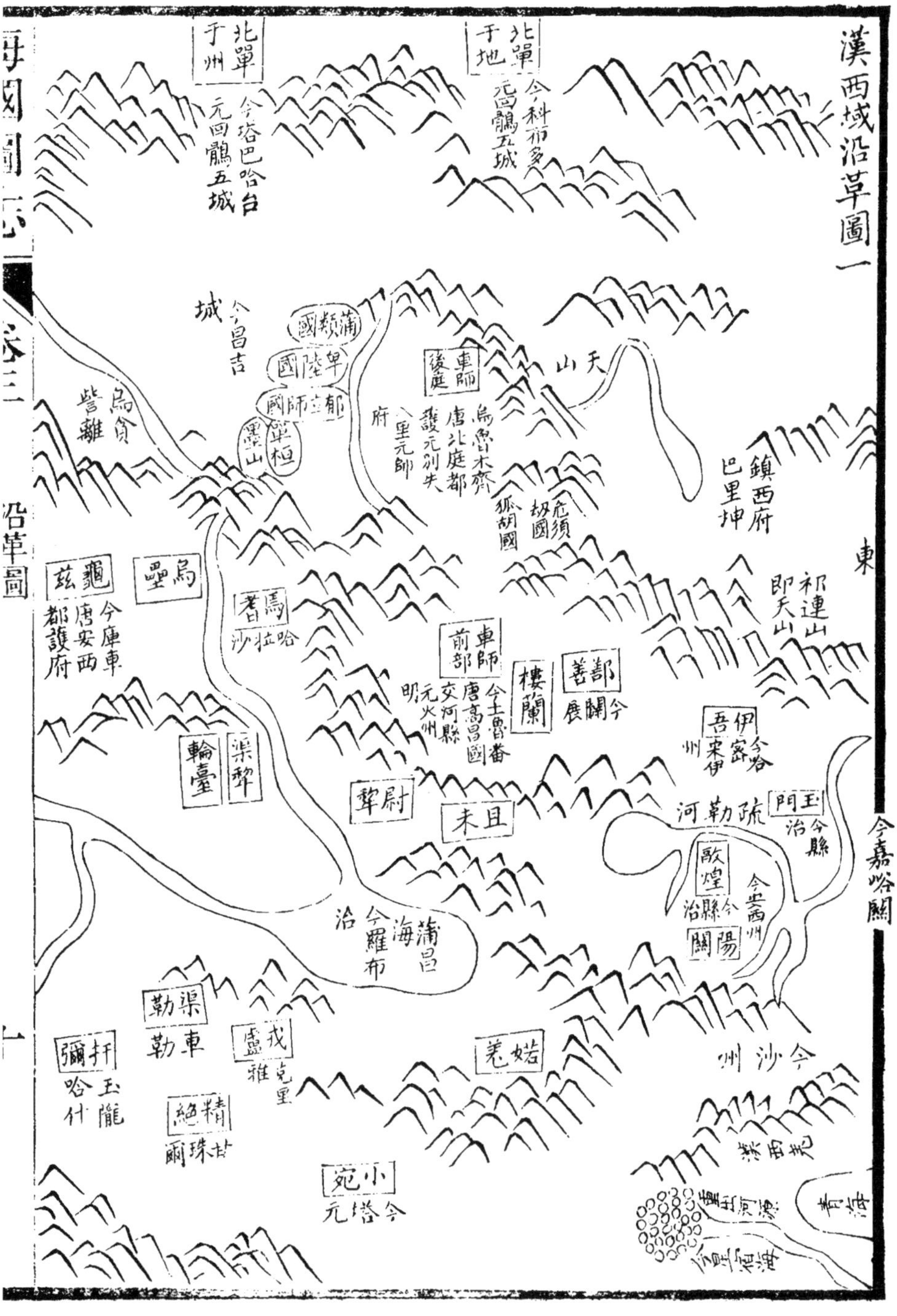
海國圖志 卷三 沿革圖
漢西域沿革圖一
北單于州
今塔巴哈台 元回鶻五城
北單于地
今科布多 元回鶻五城
今昌吉城
蒲類國
卑陸國
郁立師國
單桓國
墨山
烏貪訾離
車師後庭
烏魯木齊 唐北庭都護 元別失八里元帥府
天山
危須國
狐胡國
鎮西府 巴里坤
東
祁連山 即天山
龜茲 今庫車 唐安西都護府
烏壘
焉耆 哈拉沙
車師前部 今土魯番 唐高昌國 交河縣 元火州
樓蘭
鄯善 今闢展
伊吾
渠犁
輪臺
尉犁
且末
疏勒河
玉門 今縣治
今嘉峪關
敦煌 今縣治
今安西州
陽關
蒲昌海
戎盧
婼羌
今沙州
扜彌
精絕
小宛

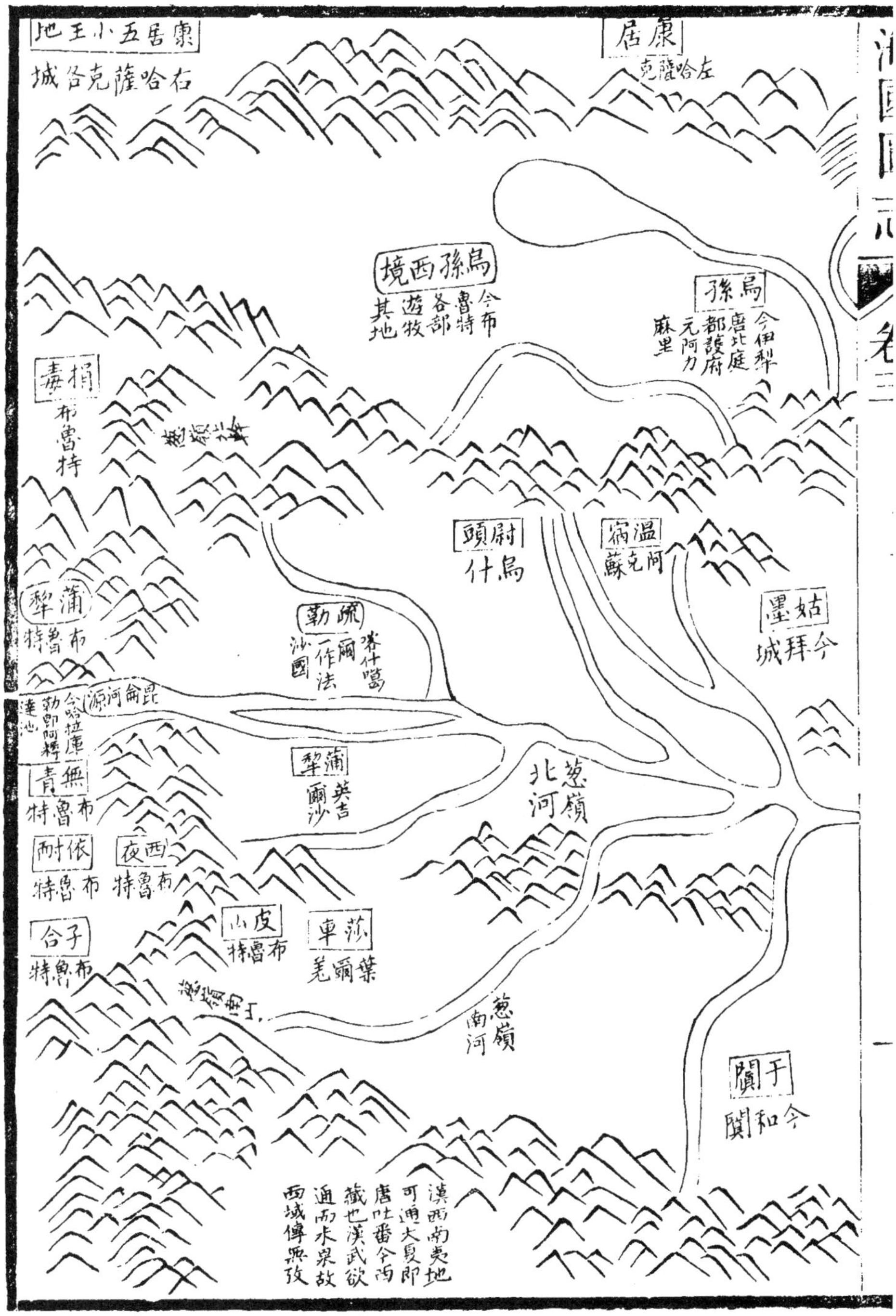
康居五小王地
右哈薩克各城
康居
左哈薩克
烏孫西境
今布魯特各部遊牧其地
烏孫
今伊犁唐北庭都護府元阿力麻里
捐毒
布魯特
蒲犁
布魯特
尉頭
烏什
溫宿
阿克蘇
疏勒
喀什噶爾一作法沙國
姑墨
今拜城
崑崙河源
今喀拉庫勒即阿耨達池
無雷
布魯特
蒲犁
英吉沙爾
葱嶺北河
依耐
布魯特
西夜
布魯特
子合
布魯特
皮山
布魯特
莎車
葉爾羌
葱嶺南河
于闐
今和闐
漢西南夷地可通大夏即唐吐番今西藏也漢武欲通而未果故西域傳無攷

海國圖志 卷三 沿革圖 十二

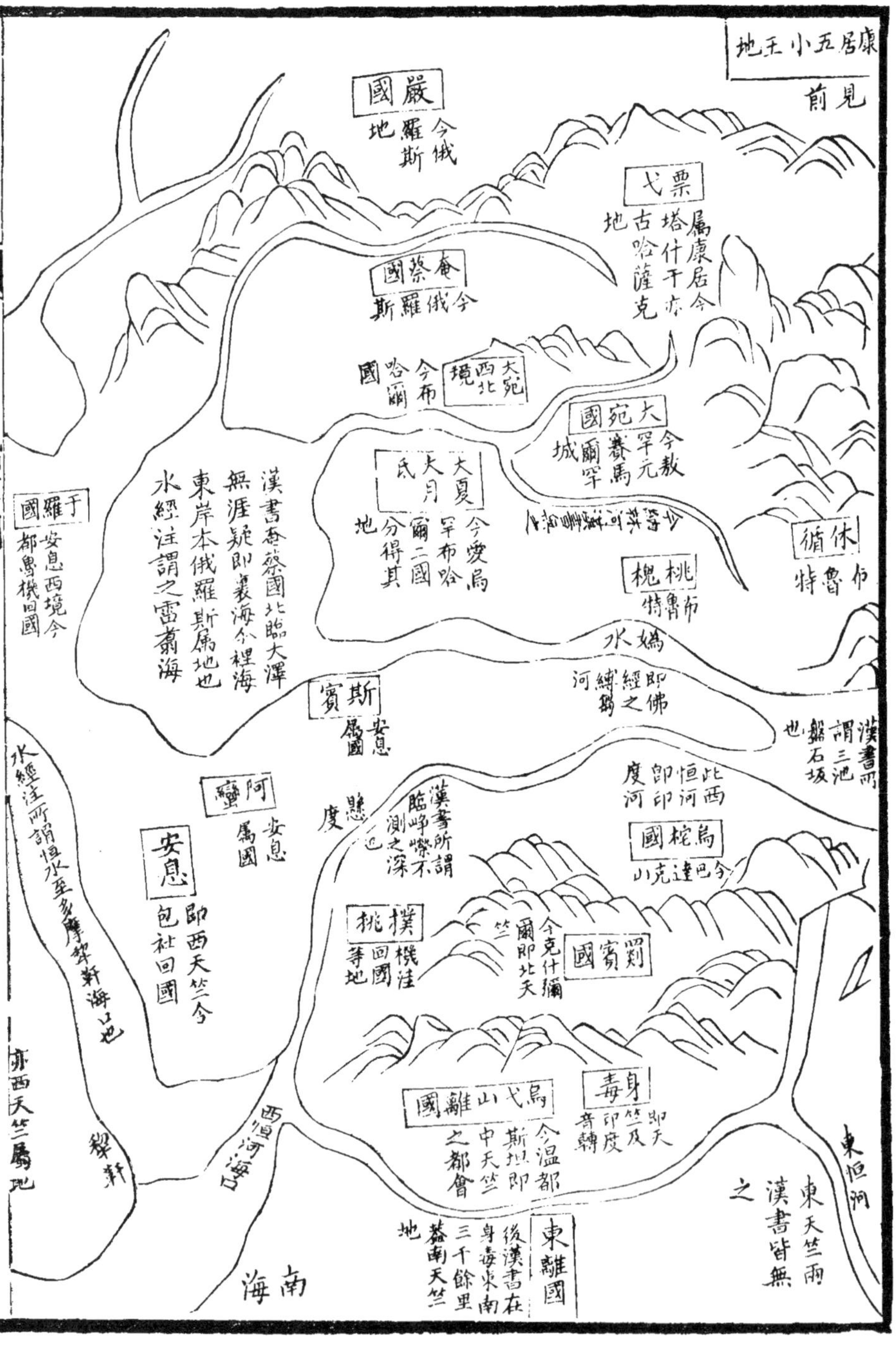

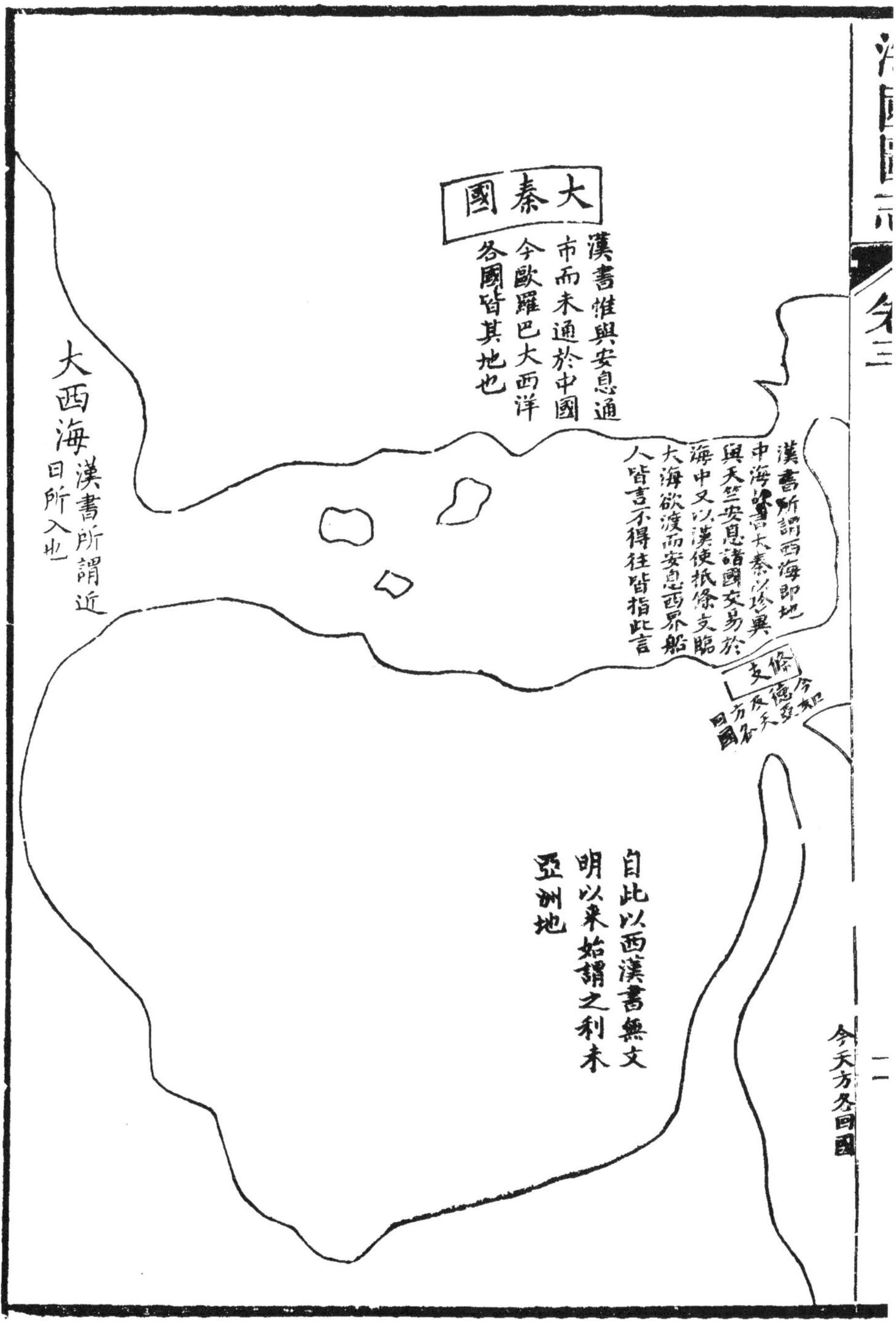
大秦國
漢書惟與安息通市而未通於中國今歐羅巴大西洋各國皆其地也
大西海
漢書所謂近日所入也
漢書所謂西海即地中海也書言大秦以珍異與天竺安息諸國交易於海中又以漢使抵條支臨大海欲渡而安息西界船人皆言不得往皆指此言
條支
今德亞及天方各回國
自此以西漢書無文明以來始謂之利未亞洲地
今天方各回國

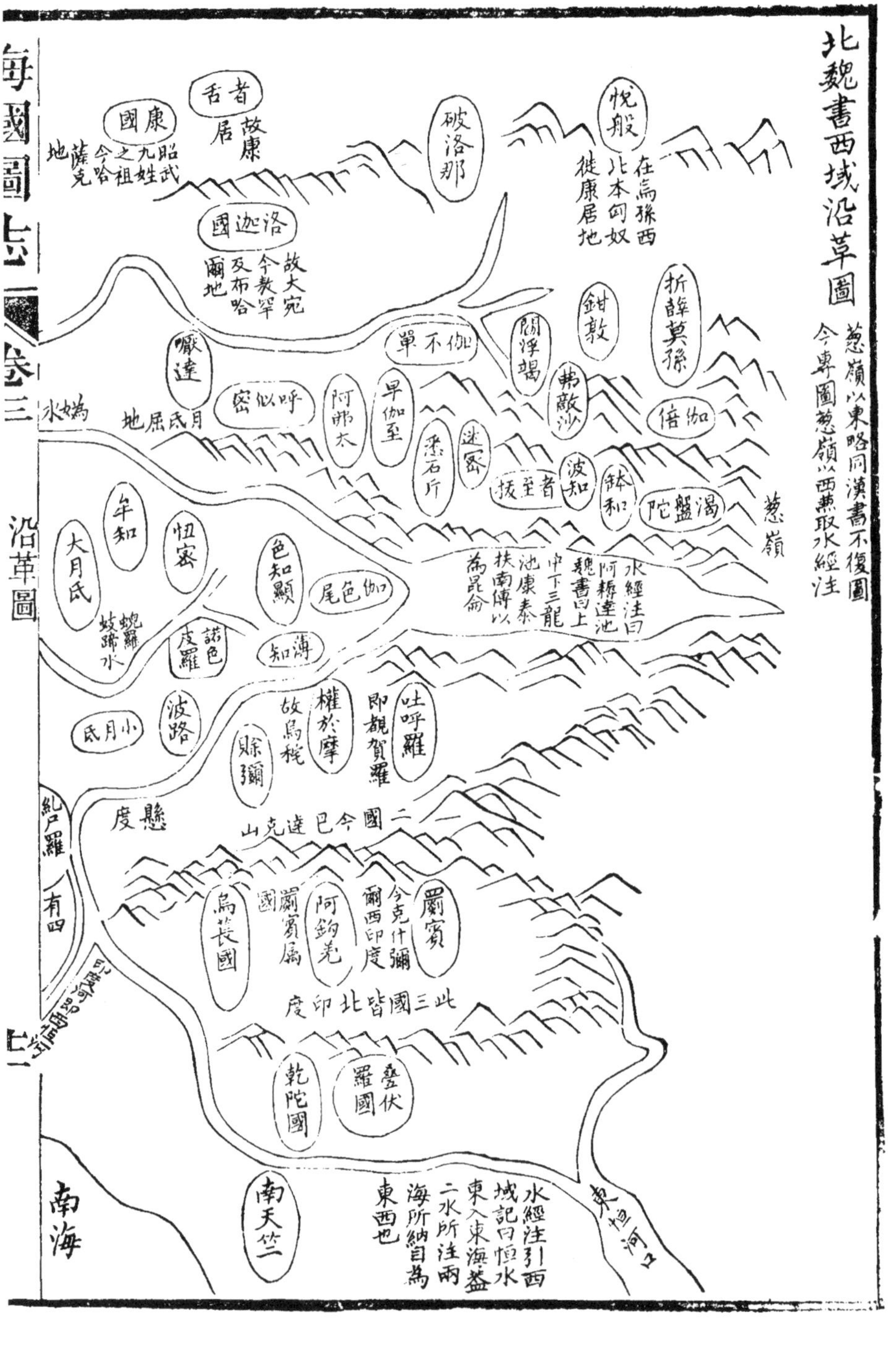
北魏書西域沿革圖
葱嶺以東略同漢書不復圖
今専圖葱嶺以西兼取水經注
者舌
故康居
康國
昭武九姓之祖今哈薩克地
破洛那
悅般
在烏孫西北本匈奴徙康居地
洛迦國
故大宛今敖罕及布哈爾地
折薛莫孫
鉗敦
伽不單
閼浮謁
弗敵沙
嚈達
呼似密
阿弗太
早伽至
悉石斤
迷密
伽倍
者至拔
波知
鉢和
渴盤陀
葱嶺
嬀水
月氏居地
牟知
大月氏
忸密
色知顯
伽色尾
水經注曰阿耨達池中下三龍魏書曰上池康泰扶南傳以為昆侖
蜺羅跂禘水
諾色波羅
薄知
小月氏
波路
吐呼羅
即覩貨羅
權於摩
故烏秅
賒彌
縣度
二國今巴達克山
罽賓
今克什彌爾西印度
阿鉤羌
罽賓屬國
烏萇國
紀尸羅
有四
此三國皆北印度
乾陀國
疊伏羅國
南天竺
南海
水經注引西域記曰恒水東入東海蓋二水所注兩海所納自為東西也
東
恒河口

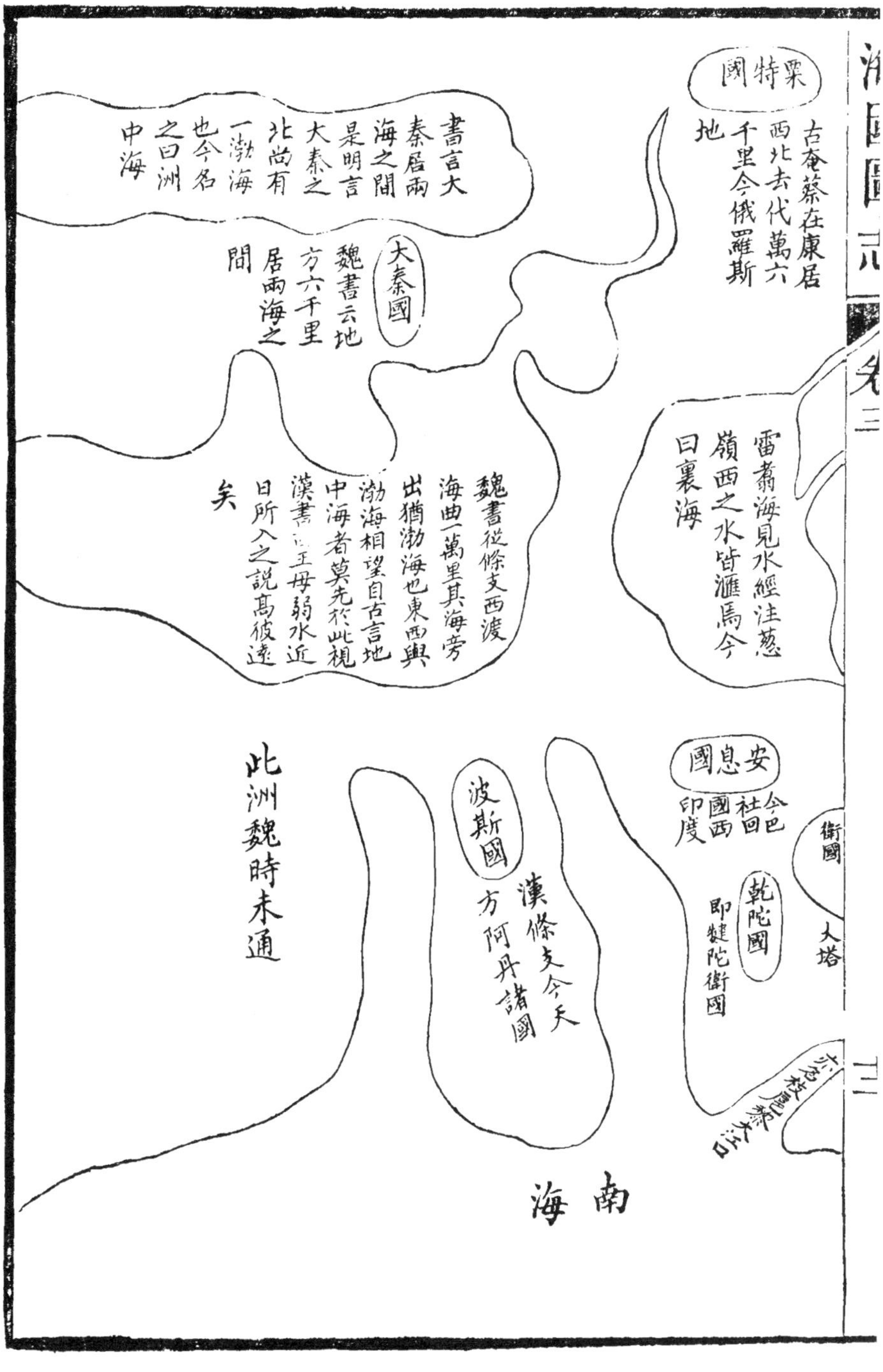
栗特國
古奄蔡在康居西北去代萬六千里今俄羅斯地
書言大秦居兩海之間是明言大秦之北尚有一渤海也今名之曰洲中海
大秦國
魏書云地方六千里居兩海之間
魏書從條支西渡海曲一萬里其海旁出猶渤海也東西與渤海相望自古言地中海者莫先於此視漢書西王母弱水近日所入之說爲彼遠矣
雷翥海見水經注葱嶺西之水皆滙焉今曰裏海
安息國
今巴社回國西印度
波斯國
漢條支今天方阿丹諸國
乾陀國
即犍陀衛國
衛國
大塔
亦名枝扈黎大江口
此洲魏時未通
南海

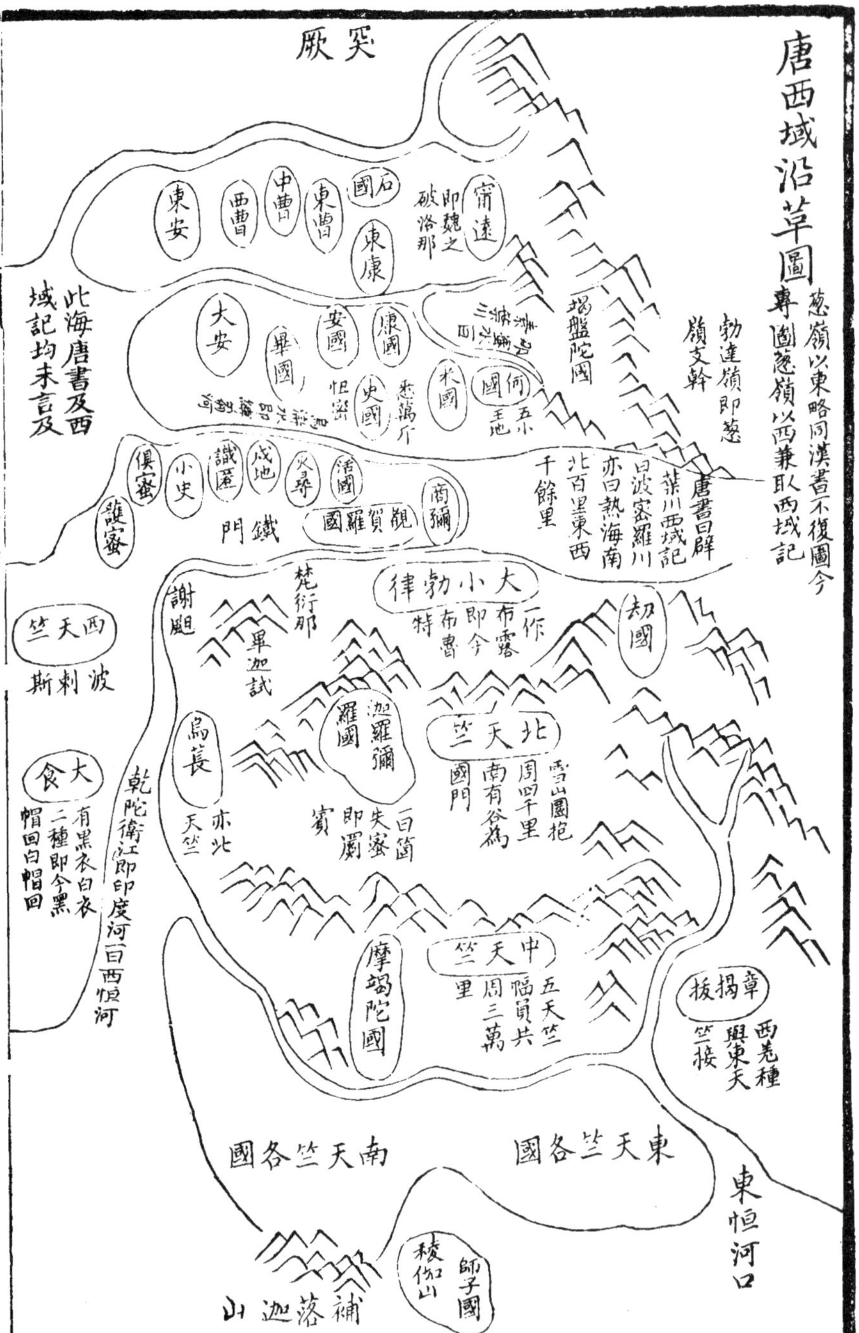
唐西域沿革圖
葱嶺以東略同漢書不復圖今專圖葱嶺以西兼取西域記
突厥
勃達嶺即葱嶺支幹
揭盤陀國
唐書曰辟葉川西域記曰波密羅川亦曰熱海南北百里東西千餘里
甯遠
即魏之破洛那
石國
東康
東曹
中曹
西曹
東安
大安
畢國
安國
康國
史國
米國
何國
此海唐書及西域記均未言及
商彌
觀貨羅國
鐵門
活國
火尋
戍地
識匿
小史
俱密
護蜜
大小勃律
一作布露即今布魯特
梵衍那
謝颶
畢迦試
劫國
北天竺
雪山圍抱周四千里南有谷爲國門
迦濕彌羅國
一曰箇失蜜即罽賓
烏萇
亦北天竺
西天竺
波刺斯
大食
有黑衣白衣二種即今黑帽回白帽回
乾陀衛江即印度河一曰西恒河
中天竺
五天竺幅員共周三萬里
摩竭陀國
章揭拔
西羌種與東天竺接
東天竺各國
南天竺各國
東恒河口
師子國
稜伽山
補落迦山

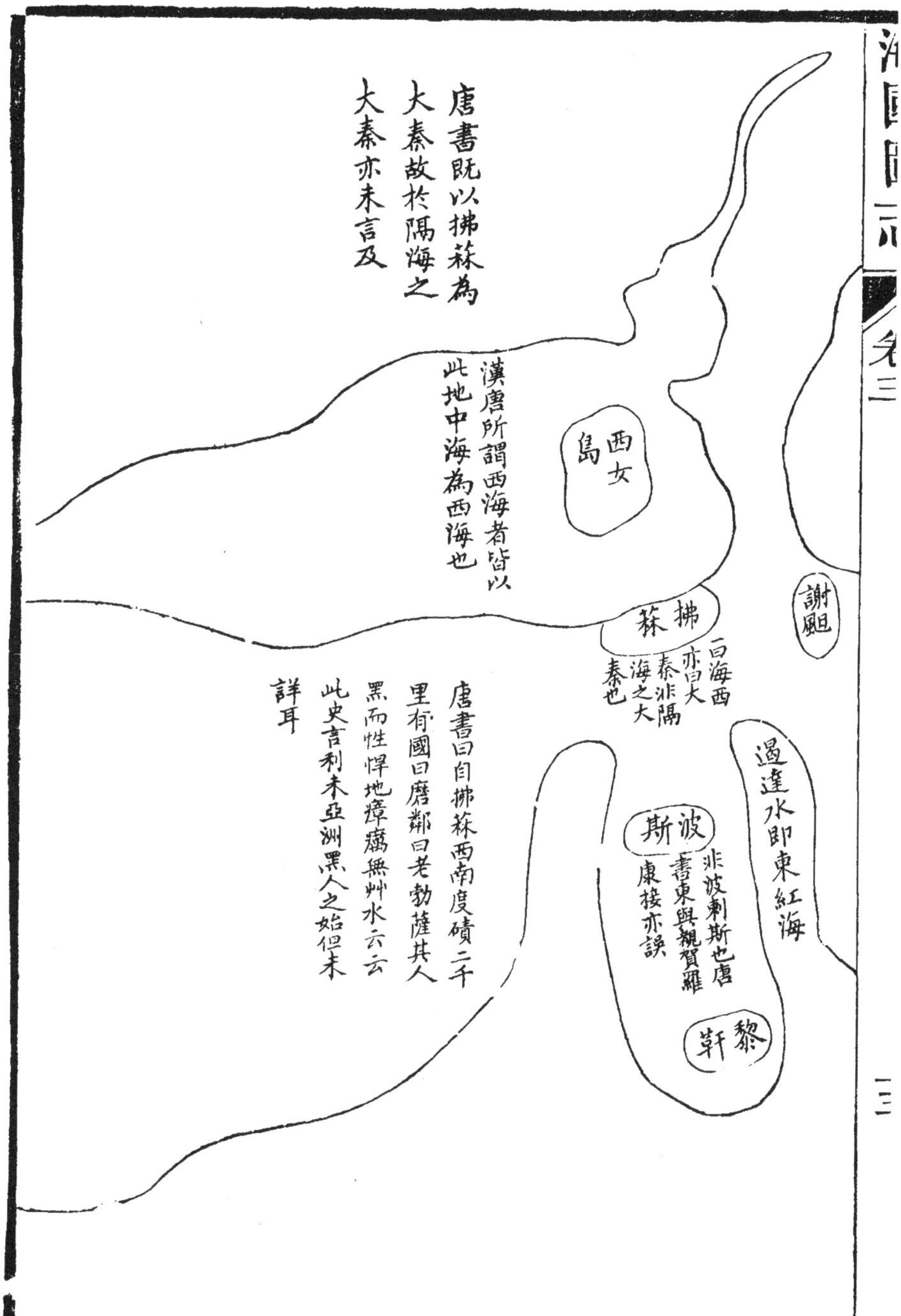
海國圖志　卷三
三
唐書既以拂菻為大秦故於隔海之大秦亦未言及
漢唐所謂西海者皆以此地中海為西海也
西女島
拂菻
曰海西亦曰大秦非隔海之大秦也
謝䫻
遏達水即東紅海
波斯
非波剌斯也唐書東與靚賀羅康接亦誤
黎軒
唐書曰自拂菻西南度磧二千里有國曰磨鄰曰老勃薩其人黑而性悍地瘴癘無艸水云云此史言利未亞洲黑人之始但未詳耳

元代西北疆域沿革圖
海國圖志 卷三 沿革圖
北海
此兩河間為海都篤娃二王封地今俄羅斯東藩第一部科利弗地也
此兩河間為汪罕故地太祖滅之太宗以封其子後為叛王海都出沒之所皆沿謙河至杭海山以窺和林今俄羅斯東藩第三部雅克薩地也
此當是乃顏哈丹北境今俄羅斯東藩第四部甘查甲地也康熙初屢寇黑龍江者即此部人
朱克河見異域錄元史有忽同刺河海刺河刺馬圖河納九河惱木連河
雪嶺
撼合納地
昂哥刺河
達魯忽河今搗的河
東金山即外興安嶺
元太祖弟哈赤溫封地在黑龍江北即今索倫境故裔孫哈丹據之以叛
黑龍江
斡難河
根特山
鐵壁山
謙河一作欠河
吉利吉思地
阿浦河即今伊聶謝河
益蘭州斷事官所駐
元太祖始起于此後以封其弟別里古台至裔孫乃顏據此以叛也
怯綠憐河即今克魯倫河一作怯呂連河太祖弟斡赤斤封地跨此河南北史所謂東方諸王
土元喇河
和林故乃蠻帳元初都之
杭海山即今杭愛山一名西金山
金山即今阿勒坦山
塔米河
東海
黑龍江口
遼東
上都即開平府
燕京
東海
郭爾羅斯部
西夏
青海
蒲昌海
烏斯藏
唐古特
唐兀吾今土魯番
元都實所尋河源日月敖津淖爾

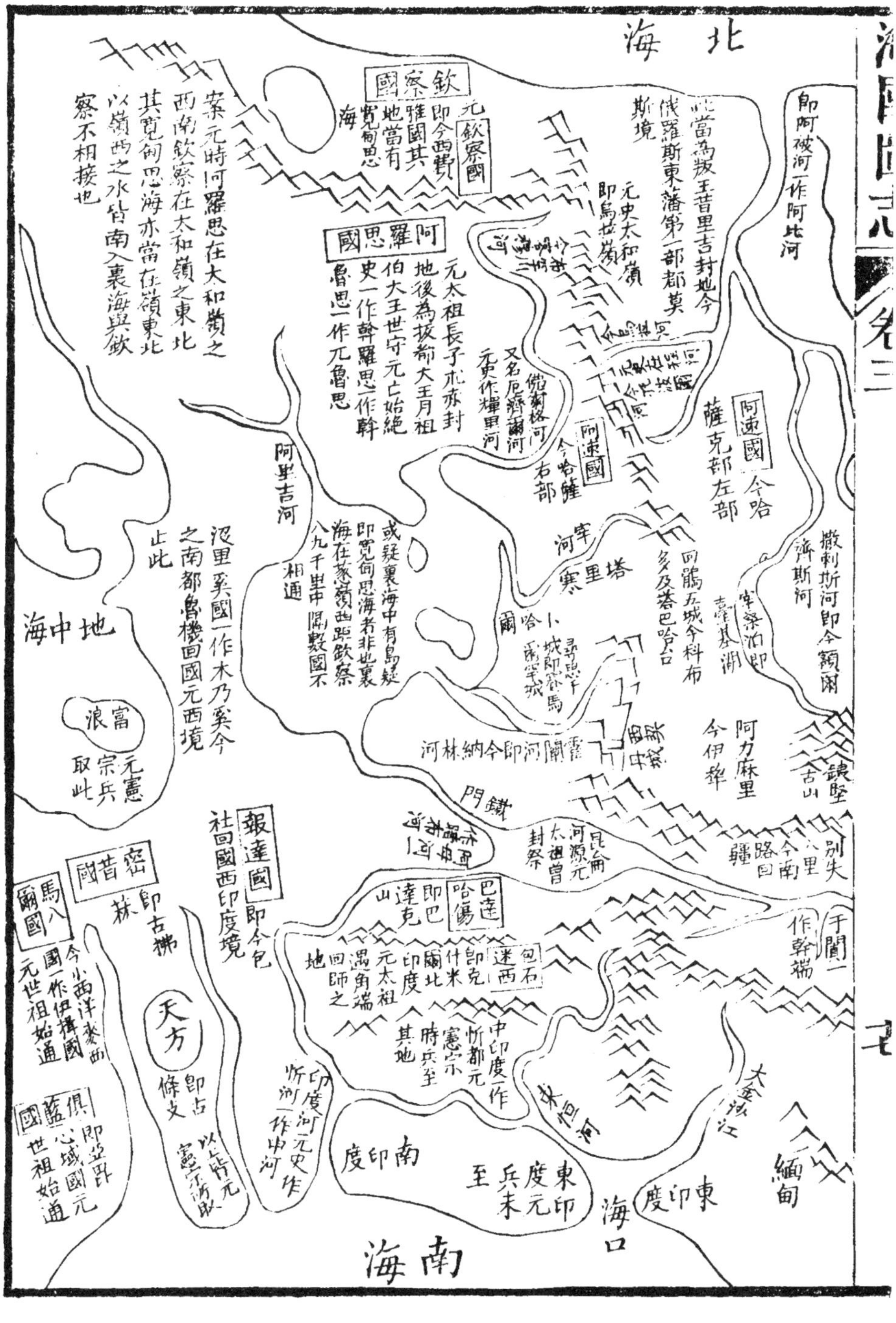
北海
欽察國
元欽察國 即今西費雅國 其地當有寬甸思海
阿羅思國
元太祖長子朮赤封地後為拔都大王所祖伯大王世守元亡始絕 史一作斡羅思一作斡魯思一作兀魯思
案元時阿羅思在太和嶺之西南欽察在太和嶺之東北 其寬甸思海亦當在嶺東北 以嶺西之水皆南入裏海與欽察不相接也
此當為拔王昔里吉封地今俄羅斯東藩第一部都莫斯境
元史太和嶺 即烏拉嶺
即阿被河一作阿比河
阿速國 今哈薩克部左部
阿速國 今哈薩克右部
阿里吉河
地中海
富浪 元憲宗兵取此
止此
沒里奚國一作木乃奚今之南都魯機回國元西境
或疑裏海中有島疑即寬甸思海者非也裏海在葱嶺西距欽察八九千里中隔數國不相通
塔里寒
撒剌斯河即今額爾濟斯河
阿力麻里 今伊犁
鐵門
報達國 即今包社回國西印度境
密昔國 即古佛林
馬八爾國 今小西洋麥西國一作伊揮國元世祖始通
天方 即古條支
俱藍國 即孟呂心域國元世祖始通
巴達哈傷 即巴達克山
迷西
中印度
南印度
東印度 元兵未至
東印度
海口
南海
大金沙江
緬甸

海國聞見録二卷

〔清〕陳倫炯撰

《海國聞見録》二卷，清陳倫炯撰。倫炯字資齋，福建同安（今厦門市）人。父昂，曾從施琅平定臺灣，搜捕餘黨，出入東西洋。倫炯少從其父聞知海道形勢，後任臺灣水師副將、臺灣總兵、寧波水師提督等。以平生所歷，復廣採群籍，周諮博訪，於雍正間撰成此書。上卷八篇：《天下沿海形録》記中国沿海地理形勢；《東洋記》記朝鮮、日本及琉球；《東南洋記》記臺灣島、菲律賓群島、西里西伯島、摩鹿加群島及婆羅洲；《南洋記》記印度支那半島、馬來半島及巽他群島；《小西洋記》記南亞、西亞及中亞；《大西洋記》記非洲、歐洲；《崑崙》記南海中之昆侖島；《南澳氣》記千里石塘、萬里長沙，即中國南海諸島。下卷爲《四海總圖》、《沿海全圖》、《臺灣圖》、《臺灣後山圖》、《澎湖圖》、《瓊州圖》等圖六幅。《四庫全書總目提要》稱：「凡山川之扼塞，道里之遠近，沙礁島嶼之夷險，風雲氣候之測驗，以及外蕃民風、物産，一一備書。雖卷帙無多，然積父子兩世之閲歷，參稽考驗，言必有徵，視剿傳聞而述新奇，據故籍而談形勢者，其事固區以别矣。」據上海圖書館藏清乾隆五十八年（一七九三）刻本影印，以中國國家圖書館藏本配補。

海國聞見錄

重刻海國聞見錄

陳資齋先生海國聞見錄圖說爲防戍經商必用之書前陞任香山明府彭竹林以是出大洋殲海寇予見而愛之摹繪手卷藏諸行篋今晴蘭林先生復訪得原本校正貽予重刻以廣其傳俾有事洋面者咸知趨避予老矣如淵明之讀山海經不過藉以推擴見聞世有偉人立勛溟渤安知功名富貴不即在不龜手之藥也哉

乾隆癸丑年午月浙江石門馬俊良重訂　蛟川林秉璐椒字

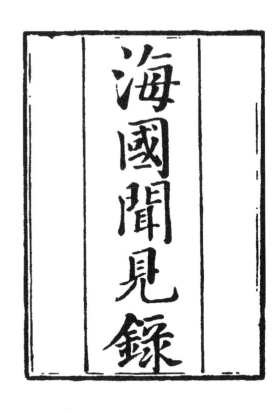

聞見錄序
我
國家
歷聖相承德洋恩溥版圖所屆極地際天蓋自負古
以來未有若斯之遠且大者也故其海防自塞
外以迄幽冀齊魯吳越閩粵袤延幾千萬里列
鎮建營星羅棋布兼有額設戰艦分員遊巡海

洋機宜亦既謹嚴詳備當時所謂遊魂伏莽久
已蕩焉泯焉於無何有之鄉矣獨是外洋諸番
種類繁雜山經海志之所不能載齊諧諸皐之
所不能言使非懷文抱質廣見博聞者爲之綴
輯成篇不幾爲史乘之未備歟同安　資翁陳
老先生以閩南貴胄少侍
禁廷余時節同廁班聯頗相莫逆迨余秉鉞兩江而
先生適爲崇明狼山兩要鎮今余移節閩浙先
生又提督甬東寄遹海疆嚶鳴有素遂出所爲
聞見錄者屬余論定余乃知是錄也爲其
尊大人涉歷海洋窮極幽遠自日出之國以至窮
沙極島凡身之所經目之所覩無不廣詢博諮
熟悉端委後以建績澎湖開鎮百粵而先生於
過庭之日洞悉淵源故今錄中如各洋道里之
阻修分野之向背島嶼之遠近番國之怪奇下
至風俗人民物產節候無不詳加綜覈各極周

詳他如沙礁之險夷也使浮海者知所避就萑
苻之伏藏也使哨巡者知所追捕葢安邦靖匪
之策于是乎在吾聞古來以著述世其業者班
則爲彪固馬則有談遷今先生是錄得諸
尊人所授而又節鉞所屆悉任海疆故能纘承先
志衣德紹聞至所云志
聖祖仁皇帝暨先人之教於不忘則是錄也益可以
見先生忠孝之大節豈與夫班馬諸人徒以文

字垂聲而已若余尸素海濱涔蹄未涉披展之
下不免望洋而歎也夫峕
乾隆九年歲次甲子夏月閩浙制使洪科弟那
蘇圖拜譔

海國聞見錄序
乾坤闔闢以來海爲大海者晦也言其荒遠冥
昧聞見眩惑也邵子云所謂中國者天下八十
一分之一有禆海環之又有大瀛海環之聞見
爲難陳白沙云今之四海非海也凡地下皆水
此乃水之溢出地者聞見猶易嗟乎由二公之
言觀之聞見難耶易耶吾聞忠於君者必能盡
其職苟職任海濱測星辰之分野占氣候之遫

遲辨飲食言語之不同察島嶼洲渚之各異非
如象罔之索珠狼牋之鬻金則其言卓乎可傳
矣我
皇上四海一家九有截服欽
聖聖之相承丕無外之基業萬國衣冠共球畢至所以
頌昇平而靖海氛者百餘年矣其間水陸要隘
軍容嚴整慶得人於師中寄股肱於要地
皇圖有磐石之安金甌無或缺之慮焉囘安

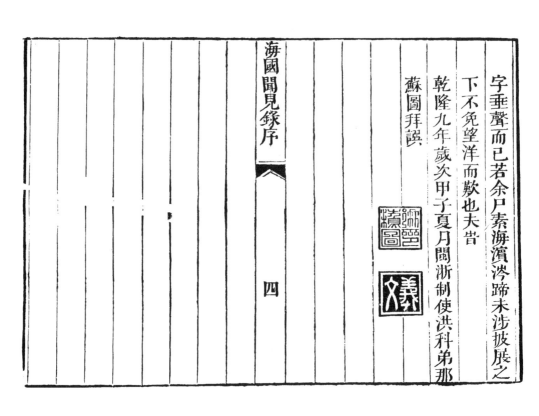

資齋陳公以卓犖雄才世傳其美開閫崇明移節甬上爲全浙金湯之倚與余同守海邦縱言防海之畧輙口講指畫直授要隘百餘所若燭照數計洞然無疑指螺掌釐當下可信知其經臨往復非一日矣越時郵寄海國聞見錄二册示余披其圖繪註說如覽十洲記如讀山海經前明籌海圖編紀效新書遜其經畫能不望洋而驚向若而歎耶綜其本末葢由

贈公宦浙江及移粵鎮皆酷嗜周諮凡漢夷舶師濱海華顛之老習知海事者必詳詢而備誌之

公復益以見聞裒然成集此手澤之所以長新

而

公之豐功懋績亦因之不朽矣應亟壽之梓上

以佐

廟算下以協寅恭有裨於經傳之學不其偉歟是

爲序

乾隆八年歲在癸亥嘉平月納蘭弟常安拜題

海國聞見録序

九州之大環以裨海混茫際天冥晦莫測周禮職方晰載地域廣輪土會名物而於海則闕如焉非以蓬島滄溟固難尋其涯涘歟我
國家幅員廣大臺灣亦臣服內郡海島承順纖塵不驚往來帆船咸得占風而至不有紀載曷以揚厲昇平天挺偉人雄才世濟惟
資齋陳公足當之公自幼從

贈公宦遊熟聞海洋形勢識記倍萬人自建績澎湖開鎮百粵比今提督甬東皆客邇海疆任東南鎖鑰之寄因出其海國聞見録眎予其形勢則起遼左達登萊下迨江浙閩廣其方隅則由東洋東南洋南洋下迨大小西洋其所見聞異詞如鳴鐘爲日茁隨水長光怪陸離莫知紀極凡山川之阨塞島嶼之縈紆道里之遠近以及人物風土之奇異如聚米畫沙一一筆之於書繪之爲圖噫是編也豈徒備職方之所未載將使服官海邦者策防禦而警寇掠商賈之往來海上者亦得涉險而無虞於以佐
聖朝清晏之澤於無垠厥功偉哉昔詩之美召公曰于疆于理至於南海而勉之以肇敏戎公且錫以圭瓚秬鬯使祀其先祖而終之以對揚王休惟公荷
三朝厚恩懋建勳績又能謹誌

贈公之教於不忘篤棐之忠繼述之孝一身兼之宜乎耀美旂常垂輝金石也若徒美紀載之綜覈是猶不免蠡測之見也夫

乾隆九年歲次甲子仲冬月長洲弟彭啟豐拜題

序

先公少孤貧廢　學賈往來外洋見老於操舟者僅知針盤風信叩以形勢則茫然間有能道一二事實者而理莫能明先公所至必察其面勢辨其風潮觸目會心有非學力所能造者康熙壬戌

聖祖仁皇帝命征澎臺遣靖海侯施公琅提督諸軍旁求習於海道者先公進見聚米為山指畫形勢

定計候南風以入澎湖遂藉

神策廟算應時戡定又奉施將軍令出入東西洋招訪鄭氏有無遁匿遣人凡五載敘功授職再遷至碣石總兵擢廣東副都統皆濱海地也倫烱蒙

帝殊恩得充侍衛親加教育示以沿海外國全圖康熙六十年

授臺灣南路叅將

皇上嗣位蒙

恩遷澎湖副將移臺灣水師副將即

擢授臺灣總兵移鎮高雷廉又皆濱海地也倫烱自為童子時先公於島沙澳阻盜賊出沒之地輒諄諄然告之少長從先公宦浙聞日本風景佳勝且欲周諮明季擾亂閩浙江南情實庚寅夏親遊其地及移鎮高雷廉壤接交阯日見西洋諸部估客詢其國俗考其圖籍合諸

先帝所圖示指畫毫髮不爽乃按中國沿海形勢外洋

諸國疆域相錯人風物產商賈貿遷之所備為圖誌蓋所以志

聖祖仁皇帝暨先公之教於不忘又使任海疆者知防禦搜捕之扼塞經商者知備風潮警寇掠亦所以廣我

皇上保民恤商之德意也

雍正八年歲次庚戌仲冬望日

同安陳倫烱謹誌

海國聞見錄目次

天下沿海形勢

天下沿海形勢從京師天津東向遼海鐵山黃城
島外對朝鮮左延東北山海關寧遠蓋平復州金州
旅順口鴨綠江而抵高麗右袤東南山東之利津清
河蒲臺壽光海倉口登州而至廟島成山衛登州與
旅順口南北隔海對峙東懸皮島西匝兩京登萊是
爲遼海登州一郡陡出東海盡於成山衛海船往盛
京天津者以成山爲標準也成山衛轉西南則靖海

大嵩萊陽鰲山靈山而至江南海州此皆登州西南
之海也海州而下廟灣而上則黃河出海之口河濁
海清沙泥入海則沉實支條縷結東向汙長潮滿則
沒潮汐或淺或沉名曰五條沙中間深處呼曰沙行
江南之沙船往山東皆恃沙行以寄泊船因底平少
閣無礙閩船到此則魄散魂飛底圓加以龍骨三段
架接高昂閣沙擂浪則碎折更兼江浙海潮外無藩
扞屏山以緩水勢東向澎湃故潮汐之流比他省爲

最急之西風開避舟隨溜閣雖不爲壞是以海船往
山東兩京必從盡山對東開一日夜避過其沙方敢
北向是以登萊淮海稍寬海防者職由五條沙爲之
保障也廟灣南自如皐通州而至洋子江口內狼山
外崇明鎖鑰長江沙坂急潮其概相似而崇明上鎖
長江下扼吳淞東有洋山馬蹟花腦陳錢諸山接連
浙之寧波定海外島而嘉興之乍浦錢塘之鱉子餘
姚之後海寧波之鎮海雖沿海相聯要疆但外有定

海爲之扞衛實內海之堂奧也惟乍浦一處濱於大
海東達漁山北達江南之洋山定海之衢山劒山外
則汪洋言海防者當留意焉江浙外海以馬蹟爲界
山北屬江山南屬浙而陳錢外在東北俗呼盡山山
大澳廣可泊舟百餘艘山產水仙海產淡菜蚌屬海
鹽小魚賊舟每多寄泊江浙水師更當加意於此南
之海島由衢山岱山而至定海東南由劒山長塗而
至普陀普陀直東之外出洛迦門有東霍山夏月[illegible]

舟亦可寄泊伺刼洋船回棹且與盡山南北爲犄角山脚水深非加長椗纜不足以寄普陀之南自崎頭至昌國衛接聯內地外有韭山吊邦亦賊舟寄泊之所此皆寧波郡屬自寧波台州黃巖沿海而下內有佛頭桃渚崧門楚門外有茶盤牛頭積穀釁尭石塘枝山大鹿小鹿在在皆賊艘出沒經由之區南接樂清溫州瑞安金鄉蒲門此溫屬之內海樂清東峙玉環外有三盤鳳凰北屺南屺而至北關以及閩海接

界之南關實溫台內外海逕寄泊樵汲之區不可忽也閩之海內自沙埕南鎮烽火三沙斗米北茭定海五虎而至閩安外自南關大嵛小嵛閭山芙蓉北竿塘南竿塘東永而至白犬爲福寧福州外護左翼之藩籬南自長樂之梅花鎮東萬安爲右臂外自磁澳而至草嶼中隔石牌洋外環海壇大島閩安雖爲閩省水口咽喉海壇實爲閩省右翼之扼要也由福清之萬安南視平海內虛海套是爲興化外有南日湄

洲再外烏坵海壇所當留意者東北有東永東南有烏坵猶浙之南屺北屺積穀弔邦韭山東霍衢山江之馬蹟盡山是也泉州北崇武獺窟南祥芝永寧左右拱抱內藏郡治下接金廈二島以達漳州金爲泉郡之下臂廈爲漳郡之咽喉漳自太武而南鎮海六鰲古雷銅山懸鐘在在可以寄泊而至南澳以分閩粵泉漳之東外有澎湖島三十有六而要在媽宮西嶼頭北港八罩四澳北風可以泊舟若南風不但有

山有嶼可以寄泊而平風靜浪黑溝白洋皆可暫寄以俟潮流洋大而山低水急而流迴北之吉貝沉礁一線直生東北一目未了內皆暗礁佈滿僅存一港蜿蜒非熟習深諳者不敢棹至南有大嶼花嶼猫嶼北風不可寄泊南風時宜巡緝澎湖之東則臺灣北自鷄籠山對峙福州之白犬洋南自沙馬崎對峙漳之銅山延綿二千八百里西面一片沃野自海至山淺濶相均約百里西東穿山至海約四五百里崇山

疊箐野番類聚建一郡分四縣山川形勢生熟番性
蜂窠蟻穴誌考備載郡治南抱七昆身而至安平鎮
大港隔港沙洲直北至鹿耳門鹿耳門隔港之大線
頭沙洲而至隙仔海翁隙皆西護府治而港之可以
出入巨艘惟鹿耳門與雞籠淡水港其餘港汊雖多
大船不能出入僅平底之澎船四五百石之三板頭
船堪以出進此亦海外形勢以扞內地沿海要疆南
澳東懸海島扞衛漳之詔安潮之黃岡澄海閩粵海

洋適中之要隘外有小島三爲北彭中澎南澎俗呼
爲三澎南風賊艘經由暫寄之所內自黃岡大澳而
至澄海放雞廣澳錢澳靖海赤澳此雖潮郡支山入
海實爲潮郡賊艘出沒之區晨遠颺於外洋以伺掠
夜西向於島澳以偷泊而海賊之尤甚者多潮產也
赤澳一洋自甲子南至淺澳田尾遮浪汕尾鮜門港
大星平海雖屬惠州而山川人性與潮懸異故於居
中碣石立大鎮下至大鵬佛堂門將軍澳紅香爐急

水門由虎門而入粵省外自小星筆管沱濘福建頭
大嵛山小嵛山伶仃山旗纛嶼九州洋而至老萬島
嶼不可勝數處處可以樵汲在在可以灣泊粵之賊
艘不但艙艍海泊此處可以伺劫而內河槳船櫓船
漁舟皆可出海羣聚剽掠粵海之藏垢納汚者莫此
爲甚廣省左扞虎門右扼香山而香山雖外護順德
新會實爲省會之要地不但外海捕盜內河緝賊港
汊四通奸匪殊甚且共域澳門外防番舶與虎門爲

犄角有心者豈可泛視哉外出十字門而至魯萬此
洋艘番舶來往經由之標準下接岸門三竈大金小
金烏猪上川下川䑸船澳馬鞍山此肇屬廣海陽江
雙魚之外護也高郡之電白外有大小放雞吳川外
有硇州下鄰雷州白鴿錦囊南至海安自放雞而南
至於海安中懸硇州暗礁暗沙難以悉載非深諳者
莫敢內行而高郡地方實藉沙礁之庇也雷州一郡
自遂溪海康徐聞向南斡出四百餘里而至海安三

面濱海幅濶百里對峙瓊州渡海百二十里自海安繞西北至合浦欽州防城而及交阯之江平萬寧州延長一千七百里故海安下廉州船宜南風上宜北風自廉之冠頭嶺而東白龍調埠川江永安山口烏兎處處沉沙難以名載自冠頭嶺而西至於防城有龍門七十二逕逕逕相通逕者島門也通者水道也以其島嶼懸雜而水道皆通廉多沙欽多島地以華夷為限而又產明珠不入於交阯是以亭建海角於

廉天涯於欽瓊州屹立海中地從海安渡脉南崖州東萬州西儋州北瓊州與海安對峙瓊山文昌樂會陵水感恩臨高定安澄邁沿海諸州縣環繞熟黎而熟黎環繞生黎而生黎環繞五指嶺七指山五指西向七指南向周圍陸路一千五百三十里府城中路直穿黎心至崖州五百五十五里萬州東路直穿黎州至儋州五百九十里自海口港之東路沿海惟文昌之潭門港樂會之新潭那樂港萬州之東澳陵水之黎菴港崖州之大蛋港西路沿海惟澄邁之馬裊港儋州之新英港昌化之新潮港感恩之北黎港可以灣泊船隻其餘港汊雖多不能寄泊而沿海沉沙行舟實為艱險內山生黎鼠瘴殊甚吾人可往熟黎而不可往生黎生黎可往熟黎而不可到吾地熟黎夾介其間以水土習宜故也此亦海外稍次之臺灣惜乎田疇不廣歲仰需於高雷雖產楠沉諸香等於廣南甲於諸番又非臺灣沃野千里所可比擬也

東洋記

天地之大何物不容輕清之氣包涵萬類星辰日月亦有所不及而聖人測理備至定四方製指南分二十四籌由近之遠莫出範圍啟後世愚蒙識萬國九州然而九州之外又有九州謹按四方外國地方海道人物風土粗據所見聞而畧誌之俾後之君子有所採擇朝鮮居天地之艮方聯盛京對天津古箕子地分郡縣幅員里道朝貢經由歷代史典輿圖備紀

無容勦說其南隔一洋日本國屬之對馬島順風一夜可抵明關白為亂者是也自對馬島而南寅甲卯東方一帶七十二島皆日本倭奴之地而與中國通貿易者惟長崎一島長崎產乏粟菽難供食指開貿易入公家通計終歲所獲利就長崎按戶口均分國王居長崎之東北陸程近一月地名彌耶穀譯曰京受封漢朝王服中國冠裳國習中華文字讀以倭音予奪之權軍國政事柄於上將軍王不干預僅食俸米受山海貢獻上將軍有時朝見而已易代爭奪不爭王而爭上將軍倭人記載自開國以來世守為王昔時上將軍曾篡奪之山海應貢之物不產五穀不登陰陽不順退居臣位然後順若如故至今無敢妄冀者官皆世官世祿遵漢制以刺史千石為名祿厚足以養廉故少犯法即如年僉舉一街官街官者鄉保也歲給贍養五十金事簡而閒通文藝者為高士優以禮免以徭俗尚淨潔街衢時為拭滌夫妻不共

湯羹飲餘婢僕尚棄之富者履坐絮薦貧者履坐薦薦名曰毯踏棉各家計攤毯踏棉之多寡為戶口男女衣服大領闊袖女加長以曳地畫染花卉文采褌用帛幅裹繞足著短襪以曳履男束帶以插刀髡鬢而薙頂額留鬢髮至後梳潤寸餘向後一挽而繫結髮長者修之女不施脂而傅粉不帶鮮花剪綵簪珥而插玳瑁綠髮如雲日加滌洗薰灼楠沉髻挽前後爪甲無痕惟恐納垢至於男女眉目肌理不敢比勝

中華亦非諸番所能比擬實東方精華之氣所萃人皆覆姓其單姓者徐福配合之童男女也徐福所居之地名曰徐家村其塚在熊指山下其國男子年五十餘陽多痿奴者儂也故呼之曰倭奴俗尊佛尚中國僧敬祖先時掃墳廬得香花佳果非敬佛僧則上祖墳人輕生有犯法者事覺向荒山割肚自殺無累他人立法最嚴人無爭鬬語言寂寂呼童僕鳴掌則然諾無售買人口傭工期滿即歸所統屬國二北對

馬島與朝鮮爲界朝鮮貢於對馬而對馬貢於日本南薩峒馬與琉球爲界琉球貢於薩峒馬而薩峒馬貢於日本二島之王俱聽指揮氣候與山東江浙齊長崎與普陀東西對峙水程四十更廈門至長崎七十二更北風從五島門進南風從天堂門進對馬島坐向登州薩峒馬坐向温台地產金銀銅漆器磁器紙箋花卉染印海產龍涎香䱡魚海參佳蔬等類薩峒馬山高巉巖溪深水寒故刀最利兼又產馬人壯

健嘉靖間倭寇者薩峒馬是也日本原市舶水嘉因倭之漁者十八人被風入中國奸人引之爲亂髡鬚薙額雜以遠處土語逓相擄掠羣稱倭奴後平囘國僅十八人王正以法隨禁市舶中國聽我彼往至今無敢來者倭截十八商士普陀往長崎雖東西正向直取而渡橫洋風浪巨險諺云日本好貨五島難過廈門往長崎乘南風見臺灣雞籠山北至米糠洋香蕈洋再見薩峒馬大山天堂方合正針糠蕈二洋者

洋中水面若糠粃水泡若蕈菌呼之爲米糠洋香蕈洋薩峒馬而南爲琉球也居於乙方計水程六十八更中山國是也習中國字人弱而國貧產銅器紙螺甸玳瑁無可交易其衣冠人物貢由福州入熟習見故不詳載自日本琉球而東水皆東流莊子所謂尾閭洩之不知何時已而不虛也

東南洋記

東南諸洋自臺灣而南臺灣居辰巽方北自鷄籠山至南沙馬崎延袤二千八百里與福興泉漳對峙隔澎湖水程四更隔厦門水程十有一更西面一帶沃野東面俯臨大海附近輸賦應徭者名曰平埔土番其山重疊野番穴處難以種數捕鹿而食薯芋爲糧不知年歲以黍熟釀酒合歡爲年性好殺以人顱爲寶文身黑齒種種不一晨聽鳥音以卜行事吉凶男

女野合成耦迨崇禎間爲紅毛荷蘭人所據就安平大港建砲臺城三層以防海口教習土番耕作令學西洋文字取鹿皮以通日本役使勞瘁番不聊生鄭芝龍昔鯨鯢海上娶倭婦翁氏生成功隨帶數十倭奴聚泊臺灣視海外荒島不足以有爲仍寇江浙閩粵因囑其子曰倘不可爲臺灣有如虯髯之安及鄭成功寇鎮江敗歸阻守金厦始謀取臺灣會荷蘭之通事何斌逋夷負釣鹿耳門知港路深淺說成功聯

檣並進荷蘭嚴守安平大港成功從鹿耳門進水漲三丈餘入據臺灣與荷蘭相持甚久因喻之曰臺灣係我先王所有現存倭人爲你等所據今還我地資貨無染荷蘭悉衆而去至康熙二十二年鄭克塽歸順方入版圖以承天府爲臺灣府天興州爲諸羅縣萬年州爲臺灣鳳山二縣雍正二年分諸羅北之半線爲彰化縣鳳山沙馬崎之東南有呂宋居巽方厦門水程七十二更北面高山一帶遠視若鋸齒俗名

宰牛坑山有土番屬於呂宋與沙馬崎西北東南遠拱中有數島惟一島與臺灣稍近者名曰紅頭嶼有土番居住無舟楫往來語言不通食薯芋海族之類產沙金臺灣曾有舟到其處呂宋大山北從宰牛坑延繞東南昔爲大西洋于絲臘是班呀所據地宜粟米長者五六分漳泉人耕種營運者甚盛年輸丁票銀五六金方許居住經商惟守一隅四方分定不許越界廣納丁票聽憑貿易東南洋諸番惟呂宋最盛

因大西洋干絲臘是班呀番船運銀到此交易絲綢布帛百貨盡消島番土產雲集西洋立教建城池聚夷族地原係呂宋土番今爲據轄漢人娶本地土番婦者必入其敎禮天主堂用油水畫十字於印堂名曰澆水焚父母神主老終歸天主堂乞坑土親屬而埋富者納貲較多寡埋堂上基內貧者埋牆外三年一清棄骸骨於深澗所有家貲明於公堂天主妻子作三股均分其蠱殊甚母傳女而不傳子即如牛皮

火腿咒法縮小如沙令人食而脹斃又有蝦蟆魚蠱之類彼能咒解從口躍出成盆禁龍陽父子兄弟亦不得共寢蓆夜啟戶聽彼稽察拭床蓆驗有兩溫氣者捕以買罰晨鳴鐘爲日方許開市肆經營午鳴鐘爲夜闔市寢閉不敢往來昏鳴鐘爲日燈燭輝煌如晝營生夜半鳴鐘爲夜以閉市肆晝夜各以三時辰爲日爲夜傍午捉夜禁闔地皆鬼市下接利仔叐水程十二更至甘馬力水程二十一更二處漢人從呂宋舟楫往彼貿易利仔叐之東南隔海對峙有五島班愛惡黨宿務猫務烟網巾礁腦中國俱有洋艘往通均係土番族類山海所產與呂宋同如鹿麂牛皮筋脯蘇木烏木降香速香黃蠟燕窩海參等類水程必由呂宋之利仔叐海而南呂宋至班愛十更至惡黨二十三更至宿務二十四更至網巾礁腦五十八更人愚罔有知識家無所蓄需中國布帛以蔽身國各有王惟謹守國土其東南又有萬老高丁機宜二

國居於巳方國土人物產類相似水程呂宋至萬老高一百七十四更至丁機宜二百一十更由呂宋正南而視有一大山總名無來由息力大山山之東爲蘇祿從古未奉朝貢雍正戊申六年至闕貢獻西隣吉里問又沿西文萊即古婆羅國再繞西朱葛礁喇大山之正南爲馬神其山之廣大長短莫能度測山中人跡所不到產野獸亦莫能名其狀蘇祿吉里問文萊三國皆從呂宋之南分籌而朱葛礁喇必從粵

南之七洲洋過崑崙茶盤向東而至朱葛礁喇一百八十八更馬神亦從茶盤噶喇吧而往水程三百四十更廈門由呂宋至蘇祿水程不過一百一十更共在一山南北遠近相去懸殊矣又隔東海一帶爲苊佳虱大山由馬神至苊佳虱水程二十七更復繞而之東即係丁機宜東北係萬老高而蘇祿吉里問文萊朱葛礁喇總名皆爲無來由繞阿番性喜銅鉦器皿皆銅沿溪箸屋爲居俗甚陋身不離刃精於標槍

見血即斃以采色布帛成幅衣身經商其地往來乘莽甲即小舟艕從持利器相隨產珍珠冰片玳瑁海參燕窩烏木降香海茱藤等類而馬神番性相似人尤狡獪紅毛人曾據其港口欲佔其地番畏火礮莫敢敵入山以避用毒草浸洗上流使其受毒而自去產鋼鑽胡椒檀香降香科藤豆蔻冰片鉛錫燕窩翠羽海參等類鑽有五色金黑紅者爲貴置之暮夜密室光能透徹投之爛泥汚中上幔青布其光透出各

番以爲首寶大如拇指價十萬餘兩西洋人購之爲至寶呂宋至吉里問三十九更至文萊四十二更此皆東南洋番國而朱葛礁喇馬神非從呂宋水程應入南洋各國因同蘇祿文萊南北大山是以附載東南洋俾覽者識其形勢焉

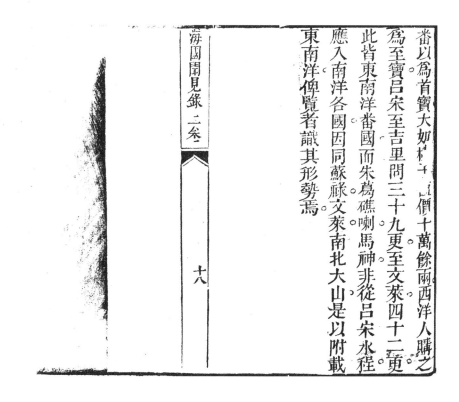

南洋記

南洋諸國以中國偏東形勢用針取向俱在丁未之間合天地包涵大西洋按二十四盤分之卽在巽巳矣就安南接聯中國而言海接廉州山繞西北而環南直至占城形似半月名曰廣南灣秦象郡漢交阯唐交州宋安南明交阯陸接兩粵雲南風土人物史典備載後以淳化新州廣義占城謂廣南因舅甥委守淳化隨據馬龍角砲臺北隔一水與交阯砲臺爲

界自淳化而南至占城爲廣南國亦稱安南王阮姓本中國人氏古日南郡產金楠沉諸香鉛錫桂皮象牙綾絹燕窩魚翅赤菜糖與交阯相類以交阯爲東京廣南爲西京强於交阯南轄祿賴東埔寨崑大嗎西南鄰暹羅西北接緬甸栽莿竹爲城人善沒紅毛呷板風水不順溜入廣南灣內者國遣小舟數百人背竹筒携細縷沒水密釘細縷於呷板船底遠槳牽拽船以淺閣火焚而取其輜重今紅毛呷板以不見

廣南山爲戒見則主駕舟者曰夥長國有常刑廈門至廣南由南澳見廣之魯萬山瓊之大洲頭過七州洋取廣南外之咕嗶囉山而至廣南計水程七十二更交阯由七州西繞北而進廈門至交阯水程七十四更七州洋在瓊島萬州之東南凡往南洋者必經之所中國洋艘不比西洋呷板用混天儀量天尺較日所出刻量時辰離水分度卽知爲某處中國用羅經刻漏沙以風大小順逆較更數每更約水程六十

里風大而順則倍累之潮頂風逆則減退之亦知某處心尚懷疑又應見某處遠山分別上下山形用繩駝探水深淺若干駝底帶蠟油以粘探沙泥各各配合方爲確準獨於七州大洋大洲頭而外浩浩蕩蕩罔有山形標識風極順利對針亦必六七日始能渡過而見廣南咕嗶囉外洋之外羅山方有準繩偏東則犯萬里長沙千里石塘偏西則恐溜入廣南灣無西風不能外出且商船非本赴廣南者入其境以爲

天送來稅物倍加均分猶若不足比於紅毛人物兩空尚存中國大體所謂差毫厘失千里也七州洋中有種神鳥狀似海雁而小喙尖而紅脚短而綠尾帶一箭長二尺許名曰箭鳥船到洋中飛而來示與人爲準呼是則飛而去間在疑似再呼細看決疑仍飛而來獻紙謝神則翺翔不知其所之相傳王三寶下西洋呼鳥插箭命在洋中爲記廣南沿山海至占城祿賴繞西而至東埔寨廈門至占城水程一百更至

東埔寨水程一百一十三更東埔寨雖另自一國介在廣暹二國之間東貢廣南西貢暹羅稍有不遜水陸各得並進而征之番係白頭無來由裸體居多以布幅圍下身名曰水幔讀平聲地產鉛錫象牙翠毛孔雀洋布蘇木降香沉束諸香燕窩海菜藤自東埔寨大山繞至西南爲暹羅由暹羅沿山海而南爲斜仔六坤大哖丁噶呶彭亨山聯中國生向正南至此而止又沿海繞山之背過西與彭亨隔山而背坐爲

柔佛由柔佛而西爲麻喇甲即丁噶呶之後山也由麻喇甲而西出於雲南天竺諸國之西南爲小西洋戈什嗟暹羅沿山海而至柔佛諸國各皆有王均受暹羅國所轄古分羅暹二國後合爲暹羅國俗崇佛王衣文彩佛像肉貼飛金用金皿陸乘象亭象輦舟駕龍鳳分官屬曰招誇以裸體跣足俯腰蹲踞見尊貴不衣褌而圍水幔尊敬中國用漢人爲官屬理國政掌財賦城郭軒豁沿溪樓閣羣居水多鱷魚從海

口至國城溪長二千四百里水深濶容洋船隨流出入通黃河支流夾岸大樹茂林猿猴采雀上下呼鳴番村錯落田疇饒廣農時闔家棹舟耕種事畢而回無俟鋤芸穀熟仍棹收穫而歸粟藁長二丈許以爲入貢土物因播秧畢而黃河水至苗隨水以長水尺苗尺水丈苗丈無澇傷之患水退而稻熟矣幹河入中國勢猛而急支河入西域歸東埔寨暹羅以出海勢散而緩田疇藉以肥饒故產米之國右可三星俗

語捕鹿枝頭牽牛上樓蓋鹿爲水漂沒閣息於樹梢溪屋爲水注浸引牛於樓人有被虎噉鱷吞者告於番僧僧咒拘而虎自至咒攄綿紗於水而鱷自縛剖而視之形骸猶存有受蠱者向僧求咒則解是以俗重佛敎富者卒後葬以瓷即釋氏塔也又有一種男女名謂尸羅鑾與人無異但目無瞳子人娶之亦生男女夜眠魂變爲狸狗率類向水厠嗜食糞穢將明附魄若熟睡翻覆其身魂不得附歸女爲經紀人戲

以酸柑擠汁噀之眼淚長流而不可忍人染痢者若不洗滌夜爲尸羅鑾舐食化作小物人穀道而食腸腹故居暹之人以近水搭厠便於淨滌又有一種共人共者咒法名也刀刃不能傷王養以爲兵衛犯事應刑令番僧以咒勸化之使其自退共法方與受刑國多崇魔相傳三寶到暹羅時番人稀少鬼祟更多與三寶鬬法勝許居住一夜各成寺塔將明而三寶之寺未及覆瓦覷鬼之塔已成引風以側之用頭巾

頂揷花代瓦幔覆今其塔尚側三寶寺殿今朽爛椶繩猶存於屋瓦洋艘於篷頂桅上加一布帆以提吊船身輕快爲頭巾頂又於篷頭之傍加一布帆以乘風力船無款側而加快爲揷花番病毋向三寶求藥無以濟施藥投之溪令其沐浴至今番唐人尚以浴溪澆水爲治病外洋諸番以漢人呼唐人因唐時始通故也番俗死後焚而後葬爲消除罪孽又一種生前發願死後恬問飼鳥飼魚者恬問即捨身也恬問

鳥置之山石之上羣鳥翺翔畢集然後內一鳥紅嘴足先下而啄羣鳥集下頃刻僅存髏骨收而埋之恬問魚焚化存灰和麪作塊投之溪亦有先飼鳥後飼魚兩者皆兼之矣國造巨艦載萬餘石求桅木於深山大樹先以咒語告求允許方敢下斧不則樹出鮮血動手者立亾用牛挽葦沿途番戲以悅之咒語以勸之少有不順則拔木而自回舊地挽至廠所其靈方息產銀鉛錫洋布沉束象牙犀角烏木蘇木氷片

降香犀毛牛角鹿筋藤蓆佳文蓆藤黄大楓子豆蔻
燕窩海參海菜以銀豆爲幣大者重四錢中者一錢
次者五分小者二分五厘其名曰漈皆王鑄字號法
不得剪碎零用找以海螺巴厦門至暹羅水程過七
州洋見外羅山向南見玳瑁洲鴨洲見崑崙偏西見
大眞嶼小眞嶼轉西北取筆架山向北至暹羅港口
竹嶼一百八十八更入港又四十更共水程二百二
十八更而東聯東埔寨僅水程一百十三更何以相

去甚遠蓋東埔寨南面之海一片盡屬爛泥故名爛
泥尾下接大横山小横山是以紆廻外繞而途遠也
由暹羅而南斜仔六坤宋腳皆爲暹羅屬國大哖吉
連舟丁噶啜彭亨諸國沿山相續俱由小眞嶼向西
分往水程均一百五六十更不等土產鉛錫翠毛佳
文蓆燕窩海參科藤水片等類相同惟丁噶啜胡椒
甲於諸番爲美番皆無來由族類不識義理裸體挾
刃下圍幅幔檳榔夾烟嚼國米和水吞貿易難容多

艘而柔佛一國山雖聯於彭亨其勢在下水路應到
崑崙用未針取茶盤轉西至柔佛計厦門水程一百
七十三更番情與上諸國相似而所產相同較之畧
美而倍多年經商可容三四艘就舟交易產沙金國
以鑄花小金錢爲幣重四五分銀幣不行由柔佛而
西麻喇甲亦係無來由族類官屬名曰惡耶國王彷
暹羅用漢人理國事掌財賦產金銀西洋布犀角象
牙鉛錫胡椒降香蘇木燕窩翠毛佳文蓆等類金錢

銀幣皆互用往西海洋中國洋艘從未經歷到此而
止厦門水程二百六十更至於小西洋烏鬼國大西
洋雖與大塊相聯西洋呷板來往語具大小西洋記
麻喇甲南隔海對峙大山爲亞齊係紅毛人分駐凡
紅毛呷板往小西洋等處埔頭貿易必由亞齊經過
添備水米自亞齊大山生繞過東南爲萬古屢盡處
與噶喇吧隔洋對峙紅毛回大西洋者必從此洋出
然後向西南過烏鬼呷繞西至大西洋就中國往噶

喇吧而言必從崑崙茶盤純用未針西循萬古屢山而至噶喇吧廈門計水程二百八十更原係無來由地方爲紅毛荷蘭所據分官屬名曰呷必丹外統下港萬丹池問三處下港產胡椒萬丹另埔頭池問產胡椒檀香而噶喇吧甲諸島番埔頭之盛各處船隻聚集貿易中國大西洋小西洋白頭烏鬼無來由島番鎜珍寶物食無所不至荷蘭建城池分埔頭中國人在彼經商耕種者甚多年給丁票銀五六金方許

居住中國人口浩盛住此地何啻十餘萬近荷蘭亦以新唐禁革不許居住令隨船而回茶盤一島居崑崙之南毗於萬古屢山之東皆南洋總路水程分途處島番捕海爲生產佳文草頂細而長者年僅足二席之用入王家碎虫蟻值價四五十金次者一二三十金值一二金者猶錦繡布褐之相去也

小西洋記

小西洋居於丙午丁未方從麻喇甲暹羅繞西沿山而至於白頭番國人卽西域之狀捲鬚環耳衣西洋布大領小袖纏腰裹白頭故以白頭呼之國有二東爲小白頭西爲包社大白頭二國北接三馬爾丹卽噶爾且之本國也而三馬爾丹之北鄰細客里也國而細客里也之西爲俄羅斯國小白頭東鄰民呀國民呀人黑穿着皆白類似白頭英機黎荷蘭佛蘭西

聚此貿易民呀之東接天竺佛國民呀之東南遠及暹羅民呀之南臨海民呀之北接哪嗎西藏及三馬爾丹國屬而小白頭南入於海之地曰戈什嗒東西南三面皆臨大海外懸一島曰西崙中產大珠戈什嗒東之沿海地名有三曰網礁臘係英機黎埔頭曰房低者里係佛蘭西埔頭曰呢顏八達係荷蘭埔頭西之沿海地名有二曰蘇喇曰網買皆英機黎埔其地俱係紅毛置買所建也○包社大白頭國東鄰

小白頭北與小白頭皆聯三馬爾丹西北桃裏海西鄰東多爾其西南鄰阿黎米也南臨大海〇多爾其分東西二國皆回回東多爾其國不通海東鄰大白頭東北傍裏海北接惹鹿惹也西鄰西多爾其南接阿黎米也〇裏海者諸國環而繞之東北細密里也西北俄羅斯東三馬爾丹西惹鹿惹也西南東多爾其南包社大白頭內注大海不通海棹其水惟從包社出海故為裏海〇惹鹿惹也一國亦不通海東傍

裏海西傍死海北聯俄羅斯南接東西多爾其女人姿色美而毛髮紅氣味臭衣着同白頭貢於包社〇死海者即黑海源從地中北俄羅斯南西多爾其東惹鹿惹也西民哞呻四面環繞不通大海故為死海而西多爾其民哞呻二國不通小西洋之海而濱於中海之東北中海係從大西洋之海而入語附大西洋記〇阿黎米也東鄰包社大白頭北接東西多爾其西北濱於大西洋之中海西聯烏鬼國陸地一隅

自西至西南與烏鬼之地隔對一海南臨大洋國為多爾其所屬貢男女於多爾其為奴婢〇烏鬼國東北山與阿黎米也相聯向西南生出坤申方大洋何啻四五國之遠其盡處曰呷即中國支山入海盡處曰表表者標也佛蘭西曰呷英機黎曰吸皆順毛烏鬼地方是以紅毛呷板從小西洋來中國者由亞齊之北麻喇甲之南穿海過柔佛出茶盤而至崑崙自呷而東至戈什嗒自戈什塔而東至亞齋其海皆呼

曰小西洋人黑白不同皆西域裝束長衫大領小袖裏頭纏腰國富庶產寶器生銀洋布丁香肉果水安息吧喇沙末油蘇合油等類以金為幣鑽石為寶

大西洋記

按紅毛等國居於西北辛戌乾方而烏鬼自坤申而繞極西至庚酉方皆烏鬼族類之國總而名之曰大西洋按天圖分度十二月日月方行到之度正當烏鬼地方之呷處乾艮坤三方博厚相均而於巽巳之地缺少故外生東南斷續諸國尚未適均而又於噶喇吧萬古屢之東南另生一地以補東南之缺因人蹟不到尚未立名會詢之佛蘭西人云昔時伊國呷

板會到彼處地有土人語言不通執數人而去後國王遣載之回此所以地面正四方於適均之處未均而又補之也是以西洋人誌四方洋名以東南缺處之海洋爲小東洋戈什嗒爲小西洋日本爲大東洋紅毛爲大西洋〇烏鬼國地方其順毛烏鬼北與小西洋阿黎米也之山相聯沿海生向西南坤申方而盡呷處方繞向西北與閭年烏鬼王國爲界又於呷之東面懸海大山係嗎里呀氏簡烏鬼一國間有舟

楫通粵東自閭年又向西北復繞出極西酉方一帶皆閭年卷毛烏鬼地方又自西復往西北與蘊麻勿里烏鬼爲界中有一國亦名烏鬼國王西面皆沿海接聯北面一帶陸地俱聯蘊麻勿里東與接聯阿黎米也之順毛烏鬼爲界周圍皆屬烏鬼地方種類繁多肌骨皆黑生相不一地方廣濶難以族舉沿海亦有通舟楫貿易者各國以爭鬬擾掠爲事所掠人口活者俟紅毛經過售買爲奴死者類牲畜剖塊晒乾

爲食蘊麻勿里西臨大洋北鄰彌黎呂黎惹林二國南北相聯人口稀少山林深密多產竒狀野獸彌黎呂黎惹林西臨大洋北一帶與猫喇猫里也毗聯猫喇猫里也乃回回族類多爲海賊在中海西海刦掠西臨大洋北一帶與紅毛隔中海對峙海從西入東自隔海之西北而東沿中海有葡萄牙是班呀佛蘭西那嗎民哖呻西多爾其而盡中海之東處阿黎米也由阿黎米也而向西直出至西洋皆猫喇猫里也

中海沿邊之地南北東諸國三面夾繞惟西通外海是爲中海海產珊瑚西洋人來中國者謂中海阿黎米也之地西聯烏鬼陸地處恨不能用刀截斷即於中海可通阿黎米也內海而出小西洋戈什嗒至亞齊出茶盤何用繞極西極西南極東南而至嗎喇吧北上茶盤遠近相去年餘之遠也○葡萄牙者澳門之祖家也東北二面地鄰是班呀西臨大洋南俯中海○是班呀者呂宋之祖家也西北臨大洋東南俯

中海西鄰葡萄牙東北接佛蘭西○佛蘭西者西臨大洋北接荷蘭南鄰是班呀東接那嗎東南俯中海由中海之東接聯那嗎○那嗎者天主國王處也北接黃祁東沿中海而至民呤呻由民呤呻沿東南中海而至西多爾其由西多爾其東沿中海至阿黎米也由阿黎米也向西沿中海之南猫喇猫里也之地而出西洋○民呤呻者天主之族類也其地東至死海西接那嗎北鄰挽雅黃祁二國南臨中海○荷蘭者嗎喇吧之祖家也西鄰佛蘭西沿佛蘭西而至西北皆臨大海西北隔海對峙英機黎東鄰黃祁南接那嗎由荷蘭北海而至黃祁○黃祁者均係紅毛種類素未通中國近有舟楫來粵營生南接那嗎民呤呻東鄰普魯社○普魯社係俄羅斯種類也西北接吝因東鄰細密里也南接惹鹿惹也沿海而至細吝里也皆屬北海○吝因者西北海之國亦係紅毛種類素未通中國西南隔海與英機黎對峙○細密里

也東鄰加里勿東南接嗎爾旦三馬爾丹南至裏海西鄰俄羅斯北係北海○英機黎一國懸三島於吝因黃祁荷蘭佛蘭西四國之西北海自吝因沿海而東繞俄羅斯自俄羅斯而東至細密里也皆爲北海不能行舟海冰不解故爲冰海自吝因而南至烏鬼諸國皆爲大西洋紅毛者西北諸番之總名淨鬚髮披帶豬毛戴青氈卷笠短衣袖緊襪而皮履高後底畧與俄羅斯至京師者相似高準碧眸間有與中國

人相似者身長而心細巧凡製作皆堅緻巧思精於火礮究勘天文地理俗無納妾各國語言各別以摘帽爲禮而尊天主者惟干絲臘是班牙葡萄呀黃祁爲最而辟之者惟英機黎一國產生銀哆囉呢羽毛緞嗶吱玻璃等類

崑崙　又呼崑屯

崑崙者非黃河所繞之崑崙也七州洋之南大小二山屹立澎湃呼爲大崑崙小崑崙山尤甚巽上產佳果無人蹟神龍蟠踞昔荷蘭失臺灣邊海界禁未復因金廈二島平荷蘭掠普陀毁銅像銅鐘萬歷間官塑脫紗佛像刀刃不能傷焉火礮壞之取裏所實金銀財寶見像必剖以取臟寶悉收而去至崑崙意欲居之龍與爲患藉火礮與龍鬬相持有日後荷蘭狀若顛狂自相戕以曲腕擊背心日益斃揚帆而去將至噶喇吧船擊碎存活者可十人雍正丁未歲夏噶喇吧海面立一中國婦人羣相棹舟往視惟浮一銅鐘上鐫普陀白華庵知爲昔荷蘭掠沉回浙洋艘互相爭載以藉神庇公議求筊余戚末黃姓彥者本船柁師得筊載回通港之艘惟此舟小而舊淑順帆不及月抵南澳後轉運至普陀別船堅緻有被刦紅毛者有失風水者佛力如此前惟付之刼數耳余少隨

先君在浙聞之曰華住持剖疑者常言小沙彌時在山被紅毛刼掠逃匿盧張情景今恍惚將三十年恨儈未之見也康熙四十五六年間紅毛又圖崑崙不敢近山居住就海傍立埔頭以崑崙介各洋四通之所嗜涎不休有中國洋艘載磚瓦往易紅毛洋貨以其本廉而利大夜圖宿於沙洲人寂寂稀少後審窺知爲鱷魚步岸所吞伐木圍栅稍寧夜聞山中語語促歸紅毛爲水土不服斃者甚多又爲廣南番刼殺

殆盡仍虛其地凡中國洋艘由崑崙者備雞鴨毛鬣壳等類到崑崙洋天時極晴霽見黑雲一點隨化爲含烟蜿蛇搖尾卽如江浙夏月湖中雲龍下篷惟恐不及狂風立至幸不及時而霽俗呼鼠尾龍風曰雲者其風尤甚日遇二三次或四五次間或不過者少故以鷄毛鬣壳焚穢氣以觸遠揚過崑崙則無

南澳氣

南澳氣居南澳之東南嶼小而平四面挂脚皆礁古石底生水草長丈餘灣有沙洲吸四面之流船不可到入溜則吸閣不能返隔南澳水程七更古爲落漈北浮沉皆沙垻約長二百里計水程三更餘盡北處有兩山名曰東獅象與臺灣沙馬崎對峙隔洋闊四更洋名沙馬崎頭門氣懸海中南續沙垻至粤海爲萬里長沙頭南隔斷一洋名曰長沙門又從南首復

生沙垻至瓊海萬州曰萬里長沙之南又生礁古石至七州洋名曰千里石塘長沙一門西北與南澳西南與平海之大星鼎足三峙長沙門南北約闊五更廣之番舶洋艘往東南洋呂宋文萊蘇祿等國者皆從長沙門而出北風以南澳爲準南風以大星爲準惟江浙閩省往東南洋者從臺灣沙馬崎頭門過而至呂宋諸國西洋呷板從崑崙七州洋東萬里長沙外過沙馬崎頭門而至閩浙日本以取弓弦直洋

中國往南洋者以萬里長沙之外渺茫無所取準皆從沙內粵洋而至七州洋此亦山川地脉聯續之氣而於汪洋之中以限海國也沙有海鳥大小不同少見人遇舟飛宿人捉不識懼擲其背吐魚蝦以爲羹余在臺丙午年時有閩船在澎湖南大嶼被風折桅飄沙壞有二十人駕一三板脚舟用被作布帆回臺饑餒五人余詢以何處擊碎彼僅以沙中爲言不識地方又云潮水溜入不得開出余語之曰此萬里長

沙頭也尚有舊時擊壞一哢板潮雖溜入汝等若以南風棹長潮再不得歸矣大洋之水爲沙兩隔節次斷續南北沙頭爲潮汐臨頭四面合流外長而內退外退而內長須沿沙節次撑上斷續沙頭夾退流乘南風東向盡流南退雖欲北上末生而南下者正所以生也何也南風夾退潮方能出溜雖溜下然而歸於大海不入內溜方得乘南風而歸羣起而呼曰曾到此地乎不則何爲知之確且詳有如目覩壞哢板

尚存爲飛沙汙沒饑抱海鳥爲餐渴飲其血駕長潮爲溜所吸不得開頭三四日無柰禱笅棹退潮溜入大洋飄十二日到臺余又語之曰哢板飄壞聞之粵東七八年矣你之舟飄風於何處計風信而度之諒在斯矣至於潮水分合退爲長長爲退夾流雙開臨頭滙足易知近隔難識遠扞自有一定之理在乎海國形勢於胸中意會變通有可到處有不可到處安能處處而指識豈操舟者把死木之所爲哉則如南

澳氣受四面流水吸入而不出古爲落漈試問入而不出歸於何處豈氣下另有一海以收納乎四入者從上而入必從下而出如溪流湧急投以葦蓆入而出於他處此理甚明並以誌之

同安陳倫炯資齋氏圖識

四海總圖

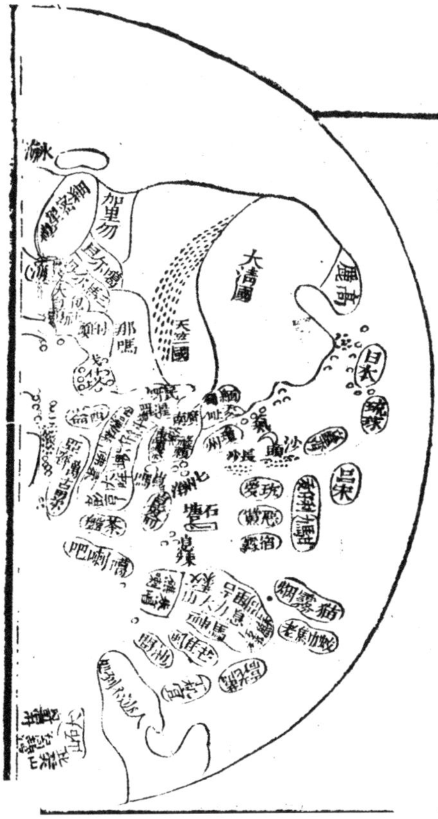

四十一

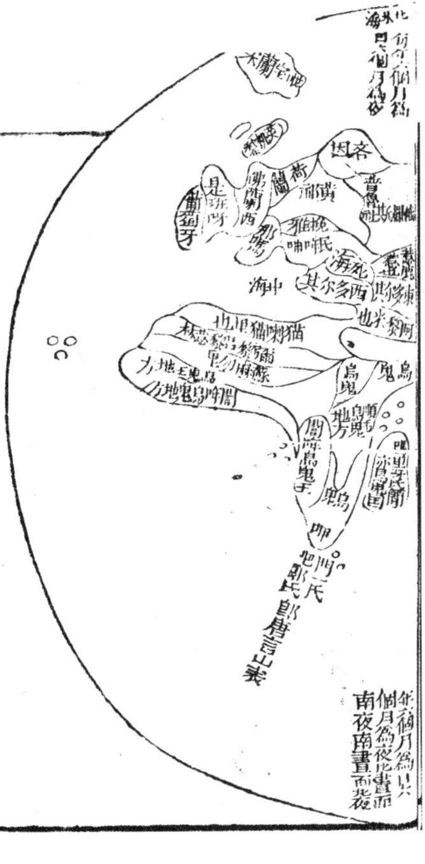

四十二

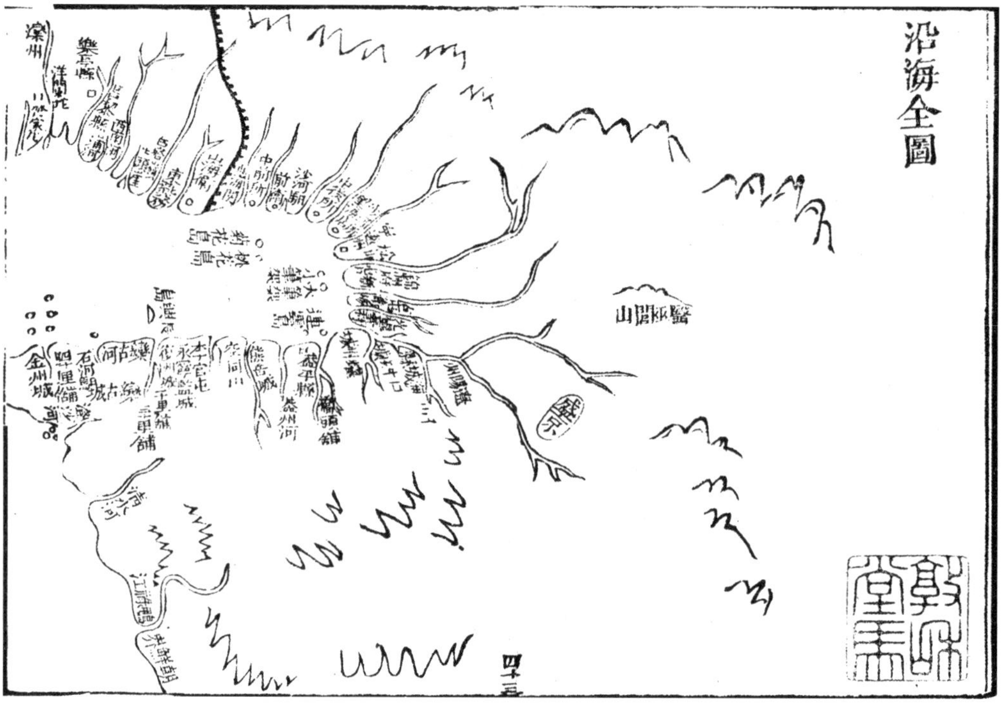
沿海全圖
醫巫閭山
盛京
金州城
灤州
樂亭縣

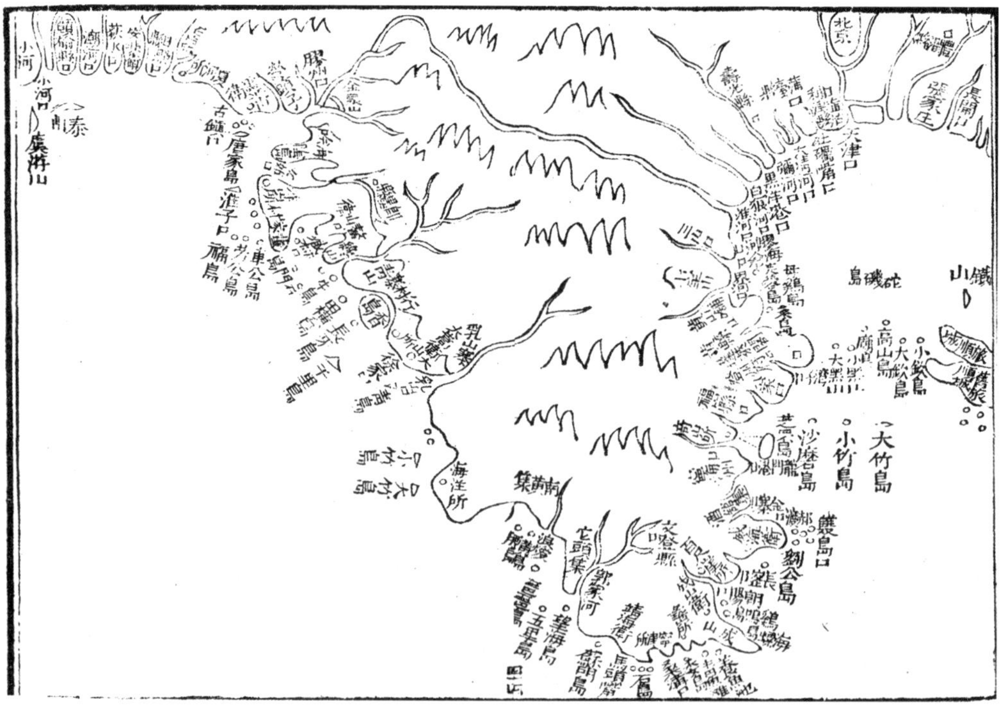
北京
天津口
鐵山
大竹島
小竹島
沙磨島
劉公島
海洋所

東路河
白涂河
海安鎮
何垛場
梁垛場
安豐場
上岡鎮
五佑場
串場沙

太倉州
嘉定縣
海鹽縣
吳松
劉河口
揚子江口
通州
狼山

寧波府
餘姚縣
觀海衛
龍山所
鎮海縣
招寶山
東霍
西霍
金塘山
横水洋
天台山
大嵩所
寧海縣
台州府
雁蕩
黃巖縣
海門衛
松門衛
松門山
馬跡
大鹿
小鹿
積穀
韭山
急水門
鳳尾
朱家尖
桃花山
四七

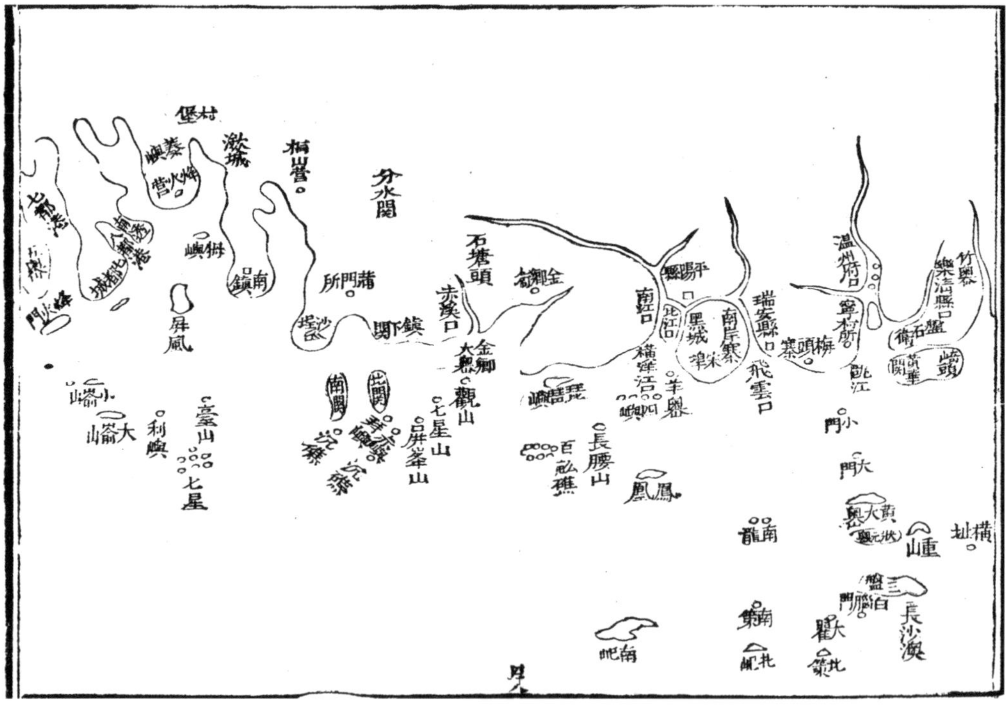
分水關
桐山營
温州府
瑞安縣
平陽縣
樂清縣
盤石衛
鳳凰
南麂
北麂
七星
臺山
南關
北關
長腰山
大嵛山
小嵛山
四八

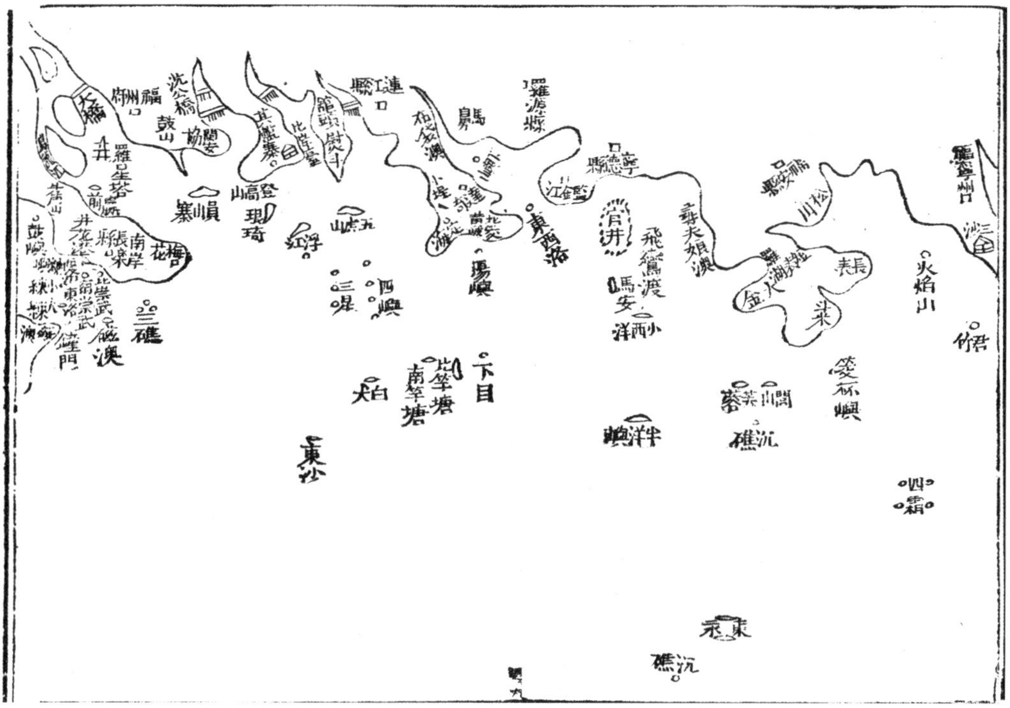
東沙
下目
北竿塘
南竿塘
白犬
飛鸞渡
馬安
火焰山
沉礁

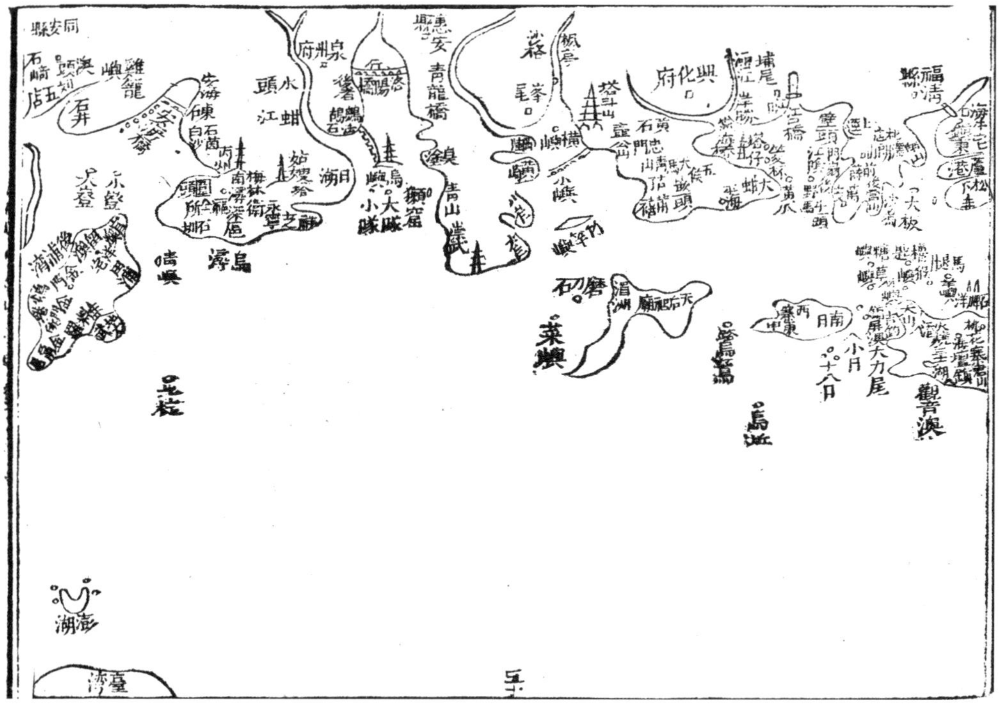
同安縣
泉州府
興化府
湄洲
烏坵
觀音澳
澎湖
臺灣

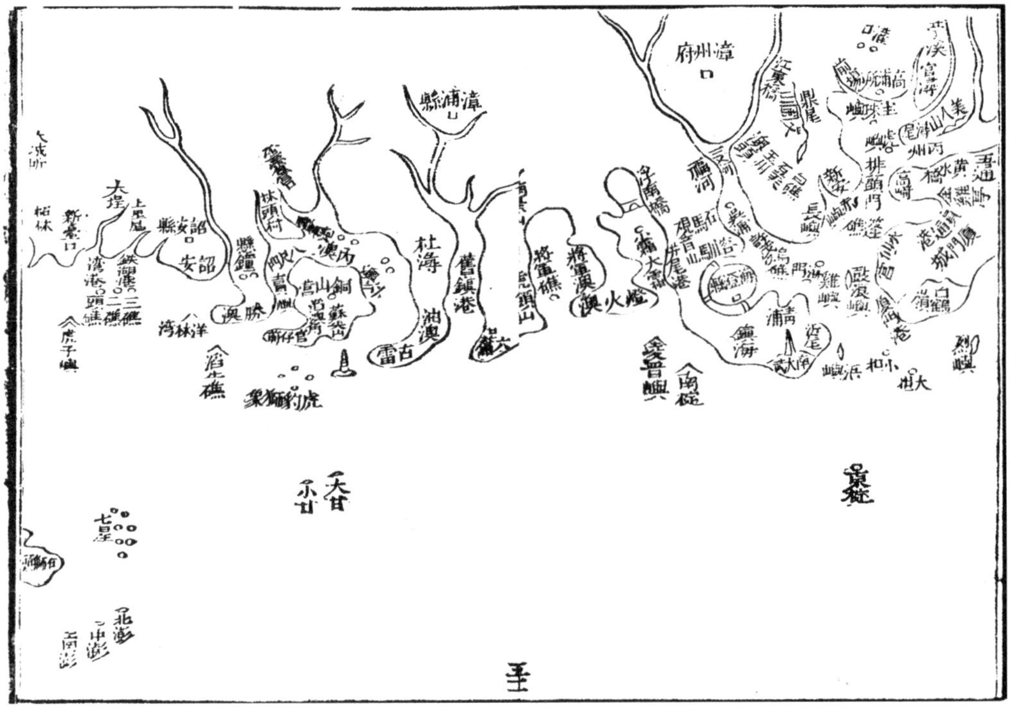
漳州府
漳浦縣
詔安縣
銅山
杜潯
舊鎮港
古雷
將軍澳
鎮海
廈門
南碇
七星
北澎
中澎
南澎

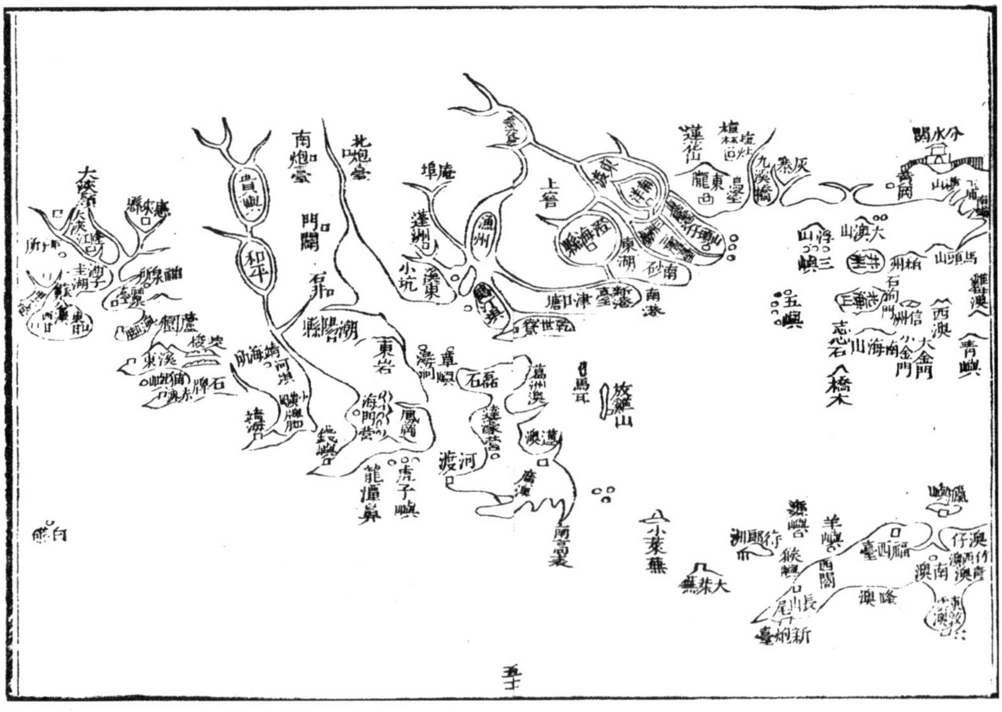
惠來縣
潮陽縣
和平
東岩
南炮臺
北炮臺
達濠
南澳
大金門
小金門
青嶼
小萊蕪
大萊蕪

甲子
鐵埔
青埔
王化
梅隴
長沙港
錦門港
小漠港
東粽
西粽
大星
大德嶺
白沙湖
廣尖澳
遮浪
金嶼
碣石衛
田尾表
東砂
南碣
龜齡
紅牡嶼

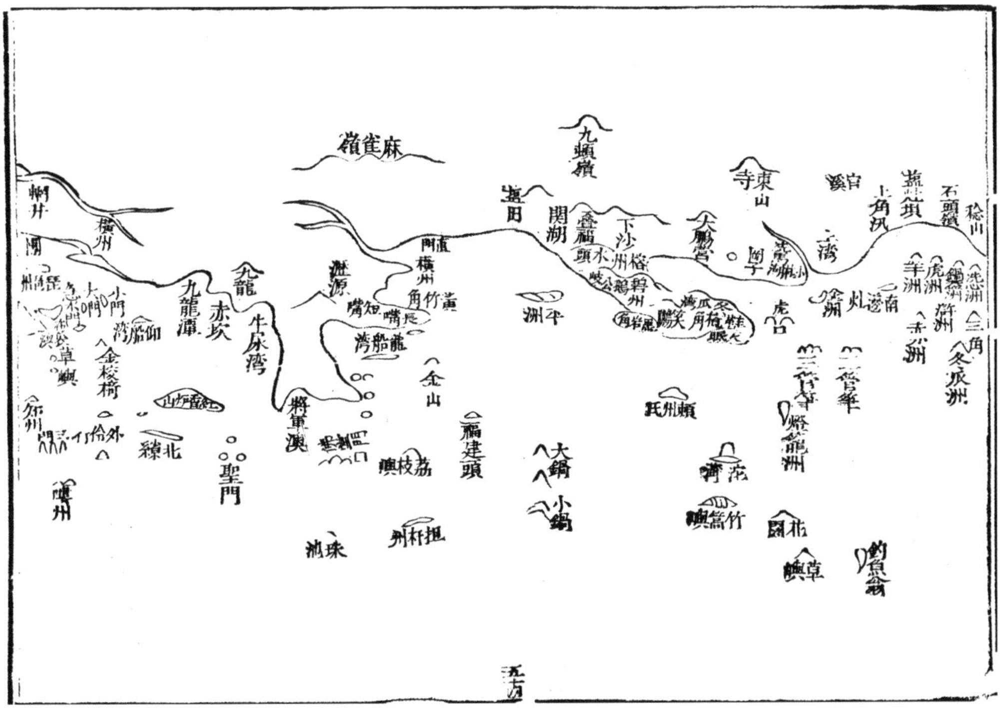

麻雀嶺
九頓嶺
東山寺
大鵬營
鹽田
下沙
横州
九龍
赤坎
牛尿湾
將軍澳
福建頭
大鍋
小鍋
竹篙嶼
草嶼
聖門
北椂

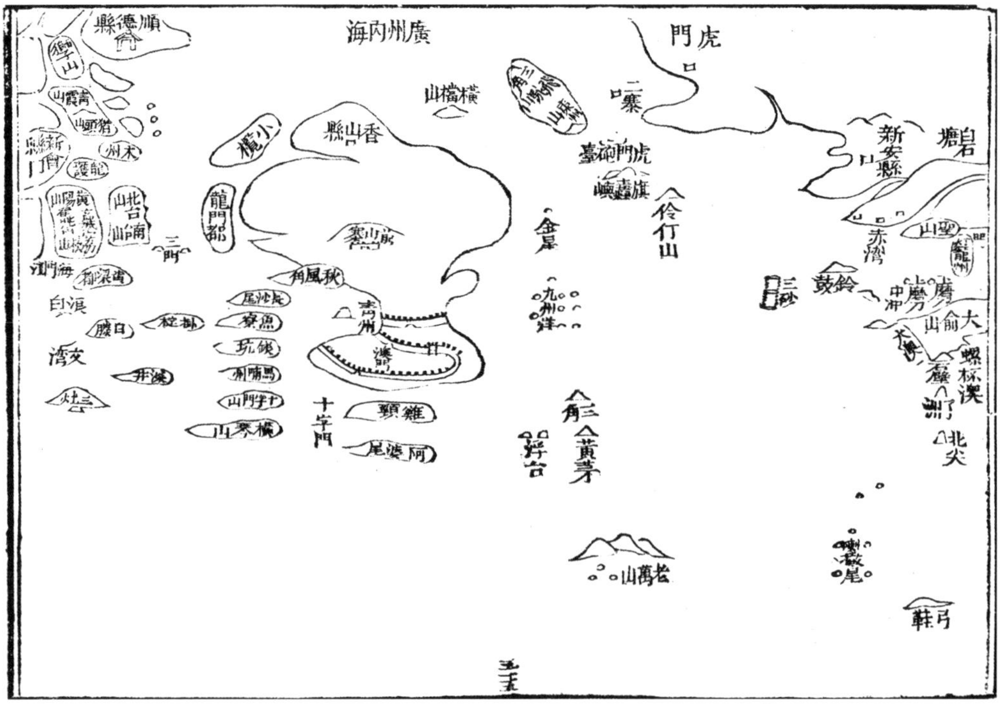

廣州內海
順德縣
虎門
二寨口
香山縣
新安縣
虎門砲臺
伶仃山
金星
九州洋
三角
黃茅
雞頸
阿婆尾
十字門
橫琴山
青州
北尖
老萬山
弓鞋

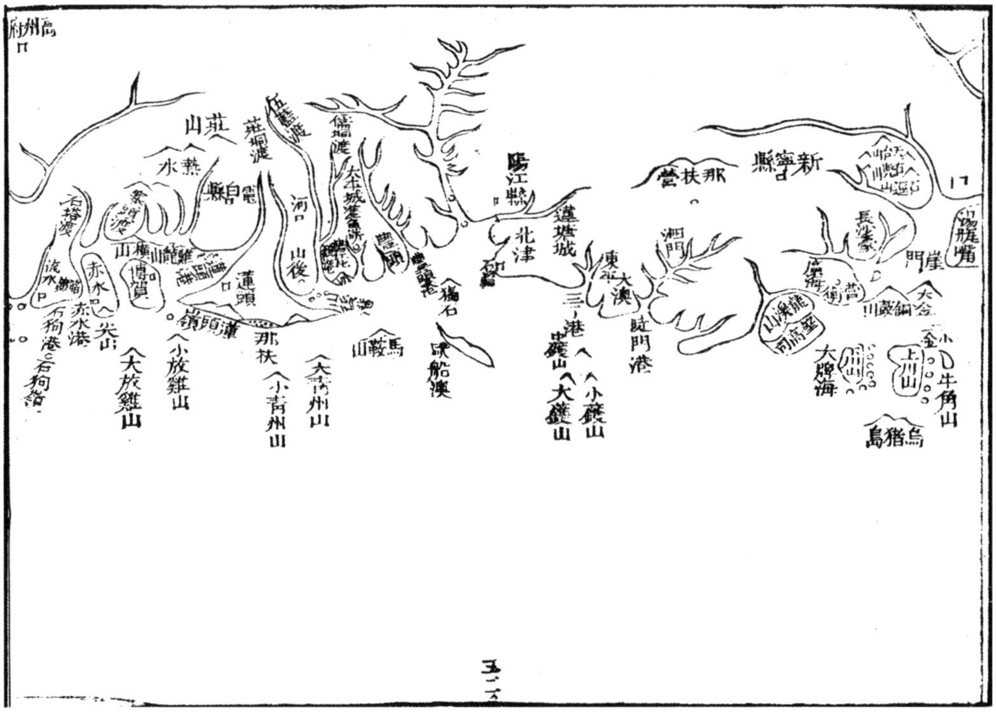

高州府
莊山
熱水
電白縣
蓮頭
陽江縣
北津
那扶營
新寧縣
崖門
赤水
赤水港
石狗港
大放雞山
小放雞山
大青州山
小青州山
馬鞍山
大澳
東平
小襟山
大襟山
上川山
牛角山
烏猪山
大金

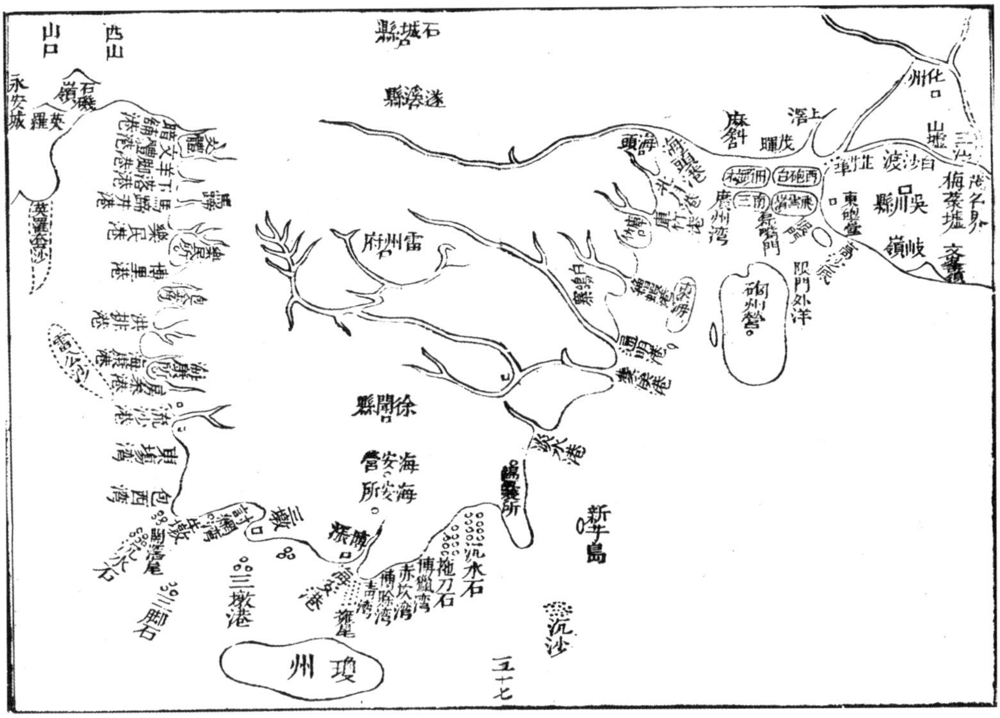
石城縣
遂溪縣
雷州府
徐聞縣
海安營
海安所
新寮島
瓊州
三墩港
沉沙
硇洲營
吳川縣
廣州灣
硇門外洋
西山
山口
永安城
茂暉
麻斜
三十七

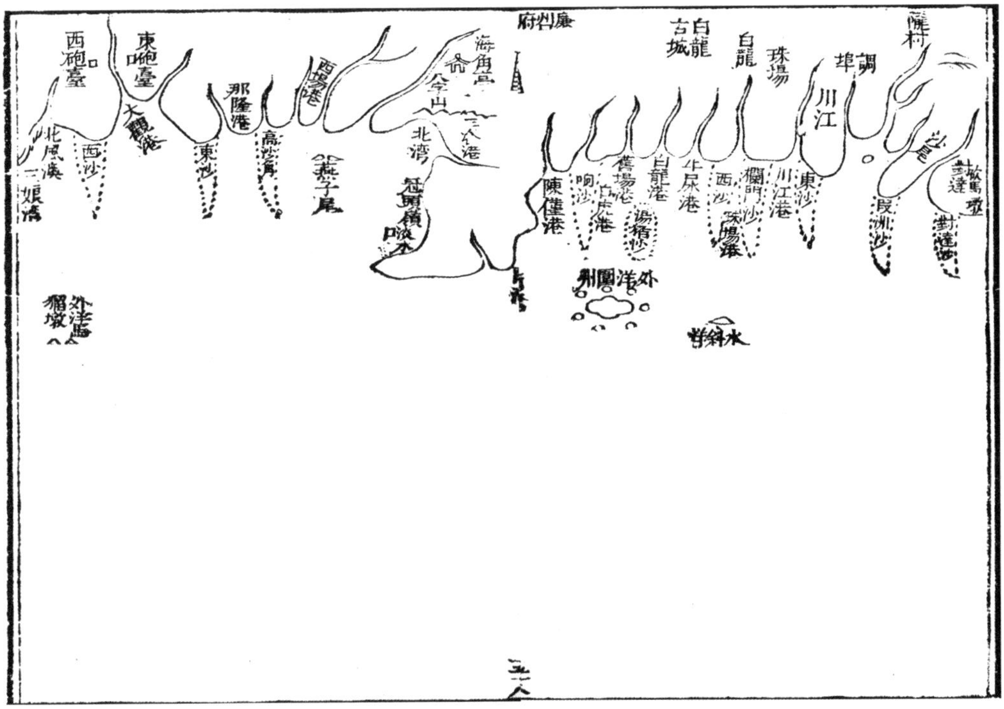
廉州府
西砲臺
東砲臺
大觀港
那隆港
西場港
高沙角
燕子尾
北海
冠頭嶺
白龍
白龍古城
珠場
調埠
川江
川江港
陳僐港
牛屎港
三十八

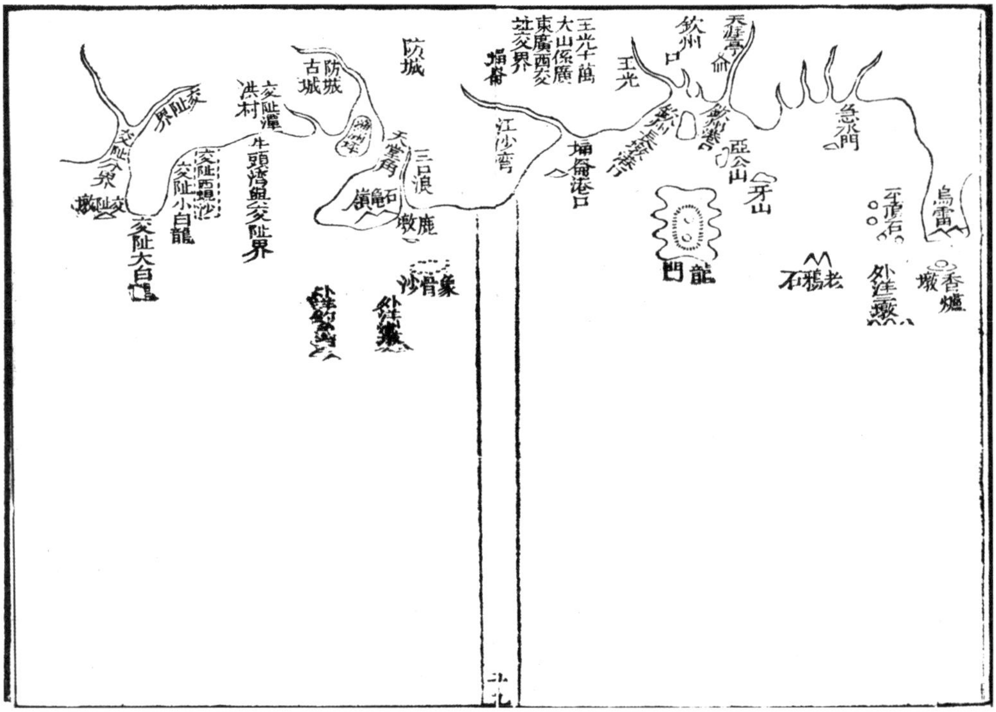
防城
古城
防城
交阯瀧
洪村
牛頭灣與交阯界
交阯小白龍
交阯大白龍
江沙灣
欽州口
王光
龍門
老鴉石
急水門
烏雷
香爐墩
三口浪
象骨沙

臺灣後山圖

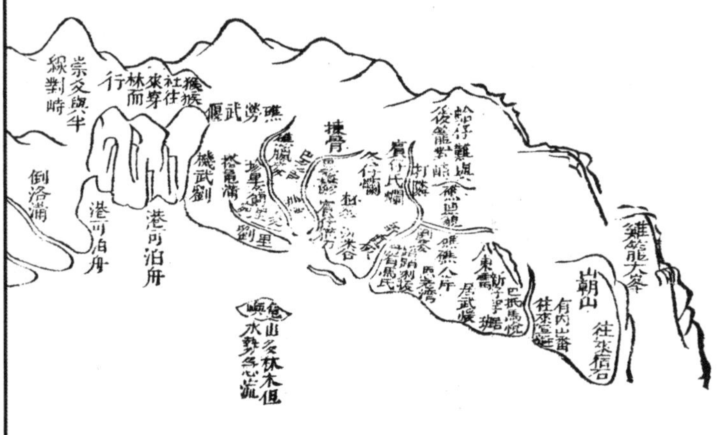

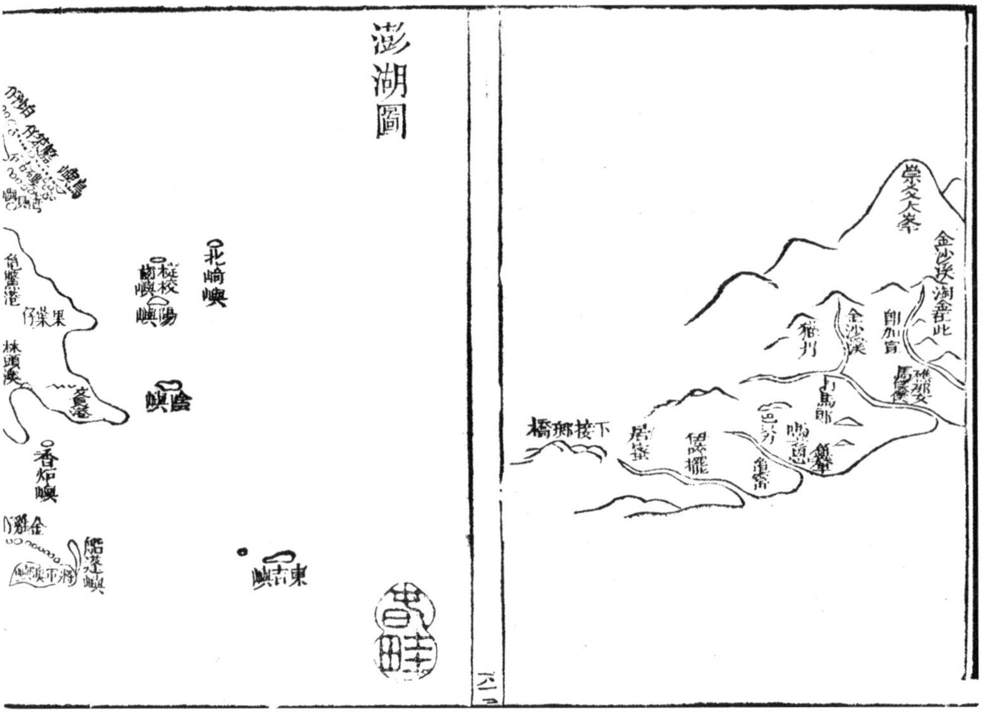

澎湖圖

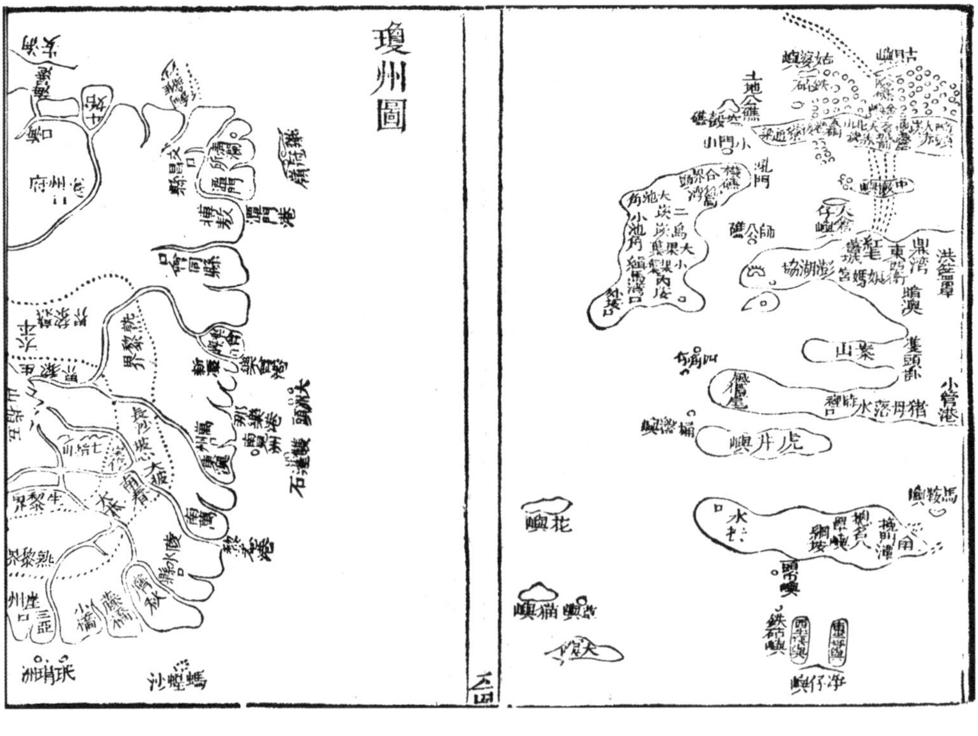

瓊州圖

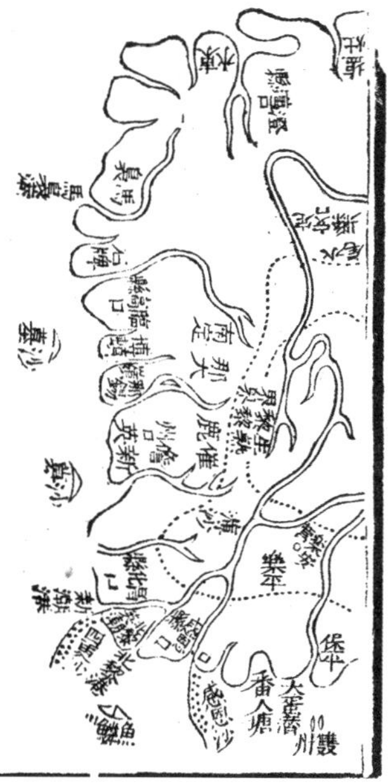

海國圖志一百卷（卷一至卷二一）

〔清〕魏源撰

《海國圖志》一百卷，清魏源撰。源（一七九四—一八五七）字默深，湖南邵陽人，道光二十五年（一八四五）進士。官至高郵知州。道光二十一年六月，魏氏在京口受林則徐囑託，據《四洲志》等譯稿及中國歷代史志文獻等撰作此書。初刻於道光二十二年，僅五十卷，道光二十七年增爲六十卷，咸豐二年（一八五二）重補至一百卷。以志、表、圖、記四體結合，分籌海篇、地圖、地志、宗教、曆法、外情、技藝仿製、天文地理等類，詳敘世界各國歷史地理，介紹西方先進科技如戰艦、火器之生產技術等。繼所撰《聖武記》後，復於書中提出「師夷長技以制夷」之完整主張。故甫一問世，即風行海内外，影響至深。道光三十年傳入日本後，競爲日本學者翻刻、訓解、翻譯，於明治維新裨益殊多。據中國國家圖書館藏清咸豐二年刻本影印。

海國圖志百卷

咸豐二年古微堂重刊定本

海國圖志原敘

海國圖志六十卷何所據一據前兩廣總督林尚書所譯西夷之四洲志再據歷代史志及明以來島志及近日夷圖夷語鈎稽貫串創榛闢莽前驅先路大都東南洋西南洋增於原書者十之八大小西洋北洋外大西洋增於原書者十之六又圖以經之表以緯之博參羣議以發揮之何以異於昔人海圖之書曰彼皆以中土人譚西洋此則以西洋人譚西洋也是書何以作曰爲以夷攻夷而作爲以夷款夷而作爲師夷長技以制夷

而作易曰愛惡相攻而吉凶生遠近相取而悔吝生情僞相感而利害生故同一禦敵而知其形與不知其形利害相百焉同一款敵而知其情與不知其情利害相百焉古之馭外夷者諏以敵形形同几席諏以敵情情同寢饋然則執此書卽可馭外夷乎曰唯唯否否此兵機也非兵本也有形之兵也非無形之兵也明臣有言欲平海上之倭患先平人心之積患人心之積患如之何非水非火非刃非金非沿海之奸民非吸煙販煙之莠民故君子讀雲漢車攻先于常武江漢而知二雅詩

人之所發憤玩卦爻內外消息而知大易作者之所憂
患憤與憂天道所以傾否而之泰也人心所以違寐而
之覺也人才所以革虛而之實也昔準噶爾跳踉於康
熙雍正之兩朝而電埽於乾隆之中葉夷煙流毒罪萬
準夷吾
皇仁勤上符
列祖天時人事倚伏相乘何患攘剔之無期何患奮武之無會
此凡有血氣者所宜憤悱凡有耳目心知者所宜講畫
也去僞去飾去畏難去養癰去營窟則人心之寐患祛

其一以實事程實功以實功程實事艾三年而蓄之網
臨淵而結之毋馮河毋畫餅則人材之虛患祛其二寐
患去而天日昌虛患去而風雷行傳曰孰荒於門孰治
於田四海既均越裳是臣敘海國圖志
以守爲攻以守爲款用夷制夷疇司厥楗述籌海篇第
一
縱三千年圜九萬里經之緯之左圖右史述各國沿革
圖第二
夷教夷煙毋能入界嗟我屬藩尚堪敵愾志東南洋海
岸各國第三
呂宋爪哇嶼埒日本或噬或駾前車不遠志東南洋各
島第四
教閱三更地割五竺鵲巢鳩居爲震旦毒述西南洋五
印度第五
維晳與黔地遼疆閡役使前驅疇諏海客述小西洋利
未亞第六
大秦海西諸戎所巢維利維威實懷泮鴞述大西洋歐
羅巴各國第七

尾東首西北盡冰溟近交遠攻陸戰之鄰述北洋俄羅
斯國第八
勁悍英寇恪拱中原遠交近攻水戰之援述外大洋彌
利堅第九
人各本天教綱於聖離合紛紜有條不紊述西洋各國
教門表第十
萬里一朔莫如中華不聯之聯大食歐巴述中國西洋
紀年表第十一
中麻資西西麻異中民時所授我握其宗述中國西麻

異同表第十二

兵先地利。豈間遐荒。聚米畫沙。戰勝廟堂。述國地總論第十三

雖有地利。不如人和。奇正正奇。力少謀多。述籌夷章條第十四

知己知彼。可款可戰。匪證奚方。孰醫瞑眩。述夷情備采第十五

水國恃舟。猶陸恃堞。長技不師。風濤誰讋。述戰艦條議第十六

五行相克。金火斯烈。雷奮地中。攻守一轍。述火器火攻條議第十七

軌文匪同。貨幣斯同。神奇利用。盍殫明聰。述器藝貨幣第十八

道光二十有二載。歲在壬寅嘉平月。內閣中書邵陽魏源敘于揚州。

海國圖志後敘

譚西洋輿地者始於明萬歷中泰西人利馬竇之坤輿圖說艾儒畧之職方外紀初入中國人多謂鄒衍之談天及　國朝而粵東互市大開華梵通譯多以漢字刊成圖說其在京師欽天監供職者則有南懷仁蔣友仁之地球全圖在粵東譯出者則有鈔本之四洲志外國史畧刊本之萬國圖書集平安通書每月統紀傳燦若星羅瞭如指掌始知不披海圖海志不知宇宙之大南北極上下之渾圓也惟是諸志多出洋商或詳於島岸土產之繁埠市貨船之數天時寒暑之節而各國沿革之始末建置之永促能以各國史書誌富媼山川縱橫九萬里上下數千年者惜乎未之聞焉近惟得布路國人瑪吉士之地里備考與美里哥國人高理文之合省國志皆以彼國文人留心丘索綱舉目張而地里備考之歐羅巴洲總記上下二篇尤爲雄偉直可擴萬古之心胷至墨利加北洲之以部落代君長其章程可垂奕世而無弊以及南洲孛露國之金銀富甲四海皆曠代所未聞既彙成百卷故提其總要於前俾觀者得其綱

而後詳其目庶不致以卷帙之繁望洋生歎焉又舊圖止有正面背面二總圖而未能各國皆有無以惬左圖右史之願今則用廣東香港冊頁之圖每圖一國山水城邑鈎勒位置開方里差距極度數不爽毫髮於是從古不通中國之地披其山川如閲一統志之圖覽其風土如讀中國十七省之志豈天地氣運自西北而東南將中外一家歟夫悉其形勢則知其控馭必有於籌海之篇小用小效大用大效以震叠中國之聲靈者焉斯則夙夜所厚幸也夫至瑪吉士之天文地球合論與夫

近日水戰火攻船械之圖均附於後以資博識備利用

咸豐二年邵陽魏源敘於高郵州

重刊海國圖志序

嗚呼予讀外舅海國圖志盡然念先君子涕涔涔然下也初先君吏部公年未及冠文名噪湖湘間朱陵洞天之中饒有題咏長而學益邃與嚴溪李公克鈿汝城何公慶元相友善賞奇析疑及外舅舉於鄉豎何李二公同科又因二公得交先君昕夕過從嘗於案頭閲程氏全書每篇末增以他紙自出己意先君曰君固陸公書廚也然此豈可效漢晉諸儒作注疏體乎在求諸心而力行之耳外舅爲斂容後數年先君成進士通籍京師

戒其少年所作壹意爲經世之學壬辰乙未外舅應禮部試皆館於余家當是時先君齒方剛外舅亦高自標樹縱論古今成敗國家利病學術本末反復辨難自夜達旦不少衰四座皆屈予時總角尚未有知忽忽二十餘年先君歸道山外舅棲老維揚亦歿十餘歲矣先君抑鬱郎署外舅偃蹇一官皆未竟其用至其平生著述又皆飄零散佚致慨於人琴之俱亡不尤可慟歟吏曹事繁先君判牘之餘著録鮮暇外舅撰作甚富而燼于兵燹者亦甚多兹海國圖志一書成於道光二十七年

凡六十卷然外舅無書不覽至咸豐二年又彙成百卷而刻於秦郵書既成吳中爲之紙貴遭洪逆之亂版多焚燬每欲重刊而原書已不可得包君子莊自吳興來粵出其家藏善本見示爰命梓人新之以惠後學嗚呼蕞殘滿車不足爲道玉屑滿篋不足爲寶世俗之學不過墨丈尋常之間紀綱八埏而經緯六合者有幾人哉是書窮南北之修極東西之廣貫扃萬物櫼楔睍齵使江文通覩之當自愧赤縣之未成山經之莫續也獨是

外舅此編籤縢漸具而善圻 南溟捧檄不知何時得遂岣嶁之游尋先君之遺墨所以讀此書而有懷手澤益蠹然念先君子涕涔涔然下也謹序

同治七年五月　日子壻陳善圻謹識於南海縣署

海國圖志總目

海國圖志　總目　六

海國圖志　總目　七

海國圖志卷之一

邵陽魏源撰

籌海篇一　議守上

自夷變以來幃幄所擘畫疆場所經營非戰即款非款即戰未有專主守者未有善言守者不能守何以戰不能守何以款以守爲戰而後外夷服我調度是謂以夷攻夷以守爲款而後外夷範我馳驅是謂以夷款夷自守之策二一曰守外洋不如守海口守海口不如守內河二曰調客兵不如練土兵調水師不如練水勇攻夷之策二一曰調夷之仇國以攻夷師夷之長技以制夷款夷之策二曰聽互市各國以款夷持鴉片初約以通市今請先言守

今議防堵者莫不曰禦諸內河不若禦諸海口禦諸海口不若禦諸外洋不知此適得其反也制敵者必使敵失其所長夷艘所長者外洋乎內河乎吾之所禦賊者不過二端一曰礮擊一曰火攻夷之兵船大者長十丈闊數丈聯以堅木澆以厚鉛旁列大礮二層我礮若僅中其舷旁則船在大洋乘水力活不過退卻搖蕩不破

不沉必中其桅與頭鼻方不能行駛即有火輪舟牽往別港連夜修治惟中其火藥艙始轟發翻沉絕無泅底鑿沉之說其難一若以火舟出洋焚之則底質堅厚焚不能然必以火箭噴筒焚其帆索油薪火藥轟其柁尾頭鼻而夷船桅斗上常有夷兵遠鏡瞭望我火舟未至早已棄碇駛避其難二（夷船起碇必須一時之久故遇急則斬纜棄碇而遁）夷船三五爲幫分泊深洋四面棋布並非連檣排列我火船攻其一船則各船之礮皆可環擊并分遣杉船小舟救援縱使晦夜乘潮能突傷其一二艘終不能使之大創

而我海岸綿長處處防其闖突賊逸我勞賊合我分其難三海戰在乘上風如使風潮皆順則即雇閩廣之大梭船大米艇外裹糖包亦可得勝鄭成功之破荷蘭明汪鋐之破佛郎機皆偶乘風潮出其不意若久與交戰則海洋極寥闊夷船善駕駛往往轉下風爲上風我舟即不能敵即水勇水雷亦止能泅攻內河淡水不能泅伏鹹洋其難四觀於安南兩次創夷片帆不返皆誘其深入內河而後大創之則知欲奏奇功斷無舍內河而禦大洋之理賊入內河則止能魚貫不能棋錯四布我

止禦上游一面先擇淺狹要隘沉舟絙筏以遏其前沙垣大礮以守其側再備下游樁筏以斷其後而後乘風潮選水勇或駕火舟首尾而攻之（沉舟塞港之處必留洪路以出火舟）或仿粵中所造西洋水雷黑夜泅送船底出其不意一舉而轟裂之夷船尚能如大洋之隨意駛避互相救應乎倘夷分兵登陸繞我後路則預掘暗溝以截其前層伏地雷以奪其魄夷船尚能縱橫進退自如乎兩岸兵礮水陸夾攻夷礮不能透垣我礮可以及船風濤四起草木皆兵夷船自救不暇尚能回礮攻我乎即使向下游

沉筏之地豕突衝竄而稽留片時之間我火箭噴筒已燼其帆火罐火斗已傷其人水勇已登其艙岸上步兵又扛礮以攻其後乘上風縱毒煙播沙灰以眯其目有不聚而殲旃者乎是口門以內守急而戰緩守正而戰奇口門以外則戰守俱難爲力一要既操四難俱釋矣或曰門戶失守則民心驚惶縱賊入庭則必干罪戾倘賊方入口即分夷兵登岸夾攻我後或進攻我城則如之何曰所謂誘賊入內河者謂兵礮地雷水陸埋伏如設穽以待虎設罾以待魚必能制其死命而後縱其入

險非開門延盜之謂也泰明兵機以縱爲擒何失守之有賊雖入口尚未至我所扼守之地何驚惶之有然海口全無一兵尚恐賊疑未敢長驅深入必兼以廢礮羸師佯與相持而後棄走引入死地即如粵之三元里非内地乎若非夷兵登岸肆擾安能成圍胥截敵之舉松江府城非内河乎尤提軍於上海失守之後整兵二十以待夷船駛入放礮相持二日而退使先備火攻塞去路安在不可奏安南殄敵之功傳曰不備不虞不可以師易曰王公設險以守其國夫險者非徒據口拒守敵

不能入之謂謂其口内四路可以設伏口門要害可截其走寇能入而不能出也自用兵以來寇入粵東珠江者一入寧波甬江者一入黄埔松江者一皆惟全力拒口外而堂奧門庭蕩然無備及門庭一失而腹地皆潰使舍守口外之力以守内河守口外兵六七千者守口内兵不過三千得以其餘爲犄角奇伏之用猾賊知兵必不肯入如果深入送死一處受創處處戒心斷不敢東闖西突而長江高枕矣何至鯨駛石頭之磯霆震金焦之下哉故曰守遠不若守近守多不若守約守正不若守奇守闊不若守狹守深不若守淺

請縱言浙江浙海島嶼林立而舟山居其一以險則非門戶以富則非沃壤以大則僅捭九明湯和經理沿海并未收入内地明之定海今之鎮海縣也康熙初始移定海於舟山而改舊衛稱鎮海順治八年議政王大臣奏言舟山乃　本朝棄地守亦無益其令副都統率駐防滿兵回京此皆開國老成瞻言百里故康熙以前皆棄化外蓋城偪海濱船抵城外礮及城内迥非臺灣瓊州崇明之比崇明雖最小而四面沙灘兩港曲折數十里非小舟不能入乃寧波瀕海連岸之南田山墾成沃壤者反

禁不許開而重兵以守孤懸之島使外夷得以挾制此不得地利者一然則如之何曰棄定海移其兵民於南田嚴守寧波佯退鎮海招寶山以誘入之而後於甬江下游狹港塞其去路乘風火攻者上策專守鎮海不使入者次之分守定海者爲下

請縱言廣東香港與尖沙嘴裙帶路三嶼相連周百餘里堪避風浪而孤懸海面亦粵之舟山耳夷與我通商則必入虎門方能貿易不與通商則夷雖孤處香港無益其地距廣州四百餘里距虎門二百餘里何預咽喉

利害次則沙角大角礮臺遠隔虎門之外江面寥闊大礮僅及中泓不足遏夷艘適足招夷礮何必守所宜守者虎門之横檔三門與虎門内烏涌再進曰獵得曰大黄滘益廣東外城卑薄而城外市廛鱗次必應扼其要口以爲外障至四方礮臺踞省城後山俯視全城乃
國初王師破城所設是攻城之要非守城之要也事平後早宜毁拆而阻其上山之徑乃不嚴守省河要口而反守四方礮臺即使不失守其礮能遥擊夷船乎抑將俯擊城中之人乎其失地利者二然則如之何曰拆

去四方礮臺增修外城沉舟筏於獵得大黄滘倚山近水堅築土城守以兵礮使夷兵斷不能闖省城而後潛遣人椿塞烏涌上下火舟乘夜夾攻者上策棄沙角大角固守虎門者次之弛内備而徒争香港者爲下

請縱言福建福州泉州諸河溜急皆潮至通舟潮退淺閣則一潮不能直達故賊大艘不敢闖入所守者惟厦門厦門有鼓浪嶼障其外大舟進港可至虎頭關小舟可至税關舊設礮臺於口門不足制賊僅足自守上年反於口外大檔小檔浯嶼青嶼等紛增礮臺備多力分故爲夷所破其失地利者三然則當如之何曰以精兵重礮内伏虎頭關盡藏火舟於内港佯以廢礮疲兵守口棄走誘入内港而後水勇火具四面殲之者上策固守口門舊礮臺不使入者次之紛增多臺自相牽制者爲下

請縱言江蘇寶山城偪海塘三面寥闊潮頭浪花高濺雉堞故
國初李成棟軍至此驚爲絶地見寶山縣續志且以財賦文學之邦而城中無千金之産無一命之士即承平尚宜内移於江灣羅店或與嘉定上海同城乃以

重兵多礮守洋面即使不失守亦何能出奇制勝此失地利者四然則當如之何曰棄寶山專守上海沉舟筏阻江灣而後誘其入江潛以椿筏塞東溝下游而火舟水勇攻殲之者上策固守東溝毋使深入者次之守寶山海塘者爲下

請縱言天津天津府城直沽河距海口二百里潮退淺閣且外有沙洪爲門户中通大艘可以舟筏沉塞倘夷艘敢北犯但内徙礮臺於近城縱其深入截其出口而火舟水雷夾攻之者上策設兵礮於沙洪伏地雷於近

岸者次之遠設礮臺於口外者爲下
然則浙之錢唐江蘇之揚子江廣潤浩瀚既不能沉舟
筏以截其前後而火攻又易於駛避若何曰錢唐江西
岸潮落沙灘十餘里夷船即入止能東擾蕭山斷不能
西犯杭城且海口龕赭二山近皆漲淺猾夷早已探明
故不肯駛入揚子江口外有君山圌山兩重門戶汀陰
鵝鼻嘴即君山之麓也斗入江中與對江之劉文沙相
距四五里圌山與對江之東新河相去二三里　國初張
名振鄭成功動輒闖入大礮遠則無力水難恃爲門戶

故凡言守圌山者皆道聽耳食之譚也若既闖入以後
非北竄揚州即西犯江寗揚州寶塔灣回腸曲折最便
于伏火舟斷去路惟運河淺狹夷大艦不能入其入者
不過火輪杉板四五舟夷兵六七百人即燼之亦無能
大創惟江寗省會則大兵艘環集於石頭城即下關也其外
界沙洲數十里江面極狹而城內秦淮可藏火舟可出
火舟夷船惟火輪無風能行其兵船貨船則無風不能
動攻之之法宜乘無風之夜潮退之時以火舟水勇出
水西門順流而下以數小舟攻一舟夷船首尾無礮其

同幫各船之礮恐自擊其鄰舟則不敢開火烈具舉船
各自救亦不暇開我兵或泅或伏出沒如意亦不畏其
開其尾大不掉之兵艦有不帆焚索斷椗燼鼻壞者乎
四者去則船不能行入船可以並獲其奏功之小大則
視火舟之多寡水勇之練不練火舟多水勇練以數
百火舟攻數十兵艘即有散椗於下游他岸者亦有下
游火艇由運河出由瓜洲出由中閘出各攻各艦但使
一夕無風夷艘必無噍類若得粵中水雷百具水勇黑
夜泅送各艘之底一舉而燼之尤萬全策若彌旬連日

大風竟無風息之時則以火舟攻其上風而以石油江
豚油之火箭噴筒從下風夾攻之專攻帆索亦必可焚
其半夷若乘東風駛往上游則不能出海仍是檻籠中
物若乘西風駛往下游則驅偪出海縱不可殲敵而可
以走敵永不敢再窺內江矣或曰此皆謀之在預備之
於先若既不能拒之口外又未嘗備諸口內一朝夷艘
闖入倉卒風鶴無火具可購無小舟可雇無水勇可募
其若之何曰調度不得其人雖謀之朞年亦潰之一旦
若調度有人則龍關六閘乃木簰所集沿江洲地爲薪

荻所藪上海之閩廣水手儀徵下河之私梟匪艇出沒風濤亡命鶩利視死如歸一呼數千可集至火藥火毬火箭奇油毒藥軍興防堵局購辦所費鉅萬夷自六月初破寶山後七月朔日始抵江寧九月始出江口前後將及三月但一面羈縻一面備戰何事不可立辦順治十七年海寇鄭成功百萬之衆破瓜洲破鎮江沿江郡縣望風納款其時江寧防兵調征雲貴守備空虛東南全局皆震其岌岌豈但今日而梁化鳳且款且守突出陸戰以挫之火其百艘以走之彼豈備之於先謀之於

豫哉千兵易得一將難求粵東初年有殲夷之備而無其機近日江浙有殲夷之機而無其備機與才會事功乃出或曰圖山君山之隘說者皆謂可沉舟以斷其去路子何獨謂其不能火攻必乘順風子何以必待無風若夷舟不能動則大洋無風亦可攻之無風何又患其駛避豈夷船能無風駛動於大洋而不能駛動於長江耶曰沉舟塞江之事卽使施諸珠江甬江黃浦江淺狹之處尙必深下木樁厚聯竹纜加以大樹大石始可禦潮汐而免漂散況長江近海之處至狹亦必數里江愈

狹則洪愈深溜愈急又樁不能下纜不能聯如以無樁無纜高僅丈許之舟深沉於數丈之底橫亘於數里大溜之間以當千里潮汐之衝何異以朽株遏奔駟荷蘭沉二甲板船於鹿耳門有渾潮而無內水故淤沙愈漲愈積足以紆束港口若內水與外潮互相撞擊卽盡沉夷艘百十尙不足塡天塹況能截其去路是沉舟之策斷不可施諸長江我順風而火之夷亦順風而避之惟有無風則大艘寸步難動而小舟槳櫓如飛此安南札船所以制勝也夷艘雖稱能轉風勢然亦止能駛三面

之風而不能駛迎面猛烈之風尤不能駛行無風觀上年夷帥士密之兵船自澳門至虎門五日方至其證一穰西之兵船在閩洋南澳爲我水勇所攻以無風不能開動良久風起始起椗其證二均見新聞紙韓世忠以海舟邀金師於黃天蕩使船如使馬兀朮鑿破海舟之策以小舟載土鋪板乘無風火其帆索海舟不能避煙焰漲天其證三蓋赤壁鄱湖之役千艘紐聯萬檣林立故順風一火勢若燎原若夷船不過數十艘分泊各岸無所牽制乘風棄椗誰執驚鷗若非沉舟截之則必以無風

覺之但大洋無風無浪之時極少蓋無論順風逆風微風皆難制者大洋無論順風逆風無風皆可攻者內河長江形勢比之內河則不足比之大洋則有餘故有風不可攻而無風則可攻

英吉利夷艘兩碎於安南人遂以爲安南水戰無敵於西洋札船且勝於洋舶請試詰之曰安南船礮果無敵也則嘉慶入寇閩浙之艇匪卽阮光平所遣烏艚船百餘艘宜乎横行海外何以敢刼商船而不敢刼夷艘又何以屢被挫於閩粤被颶碎於浙江乎殊不知安南勝

英夷者在縱其深入內河而非馳逐於外洋拒守於海口也其所用札船狹長多槳進退捷速如競渡之龍舟如粤東之快蟹艇蜈蚣艇特多一尖皮頂及左右障板以避銃礮以小勝大以速勝遲若大洋則不能使槳是鬥艦火攻之具非樓船水犀之軍也富良江廣南港江面廣濶與錢唐江揚子江等一則誘至灘淺潮落而閣之一則預備火舟晦夜而乘之以馳驟大洋則不足以犄角內河則有餘鬬智不鬬力也夷船横行大洋則有餘深入堂奥則不足爲客不如爲主也安南界連閩粤民習水戰同於漳泉惠潮故夷船始至則畏閩粤而不敢攻繼則兩次闖入虎門廈門皆棄之不守而惟滋擾於江浙使得調度閩粤水勇之人則夷船凡入粤河入浙河入吳淞入長江同於安南可乘之機者凡四交臂束手而惟歸咎於船礮之不如夫安南之創夷其爲洋船洋礮者安在惠潮漳泉間其爲安南之人何限其爲札船之技何限或又謂倭寇專騷內地故舍外洋禦海岸舍海岸禦城外者禦倭寇之法非禦英夷之法不知此又適得其反也倭寇長於陸戰短於水戰由其入寇

皆窮島亡命無力置大艘大礮惟恃其膽力渡洋恃其刀鎗豕突故登陸則不可敵使以倭船遇閩粤之船則如石碾米也使其倭船遇大礮火器則如狼驅羊也明代剿倭名將亦惟知角諸陸戰雖間或擊其惰歸亦已傷深瘡痏惟唐順之俞大猷始惓惓於擊賊海中且謂擊歸船不若擊來船深得治倭要領而戈船水犀之備亦未及見施行夫倭之所長在陸擊之外海在攻其所短英夷所長在海待諸內河待諸陸岸則失其所長乃明人禦倭者不知禦之於外而今日禦英者又不設伏

於內故天下實效之事必與庸眾之議論相反

或曰專守內河誠可制夷艘之橫突而不能制夷礮之猛烈則我兵猶懾虛聲奪銳氣其若之何曰大礮者水戰之用非陸戰之用也卽水戰亦我師擊沉敵舟之用非敵舟擊傷我兵之用也且沉舟亦攻海面遠舟之用非內河近岸近舟之用也西北平原大磧陸戰用礮必先立戰車以制敵騎然後駕礮於車以破敵陣東南江濱海澨夷若以輪推礮上岸則有灘塗沮洳之險有塘陸岸峭之險有港汊橫縱之險大船不能近岸小舟不

能載大礮故自用兵以來夷兵之傷我者皆以鳥鎗火箭從無攜礮岸戰之事惟我兵之扛礮扛銃則跋涉奔馳所至可用且較彼鳥鎗火箭更遠更烈其可無懼者一若夷從船上開礮則無論數千斤之礮數十斤之彈遇沙卽止而我兵得於沙垣中礮擊其舟故廈門定海寶山屢爲我礮擊破夷船而廈門定海之土城寶山之土塘皆未嘗爲礮破卽鎮海鎮江之城牆亦未嘗爲礮破松江夷船開礮兩日我兵列陣城外伏而避之礮過後起畢竟未傷一人其破城者皆小舟渡賊登岸攻我背後我兵望風輒潰及夷至則城中已無一人何嘗與礮事哉但使近塘近城之地兼伏地雷則我礮可傷夷夷礮不能傷我其可無懼者二夷船在大洋去岸數里鎗箭所不能及故非數千斤大礮不能遙擊闖入內河則舟岸相去不過半里數丈而我之扛礮必可及半里火箭噴筒可及十數丈但沿岸先築土垣則我之火器可及夷夷礮不能及我其可無懼者三或謂內河上游要隘我可預沉舟筏築礮城備兵勇其下游縱敵入隘之處預設之則敵疑不前不備之則倉卒無及不知惟

大礮笨重難運至椿木筏材可伏近村囊沙塗泥散亂堆野敵一望無可疑俟敵舟已過之後分遣兵勇一面運筏下椿一面壘沙成垣頃刻可就而我扛礮之兵亦頃刻可集不恃大礮而用扛礮出奇設伏其利無窮可無懼者四然有一宜防者則曰飛礮非謂懸桅上之號礮而謂仰空墮彈之炸礮也我之礮臺雖堅而彼以飛礮注攻炸裂四出迸射數丈我將士往往擾亂雖攻粵城時所放飛礮火箭非墮空地則飄池塘以隔城而不能有準見奏章而廈門則以飛礮而衆潰寶山則又以飛

礮而衆潰惟是內河水勢深淺不能一律卽使夷船冒險駛入必須時時測量以防淺擱斷不能數十艘一齊擁進其飛礮能及垣內者不過偪近塘岸之數艘急用大礮扛礮注攻其火藥之艙拉蓬索扶頭鼻之人是爲急策更有預備之策先于土垣內橫挖淺田鋪磚貯水我兵可以往來飛礮火箭墮水卽熄或爲斜坡前高後低使飛礮轉落深坑此須預先歷試不可臨時僥倖由此觀之夷之長技曰飛礮我之長技曰扛礮扛礮又不如扛銃若能講求益精於輕礮中藏用炸彈則且兼有

飛礮之長詳五十五卷誠能出奇設伏則多造大礮不如多造扛礮輕礮鑄製易演練易運負易挾攻追剿易橫放直透可傷數十人可及百餘丈視笨重不靈之大礮得力十倍乃張夷者競曰夷礮之利禦夷者亦曰鑄大礮之利曾不問所施何地試問用兵以來定海總兵以扛礮連戰數日殲夷千計而大礮則擊破一舟之外無他效也大寶山以扛銃三十擊死夷兵四百而招寶山所列大礮不曾一用至去冬以來浙江鑄礮益工益巧光滑靈動不下西洋而效安在也甚至沙角大角之戰陳連升以地雷扛銃擊死夷兵三四百而虎門左右所購列西洋夷礮二百餘未聞足以拒敵而適以資敵也不講求用礮之人施礮之地與攻礮守礮之別陸礮水礮之宜紛紛惟以畏礮爲詞鑄礮爲事不過祗藉兵而資寇故曰城非不高也池非不深也兵甲非不堅利也委而去之是器利不如人和也

兵無利器與徒手同器不命中與徒器同自軍興以來各省鑄大礮不下二千門虎門厦門定海鎮海之陷寶山鎮江之陷每省失礮約四百餘此皆重八千斤至一

千斤先後遺敵者千五六百門夷初攻厦門之役我軍開礮二百餘僅一礮中其火藥艙大艘轟裂沉海夷船遂退是數百礮僅得一礮之力也再攻定海時葛總兵開礮數日相持僅一次擊中其火輪頭桅卽欹側退竄是數百礮僅得一礮之力也攻廣東省城時惟中其一火輪一兵船頭桅及杉板數舟攻寶山時陳提軍礮中其火藥艙沉翻者二擊破其頭鼻頭桅者二夷遂繞攻小沙背是亦僅各得數礮之力也使發而能中則我礮亦足以破夷船發而不中卽夷礮亦成虛器中則一礮

亦足威敵不中則千礮徒費火藥其至礮力也其中非礮力也夷兵艘五十火輪艘十大小杉板舟數十但使我軍開數百礮內有數十礮命中即可傷其數十舟大者翻沉次者損折沉一船可殲數百人傷一船可傷數十人尚何敵之不摧如發而不中則虎門所購西洋夷礮二百位其大有九千斤者何以一船未破一礮未中是知礮不在大不在多弁不專在仿洋礮之式惟在能中與不能中不能中之弊有三礮臺依山者前低後高依水者四面受敵皆易受飛礮是建置不得地難中一

山礮陷於石洞臺礮陷於垣眼陸礮木架不能運轉左右是以呆礮擊活船難中二兵士施放不熟測量不準臨時倉皇心手不定難中三夷船大礮不過重三千斤我守城守岸之八千斤大礮本夷船所極畏止以蹈前三弊故夷船得以先避我礮路施其炸彈誠使臺得地勢垣可藏身架可撥轉別伏奇兵以防後路礮眼分作兩層高者準夷之中艙低者準夷之舷底測以儀器演以標的臨時手眼合一心膽俱壯夷船雖堅桅雖大能當一二千斤礮不能當八千斤之大礮烏有中而不裂

者其火輪船杉板船則二三千斤礮亦足以破之其船面拉篷索扶頭鼻之人則千斤礮亦足以殲之烏有中而不摧者至夷之礮架均用車輪裹以鐵葉其數百斤及千斤之礮亦可推挽登岸然泥塗坡坎即不能行故定海慈谿兩次陸戰均無推礮鎮江曾推數礮上岸以地勢不便而退英夷又有馬礮軍駱駝礮軍惟用於西洋本國去冬粵東奏夷船四艘其載馬二百匹皆高大於內地之馬曾至定海番將爲陸戰之用然安南緬甸皆以象負礮而戰傷其象鼻則反奔況馬與駱駝乎

自用兵以來中外朋議不出二端非苟且即虛憍虛憍之議如雇商艘以戰大海沉舟筏以截大江人皆知其難行然遂欲以苟且爲苟安信下策爲上策則其謬尤不可不破說者曰我兵皆立船上而夷兵皆藏船中我以血肉之軀當礮而夷以堅厚之舟當礮況我軍礮不如火藥不如礮手更萬萬不如奈何誤信稗史周郎江上之火鄂王湖中之草施諸浩瀚大洋欲以燔夷艦而膠火輪豈非兒戲應之曰自用兵以來我兵未嘗與夷一戰於海中也安有立船上以受夷礮之事夷攻岸則

我兵伏土塘中矣夷攻礮臺則我兵伏沙垣中矣夷攻城則我兵又伏女牆中矣又安有立露地以當夷礮之事且大礮彈重者數十斤小者十餘斤若果能以大礮陸戰則無論我礮夷礮橫放直透當者皆必決成血渠死傷百計試問夷寇粤閩寇江浙曾有大礮陸戰之事乎且夷兵雖藏艙中而其拉篷索扶頭鼻之兵數十人則皆立艙面故我礮能從垣出擊夷船而夷礮不能隔垣以傷我是我以沙土當夷礮而夷以血肉當我礮其證一夷船一面攻礮臺一面以小舟渡兵繞攻旁岸夫

夷兵涉灘塗爬峭岸我兵守岸上得以扛銃矢石俯擊一可當百其船上大礮恐自傷其攻岸之夷亦不敢遥擊是夷兵又以血肉當我火器而我兵以土岸當彼夷礮其證二乃夷兵抵岸後賊即撤去其舟使絶反顧故能冒死突前而我兵立於萬全之地進退自由反爲一二飛礮驚走既走之後潰兵逃將既張皇敵礮以逭誅縉紳耳食復神奇敵軍以脅欵甚至以周瑜江上岳王湖中之火攻水戰皆不足信不知江上湖中皆内河非大洋也安南廣南兩燒夷舶片帆不返非内河火攻乎

餘姚之艘陷軟泥臺灣之艘閣淺礁皆人船并獲其淺閣而我師不攻者定海郭士利之舟（辛丑春議欵夷兵退出定海郭士利三桅大舟陷淺旁有二舟救護兼雇遠近鄉民撥載二日始動）粤東天字礮臺下之舟（粤東欵後夷兵退出大舟閣于礮臺粤民欲火之義律移文大吏出示禁止）皆數日始能移動非明證乎邇者夷破吳淞後欲闖蘇州遣火輪舟測水至泖湖輪膠於水草而返又非岳湖故轍乎況火輪非戰艦不過哨探之用礮傷其一輪則全舟欹側不能行方火輪窺松江窺餘姚窺揚州時其河橫不過三四丈深不過丈許有何浩瀚汪洋之處況筏沉舟沉

大樹皆可塞其走路火輪不能闖過稽延片時而兩岸伏兵追兵伏礮扛礮火舟火器齊發何難收岳王湖上之功乃不但戰艦不能制並火輪杉板皆不能制且故危其詞如鬼神雷電例内河於大洋誣正史爲稗史悲夫悲夫

方夷寇初興人皆謂其僅長舟戰一登岸則無用及浙粤屢北則又謂夷兵陸戰亦不可敵陸兵敗矣而所以致敗之由終未明於天下夫沙角礮臺之戰副將陳連升以兵六百當夷數千殲夷數百以無援救而敗大寶

川之戰，副將朱桂以兵六百當夷二千，殲夷數百，以無策應而敗。三元里之戰，以區區義兵圍夷酋，斬夷帥，殲夷兵，以款後開網縱之而逸。孰謂我兵陸戰之不如夷者？至定海之守甚嚴，戰甚力，何亦敗陷？其所以敗陷之由，則亦至今未明於天下。方夷寇之未逼定海也，三鎮以兵五千往防堵善後，首議修城。其地三面環山，前面瀕海，城外二三里爲紅毛道頭，市長里許。三鎮議築外城，包道頭街於城內，左右牴山，其三面則以山爲城。有諍者曰：天下無一面之城，此海塘非外城也。賊一翻山

入，即在城內矣。備多則力分，山峻則守勞。請前勿包埠，左右勿倚山，但環舊城再築外郛，庶城足衛兵，兵足守城。而議者皆謂市埠不可棄，且左右高山，我兵踞高臨下，仰攻不入。時主兵者未渡海，但據圖指揮，遂從之。嗚呼！山雖高峻，而外非峭壁，徑路坡陀可上。但知白日晴明之可守，而不知晦冥風雨之難守也；但知一二日之可守，而不知旬久師疲之難守也。夷兵攻城，退後回舟安息，我無舟師水勇以擾之，而我兵則時時處處晝夜設防，山高嶺峻，寢食無所，天下有此守城之法乎？是秋

夷艘至，果乘大風雨晝夜攻擾，至第五日，乘我守疲，兼値風逆，遂以小舟渡兵，撤舟死戰，火氣炎上，下擊無力，遂登山入陷之。嗚呼！定海本不必守之地，而所修築者又必不可守之城，城陷久矣，而所以致陷者終未明於天下，不戒前車，仍踵覆轍，恐將來倒柄授敵者未有已也。然則當如之何？曰：兵無常形，地無定勢，要之，凡戰者必先謀敵之所以敗我，至於六七竭智，其攻其無可敗也，乃可以行；凡守者必先謀敵之所以攻我，至於六七竭智，其攻其無可入也，乃可以守。

孰爲正？孰爲奇？節制紀律不可敗，堅壁清野不可犯，正也；出奇設伏，多方誤敵，使不可測，奇也。今禦外夷，請先言外夷之兵法。緬甸用兵，遇強敵則專用大木樹柵爲不可拔，有時守禦堅固，雖英吉利軍亦爲所拒。四洲志　故李定國攻阿瓦都城之役，其城三面環水，緬於一面陸地復鑿爲湖，而樹木城於其前，出兵守之；俄於木城外復立一木城，亦出兵守之，如此漸偪定國營，始出兵大戰，雖因象陣被傷反走，而據柵爲固，終不可敗。劉健庭聞錄　乾隆征緬之役，緬守老官屯，先據高坡堅立木柵，柵外

三壕壕外列鹿角官兵大礮火箭地雷百道攻之終不可拔此即步步爲營以守爲戰之法暹羅軍柵亦然所謂正也英吉利康熙中以兵船由地中海攻俄羅斯俄羅斯歛兵縱其登岸而奇兵絶其歸路天大風雪英軍飢凍不戰自潰此一奇也佛蘭西嘉慶初合列國兵數十萬由陸地攻俄羅斯俄羅斯傾國遷避佛蘭西兵長驅入其國都俄羅斯兵乘大風雪夜潛回縱火佛蘭西兵焚凍死各半敗績而遁此二奇也準噶爾康熙中以兵三萬由色棱格河攻俄羅斯兩岸高山中通一峽深

入六七百里不見一人準噶爾疑其設伏誘陷急班師遁去此三奇也俄羅斯之待強敵與安南之待英夷如出一轍夫緬甸安南之待英軍豈皆有洋艘洋礮而一勝以陸兵之節制一勝以水戰之誘伏今師出無律是不知有正也臨出無謀是不知有奇也以無律無謀之兵即盡得夷礮夷艘遂可大洋角逐乎不知自反而惟歸咎於船礮之不若是疾誤庸醫不咎方而咎藥材之無力也噫

籌海篇二　議守下

夷事無所謂用兵也但聞調兵而已但聞調鄰省之兵而已夷攻粤則調各省之兵以赴粤夷攻浙則調各省之兵以赴浙夷攻江蘇則又調各省之兵以赴江蘇兵至而夷已就撫則供客兵者又逆歸兵兵甫旋而夷或敗盟則又調歸兵以爲戰兵夫國家各省養兵原以備各省緩急之用而沿海尤重兵所在江蘇五萬浙江逾四萬福建六萬廣東將及七萬若謂本省不皆精鋭而選調客兵必皆精鋭乎則何以夷初至閩粤時未嘗調

他省一兵而守禦屹然及徵兵半天下重集於粤而粤敗塗地重集於浙於江而江浙又敗塗地若謂英夷強寇非一省所能抵禦乎則夷兵艦大小不過五十艘其攻城上岸不過二三千人豈一省養兵數萬無數千可用之兵沿海民風強悍豈無數千可團之義勇若謂閩粤民兵雖可用而多通外夷江浙雖無漢奸而民多柔弱則何以廣東之斬夷酋捎戰艦者皆義民兩禽夷船於臺灣火攻夷船於南澳者亦義民而明人平倭寇皆處州義烏之兵近日戰定海保松江者皆壽春之兵然

則各省之勇民原足充各省之精兵練一省之精兵原足捍一省之疆圉所要者止在募練之得法所難者止在調度之得人不在紛紛多調客兵也前代錢氏有吳越王氏有閩劉氏有粵各通番舶尙有海警豈能借助於鄰援又豈能合從以禦侮況防海宜習水戰而多調陸兵舍長用短以短攻長不利一在籍有安家在途有傳食事竣有回遞縣縣傳送驛驛供張則累在官來如乳虎敗如鳥散則騷在民每土兵四五而贍一客兵曷若省客兵之費以練土著不利二故曰調兵者選調本省之兵而已募兵者選練本省之人而已遠調不如近調遠募不如近募或曰賊如舍沿海而專攻一省他省有兵無賊此省賊多兵少則如之何承平恬嬉水陸弛懈卽有可用之兵而無訓練有可募之勇而無紀律安能俟數月訓練之成以應倉卒之敵則如之何曰一巡撫提督所轄則本省之兵也一總督所轄則近省之兵也賊少專用本省賊多兼用近省如寇攻粵則募本省水勇爲水師而廣西出陸兵以佐之賊攻浙則練金處溫台勁兵備陸戰而福建選水勇以佐之夷攻蘇則練

淮揚松江水勇與徐州兵備戰而安徽壽春兵佐之合兩省之兵勇豈尙不足禦一面之賊故曰要在募練之得法難在調度之得人不在紛紛多調客兵爲也

問曰遠調不如近調則然矣至募勇則當糾合四方精銳而曰遠募不如近募何耶曰挑選土著之利有三一曰服水土二曰熟道路三曰顧身家計調兵一而當募勇之費十當土著之兵五以十丁之費募一丁以五兵之費養一兵練益精則調益寡調益寡則費益省以所省者練兵兵何患不精費何患不給或曰戚繼光論選兵之法除城市柔猾奸巧之人必不可用外必選氣力選武藝選身軀選靈警而尤必以膽爲主無膽則氣力武藝偉岸靈警皆無所用又曰選浙兵處州爲上義烏次之台州次之紹興又次之此外雖韓白復生不可用選兵若是之難矍相之圃幾何人乎曰此言專爲杭嘉湖蘇松之人而發又爲福建上四府而發至漳泉惠潮之民械鬥則爭先赴敵頂凶則視死如歸矣舟戰則出沒風濤如履平地矣江北潁亳壽泗徐沛之民家家延教師人人佩刀劒或一人能負放大礮矣儀徵下河販

鹽小舟入捍舟持械冒險莫敢誰何矣此其膽何待選武藝何待教故選精兵於杭嘉蘇松是求魚於山求鹿於原也選精兵於海南於江北則求柴胡桔梗於沮澤也不可以勝收也一省且有可調不可調可募不可募況紛然徵調於數千里外哉故選兵先在選地

募水勇之事天津山東不如江浙江浙不如閩廣以福建言之當夷艘初犯廈門大吏激厲水勇人人思奮故出洋立功及款議與俘夷釋軍賞遷延而氣一挫是秋所募赴浙水勇八百皆人人精悍及至浙而定海款議

成水勇空往空返而氣再挫次年又募精銳千人赴粵及至粵而前數日款議成水勇空往空返而氣三挫顏制軍召募本省水勇八千聞粵東款議漫然散遣不擇其精銳撥補水師而氣四挫自是水勇人人離心及夷船再至無暇號召其猾者甚且內應而廈門不守矣廣東初年水勇五千前後出洋燒夷艇匪艇逆夷望風畏竄及款議與一朝散遣而氣一挫新至諸帥誤疑粵民盡漢奸無一可信又不約束客兵騷擾居民而氣再挫於是虎門不守而省城累卵矣及夷兵淫掠激民之怒於是一戰於三元里而夷酋大困一截燒於虎門橫檔而夷艘煨燼可見閩粵民風之勁悍各省所無外夷所懾而水戰火攻尤其絶技斷不可望於山東天津漁鹽之戶蓋東南長水西北長陸遷地弗良得人者昌

今日沿海所患安在乎必曰械鬥之民也煙鹽私販也海盜也漁艇蛋戶也今日陸地所患安在必曰回匪也鹽匪也捻匪紅湖匪曳刀匪也官吏切齒爲亂民有事則目爲漢奸其中有一二人能號召數百一二三千人者非有烏獲之力猗頓之財而信義意氣能豪一方其人

皆偏裨將才其所屬皆精兵而自文法之吏視之則且謂亂民之首也夫兵者毒藥藥不毒則不能攻毒故易之師曰以此毒天下而民從之華事夷言曰（英夷所著書）中國之兵若善調度即爲第一精兵現在廣東岸上力作之人與水中漁販之人其技勇皆歐羅巴人所不及若挑練此等人爲兵卒可謂一等勇壯之兵雍正中西虜未靖詔各省選技勇送京師得數千人其最者能挽鐵弓及二十力弓以鳴鏑射其胷鏜然而墮舉巨石千百斤號勇健軍總督命史貽直領之屯巴里坤故一時北

省盜賊絕踪，此先朝牢籠猛士之成效。道光回疆之役，伊犂將軍奏選南北路遣犯二千爲死士，屢挫賊鋒。惜事平盡赦回籍，未能收入營伍，如雍正故事，尚有待於推廣焉。嘉慶中海賊蔡牽犯閩，詔安有知縣某者，傳四鄉總四人，各予銀千圓，令團鄉勇，日甫夕而每總理各以二千五百人至，鎗械籐牌畢具，一日而得精兵萬，賊望風遁。其人即皆械鬥之民也。蔡牽又與朱濆窺臺灣後山，地本化外，有泉人吳沙者，集四社棚民與熟番拒之，一戰其前，一攻其後，牽大敗走。事聞，始　詔即其地

立葛瑪蘭廳。捍賊不煩官兵，何以文法吏不肯收以爲用。然此輩亦不肯爲用，葢綠營之餉不足以贍其身家也。英夷攻粵東時，募漢奸三千人，每人給安家銀三十圓，每月工食銀十圓，而我守虎門兵月餉不及三兩。提督關天培憫兵之窮苦，自捐賞䘏，每兵銀二圓，而議者且劾水師兵挾制提督要賞，尚望其出死力乎？閩廣水師每省三萬有奇，江浙水師每省二萬有奇，虛冒半之，老弱半之，未必有數千之可用。誠能汰虛冒冗濫之缺，幷兩兵以養一兵，廣東約萬五千，福建約萬五千，專選

惠潮漳泉四府，精訓練而嚴節制之，以此推諸浙東江北，豈但國家增無數之精兵，而且沿海銷無數之械鬥，中原收無數之梟匪。精氣化痰，痰化精氣，豈二物耶？烏喙附子，以毒攻毒，毒去而藥力亦銷，顧用之者何如耳。精兵出其中，李長庚、羅思舉之驍將亦出其中，不此之圖，而惟竊竊然曰無將無兵，古人詎借才於異地哉？言調兵言籌餉者，動虞兵單費絀，而今言幷兵幷餉，則兵不愈少，餉不愈費乎？不知一省之兵本足守一省之地，一省之餉本足養一省之兵，即有軍興，一切格外之

費，而一省之財亦總足供一省之用。請詳破其惑。夫兵之多少，視其實不視其名，養兵數萬而無數千之可用，視一千有一千之用者，則不侔矣；視一千可當數千之用者，更不侔矣。調外省之兵而置本省之兵于不練，則本省之餉皆濫餉，外調之費皆冗費。今以額餉養額兵，而不增一餉，以全餉養半兵，亦不裁一餉，兵減而實多，餉增而實省，其可無惑者一。戚繼光鴛鴦陣法，或謂其止可馭三千，不可馭十萬。夫十萬皆三千所積也，一鎮練三千，十鎮即練三萬，大陣包小陣，大營包小營，豈數

萬人之節制有異於三千人之節制且連大陣鬬戰場決勝負者惟開創草昧之時及西北平原之地若承平東南剿寇溝洫縱橫坡坎交錯則用三千之處爲多英夷兵艘所在爲數幾何若各省有百練敢死之卒數千再團練沿海之漁船蛋戶以絶其羽翼何煩更調外兵其可無惑者二練兵之費取諸弁餉團勇之費將何出東南沿海殷富甲天下計自軍興以來粵閩江浙每省商捐紳捐各數百萬以本地之富民養本地之勁民衛本地之身家但使用得其宜尚可撙節贏餘爲造船械

修垣壘懸購賞之費何嘗盡煩外兵外餉此可無惑者三沿海之利莫大魚鹽前此寧波試行票鹽兩月銷至七萬引及停止後歲銷僅二萬引閩鹽派簽殷戶充商有甘出十餘萬金求免簽者潮州之鹽運同歷任賠累虧空鉅萬皆出官費胥役費捆工費層層蠹蝕不能減價敵私儻沿海皆行票鹽盡省浮費匪獨化私爲官以助餉弁可化梟爲良以助兵他若浙江之南田山福建之封禁山許民屯墾沿海之銀鑛山許民開采境內自然之利用之不窮此可無惑者四至于兵分見寡之由由無戰艦別詳下篇

匪特兵不宜多也卽礮臺亦不宜多今爲賊去關門之計者不過曰增礮臺移營汎增礮臺之說曰多一重門戶增一重保障夫人家禦賊非固守大門拒不使入卽固守腰門而開大門以延敵今無一門可恃而但多設重門以待賊之攻陷豈知一重失守重重膽破何如弁十重之費以修一重修必固弁十重之兵礮以守一重守必固以近事證之廈門舊止二礮臺而守禦屹然迨于口門內外峿嶼青嶼大擔小擔增建各臺而賊至立

破寶山有東西礮臺有海塘而失守松江城無礮臺而賊攻不入是知礮臺不在多而在固固之法如何曰建之得地修之得法守之得人福州城距五虎城二百里一潮不能達而潮退卽淺閣杭州城外潮退沙灘十餘里海口鼈龕二山淤漲數十里故此二省城賊皆不犯廈門寧波舊建礮臺本得形勢方當棄去舟山拆去青峿各嶼礮臺安有更加增建之理惟廣州及江寧夷船可直抵城下粵東新城以外市廛櫛比旣無可築外郛之地惟獵得大黃滘二處礮臺實省城內障與虎門外

障並重于此二處扼險果能阻遏夷艘則堂奧高枕而此外各港汊正可留爲出奇設伏之地安用處處設礮河河塡塞若此處不可恃則他處更可恃乎江蘇則吳淞口內惟江灣東溝二處可扼要設礮以守上海福山口內惟君山(即鵝鼻嘴)圌山二處可設礮以守長江方當從寶山之城拆去東西礮臺內徙要害安有更加增建之理乎地勢既得守必萬全萬全之策在乎奇正相生一固土城以禦大礮(必三合土堅築女牆先以礮演試不破爲度)二開淺池以備飛礮(見上篇)三沉樁石舟筏以遏衝突(此法不可施于長江而可施于內河或臨河有大樹則伐倒沉之又或以大木爲籠長數丈內貯極大石橫亘水中視碎石舟筏尤堪禦潮刷而阻衝突)四伏地雷掘暗溝以防陸路五別伏奇兵以備陸戰甚或守臺之兵棄礮佯走以誘敵使敵但知全力攻臺而不知臺非我所顧惜又使敵卽知分路繞臺而不知臺外勁旅尚多初觀之以礮臺爲正伏兵爲奇至于奇正相倚變化不測致敵而不爲敵致誘敵而不爲敵誘則又反以伏兵爲正而以礮臺爲奇方盡兵行詭道之祕以視泥守礮臺有正無奇一處受創望風四潰者其巧拙不可同年語矣但所用之伏兵必須平日精選

優養勤練而嚴節制之必使人人心靈膽壯技精械利且將士一心臂指呼應臨時方足出奇制勝此則全在訓練得人有非空言所能取效者

海國圖志　卷之一　籌海篇二　議守　三十四

海國圖志卷二

邵陽魏源重輯

籌海篇三 議戰

內守旣固乃禦外攻岳飛曰以官軍攻水賊則難以水賊攻水賊則易今以海夷攻海夷之法如何籌夷事必知夷情知夷情必知夷形請先陳其形勢英夷所憚之仇國三曰俄羅斯曰佛蘭西曰彌利堅憚我之屬國四曰廓爾喀曰緬甸曰暹羅曰安南攻之之法一曰陸攻一曰海攻陸攻在印度偪壤印度者曰俄羅斯與廓爾

喀俄與英之國都中隔數國陸路不接而水路則由地中海與洲中海朝發夕至康熙三十年間英吉利曾由地中海攻俄羅斯敗績遁歸自後不相往來而兵爭專在印度印度者葱嶺西南與我後藏廓爾喀緬甸接壤去英夷本國數萬里英夷以兵船據東南中三印度而俄羅斯兵則由黃海裏海間取游牧諸部亦與西中二印度接壤止隔一雪山各以重兵拒守自東印度之孟阿臘之麻爾洼南印度之孟邁之曼達喇薩鴉片盛行英夷歲收稅銀千餘萬俄羅斯覬覦之及英夷調印度兵艘入犯中國深恐俄羅斯乘其虛以擣溫都斯坦中印度又傳聞俄夷使者已自比革特起程入中國比革特其東都也惴惴懼其犄角葢康熙中用荷蘭以款俄羅斯又聯俄羅斯以偪準噶爾故英夷之懼俄羅斯者不在國都而在印度此機之可乘者一廓爾喀者亦在後藏之西與東印度偪處方乾隆中我師征廓夷時英夷印度兵船亦乘勢攻其東境故上年英夷罷市後廓夷亦卽稟駐藏大臣願出兵攻擊印度當時若許廓夷擾其東俄羅斯擣其西則印度有瓦解之勢寇艘有內顧之虞此

機之可乘者二故可乘而不乘非外夷之不可用也需調度外夷之人也

海攻之法莫如佛蘭西與彌利堅佛蘭西國偪近英夷止隔一海港彌利堅與英夷則隔大海自明季　國初之際佛蘭西開墾彌利堅東北地置城邑設市埠英夷突攻奪之于是佛夷與英夷深讐及後英夷橫征暴歛于是彌利堅十三部起義驅逐之兼約佛蘭西爲援三國兵船數百艘水陸數十萬不解甲者數載彌利堅斷其餉道英軍飢困割地請和彌利堅遂盡復故地二

十七部英夷止守東北隅四部不敢再犯即印度地亦荷蘭佛蘭西開之而英夷奪之乾隆初印度土酋約佛蘭西荷蘭二國合拒英夷連兵數載始分東印度屬英夷而南印度屬西洋諸夷立市埠此各國之形也其互市廣東則英夷最桀驁而佛彌二國最恪順自罷市以後英夷并以兵艘防遏諸國不許互市各國皆怨之言英夷若久不退兵亦必各回國調兵艘與之講理去年靖逆出師以後彌利堅夷目即出調停于是義律來文有不討別情只求照例通商之請并煙價香港亦不敢

索此機之可乘者三乃款議未定而我兵突攻夷館反誤傷彌利堅數夷于是彌利堅夷目不復出力而荷蘭西于英夷再次敗盟之後是冬有兵頭兵船至廣東求面見將軍密稟軍務自攜能漢語之二僧請屏去通使自言願代赴江浙與英夷議款必能折服不致無厭之求儻英夷不從亦可藉詞與之交兵乃自正月與大帥晤商始則不許代奏及奏又支離其詞反以叵測疑佛蘭西延至六月聞浙江奏請款撫始許其行時英夷兵船已深入長江犯江甯于是佛蘭西船駛至上海請我舟導其入江而上海官吏又往返申請稽時迨佛蘭西易舟入江則款事已定數日盡飽谿壑佛蘭西悵然而返此機之可乘者四故可乘而不乘非外夷之不可用也需調度外夷之人也

今日之事苟有議徵用西洋兵舶者則必曰借助外夷恐示弱及一旦示弱數倍於此則甘心而不辭使有議置造船械師夷長技者則曰糜費及一旦糜費十倍於此則又諉權宜救急而不足惜苟有議繙夷書刺夷事者則必曰多事（嘉慶間廣東有將漢字夷字對音刊成一書者甚便於華人之譯字而粵吏禁

之）則一旦有事則或詢英夷國都與俄羅斯國都相去遠近或詢英夷何路可通回部甚至廓夷効順請攻印度而拒之佛蘭西彌利堅願助戰艦願代請款而疑之以通市二百年之國竟莫知其方向莫悉其離合尚可謂留心邊事者乎漢用西域攻匈奴唐用吐番攻印度用回紇攻吐番　聖祖用荷蘭夾板船攻臺灣又聯絡俄羅斯以偪準噶爾古之馭外夷者惟防其協寇以謀我不防其協我而攻寇也止防中華情事之泄於外不聞禁外國情形之泄於華也然則欲制外夷者必先

悉夷情始欲悉夷情者必先立譯館繙夷書始欲造就邊才者必先用留心邊事之督撫始

問曰既款之後如之何曰武備之當振不係乎夷之款與不款既款以後夷瞰我虛實藐我廢弛其所以嚴武備絶狡啟者尤當倍急於未款之時所以懲具文飾善後者尤當倍甚於承平之日未款之前則宜以夷攻夷既款之後則宜師夷長技以制夷夷之長技三一戰艦二火器三養兵練兵之法請陳 國朝前事康熙初曾調荷蘭夾板船以剿臺灣矣曾 命西洋南懷仁

製火礮以剿三藩矣曾行取西洋人入欽天監以司厤官矣今夷人既以據香港擁厚貲驕色於諸夷又以開各埠裁各費德色於諸夷與其使英夷德之以廣其黨羽曷若自我德之以收其指臂考東中二印度據於英夷其南印度則大西洋各國市埠環之有荷蘭埠有呂宋埠有葡萄亞埠有佛蘭西埠有彌利堅埠有英吉利埠每一埠地各廣數百里此疆彼界各不相謀各埠中皆有造船之廠有造火器之局並鬻船鬻礮於他國亦時以兵船貨船出租於他國其船廠材料山積工匠雲輳二三旬可成一大戰艦張帆起柁嗟咄立辦其工匠各以材藝相競造則爭速駛又爭速終年營造光燭天聲殷地是英夷船礮在中國視爲絶技在西洋各國視爲尋常廣東互市二百年始則奇技淫巧受之繼則邪教毒煙受之獨於行軍利器則不一師其長技是但肯受害不肯受益也請於廣東虎門外之沙角大角二處置造船廠一火器局一行取佛蘭西彌利堅二國各來夷目一二人分攜西洋工匠至粵司造船械幷延西洋柁師司教行船演礮之法如欽天監夷官之例而選閩

粵巧匠精兵以習之工匠習其鑄造精兵習其駕駛攻擊計每艘中號者不過二萬金以內（英夷有軍器之躉船每艘值銀二萬餘員大兵船三桅者每艘值銀四萬員見澳門新聞紙凡侈言每艘需十萬金者皆妄也現在廣東義士請彌利堅人造二桅兵船果僅費銀萬九千兩）計百艘不過二百萬金再以十萬金造火輪舟十艘以四十萬金造配礮械所費不過二百五十萬而盡得西洋之長技爲中國之長技每艘配兵三百人計百艘可配三萬人（靖逆將軍奕山奏夷三桅大兵船三百人二艙中號兵船二百餘人火輪船八九十人杉板船大者六七十人小者二三十人）廣東一萬福建一萬浙江六千江蘇四千其所配之兵必憑選練取諸

沿海漁戶梟徒者十之八取諸水師舊營者十之二盡裁并水師之虛糧冗糧以爲募養精兵之費必使中國水師可以駛樓船於海外可以戰洋夷於海中不曾一餉一兵而但裁并冗濫之兵餉此其章程可推廣者尚有六焉我有鑄造之局則人習其技巧一二載後不必仰賴於外夷如內地鐘表亦可以定時刻逮二十五年大修之期即可自行改造一也（夷艘例二十五年一修）有鑄造之局則知工料之值工食之值每艘每礮有定價然後可以購買凡外夷有願以船礮售官抵稅者聽閩商粵商

出販南洋有購船礮歸繳官受値者聽不致以昂價靡物受欺二也沙角大角既有船廠火器局許其建洋樓置礮臺如澳門之例英夷不得以香港驕他夷生觖望而我得收虎門之外障與澳門鼎峙英夷不敢倔強虜東從此高枕嘉慶中澳夷曾備兵船二英夷備兵船四願助剿海盜今更得佛彌二夷効順彼貪市舶之利我收爪牙之助守在四夷折衝萬里三也鴉片躉船敢於蔓延者欺我水師之不敢攻剿今水師整飭鴉煙自不敢來紋銀自不透漏以用財爲節財四也宜設水師未

艇每艘官價四千巳僅洋艘五分之一層層扣蝕到工又不及一半（靖逆將軍奕山奏言水師例修之船新造二隻覆以藤棉加以牛皮外施魚網七層演試千斤之礮打穿兩面不能適用）今製海艦不拘例價若不善立章程則將來修造之期必然有名無實考洋艘所以堅固皆由駛犯風濤遍行萬里今官艘終歲停泊會哨徒有其文自後即無事之期而戰艘必歲護海運之米驗收天津閩廣則護運暹米呂宋米臺灣米江浙則各護蘇松杭嘉湖之米凡承造之人即皆駕駛之人凡內地出洋之商願稟請各艘護貨者聽凡水師提鎮大員入京陛

見必乘海艘不許由驛陸進其副將參游以下入京引見或附海運之舟北上總禁由陸其文吏願乘海艘入京者聽惟不許承辦船工五也國家試取武生武舉人武進士專以弓馬技勇是陸營有科而水師無科西洋則專以造船駕船造火器奇器取士掄官上之所好下必甚焉上之所輕下莫問焉今宜於閩粵二省武試增水師一科有能造西洋戰艦火輪舟造飛礮火箭水雷奇器者爲科甲出身能駕駛颶濤能熟風雲沙線能鎗礮有準的者爲行伍出身皆由水師提督考取會同總

督拔取送京驗試分發沿海水師教習技藝凡水師將官必由船廠火器局出身否則由舵工水手礮手出身使天下知　朝廷所注意在是不以工匠柁師視在騎射之下則爭奮於功名必有奇材絶技出其中昔李長庚勦海賊皆身自持柁雖老於操舟者不及故知水師不能舍船械而空談韜略武備不能舍船礮而專重弓馬六也

天下有不可強者三有其人無其財一難也有其財無其人二難也有其人有其財無其材（謂材料）三難也自用

兵以來所糜費數千萬計出其十之一二以整武備有餘則財非不足明矣海關浮費數倍正稅皆積年洋商與官吏所肥橐起家不貲其費皆出自鴉片豈不當派數百萬之軍餉則財又非不足明矣中國智慧無所不有厤算則日月薄蝕閏餘消息不爽杪毫儀器則鐘表晷刻不亞西土至羅鍼壺漏則創自中國而後西行（羅鍼始自中國見華事夷言）穿札扛鼎則無論水陸皆擅勇力是人才非不足明矣船桅船艙所需鐵力之木油木樒木柹木皆產自兩廣蓬帆浸以晉石火不能焚出自山西火藥配以石油得水愈熾出自甘肅（關外玉門縣赤金衛迤南之石油河本年二月陝甘總督解至石油三千六百斤）火箭參以江豚油逆風更猛出自四川軍符所下旦夕可至硝提數次而煙白鐵經百鍊而鋼純皆與西洋無異則材料又非不足明矣飛礮火器皆創自佛蘭西而英夷效之以及船械相等之葡萄亞荷蘭呂宋彌利堅等國皆仰我茶黃貪我互市欲集衆長以成一長則人爭効力欲合各國以制一國則如臂使指誠欲整我戎行但得一邊才之兩廣總督何事不可爲哉或曰五十艘之船械且造且購一年而可集百

艘之船械且造且購二年而畢集卽其制造施用之法以我兵匠學之亦一年而可習二年而可精是一二年後已無鑄造之事尚遠重修之期更何局廠之設乎曰是何言也夫西洋惟英吉利國兵船五百餘艘佛蘭西國兵船三百餘艘蓋爲分守各國埠頭而設其餘各國戰艦亦各不過數十艘而皆有船廠火器局終年不息者何哉蓋船廠非徒造戰艦也戰艦已就則閩廣商艘之泛南洋者必爭先效尤寧波上海之販遼東販粵洋者亦必羣就購造而內地商舟皆可不畏風颶之險矣

西洋火輪舟之受數千石者止爲遠越重洋其在本國內河內港之火輪舟皆不過受五百石至九百石而止以通文報則長江大河晝夜千里可省郵遞之煩以驅王事則北覲南旋往還旬日可免跋涉之苦以助戰艦則能牽淺滯損壞之舟能速火攻出奇之效能探沙礁夷險之形誠能大小增修詎非軍國交便戰艦有盡而出鬻之船無盡此船廠之可推廣者一火器亦不徒配戰艦也戰艦用攻礮城壘用守礮況各省綠營之鳥銃火箭火藥皆可於此造之此外量天尺千里鏡龍尾車

風鋸水鋸火輪機火輪舟自來火自轉碓千斤秤之屬凡有益民用者皆可於此造之是造礮有數而出鬻器械無數此火器局之可推廣者二古之聖人刳舟剡楫以濟不通弦弧剡矢以威天下亦豈非形器之末而睽渙取諸易象射御登諸六藝豈火輪火器不等於射御乎指南制自周公挈壺創自周禮有用之物卽奇技而非淫巧今西洋器械借風力水力火力奪造化通神明無非竭耳目心思之力以前民用因其所長而用之卽因其所長而制之風氣日開智慧日出方見東海之民猶西海之民雲集而鶩赴又何暫用旋輟之有昔漢武欲伐南越爰習樓船水戰於昆明湖乾隆中以金川恃碉險爰命金川俘卒建碉於香山又命西洋人南懷仁制西洋水法於養心殿而西史言俄羅斯之比達王聰明奇杰因國中技藝不如西洋微行遊於他國船廠火器局學習工藝反國傳授所造器械反甲西洋由是其興勃然遂爲歐羅巴洲最雄大國故知國以人興功無倖成惟厲精淬志者能足國而足兵

人但知船礮爲西夷之長技而不知西夷之所長不徒

船礮也每出兵以銀二十員安家上卒月餉銀十員下卒月餉銀六員贍之厚故選之精練之勤故御之整卽如澳門夷兵僅二百餘而刀械則晝夜不離訓練則風雨無阻英夷攻海口之兵以小舟渡至平地輒去其舟以絕反顧登岸後則魚貫肩隨行列嚴整豈專恃船堅礮利哉無其節制卽僅有其船械猶無有也無其養贍而欲效其選練亦不能也故欲選兵練兵先籌養兵兵餉無可議加惟有裁并之而已粤省水師將及四萬去虛伍計之不及三萬汰其冗濫補其精鋭以萬五千人

為卒即以三萬有餘之糧養萬五千之卒則糧不加而足以五千卒分防各口礮臺與陸營相參以萬人分配戰艦可得三十餘艘無事日令出哨外洋捕海盜緝煙販有事寇在鄰省則連䑸赴援寇在本省則分艘犄角可以方行南海矣或曰粵洋縣長三千餘里水師數萬尚虞不周今裁汰大半不彌形單寡乎曰水師多而不敷以無戰艦也無戰艦出洋則口岸處處出防以水師當陸師之用故兵以分而見寡今以精兵駕堅艦晝夜千里朝發夕至東西巡哨何患不周是兵以聚而見多

英夷各處市埠自大西洋至中國首尾數萬里何以水師不過九萬即能分守各國又何以入寇之兵不過五十艘而沿海被其騷動況水師外尚有本省綠營數萬何患其無兵分守前年楊參贊有請水師改爲陸兵之奏吾謂不如并岸上之水師爲船上之水師用力少而收效廣

問西洋與西洋戰亦互有勝負我即船礮士卒一切整齊亦何能保其必勝曰此爲兩客相攻言之非爲以客待主言之也夫力不均技不等而相攻則力強技巧者勝力均技等而以客攻主以主待客則主勝攻勞守逸請言其狀夫海戰全爭上風無戰艦則有上風而不能乘即有戰艦而使兩客交鬭於海中則互爭上風尚有不能操券之勢若戰艦戰器相當而又以主待客則風潮不順時我艦可藏於內港賊不能攻一俟風潮皆順我即出攻賊不能避我可乘賊賊不能乘我是主之勝客者一無戰艦則不能斷賊接濟今有戰艦則賊之接濟路窮而我以飽待饑是主之勝客者二無戰艦則賊敢登岸無人攻其後若有戰艦則賊登岸之後船上人

少我兵得襲其虛與陸兵夾擊是主之勝客者三無戰艦則賊得以數舟分封數省之港得以旬日徧擾各省之地有戰艦則賊舟敢聚不敢散我兵所至可與鄰省之艦夾攻是主之勝客者四故歷考西洋各國交兵凡英吉利往攻彌利堅本國則彌利堅勝以英吉利往攻俄羅斯本國則俄羅斯勝若英吉利與各國互戰於海中無分主客則舵師能得上風者勝

問曰船廠火器局設於粵東矣其福建上海寧波天津亦將倣設乎不倣設乎戰艦百艘果足敷沿海七省之

用乎曰沿海商民有自願倣設廠局以造船械或自用或出售者聽之若官修戰艦火器局則止需立於粵東造成之後駛往各岸無事紛設蓋專設一處則技易精紛設則不能盡精專設則責成一手紛設則不必皆得人戰艦既成以後內地商艘倣造日廣則戰艘不必增造何者西洋貨船與兵船堅固同大小同但以軍器之有無爲區別貨船亦有礮眼去其鐵板卽可安礮內地平時剿賊尚勑雇閩廣商艘況日後商艘盡同洋舶有事立雇何難佐戰艦之用惟水師則必以閩廣爲主而

江浙爲輔何則福建之役夷船泊於南澳港鄧制軍所募水勇佯作商舟乘無風攻之夷艘甫覺我水勇已偪其後艄焚其帆索傷其柁師水手夷艘無風不能起椗偪近不能開礮且小舟外障濕幔銃彈不能入良久風起夷船始遁此江浙水勇所不能也粵東之役官軍方失利於城外而我武舉梁體羣夜以火舟三隊從穿鼻洋截攻其後乘潮至虎門橫擋夷船甫開一礮而我火舟已偪其後梢火藥鎗轟發兩桅飛起空中全艘俱燬佛山義勇又圍截夷兵於龜岡礮臺遶出上風縱毒煙

以眯夷目盡殲夷兵并擊破其應援之杉板舟此江浙水勇所不能也靖逆將軍奏言粵中水勇以小舟八人盪槳旋折如飛將及夷礮所近之處卽覆舟入水戴之而行及至夷船仍翻舟而上以火毬噴筒焚其帆索得勢卽躍上夷船不得勢卽仍下水覆舟而行銃礮皆不能及已募得二百餘人此江浙所無也夷船犯乍浦時餘艘留踞鎮海招寶山有委員雇閩勇三百餘以火舟易使賊覺獻策用大油簍各裝火藥二百斤載以小竹筏以鐵索拴筏四角套於項頸手扶簍筏貼水潛行遠

望不見及至夷船後潛推柁上火發轟烈全船立燬既而有尼之者飛檄中止此亦江浙所無也此皆在無戰艦之時可用若是況配入戰艦用其所長外夷尚且畏之豈他省所及故江浙舟師宜專護海運而閩粵舟師宜專剿海寇漢口瓜洲錢唐江亦有沒水之人能伏行江底然每處僅二三十人不能多也間子於議守篇專守內河守近岸使夷船夷礮失其所長已可收安南創敵之功則又何艘械之足學而廠局之足設耶曰夷兵之橫行大洋者其正也其登岸及入內河者其偶也夷性詭而多疑使我岸兵有備而彼不

登岸則若之何內河有備而彼不入內河則若之何觀其初至也以結怨之廣東而不攻繼以結怨之廈門而不力攻及突陷舟山徘徊半載而不敢深入是猶未測內地之虛實尚有所畏也自廣東主款撤防破虎門圍省會而夷始肆然無忌矣再破廈門定海駛入寧波而益無忌矣再破乍浦寶山上海駛入長江而益無忌矣使夷知內河有備練水勇備火舟如廣東初年之事其肯深入死地哉故廣東初年有殲夷之備而無其機江浙近年有殲夷之機而無其備且夷兵船五十艘貨船

二十餘艘火輪舟十艘其闖入珠江入甬江入黃埔江者皆不過兵艦七八艘火輪二三艘杉板小舟十餘而已其餘仍寄碇大洋即使殲其內河諸艇而奇功不可屢邀狡夷亦不肯再誤且夷貪戀中國市埠之利亦斷不肯即如安南日本之絕交不往此後則非海戰不可矣鴉片躉船仍泊外洋無兵艦何以攻之又非海戰不可矣夷船全幫數十艘駛入者惟長江江面雖狹於外洋而倍闊於他港夷艘散泊各岸不聚一處即用兀朮之火攻而天時風色難必亦不過殲其三分之一究恐

有竄出大半之艦則亦非追剿不可矣苟夷畏我內河專肆驚擾聲東擊西朝南暮北夷人水行一日可至者我兵陸行必數日方至夷攻浙則調各省之兵以守浙夷攻江則又調各省之兵以守江即一省中而有今日攻乍浦明日攻吳淞後日又回擾鎮海我兵又將雜然四出應接不暇安能處處得人時時設備況戰艦火器乃武備必需之物一二三百萬乃軍需十分之一何憚不爲而見輕於四夷況有洋艦洋礮之後亦非漫然浪戰也客兵利速戰主兵利持重不與相戰而惟與相持行

與同行止與同止無淡水可汲無牛羊可掠無硝藥可配無鐵物可購無篷纜可補煙土貨物無處可售柁檣無處可修又有水勇潛攻暗襲不能安泊放一彈即少一彈殺一夷即少一夷破一船即少一船而我之沿海腹地既有戰艦爲外衛則內河近岸高枕無虞所至接濟策應逸待勞飽待飢衆待寡是數十艘可當數百艘之用況夷兵以大艘爲身以杉板小舟爲四足但多募漁舟快艇專燬其杉板小舟小舟盡則大舟亦可爲我有在得人而已在得人而已

籌海篇四 議款

我患夷之強夷貪我之利兩相牽制倖可無事非今日主款者之秘略乎鴉片歲耗中國財數千萬計竭我之富濟彼之強何以處之則曰但禁內地吸食試問持議之人果嚴禁內地吸食乎則又曰宜緩不宜急急之恐觸外侮而生內變嗟乎強鄰惡少日設賭博於門誘我子弟罄我基業敗我敎化一朝絶不與通攻門索鬭媕婀調停者曰姑聽其仍開博場一日賭博一日無事百年賭博百年無事我產之耗不耗勿計也我業之完不

完勿計也我子弟之敗類不敗類勿計也欲制夷患必籌夷情請先陳夷情而後效其說

中國以茶葉湖絲馭外夷而外夷以鴉片耗中國此皆自古所未有而　本朝有之茶葉行於西洋自康熙始而鴉片之入中國亦自康熙始初准以藥材上稅乾隆三十年以前歲不過二百箱及嘉慶元年因嗜者日衆始禁其入口嘉慶末每年私鬻至三千餘箱始則囤積澳門繼則移於黃埔道光初奉　旨查禁復移於零丁洋之躉船零丁洋者在老萬山內水路四達凡中外商船之出入外洋者皆必由焉夷艘至皆先以鴉片寄躉船而後以貨入口始躉船不過四五艘其煙至多不過四五千箱可用火攻而大吏密奏請暫事羈縻徐圖禁絶于是因循日甚其突增至二十五艘煙二萬箱者則在道光六年設巡船之後巡船水師受月規放私入口于是藩籬潰決及道光十二年始裁巡船而積習已不可挽道光十七年復設巡船議定每千箱以若干箱送水師報功而鴉片遂歲至四五萬箱矣今以道光十七年廣東與英夷貿易出入之數計之湖絲價銀六

百五十九萬員茶葉價銀千有四百萬員白礬串珠樟腦桂皮磁器大黃麝香赤布白糖冰糖兩繖百二十二萬六千員共計英吉利船所購出廣東之貨二千一百八十一萬六千員其入口者棉花八百二十二萬員（六十七萬七千石）洋米二十三萬八千員（二十一萬石）大呢百五十五萬員羽紗四十萬員嗶嘰八十萬員羽緞五萬員洋布七十萬員棉紗七十三萬員（千有八百石）水銀二十三萬員（二千石）錫二十九萬五千員（萬五千石）鉛八萬九千員（萬四千石）鐵四萬八千員（萬六千石）硝七萬五千員（共萬石）檀香烏木象牙

珍珠胡椒沙藤檳榔魚翅魚肚花巾洋巾計七十一萬員其英夷進口貨千四百四十七萬八千員少於出口貨價銀七百餘萬員使無鴉片而以貨易貨則英夷應歲補中國銀七百餘萬員乃是歲鴉片價銀反出口二千二百萬員計銷鴉片四萬箱此數之確然可考者彌利堅國是歲出口之貨綢緞價七百五十萬員茶葉五百十九萬八千員十二萬餘石絲棉葛布磁器蔗糖五十七萬九千員共計千有三百二十七萬七千員入口洋貨三百六十七萬員內有洋米八十六萬員洋布四十五萬員白銀四十二萬員價最鉅計

少銀九百六十萬員何以不聞補銀蓋亦鴉片價內開除之數英夷所運者印度鴉片彌夷所運者都魯機鴉片他西洋諸國出口入口者約計二百萬員其計外夷歲入中國之貨僅值銀二千十四萬八千員而歲運出口之貨共值銀三千五百有九萬三千員以貨易貨歲應補中國價銀千四百九十四萬五千員使無鴉片之毒則外洋之銀有入無出中國銀且日賤利可勝述哉綜計英夷所購出之貨莫大於茶而湖絲次之所售入中國之貨莫大於鴉片而棉花次之至大黃則蒙古所需非西洋所急故每歲

出洋大黃不過值五萬餘員即俄羅斯市大黃歸亦僅用以染色非用以治病見松筠綏服紀略茶葉雖西洋所盛行而佛蘭西國不甚需之以其本國皆飲白酒不甚飲茶故佛蘭西到粵之船較少然前代市舶從不聞茶葉出洋茶葉出洋自明季荷蘭通中國始及康熙二年英吉利商又自荷蘭購歸百斤飲而甘之國人飲者歲增一歲康熙四十九年至十四萬斤雍正二年至二十八萬斤乾隆二十四年二百二十九萬斤三十七年五百四十七萬斤五十年遂至千三百萬斤嘉慶十八年二千一百二十八萬斤道光二年二千三百七十六萬斤十年後三千餘萬斤及英夷

公私散後各商自運銷茶愈廣十七年廣東出口茶葉三十餘萬石其價銀千有四百餘萬員又彌利堅國道光十七年購茶價銀三百六十九萬兩共茶十二萬餘石荷蘭歲需茶二百八十萬斤不等佛蘭西二十三萬斤不等佛蘭西茶沿途售與各國其到本國者無幾此外西洋各國大約二百萬斤惟俄羅斯由蒙古運往茶葉歲六百四十餘萬斤是西洋之飲茶亦猶中國人之吸鴉片雖損益懸殊皆始自近日非古昔所有故知洋錢流入內地皆鴉片未行以

前夷船所補之價至鴉片盛行以後則絕無貨價可補而但補煙價洋錢與紋銀皆日貴一日矣漕務鹽務邊務皆日困一日矣使非養癰於數十年之前潰癰於設巡船之後何以至是今但歸咎割癰之人而養癰潰癰者不問故至今益以養癰爲得計此邊患宜溯其源者一

西洋互市廣東者十餘國皆散商無公司惟英吉利有之公司者數十商輳資營運出則通力合作歸則計本均分其局大而聯散商者各出己貲自運自售利害皆

一人獨當之其勢專而散方其通商他國之始造船礮修河渠占埠頭築廛舍費輒巨萬非一二商所能獨任故必衆力易擎甚至借國王貲本以圖之故非公司不爲功及通市日久壟斷他商之路揮霍公家之帑費愈重利愈微國計與民生兩不利則又懲公司流弊而聽散商自爲之以中國比例公司如廣東十三家洋行而散商則如各省赴粵之客貨也公司如淮南鹽法之滚總之整輪而散商則如票鹽如散輪也道光十三年以前粵東貿易一出公司其局初立於印度繼立於廣東初議公司止設三十年及限滿而公司欲專其利不肯散局復以助本國兵餉爲詞請再展三十年而糜費彌支浮冒乾沒且運回之貨居奇踊貴百物滯銷國人皆不服屢控國王請散公局各自貿遷皆爲大班數人把持與通國散商爲怨敵其公司貲本銀三千萬員主事二十四商首領二人專司機密每商捐銀二千五百員以贍之道光十年本國會計入公帑銀萬有五百萬員公使費銀九千萬員公欠項銀七千五百萬員公司貿易無利道光十二年載貨出本國出印度國者置價共

三千萬員而所售回之價僅千有六百萬員公司不如散商者六倍故道光十三年遂散公司之局國王盡收帑本任商自運而第征其稅此粵中公司合散之情形也方廣東公司未散時各大班恃其勢大多金凡抗衡中國官吏皆公司大班所爲公司散則勢渙易制而廬制軍莅任未久誤聽洋商言以英夷公司雖散而粵中不可無理夷務之人反飭令彼國派領事來粵十四年始來者曰勞律卑突入省河罷市調兵而後退十六年再至者卽義律也祇便洋商一日之私圖豈期邊釁今

日之戎首試問粵中互市西洋十餘國何嘗有夷官駐粵若謂英夷貨多事賾則彌利堅國每年貨艘至粵之多亦亞於英吉利何以二百載從無桀驁觀禁煙新令初頒各國遵令卽英國新至貨船亦遵例具結而義律駛兵船阻其入口苟當時無公司領事則英夷各商亦不過隨同各國具結惟恐卸貨之不早貿利之不先何暇抗文法爭體制何至開兵釁停貿易又何至愬國王請兵艦連兵萬里構釁數年故馭邊在先悉夷情公司散局此海疆一大機會而中國邊臣失之者二

禁鴉片之議有二一內禁一外禁自夷船犯順人皆謂外禁必不可行果必不可行乎又以夷變歸咎於繳煙果由於繳煙乎何以五月繳煙之後旁徨半年而未動何以尚肯出船貨充公之結何以尚懸購告犯之賞何以逐出老萬山外復尚有願遵　大清律乞回澳門之稟是其激變絕不由繳煙而由於停貿易明矣英夷國禁濃酒小帶有佛蘭西使者至其國英夷開其攜違禁貨物因監禁其使令禁繳出禁物始釋之與廣東之勒繳煙上何異又英夷國律例凡他國商攜違禁貨物

入境者罰其貨價三倍是卽科以彼國之法亦無可辭其非因繳煙而由停貿易又明矣然則不停貿易固可免用兵亦可禁鴉片使不來乎曰奚不可之有請先陳夷情而後效其說英夷之說曰若要印度人不栽波畢除非中國人不食鴉片若要中國人不買鴉片除非印度不栽波畢中國人若以鴉片貿易同英國講論英吉利國王定肯禁止販運卽印度栽種波畢之事亦可停止而栽種別物仍可得稅餉貿易之利澳門月報又曰有人言情願斷止鴉片一物別開南邊港口貿易可乎我恐未必能行夷言華事是外禁之事英夷亦未嘗不籌畫及之但外夷惟利是圖惟威是畏必使有可畏懷而後俯首從命故上者嚴修武備彼有躉船則我能攻之彼有夾私應停貿易則立停之使我無畏於彼彼無可挾於我自不敢嘗試次者代籌生計使彼卽停鴉片而上無缺稅下無缺財則亦何樂走私之名而不趨自然之利請得而詳之夷煙產自印度而銷於廣東其東印度種鴉片之地皆官地如中國鹽場置官收稅不得私煎除鴉片地稅銀四百餘萬員外加以栽種時開花時取汁時

出口時四次收稅又凡五百餘萬員共計孟阿臘歲稅九百六十八萬四千餘員又南印度之孟邁鴉片稅亦百餘萬員除印度兵餉支用外歲解英吉利國都者三百餘萬員此其國最大之利藪考康熙乾隆中准商船運呂宋暹羅米入口者每米萬石免其船貨稅十分之五米五千石以上免稅十分之三卽不及五千石亦免稅十分之二並許商人運暹米二千石以上議叙頂戴此二國產米不產鴉片有利無弊自後港脚夷船援例歲運印度新嘉坡葛留巴米入口者不下四十萬石多

以鴉片寄躉船而以米入口由是粵海關裁抑之但免入口米稅不免出口貨稅今與夷約果能割除鴉片之地改種五穀者許其多運洋米入口並援例酌免其貨稅則夷喜於地利之不荒其必樂從者一粵東出口之貨則洋行會館每百兩抽內商三分而三分必增諸貨價其入口之貨則每一大洋艘至黃埔官費及引水通事使費約需銀五千員皆在正稅之外雖不明取於鴉片而夷則失諸彼者償諸此我則收其實而避其名今與夷約果鴉片不至則盡裁一切浮費舉以前此貢使所屢求大班所屢控者一旦如其意而豁除之俾歲省數百萬夷必樂從者又一彼國入口之貨莫大於湖絲茶葉出口之費莫大於棉花洋米呢羽今中國既裁浮費免米稅商本輕省則彼國不妨於進口之茶絲出口之棉米呢羽酌增其稅以補鴉片舊額此外鉛鐵硝布等有益中國之物亦可多運多銷夷必樂從者又一威足懾之利足懷之公則服之有不食桑葚而革鴞音者乎水師之通賄不懲商胥之浮索不革戰艦之武備不競而惟外夷操切是求縱獲所求且不可久矧乃河潰

而魚爛鳥驚而獸駭尚何暇議煙禁哉張奐之服西羌班超之告任尚此機會可乘反以過急失之者三

此皆未變以前事也既變以後則不獨以夷攻夷并當以夷款夷　國初俄羅斯爭黑龍江地搆兵連年
聖祖命荷蘭寄書俄羅斯而獻城歸地喀爾喀兩部爭衅搆兵　詔命達賴剌麻遣使往諭而喀部來庭緬甸不貢聞暹羅受封而立貢廓爾喀未降聞英吉利助兵而卽降故款夷之事能致其死命使俯首求哀者上否則聯其所忌之國居閒折服者次之上年靖逆將軍未

至粤時彌利堅夷目即出調停講欵於是義律來文有不討別情只求照例通商倘帶違禁貨物船貨充公之語並許退出虎門之說夫命將出師不過因夷之索煙價索埠地踞虎門今三事皆不敢逆命是不戰屈夷亦足以徵　朝廷折衝千里之威非彌利堅居閒豈能有是而利害未能陳明章奏未能剴切于是而英夷要盟又于是而英夷敗盟是冬佛蘭西兵帥復以兵艘至粤求面見將軍密陳軍事請代欵請助兵以夷攻夷以夷欵夷在此一舉而又遲疑之支詘之延及半載始令赴

江甯則英夷款議已成數日視彌利堅原議相去天淵故不欵於可欵之時而皆欵於必不可欵之時此機會可乘不乘者四

此四機者謹其始機則鴉片不至流毒乘其二機則公司不致桀驁乘其三機則不以罷市興兵乘其四機則不致欵議失體一誤再誤三誤於事前四誤於事後經此四誤而鴉片之外禁不可行矣今日之事非內禁不可矣內禁之不效有三一日不許告發也二日不速限期也三日不先黥後僇也不許告發之故在防誣陷夫

吸煙有癮販煙有土告不實有反坐何患其誣且有告發之令則雇工鄰右人懷戒心大廈深堂皆無固志雖有貪慾貪利之徒不敢再爲嘗試其必效一限期不速者恐死刑太多也不知期愈寬犯愈衆昔宋臣宗澤守汴京承兵燹之後百物昂價倍蓰澤念小民所急惟食乃梟一餅師之首下令平價不三日而市價盡平夫速則梟一人而萬人肅遲則刑千百而四海玩果不果之異也且煙癮有限期販煙有何限期但使沿海各郡縣每城立梟販煙之首一二人以令下之日爲始不俟限

期風行雷厲其必效者二吸煙未至限期罪不至死奈何曰有　大清律刺面之法在今再下令三月不戒者黥黥後再三月不戒者死以下令爲始十七省各出巡煙御史一人專司有犯必黥之事其縉紳富戶哀求免黥者許以金贖不黥面而仍黥手黥手逾期不戒毋得再贖如此則法易行法必行且在前次限期之外豈得更議其期迫乎此必效者三總之法信令必雖枷杖足以懲奸法不信令不必雖重典不足儆衆飲食不已釀爲訟師小刑之刀鋸不肅釀爲大刑之甲兵聖人垂憂

患以詔來世豈不深哉豈不深哉

海國圖志卷三

邵陽魏源撰

海國沿革圖敘

古有表沿革無圖沿革者圖經表緯圖橫表縱左之右之互相體用然以表書史所習足目所及之中國可也以表侏儒不經汗漫莫窮之外國則表自表圖自圖自非專門之士鮮不一齟而一齬千穀而千隤矣且利馬竇艾儒畧南懷仁及近日英夷漢字之圖雖方位度數有準有則然詳海口疏腹內沿土語荒古名如適異國聞羣咻有聲無詞莫適誰主陳倫炯莊廷旉之圖據彼藍本各各不相貫串至明太監鄭和下西洋之圖僅至西南洋五印度尙未至小西洋甚乃圖柯枝古里小葛蘭爲一島而列于榜葛剌錫蘭山之西又圖忽魯謨斯爲一島圖舊港小瓜哇與蘇門答剌爲同洲奚翅迷途之子指東謂西適郢之夫南轅北轍蓋閽尹不識圖史柁工舟師紆折行駛以其舟行所至之先後爲圖地之方位又凡柯枝西岸之恒河與忽魯謨斯兩岸之東西海港（即西圖所謂西紅海東紅海也）皆混同大海遂致岸國圖成島國

彼身歷之人尚如是又何責王圻以下之扣槃捫燭乎
烏乎必觀元史明圖之荒唐歷代諸史之明昧與利氏
艾氏南氏諸圖之紛錯而後知斯書斯圖之必不可已

海國圖志卷三目錄

卷三

卷四

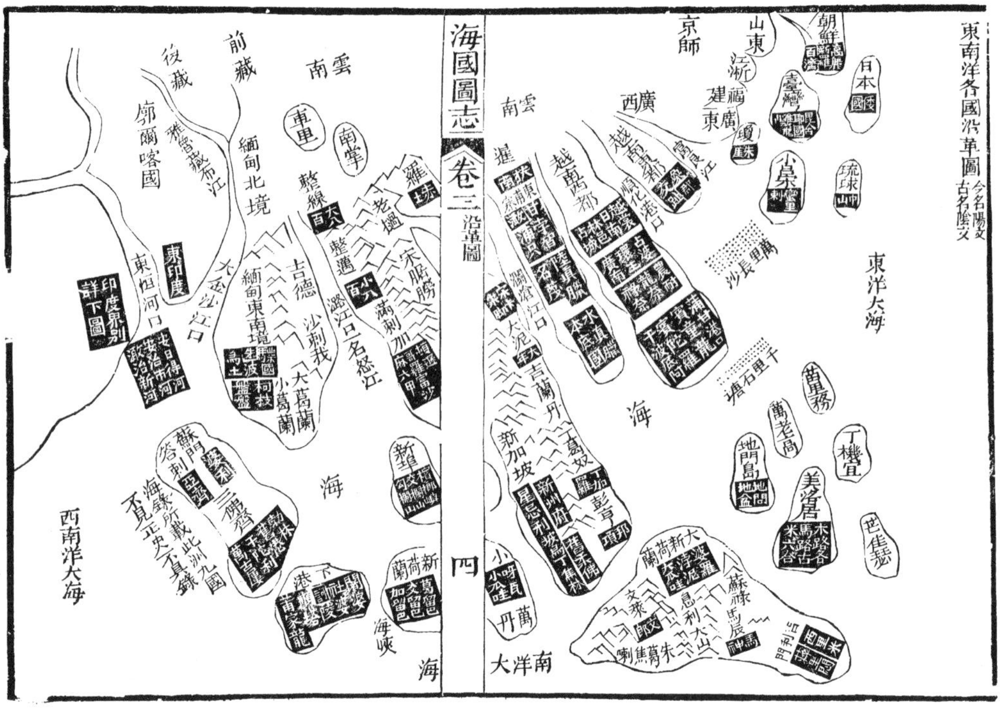
東南洋各國沿革圖
今名陽文 古名陰文
海國圖志
卷三
沿革圖
四
京師
山東
江浙
福建
廣東
廣西
雲南
朝鮮
臺灣
日本國
琉球
東洋大海
萬里長沙
千里石塘
海
大洋南
前藏
後藏
廓爾喀國
雅魯藏布江
緬甸北境
東印度
東恒河口
印度界詳下圖
西南洋大海
海
海峽
新加坡
新荷蘭

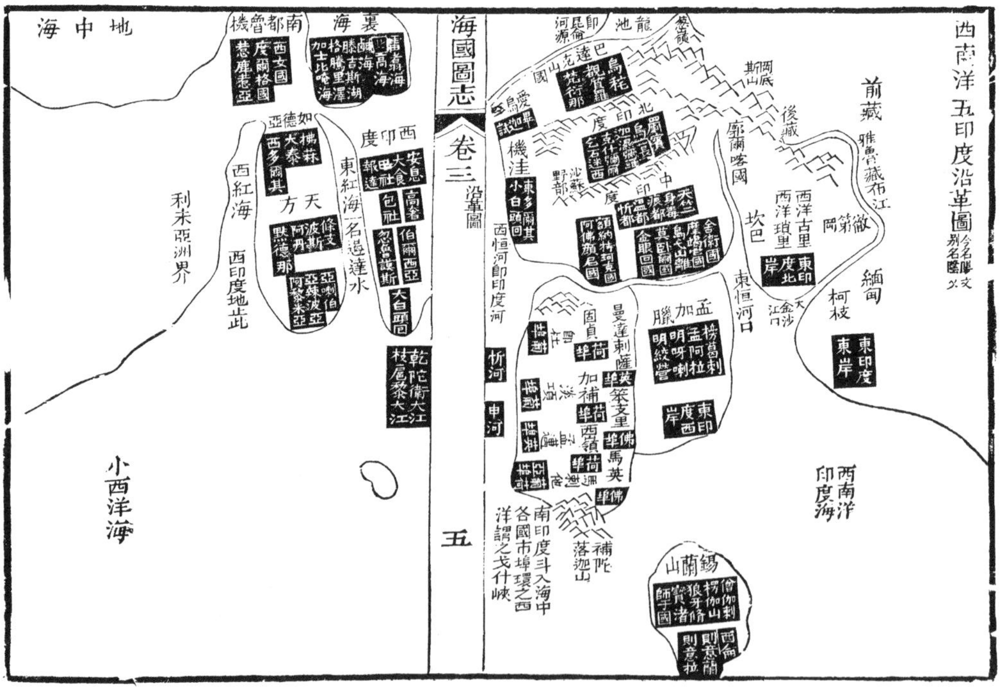
西南洋五印度沿革圖
今名陽文 別名陰文
海國圖志
卷三
沿革圖
五
地中海
西紅海
利未亞洲界
西印度地此
小西洋海
天方
前藏
後藏
廓爾喀國
雅魯藏布江
東恒河口
緬甸
柯枝
東印度東岸
東印度西岸
西恒河即印度河
西南洋印度海
錫蘭山
南印度斗入海中各國市埠環之西洋謂之戈什峽

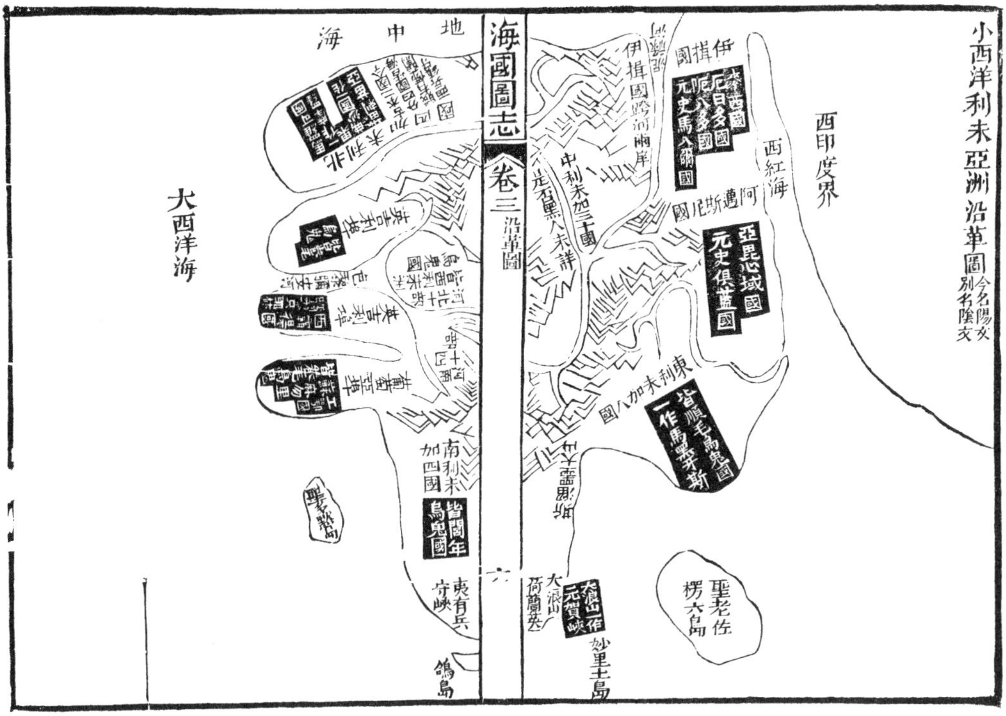

小西洋利未亞洲沿革圖 今名陽文 別名陰文

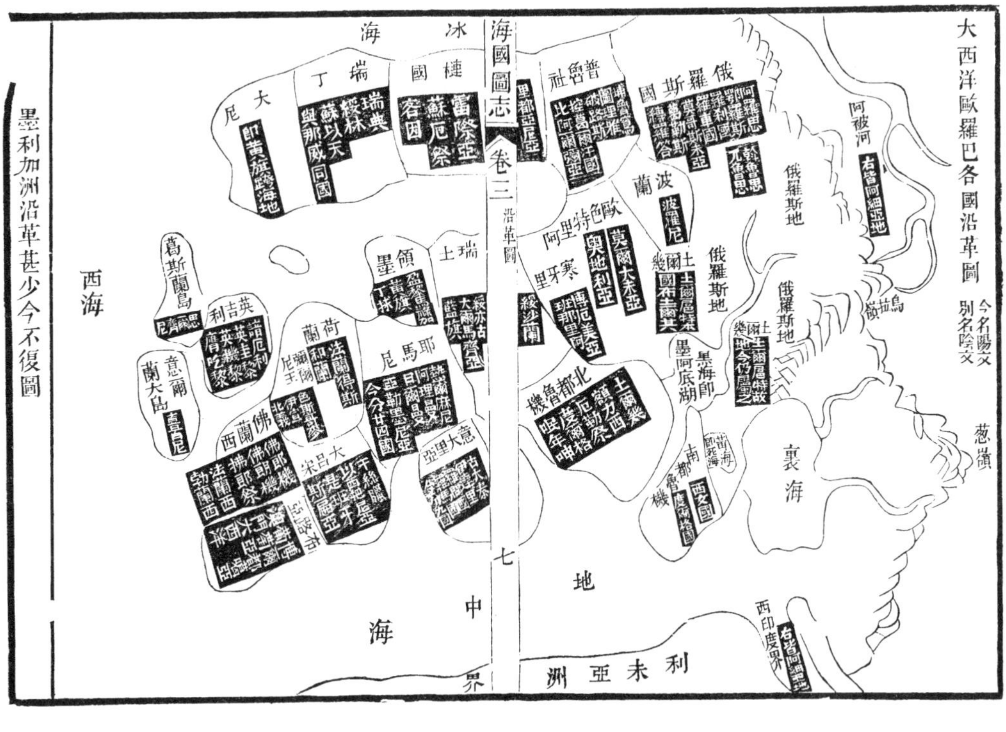

大西洋歐羅巴各國沿革圖 今名陽文 別名陰文

墨利加洲沿革甚少今不復圖

漢魏唐西域沿革圖總敘

塞外山川國地里至吾何徵請姑徵西域其國則皆城郭居國非同漢南漠北行國之游牧遷徙其名則歷漢晉六朝唐宋而城郭三十六國不甚改非若匈奴柔然突厥回紇契丹之分合無定其書則創自班氏父子世護西域身履目擊非若西南吐番西北瀚海之輶軒不至惜哉惟詳葱嶺以東耳其葱嶺以西則漢書不如北魏書其葱嶺西南之五印度則漢書又莫如唐書蓋前漢使皆至烏弋還無至條支者故有條支西行近日所

入及弱水西王母之荒誕至北魏書則分葱嶺以東流沙以西爲一域葱嶺以西海曲以東爲一域者古以南月氏以北爲一域兩海之間水澤以南爲一域州居部畫綱紀秩然其言條支西渡海曲一萬里爲大秦國而指其海旁出與中國渤海東西相直則明知爲地中海非西洋大海且言大秦國在兩海之間地六千里則並能知大秦以北之洲中海又言條支國海水曲環其東南北三面惟西北一面近陸則并西紅海東紅海皆燦若眉列前利馬竇千餘年而預合符節盛矣哉故葱嶺西北至魏書而大明唐書西域傳惟以拂林爲大秦是爲巨繆其餘則據元奘之記與王元策攻取印度之章疏故于南天竺瀕海北天竺圜負雪山東天竺接扶南林邑西天竺接罽賓波斯而中天竺據四天竺之會共周三萬餘里無不聚米畫沙紀綱條貫盛矣哉故葱嶺西南又至唐書而大明肆前人篳路襁剔啟我後人亦惟我後人疏通昭曠肆前業其終之今據三史臚成三圖而六朝隋宋沿革略附其下其宋元明則見于海國沿革總圖不復別出

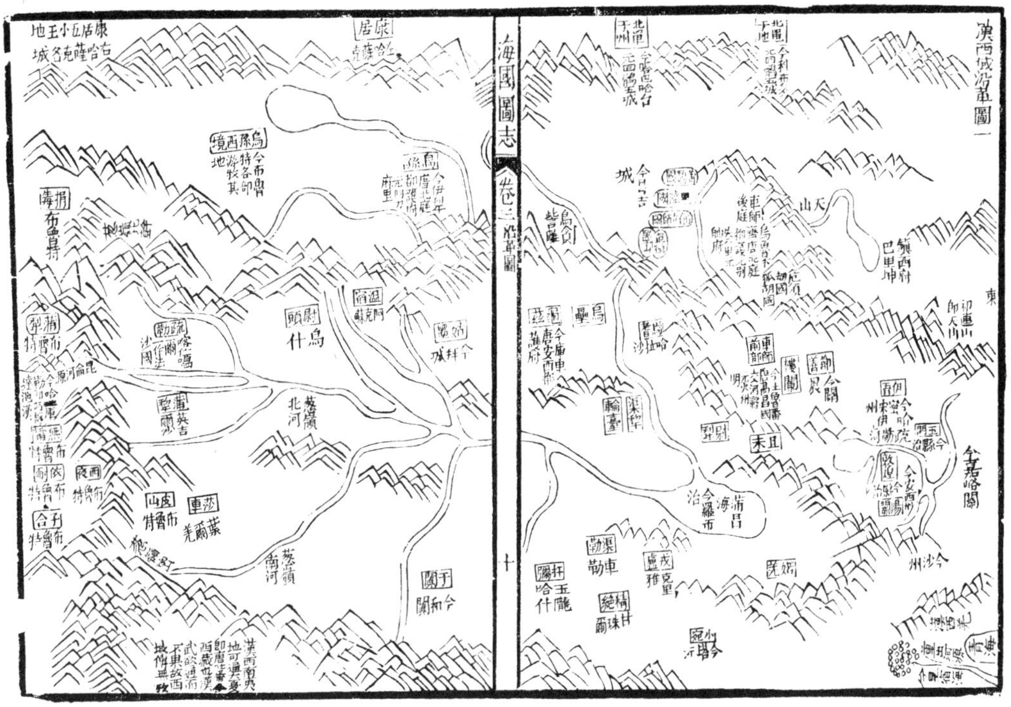
漢西域沿革圖一
海國圖志　卷三　沿革圖
烏孫西境
烏什
大宛
天山
玉門關
嘉峪關

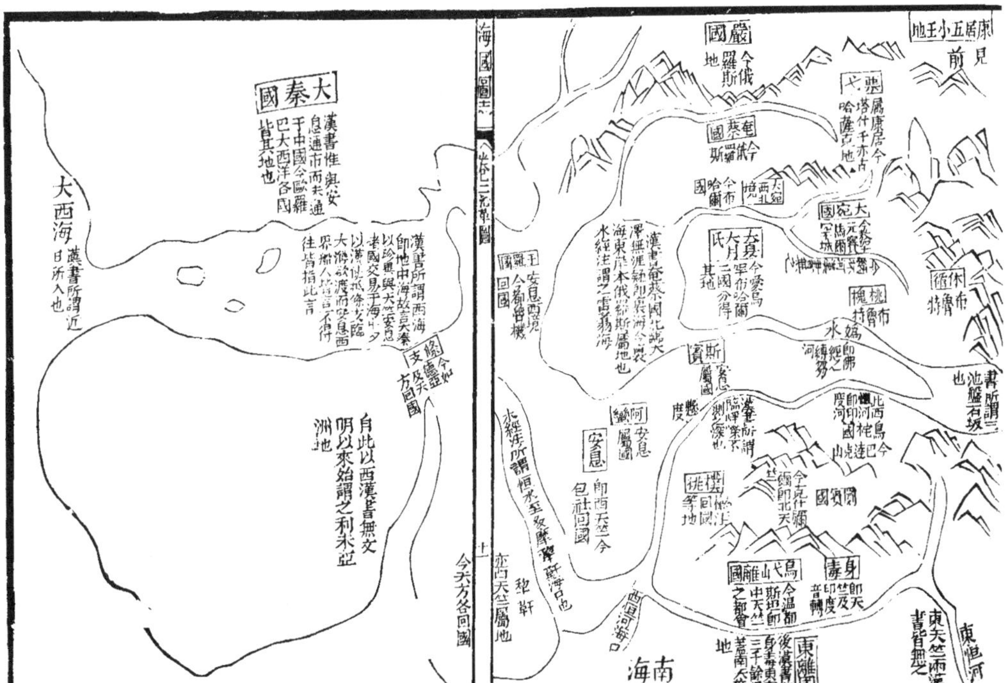
海國圖志　卷三　沿革圖
大秦國
漢書惟與安息通市而未通于中國今歐羅巴大西洋各國皆其地也
大西海
漢書所謂近日所入也
自此以西漢書無文
明以來始謂之利未亞洲地
條支
安息
海南
東離國
東恒河

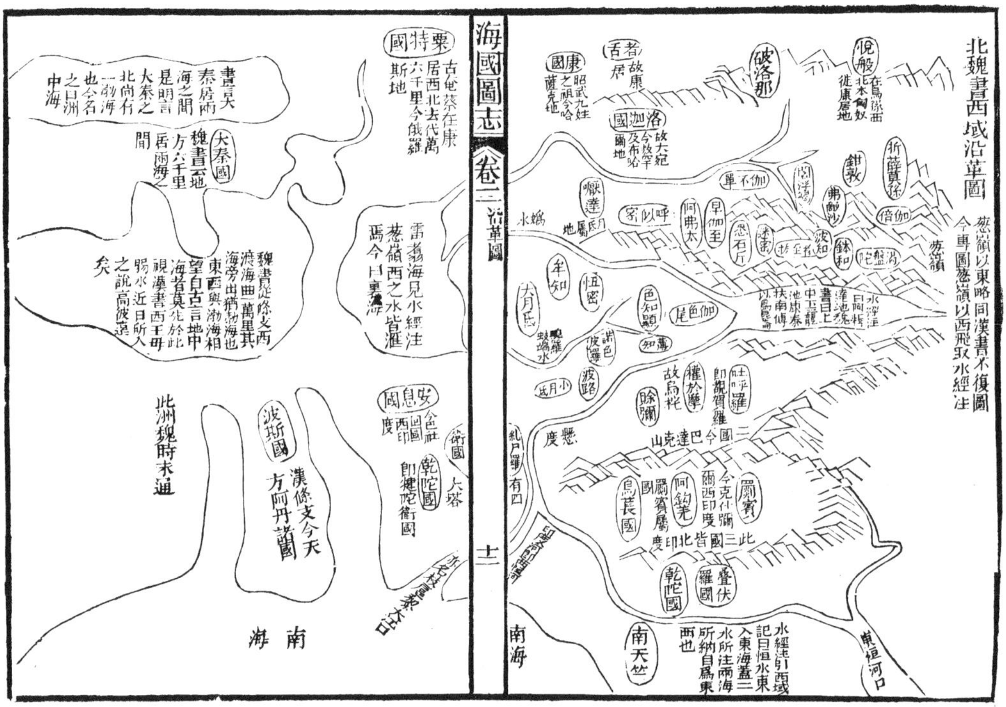
北魏書西域沿革圖
葱嶺以東略同漢書不復圖
今專圖葱嶺以西兼取水經注
海國圖志
卷三
沿革圖
十二
粟特國
古奄蔡在康居西北去代萬六千里今俄羅斯地
大秦國
此洲魏時未通
波斯國
漢條支今天方阿丹諸國
安息國
乾陀國
南天竺
南海
東恒河口

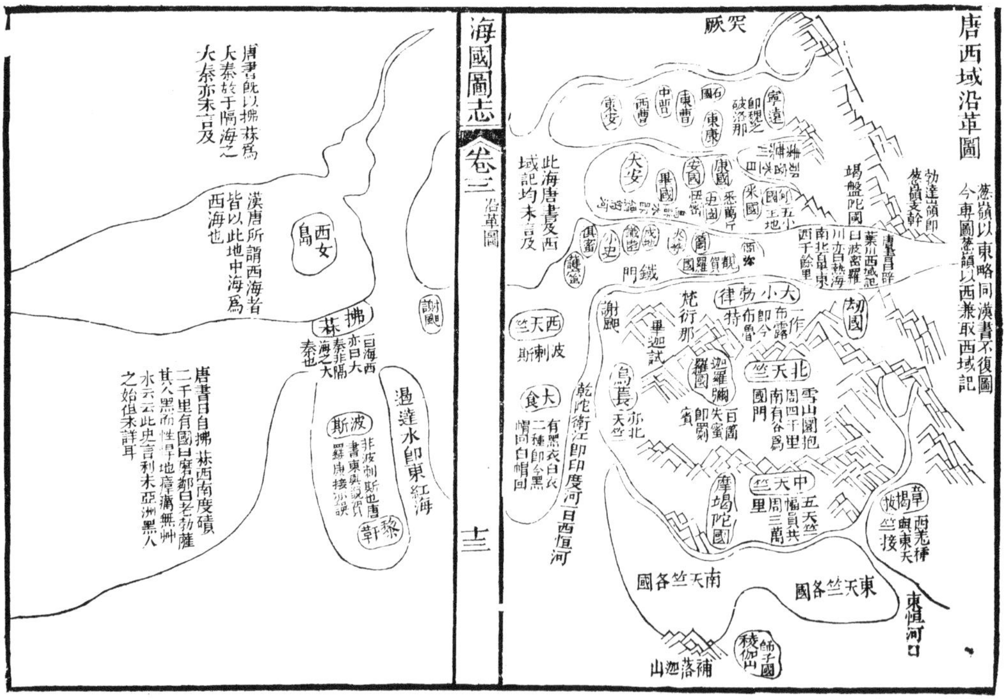
唐西域沿革圖
葱嶺以東略同漢書不復圖
今專圖葱嶺以西兼取西域記
海國圖志
卷三
沿革圖
十三
唐書既以拂菻爲大秦故于隔海之大秦亦未言及
漢唐所謂西海者皆以此地中海爲西海也
西女島
拂菻
波斯
北天竺
中天竺
西天竺
南天竺各國
東天竺各國
東恒河口

元代疆域圖敘

自生民以來禹迹所及中國九州之地則偏東海其西南北三海則雖列代好勤遠略之君發譯使賫金幣尚莫睇其涯際騁八駿步章亥尚未徹其里域其能北至于北海西至于西海南至于南海者亘古一渥奇溫氏而已其始有西北海之欽察國阿羅思國阿速國東北海之鐵勒黠戞斯國骨利幹國高麗國者太祖其并有葱嶺以西南至海之印度天方者憲宗其并有南海之占城爪哇遠通利未亞洲之馬八爾俱藍者世祖此皆

漢唐聲教所不訖而元皆肇撻有之藩封樹之駕遠御長育田驕桀易世而後鞭長尾大于是印度諸國恃阻雪山不受戎索惟建阿母河行省治葱嶺以西嶺北行省治和林杭海山以北阿力麻里元帥府治天山以北別失八里元帥府治天山以南遼陽行省治遼河以東火州曲先元帥府治土魯番至陽關以東然世祖末年阿母河行省亦廢則葱嶺以西擅于賽馬爾罕葱嶺以北阿羅思欽察擅于月祖伯大王其勢已同羈縻且海都篤娃叛于嶺北幹端叛于和闐則二地亦不屬朝廷惟治天山南北東三帥府及和林遼陽二與內地各行省之地而已然則元中葉後疆域始僅埒漢唐而開國疆域則視漢唐極盛時且再倍過之　高宗純皇帝御製文集曰葱嶺爲昆侖居天下之中昆侖以東莫大于中國以北莫大于俄羅斯以西南莫大五天竺國元初則兼此三大國疆域而有之謂不振古覇烈哉世祖至元二十五年從禮部請令會同館蕃夷使至籍其道里山川風俗物產爲職貢圖明初又盡得燕京圖籍使修元史諸臣稍加蒐討何難部畫州居成蓋地之圖

補禹貢之缺擴萬古之胷侈王會之盛乃舉一代數萬里之版章擯諸荒外等諸烏有其地里志未僅附錄西北地名二頁畢竟孰西孰北尚未能辨也列傳則動言西北諸王兵起畢竟西方之王歟北方之王歟皆不能明也自十一行省而外一則曰西北之地難以里計再則曰邊外羈縻之州莫知其際更何詰其部落之本末山川之界畫近世嘉定錢詹事大昕毛貢士嶽生大興編修徐先生松皆從事元史詹事僅刊藝文氏族二志毛君僅成后妃公主二傳然讀詹事廿二史考異曾不

及塞外輿地毛君自言和林尚未審其何在則其書之不成殆亦知難而退徐先生之于輿地專門絕學所爲元史西北地里附注及諸王世系表亦未卒業源治海國圖志牽涉元史輒苦迷津爰取元秘史蒙古源流及邱處機劉郁之書參以列代西域傳記圖理琛異域錄疊疊鈎稽旁證側出遂成一圖四考以彌缺憾昧爽行荒莽鴃舌問郵程雖僅辨方猶賢乎已又有元經世大典地圖從永樂大典中錄出并附其後其元代西域考二篇見北印度沿革後元代北方疆域考二篇見俄羅斯沿革後

海國圖志敘　卷三　元代疆域圖敘　十六

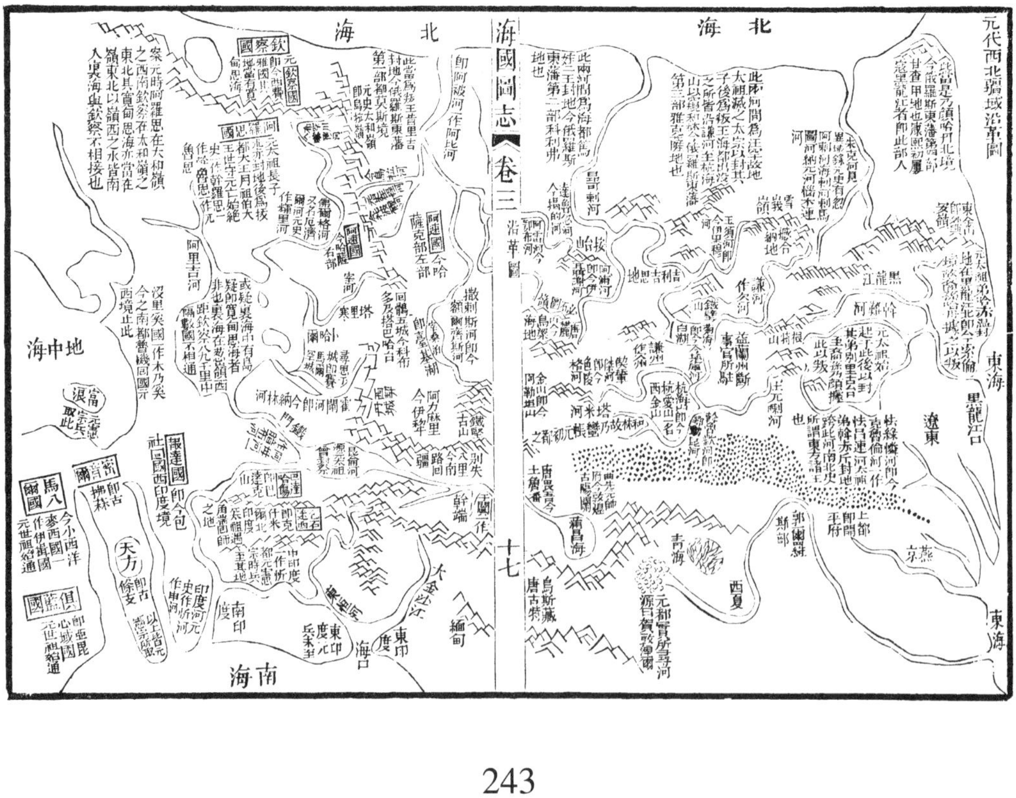

元代西北疆域沿革圖

地球正背面全圖

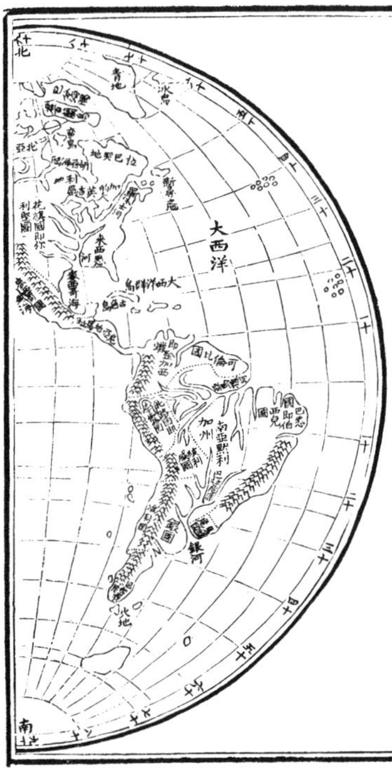

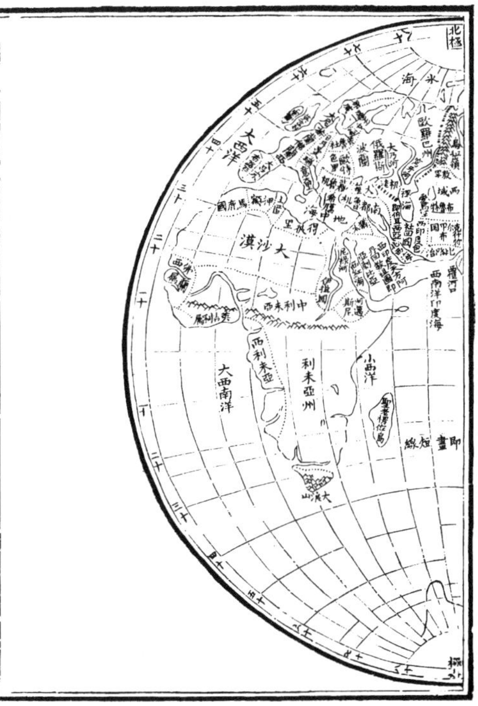

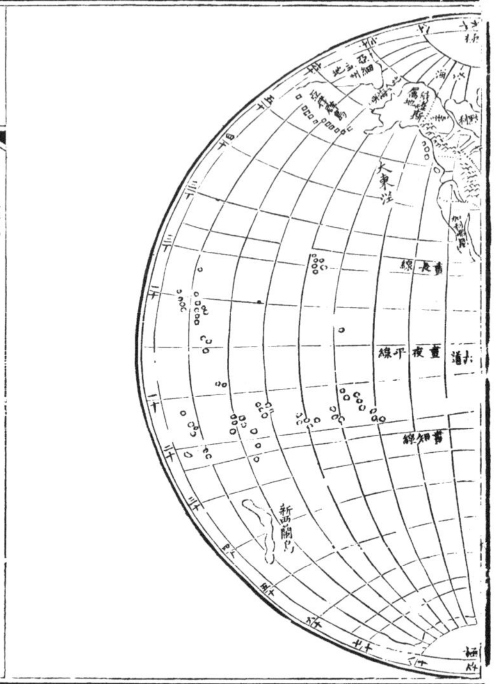

海國圖志　卷三　全圖

二十

亞細亞

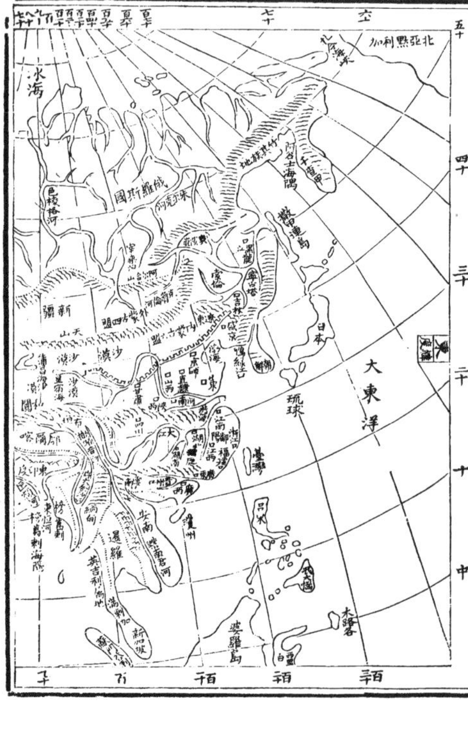

海國圖志　卷三

二十一

亞細亞州各國圖

朝鮮國

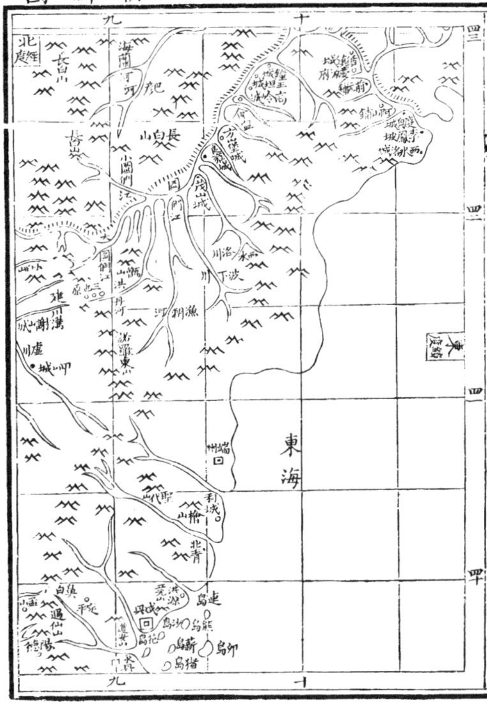

海國圖志　卷三　亞細亞洲全圖　三三

洲全圖

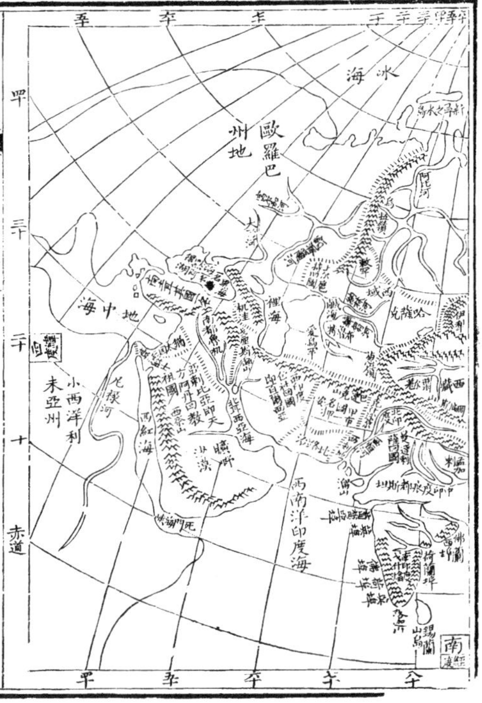

朝鮮國

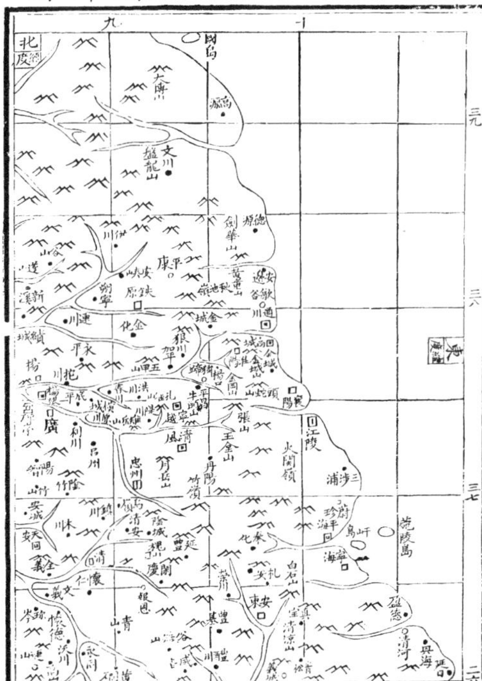

海國圖志　卷三　東南洋圖　三三

北界圖

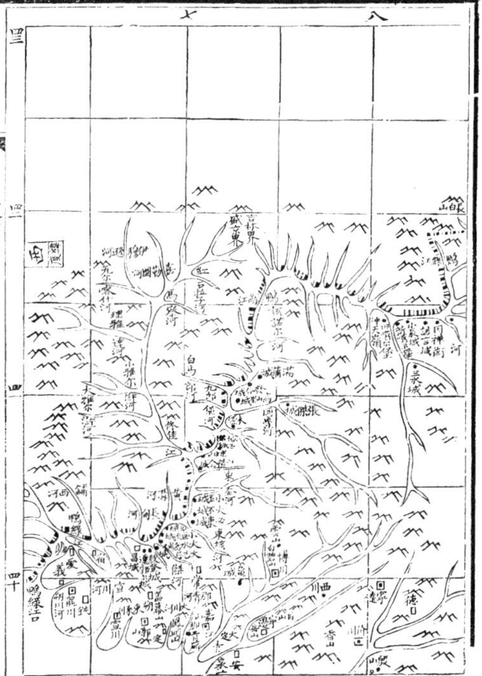

朝鮮國　　中界圖

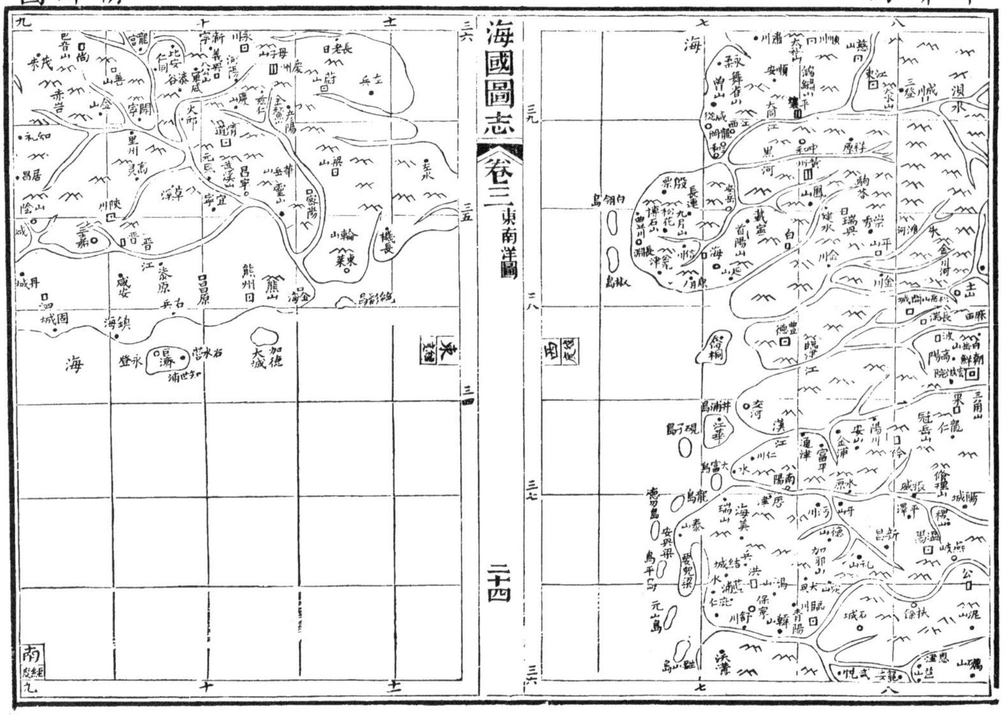

安南　　南界圖

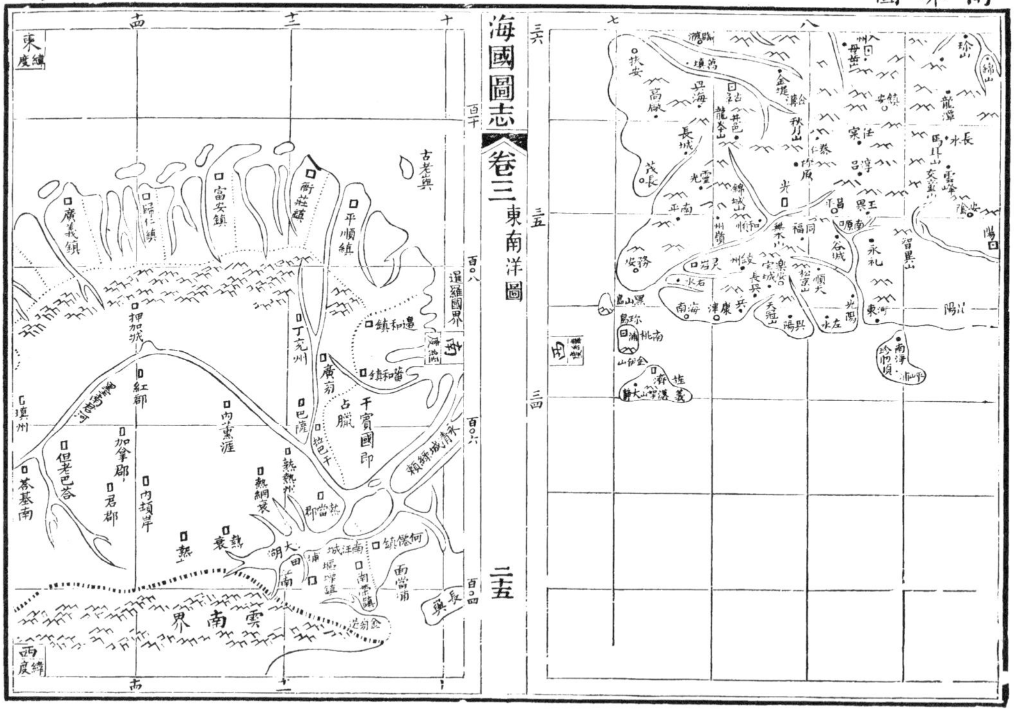

東南洋沿　國圖

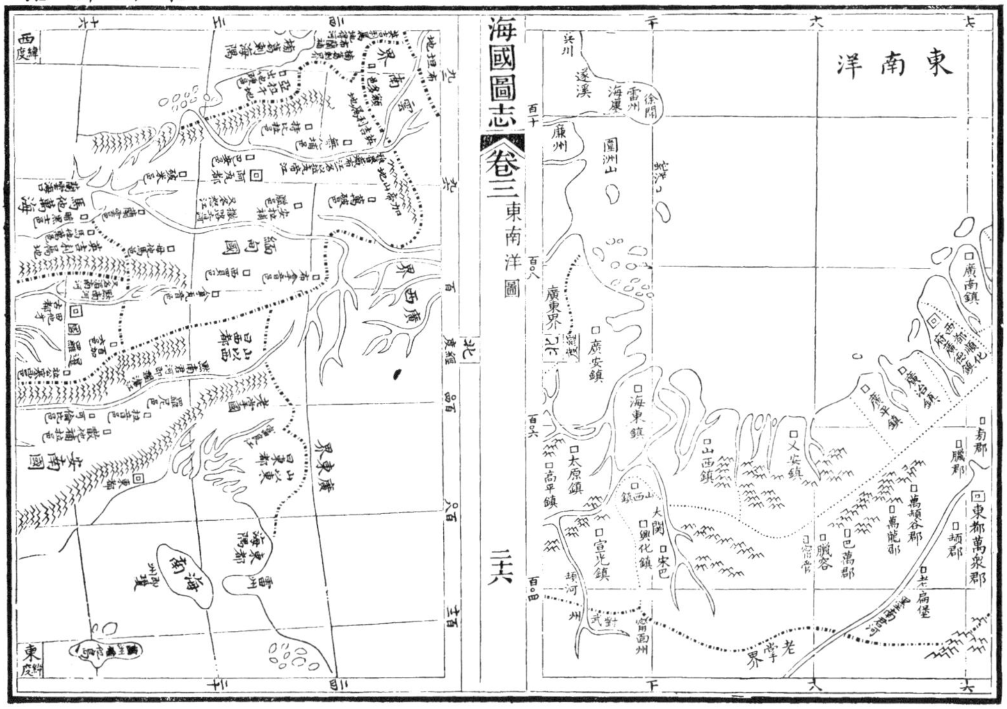

中南兩印　海各國圖

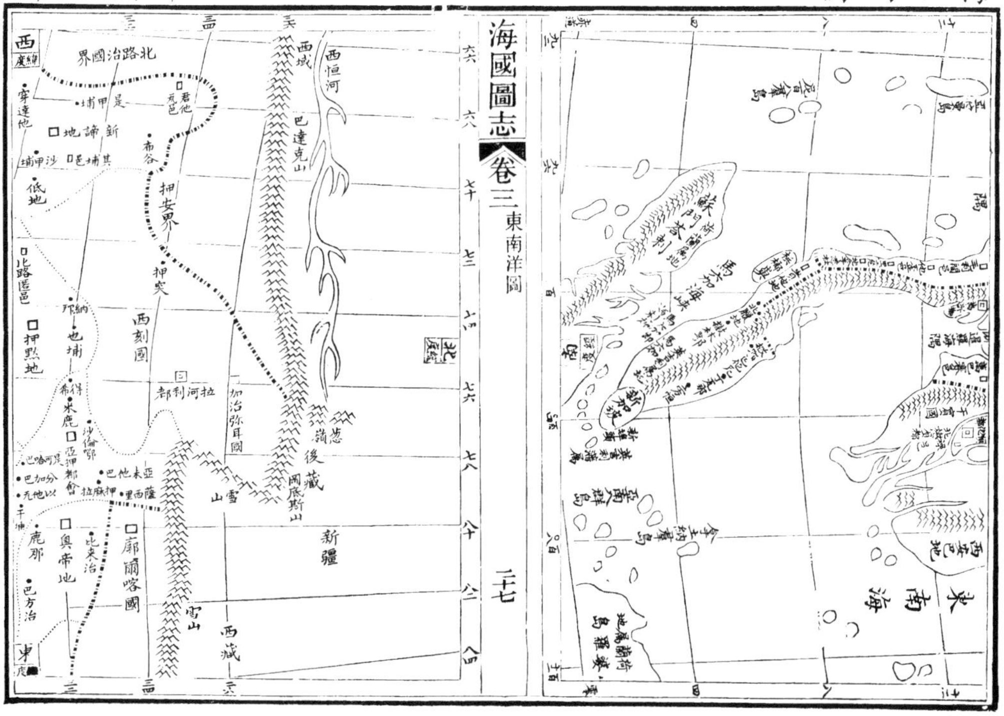

度以合圖

海國圖志 卷三 西南洋圖
三十八
印度海
比安馬
賴可地邑
吳義拉地
谷治地
澤渚
拿布
比牙埔地
馬利瓦地
破巴部
押達
本得君地
比拉地
荒地
可摩林地嘴
錫蘭島
馬士拉
佛蘭西屬地
西度緯
東度緯

五印

東印度圖

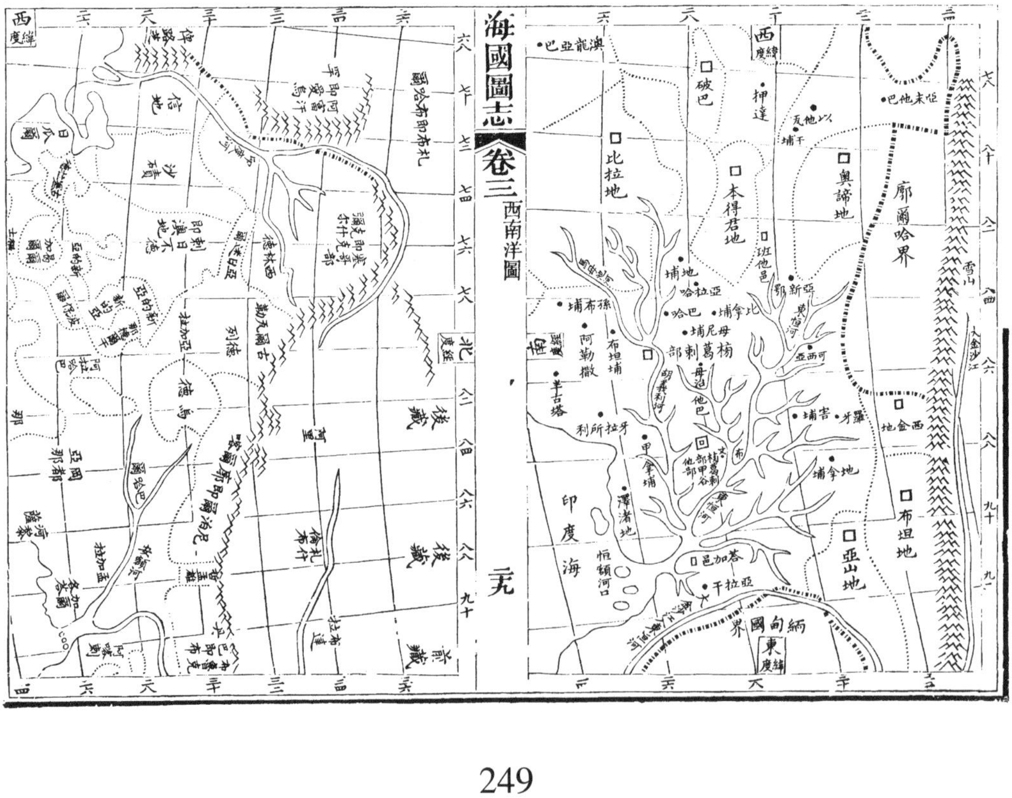
海國圖志 卷三 西南洋圖
西度緯
東度緯
北度緯
後藏
前藏
廓爾哈界
雪山
金沙江
印度海
緬甸國界
澤渚地
布坦地
亞山地
奧諦地
本得君地
比拉地
破巴
押達
信地
沙磧
阿勒撒

五印度　度圖

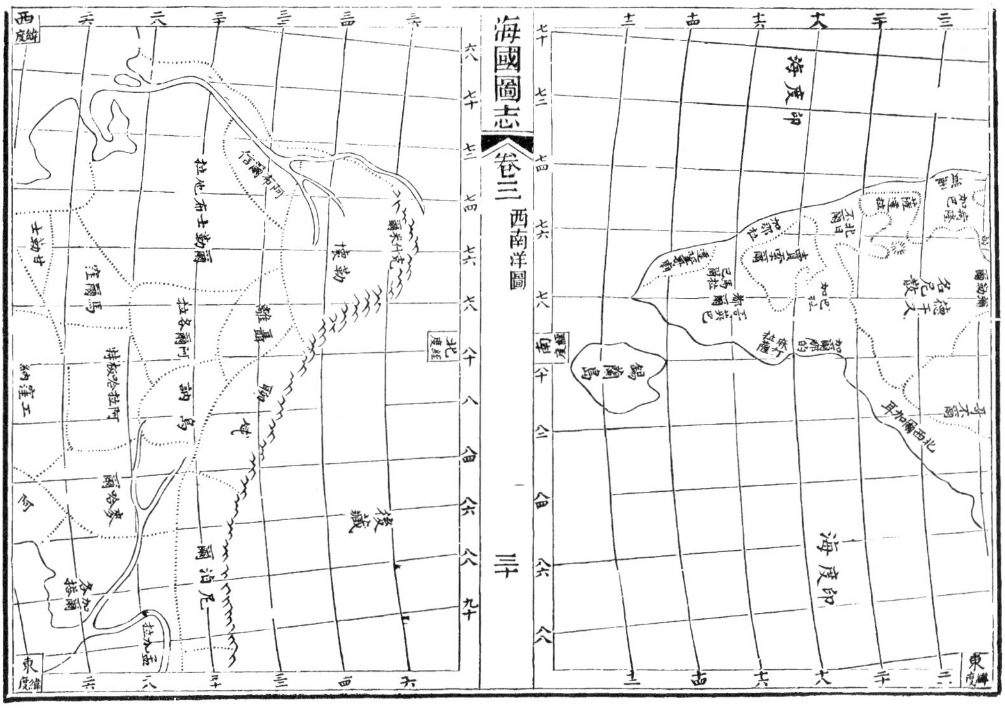

西域各國舊圖

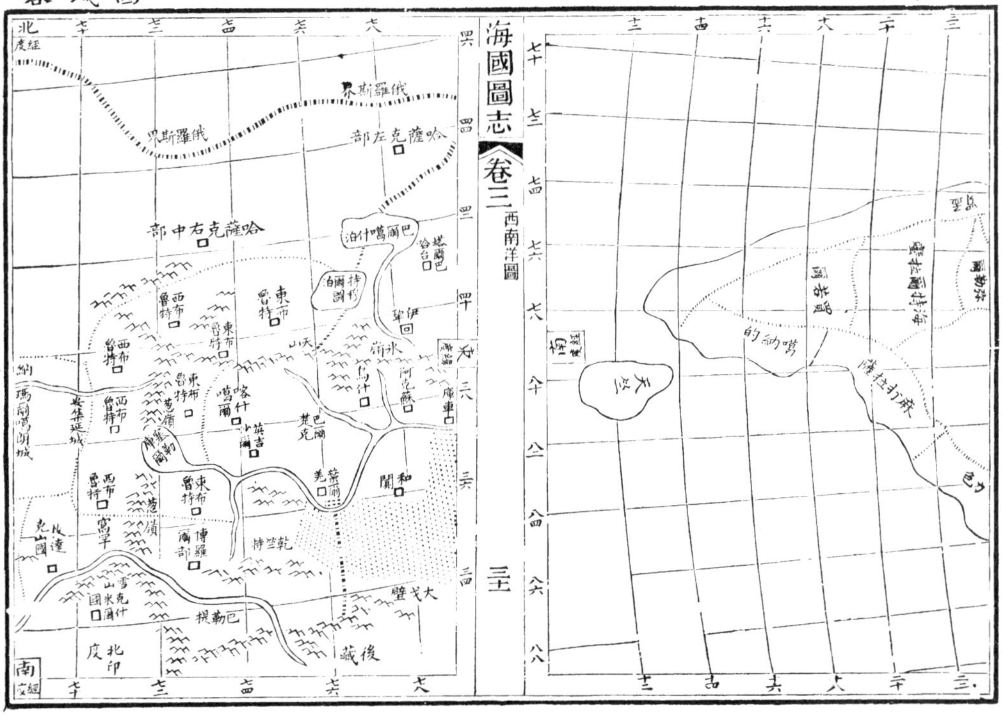

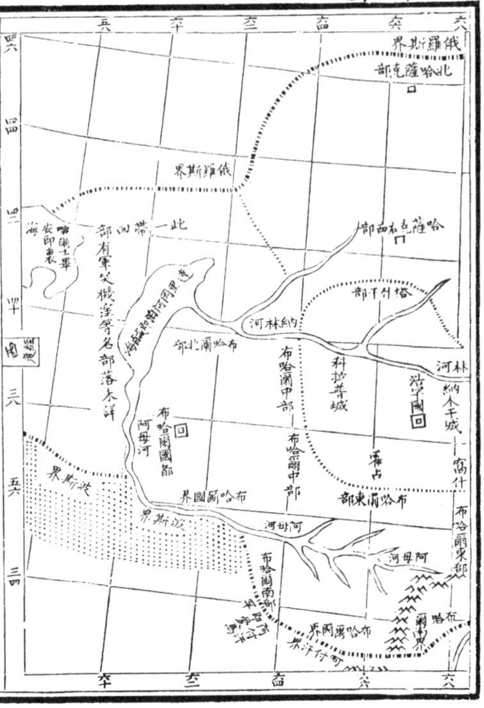

海國圖志《卷三 西南洋圖　三主

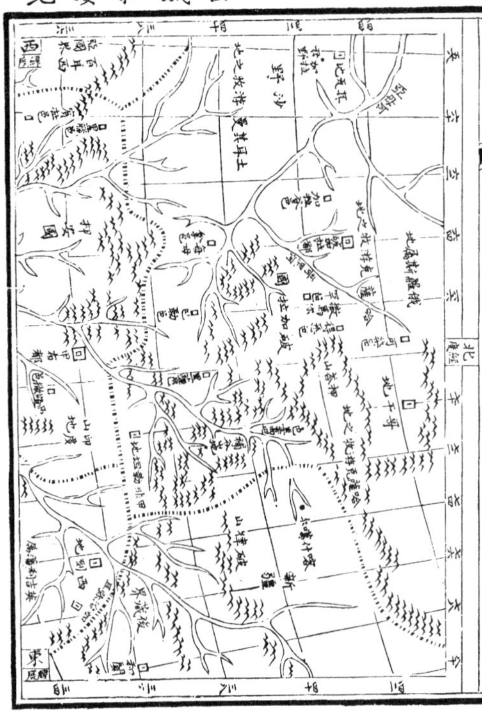

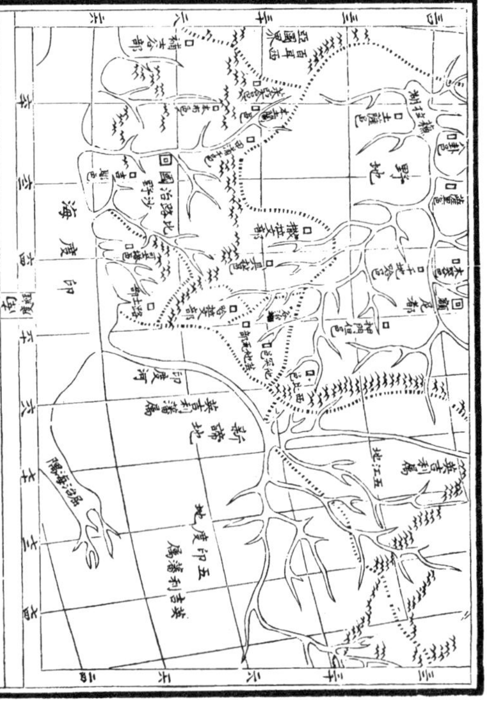

海國圖志《卷三 西南洋圖　三三

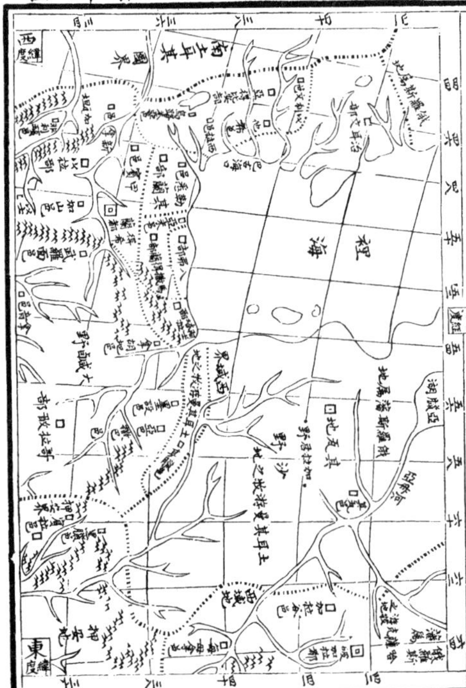

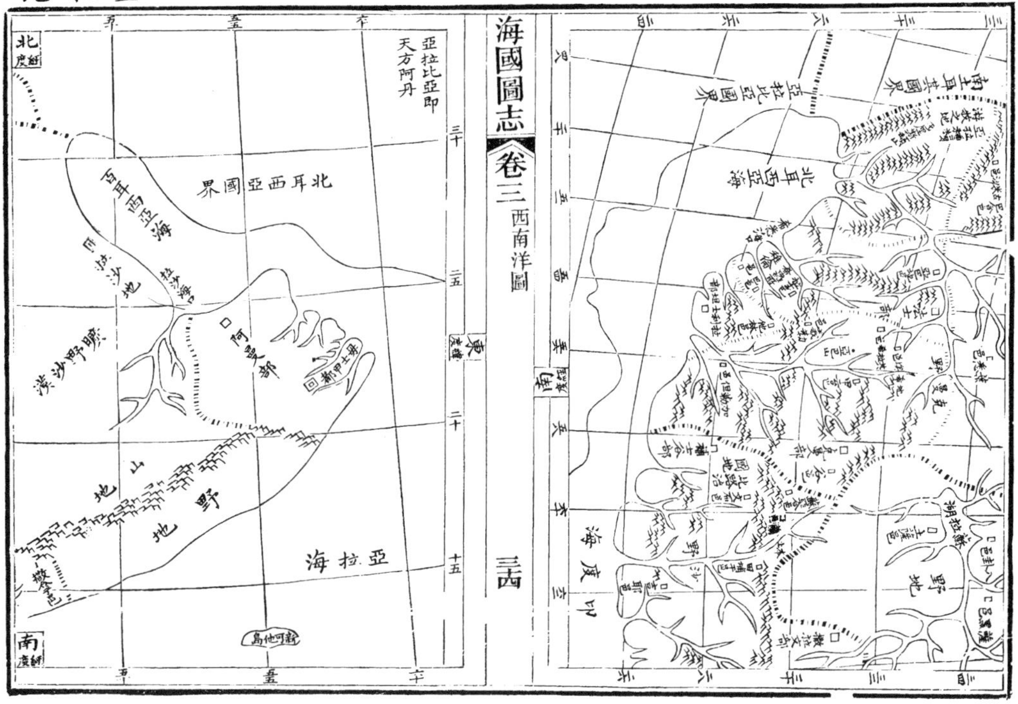
海國圖志
卷三
西南洋圖
三十四
亞拉比亞即天方阿丹
北耳西亞國界
北耳西亞海
亞拉比海
南土耳其國界
亞拉比亞國界
印度海

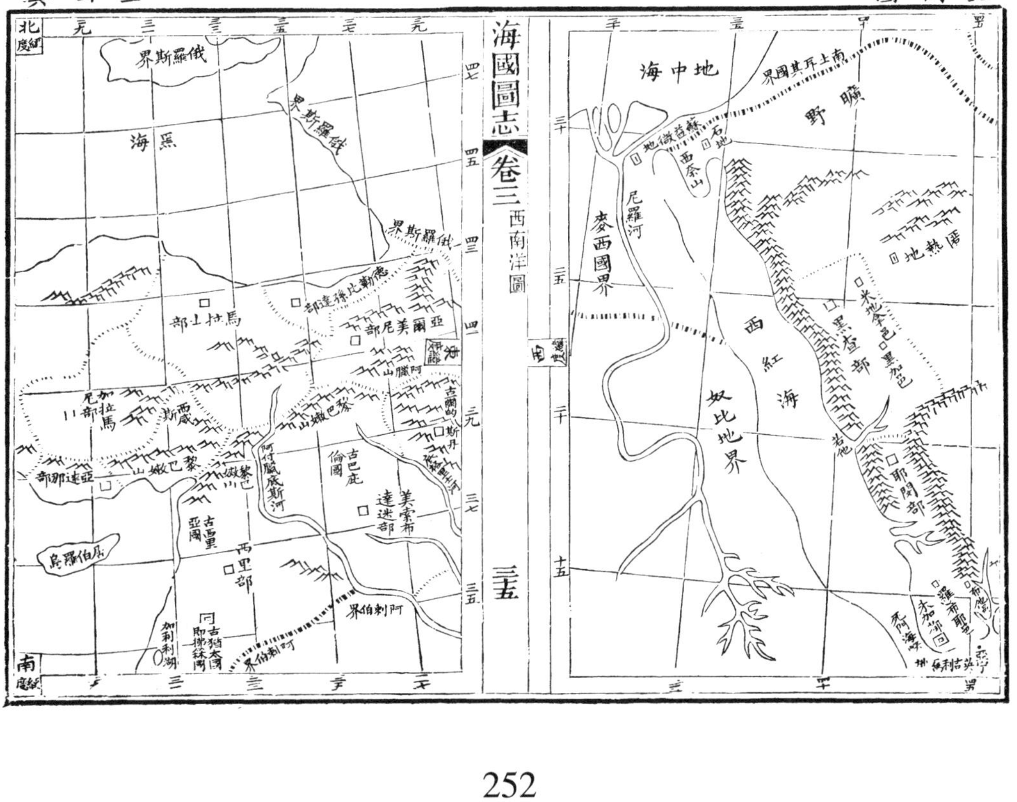
海國圖志
卷三
西南洋圖
三十五
俄羅斯界
黑海
地中海
南土耳其國界
曠野
麥西國界
尼羅河
西紅海
奴比地界

南土耳　　國全圖

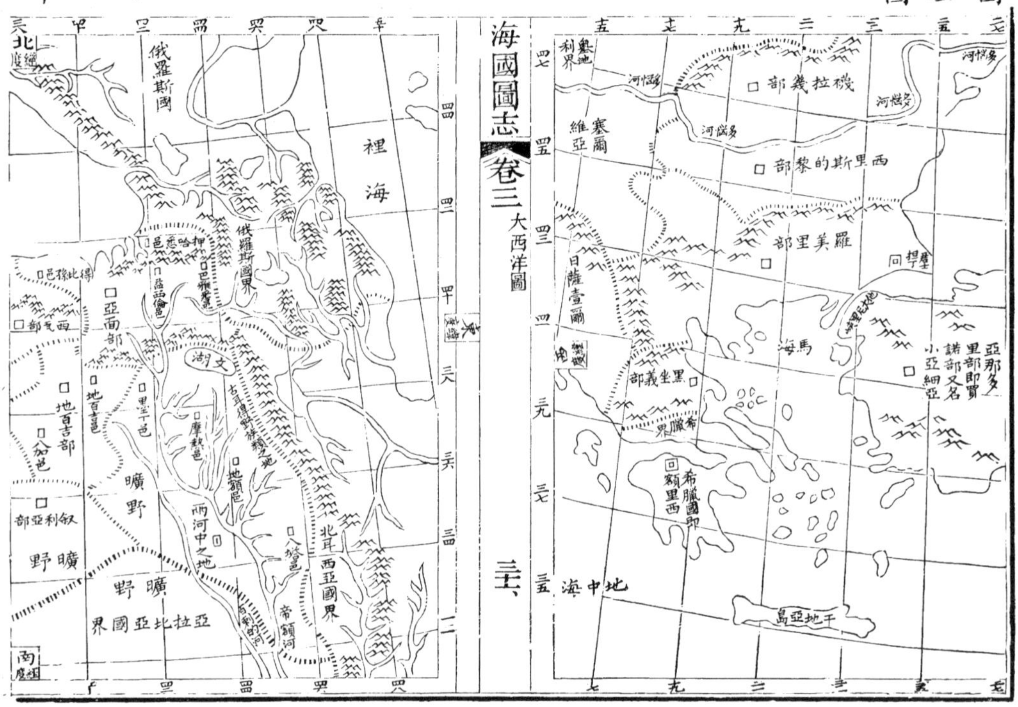

俄羅斯　　其國圖

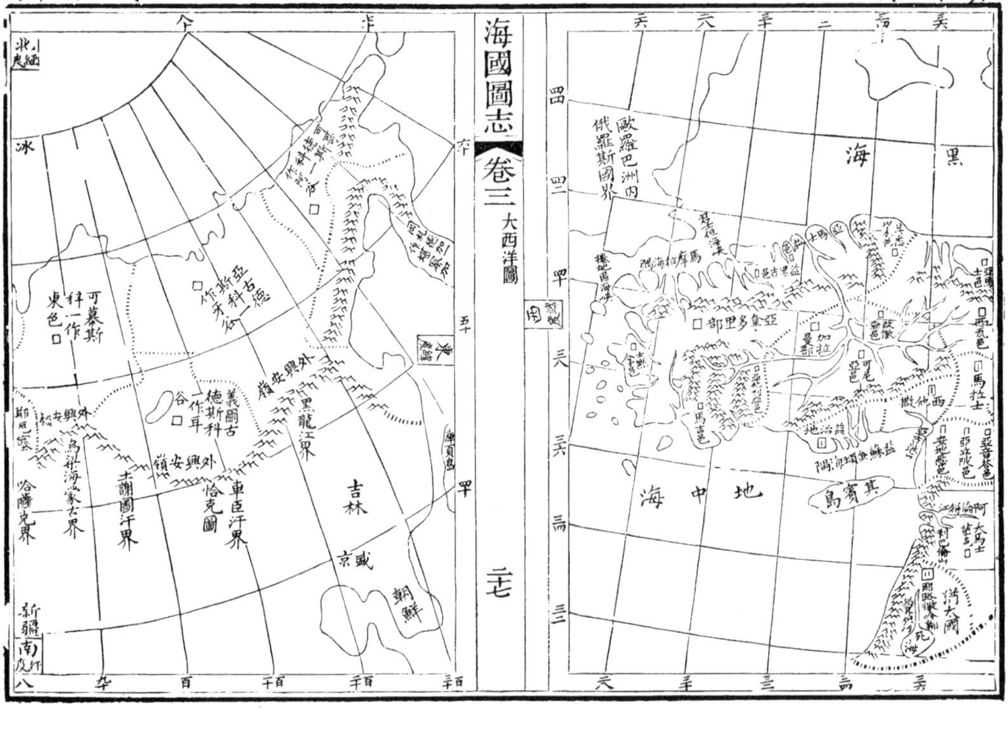

亞細亞州內

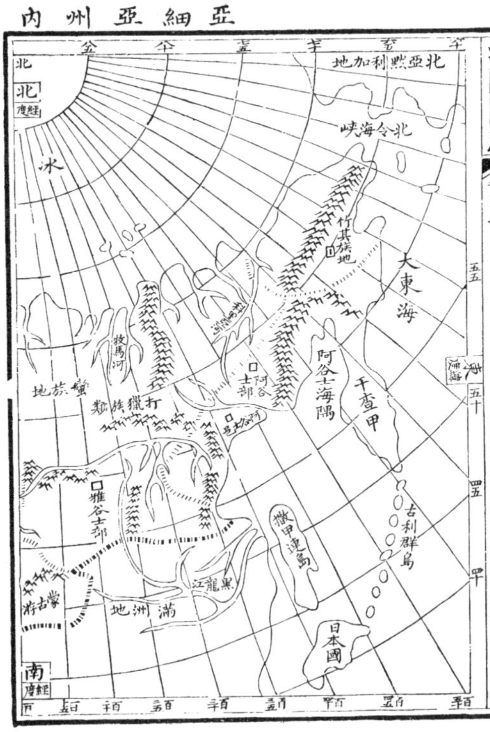

海國圖志　卷三　大西洋圖　三八

國全圖

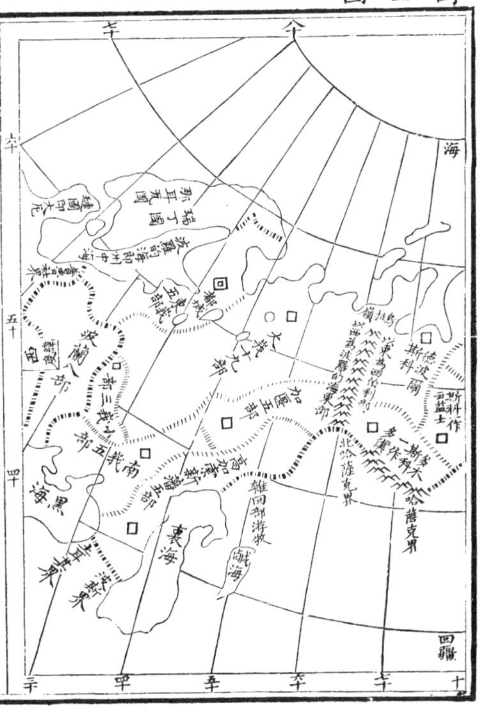

日本國

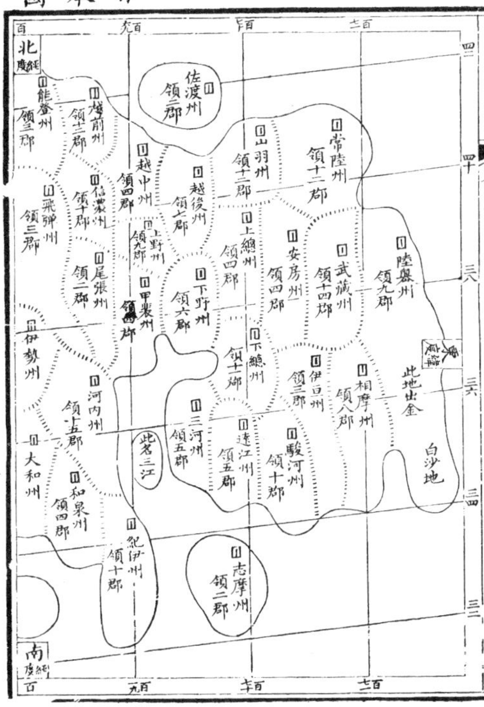

海國圖志　卷三　北洋圖　三九

俄羅斯國圖

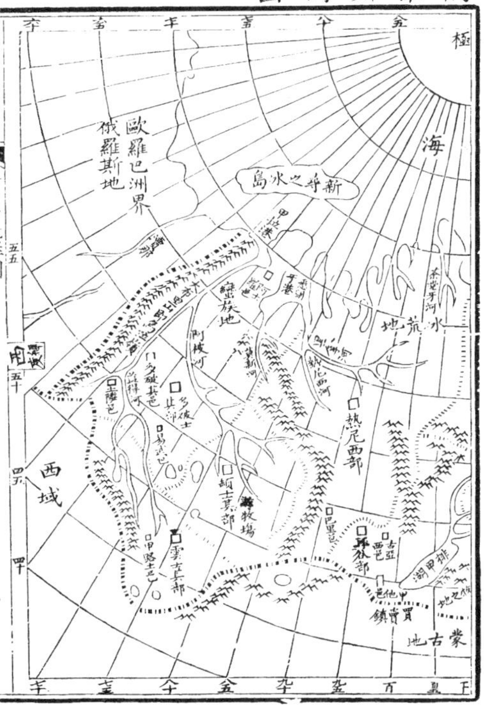

日本國　東界圖

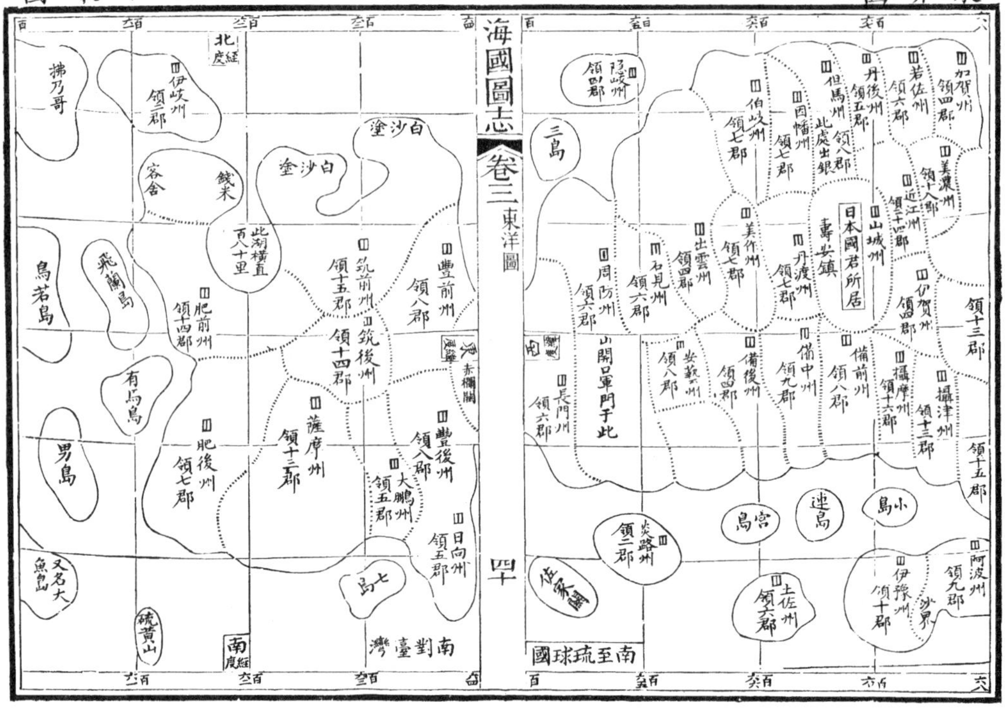

東南洋　西界圖

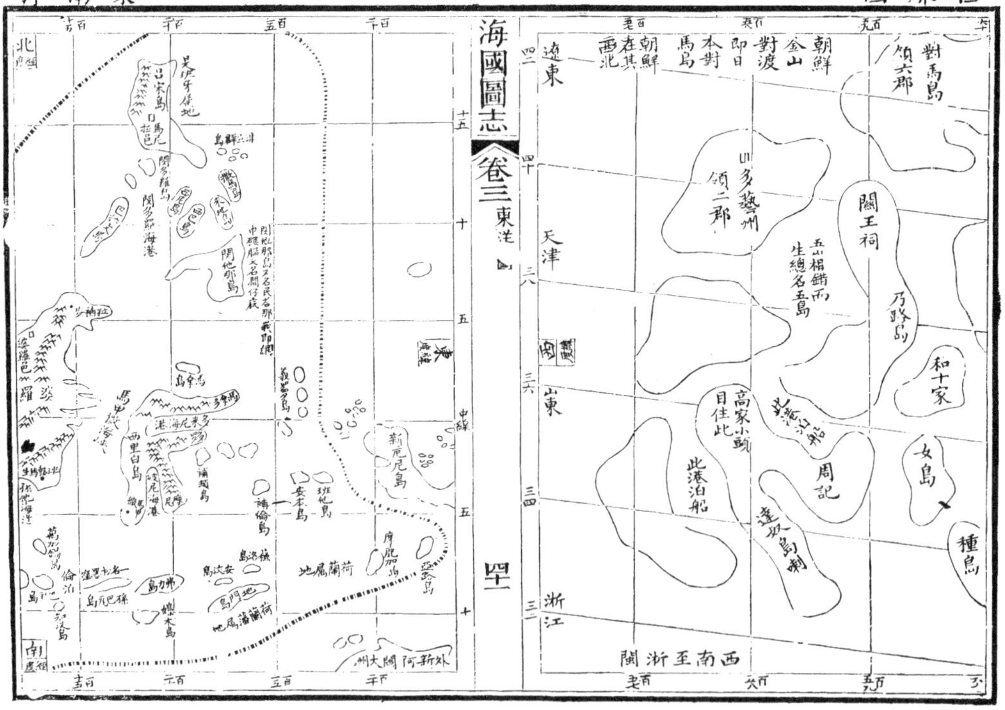

各島圖　荷蘭國所屬

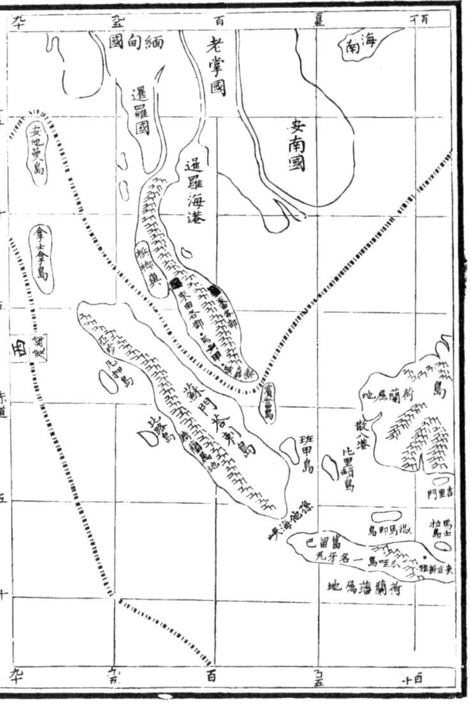

海國圖志　卷三　東南洋各島圖　四十二

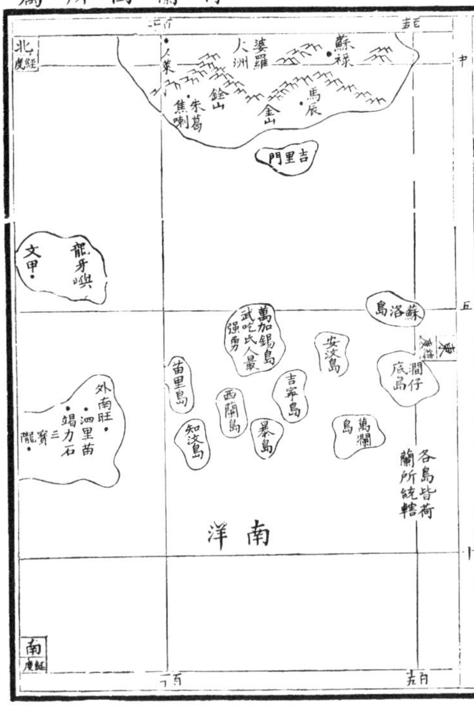

葛留巴島圖　奧大利

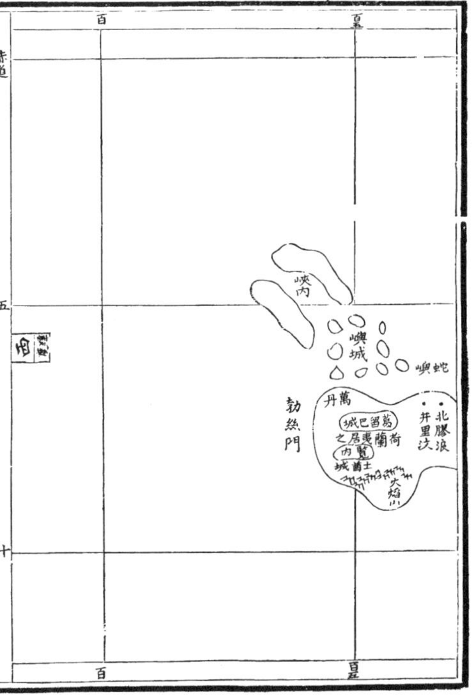

海國圖志　卷三　極東南洋圖　四十三

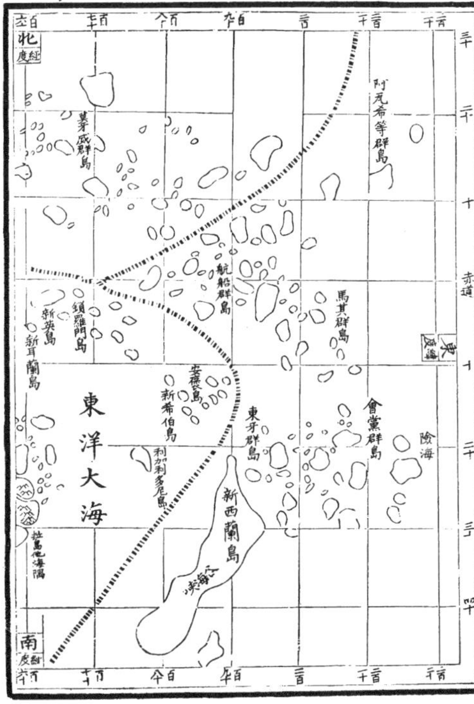

奧大利亞及各島圖

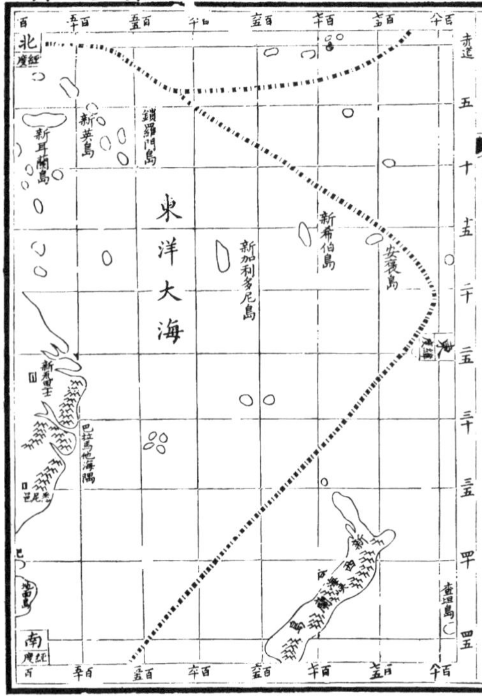

海國圖志《卷三　極東南洋圖　四四

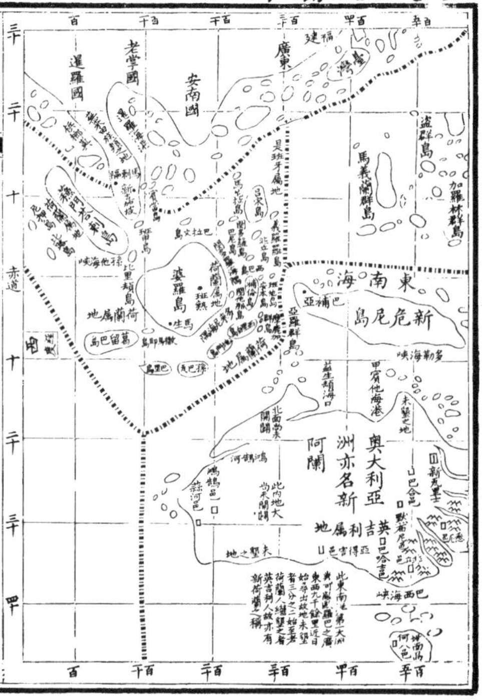

奧大利亞內洲專圖

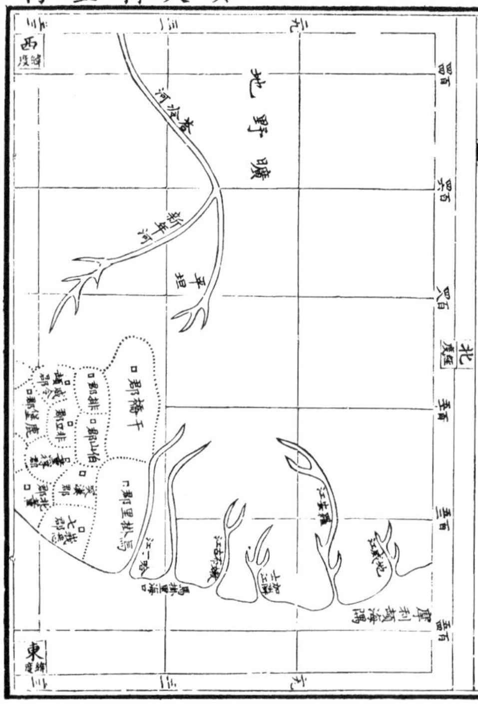

海國圖志《卷三　極東南洋圖　四五

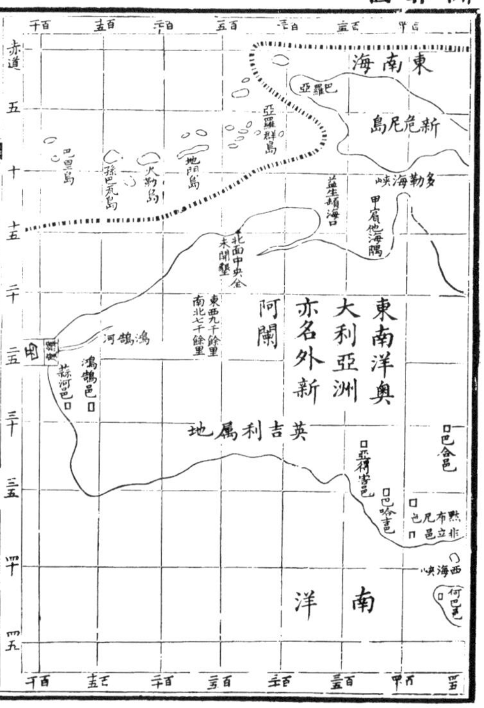

新尼里士圖　　地面

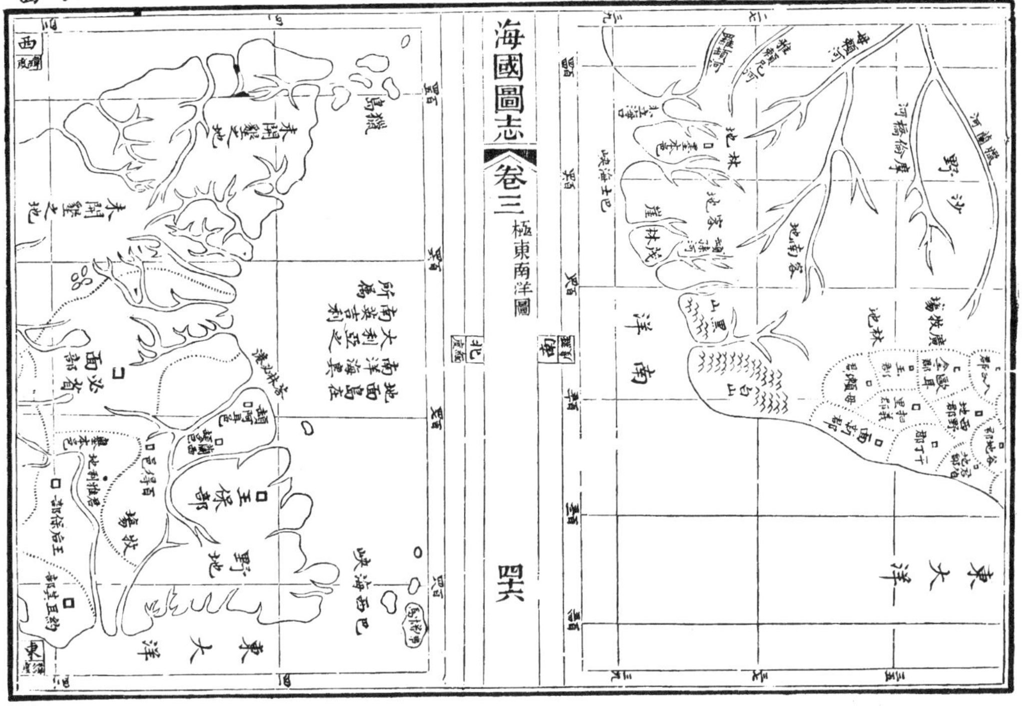

島圖

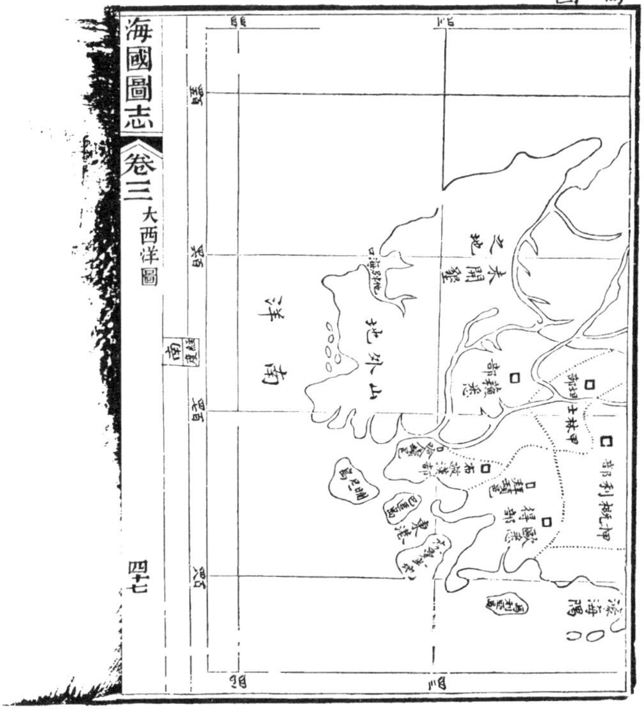

利未亞州各國圖

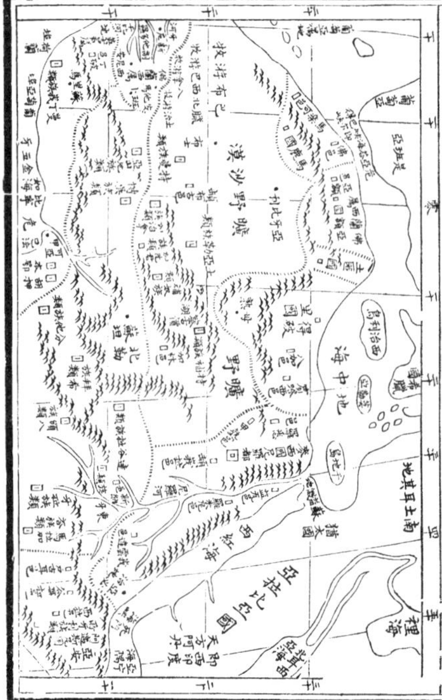

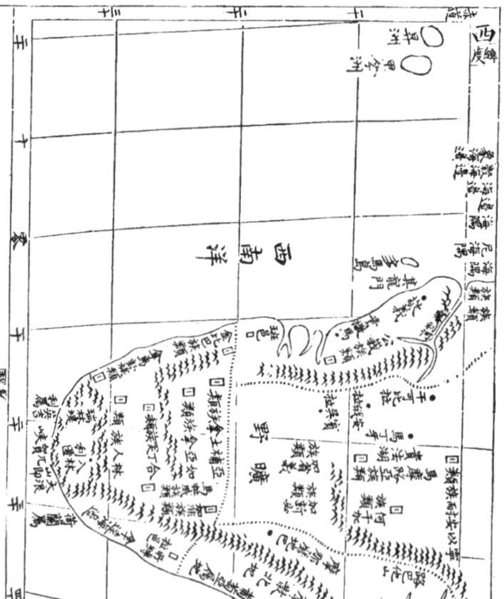

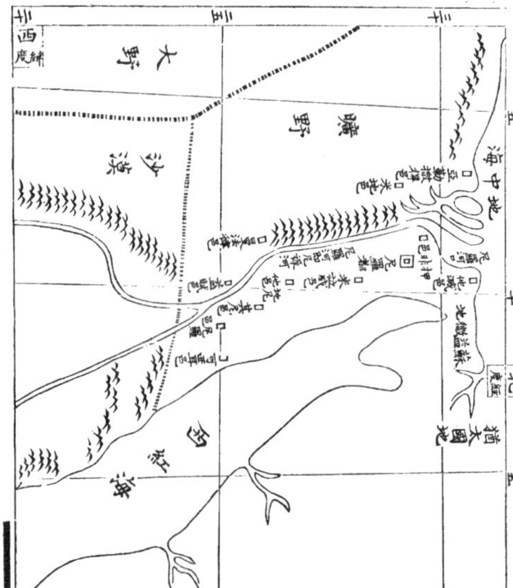

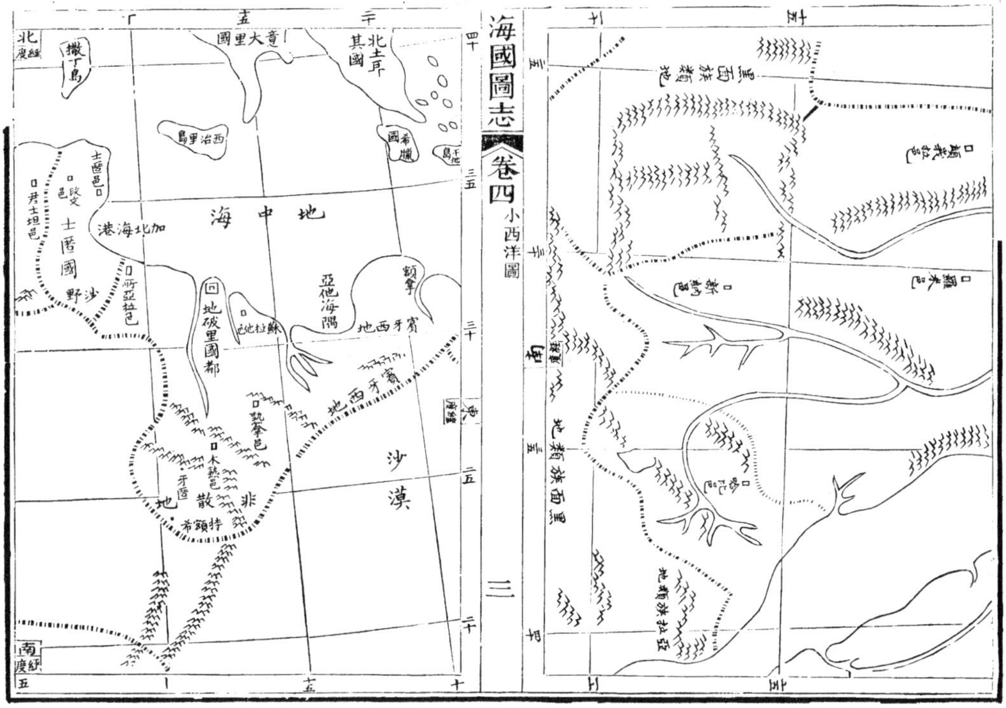

海國圖志 卷四 小西洋圖 三

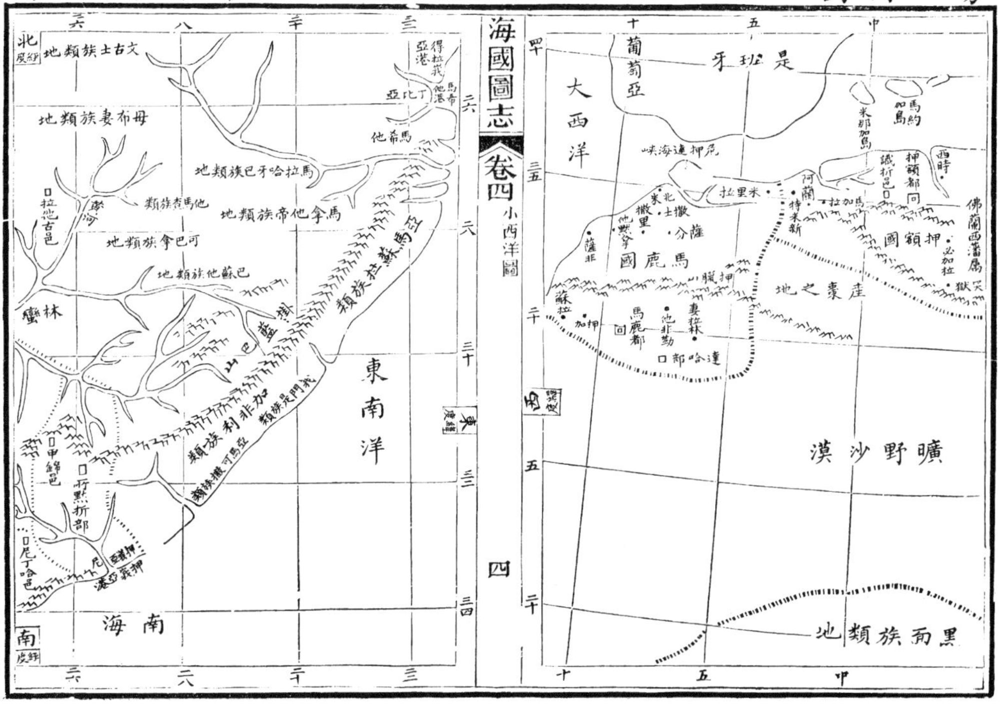

海國圖志 卷四 小西洋圖 四

亞州南方各地圖

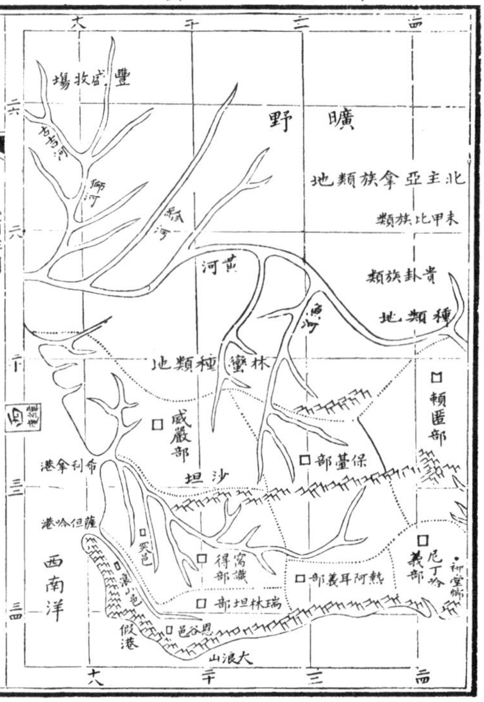

海國圖志　卷四　小西洋圖　五

歐羅巴

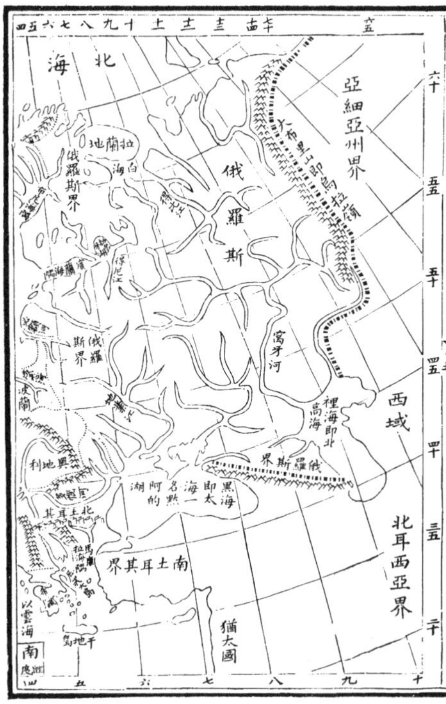

海國圖志　卷四　歐羅巴州全圖　六

歐羅巴州各國圖

大呂宋葡萄　州全圖

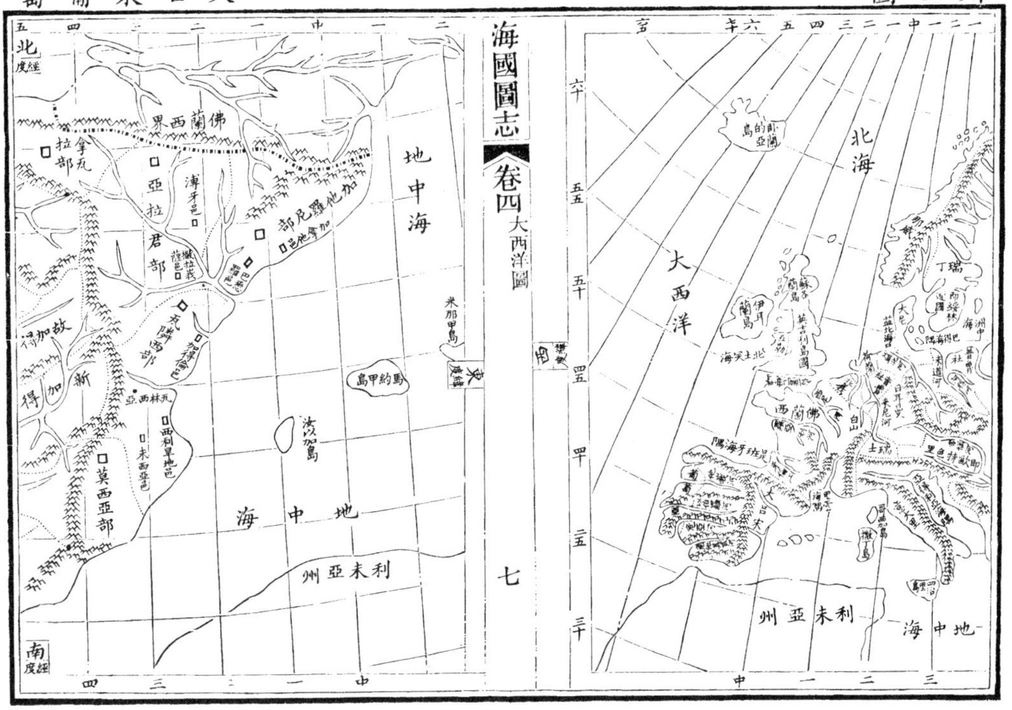

瀛環志畧大呂　亞兩國合圖

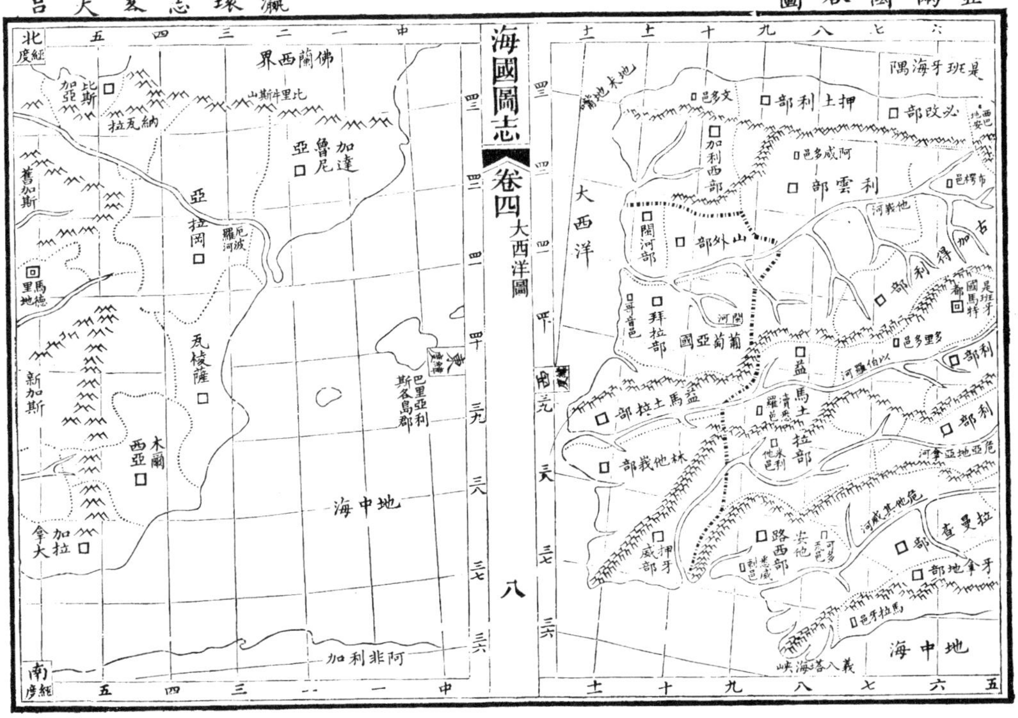

宋葡萄亞合圖

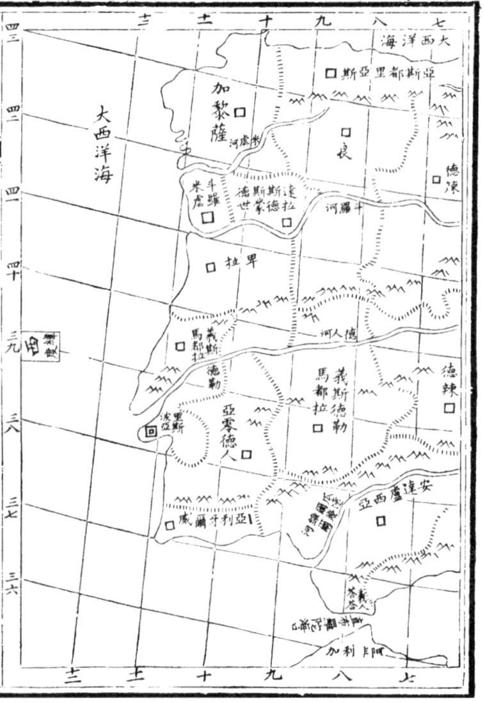

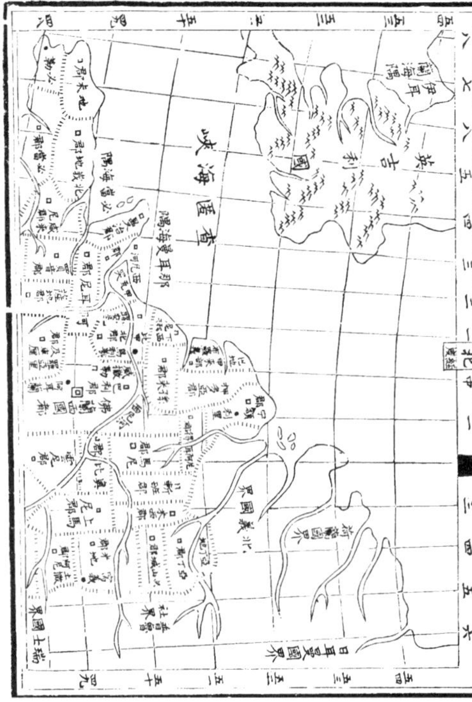

佛蘭西

國全圖

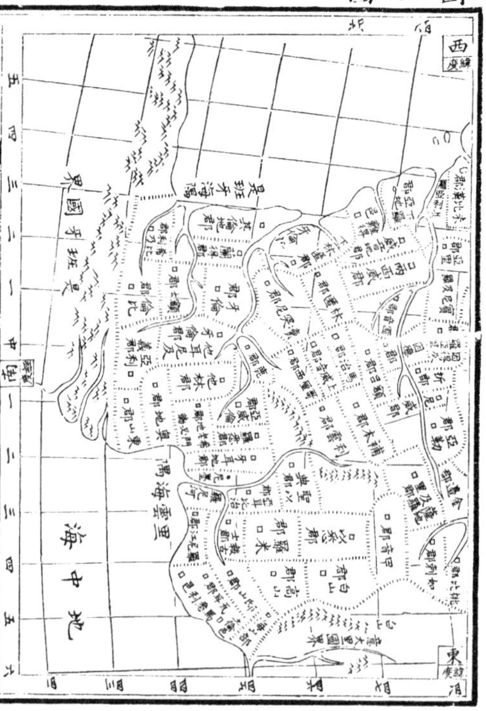

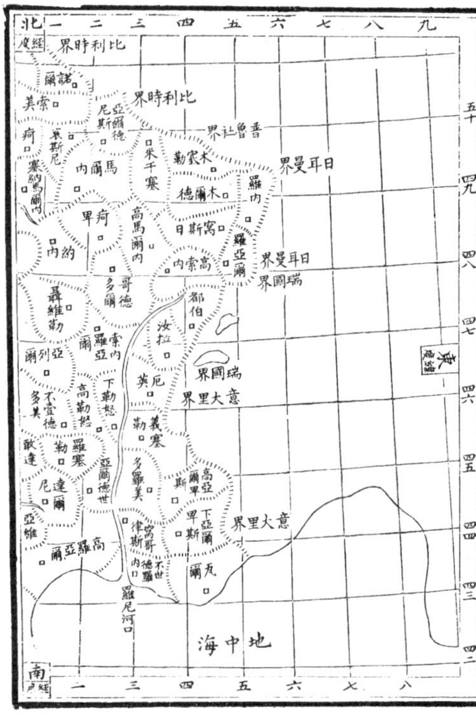

荷蘭北義　　西圖

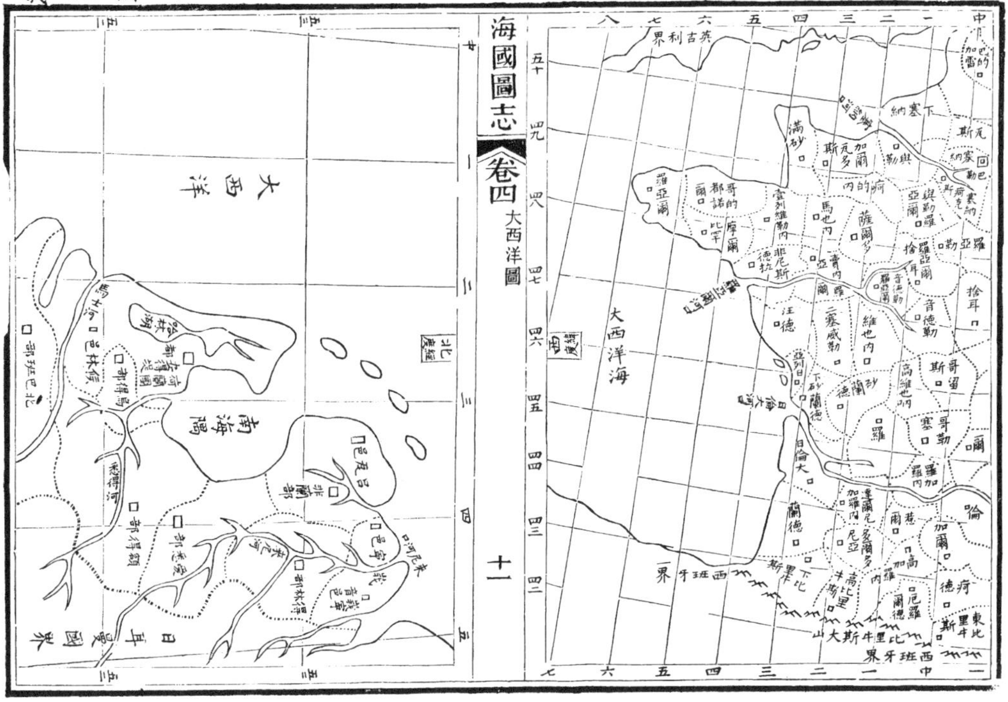
海國圖志
卷四
大西洋圖
十一
大西洋
南海隅
大西洋海
英吉利界
西班牙界
日耳曼國界

意大里

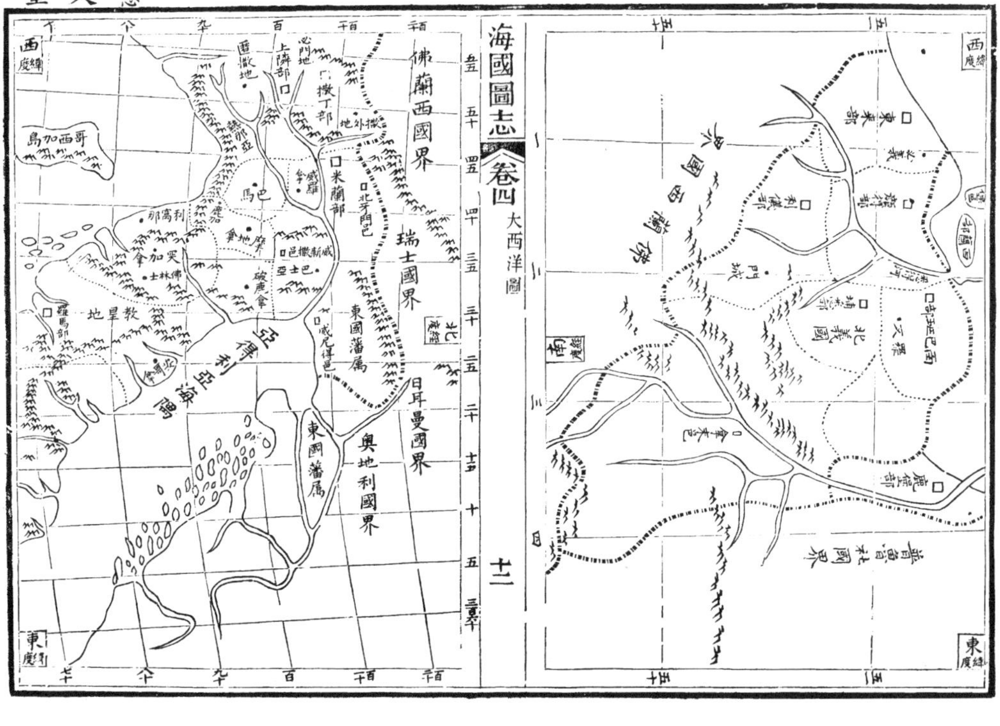
海國圖志
卷四
大西洋圖
十二
佛蘭西國界
瑞士國界
東國藩屬
日耳曼國界
奧地利國界
哥西加島

瑞士國全圖

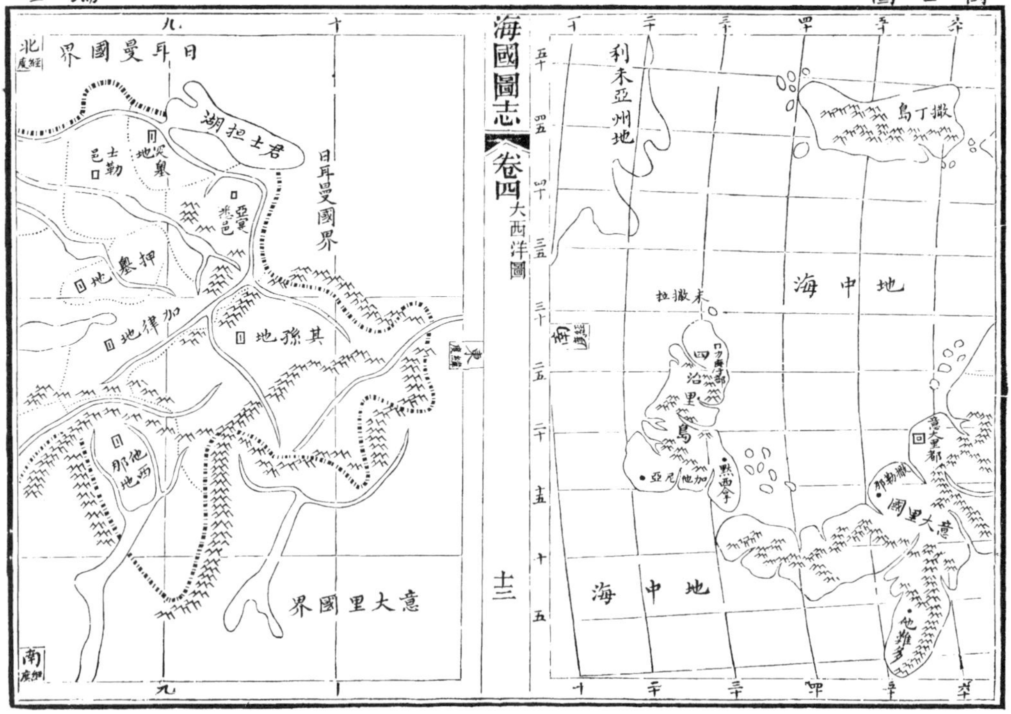

海國圖志　卷四　大西洋圖　十三

大尼國圖

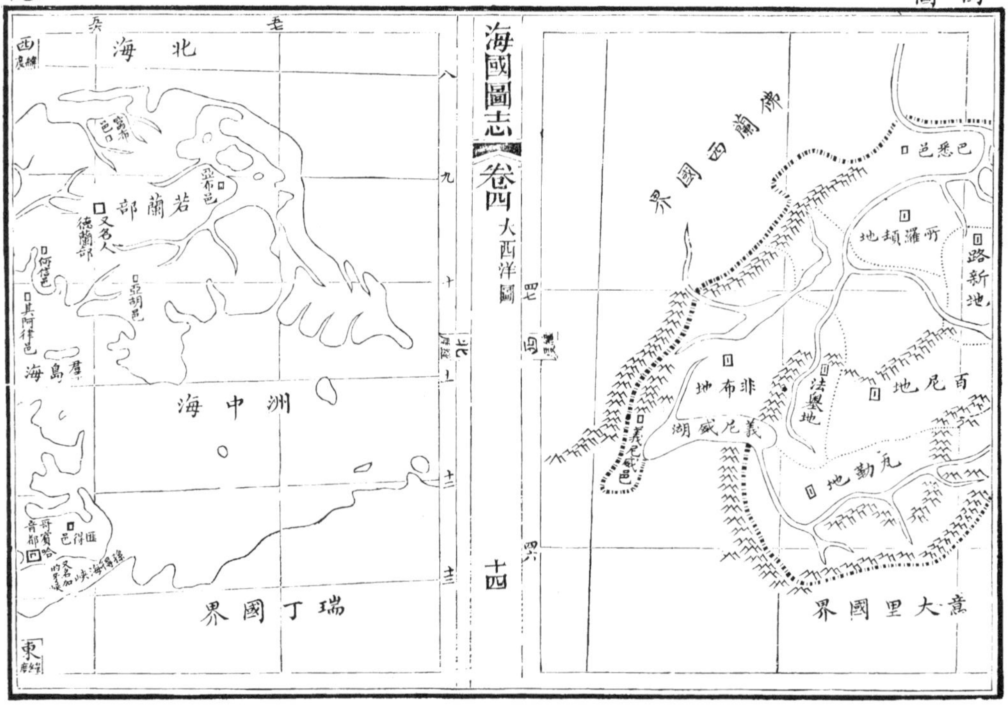

海國圖志　卷四　大西洋圖　十四

國圖 日耳曼破路斯

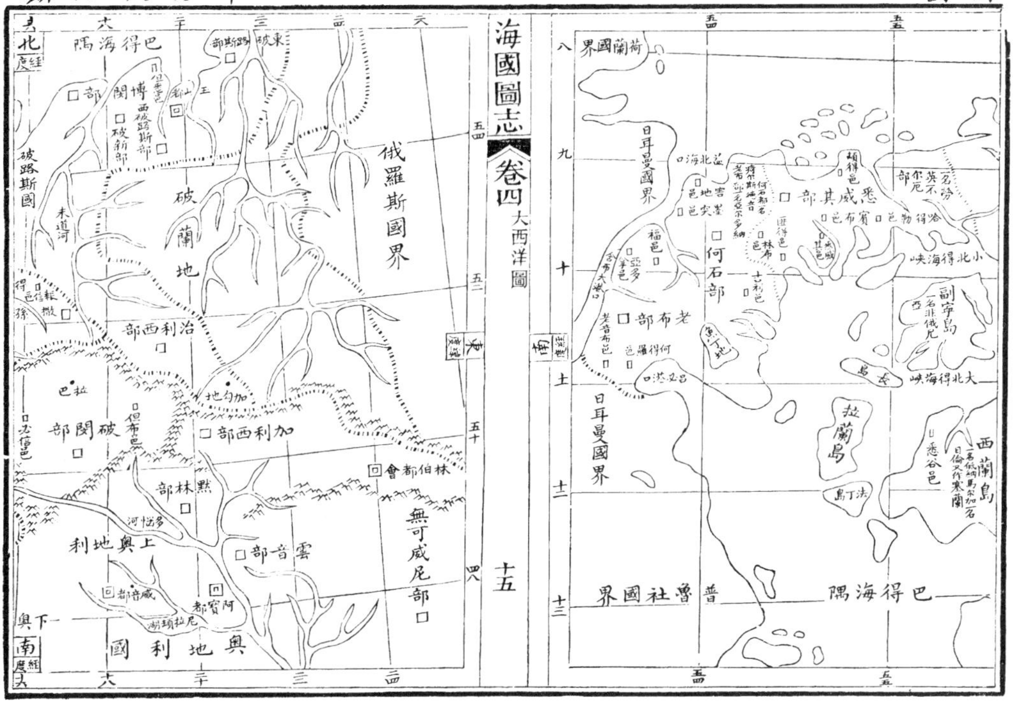

海國圖志 卷四 大西洋圖 十五

奧地利三國圖 普魯社

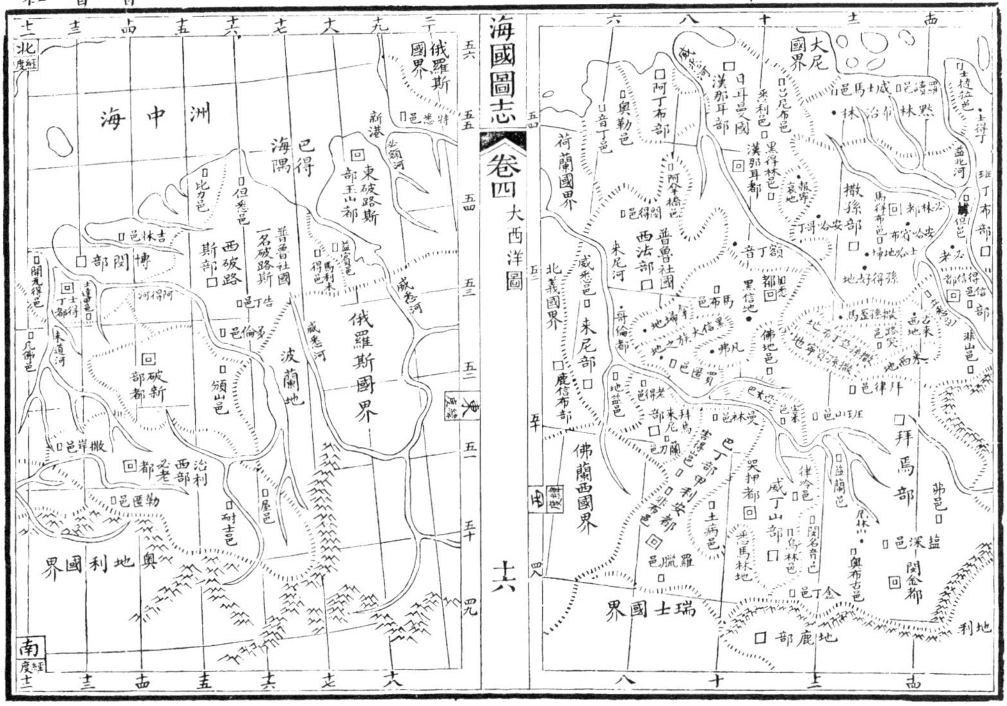

海國圖志 卷四 大西洋圖 十六

海國圖志　卷四

奥地利國專圖

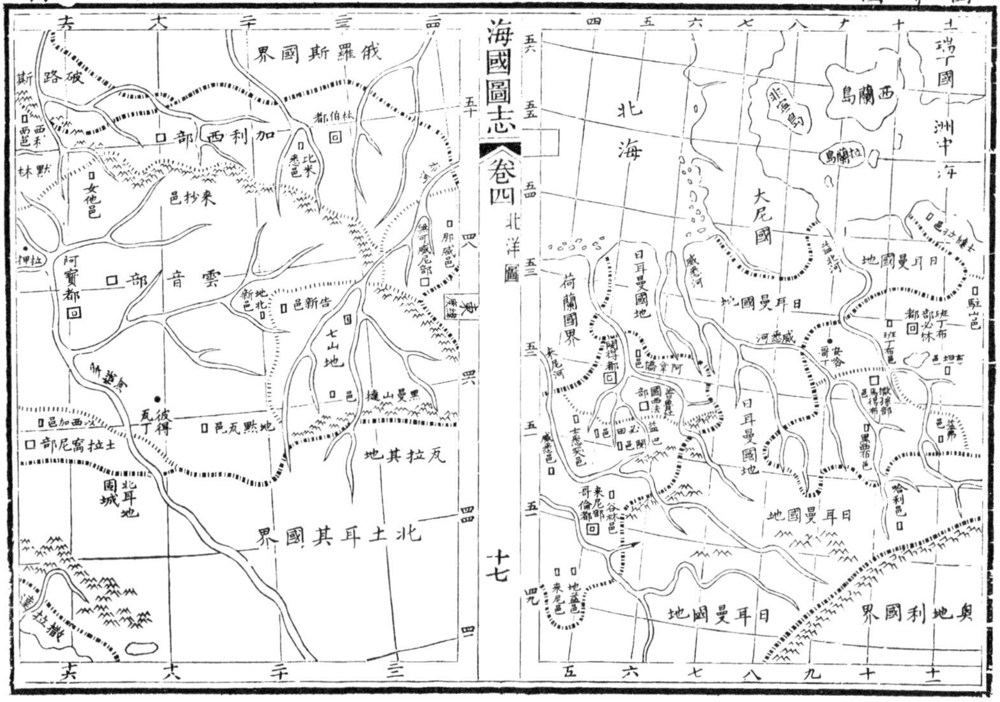

海國圖志　卷四　北洋圖　十七

北土耳國專圖

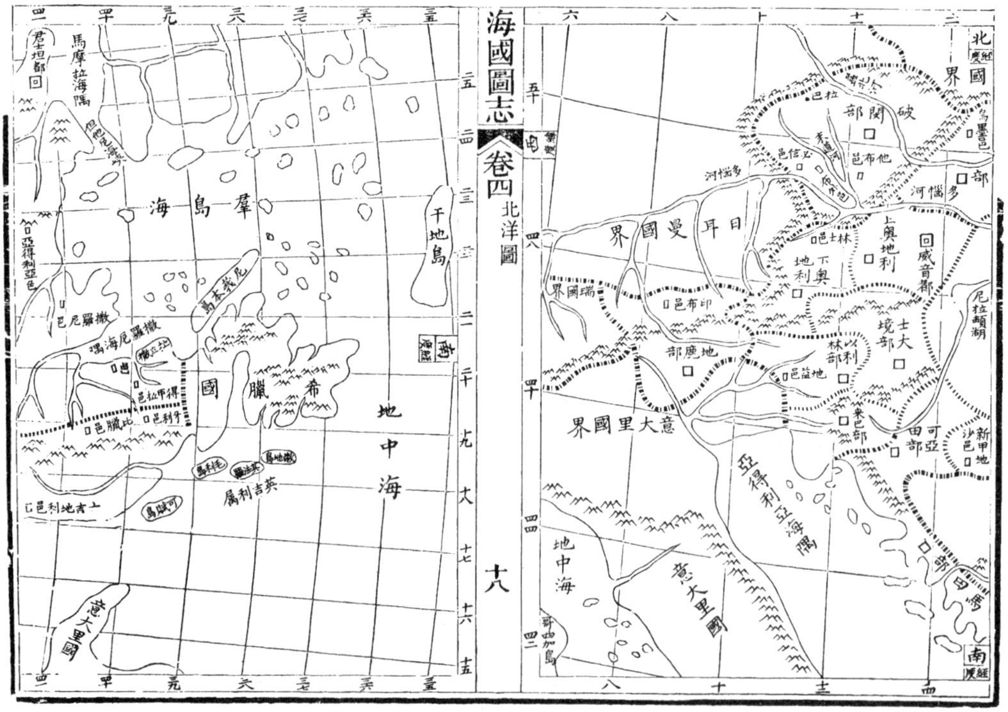

海國圖志　卷四　北洋圖　十八

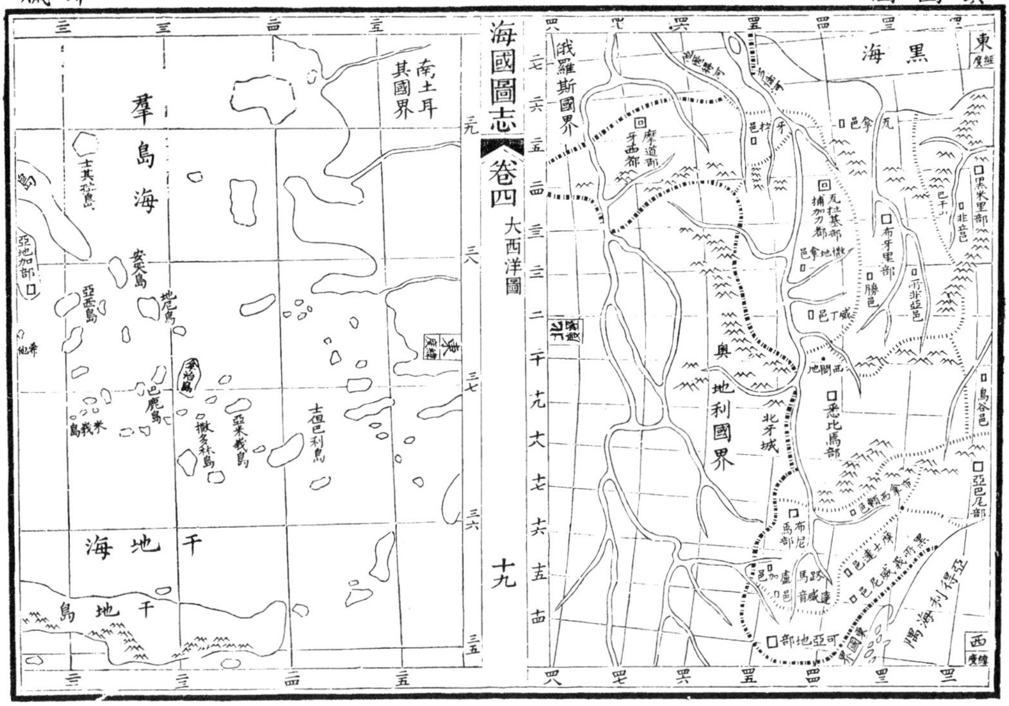
海國圖志
卷四
大西洋圖
十九
黑海
俄羅斯國界
奥地利國界
南土耳其國界
羣島海
地中海
亞得利海隅

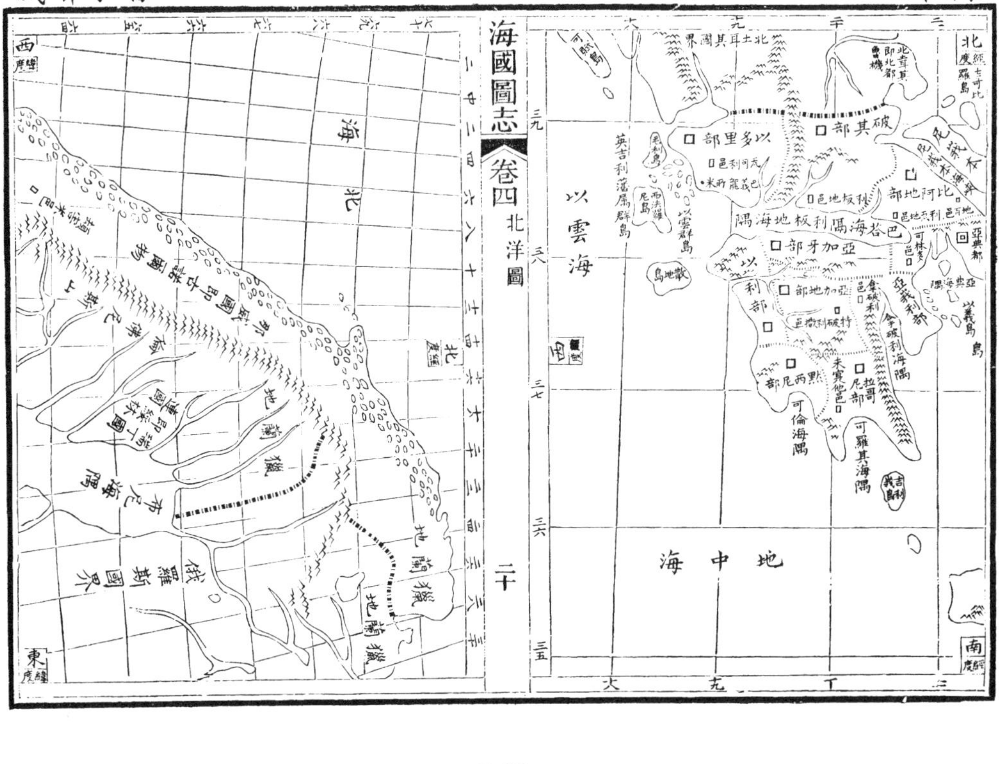
海國圖志
卷四
北洋圖
二十
北海
俄羅斯國界
以雲海
地中海
英吉利藩屬群島

兩國合圖　歐羅巴州屬

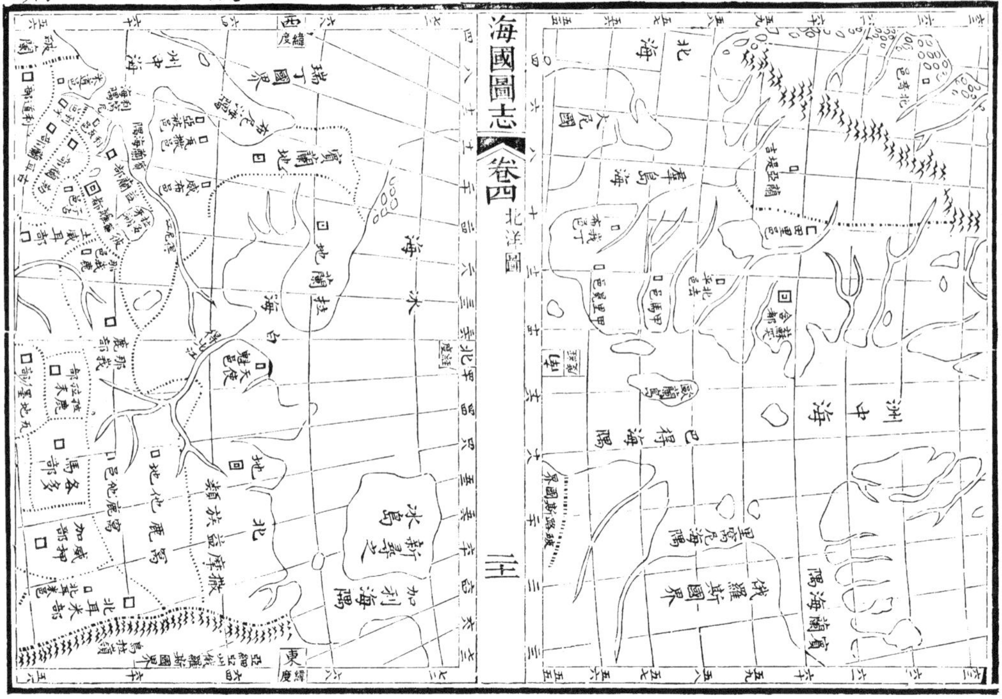

俄羅斯國圖　瀛環志畧俄

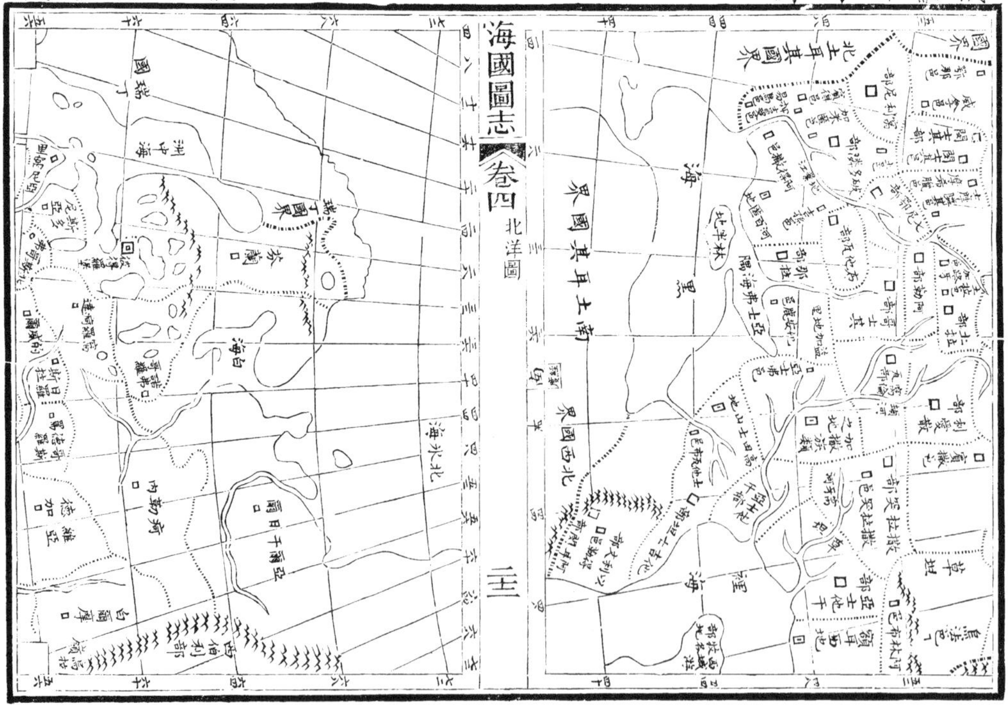

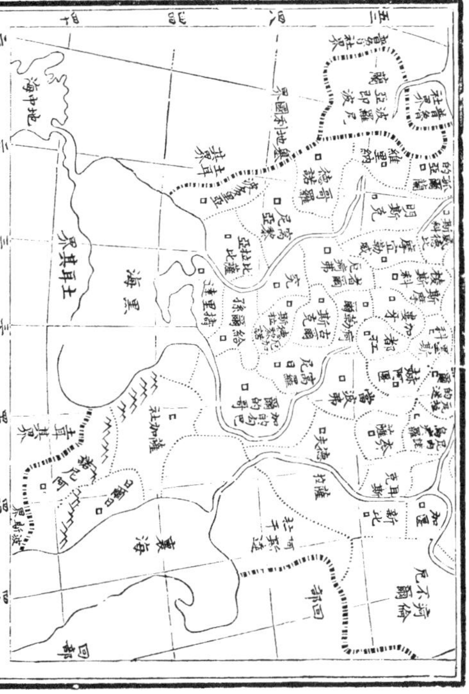
黑海
東海
土耳其界
海中地

北海
北
南
東
瀚海
黑龍江
海
沙磧
楚庫

北海
哈薩克國

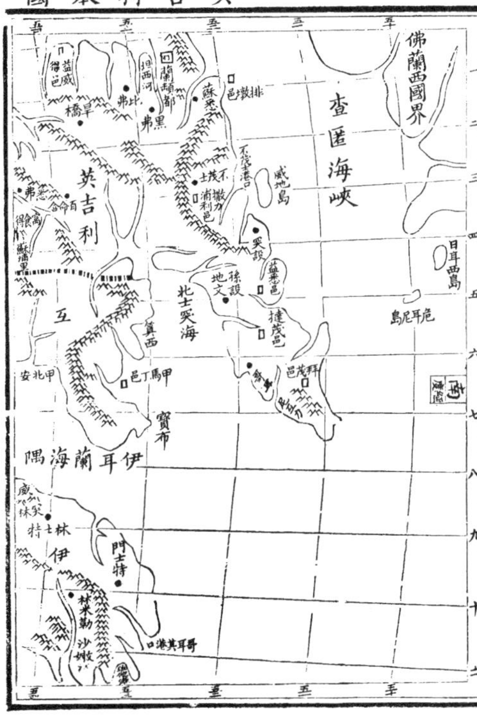
佛蘭西國界
查唎海峽
英吉利
北士奚海
伊耳蘭海隅
南

三島國合圖　四州志英吉

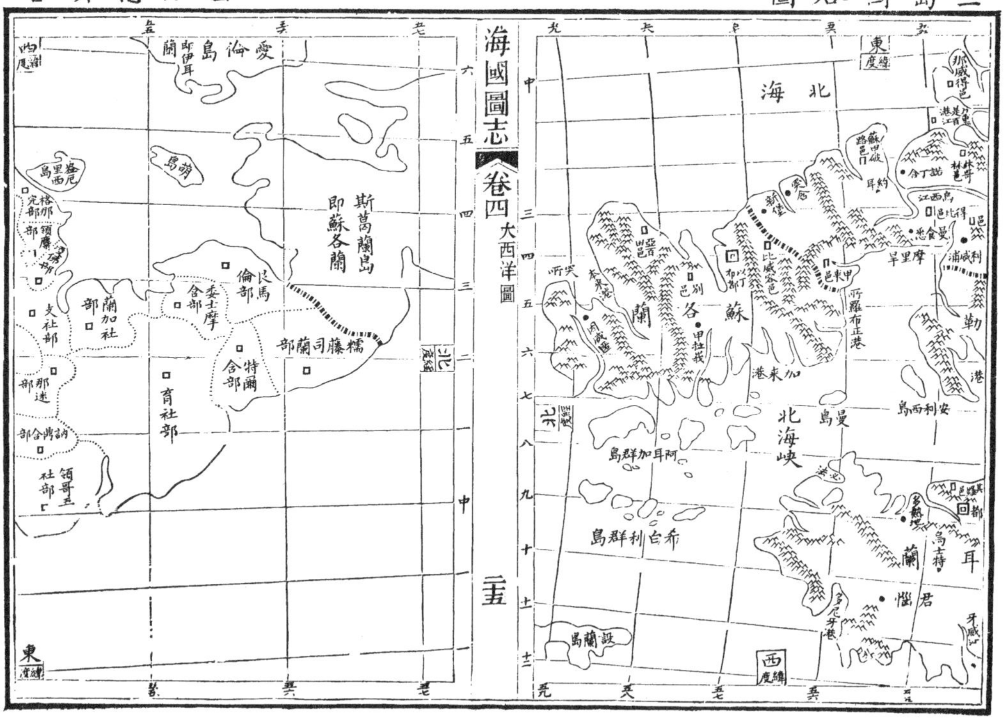

瀛環志畧　利國分部圖

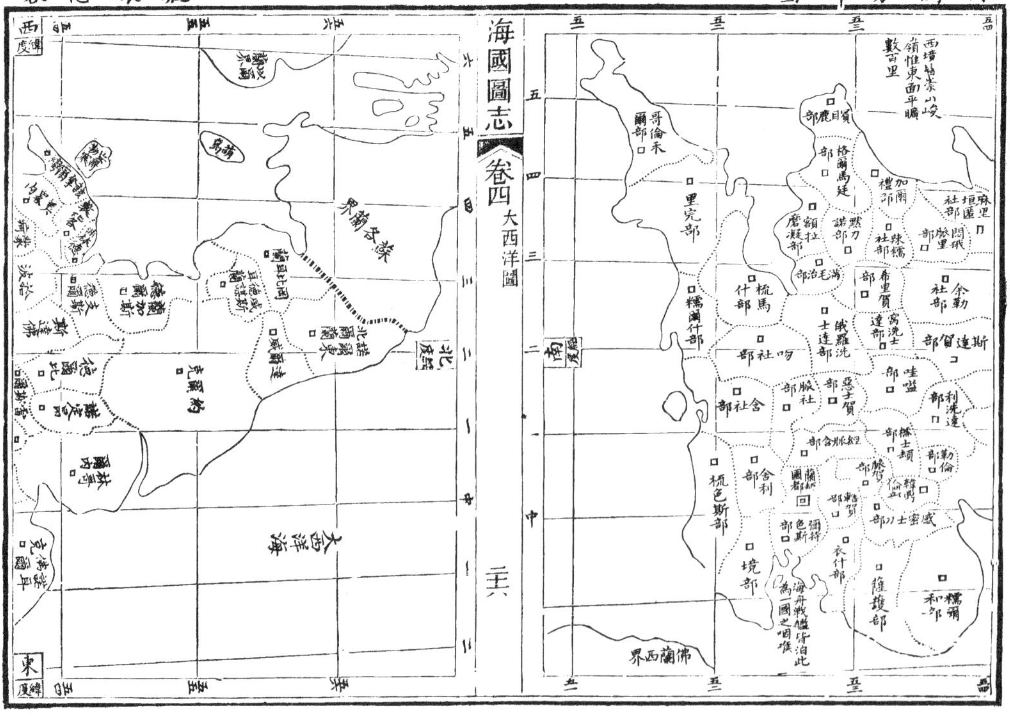

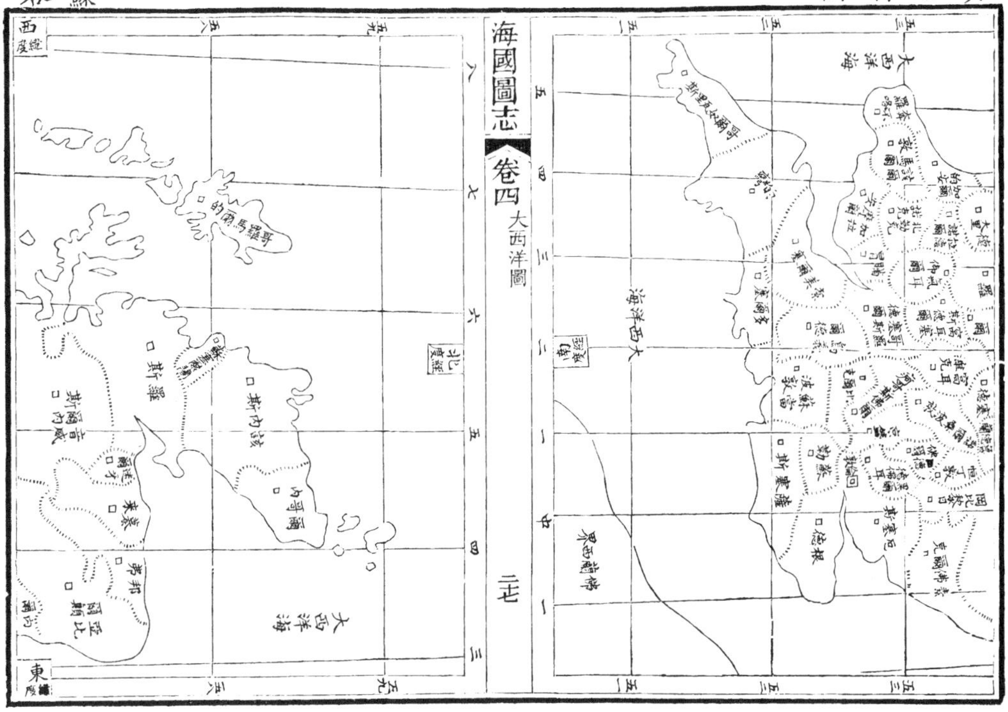
海國圖志
卷四
大西洋圖
大西洋海
大西洋海
大西洋海

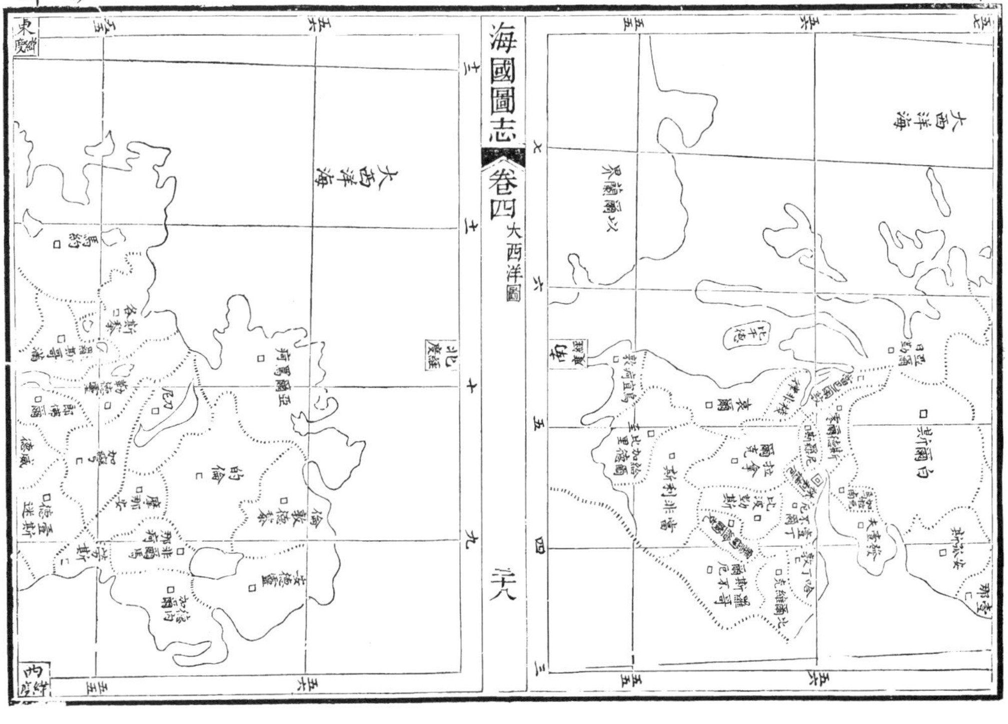
海國圖志
卷四
大西洋圖
大西洋海
大西洋海

蘭島圖

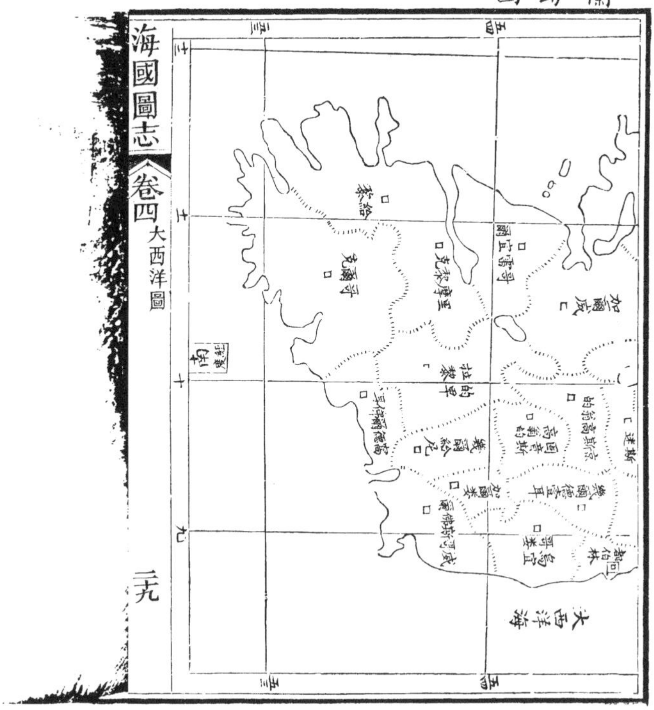

海國圖志　卷四　大西洋圖　三九

北亞墨利

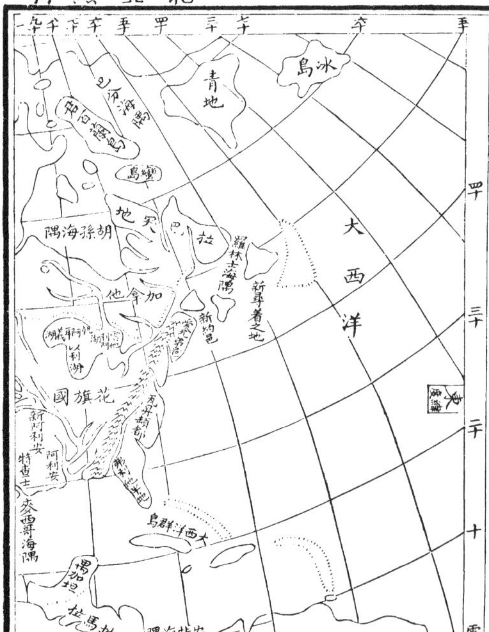

海國圖志　卷四　外大西洋圖　三十

亞墨利加州各國圖

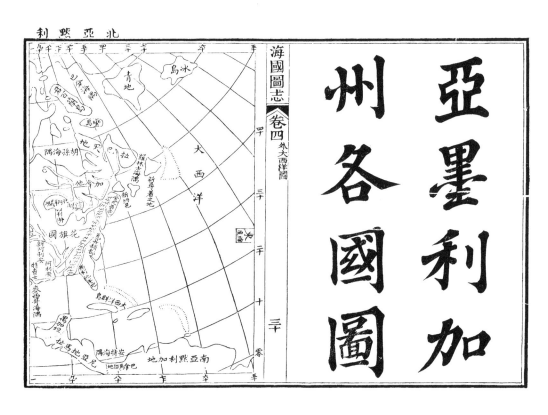

英吉利所屬加拿　　加州全圖

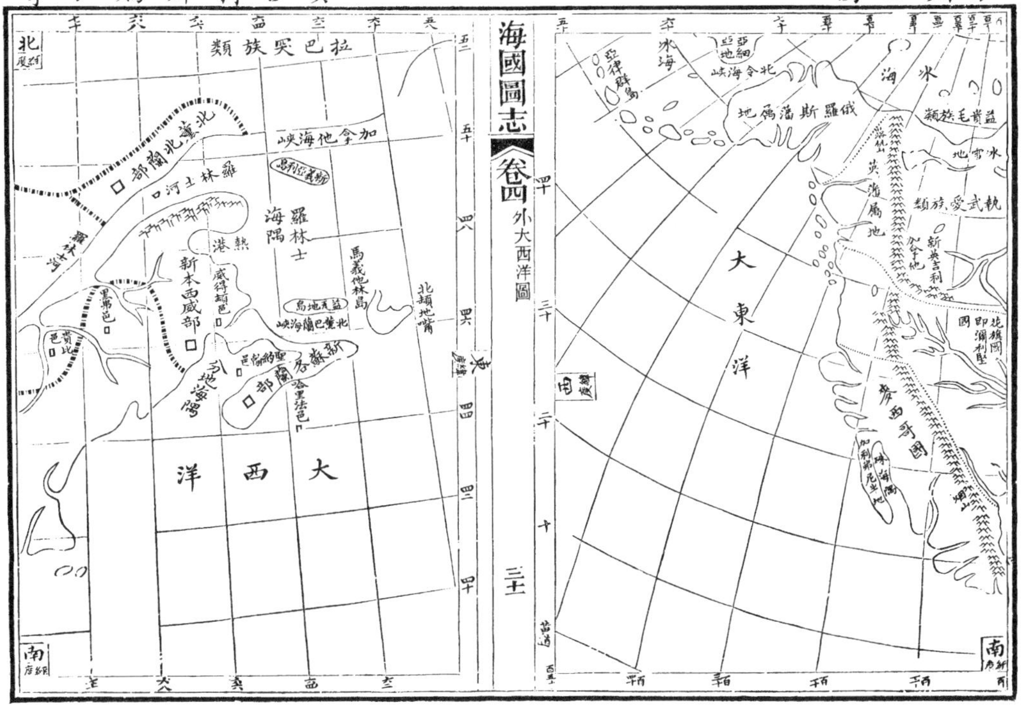

彌利堅　　他國東邊各部圖

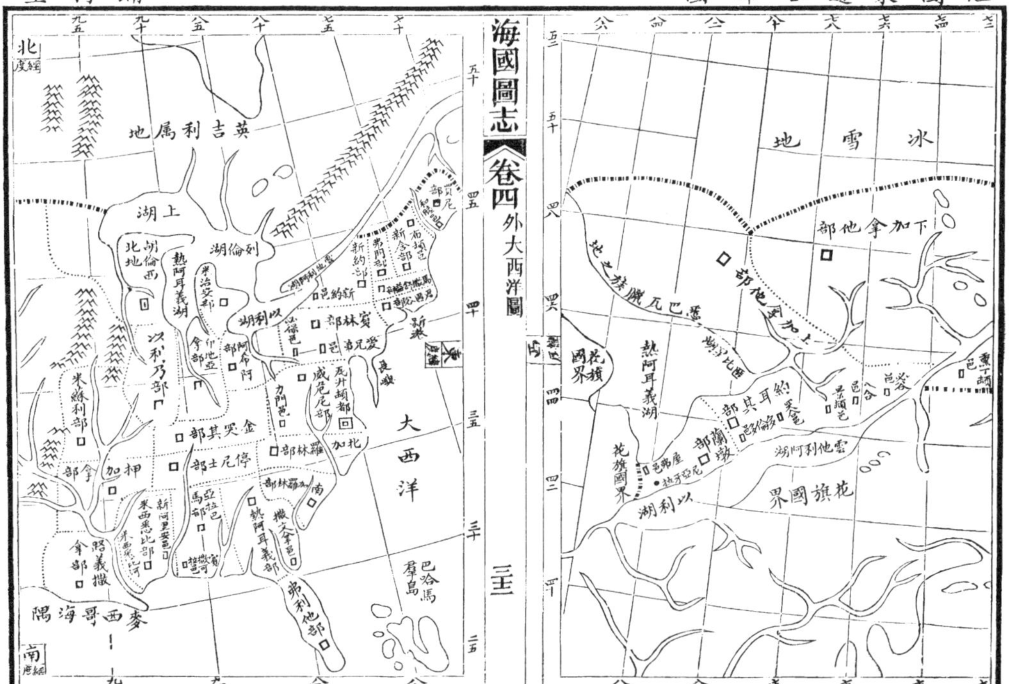

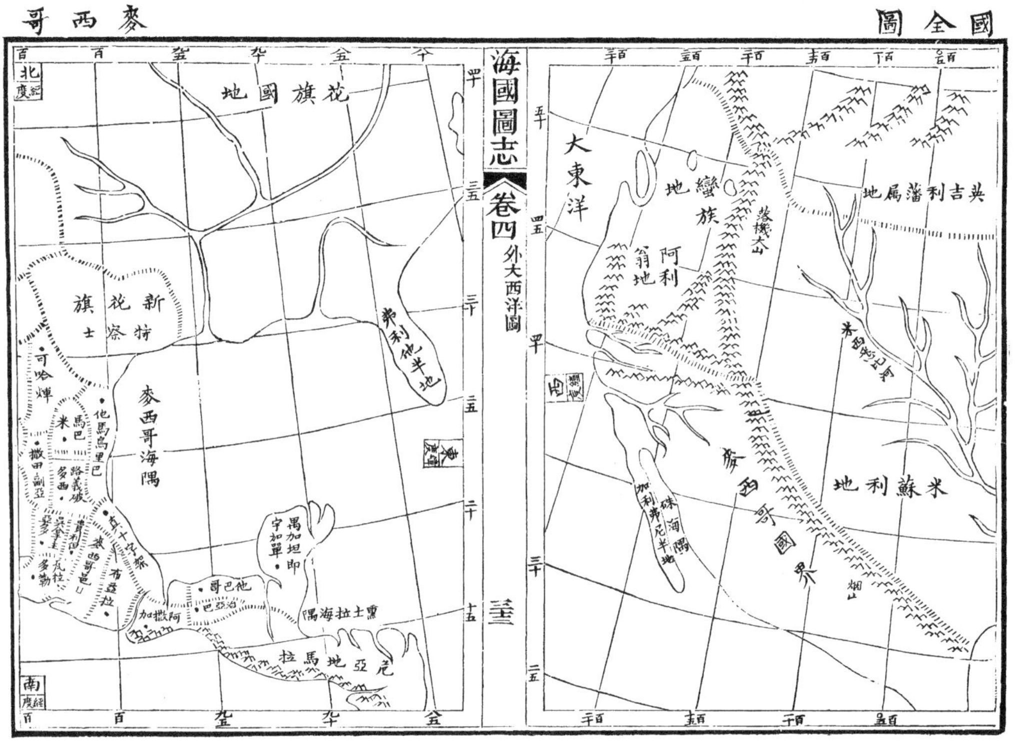
麥西哥國全圖
海國圖志
卷四 外大西洋圖
花旗國地
新花旗
特洛士
麥西哥海隅
弗利他半地
大東洋
巒族地
阿利翁地
加利弗尼半地
硃海隅
麥西哥國界
米蘇利地
英吉利藩屬地
危亞地馬拉
北
南
東

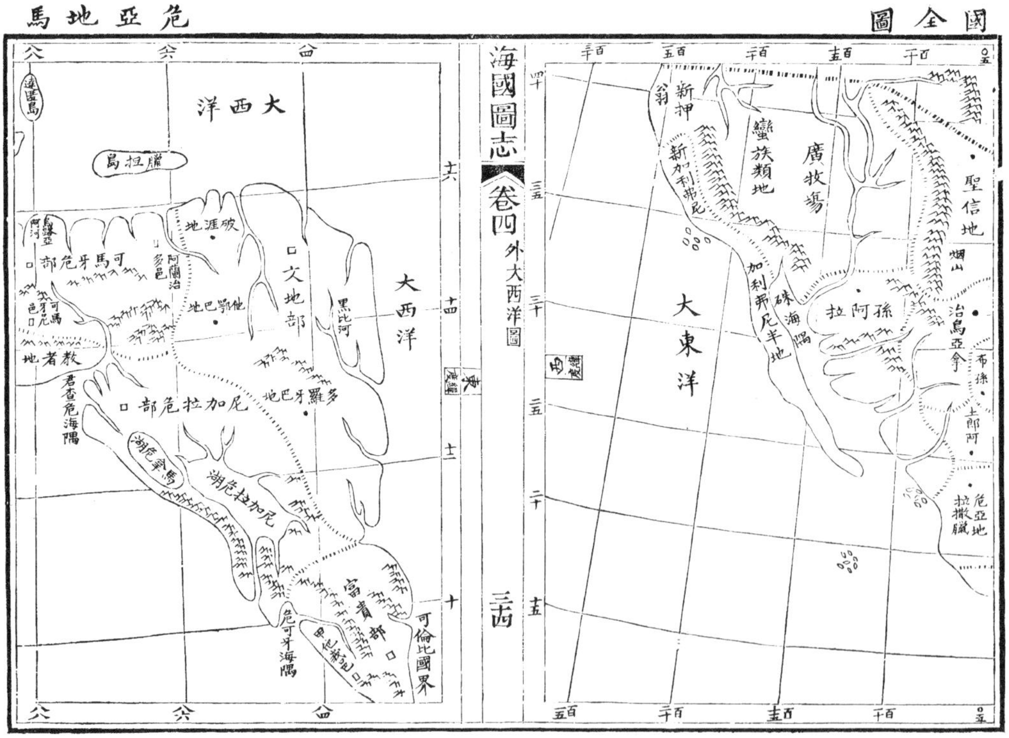
危亞地馬國全圖
海國圖志
卷四 外大西洋圖
大西洋
臘扎島
破匯地
文地部
他巴鄂地
尼加拉危部
多羅巴牙地
大西洋
富貴部
可倫比國界
湖危拉加尼
新加利弗尼
巒族類地
廣牧場
加利弗尼半地
硃海隅
大東洋
孫阿拉
聖信地
危亞地
拉撒臘

拉國全圖

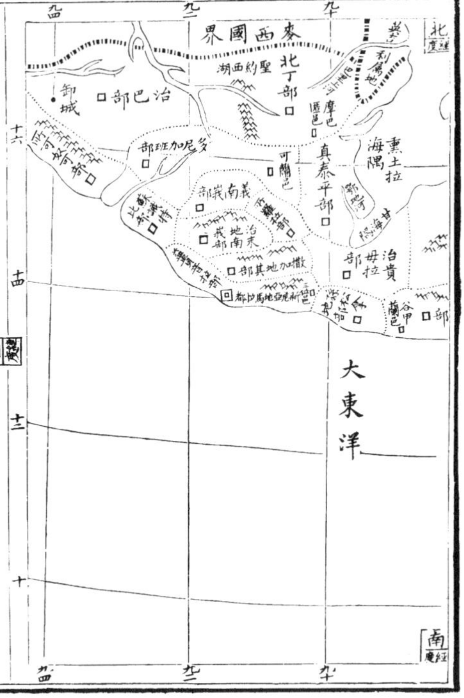

海國圖志　卷四　外大西洋圖　三五

北默利加内英

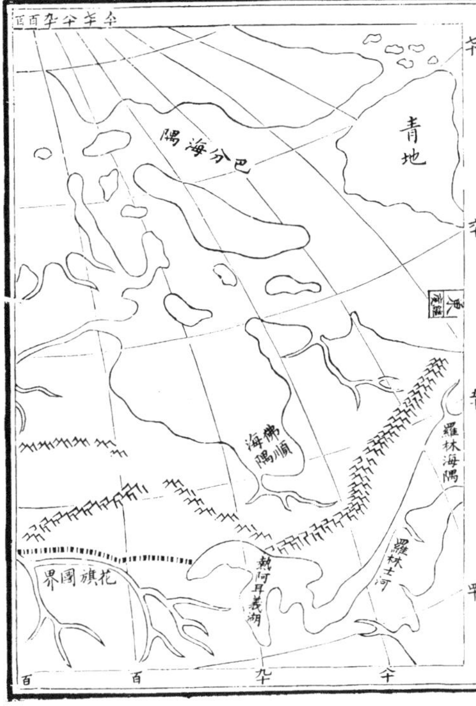

俄二國屬地圖

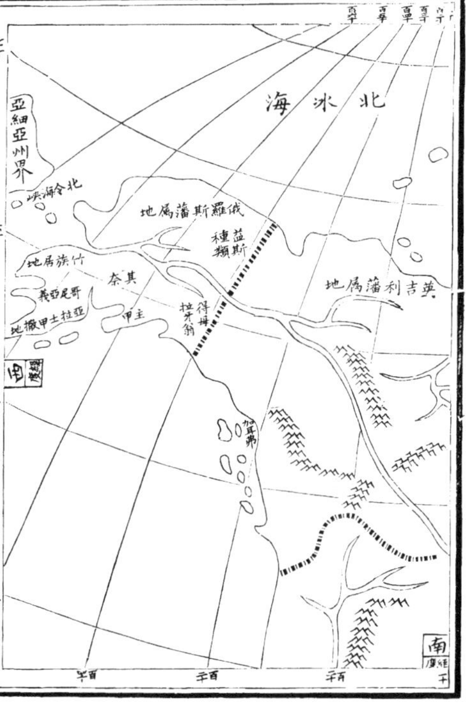

海國圖志　卷四　外大西洋圖　三六

亞默利加

南亞黑利　　州各島圖

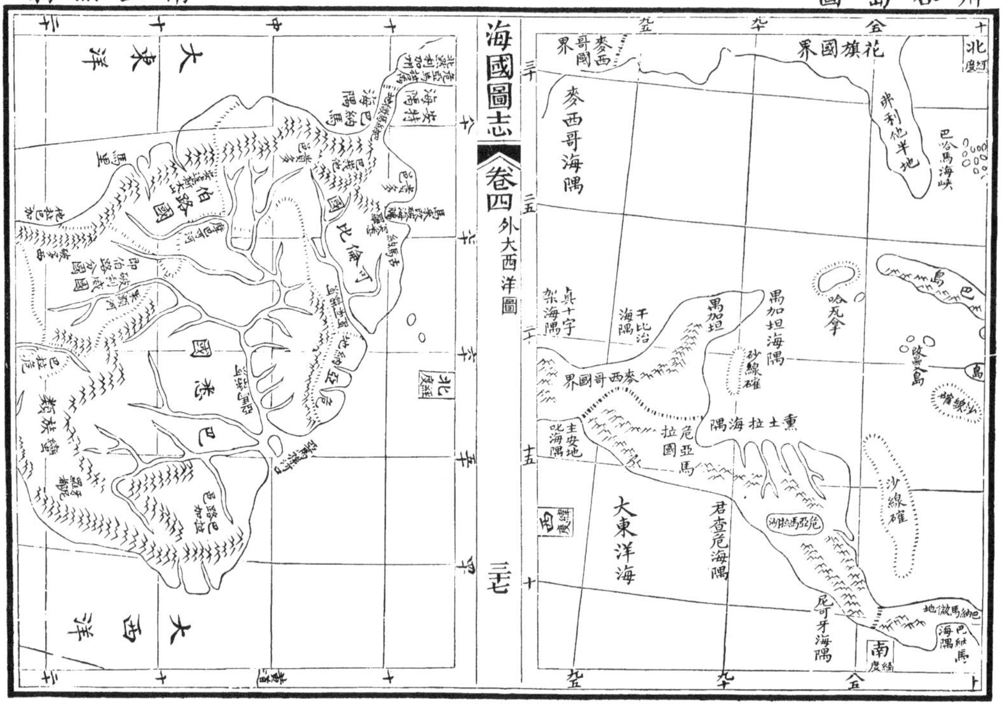

可倫比　　加州全圖

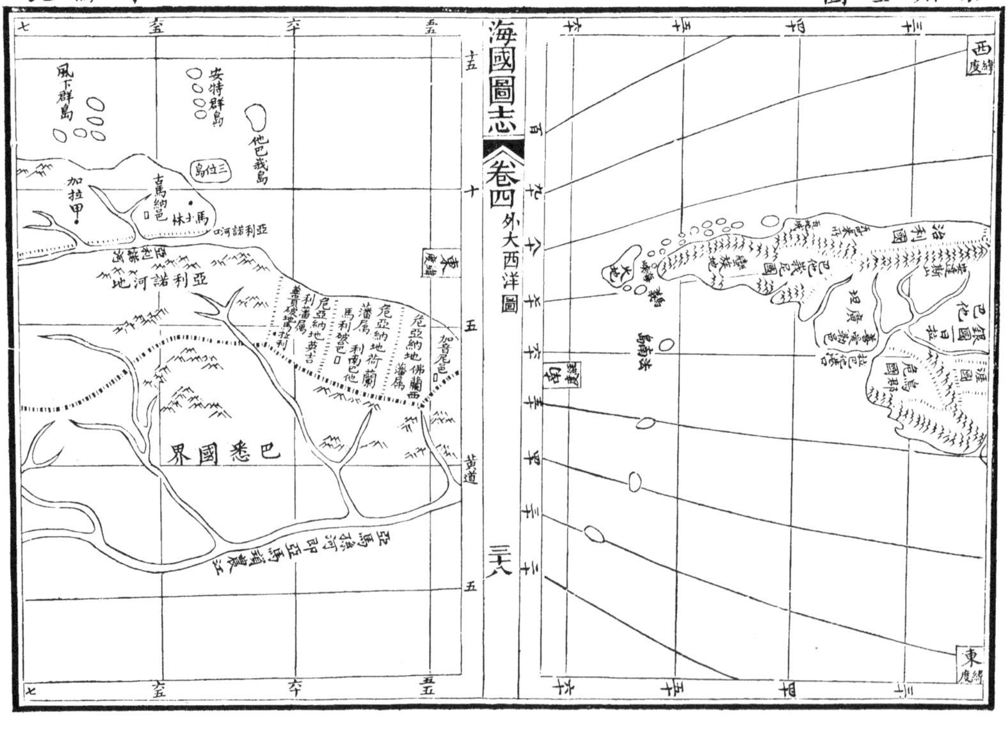

海國圖志　卷四　外大西洋圖　三九

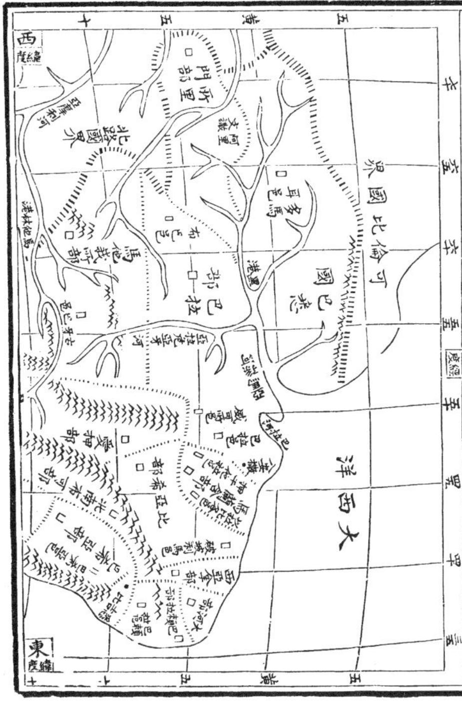

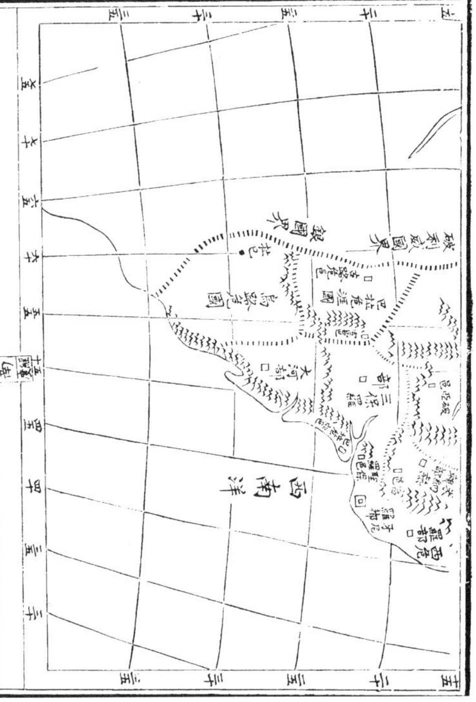

海國圖志　卷四　外西大洋圖　四十

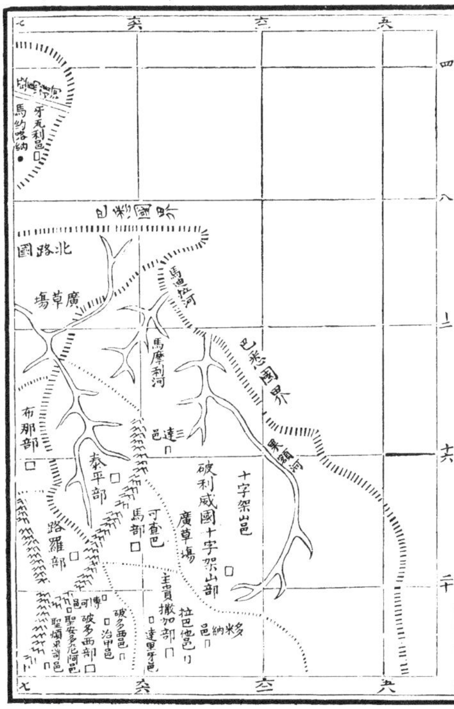

利加洲　　咸兩國圖

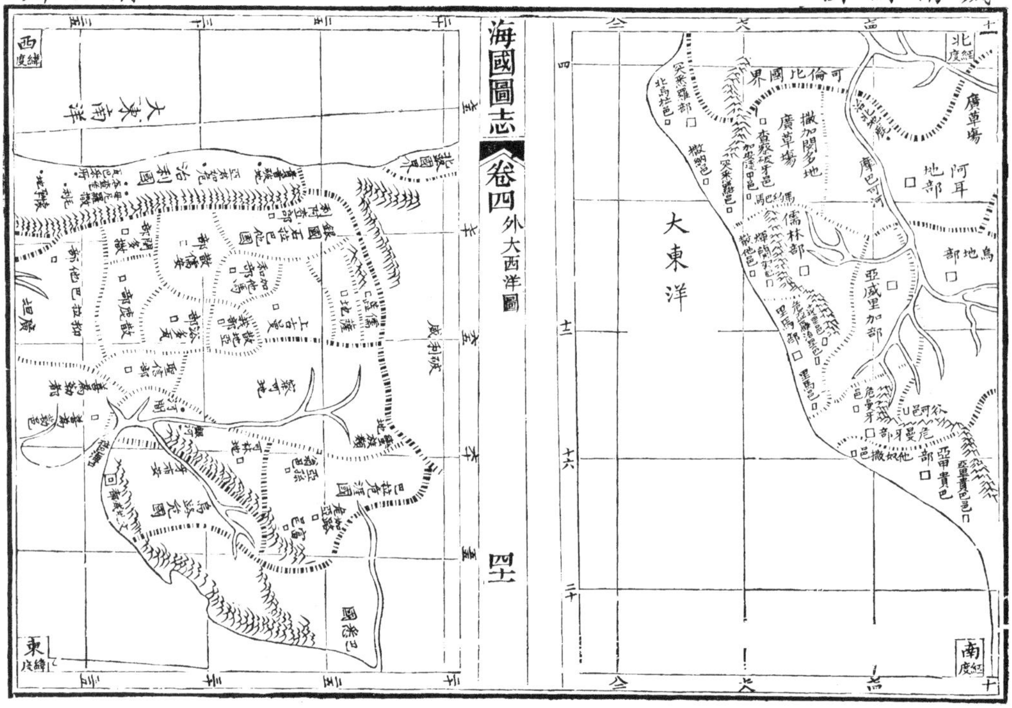

南方五國合圖

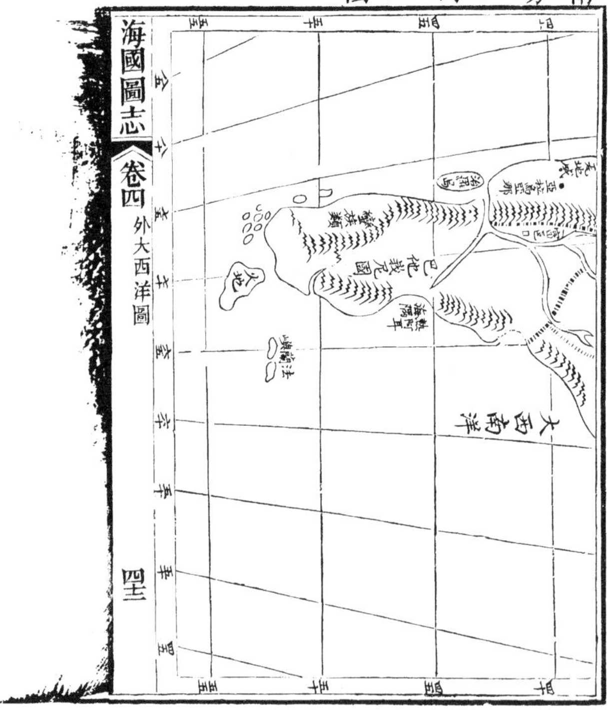

右香港英夷公司所呈大憲圖也余纂此書有取之華人者　皇朝通考及一統志外如周達觀眞蠟風土記·王惲汎海小錄·謝清高海錄·張奕東西洋考·黃衷海語·師範滇繫·劉健庭聞錄·顏斯綜南洋蠡測·黃可垂呂宋紀畧·王大海海島逸志·郁永河裨海紀遊·張汝楫澳門紀畧·陳倫炯海國聞見錄·七十一西域聞見錄·徐繼畬瀛環志畧·葉鍾奇英吉利夷情紀畧·有取之夷人者·艾儒畧職方外紀·南懷仁坤輿圖說·美利加人培端之平安通書·英人禕理哲之地球圖說·馬禮遜之外國史畧·歐羅巴人馬吉斯之地理備考·美理哥人高理文之美理哥國志·澳門人之每月統紀傳·及天下萬國地理全圖集·四洲志·貿易通志·諸書·皆世所尠見·蒐而錄之·旨則數千稿凡三易·畧舉其目·以眎有徵·惟此圖乃廣州府經歷婁源程承訓所摹·飾以五色·因取以冠是書之首·斯純乎以夷人譚地也·

敘東南洋

魏源曰·志海國莫瑣于明史外國傳·傳成于尤檢討侗·侗本乎明外史及王圻續通考·大蔽有三·一曰·西洋與南洋不分·古里瑣里皆南洋近國·而與荷蘭佛郎機同卷·意大里亞處大洋極西·而與柯枝榜葛剌同卷·甚謂佛郎機近滿剌加·何翅秦越同席·其蔽一·二曰·島國與岸國不分·謂浡泥即大泥·則移島於岸·謂亞齊即大食波斯·則移岸於島·謂柔佛即佛國·而東西竺島即天竺·賓童龍即舍衛·則移西天於東洋·至若婆羅闍婆大小爪哇·影射互殽·叩槃捫燭·其蔽二·三曰·同島同岸數國·不當分而分·大泥彭亨柔佛滿剌加吉蘭丹·皆暹羅南境屬國也·婆羅浡泥爪哇蘇祿文萊馬神·皆一島所環處也·止宜以毗連各屬國附於暹羅之傳·以浡泥等統立一同島之傳·餘自亞齊三佛齊小爪哇錫蘭山等著名數大島國外·類皆荒洲小嶼·人不過數百家·貢不過一再至·無關沿革·何與其球·止宜統述一篇·臚其名目·乃各國各傳·觸目迷離·概稱在東南海中·無疆里沿革可徵·無市舶邊防可述·其蔽三·魏源又曰·天地之氣其

至明而一變乎滄海之運隨地圜體其自西而東乎前代無論大一統之世卽東晉南唐南宋齊梁偏隅割據而航琛獻賮之島服卉衣皮之貢史不絕書今無一登于王會何爲乎紅夷東駛之舶遇岸爭岸遇洲據洲立城埠設兵防凡南洋之要津已盡爲西洋之都會地氣天時變則史例亦隨世而變志南洋實所以志西洋也故今以呂宋荷蘭佛郎機英吉利布路亞五國綱紀南洋其越南暹羅緬甸日本四國雖未并于洋寇亦以事涉洋防者著于篇而朝鮮琉球洋防無涉者不及焉凡海岸之國三海島之國六

海國圖志目錄

海國圖志卷五

東南洋一（海岸之國）

邵陽魏源輯

阿細亞洲總說（原本無今補輯）

明艾儒畧職方外紀亞細亞者天下一大州也人類肇生之地聖賢首出之鄉其地西起那多理亞離福島六十二度東至亞尼俺峽離福島一百八十度南起瓜哇（音撾）在赤道南十二度北至冰海在赤道北七十二度所容國土不啻百餘其大者首推中國此外曰韃而靼（凡游牧部落皆是）曰回回曰印弟亞（即五印度）曰莫臥爾（小白頭回國）曰百

兒西亞（大白頭回國）曰度爾格（都魯機回國）曰如德亞（天方默德那所屬國）並此州鉅邦也海中有鉅島曰則意蘭（即錫蘭山）曰蘇門答剌曰瓜哇（即葛留巴小瓜哇也）曰渤泥（此渤泥爲島可證謂大泥即渤泥之謬）曰呂宋（近臺灣島）曰馬路古（坤輿圖說作木路各即美洛居也）更有地中海諸島亦屬此州界內中國則居其東南其北極出地之度南起瓊州出地一十八度北至開平等處出地四十二度從南涉北其得二十四度徑六千里東西大抵略同其距大西洋路幾九萬開闢未始相通但海外傳聞尊稱之爲大知納近百年以來西舶往來貿遷始闢其途兼以厤算之士得歷中華廣聞見曠然遠覽其一統志所詳者今不復述姑錄全洲大略于左

萬國地理全圖集曰四大地之中亞齊亞最廣大長二萬四千里闊一萬二千三百里大地北極出地二度至七十八度英國中線偏東自二十六至一百九十度南及印度海有東京暹羅北耳西海隅北及北冰海東及太平海與其海隅西連歐羅巴大地及地中海有微地與亞非利加大地相連又及於紅海隅與印度海也在此大地內南方之各國稱謂蕪來由列邦暹羅安南老

撾緬甸五印度北耳西亞剌百等國北有俄羅斯藩屬國亦稱西百利東有中國及所屬滿州各地方日本羣島並琉球西有西域列國與土耳基藩屬中有蒙古族各部地沙漠西藏東南邊則多羣島廣大且遠焉○亞齊亞西方爲各人類始祖之本地道理術法與教門一一皆由亞齊亞出故亘古至今視爲重地（案亞齊亞即亞細亞也一作阿悉亞）

越南一

安南國在暹羅之東北國都建于傳依（此曰傳依後又曰虎地蓋西京

順化港之異名也。亦原有三國，一曰廣南，一曰干波底阿，一曰東京。并有干波底阿所屬之臘阿士窮巴兩小國。干波底阿地接廣南，當即明史之賓童龍與占城接壤者。蓋廣南以東瀕海之小國。千有七百七十四年，乾隆三十九年。因廣南光中王冲幼被難，與其遺臣遁于海島，遇佛蘭西教師阿特蘭，彼此投契，其懷義憤，遂回佛蘭西乞師。適值佛蘭西國難未定，閱數載，始請得兵船助其恢復。于千有七百九十年，乾隆五十五年。滅仇復國。案此志謂安南光中王冲幼被篡事在乾隆三十九年，借西洋兵復國事在乾隆五十五年，既非明嘉靖中黎維潭復仇滅莫之事，又非嘉慶七年阮福映借暹羅兵復仇滅阮之事。乾隆五十五年正阮光平篡黎氏、黎氏投中國之

時，更與此情事不合。以前後考之，此當專指廣南而言。高宗御製詩集乾隆乙未題平定合符詩注云：李侍堯奏粵民李阿集私越邊界至安南國之順化，其地在安南王城西南，遠隔重洋，昔爲阮姓竊據，歷九世，皆稱順化王，與安南黎王世仇。會順化王死，有子二，嫡幼而庶長，先立，其舅擅威福。有同姓阮翁衮者，以除奸立嫡爲名，募兵自稱西山王，偪順化城，二子皆出走。李阿集以戰功封開國公，阮翁衮思自立，衆解不從。李阿集入海，遇順化二子舟，劫奪其財，攜家回內地，爲有司所執，籍其家，得調兵玉符，上下各一，左右鑿柄相應，形圓而楕，鐫小篆文云云。案乾隆乙未爲四十年，與此志三十九年先後一歲，情事正符，而二子海中被劫，即此志所謂遁入海島之事。阮光平本名阮惠，有兄阮岳，即詩注所謂嫡幼庶長之事。蓋阮光平幼時本遭難避荒，及長，乃借兵恢復廣南，又乘黎鄭內釁之際，因並據安南耳。中國惟知其晚年盜有安南之事，不知其幼年亡失廣南之事，惟御製詩注與此志相表裏，而瀛繫載師範安南紀畧，亦與此志互有出入。光中王之爲阮

光平無號。光中王既感歐羅巴之扶佐，又慕歐羅巴之兵法，遂仿造兵船火器，訓練國兵，是以現有礮船三百艘，大兵船一號，在阿細亞洲諸國罕與匹敵。是以兼取安南東京及干波底阿國，并合三國而統一之。此處始謂阮光平兼并安南東都之事。緬甸暹羅兵制皆由各頭目招募，充伍器械皆長鎗刀弩，雖有火鎗，皆西洋所廢棄之物，購買修整，不堪適用。惟安南軍器制度得之歐羅巴，故在緬甸暹羅兩國之上。其水戰兵船長自八丈以至十丈不等，而寬僅八尺。其製造之法，取整油木一株，截定長短尺寸，先

用火燒出中槽，後用刀斧刳斲而成。沿河各城均備此以待，臨時一招而至，即有五百號。每船掉槳五六十八，各帶長鎗短劍，配火鎗兵三十人，船頭平直，安礮一門，自六棒至十二棒，重不等。遇敵，將船橫排成列，摹唱戰歌，極力掉槳，頃刻逼近，隨即死鬭。如敵人大船欲衝擊小船，則小船閃避，又甚巧速。其王與貴人尋常所乘之船，雕飾鍍金，映水熣燦，士庶不敢僭也。安南兵船近日造作愈精愈巧，每船長十丈九尺，其材可作西洋兵船之巾桅。緬甸暹羅兩國陸戰全恃堅銳木栅環繞重

濠雖英吉利之兵馬亦有時可以拒之第兵欠紀律設一破其栅即未免潰亂奔竄安南軍制按歐羅巴兵法訓練而成可云紀律之師計其兵數于千有八百年間嘉慶六年約十有四萬今則不過五萬內有三萬在國扈衛國王聞安南國王庫貯金錢計有七百十四萬員而銀則不計其數也緬甸戶口約有五百萬暹羅戶口約百有二十萬安南東京戶口五百有十萬四千臘阿士戶口約八十有四萬蕪萊由戶口約十有九萬又中國人在彼入籍約四十有四萬其官制章服文字大略都遵

中國爲東方諸國所不及眉公河爲安南最鉅之河道亦發源雲南南經巴爾門而注之海眉公河似指富良江其上游即雲南之黎花江經安南入海由海口溯流而上約二十餘日巨船可揚帆直駛三國土產木棉穀米油木花木白糖胡椒籐竹賸黃檳榔燕窩海參象牙原本

安南國東界海南界海西界暹羅北界中國廣西以虎地爲國都領部落二十有一原本部落名皆夷語今删之其安南郡縣具詳前史

重輯原無今補

萬國地理全圖集曰安南王據東京而取占城國之大半南接暹羅達於南海北及中國東北及廣西西連老撾暹國東達東京海隅及南海北極出自九度至二十三度英國中線偏東自一百零三至一百零八度東北隔富良江西爻潦瀨江廣袤圓方二十九萬四千方里東京望海平原如草場與占城地相似國內多山歸化江路接西南界宣化江路接時麻道陀江路接金齒界諒州路接左右兩界其國二十二郡六者爲占城故地其外爲安南東京地其江自雲南廣西出者皆南流惟東京之江東流其海之港甚多處處可泊國西都曰順

化城離海邊十八里沿江十二里建屋宇大半草盧罕瓦屋其東京城在河濱距海三百里居民比順化更繁爲貿易之埠與中國通商並不與他商經營東安居民原來自中國開墾立業故其氣色相去不遠至占城之土民面黑身矮與暹相似乾隆年間國王沒臣生異心或結暹羅或結安南故爲安南侵據其地豐盛而民懶惰海邊有湛巴族類風俗語音與安南異古時乘船冒危遠商他國近日漸退安居山內服屬安南安南國崇佛教拜偶像有奉天主教者王盡滅其教門而殺其師

然尙存四十餘萬信士東京出金鐵開廠每年掘銀二
十餘萬占城産米多白糖檳榔肉荳蔻唐船最多占城
之綠賴江瀕海捕魚爲生安南人矮身着長衫褲以布
纏首衣裳黎黑色惟尊貴用紗緞衆民汚穢不洗衣不
浴體風俗人淸爽滿面笑容揚眉暢氣安心聽命但因
連月徭役小民貧苦無聊王住殿太乘榮威其侍衛三
萬丁立内閣置六部中外百官甚效中國之法各省有
其督撫部院等大官所讀之書與中國相同但其音懸
絶至于武備國王請佛蘭西武官教列西國操演武藝

是以所鑄之火礮所造之鳥鎗不異佛蘭西其武官深
曉兵機所有兵船大勝中國之艦巡駛五印度南海各
國以廣見識其公使屢到外國隨便辦事遇有外國船
隻進港即嚴行防範煩擾苛刻以塞外商之路中國所
來之大小船三百隻安南往新嘉坡每年三十有餘隻
但其水手係漢人王之兵船二三隻載雜貨亦赴其埠
貿易

聖武記安南所都曰東京即唐交州都護治所而以廣
南順化二道爲西京即古九眞日南地中隔海口世爲
阮氏割據號廣南王兵強於安南初明嘉靖中安南爲
莫登庸所篡國王黎維譓走保淸華順化四府至孫黎
維潭起兵破莫復國實其臣鄭氏阮氏之力世爲左右
輔政後右輔政鄭氏乘阮死孤幼出阮氏於順化使王
廣南而自專國事于是阮鄭世仇搆兵至鄭棟益專柄
將篡國而忌廣南之强乃誘其土酋阮岳阮惠攻滅廣
南王于富春及鄭棟死阮惠又起廣南兵攻滅鄭氏于
是阮氏復專國盡取王都珍寶歸廣南治城池于富春
旋使其將阮任以兵數萬攻東京國王黎維祁遣使走

投訴中國時乾隆五十三年也明年朝廷命兩廣總督
孫士毅出師討阮惠惠敗走黎維祁復國是冬阮惠復
集廣南之衆傾巢來襲孫士毅軍潰走還黎維祁復來
投阮惠亦改名阮光平叩關謝罪乞降言世守廣南與
安南敵國非君臣並請五十五年入覲祝　八旬萬
壽詔封阮光平安南國王五十七年卒子阮光纘
襲封初阮氏世王廣南以順化海港爲門戸與占城暹
羅皆接壤阮光平以兵篡國國用虛耗商舶不至乃遣
烏艚船百餘總兵官十二以采辦軍餉爲名多招中國

海盜使爲鄉導入寇閩粵江浙嘉慶初各省奏擒海賊屢有安南兵將及總兵封爵敕印詔移咨安南倘不謂國王預知也暹羅既與廣南積怨會黎氏甥阮福映者乞師暹羅克復西都并縛海賊莫扶觀等獻諸中國中國始知阮氏父子皷奸誨盜之罪時嘉慶四年也及七年阮福映復破東京盡有安南備陳搆兵始末爲先世黎氏復仇其舊封農耐本古越裳氏地今兼并安南請以越南名國　詔封越南國王蓋新阮篡黎十餘年復滅于舊阮今修職貢者非復前日阮氏云

英吉利夷情紀畧歙縣葉鍾進寄味山房雜記　嘉慶十一二年間有大班喇弗者探知我屬國安南之東京地居海隅時有內訌乘隙可取時阮福映滅仇立國方新之故遂親往孟甲剌約其兵頭駕大舶十號直趨安南富良江海口先令其副兵頭駕七艘入以討舊欠索馬頭爲名安南聞之先飭漁艇商船盡藏內港故入口數百里無阻直至東京下碇不見一人及夜忽有小艇無數各載乾柴火藥四面圍至急發大礮轟之小艇皆乘上風火發風烈七艘俱燼有黑鬼善泅者游水出報兵頭駭遁不敢再入

瀛環志畧曰越南卽安南古之交阯秦以後唐以前皆隸版圖南界之林邑漢末卽自立爲國安南至五代時乃列外藩今并占城爲一國復兼眞臘北境安南故地南境占城眞臘故地稱曰廣南北界廣東廣西雲南三省西界暹羅東南面大海都城曰順化在富良江之南岸衣冠仍唐宋之制坐則席地貴人乃施短榻取士用策論詩賦設鄉會科士大夫皆好吟詠詩或劣不成句而人人喜爲之國分四十餘省一省所轄止數縣文武官名畧同內地總督皆阮姓王之族也貴官坐堂皇或

解衣捫蝨其簡陋如此宴客設銅盤置蔬肉各少許無醯醢以醃魚汁代之鴉片之禁甚嚴犯者立寘重典東南臨海有都會曰祿奈或作祿賴一作龍奈一作農耐占城之故都也南境臨海有都會曰東埔寨眞臘之故都也閩廣商船每歲往來貿易別國商船入港譏防甚嚴榷稅亦重諸國惡其煩苛故市舶罕有至者所產者番木沈楠諸香鉛錫桂皮象牙燕窩魚翅之類其入　貢由廣西之太平府入關不由海道安南本中國地諸書言之綦詳故不多贅

俗傳紅毛船最畏安南不敢涉其境其人善於泅水

遇紅毛夾板則遣數百人背竹筒攜細縷沒水釘於船底從遠處登小舟牽曳之俟其擱淺乃火焚而取其貨又或謂安南人造小舟曰軋船能攻夾板船底故紅毛畏之以今考之皆不甚確葢古城之北海形如牛月海水趨灣其勢甚急海船或入灣內無西風不能外出紅毛夾板入溜擱淺曾敗數舟故至今歐羅巴人涉海以望見廣南山爲厲禁商船入安南內港土人皆用小船繫繩牽引乃慮其擱觸礁淺藉爲鄉導卽中國各港之引水船反用之以碎敵船理或

有之惟沒水而釘船底則事涉杳茫矣至軋船之製會有繪圖倣造者施之海面仍無異常船耳食之談施之實事往往鑿枘正不獨此一事也按鄭芝龍焚荷蘭船見臺灣外紀時荷蘭夾板擾閩浙芝龍方受撫爲禆將奉令往剿荷蘭船堅炮猛乃募死士善泅者以小船堆柴薪澆以油中藏火藥前置引線船首施短鐵鍊綴利錐死士一人持斧坐船頭數人從旁乘風潮急棹傍夷船以斧釘錐於船艘燃藥線投水鳧囘藥燃火發風又猛烈荷蘭夾板被焚三艘餘遁去云按芝龍本海中劇盜所養皆亡命其權譎能得人死力故出奇制勝理或有之他書言火攻者謂用千百木筏積薪順風潮縱之或謂鎖千百小舟積薪艤港面圍之皆江河火攻舊說施之夾板鑿枘甚矣海面寬闊夾板相地散泊相隔一二里三四里木筏雖多豈能塞海又豈能引鍼拾芥使之相著此自焚舟何與彼事

地里備考曰安南國又名交趾在亞細亞州之南北極出地八度四十五分起至二十三度止經線自東八十七度四十五分起至一百零七度止東南皆枕中國海西連暹邏國北接中國南北相距三千七百里東西相去一千五百里地面積方約三十九萬三千七百五十里烟戶三京三兆口本國地勢山陵綿亘平原坦闊河則甚多其至長者一賣岡河一桑該河一支來河一多乃河湖則甚鮮其至大者一托湖一勞湖田土膴腴穀果豐稔草木茂盛鳥獸充斥土產金銀銅鐵錫絲茶漆

靛蔗緜花檳榔沙藤肉桂胡椒象牙藥材木料等物地氣温和王位相傳所奉之敎儒釋不一技藝精良貿易昌盛通國分爲五部一唐沖首府曰順化乃西都也建于順化河岸一唐外卽東都首府曰給卓一平順首府曰占城一嘉定卽東埔寨又名眞臘首府曰柴棍一包當首府曰保國中部落四散住居不屬統轄名目紛繁茲不及贅其通商衝繁之地一名柴棍一名代佛一名罕山一名給卓

外國史畧曰亞悉亞東南洋海岸各國北連中國之雲

南廣西廣東南及暹羅海隅及南洋羣島東及安南東都海隅西連榜甲拉海隅在亞西亞各國之至南其長江曰迤拉瓦的江一名大金沙江由雲南流出逕緬甸四千四百里入榜甲拉海隅水深廣可入大海舶若小三板船可及雲南界撒路音河一名潞江亦由雲南下流直南入緬甸之馬他班海隅其北支內多暗沙南支則水深三十里黙南江一名沅江亦由雲南下流南向入暹羅灌田最豐盛其江最深而出口處反淺黙南君河即瀾滄江由雲南流入越南西都有漳江溪港有兩

係西方係緬甸國並英吉利藩屬地其東越南中間爲暹羅老掌等地南則爲蕪萊由族類

又曰越南國北極出地自八度三十分及二十三度偏東自一百零五度及一百零九度廣袤方圓六千七百里民在東都者千餘萬在廣南百有餘萬在占臘或在千賓百五十萬越南南連暹羅東及大海北與中國交界西連老掌其全國之地自南占臘地起如區粟鎮河僊南榮安江永清定祥蕃安邊和平順衙莊富安歸仁和義廣南皆南地也其中央有廣德廣治廣平乂安東京各鎮北方有清內清外興化南上南下海東京北山西高平郎北太原宣光廣安等鎮其南方占臘之地地低田肥無山林人繁盛民不習勤國君又不知敎養故府庫充而百姓貧乏惟與中國交界之東都居民蕃庶勤埜能製各物又花河邊之順化田肥地茂其內山多磽低地出米烟檳榔白餹玉桂皮胡椒檀香奇南香粗茶葉等貨港口便通商面貌皆似中國本漢人之苗裔也其文學亦用中國字讀中國書法度規矩風俗皆與中國彷彿土民伶俐恆帶喜色多巧思衣尚黑不好潔

不浴身男應徭役女乏貞節代男苦勞以養其家庶民貧乏惟僑寓之漢人免徭役農力勞而收薄商賈多漢人所運出者檳榔白餹胡椒最多通商極興旺船由埔寨來者載米鹽等貨赴新埠頭貿易國王亦調兵船每年赴港并赴旁甲拉東都所運賣者係粗磁等貨所造之鳥鎗大砲等火器尤妙東都出胡絲但不如中國之細衣布緞紗皆粗其上者必買自外國乾隆三十八年西都有兄弟三人一爲將軍一爲商賈一爲和尚共驅國王世子有佛蘭西敎主偕世子求援于暹羅國併往

佛國求救是時三奸已據其國虐其民其東征者不服水土斃死甚衆王駐伶仃島於是佛國與本地義勇力驅奸徒又攻擊東都舊王復位乃用佛官練兵鑄炮又建戰船如西洋之甲板且築砲臺自後武事日興乘占臘國王内亂與暹羅分據其地直入祿賴每年調兵船載餉貨赴新埠等港貿易所寓漢人亦駛各港口在占臘載貨物王自操全權不與鄉紳會議所納各稅約五百萬兩其西都曰順化府居民三萬各江邊離海二里北極出十六度四十五分偏東一百零六度三十二分

城周二里高三丈兵房周繞殿宇民居半以竹葵爲之大砲火器甚多皆佛蘭西造作初王亦許以海邊土地給佛國居住後不踐約其佛官漸歸本地於是通商悉罷且絶佛國嚴禁天主教然東都占臘廣南各地尚有思奉教者東都京北鎮之港口居民十五萬與中國貿易最興旺之港曰祿賴居民十三萬多暹羅小船及中國大船又歸仁衙莊富安三處亦通商興旺之地占臘古都今雖廢居民猶三萬有餘此安南通國情形之大畧也

武林郁永河裨海紀遊曰紅毛船用板兩層斲而不刨製極堅厚中國人目爲夾板船其實整木爲之非板也其帆如蛛網盤旋八面受風無往不順較之中國帆檣不遇順風則左右戧折傾險迂艱者不翅天壤然巧於逆風者反拙於乘順風若與中國舟航並馳順風中彼反後矣故遇紅毛追襲卽當轉柁順風揚帆可以脫禍若仍行戧風鮮不敗者況彼船大如山小舟方畏其壓安能仰攻紅夷恃船大帆巧橫行海外輕視諸國所至侵奪顧兩敗于交趾交趾拒敵之法創造小舟名曰軋

船長僅三丈舷出水面一尺兩頭尖銳彷彿端陽競渡龍舟以二十四人操檝飛行水面欲退則反其棹變尾爲首進退惟意儼然游龍船中首尾各駕紅夷巨礮附水施放攻其船底底破卽沉雖有技巧無所施設於是大敗至今紅毛船過廣南見軋船出卽膽落而去中國東南半壁皆大海日與西夷互市軋船之製亦所宜講余文儀臺灣志交留巴國人本輕捷善鬭紅毛製造鴉片誘使之食遂疲羸受制其國竟爲所據紅毛人自有食鴉片者其法集衆紅毛人環視繫其人於桅竿上以

磤擊之故紅毛各國祇有造煙之人無一食煙之人又聞夷船由孟邁赴廣東必先經安南邊境初誘安南人食之安南覺其陰謀下令嚴禁犯者死無赦一國卒不受其害

澳門紀畧曰昔西洋夷有以天主教行於安南者國人惑之國王盡拘其人立二幟于郊下令曰不從教者立赤幟下宥其罪如守教者立白幟下受誅竟無一人肯出教立赤幟下者王怒舉磤殲之至今不與西洋通市至則發大磤擊之西夷卒不敢往

魏源曰越南自漢唐明屢隸版圖列郡縣事燦前史惟其與西洋交搆則皆在　本朝於中國洋防最密邇雍正初紅夷兵船由順化港闖其西都而西都以水攻沉之嘉慶中復由富良海口闖其東都而東都以火攻燼之鷙鳥將擊必斂其形未聞禦大洋橫行之劇寇徒以海口磤臺為事者越南之禁鴉片與日本禁耶穌教同功與酒誥禁羣飲同律咄咄島邦尚能令止而政行

越南疆域附考原無今補

皇清通考四裔門安南即交趾與滇粵接界由廣西至其國道有三從憑祥州入則經文淵脫朗諒山溫州鬼門關保祿縣凡七日至安越縣之市橋江由思明府入則過摩天嶺思陵祿平二州又過車里江安博州耗軍洞鳳眼縣凡八日至市橋江自龍州入則由平而隘七源州四日至文蘭平茄社分二道一從文蘭過右隴縣北山經鬼門關渡昌江經世安安勇二縣凡三日至市橋江一從平茄縣西經武巖州司農縣凡四日至市橋江市橋江在安越縣境昌江之南諸路總會處五十里至慈山府嘉林縣渡富良江入交州由雲南至其國道有二一由蒙自經蓮花灘入程瀾洞循洮江源右岸過水尾文盤鎮安夏華清波諸州縣凡二十七日至臨洮府又過山圍縣興化府白鶴縣凡十日渡富良江一由河陽隘循洮江源左岸過平源福安宣江端雄諸府州縣凡二十三日至富良江然皆山徑欹側難行若循洮江右岸入乃大道也若廣東海道自廉州五雷山發舟北風順利一二日可抵交之海東府沿海岸行八日始至海東有自籐安陽塗山多魚諸海口各有支港以達交州

此海道大略也國治在交州距　京師萬有千百六十五里即唐都護治所郡縣分十三道道分十三承政司安邦海陽山南京北山西諒山太原明光興化清華乂安順化廣南是也隸安邦者府一曰海東舊即交州地隸海陽者府一仍曰海陽舊即新安地隸山南者府十有一曰上洪下洪天長廣東應天荊門新興長安澁仁昌平義興舊即諒江建昌奉化鎮蠻建平地隸京北者府四曰北河慈山諒江順安舊即北江諒江地隸山西者府六曰歸化三帶端雄安西臨洮沱江舊即交州嘉興歸化地隸諒山者府一仍曰諒山舊諒山地隸太原者府三曰太原富平通化舊太原地隸明光者府一曰宣化舊宣化地隸興化者府三曰興化廣威天關舊即廣威州地隸清華者府四曰紹天鎮甯蔡州河中舊清化地隸乂安者府八曰乂安肇平思乂奇華德壽演州北平清都即乂安演州地隸順化者府三曰廣化英都昇華舊即順化昇華地隸廣南者府三曰廣南茶麟五麻舊即乂安地

其形勢東南一帶皆海，有望海城，漢伏波將軍馬援建。國境西界南掌，北界廣西，東北界廣東，沿邊皆有重巒深澗，林箐彌蔓，至大小落鼻嶺、鬼門關、羅婆羅翁蘆嶺，尤其中國要地。交州獨倚富良江為天險，江濶二三里，其水混濁，一自緬甸流入，由興化過嘉興府來；一自雲南流入，由興化府來，至交岡匯合諸小河，漸匯漸大，自西東下，經過交州，北向東南流入海。在國總屬州縣二百餘，東西相距一千七百六十里，南北二千八百里，此安南全境也。國王黎氏，祖籍清華人，為安南王，都清華。繼因交州為歷代割據險要地，兼有通海之利，始遷都之。國無城池，人煙輻輳，地勢平坦，一望皆田，村莊櫛比，人多地少，合境州縣，不過具數而已。唐調露初置安南都護府，始名安南。至德初改鎮南，大歷間復名安南。凡國王嗣位，遣陪臣來請
朝命，
欽命正副使往封，賜以鍍金銀印，文曰安南國王。其國中文武官制畧同中國。兵丁皆免丁銀徭役，按月給餉，兵分水陸，不分戰守，兵以象為

重，每象額兵二百五十名，有正象奴一，副象奴二，其餘兵丁分執火器刀鎗，行則前後序進，戰則左右排列。凡交界隘口及衝要郡縣，皆撥象鎮守。喪祭遵文公禮，信尚風水，官民不許卜葬山上，惟許葬於田。富貴者冢上蓋茅屋，歲久即平。惟國王與輔政鄭氏葬必卜地，至於權幸勢要或有私卜，敗則亦平矣。交州有國學文廟，各郡縣皆建學校，俱如中國。間有釋老。夷獠雜居，性輕悍，役使貧弱，停掠不忌。惟交愛二州倜儻好謀，驩演二州湻秀好學。交州惟國都及安邦承政司所屬地，愛州屬清華承政司，驩州演州屬乂安承政司。云屋舍惟王府、輔政宅及廟宇用瓦，色紫黃，餘皆茆屋。國中農桑極盛，荳蔴蔬野兼饒，魚鹽之利，金珠珊瑚玳瑁石磬火齊丹砂諸貨。若其中外離合，國祚變遷，自秦及明，前史備載。
本朝順治十六年，雲南平定，安南國王黎維祺奉表貢。康熙五年，維禧繳呈故明王永歷所給敕印，
詔遣使封為安南國王。乾隆五十二年，黎維祁為阮光平所滅，大兵恢復其國，旋仍為阮光平所取。光平來降，並入朝，
詔封阮光平安南國王。傳子阮光顯，嘉慶七年為黎氏舊臣阮福映所滅。詔改封越南國。至今六年兩貢並進。

《一統志》曰：廣東欽州、廣西左江、雲南臨安元江，皆與交趾為界。欽以東，海道與之對境；欽以西為南甯府，南甯之東南思明府所屬思州、忠州、上下石西諸州，太平府所屬龍英、太平、安平、上下凍諸州，皆與接境。西龍州乃其所必由之路，而憑祥州則其要害也。鎮安府所屬有歸順及下雷洞，亦與接境。二峒迤西則雲南界矣。臨安之阿迷州、左能寨等九長官司，皆其近界。元江有水路通之，而蒙自縣則其所必由之路也。其道路在廣西則由太平府歷龍州及憑祥縣，抵其諒山府，至其所稱東都者，可七日程。在廣東則自欽州西南一日至其永安州，由玉山等處至其東都，可五日程。在雲南則由臨安府經蒙自縣河底之蓮花灘，至其東都，可四五日程。此中國與交南邊境之大略也。

《粵中見聞》曰：安南地東西相距一千七百六十里，南北相距二千八百里，其為府十七，為州四十七，為縣一百五十七，歲入司農一千三百六十餘萬，舉滇黔閩廣之賦不足以當之，俗稱富庶。明代棄若弁髦。嘉靖中黎莫變生，廷議征討，吾粵先哲霍文敏議遣大司馬按兵境上，詔諭交人以郡歸者授之郡，以州歸者授之州，使其自為守，若廣西之土官然，可不血刃而定。湛文簡權論亦如此，而竟不行，誠可惜也。由廣東入交趾海道，自欽州南大海揚帆，一日至西南岸，即交趾潮陽鎮。又自廉州冠山前海發舟，北風順利，一二日可抵交趾海東府。若沿海岸而行，烏雷嶺一日至白龍尾，又二日至玉山門，又一日至萬寧州，又二日至廟山，又三日可抵交趾海東府。自欽州天涯驛經猫兒港，由萬甯州抵交趾國城，陸路止二百九十一里。又欽州城下登舟，兩日至涌淪，自涌淪至防城陸路一十五里。防城有廉州府同知、龍門協左營一守備駐劄。防城水路三日可至交趾萬甯州管下之江

坪防城水路兩日可至欽州管下如昔司巡檢所轄之東興街有欽州州判與龍門協左營一千總駐劄東興街至江坪陸路止五十里隔一小河耳江坪各省商賈輻湊多有婚娶安居者計欽州東興街至安南國城海道約六七日陸路約一十一二日也由廣西入交趾分三路自憑祥州入者出鎮南關一日至文淵州自思明府入邱溫者過摩天嶺二日至思陵州自龍州入者二日至平而隘由雲南入交趾元時始開兩路自蒙自縣入經蓮花灘以抵交趾之石瀧自河陽隘入循洮江左岸十日至交趾平原皆山徑難行明英國公張輔發兵憑祥黔國公沐晟發兵蒙自不隨馬伏波故道夾攻取勝

此奇兵也

海國圖志卷六

東南洋二　海岸之國

邵陽魏源輯

越南分國二

越南西都即廣南國也漢爲日南九眞郡晉以後日林邑宋以後日占城國朝日廣南今並入越南爲西都○原無今補

東西洋考安南分十二承政司其實一承政不能及中國一府或自舊縣升爲府如慈山溢仁之類或承政祇管一府如宋邦諒江之類舊名多更改割裂船人稱西京者即其故都其王居曰日南殿清化港即舊清化府也是漢九眞郡治之地隋唐爲愛州在交趾爲西京今爲清華承政司順化港即舊順化府也今爲順化承政司廣南港即舊乂安府也漢爲日南隋唐爲驩州今爲廣南承政司廣南有太傅阮某者國相鄭松之舅也松既執國政阮不能平擁兵出據於此威行諸郡某卒其子始修貢東京新州港即舊新安府也今爲海陽承政司提夷港亦交趾屬縣風俗大約與東京相類尚有波南承政京北承政山西承政諒山承政太原承政明光承政興化承政乂安承政皆非瀕海之地賈船所不到故不詳之中國賈船至其海口司關者以幣報酋船主

見酋行四拜禮獻方物酋爲商人設食乃給木牌於壓舍聽民貿易酋所須者輦而去徐給官價以償廣南酋號令諸夷埒於東京新州提夷皆屬焉凡賈舶在新州提夷者必走數日程詣廣南入貢廣南酋亦遙給木牌民過木牌必致敬乃行

皇清通考四裔門廣南國爲古南交地王本中國人阮姓歷代以來未通職貢其地東接安南西鄰占城南濱海東北至緬甸西北距暹羅境有大山海水環之望如半月名曰廣南灣人善泅紅毛國人夾板船最大風帆

不利漂入廣南灣者國人即遣小舟數百雲集其處人負一竹筒納長縷沒水而釘縷於船下還棹小舟遠曳以行使其閣淺始奪其貨而焚其舟故紅毛人以不見廣南山爲幸他國商船入廣南者稅物加倍康熙八年廣東都司劉世虎等遇風漂泊其地廣南國王遣臣趙文炳送歸并帶貨物船隻來粤部議趙文炳等雖奉廣南印文遣來實係中國之人或留或遣請　旨定奪其帶來之物現奉海禁不便貿易應入戶部得　旨廣南國王送劉世虎等回粤殊爲可嘉著給以照驗遣歸廣南船貨不必入官仍給來使凡往來商船由廈門至廣南者先過安南界歷七洲洋向廣南外之占畢羅山即入其境國無城郭周栽莿竹以自固云

源按廣南即阮光平先世所封地本安南附庸以地險兵強自爲一國近則并歸安南矣　皇清通考係黎氏未滅已前所修故以廣南別爲一國

陳倫炯海國聞見錄南洋諸國以中國偏東形勢用針取向俱在丁未之間合天地包大西洋按二十四盤分之即在巽巳矣就安南接聯中國而言海接廉州山繞

西北而環南直至占城形似半月名曰廣南灣秦象郡漢交阯唐交州宋安南陸接兩粤雲南風土人物史典備載後以滘化新州廣義占城之地統名廣南因舅甥委守滘化隨據馬龍角礮臺北隔一水與交阯礮臺爲界自滘化而南至占城爲廣南國其王阮姓亦稱廣南王古日南郡地也以交趾爲東京廣南爲西京而西京強於交阯南轄祿賴東埔寨崑大嗎西南鄰暹羅西北接緬甸栽莿竹爲城人善沒紅毛甲板船風水不順溜入廣南灣內者國遣小舟數百人背竹筒攜細縷沒水

密釘細縷於甲板船底遶爽牽曳船以淺閣火焚而取其輜重今紅毛甲板以不見廣南山爲戒見則主駕舟者曰髮長國有常刑厦門至廣南由南澳見廣之魯萬山瓊之大洲頭過七洲洋取廣南外之占畢羅山而至廣南計水程七十二更厦門至交趾由七州西繞北而進交趾水程七十四更七州洋在瓊島萬州之東南凡往南洋者必經之所西洋甲板有混天儀量天尺較日所出刻㬅時辰離水分度卽知爲某處中國洋艘無此儀器止用羅經刻漏沙以風大小順逆較更數每更約

水程六十里風大而順則倍累之潮頂風逆則減退之雖知某處不如西洋船之確必見某處遠山分別上下山形用繩駝探水深淺驗其沙泥一一配合方爲準確至七州大洋大洲頭而外浩浩蕩蕩無山形標識風極順利對針亦必六七日始能渡過而見廣南占畢羅外洋之外羅山方有準繩偏東則犯萬里長沙千里石塘偏西則恐溜入廣南灣無西風不能外出且商船非本赴廣南者入其境以爲天賜稅物加倍均分猶若不足比於紅毛人物兩空尚存中國大體所謂差毫厘失千里也七州洋中有種神鳥狀似海岸而小喙尖而紅脚短而綠尾帶一箭長二尺許名曰箭鳥船到洋中飛來引導人呼是則飛而去間在疑似再呼細看決疑仍飛而來獻紙謝神則翺翔不知其所之相傳王三寶下西洋呼鳥插箭命在洋中爲記

魏源曰廣南爲林邑占城舊壤明史尙與安南鄰國皇清通考修於乾隆四十五年亦以廣南安南並列故阮光平自理之疏亦謂世守廣南與安南敵國而廣南常扼安南之項背西都常制東都之死命則地利形勢然

哉莫氏篡黎而清華順化四府據于黎氏則卒覆于黎黎氏恢復而廣南順化割于阮氏則卒覆于阮阮氏據國而農耐迫廣南肘腋則卒借暹助以并東都舊志謂阮氏恢復廣南借佛郎機之力考海國聞見錄作于雍正初前乎阮氏數十載已言廣南水戰爲紅毛船所畏何爲反借助于紅毛且此志中語及廣南戰艦戒心動色情見乎詞固不得不虛稱歐羅巴援救之功以揜英吉利創敗之辱彼謂西洋水犀戈船無敵海內外者抑知五行迭相克陰陽迭相勝天下有不可制之物耶廣

南瀕海之順化港口即古賓童龍國爲占城東盡境自明王圻謬指爲舍衞國明史因之悲夫悲夫籌防邊問兎園語廟謨恃郢書用陳湯不如石與匡

越南分國沿革上

廣南之地晉唐五代日林邑○原無今補

晉書林邑國本漢時之象林縣其南則馬援鑄柱之處也去南海三千里後漢末曹區殺令自立爲王其後王無嗣外甥范熊代立其俗皆開地戸以向日至於居止東西無定果於戰鬭便山習水不嫺平地四時暄煖無霜雪人皆倮跣以黑色爲美貴女賤男同姓爲婚婦先聘婿其王服天冠被纓絡每聽政子弟侍臣皆不得近武帝太康中始來貢獻咸康二年范逸死奴文篡位文日南西卷縣夷帥范椎奴也嘗牧牛澗中獲二鯉魚化成鐵用以爲刀斫石嶂石即瓦解文知其神乃懷之隨商賈往來見上國制度至林邑遂教逸作宮室城邑及器械逸甚愛信之使爲將文乃譖逸諸子或徙或奔及逸死無嗣文遂自立爲王乃攻大岐界小岐界式僕徐狼屈都乾魯扶單等諸國并之有衆四五萬遣使人貢其書皆胡字永和三年攻陷日南害太守夏侯覽殺五六千人餘奔九眞以覽尸祭天鏟平西卷縣城遂據日南告交州刺史朱蕃求以日南北鄙橫山爲界初徼外諸國嘗齎寶物自海路來貿貨賄而交州刺史日南太守多貪利侵侮十折二三至韓戢估較大半由是諸國恚憤及覽至郡又躭荒於酒政教愈亂故被破滅既而文還林邑是歲朱蕃使督護劉雄戍於日南文復攻陷之四年文又襲九眞害士庶十八九五年征西督護滕畯率交廣之兵伐文於盧容爲文所敗退次九眞其年文死子佛嗣升平中廣州刺史滕含伐之佛懼請降與盟而還

梁書林邑國者本漢日南郡象林縣古越裳之界也伏波將軍馬援開漢南境置此縣其地縱廣可六百里城去海百二十里去日南界四百餘里北接九眞郡其南界水步道二百餘里有西國夷亦稱王馬援植兩銅柱

表漢界處也其國有金山石皆赤色又出瑇瑁貝齒吉貝沉木香晉世范文爲王穆帝永和三年夏侯覽爲日南太守侵刻尤甚林邑先無田土貪日南地肥沃常欲略有之至是因民之怨遂舉兵襲日南殺覽以其屍祭天留日南三年乃還林邑交州刺史朱蕃遣督護劉雄戍日南文復屠滅之進寇九德郡殘害吏民遣使告蕃願以日南北境橫山爲界蕃不許文歸林邑尋復屯日南五年征西將軍桓溫遣督護滕畯九眞太守灌邃帥交廣州兵討之其王范佛嬰城固守邃令畯盛兵於前邃帥勁卒七百人自後踰壘而入佛衆驚潰奔走邃追至林邑佛乃請降安帝隆安三年佛孫順達復寇日南九德皆執其太守交趾太守杜瑗遣兵擊破之即以瑗爲刺史義熙三年順達復寇日南九年寇九眞瑗皆遣兵破走之自瑗卒後林邑無歲不寇日南九眞諸郡殺傷甚多交州遂致虛弱順達死子敵眞立其弟敵鎧攜母出奔敵眞追恨不能容其母弟捨國而之天竺禪位于其甥其甥又爲國相藏驎子攻殺而立文敵文敵又爲扶南王子當根純所殺大臣范諸農平其亂而自立爲王

宋書高祖永初二年林邑王范楊邁遣使貢獻即加除授文帝永嘉七年遣使自陳與交州不睦求蒙恕宥八年又遣樓船百餘寇九德入四會浦口交州刺史阮彌之遣隊主相道生將三千人赴討攻區粟城不克引還林邑欲伐交州借兵於扶南王扶南不從十年楊邁遣使上表獻方物求領交州詔答以道遠不許太祖元嘉初侵暴日南九德諸郡二十三年使龍驤將軍交州刺史檀和之伐之遣太尉府振武將軍宗慤受和之節度和之遣府司馬蕭景憲爲前鋒慤仍領憲軍副楊邁聞見討遣使上表願還所略日南民戶奉獻國珍二月軍至朱梧戍楊邁外言歸欵猜防愈嚴景憲等乃進軍向區粟城楊邁遣水步軍徑至景憲破其外救盡銳攻城五月尅之斬其帥首獲金銀雜物不可勝計乘勝追討即林邑楊邁父子挺身奔逃所獲珍異皆未名之寶又銷其金人得黃金數十萬斤　又宗慤傳元嘉二十二年伐林邑慤自奮請行除振武將軍爲安西參軍蕭景憲軍副隨交州刺史檀和之圍區粟城林邑遣將范毘

沙達來救利之遣偏軍拒之爲賊所敗又遣憝憝乃分軍爲數道偃旗潛進討破之拔區粟入象浦林邑王范楊邁傾國來拒以具裝被象前後無際士卒不能當憝曰吾聞獅子威服百獸乃製其形與象相禦象果驚奔衆因潰散遂克林邑收其異寶雜物不可勝計

南齊書南夷林邑國在交州南海行三千里北連九德秦時故林邑縣也漢末稱王晉太康五年始貢獻晉建興中日南夷帥范稚奴文數商賈見上國制度教林邑王范逸起城池樓殿王服天冠如佛冠身被香纓絡國人凶悍習山川善鬬吹海蠡爲角人皆裸露四時暄暖無霜雪貴女賤男人色以黑爲美南方諸國皆然區粟城建八尺表日影度南八寸自林邑西南三千餘里至扶南

水經注溫水篇交州外城記曰從日南郡南去到林邑國四百餘里林邑記曰其城治二水之間三方際山南北瞰水東西澗浦流湊城下城西折十角周圍六里城開十三門凡宮殿南向屋宇二千一百餘間市居周繞阻峭地險故林邑兵器戰具悉在區粟多城壘自林邑

王范胡達始秦餘徙民染同夷化日南舊風變易俱盡巢棲樹宿負郭接山榛棘蒲薄騰林拂雲幽煙冥緬非生人所安區粟城建八尺表日影度南八寸自此影以南在日之南故以名郡望北辰星落在天際日在北故開北戶以向日此其大較也日南張重舉計入洛正旦大會明帝問日南郡北向視日邪重日今郡有雲中金城者不必皆有其實日亦俱出于東耳至于風氣暄暖日影仰當官民居止隨情面向東西南北迴背無定人性凶悍果于戰鬬便山習水不嫻平地古人云五嶺者天地以隔內外況綿途于海表顧九嶺而彌邈非復行路之遙阻信幽荒之冥域者矣建元二年林邑王范文攻日南九眞九德百姓奔逃千里無烟乃還林邑林邑西去廣州二千五百里城西南角高山長嶺連接天鄣嶺北接澗大源淮水出郍郍遠界三重長洲隱山遶西衛山迴東其嶺南開源小源淮水出松根界上山壑流隱山繞南曲街迴東合淮流以注典冲其城西南際山東北瞰水重塹流浦周繞城下東南塹外因傍薄城東西橫長南北縱狹北邊兩端迴折曲入城周圍八里飛觀鴟尾迎風拂雲緣山瞰水騫翥嵬峩但制造壯拙稽古夷俗城開四門東爲前門當兩淮渚濱於曲路有古碑夷書銘讚前王胡達之德西門當兩重塹北迴上山西卽淮流也南門度兩重塹對溫公壘升平二年交州刺史溫放之殺交阯太守杜寶別駕阮朗遂征林邑水陸累戰佛保城自守重求請服聽之今林邑東城南五里有溫公二壘是也北門濱淮路斷不通城內小城周圍三百二十步合堂瓦殿南壁不開兩頭長屋脊出南北南擬背日西區城內石山順淮面陽開東向殿飛檐鴟尾青瑣丹墀榱題桷椽多諸古法閣殿上柱高城丈餘五牛屎爲埿牆壁青光迴度曲掖綺牖紫窗椒房嬪媵無別宮觀路寢永巷共在殿上臨踞東軒逕與下語子弟臣侍皆不得上屋有五十餘區連甍接棟簷宇如承神祠鬼塔小大八廟層臺重榭狀似佛刹郭無市里邑寡人居海岸蕭條非生民所處而首渠以永安養國十世豈久存哉

隋書林邑之先因漢末交趾女子徵側之亂內縣功曹子區連殺縣令自號爲王無子其甥范熊代立死子逸

立日南人范文因亂爲逸僕隸遂教之築宮室造器械逸甚信任使文將兵極得衆心文因間其子弟或奔或徙及逸死國無嗣文自立爲王其後范佛爲晉揚威將軍戴桓所破宋交州刺史檀和之將兵擊之深入其境至梁陳亦通使往來其國延袤數千里土多香木金寶物產大抵與交阯同以甎爲城蜃灰塗之東向戶王戴金花冠形如章甫衣朝霞布珠璣瓔珞足躡革履時復錦袍良家子侍衛者二百許人皆執金裝刀有弓箭矛槊以竹爲弩傅毒於矢樂有琴笛琵琶五絃頗與中國同每擊鼓以警衆吹蠡以卽戎其人深目高鼻髮拳色黑俗皆徒跣以幅布纏身冬月衣袍婦人椎髻施椰葉席人死以函盛屍輿至水次積薪焚之收其餘骨王則內金甖中沉之於海口庶人以瓦送之於江男女皆截髮隨喪至水次盡哀而止每七日然香散花復哭盡哀盡七七而罷至百日三年亦如之人皆奉佛文字同於天竺高祖既平陳乃遣使獻方物其後朝貢遂絕時天下無事羣臣言林邑多奇寶者仁壽末上遣大將軍劉方爲驩州道行軍總管將步騎萬餘及犯罪者數千人

擊之其王梵志率其徒乘巨象而戰方軍不利方於是多掘小坑草覆其上因以兵挑之梵志悉衆而陣方與戰僞北梵志逐之至坑所其衆多陷轉相驚駭軍遂亂方縱兵擊破之頻戰輒敗遂棄城而走方入其都獲其廟主十八枚皆鑄金爲之蓋其有國十八葉矣方班師梵志復其故地遣使謝罪於是朝貢不絶

新唐書南蠻傳王本林邑也一曰占不勞亦曰占婆直交州南海行三千里地東西三百里而羸南北千里西距眞臘霧溫山南抵奔浪陀州其南大浦有五銅柱山形若倚蓋西重巖東涯海漢馬援所植也其地冬溫多霧雨產琥魄猩猩獸結遼鳥以二月爲歲首稻歲再熟取檳榔瀋爲酒椰葉爲席俗凶悍果戰鬬以麝塗身日再塗再澡拜謁則合爪頓顙有文字喜浮屠道治金銀像大或十圍王所居曰占城別居曰齊國曰蓬皮勢王衣白氎古貝斜絡臂飾金琲爲纓鬈髮戴金華冠如章甫妻服朝霞古貝短裙冠纓如王王衞兵五千戰乘象籐爲鎧竹爲弓矢率象千馬四百分前後不設刑有罪者使象踐之或送不勞山俾自死隋仁壽中遣將軍劉

芳伐之其王范梵志走以其地爲三郡置守令道阻不得通梵志裒遺衆別建國邑武德中再遣使獻方物高祖爲設九部樂饗之貞觀時王頭黎獻馴象鏐鎖五色帶朝霞布火樹與婆利羅刹二國使者偕來林邑其言不恭羣臣請問罪赦不問又獻五色鸚鵡鸚鵡斷訴寒有詔還之元和初不朝獻安南都護張舟執其僞驩愛州都統斬三萬級虜王子五十九獲戰象舠鎧

越南分國沿革下　廣南之地宋以後曰占城○原無今補

宋史占城國在中國之西南東至海西至雲南南至眞臘國北至驩州界汎海南去三佛齊五日程陸行至賓陀羅國一月程其國隸占城焉東至麻逸國二日程蒲端國七日程北至廣州便風半月程東北至兩浙一月程西北至交州兩日程陸行半月程其地東西七百里南北三千里南曰施備州西曰上源州北曰烏里州所統大小州三十八不盈三萬家其國無城郭有百餘村毎村落戶三五百或至七百亦有縣鎭之名民獲犀象皆輸於王其風俗衣服與大食國相類互市無緡錢止用金銀較量錙銖或吉貝錦定博易之直樂器有胡琴笛鼓大鼓樂部亦列舞人其王腦後鬘髻散垂披吉貝衣戴金花冠七寶裝纓絡爲飾脛股皆露躡革履無襪婦人服及拜揖與男子同王每日午坐官屬謁見膜拜或出遊看象採獵觀魚皆數日方還近則乘軟布兜遠則乘象一人持檳榔盤前導從者十餘輩各執弓箭刀鎗手牌等日或一再出其王或以兄爲副王或以弟爲次王設高官凡八員東西南北各二分治其事無俸祿令其所管土俗資給之勝兵萬餘人定十一月十五日爲冬至十二月十五日城外縛木爲塔王及人民以衣物香藥置塔上焚以祭天人有疾病旋采生藥服食地不產茶止飲椰子酒兼食檳榔有重罪令象踏之犯奸者男女共入牛以贖罪負國王物者以繩拘於荒塘物充而後出之其國前代罕與中國通周顯德中遣其臣貢方物有雲龍形通犀帶菩薩石又有薔薇水灑衣經歲香不歇猛火油得水愈熾皆貯以琉璃瓶建隆二年來貢表章書於貝多葉以香木函盛之太平興國六年

交州黎桓上言欲以占城俘九十三人獻於京師太宗遣還占城詔諭其王淳化元年新王楊陁排自稱新坐佛逝國遣使貢馴犀方物表訴爲交州所攻國中人民財寶皆爲所畧上賜黎桓詔令各守境嘉祐七年正月廣西安撫經畧司言占城素不習兵與交阯鄰常苦侵軼而占城復近修武備以抗交阯將繇廣東路入貢京師望撫以恩信七年交州李乾德言其王領兵三千人幷妻子來降以正月至本道九年復遣使來言其國自海道抵眞臘一月程西北抵交州四十日皆山路所治聚落一百五大略如州縣王著大食錦或川法錦大衫七條金纓絡戴七寶裝成金冠躡紅皮履出則從者五百人十婦人執金拌合貯檳榔導以樂王師討交阯以其素仇詔使乘機協力除蕩其國選兵七千扼賊要路其王以木葉書回牒詔使上之然亦不能成功後兩國同入貢占城使者乞避交人詔遇朔日朝文德殿分東西立大宴則東西坐七年閩人有抵占城者其國方與眞臘戰皆乘大象勝負不能決閩人教其王習騎射以勝之戰大捷明年復來瓊州拒之憤怒大掠而歸淳熙

四年占城以舟師襲眞臘傳其國都慶元以來眞臘人舉代占城以復仇殺戮殆盡俘其主其地悉歸眞臘

元史占城近瓊州順風舟行一日可抵其國世祖至元間廣南西道宣慰使馬成旺嘗請兵三千人馬三百匹征之十五年右丞唆都以宋平遣人至占城還言其王有內附意詔降虎符封占城郡王十九年十月朝廷以占城國主歲遣使來朝稱臣內屬遂命左丞唆都等即其地立行省以撫安之既而其子負固弗服朝廷使人往暹國往八馬兒國舟經占城皆被執故遣兵征之十一月兵至占城港港口北連海海旁有小港五通其國大州東南止山西旁木城官軍依海岸屯駐占城兵治木城四面約二十餘里起樓棚立回回三梢礮百餘座又木城西十里建行宮其酋親率重兵屯守應援行省遣官招之七往終不服二十年正月十五日夜半發船攻城至期分遣兵千六百人由水路攻木城三百人攻東南沙嘴又以三千人分三道攻南面舟行至天明泊岸爲風濤所碎者十七八賊開木城南門建旂鼓出萬餘人乘象者數十亦分三隊迎敵矢石交下自卯至午

賊敗北官軍入木城復與東北二軍合擊之殺溺死者數千人城中餘衆數萬悉潰國主棄行宮燒倉廩殺前所留使逃入山十七日整兵攻大州十九日國主使來求降二十一日入大州二十二日遣其舅寶脫秃花及其子三十餘人奉物雜布二百匹大銀三錠小銀五十七錠碎銀一甕爲質來歸款又獻金葉九節標槍詭言國主頰中箭今小愈未能見省官疑其二子非眞聽其還諭國主早降且以問疾爲辭遣千戶總把偕往覘之二子在途先歸子全等入山兩程國主遣人來拒不果見是日又殺前所留使百餘人二月八日寶脫秃花又至詭言其兄爲今王所殺心實怨之願禽今王父子以獻請給大元服色十三日居占城唐人曾延等來言國主逃於大州西北鴉侯山聚兵三千餘并招集他郡兵未至不日將與官軍交戰懼唐人泄其事將盡殺之延等覺而逃來十五日寶脫秃花偕宰相大師等五人來降謂唐人延等爲姦細國主軍皆潰散安敢復戰又言今永附州郡凡十二處每州遣一人招之舊州水路乞行省各遣一人乘舟招諭陸路則乞行省官與己往禽

國主行省猶信其言調兵一千屯半山塔遣子全德昭等領軍百人與寶脫秃花同赴大州進討約有急則報半山軍比至城西寶脫秃花背約間行自北門乘象逃入山官軍獲諜者知國主實在鴉侯山立砦聚兵約二萬餘遣使交趾眞臘闍婆等國借兵及徵賓多龍舊州等軍未至十六日官兵進攻十九日近木城二十里賊浚濠塹拒以大木官軍斬刈超距奮擊破其二千餘衆轉戰至木城下山林阻隘不能進賊旁出截歸路軍皆殊死戰始得解還營二十一年三月六日唆都領軍回十五日江淮省所遣助唆都軍萬戶忽都虎等至占城則官軍已回適占城主遣王通事若來四月十二日國王令其孫奉表歸款是年命平章政事阿里海牙奉鎭南王脫歡發兵假道交趾伐占城不果行

明史占城居南海中自瓊州航海順風一晝夜可至自福州西南行十晝夜可至卽周越裳地秦爲林邑漢爲象林縣後漢末區連據其地始稱林邑王自晉至隋仍之唐時或稱占不勞或稱占婆其王所居曰占城至德後改國號曰環迄周宋遂以占城爲號朝貢不替元世

祖惡其阻命大舉兵擊破之亦不能定洪武二年遣使奉表來朝貢帝遣官齎璽書大統歷文綺紗羅往賜自後或比歲貢或間歲或一歲再貢洪武三年遣使往祀其山川尋頒科舉詔于其國初安南與占城構兵天子爲遣使諭解而安南復相侵四年其王奉金葉表來朝長尺餘廣五寸刻本國字乞賜兵器及樂器樂人俾安南知我占城乃聲教所被之地庶不敢欺陵帝命禮部諭之曰占城安南並事朝廷同奉正朔今兩國互構而賜占城兵器是助爾相攻甚非撫安之義樂器樂人語音殊異難以遣發爾國有曉華言者其選擇以來當令肄習因命福建省臣勿徵其稅洪武二十一年眞臘貢象占城奪其四之一其他失德事甚多帝聞之怒命行人董紹敕責之尋遣使謝罪國王失道大臣閣勝弒王自立明年遣太師奉表來貢帝惡其逆卻之永樂元年以卽位詔諭其國洪武六年貢使言海寇自稱元帥劫海上國王擊破之賊魁溺死獲其舟二十艘蘇木七萬斤謹奉獻帝嘉之命給賜加等其冬遣使獻安南之捷帝詔省臣曰去年安南言占城犯境今年占城訴安南

擾邊未審曲直可遣人往諭各罷兵息民洪武十年正月與安南王陳端大戰端敗死占城乘勝入其國王遣使奏朝貢人回賜物悉遭安南掠奪又畀臣冠服印章俾爲臣屬帝怒敕責安南而賜占城王鈔幣永樂四年帝方大發兵往討乃敕占城嚴兵境上遏其越軼永樂五年四月攻取安南所侵地獲賊黨獻俘闕下自後鄭和復連使其國永樂十三年王師方征陳季擴命占城助兵尚書陳洽言其王陰懷二心愆期不進反以金帛戰象資季擴季擴以黎蒼女遺之復約季擴黨侵升華府地厥罪維均帝以交趾初平不欲勞師但賜敕切責俾還侵地王即遣使謝罪正統元年瓊州知府程瑩言占城比年一貢勞費實多乞如暹羅諸國例三年一貢帝是之然番人利中國市易雖有此例迄不遵天順八年其使者復訴安南見侵需索白象乞如永樂時遣官建立界碑以杜侵陵兵部以兩國方爭不便遣使乞令使臣歸諭國王固封疆捍外侮毋輕搆禍從之成化七年二月安南兵破其國執其王劫印符大肆焚掠遂據其地王弟逃之山中遣使告難兵部言安南吞并與國

若不爲處分非惟失占城歸附之心抑恐啟安南跋扈之志宜遣官齎敕宣諭還其國王及眷屬帝慮安南逆命令侯貢使至日賜敕責之成化八年遣使持節往封其弟至新州港守者拒之知其國已爲安南所據改爲交南州乃不敢入十年冬還成化十年安南復遣兵執王弟立前王孫爲王以國南邊地予之成化十四年王孫遣使朝貢請封命給事中馮義行人張瑾往封之義等多攜私物既至廣東聞王孫已死其弟古來遣使乞封義等慮空還失利亟至占城則安南已以僞敕立其國人提婆台爲王義等不俟奏報輒以印幣授提婆台封之得所賂黄金百餘兩又往滿剌加國盡貨其私物以歸馮義至海洋病死張瑾具其事并上僞敕于朝朝廷不知也明年古來奏請册印言臣國所有土地本二十七處四府一州二十二縣東至海南至占臘西至黎人山北至阿本喇補凡三千五百餘里交人前畏天威還臣兄故地僅自邦都至占臘五處耳更乞特諭交人盡還本國禮官乃劾張瑾擅封下詔獄論死乃諭古來詣廣東受封并敕安南悔禍古來乃自老撾挈家赴崖州受封命南京右都御史屠滽往至廣東傳檄安南宣示禍福而募健卒二千人駕海舟二十艘護古來還國安南以滽大臣奉特遣不敢與抗古來乃得入其國自殘破之後民物蕭條貢使漸稀宏治十八年古來卒其子請封廷議令其使臣齎敕往自是遂爲故事而其國貢使亦不常至其國無霜雪四時皆似夏草木常青民以漁爲業無二麥力穡者少故收穫薄檳榔終日不離口不解朔望但以月生爲初月晦爲盡不置閏分晝夜爲十更非日中不起非夜分不卧見月則飲酒歌舞爲樂無紙筆用羊皮捶薄熏黑削細竹蘸白灰爲字狀若蚯蚓有城郭甲兵人狠而狡貿易多不平戶皆北向民居悉覆茅檐高不得過三尺部領分差等門高卑亦有限人體黑男蓬頭女椎髻俱跣足王瑣里人崇釋教歲時采生人膽入酒中與家人同飲且以浴身曰通身是膽其國人采以獻王又以洗象目每伺人于道出不意急殺之取膽以去置衆膽於器華人膽輒居上故尤貴之五六月間商人出必戒備王在位三十年則避位入深山以兄弟子姪代而已持齋受戒告於天曰我爲君

無道願虎狼食我或病死居一年無恙則復位如初國不甚富惟犀象最多烏木降香樵以爲薪伽南香獨產其地一山酋長遣人守之民不得采犯者至斷手有鱷魚潭獄疑不決者令兩造騎牛過其旁曲者魚輒躍而食之直者即數往返不食也有尸頭蠻者一名屍致魚本婦人惟無瞳神爲異夜中與人同寢忽飛頭食人穢物來即復活若人知而封其頸或移之他所其婦即死國設厲禁有而不告者罪及一家

〔海錄〕凡南洋海艘俱由老萬山出口西南行過七洲洋有七洲浮海面故名又行經陵水順東北風約四五日便過越南之順化界順化即越南王建都之所也又南行約二三日到新州又南行約三四日過龍柰又謂之陸柰爲安南舊都由龍柰順北風日餘至本底國本底國在越南西南又名勘明疑即占城也國小而介于暹南暹羅二國之間其人顏色較越南稍黑語音亦微異土產鉛錫象牙孔雀翡翠箭翎班魚脯又順東北風西行約五六日至暹羅港口〇〔源案〕越南之西都在順化港即占城舊地也此別指本底爲占城非是本底爲東

埔寨即古眞臘國海錄出于賈客舟師之口故見聞雖眞而考古多謬特附錄而辯之至占城東南瀕海尚有賓童龍國即宋史所謂賓陀羅者與占城相連今并入廣南境內疑即龍奈之地明王圻續通考謬指爲佛經之舍衛城辯見美洛居島國後

海國圖志卷七

歐羅巴人原譔

東南洋三 海岸之國

侯官林則徐譯
邵陽魏源重輯

暹羅一

安南暹羅緬甸三國幅員相接北與中國西藏雲南廣西交界少西與印度交界餘皆以海爲界除麻六甲以外東西距約三千里南北距共有九十萬方里山皆發脈于印度之希馬臘壓山此山最高次則以阿山爲最餘多崎嶇難通似每一谷可爲一國無不廣大衍沃暹羅建都于曼谷兩面皆山一寬長之大谷也山雖層疊均不甚高無過五百丈者土沃産豐爲海船市埠之最附近各國皆不及前被緬甸吞并國人不服且地勢阻隔故緬甸得之旋失之復爲暹羅所有陸戰木柵甚堅步步爲營全同緬甸國王臨朝端坐威儀甚尊百官偏袒跣足屈腰蹲身盡禮致敬稱謂以金爲尊如稱上則曰金首金目金鼻金口金足之類緬甸暹羅安南三國大都身短色黑面扁顴高絶少姣好似頑實黠似惰實

勇髮多而黑卻少鬚鬚有即拔去望若婦人與阿細亞洲各國不同然性善泛愛一見甚殷勤稍拂輒反目不若印度之柔和其居家治生亦如中國印度惟不及兩國人材技藝耳暹羅人游惰度日不尚技藝尤藐視外國人有商舶至其地輒待同蠻夷壹似無能爲役者惟尊中國而不知有他國也三國皆尊奉印度佛教凡事苟且節儉惟修建寺宇則窮極華靡塑像有雕白石者有鎔赤銅者或高丈或高二丈餘尺金彩曜目其工匠不亞於歐羅巴并有鑄像廠其價值多寡視像身之大

小出家爲僧終身不娶惟暹羅人或爲僧或返俗任意往還且云人生不可不出家不可久出家不出家則不知規矩久出家則虛度光陰蓋其出家猶中國子弟之出外就傅及冠有室則不復從師所習梵典梵字及術數之類皆從僧師受之實非終身披剃之比也暹羅文學亦同緬甸大抵闡揚佛教其讚頌四百似有音律須六禮拜之久始能誦畢奉佛戒禁肉食然印度僧不能守戒或不食家牲而食野禽謂不在律禁其在家人並以蟲蛇爲美味安南緬甸亦然蓋近中國閩廣之風矣

暹羅城沿河而建遠觀若築柵于筏上浮水而繫諸岸服色頗同東方男女皆耳環手鐲地多金鑛凡酒盃檳榔盒器皿皆赤金以綢緞爲質金繡爲文覩其服可知其職之差等女服寬長而腋下疊褶畧同緬甸男逸女勞粗重工作悉委于女貿易亦皆女爲之然謹守禮法雖在市中足不踵戶未嫁之貧女有與外國人寓所傭工支持家務襄理貿易雖儼如家室不可干以非禮此俗安南尤盛治喪亦各不同緬甸貴人棺柩停歛需時庶人香膏塗屍而火化之暹羅以屍飼飛禽皆遵佛教

荼毘之制若安南國中遇喪則慶賀燕宴十二日奢華甲諸國彼則失之過慘此則失之太奢與其慘又寧奢也三國皆重技藝而廟宇中雕刻彩繪尤各殫其妙官民俱嗜觀劇或在人家或於稠衆動輒扮演價值甚廉非若歐羅巴人必有一定之戲臺昂貴之戲價也音樂節奏和暢動人女音嬌柔尤似中國惟意大里之音樂三國皆不能學暹羅國東界安南北界中國南界海西界緬甸以曼谷爲國都領部落二十有一戶口約百有三十萬名緬甸北隅之彌南河發源雲南歷暹羅之曼

谷國都出海桒彌南河當即雲南之瀾滄江至暹羅上名黃河水極膏沃

曼谷國都　義唔

依彌羅　巴于舍

金都扁　曼士格

持釐巴戈臘　木底阿羅

麥爾古　松波

巴爾底阿　達阿依

特那色領　松波巴

靑地　波顛

西晏　戈倫比

樟底目　葉希里

加磨阿以上原本

源案二十一部落名目與官書四裔考不符姑存備考

重輯原無今補

皇淸通考四裔門暹羅東廣南南東埔寨古暹及羅斛兩國地也地方千里環國皆山國分郡邑縣隸於府府隸大庫司大庫司者猶華言布政司也庫司九曰暹羅曰剌細馬足曹本皮細綠東胥胎果平疋倒朌細討丕六昆府十四曰綵納無老比采東板魯辣皮疋皮里采野多鐃千無里細辭滑采欲款細灣沾奔魁山縣七十二西北土磽确暹地也東南土平衍羅斛地也王城分八門城濠磚砌周遭十餘里城中有小河通舟城外西南居民輳集王居在城西隅別建宮城約周三里有奇殿用金裝綵繪覆以銅瓦室用錫瓦堦砌用錫裹磚欄杆用銅裹木王出乘金裝彩轎或乘象車其傘蓋以茭葦葉爲之王每旦登殿官僚於臺下設氈以次盤膝坐

合掌於頂獻花數朶有事則具文書朗誦上呈候王可否乃退國王自明洪武中始用中國賜印其國官制九等一曰握亞往二曰握步喇三曰握蟒四曰握坤五曰握悶六曰握文七曰握板八曰握郎九曰握救選舉由鄉舉於大庫司以文達於王所王定期試之咨以民事應對得宜始賜章服授官考課亦以三年爲期其文字皆旁行不通漢字明正德中選留貢使一二人入館肄業後乃稍習漢文其服色惟王留髮冠金嵌寶石形似兜鍪上衣下裳緞布五采小袖朱履臣民皆剪髮男女

椎結白布纏頭官一等至四等金嵌寶石帽五等至九等五彩絨緞帽衣俱兩截襪履用牛皮婦人椎髻簪戒指鐲釧脂粉略同中國亦上衣下裳五彩織金花幔曳地皮舄紅黑炎熱卑溼人皆樓居上聯檳榔片籐覆之間用陶瓦無床桌几櫈皆藉氈席籐而坐官民有銀不得私用皆送王所委官傾瀉成珠用鐵印印文其上每百兩入稅六錢無印文者以私銀論罪初犯斷左指再犯斷右指三犯者死錢穀出入之事取決婦人婦多智夫聽命焉國人有名無姓爲官者稱握某民上者稱奈某下者稱隘某風俗勁悍習水戰其貢有龍涎香速香金銀香象牙胡椒籐黃豆蔻蘇木烏木大楓子薔薇露西洋閃金花緞之屬又金石則有金剛鑽寶石花錫羽毛鱗介則有孔雀五色鸚鵡犀象金絲猴六足龜花木蔬果則有黃竹棠竹猫竹石榴子水瓜土瓜又產羅斛香味清遠似沉香蓋以其地得名也明洪武中入朝賜印文始稱暹羅國順治九年十二月暹羅遣使請貢幷換給印敕勘合從之自是職貢不絕康熙三年先是外洋貢船入廣東界守臣查驗屬實進泊河干封貯所攜

貢物俟禮部文到始貿易物輒毀壞二十三年六月國王遣使來貢因疏請嗣後貢船到廣具報後即次河干俾貨物早得貿易幷請本國採買器用乞　諭地方官給照置辦貢使進京先遣貢船回國次年差船迎　敕歸國許之二十四年增賞暹羅緞幣表裏五十四十七年　詔貢使所攜貨物免其徵稅六十一年　詔曰暹羅國貢使言其地米甚饒裕銀二三錢可買稻米一石朕諭令分運米三十萬石至閩廣浙江於地方甚有裨益不必收稅雍正二年貢稻種果樹其船梢目九十六人本係漢人求免回藉許之七年　御書天南樂國匾額賜之並減免速香安息香袈裟布疋等貢乾隆元年六月咨禮部言往時　欽賜蟒龍大袍藏承恩亭上歷世久遠難保無虞懇再邀　恩賞賜一二每年造福送寺需用銅斤求暫開禁採買部議不可　詔特賞蟒緞四疋加賞銅八百斤後不爲例八年九月奉　旨暹羅國商人運米至閩源源而來嗣後外洋貨船帶米萬石以上者免船貨稅銀十之五五千石以上者免稅十之三即載米不足五千之數亦免

其船貨稅銀十分之二次年福撫陳大受奏言閩商前
赴暹羅販米其國木料甚賤應聽造船運回給照查驗
報可十四年　御書炎服屏藩匾額賜之十六年閩
督奏准商人赴暹羅運米至二千石以上者查明議敘
賞給頂帶十八年二月入貢并懇　賜人蔘纓牛良
馬象牙并通徹規儀內監部議不可　詔賜人蔘四
十六年正月暹羅國長鄭昭遣使入貢奏稱自遭緬匪
侵淩雖復土報仇紹裔無人茲羣吏推昭爲長遵例貢
獻方物五十一年其子鄭華嗣立復入貢　詔封華

暹羅國王其國都在廣東省西南海道約四十五晝夜
可至始自廣東香山縣登舟乘北風用午針出七洲洋
十晝夜抵安南海次有一山名外羅八晝夜抵占城海
次十二晝夜抵大崑崙島又用東北風轉舟向未及申
三分五晝夜可抵大眞樹港五晝夜可抵暹羅港入港
二百里即淡水洋又五日抵暹羅城其國西南有大山
綿亘由暹羅沿山海而南爲宋腒朥埬仔六崑大呢皆
暹羅屬國
海國聞見錄曰東埔寨大山繞至西南爲暹羅由暹羅
沿山海而南爲斜仔六坤大哖丁葛奴彭亨山聯中國
生向正南至此而止又沿海繞山之背過西與彭亨隔
山而背坐爲柔佛出柔佛而西爲麻剌甲即丁葛奴之
後山也由麻剌甲而西出於雲南天竺諸國之西南爲
小西洋戈什達暹羅沿山海而至柔佛諸國各皆有王
均屬暹羅國所轄古分暹羅二國後合爲暹羅國俗祟
佛王衣文彩佛像肉貼飛金用金爲器皿陸乘象亭象
輦舟駕龍鳳見尊貴以祼體跳足俯腰蹲踞爲禮不衣
褌而圍水幔尊敬中國用漢人爲官屬理國政掌財賦

城郭軒豁沿溪樓閣羣居水多鱷魚從海口至國城溪
長二千四百里名黃河水深闊容洋舶隨流而入通黃
河支流夾岸大樹茂林猿猴采雀上下呼鳴番村錯落
田疇饒廣農時闔家棹舟耕種事畢而回無俟鋤芸穀
熟仍棹舟收穫而歸粟藁長二丈許以爲入貢土物因
播秧畢而黃河水至苗隨水以長長至六七尺則苗亦
長至六七尺水退而稻熟矣幹河入中國勢猛而急支
河入西域歸東埔寨暹羅以出海勢散而緩田疇藉以
肥饒案此竟以暹羅之河與中國之黃河同源謬甚惟東西洋考謂黃水每夏秋自海中來者得之故

產米之國石可三星俗語補鹿枝頭牽牛上樓蓋樓處水漂沒閣息於樹梢溪屋爲水注浸引牛於樓上人有被虎噉鱷呑者告於番僧僧咒拘而虎自至咒攄綿紗於水而鱷自縛剖而視之形骸猶存有受毒者向僧求咒則解是以俗重佛教富者卒後葬以窣堵即釋氏塔也又有一種共人共者咒法名也刀刃不能傷王養以爲兵衛若犯刑令番僧以咒勸化之使其自退咒法方與受刑國造巨艦載萬餘石求桅木於深山大樹先以咒語告求允許方敢下斧不則樹出鮮血動手者立亡用

牛挽輦沿途番戲以悅之咒語以勸之少有不順則拔木而自回舊地挽至廠所其靈方息產銀鉛錫洋布沉速象牙犀角烏木蘇木冰片降香翠毛牛角鹿筋藤蓆佳文蓆藤黃大楓子豆蔻燕窩海參海菜以銀豆爲幣大者重四錢中者一錢次者五分小者二分五釐其名曰潑皆王鑄字號法不得剪碎零用找以海螺巴廈門至暹羅水程過七洲洋見外羅山向南見玳瑁洲鴨洲見崑崙偏西見大眞嶼小眞嶼轉西北取筆架山向北至暹羅港竹嶼二百八十八更入港又四十更共水程

二百二十八更而東聯東埔寨僅水程一百十三更何以相去甚遠蓋東埔寨南面之海一片盡屬爛泥故名爛泥尾下接大橫山小橫山是以外繞而途遠也

地球圖說暹羅國東界安南國南界麻六甲國并海西界阿瓦國北界中國其百姓約三百萬都城名萬國城內民九萬宗釋教現有花旗國英吉利國人在此傳授耶穌聖教居茅廬以藤蓆竹簟爲寢處不衣褲而圍小幔裸體跣足頭薙而留頂髮常食檳榔齒黑口臭亦有建屋水上極其高峻國君好白象戰則以白象爲先鋒

現有中國廣東福建人能駕暹船與之貿易或至此務農其土人形狀與安南相似地勢低陷天雨多則遍地水溢民風男尊女賤一男多娶數女不合則休之無妨內有至大之江名湄南又麻六甲國之南有一地名新嘉坡與中國人通商之處產鹿角象牙白豆蔻胡椒各樣香料米鹽錫藤木料牛虎等皮所進入之貨大抵購自中國

地里備考曰暹羅國在亞細亞州之南北極出地八度起至二十一度三十分止經線自東九十七度起至一

百零一度止東至安南國西連馬拉加海峽南接馬拉加國北界中國雲南長約三千三百餘里寬約一千里地面積方約二十萬零一千一百餘里烟戶三兆六億口本國地勢西方則重岡疊嶺絡繹延袤此外則邱阜寥寥平原坦闊每遭水患河之長者一名美能一名薩巒一名賣岡湖則甚小爲數無幾田土膏腴河濱沃潤土產金銅鐵錫鉛鹽窩宅燕窩象牙豆蔻沈香胡椒烟葉甘蔗木料等物地氣濕熱風俗樸素王位世襲所奉之教乃釋教也其餘別教人或奉之槩不禁止貿易興

隆商賈雲集粤稽國史康熙二十七年至乾隆四十六年與緬甸國日尋干戈時事屠戮廢立舉行名器更易越三十二載有哥羅馬甲者即位戰勝緬軍國事乃定首郡名邦哥乃本國都也建于美能河口宮殿廟堂則用磚瓦閭閻房屋俱用木版其通商衝繁之地一名西約的亞一名盧窩一名耶口約內其兼攝之地一名眞臘即東埔寨也一名老撾即越裳也一里哥爾一賓德倫一巴達尼一加蘭丹一的靈加諸一給達一仍塞倫島或隸版圖或派官居守或受其貢焉

每月統紀傳曰暹羅在南海沿古赤土及婆羅剎地也其後分爲暹與羅斛二國暹瘠土不宜耕稼羅斛土平衍而種多獲暹賴給焉元明以來皆稱國曰暹羅乾隆年間緬甸王征勦暹羅值凶年飢歲爲緬所服其後有漢人在暹國者亦乘緬甸荒年起兵報復破緬凱旋自立爲暹羅王嘉慶初年間暹國內之將軍謀反令漢王讓位現在此朝治國頻數與緬甸打仗服老撾占城馬萊西南方幾國方欲與安南相戰蓋暹羅官員殺安南公使道光年間英國駐印度之總帥與緬甸王相戰暹

羅與英國盟約以兵相助議息攻戰之後兩國友交本年亞默利加統邦之治主亦遣公使結貿易約

暹羅之田不勝肥美其中谷之江每年漲黃水自五月一派從海口來四月插苗隨水漲而發水漸高苗亦漸長遂至六尺漲以九月始退退即稻熟可收田得水而肥其米純白盛供所用有餘載出口產物甚多有白餹蘇木翠羽乳香降香象牙犀角木頭能造巨艦之桅有燕窩海參海菜錫等貨其地向南甚平坦向北有山嶺土番與漢人相似而顏更黑惟好閒遊却令外國人代

工作民居樓及竹藤之屋富者卒後葬以塔人皆裸體跣足俯腰蹲踞見尊貴不衣褲而圍水幔惟僧言是聽凡男子皆爲僧幾年然後爲平民建廟塔無數致敬佛象暹羅有王三位其民皆視之如佛敬服如神仙王宮高廣以黃金爲飾雕鏤八卦備極美麗有門三重每門圖畫飛仙菩薩之狀懸以金花王之器皿都是黃金惟膝行可朝見

華人駐此娶番女唐人之數多于土番惟潮州人爲官屬封爵理國政掌財賦城郭軒豁沿溪樓閣羣居水每

年有上海寧波泉州廈門潮州廣東船進其都城稱萬國兼占地門貿易英吉利及亞黑利加各國之船皆進萬國黃河江貿易其女人亦爲商賈只恨居民懶惰多荒地若非漢人代爲耕種經營甚難度日也

外國史畧曰暹羅國廣袤萬三千三百三十方里居民五百萬北極出地自五度至十九度南及同名之海隅北連老掌東及越南西連英藩屬地至緬甸北有山南方有低谷墨南河之所南流也地豐裕海島星羅棋布由中國進暹港過七洲見外羅山向南則玳瑁洲鴨洲崑崙偏西則大眞嶼小眞嶼西北爲筆架山向北至暹羅港竹嶼草木茂盛多磽地無居民古分羅國暹國後合爲一國崇佛教惑風水王衣彩肉貼飛金用金皿陸乘象亭象輦駕龍鳳舟設官屬曰招夸以裸體跣足俯腰蹲踞爲禮見尊貴不衣褲用小幔圍之尊敬中國用漢人爲官屬理國事掌財賦城郭軒朗沿溪皆樓閣多鱷魚從海口至國城水深闊洋舶隨之夾岸皆茂林深竹猿猴彩雀上下呼鳴暹村錯落田疇沃饒粟藁長二丈許播秧後有黃河至苗隨水長無澇傷之患水退而

稻熟矣故其耕種之農皆棹舟出作無俟鋤芸穀熟仍棹舟收穫而歸黃水至此其勢散而緩田疇肥饒人死則焚尸而後葬或發願死後以尸飼魚鳥將造巨艦載萬餘石求桅於深山中遇大樹先以咒語告求如樹神允許方下斧產銀鉛錫象牙犀角烏木蘇木冰片降香翠毛牛角鹿筋豆蔻燕窩海參海菜等貨暹羅土產之豐與旁葛拉相等但暹羅米穀價更賤高地亦能種麥其木最堅美宜于造船且料多而價賤較中國造船費惟値半價又多紅木或運出新埠或載廣州上海天津

寗波等港又多種白餹胡椒每年六萬餘石亦運賣與中國其白餹十萬餘石漢舶買豆蔻降香樹膏藤黃各項顏色白餹紅木烏木檀香象牙錫虎骨虎皮牛皮犀角並雜貨唐人之船亦載米傭賣與南海各島最多在新埠各海港所進中國之船每年約九十隻小船甚多俱由海南島昔有花旂船載舊鐵炮以易白餹每年約一二隻今則少矣印度國每年亦有數船到是港載布匹易白餹等貨統論漢船每年所載之貨約四萬噸外國之甲板約二萬噸向暹人無水手後有世子仿外國

甲板船亦造數隻赴各國貿易遂爲通商之始山產金沙錫鐵所出之果尤美於他國尊貴卑賤皆築廟建塔然無路無橋無一肯捐建者此其大惑也男女居俱罕穿衣服女露胸孄各剃頭首頂留髻男女恆浴身以遊食甚非薄不殺牲破卵惟請外國人則用之好建寺廟不惜費自居則草寮惟漢人所寓始有瓦石庶民每月必以三分之一供傜役不樂務本業葢稍得蠅頭官吏則强奪之故耳五爵甚多下品覬其上品必匍匐不得立起民詐而驕傲有礙難卽失膽不敢行動信輪廻之

說每年有潮州福建人赴暹羅居住多取其士女現所居者二萬餘棄漢俗衣食一如暹羅國王亦擇其聰明者官之使理征賦貿易之事暹軍亦隨時伐鄰國虜居民遷至本地其中緬甸文萊巫來由老掌人等甚多自外來者各操本俗征餉甚重居民共計三百萬惜政令太苛○暹羅本古地元時始知其名入貢中國與緬甸文萊占臘干賓等國爲鄰時時肇衅交戰或勝或敗葡萄亞人於萬歷間初至此國開埠貿易後英人與佛蘭西皆至此通商方漢人未到是國以前貿易祇數萬名

英國公班衙於其地開行有奸人賄王用事遂招佛蘭西人至於康熙二十五年佛國兵士守港口於是國人殺王驅佛蘭西軍更立新主通商如故乾隆三十八年緬甸軍陷其都城且火之虜其民爲奴全地荒蕪漢人憤之倡義起兵驅敵卽今國王之祖也自後國復興旺漢艘日增貿易益廣道光四年緬甸與英人交戰之際暹羅結盟於英合陣前往盡復前所失地於是與英人及花旗等國大通貿易但運出者價昂運進者價低今王已老其世子聰明親造火輪船他國藝術無不講求

習英語讀英書能自樹立在各國中爲無雙矣道光八年侵老掌地虜其人爲奴又前與安南屢戰屢和爲爭據占臘國暹人與越南各分占其半兩國搶奪至今未息國有五爵官憲俸祿無多不足以養其廉也國所收餉銀百五十萬兩其所居之族類各有頭目領之律例與中國相仿其經冊皆係咒語其語音亦純用梵語其字樣與華音亦有所似其書冊大半虛誕不錄緊要事唐人繙譯三國演義與暹羅人閱看所有花旗傳耶穌之教者亦藉此音以敘述之其書本頗多或闡教理或

訓藝術通國分五分一曰暹在黔南河兩岸地豐盛其都曰萬國城居民二十萬口板屋列市浮於河寺殿甚煌餘皆渺小民貧乏富者惟漢商及五爵由此更進則爲古都曰由他雅城已荒廢居民鮮少海邊又有斬地文萬巴賽等邑亦通商多產胡椒二曰老掌所讓地在北方皆山林出紅烏木象牙等貨族類多蠻暹人所虜爲奴者也其民樸實事暹人如子事父惟產業甚微不能納貢物三曰占臘即甘賓地也新歸暹之版輿其土豐產而少人戶焉四目文萊國之數分與英之藩屬及緬甸交界兩國山中地美而未有墾之者亦無新民遷之者五曰巫來由種類之地其地之一分曰貴他部與英國之檳榔嶼相對是出白鉛米穀餘皆土產歲貢于暹

海國圖志卷之八

東南洋

暹羅國

邵陽魏源譔

劉健庭聞錄暹羅古剌景邁三國皆與緬世仇明永歷桂王入緬時其遺臣散入各國有馬九功者爲古剌招明潰兵三千有江國泰者暹羅妻以女各遣使約李定國于孟艮將犄角夾攻緬而吳三桂兵已攻永歷于阿瓦于是李定國發憤死二國之師失望而返

俞變癸巳類槀緬東爲葫蘆廣南南爲暹羅物產畧同

自與中國搆難以來緬加戍東北而力戰東南經費曠竭百姓愁怨四十七年其酋孟魯殺贅角牙而自立國人又殺孟魯立孟雲而值暹羅之難暹羅國踦長居緬西南緬於乾隆三十六年滅之鄭昭者中國人也乾隆四十三年暹羅遺民憤緬無道推昭爲王乘緬匪抗拒中國人傷財盡之後盡復舊封又與師占緬地贅角牙屢爲所困暹羅於四十六年入貢陳其事朝廷不使亦不止也四十七年鄭昭死子華嗣華亦有武畧孟雲不能支乃東徙居蠻得五十一年鄭華受　朝封孟雲懼五十三年由木邦齎金葉表入貢送楊重英等出

高宗哀憐之諭暹羅罷兵五十五年使賀　八旬萬壽受　封爵定十年一貢嘉慶十年秋暹羅貢表又言方出師攻緬得勝頌　敕諭解之冬緬甸叩關求入貢益乞救也疆吏以非貢期拒不納而緬已削弱矣

聖武記阮光平旣簒黎氏據安南懼王師再討又方與暹羅搆兵恐暹羅乘其後敂關謝罪乞降又言聞暹羅貢使將入京恐媒孽其短乞　天朝勿聽其言及阮光平受封後旋死其子阮光纘嗣立而黎氏甥農耐王

阮福映者奔暹羅暹羅妻以女弟助之兵克復農耐（農耐海錄作農奈海國聞見錄作祿賴其國在廣南之南在東埔寨之東北即眞臘東境與廣南隔一海港）勢曰强號舊阮屢與新阮戰奪其富春舊都并縛獻海賊莫扶觀等于　朝皆中國海賊受安南東海王僞封及總兵僞職又獻其攻克富春時所獲阮光纘封册金印時嘉慶四年也七年十二月阮福映全滅安南遣使入貢乞以越南名國　詔封越南國王

瀛環志畧曰暹羅流寓粵人爲多約居土人六之一有由海道往者有由欽州王光十萬山穿越南境往者其

地土廣人稀田肥沃易耕穫故趨者歘然其國多蠱毒信符咒風俗政治遠遜安南

按歐羅巴諸國自前明航海東來處處占立埔頭安南暹羅緬甸地皆濱海豈不動其盼羨安南雖有廣南灣之險而商船時游販鬻暹羅則內港深通乃歐羅巴皆才嘗措意即緬甸亦僅於海濱曠土草掛一廛是何以故且安南雖貧物產亦夥暹羅緬甸夙稱豐饒西人概從唾棄何也蓋西人以商賈為本沿海埔頭專為牟利若處處留兵護守則得不償失南洋諸島四面環海不

相聯絡其人則巫來由番族性愚懦不知兵地形可以周覽而盡震以火炮鳥驚獸駭竄伏不敢動故西人坦然據之而不疑至安南三國毘連華夏山川修阻丁戶殷繁進戰退守與各島孤懸海中者迥別又立國皆數千百年爭地爭城詐力相尚意計所至西人不能測也留重兵則費不貲無兵則恐諸國乘其不備市舶往而埔頭不建其謂是與

魏源曰明萬歷中平秀吉破朝鮮時暹羅自請出兵潛擣日本以牽其後兵部尚書石星從之而兩廣督臣蕭彥尼之滇撫陳用賓約暹羅夾攻緬甸緬疲于奔命遂不復內犯永歷困于緬甸暹羅復與古剌起兵攻緬以援李定國之師其忠于勝朝若是乾隆中緬甸不臣得暹羅夾攻屢捷而緬甸始貢阮光平父子篡黎氏寇沿海及暹羅助黎滅阮俘獻海盜而南洋息警其忠于

國朝又若是其國每夏有黃水自海中來以漸而漲水尺苗尺水丈苗丈水退苗熟其水將至則傾國鼓樂儀仗以迎之及秋水退亦餞之如初有播植無耘耔有天工無人力故穀豐而賤甲乎南海自康熙來歲運洋

米數十萬石以濟閩粵之民食近以免稅不利粵海關故關吏陰撓之始則售米不許置貨繼則置貨不許免稅于是觀望不至若不陰撓之而且推廣於天津歲歲采買積久并可減東南之漕廣天庾之積其裨益中國又若是宜乎　聖祖有天南樂國之褒　高宗有炎服屏翰之額視朝鮮琉球僅著恭順無裨邊疆者何如視西洋各夷歲叨中國茶黃磁絲之益反報以鴉片之毒者更何如暹羅東境斗入大海廣袤數千里而滿剌加為海艘之都會近日並為英夷割據又移滿剌加市

埠于柔佛故地改名新嘉坡其入寇之兵食皆恃新嘉坡接濟暹羅軍柵堅壁同于緬甸見四洲志戰艦狹長同于安南南齊書扶南傳專尊中國藐英夷英夷究不能患四洲志誠使用明季夾攻日本之議令暹羅出兵恢復滿剌加柔佛故地而安南以札船助之則英夷有內顧巢穴之憂與驅策廓夷鄂夷攻印度之策並行不悖昔陳湯用西域破康居王元策用吐番以擣印度皆洞地利悉敵情又皆決機徼外不由中制用能建不世非常之烈不然則築室盈廷亦終尼于蕭彥王凝之流而已

暹羅與南掌皆介緬甸越南之間接壤雲南之普洱元江其曼谷國都則雲南瀾滄江入海之口即古之扶南國其東北尚有海口曰東埔寨即古之眞臘潮水肯沃同之亦南洋都會今皆不屬英吉利

暹羅本國沿革一　唐以前爲扶南國○原無今補

晉書扶南西去林邑三千餘里在海大灣中其境廣袤三千里有城邑宮室人皆醜黑拳髮倮身跣行性質直不爲寇盜以耕種爲務一歲種二歲穫又好雕文刻鏤食器皆以銀爲之貢賦以金銀珠香亦有書記府庫文字有類於胡喪葬婚姻畧同林邑其始女子柳葉王之爲外國人混潰所據傳數世其將范尋復世王扶南泰始初遣使貢獻升平初復有竺旃檀稱王遣使貢馴象

南齊書扶南傳扶南晉宋世通職貢宋末扶南王僑陳如遣商貨至廣州有天竺道人那伽仙附載欲歸國遭風至林邑掠其財物皆盡那伽仙間道得達扶南永明二年扶南國王遣那伽仙表言林邑王本其舊奴僭逆聚衆遂破林邑自立爲王常構凶釁請中朝出師伐逆臣國願助翦撲并獻金縷龍王坐像一軀白檀像一軀牙塔二軀古貝二雙琉璃蘇鉝二口瑇瑁檳榔柈一枚那伽仙詣京師言其國俗事摩醯首羅天神神常降于摩躭山土氣恒煖草木不落上報以絳紫地黃碧綠紋綾各五匹扶南人黠慧知巧攻掠傍邑不賓之民爲奴婢貨易金銀綵帛大家男子截錦爲橫幅女爲賓頭貧者以布自蔽鍛金環鏤銀食器伐木起屋國王居重閣以木柵爲城海邊生大箬葉長八九尺編其葉以覆屋人民亦爲閣居爲船八九丈廣裁六七尺頭尾似魚國王行乘象婦人亦能乘象鬬雞及豨爲樂無牢獄有訟者則以金指環若雞子投沸湯中令探之又燒鎖令赤著手上捧行七步有罪者手皆燋爛無罪者不傷又令没水直者入即不沉不直者即沉也有甘蔗諸蔗安石榴及橘多檳榔鳥獸如中國人性善不便戰常爲林邑

所侵擊不得與交州通故其使罕至

梁書扶南國在日南郡之南海西大灣中去日南可七千里在林邑西南三千餘里城去海五百里有大江廣十里西北流東入於海其國輪廣三千餘里土地洿下而平博氣候風俗大較與林邑同出金銀銅錫沉水香象牙孔翠五色鸚鵡其南界三千餘里有頓遜國頓遜之外大海洲中有毗騫國去扶南八千里傳言毗騫國王身長丈頭長三尺子孫及國人生死如常惟王不死其王能作天竺書可三千言與扶南王相報達說其宿命所由與佛經相似云云語絶怪誕蓋即秦漢間蓬萊三島有不死仙人之說前史無識載諸簡冊今商舶四通極數萬里可有此島耶又傳扶南東界即大漲海海中有大洲洲上有諸薄國國東有馬五洲復東行漲海千餘里至自然大洲出火浣布前有徼外人納女王柳葉爲妻生子分王七邑其後王混盤況攻幷之亦遣子孫中分治諸邑號曰小王盤況年九十餘乃死國人共舉大將范蔓爲王蔓勇健有權畧復以兵威攻伐旁國咸服屬之自號扶南大王乃治作大船窮漲海攻屈都昆九稚典孫等十餘國開地五六千里蔓遇疾死大將范尋代立更繕治國內起觀閣遊戲之朝旦中晡三四見客民人以焦蔗

軀鳥爲禮國法無牢獄于城溝中養鱷魚門外圈猛獸有罪者輒以喂猛獸及鱷魚魚獸不食爲無罪三日乃放之其後王憍陳如本天竺婆羅門也有神語曰應王扶南憍陳如心悅南至盤盤扶南人聞之舉國欣戴迎而立焉復改制度用天竺法憍陳如死後王持梨陁跋摩宋文帝時奉表獻方物天監二年跋摩復遣使送珊瑚佛像并獻方物大同五年又言其國有佛髮長一丈二尺詔遣沙門釋雲寶隨使往迎之其國人醜黑拳髮所居不穿井數十家共一池引汲之俗事天神天神以銅爲像二面者四手四面者八手手各有所持或小兒或鳥獸或日月其王出入乘象嬪侍亦然王坐則偏踞翹膝垂左膝至地以白氎敷前設金盆香鑪于其上國俗居喪則剃除鬚髮死者有四葬水葬則投之江流火葬則焚爲灰燼土葬則瘞埋之鳥葬則棄之中野人性貪悋無禮義男女恣其奔隨

隋書赤土國扶南之别種也在南海中水行百餘日而達所都土色多赤因以爲號東波羅剌國西波羅娑國南訶羅旦國北拒大海地方數千里其王姓瞿曇氏不知有國近遠稱其父釋王位出家爲道傳位于子嗣位十六年矣有三妻並鄰國王之女也居僧祇城有門三重相去各百許步每門圖畫飛僊人菩薩之像懸金花鈴毦婦女數十人或奏樂或捧金花又飾四婦人容飾如佛塔邊金剛力士之狀夾門而立門外者持兵仗門內者執白拂夾道垂素網綴花王宫諸屋悉是重閣北戶北面而坐其俗敬佛尤重婆羅門冬夏常溫雨多霽少種植無時特宜稻穄白豆黑麻其餘物產多同於交趾以甘蔗椰漿爲酒煬帝即位募能通絶域者大業三年屯田主事常駿虞部主事王君政等請行賫物五千段以賜赤土王其年十月駿等自南海郡乘舟晝夜二旬每值便風至焦石山而過東南泊陵迦鉢拔多洲西與林邑相對上有神祠焉又南行至師子石自是島嶼連接又行二三日西望見狼牙須國之山於是南達雞籠島至于赤土之界其王遣婆羅門鳩摩羅以舶三十艘來迎吹蠡擊鼓進金鏁以纜駿船月餘至其都王遣其子以禮見先遣人送金盤貯香花金合貯香油金瓶貯香水白疊布四條以供使者盥洗其日未時又將象二頭持孔雀蓋以迎使人并致金花金盤以藉詔函至王宫駿等奉詔書上閣王以下皆跪宣詔訖引駿等坐奏天竺樂事畢還館又遣婆羅門就館送食以草葉爲盤其大方丈後數日請入宴儀衛導從如初見之禮禮遺甚厚尋遣子貢方物並獻金芙蓉冠龍腦香以鑄金爲多羅葉隱起成文以爲表金函封之令婆羅門以香花奏蠡鼓而送之既入海見綠魚羣飛水上浮海十餘日至林邑東南並山而行其海水闊千餘步色黃氣腥舟行一日不絶云是大魚糞也循海北岸達于交趾

新唐書扶南在日本之南七千里地卑窪與環王同俗有城郭宫室王姓古龍居重觀柵城楛葉以覆屋王出乘象其人黑身鬈髮倮行俗不爲寇盜田一歲種三歲獲國出金剛狀類紫石英生水底石上沒水取之可以刻玉扣以羖角乃泮人喜鬭雞以金珠香爲稅治特牧城俄爲眞臘所并益南徙那弗那城武德貞觀時再入朝又獻白頭人二白頭者直扶南西人皆素首膚理如脂居山穴四面峭絶人莫得至與參半國接

水經注竺芝扶南記曰扶南去林邑四千水步道通檀和之令軍入邑浦據船官口城六里者也自船官下注大浦之東湖大水連行湖上西流湖水日夜長七八尺從此以西朔望並潮一上七日水長丈六尺七日之後日夜分爲再潮水長一二丈春夏秋冬釐然一定高下定度水無盈縮是日海運亦曰象水也又兼象浦之名晉功臣表所謂金遴清逕象渚澄源者也其川浦堵有水蟲彌微攢木食船數十日船壞源潭湛瀨有鮮魚色黑身五丈頭如馬首伺人入水便來爲害

元史暹國當成宗元貞元年進金字表暹人與麻里予兒舊相讐殺至是皆歸順

明史暹羅在占城西南順風十晝夜可至即隋唐赤土國後分爲羅斛暹二國暹土瘠不宜稼羅斛地平衍種多獲暹仰給焉元時暹常入貢其後羅斛強併有暹地遂稱暹羅斛國洪武三年命使臣呂宗俊等賫詔諭其國四年其王遣使貢馴象六足龜及方物詔賜大統歷及綵幣洪武五年貢黑熊白猴及方物明年復來貢其王之姊别遣使進金葉表貢方物於中宫凡再卻之時其王懦而不武國人推其伯父主國事遣使來告貢方

物且獻本國地圖洪武七年來貢言去年舟次烏豬洋遭風壞舟飄至海南賴官司救護尚存飄餘兜羅綿降香蘇木諸物進獻廣東省臣以聞帝怪其無表旣言覆舟而方物乃有存者疑其爲番商命卻之諭中書及禮部臣曰古諸侯於天子比年一小聘三年一大聘九州之外則每世一朝所貢方物表誠敬而已惟高麗頗知禮義故令三年一貢他遠國如占城安南西洋瑣里爪哇浡泥三佛齊暹羅斛眞臘諸國入貢旣頻勞費太甚今不必復爾其移牒諸國俾知之然而來者不止其世子亦遣使上箋於皇太子貢方物命引其使朝東宮宴賚遣之洪武八年其舊明臺王世子亦遣使奉表朝貢宴賚如王使洪武十年世子承其父命來朝上喜賜以暹羅國王之印自是其國遵朝命始稱暹羅而比年一貢或一年兩貢至正統後乃或數年一貢云洪武二十一年溫州民有市其沉香諸物者所司坐以通番當棄市帝曰溫州乃暹羅必經之地因其往來而市之非通番也乃獲宥洪武二十八年世子遣使朝貢且告其父之喪命中官趙達等往祭敕世子嗣王位諭之曰朕自卽

位以來命使出疆周于四維足履其境者三十六聲通于耳者三十二風殊俗異大國十有八小國百四十九較之于今暹羅最近邇者使至知爾先王已逝王紹先王之緒有道于邦家臣民歡懌茲特遣人錫命王其罔失法度罔淫于樂以光前烈欽哉永樂二年九月有番船飄至福建海岸詰之乃暹羅與琉球通好者所司藉其貨以聞帝曰二國修好乃甚美事不幸遭風豈可因以爲利所司其治舟給粟俟風便遣赴琉球是月其王貢方物乞賜列女傳請頒量衡爲國永式從之先是占城貢使返風飄其舟至彭亨暹羅羈留不遣蘇門答剌及滿剌加又訴暹羅奪所賜印誥帝降敕責之六年中宮鄭和使其國其王貢方物謝罪永樂七年正月奸民何八觀等逃入暹羅帝命使者還告其主毋納逋逃其王卽奉命送還賜敕幣獎之永樂十七年責暹羅侵滿剌加王遣使謝罪宣德八年其國貢舟次占城新州港盡爲其國人所掠正統元年貢使來京訴狀敕占城王令盡還所掠人物已而占城移咨禮部言本國前歲遣使往須文達那亦爲暹羅賊人掠去必暹羅先還所掠

本國自不敢不還成化十七年貢使還至中途竊買子女且多載私鹽命遣官戒諭先是汀州人謝文彬以販鹽下海飄入其國仕至坤岳猶天朝學士也後充使來朝因貿易禁物事覺下吏宏治十年以四夷館無暹羅譯字官詔廣東訪取能通彼國言語文字者赴京備用正德四年暹羅船有飄至廣東者市舶中官熊宣與守臣議稅其物供軍需事聞詔斥宣妄攬事柄撤還南京十年進金葉表朝貢館中無識其字者詔選留其使一二人入館肄習嘉靖元年暹羅占城貨船至廣東市舶中官牛榮縱家人私市論死如律三十二年遣使貢白象及方物白象死于途其使者以珠寶飾其牙盛以金盤幷獻白象尾毛爲信帝嘉其意厚遣之隆慶中其鄰國東蠻牛求婚不得（東西洋考曰東蠻牛俗名放沙）慙怒大發兵攻破其國王自經虜其世子以歸次子嗣位勵志復仇萬歷間東蠻牛兵復至王整兵奮擊大破之暹羅由是雄海上移兵攻破眞臘降其王從此歲歲用兵遂霸諸國萬歷三十年日本破朝鮮暹羅請潛師直擣日本牽其後中樞石星議從之兩廣督臣蕭彥持不可乃已迄崇禎

十六年三月猶入貢其國周千里風俗勁悍習于水戰大將用聖鐵裹身刀矢不能入聖鐵者人腦骨也王瑣里人官分十等自王至庶民有事皆決于其婦其婦人志量實出男子上婦私華人則夫置酒同飲恬不爲怪曰我婦美爲華人所悅也崇信釋教男女多爲僧尼亦居庵寺持齋受戒衣服頗類中國富貴者尤敬佛百金之產卽施其半氣候或寒或熱地卑溼人皆樓居男女椎髻以白布裹首富貴者死用水銀灌其口而葬之貧者則移置海濱聽羣鳥飛啄謂之鳥葬交易用海𧵅是年不用𧵅則國必大疫其貢物有象象牙犀角孔雀毛翠羽龜及六足龜寶石珊瑚片腦米腦糠腦腦油腦柴薔薇水碗石丁皮阿魏紫梗藤竭藤黃硫黃沒藥烏爹香安息香羅斛香速香檀香黃熟香降眞香乳香樹香木香丁香烏香胡椒蘇木肉豆蔻白豆蔻蓽茇烏木大楓子及撒哈剌西洋諸布其國有三寶廟祀中官鄭和

瀛涯勝覽暹羅地方千里環國皆山峭拔崎嶇地下溼氣候不常或嵐或熱自占城西南舟行七晝夜方至新門海口入港方達其國上居宮室壯麗民樓居其樓密

聯檳榔片藤繫之甚固藉以蔴蓆竹簟寢處於中王乃瑣里人也白布纏首無衣腰束嵌絲繫加以綿綺壓腰跨象行或肩輿金柄傘蓋茭蔁葉爲之尙釋教國人皆然僧尼甚多其服類中國言語與廣東同俗澆浮習水戰常征伐鄰邦市用海䝉一如錢價厥産紅馬肯的石次于紅雅忽以瑩如石榴子國西北二百餘里有市鎮曰上水通安南各種番貨俱有

明黄衷海語曰暹羅國在南海中自東莞之南亭門放洋南至烏豬獨豬七洲星盤坤未針至外羅坤申針四十五程至占城舊港經大佛靈山其上峯墩則交阯屬也又未針至崑崙山又坤未針至玳瑁洲玳瑁及於鼊山酉針入暹羅港水中長洲隱隆如坻船出入如中國車坝然其國之一控扼也少進爲一關少以夷酋守少進爲二關即國都也其地沮洳無城郭王居據大嶼稍如中國殿宇之制覆以錫板闢東壁爲巨扉是爲王門治内分十二塘坝酋長主馬猶華之有衙門也其要害爲龜山爲陸昆猛斎猶華言總兵甲兵屬焉有奶街爲華人流寓者之居土夷乃散處水柵板閣蔭以茭草無

陶瓦也其國右僧謂王前世皆僧僧來世作王其貴僧亦稱僧王國有號令決焉凡國人謁王必合掌跪而撫王足者三自撫其首者三謂之頂禮凡王子始長習梵字梵禮若術數之類皆從貴僧故貴僧之權侔于王國無姓氏華人流寓者始從本姓一再傳亦亡矣人皆髡首恥爲竊盜其監獄則穴地爲重樓三級謂之天牢輕罪置上級差重置中級殊死者置下級其輕刑以皮鞭差重斷足十指差重斷手十指罪至殊死者腰斬或以象蹂之貴僧爲請于王王乃宥之沒爲僧奴謂之奴囝賦役省薄惟給象爲最重故殊死獲免者不爲奴囝則以給象終身焉國無占候凡日薄蝕國人見者則奔告于王首至者賞建寅之月王乃命巫占方命力者出膀方所向掠人而剔其膽雜諸藥爲湯王濡足象濡首以作猛氣凡用膽華人爲上僧不剔孕婦不剔瘡痏不剔是故用膽視歲甲子爲多寡也建辰之月是爲歲首建巳之月始作農事建午之月潦始漲建酉之月潦退王乃御龍舟乃祀土穀禾乃登始穫凡稼之長茂視潦之淺深捍長丈有三尺穟八尺有咫稻長盈寸田畝瞻數

口少歎歲也婦女多慧巧刺繡織紝工於中國尤善醞釀故暹酒甲於諸夷婦飾必以諸香澤其體髮日夕三四浴戲狎不禁雖王之妻妾皆盛飾倚市與漢兒相貿易不訶亦不敢亂居父母若夫之喪則削髮如比邱尼經旬乃蓄髮如舊凡死喪富者火尸而葬貧者舉尸筏而浮諸海喪屬跪伏海濱迎僧而咒羣大鳥啄食頃刻而盡謂之鳥葬凡有鱷患則奔赴於王王詔貴僧咒飯而投諸鱷所乃以貝多葉書數符佩以奴囝沒水牽數鱷出貴僧稽其孼跡多者戮之刳其腹有得鉛珠二升者跡少乃黥符其背咒而縱之國人凡有仇怨皆謁僧求咒其咒土夷遭者非死即病然不能驗于華人也凡飯僧少具十品食麥穤秔牛羊豕鵝鴨雞魚皆熟而薦之僧咒而後舉舉必盡數器不足十品不以供其産多蘇方木檳榔椰子波羅蜜片腦諸香雜菓象齒犀角金寶玳瑁之屬貿易用䝉故其民饒富豪酋各據別島而居奴囝數百口蓄貲每鉅萬不蓋藏不虞寇西洋諸國異産奇貨輻輳其地匠藝工緻嵌寶指環時至中國一枚値數千金地廣兵強嘗併有占臘林扶南屬國而私其貢

賦以不繫中國利害置不問也

謝清高海錄曰暹羅國在東埔寨之西縱橫數千里西北與緬甸接壤國大而民富庶船由港口入内河西行至國都約千餘里夾岸林木蔥蘢田疇互錯時有樓臺下臨水際猿鳥號鳴相續不絶男女俱上裸男以幅布圍下體女則被帬官長衣製與中國雨衣畧同以色辨貴賤紅者爲上右臂俱刺文王則衣文彩繡佛像其上飛金貼身首器皆以金陸乘象輦水乘龍舟凡下見上偏袒跣足屈腰蹲身國無城郭民皆板屋王則瓦覆其上臨水爲之土人多力農時至則播種熟則收穫無事耘鋤故稱樂土商賈多中國人其釀酒販鴉片煙開場聚賭三者榷稅甚重俗尊佛教每日早飯寺僧被袈裟沿門托鉢家家必以精飯肴蔬合掌拜獻僧回寺奉佛外又三分之僧食其一鳥雀食其一以其一飼蟲鼠終歲如是僧無自舉火者出家爲僧謂之學禮雖富貴家子弟亦多爲之弱冠後聽其還俗其婚嫁俱至僧寺拜佛然後歸合巹焉頗重中國文字客有能詩文者國王多羅致之而供其飲食國有軍旅則取民爲兵一月之

內其粳糧皆兵自備越月然後王家頒發四鄰小國多屬焉土産金銀鐵錫魚翅海參鰒魚瑇瑁白糖落花生檳榔胡椒荳蔻砂仁木蘭椰子速香沉香降香伽楠香象牙犀角孔雀翡翠象熊鹿水鹿山馬水鹿形似鹿而無角色青其大者如牛山馬形似鹿而大商賈常取其角假充鹿茸犀角有二種色黑而大者爲鼠角價賤極大者重二三斤小者亦重斤餘其色稍白而旁有一潤直上者爲天曹角其潤直上至頂者亦不貴若頂上二三分無潤而圓滿色潤而微者則貴矣椰木如檳直榦無枝其大合抱高者五六丈種七八年然後結子每歲止開花四枝花莖傍葉而生長數尺花極細碎一枝止結椰子數顆四花分四季采之欲釀酒者則於花莖長盡花未及開時用蕉葉裹其莖勿令花開再以繩密束之砍莖末數寸取瓦罐承之其液滴于罐中每日清晨及午酉亥三時則收其液清晨所收味清酣日出後則微酸俱微有酒味再釀之則成酒矣所砍處稍乾則又削之花莖盡而止椰肉可以榨油殼可爲器衣可爲船纜故番人多種之歲以上物貢中國

暹羅屬國沿革二 今東埔寨古眞臘○原無今補

隋書眞臘國在林邑西南本扶南之屬國也去日南郡舟行六十日而至南接車渠國西有朱江國其王姓刹利氏自其祖漸已強盛遂兼扶南而有之居伊奢那城郭下二萬家城中有一大堂是王聽政之所總大城三十城有數千家各有部帥官名與林邑同其王三日一聽朝坐五香七寶床上施寶帳其帳以文木爲竿象牙金鈿爲壁狀如小屋懸金光焰有同于赤土前有金香鑪二人侍側王着朝霞古貝縵絡腰腹下垂至脛頭戴金寶花冠被眞珠瓔珞足履革屣耳懸金璫常服白㲲以象牙爲屩若露髮則不加瓔珞臣人服製大抵相類有五大臣一曰孤落支二曰相高憑三曰婆何多陵四曰舍摩陵五曰髯多婁階庭門閤侍衛有千餘人被甲持仗其國與參半朱江二國和親數與林邑陀洹二國戰爭其人行止皆持甲仗若有征伐因而用之其俗非王正妻子不得爲嗣王初立之日所有兄弟并刑殘之或去一指或劓其鼻別處供給不得仕進人形小而色黑婦人亦有白者悉拳髮垂耳性氣捷勁居處器物頗類赤土以右手爲淨以左手爲穢每旦澡洗以楊枝淨齒誦經咒其國北多山阜南有水澤地氣尤熱無霜雪饒瘴癘毒蠚土宜稻粱少黍粟果菜與日南九眞相類異者有婆那娑樹毗野樹婆田羅樹歌畢佗樹自餘多同九眞近都有陵伽鉢婆山上有神祠每以兵五千人守衛之城東有神名婆多利祭用人肉其王年別殺人以夜祀禱亦有守衛者千人其敬鬼如此多奉佛法尤信道士佛及道士并立像於館大業十三年遣使貢獻帝禮之甚厚其後亦絶

唐書眞臘一曰吉蔑本扶南屬國去京師二萬七百里東距車渠西屬驃南瀕海北與道明接東北抵驩州其王刹利氏貞觀初并扶南有其地戶皆東向坐上東客至屑檳榔龍腦香蛤以進不飲酒惟與妻飲房中避尊屬有戰象五千良者飼以肉世與參半驃通好與環王乾陀洹數相攻自武德至聖曆凡四來朝神龍後分爲二半北多山阜號陸眞臘半南際海饒陂澤號水眞臘水眞臘地八百里王居婆羅提拔城陸眞臘或曰文單

曰婆鏤地七百里王號笪屈開元天寶時王子率其屬二十六來朝拜果毅都尉大曆中副王婆彌及妻來朝獻馴象十一擢婆彌試殿中監賜名賓漢是時德宗初即位珍禽奇獸悉縱之蠻夷所獻馴象畜苑中元會充庭實首凡三十二悉放荊山之陽元和中水眞臘亦遣使入貢

宋史眞臘國亦名占臘其國在占城之南東際海西接蒲甘南抵加羅希其縣鎮風俗同占城地方七千餘里有銅臺列銅塔二十有四銅象八以鎮其上象各重四千斤其國有戰象幾二十萬馬多而小政和宣和皆來朝貢封其王與占城等

明史眞臘在占城南順風三晝夜可至隋唐及宋皆朝貢宋慶元中滅占城而并其地因改國名曰占臘元時仍稱眞臘洪武三年八月遣使臣郭徵等賫詔撫諭其國四年其國巴山王使使進表貢洪武十六年遣使賫勘合文冊賜其王凡中國使至而勘合不符者即屬矯爲許縶縛以聞復賜織金文綺三十二磁器萬九千其王即使使來貢洪武十九年復遣行人劉敏唐敬偕中

官賣磁器往賜洪武二十年唐敬等還其王使使貢象五十九匹香六萬斤尋遣使賜其王鍍金銀印永樂中屢入貢使者以其國數被占城侵擾久留不去帝遣中官送之還并敕占城王罷兵修好景泰後不常至其國城隍周七十餘里幅員廣數千里國中有金塔金橋殿宇三十餘所王歲時一會羅列玉猿孔雀白象犀牛於前名曰百塔洲盛食以金盤金椀故有富貴眞臘之諺民俗富饒天時常熱不識霜雪禾一歲數稔男女椎髻穿短衫圍梢布刑有劓刖刺配盜則去手足番人殺唐人罪死唐人殺番人則罰金無金則鬻身贖罪唐人者諸番呼華人之稱也凡海外諸國盡然文字以麂鹿雜皮染黑用粉爲小條畫於上永不脫落以十月爲歲首閏悉用九月夜分四更亦有曉天文者能算日月薄蝕其地謂儒爲班詰僧爲苧姑道爲八思由班詰入仕者爲華貫先時項掛一白綫以自別既貴曳白如故俗尚釋教僧皆食魚肉或以供佛惟不飲酒其國自稱甘孛智後訛爲甘破蔗萬歷後又改爲東埔寨

東西洋考東埔寨卽古眞臘國也其國自呼甘孛智後

訛爲澉浦只今云東埔寨者又澉浦只之訛也先爲扶南屬國王姓刹利氏至質斯多那兼扶南而有之遂雄諸夷隋大業十三年遣使貢獻帝禮之甚厚至唐疆土寖闢神龍以來國分爲二北多山阜號陸眞臘南近海號水眞臘久之仍合爲一今賈舶所至大都水眞臘地也宋時屢入貢建炎間其國屢與占城戰失利至建元時大興復仇破占城遂王其地改國號占臘於是地方七千餘里元之置省占城也嘗遣虎符金牌同往眞臘爲所拘執元貞中始招諭賓服之明興職貢不絕今賈舶未有到王城者只到海隅一屬國耳故不見其靡麗或云卽蒲甘也按宋史蒲甘入貢朝議欲待以交阯之禮乃本朝貢夷獨無蒲甘應是爲眞臘所并無疑矣○源案蒲甘卽今港口夷一作龍柰

皇清通考四裔門東埔寨在西南海中海岸多泥名爛泥尾北枕大山國中無城池王卽山而建府架竹木爲之覆以茅葉民居亦然其尤近海濱者潮汐至則屋爲之浮而上沉而下天時暖而不寒常若春夏衣不以紐扣披于其身若尸解者下則圍以裙名曰水幔苦蓄髮蒙以花帕自王至於國人無異制惟貴者始得服網緞國人皆布以是爲等差人柔弱喜飼象教之操演禦敵飮食咸用手摶以漁獵耕種爲業帶劍入山尋犀角獻尊長以爲禮父母喪則薙髮以黑色爲居喪之服土產蘇木象牙白豆蔻籐黃鹿皮檳榔子黃蠟每冬春間浙閩粵商人往彼互市近則弗市絲觔及夏秋乃歸粵人之歸也舟必經七洲大洋到魯萬山由虎門入計程七千二百里距厦門水程一百七十更國王名辣王丹夂之子篡之不知其姓名安南暹羅屬國也其旁有尹代嗎國距厦門水程一百四十更亦屬安南暹羅風俗畧與港口東埔寨同

海國聞見錄曰廣南沿山海至占城祿賴繞西而至東埔寨厦門至占城水程一百更至東埔寨水程一百一十三更東埔寨雖另自一國介在廣暹二國之間東貢廣南西貢暹羅稍有一逆水陸各得並進而征之番係白頭無來由多裸體以布幅圍下身名曰水幔地產鉛錫象牙翠毛孔雀洋布蘇木降香沉速諸香燕窩海菜藤○案海錄祿賴作龍柰東埔寨作本底國

皇清通考四裔門港口國瀕西南海中安南暹羅屬國也王鄭姓今王名天賜其沿革世次不可考國中多崇山所轄地纔數百里有城以木爲之宮室與中國無異自王居以下皆用磚瓦服物制度彷彿前代王蓄髮戴網巾紗帽身衣蟒袍腰圍角帶以韡爲履民衣長領廣袖有喪皆衣白平居以雜色爲之其地常暖雖秋冬亦不寒人多裸而以裳圍其下相見以合掌拱上爲禮重文學好詩書國中建有孔子廟漢人流寓其地有能句讀曉文義者則延以爲師子弟皆彬彬如也土產海參魚乾蝦米牛脯雍正七年後通市不絕經七洲大洋到魯萬山由虎門入口達廣東界計程七千二百里距厦門水程一百六十更○源案港口地方與東埔寨相連非海島也亦眞臘舊境疑卽宋史所謂蒲甘國而阮王福映之農耐舊國一作龍柰者也通考修于乾隆末而阮福映借暹兵克復安南則在嘉慶初云

元周達觀眞臘風土記眞臘國或稱占臘其國自稱曰甘孛智今我元按西番經名其國曰澉浦只蓋亦甘孛智之近音也自温州開洋行丁未針歷閩廣海外諸州

港口過七州洋經交趾洋到占城又自占城順風可半月到眞蒲乃其境也又自眞蒲行坤申針過崑崙洋入港港凡數十惟第四港可入其餘悉以沙淺故不通巨舟然彌望皆修藤古木黃沙白葦倉卒未易辨認故舟人以尋港爲難自港口北行順水可半月抵其地曰查南乃其屬郡也又自查南換小舟順水可十餘日過半路村佛村渡淡洋可抵其地曰干傍取城五十里按諸番志稱其地廣七千里其國北抵占城半月路西南距暹羅半月程南距番禺十日程其東則大海也舊爲通商往來之國本朝唆都元帥之置省占城也嘗遣一虎符百戶一金牌千戶同到本國竟爲拘執不返元貞乙未遣使招諭以次年二月離明州二十日自温州港口開洋三月十五日抵占城中途逆風不順七日始至大德丁酉六月回舟八月十二日抵四明

又曰天時耕種歲可三四熟蓋四時常如夏不識霜雪也其地半年有雨半年無雨自四月至九月每日午後必雨淡水洋中水痕漸高至七八丈巨樹盡沒惟留一杪人家濱水而居者皆移入山至十月後點雨絕無洋

中僅可通小舟深處不過三五尺人家又復移下矣耕種者計何時稻熟是時水可渰至何處隨其地而播種之又有一等下田不種常生水高至一丈而稻亦與之俱高凡稻田蔬圃皆不用糞唐人到彼皆不與言及中國糞壅之事恐爲所鄙也

又曰山川自入數眞蒲以來平林夾岸長江巨港綿亘百里古樹修藤禽聲雜還至半港始見曠田則又絕無寸木彌望禾黍芃芃而已野牛千百成羣游聚其間又有竹坡亦綿亘數百里其間竹節相間生刺筍味至苦四畔皆有高山

又曰屬郡九十餘曰眞蒲曰查南曰巴澗曰莫良曰八薛曰蒲買曰雉棍曰木津波曰賴敢坑曰八廝里其餘不能悉記各置官屬皆以木栅爲城

又曰每一村或有寺或有塔人家稍密自有鎮守之官入路旁亦有郵亭之類近與暹人交兵遂皆荒曠

又曰風俗前此有八月取膽之俗因占城王每年索人膽一甕千萬餘枚遇夜則多方令人於城中及村落取之俟數足以饋占城王近年已除此惡俗

又曰國人交易皆婦人所以唐人到彼必先納一婦以司貿易瀕海山野之人炎日蒸炙面黧首黔至王宮貴室之婦女不親風日仍瑩潔如玉惟女甫及七八九歲郎必延僧先開其童身十一二郎嫁先天不完故甫及二十郎如四十歲人其俗小兒入學者皆先就僧家教習暨長而還俗其故莫能考也

又曰地苦炎熱每日非數次澡浴則不可耐入夜亦不免一二次初無浴室盆匜但每家各有一池否則兩三家合一池不分男女皆裸浴其間惟父母尊長與子女卑幼先後尚相迴避如行輩則無拘也城外大河無日無之水常溫如湯惟五更則微涼至日出則復溫矣唐人之爲水手者利其國中不著衣裳且米糧易給婦女易得屋室易辦器用易足貿販易獲利往往逋留不返

又曰軍卒亦多裸跣右執標鎗左執戰牌無弓箭礮石甲冑傳聞與暹人相攻皆驅百姓使戰別無謀畫

又曰國王乃故國主之婿原以典兵爲職使女竊其金劍遂據其國身嵌聖鐵刀箭不能傷恃此出游無忌凡出時諸軍馬擁其前旗幟鼓樂踵其後宮女三五百花

布花髻手執巨燭自成一隊雖白日亦照燭又有宮女皆執內中金銀器皿及文飾之具制度迥別不知何用又有宮女執標鎗標牌爲內兵又成一隊又有羊車馬車皆金飾之臣僚國戚皆騎象在前遠望紅涼傘不計其數又其次則國王之妻及妾媵或轎或車或馬或象其銷金涼傘何止百餘其後則是國主立于象上手持寶劍象牙亦以金飾之張銷金白涼傘凡二十餘柄其傘柄皆金爲之其四圍擁簇之象甚多又有軍馬護之若游近處止用金轎皆以宮女舁之大凡出入必奉小金塔金佛在其前觀者皆跪地頂禮國王日兩次坐衙治事凡臣民欲見國王者皆先列坐地上以俟少頃內中隱隱有樂聲在外方吹螺以迎之須臾見二宮女纖手捲簾而國主乃仗劍立于金窗之中矣臣僚以下皆合掌叩頭螺聲方絕王坐獅子皮聽事既畢尋即入內二宮女復垂其簾諸人各起散矣

海國圖志卷九

東南洋四海岸之國　　　　邵陽魏源譔

暹羅東南屬國今爲英吉利新嘉坡沿革三即滿剌加

舊柔佛等國新嘉坡一作新州府一作星忌利坡皆字音相近○原無今補

明史滿剌加在占城南順風八日至龍牙門又西行二日即至或云即古頓遜國唐曰哥羅富沙梁書海南諸國傳頓遜國在海崎上地方千里城去海十里有五王並羈屬扶南杜氏通典頓遜國梁時聞焉在海崎山上北去扶南可三千里其國之東界通交州其西界接天竺諸國賈人多至其國而互市焉頓遜迴入海中千餘里漲海無涯岸船未曾得逕過也其市東西交會日有萬餘人珍寶物貨無種不有又哥羅富沙國亦見通典其地

無王亦不稱國服屬暹羅歲輸金四十兩爲賦永樂元年遣使賜以織金文綺宣示威德招徠之其酋大喜遣使隨入朝貢永樂三年九月至京師詔封爲滿剌加國王請封其山爲一國之鎮帝製碑文勒山上永樂九年王率妻子陪臣五百四十餘人來朝抵近郊命中官有司宴勞供張會同館入朝奉天殿帝親宴之錫賚甚厚永樂宣德中王屢率妻子陪臣來朝並訴暹羅見侵狀朝廷屢敕暹羅暹羅乃奉詔成化十七年九月貢使言成化五年貢使還飄抵安南境多被殺餘黥爲奴今已據占城地又欲吞本國帝乃因安南使還救責其王後佛郎機強舉兵侵奪其地國王出奔遣使告難時世宗已嗣位敕責佛郎機令還其故土而諭暹羅國諸王救災卹鄰迄無應者滿剌加竟爲所滅時佛郎機亦遣使朝貢請封抵廣東守臣以其國素不列王會羈其使以聞詔予方物之直遣歸後改名麻六甲云所貢物有瑪瑙珍珠玳瑁珊瑚樹鶴頂金母鶴頂瑣服白苾布西洋布撒哈剌犀角象牙黑熊黑猿白麂火雞鸚鵡片腦薔薇露蘇合油梔子花烏爹泥沉香速香金香阿魏之屬

有溪可淘沙取錫田瘠少收民皆淘錫捕魚爲業氣候朝熱暮寒男女椎髻黝黑間有白者唐人種也俗淳厚市道頗平自爲佛郎機所破其風頓殊商舶希至多直詣蘇門答剌然必取道其國率被邀劫路幾斷其自販于中國者則直達廣東香山澳接跡不絕云

明黃衷海語滿剌加在南海中始爲暹羅屬國厥後守上酋長叛其主而自立自東莞縣南亭門放洋星盤與暹羅同道至崐崘洋直子午收龍牙門港二日程至其國爲諸夷輻輳之地亦海上一小都會也王居前屋用

瓦。乃永樂中太監鄭和所遺者。餘屋皆錫箔爲飾。遇制使若列國互市。王即盛陳儀衞以自儆備。民皆居土室。其尊官稱姑郎伽邪。巨室稱南和達。民多饒裕。富家胡椒有至數千斛。象牙犀角。西洋布珠貝香品所蓄無算。文字皆梵書。貿易以錫行。大都錫三斤。當銀一錢。牙儈交易。擬指節以示數。千金貿易不立文字。指天爲約。卒無敢負者。不產五穀。米稻皆販自羅嗰嚨吱湜里。俗奉回教。禁豕肉。以酥酪和飯而啖。雞犬鵞鶩。常仰販他國。價五倍於華民。性獷暴而重然諾。刃不離頃刻。語不合

輒揕刃其胸。逃匿山谷。踰時乃出。死者家不復尋讐。姑郎伽邪亦不復追論矣。地多崇山大谷。陸行可達暹羅。噶𠼝有瓜哇之國。古闍婆國然瓜哇夷素兇狡。凡受傭其地。而戕害其主者十八九。惟善制藥筒。中其矢者無不立死。正德間。西洋佛郎機之船互市爭利而鬬。夷王執其那達而囚之。佛郎機人歸愬於其主。乃治八大艘。精兵及萬。乘風突襲其國。大被殺掠。滿剌加王退保陂堤呈。佛郎機將以其地索賂於暹羅而歸之。暹羅辭焉。佛郎機滿載而歸。王乃復所。（瀛涯勝覽）滿剌加舊名五嶼。以海有此山也。東南距海。西北皆

岸。岸連山。地瘠鹵。收穫殊寡。故未稱國。隸暹羅。歲輸金五十兩。否則被伐。永樂七年己丑。上命太監鄭和册爲國王。王自是不役屬暹羅。攜妻子赴京謝。願修職貢。上賜舶還其境。有大溪灌王宮入海。跨溪橋之。構亭于上約二十餘楹。交易者來集。俗尚回回教。持齋受戒。王以白纏頭。風俗淳樸。民舍如暹羅。聯搨趺坐。業漁。刳木爲舟。泛海而漁。婚喪類瓜哇。中國船亦至其地。析木爲柵。闢四門。鼓樓夜巡以鈴。內設重柵。有倉庫可貯貨。五月中。方發舶。厥產黃連香。烏木。打麼香。此香乃樹脂墮地成。遇火即燃。國人以當燈。及塗舟。水不能入。明瑩者若金箔。名水珀是已。○（南懷仁坤輿圖說）滿剌加國地不甚廣。爲海商輻輳。正在赤道下。春秋二分。氣候極熱。賴無日不雨。故可居。產象及胡椒佳果。木。經歲不絕。人良善。不事生業。或彈琵琶閒遊。

（謝清高海錄）宋卡國在暹羅南少東。由暹羅陸路十七八日。水路東南行順風五六日可到。疆域數百里。或作

宋腳。或作宋腒勝。土番名無來由。地曠民稀。俗不食豬。與回回同。鬢止留下頷。出入懷短劍自衛。娶妻無限多寡。男女將婚。男必先損其童身。女年十一二即嫁。十三四便能生產。男多贅於女家。俗以生女爲喜。以其可以贅婿養老也。若男則贅於婦家。不獲同居矣。其資財則男女各半。凡無來由種類皆然。死無棺槨。葬椰樹下。以淫爲佳。不封土。不墓祭。王傳位必以嫡室子。庶子不得立。君臣之分甚嚴。王雖無道。無敢覬覦者。即宗室子弟國人無敢輕慢。婦人穿衣褲。男子唯穿短褲。裸其上。有

專則用寬幅布數尺，縫兩端，襲於右肩，名沙郎。民見王及官長，俯而進，至前蹲踞，合掌于額，立而言。平等相見，唯合掌于額。餘與暹羅畧同。山多古木，土產孔雀、翡翠、瑇瑁、象牙、胡椒、檳榔、椰子、銀、鐵、沉香、降香、速香、伽楠香、海參、魚翅，歲貢于暹羅。（皇清通考四裔門）宋腒勝在西南海中，屬暹羅，俗佞佛，以手團食，男蓄髮，削其鬚，著衣袴，無鞋襪，首插雉尾，腰繫疋帛，事耕漁，常佩刀。女椎髻跣足，短衣長裙，披錦于肩，能紡織。土產牛鹿肉、蝦米、燕窩、海參、番錫之屬。本朝雍正七年後通市不絕。其國距廈門水程一百八十更，旁有埭仔、六崑、大呢諸國。埭仔在西南海中，東北與宋腒勝接，風俗男子服短衣布幔，跣足持刀，女穿花色衣，被絲幔，足曳淺拖鞋。土產燕窩、番錫、象牙、棉花。其國距廈門水程一百八十更，西與六崑國接。六崑風俗物產同埭

仔，距廈門水程一百五十更。大呢一名大年，在西南海中，東北與六崑接，男女短衣跣足，佩刀執鎗，土產胡椒、蝦米、燕窩、黃蠟、牛鹿脯。其國距廈門水程一百五十更。三國自雍正七年後通市不絕，與宋腒勝俱暹羅屬國。（海錄）又曰：大呢國在宋卡東南，由宋卡陸路五六日，水路順風約日餘可到。連山相屬，疆域亦數百里，風俗土產均與宋卡略同。民稀少而性兇暴。海艘所泊處謂之淡水港。其山多金，山頂產金處名阿羅帥，由淡水港至此須陸行十餘日，由吉蘭丹港口入則三四日可至，故中華人到此淘金者，船多泊吉蘭丹港門，以其易于往來也。國屬暹羅，歲貢金三十斤。（明張燮東西洋考：大呢國，華人流寓甚多，趾相踵也。船至，獻果幣如他國，初必設食待華人，後來此禮漸廢矣。貨賣彼國，不敢徵稅，惟與紅毛售貨，則湖絲百觔稅紅毛五斤，華人銀錢三枚，他稅稱是。若華人買彼出貨，下船則稅如故。）

又曰：吉蘭丹國在太呢東南，由太呢沿海順風約日餘可到。疆域風俗土產略同太呢，亦無來由種類，為暹羅屬國。王居在埔頭，埔頭者，朝市之處，而洋船所灣泊也。周圍種竻竹為城，加以木板，僅一門，民居環竹外。王及官長俱席地而坐，裸體跣足，無異居民，出則有勇壯數十擁護而行，各持標鎗，見者咸蹲身合掌，王過然後起。政簡易，王日坐堂，酋長有稱萬者，有稱斷者，咸入朝環

坐議政事。有爭訟者，不用呈狀，但取蠟燭一對，俯捧而進，王見燭則問何事，訟者陳訴，王則命宣所訟者進質，王以片言決，無曲直，無敢不遵者。或是非難辨，則令沒水。沒水者，令兩造出外，遇道路童子，各執一人至水旁，延番僧誦咒，以一竹竿令兩童各執一端，同沒水中，番僧在岸咒之，所執童先浮者則為曲，無敢復爭，童子父母習慣，亦不以為異也。又其甚者，則有探油鍋法。盛熱油滿鍋，番僧誦咒，取一鐵塊置鍋中，令兩造探而出之，其理直者則毫無損傷，否則鼎沸傷人，終不能取，非自度無愧者，鮮不臨鍋而服罪。故訟者無大崛強，而君民俱奉佛甚虔。王薨，或子繼，或弟及，雖有遺命，然必待民心之所歸而後即位。若民不奉命，而兄弟叔姪中有

爲民所戴者則讓之而退處其下不然雖居尊位而號令亦不行也土番居埔頭者多以捕魚爲生每日上午各操小舟乘南風出港下午則乘北風返棹南風謂之出港風北風謂之入港風日日如此從無變易殆天所以養斯民也其居山中者或耕種或樵採上無衣下無褌唯剝大樹皮圍其下體亦無屋宇穴居巢處凡土番俱善標鎗能擲殺人於數十步外乘便行劫避匿老林故山谷僻處鮮有行人爭訟有不能決者常自請於王願互用標鎗死無悔王亦聽之但酌令理直者先標中

而死則彼家自以尸歸不中則聽彼反標顧鮮有不中者婦女淫亂而禁嫁華人故閩粤人至此鮮娶者有妻皆暹羅女也犯姦者事發執而囚之度其身家厚薄而罰其金凡犯令者亦然少笞杖之刑國有大慶王先示令擇地爲場至期于場中飲酒演戲國人各以土物貢獻王受其儀于場中賜之飲食四方來觀之華夷雜沓姦蹈無禁越月而後散凡獻餽儀物皆以銅盤盛之戴于首而進飲食不用箸多以右手摶取故重右而輕左人若以左手取食物相贈遺則怒爲大不敬云地多瘴

厲華人至此必入浴溪中以水灌頂多至數十桶俟頂上熱氣騰出然後止日二三次不浴則疾發居久則可少減然亦必日澡洗卽土番嬰疾其傷於風熱者多淋水卽瘳無庸藥石凡南洋諸國皆然其地有雙戈及呀喇頂等處皆產金由吉蘭丹埔頭入內河南行二日許西有小川通太呢阿羅帥又南行日餘雙戈水會之又南行十餘日則至呀喇頂與彭亨後山麻姑產金處相連河中巨石叢雜水勢峻厲用小舟逆挽而上行者甚艱中國至此者歲數百閩人多居埔頭粤人多居山頂

山頂則淘取金砂埔頭則販賣貨物及種植胡椒凡洋船到各國王家度其船之大小載之輕重而榷其稅船大而載重者納洋銀五六百枚小者二三百不等謂之凳頭金客人初到埔頭納洋銀一枚居浹歲又納丁口銀一枚居吉蘭丹山頂淘金欲回中國者至埔頭必先見王納黃金一兩然後許年老不復能營生者減半若甲必丹知其貧而爲之請則免甲必丹者華人頭目也凡洋船造船出貨者謂之板主暹羅盤指示方向者謂之夥長看柁者謂之太工管理銀錢出入者謂之財庫

艙口登記收發貨物者謂之清丁而出資貨船置貨貿
易則爲船主船中水手悉聽指麾故有事亦唯船主是
問其釀酒販鴉片開賭場者稅亦特重私家逋負酋長
嘗置若罔聞而賭賬則追捕甚力各國多如此食鴉片
煙則吉蘭丹爲甚客商鮮不效尤者其土產唯檳榔胡
椒爲多亦以三十斤金爲暹羅歲貢（源案吉蘭丹即大呢之馬頭也風俗
俱同大呢嘉靖末海寇餘衆遯歸於此生聚至二千餘人行劫海中商舶苦之或謂吉蘭丹即小葛蘭國按小
葛蘭與柯枝接境而吉蘭丹與大呢相連去彼遠甚但大呢吉蘭丹俱鑄金爲錢而柯枝與小葛蘭亦俱用金
錢以此相同影響之所自起也姑載之以破疑）

又曰丁加羅國一作丁葛奴疑即丁機宜也（源案此語誤甚丁機
宜別自一島在蘇門答剌之東非暹羅相連之地）在吉蘭丹東南由吉蘭丹沿
海約日餘可到疆域風俗與上數國畧同而富強勝之
各國王俱喜養象聞山中有野象王家則令人砍大木
於十里外周圍栅環之旬日漸移而前如此者數次栅
益狹象不得食俟其羸弱再放馴象與鬬伏則隨馴象
出自聽象奴驅遣土產胡椒檳榔椰子沙藤冰片燕窩
魚翅海參油魚鮑魚螺頭帶子紫菜孔雀翡翠速香降
香伽楠香帶子角帶也形若江瑤柱胡椒最佳甲於諸

番歲貢暹羅安南及鎮守葛剌巴之荷蘭（陳倫炯海國聞見錄由暹
羅西南斜仔六坤宋腒朥皆暹羅屬國大呢吉蘭丹丁葛奴彭亨諸國沿山相續俱由小眞嶼向西分往水程約
一百五六十更不等土產鉛錫翠毛佳文席燕窩海參料藤冰片等類相同惟丁葛奴胡椒甲於諸番番皆無
來由族類不識義理裸體挾刀下圍幅幔檳榔夾烟嚼生米和水呑貿易難容多艘）
又曰彭亨在丁加羅南音近邦項本無正字也此由丁
加羅陸路約二日可到疆域風俗民情均與上數國同
亦產金而麻姑所產爲最土產胡椒冰片沙穀米（胡椒藤木
初種時長尺餘年餘長至數尺則卷成圍復取土掩之俟再生然後開花結子十餘年藤漸賜則取其旁舊土
或有雜木葉毒敗其中者糞之復茂不可以他物糞至三十餘年則不復結子須擇地另種舊地非百年後不

能復種自安南至麻倫呢諸國皆有唯丁加羅所產爲最冰片木液也周流木內夜則上于樹杪明則下于樹
根土番夜聽其樹而知其上下老嫩俟其老時四鼓潛往以刀削其根數處如中國之取松脂然天明其液流
從砍處落地滴滴成片若未老則出水而已沙穀米亦以木液爲之其木大者合抱砍伐破碎舂之成屑則以
水洗之去其滓俟其水澄即其下凝者暴乾成粉復以水洒之則累累如顆珠煮食之可以療饑）以上
數國閩粵人多來往貿易者內港船往各國俱經外羅
山南行順風約一日過煙筒大佛山又日餘經龍奈口
過崑崙海日餘見崑崙山至此然後分途而行往宋卡
暹羅太呢吉蘭丹各國則用庚申針轉而西行矣由彭
亨東南行約日餘復轉西入白石口順東南風約日餘

則到舊柔佛（明史）彭亨在暹羅之西洪武十一年其王表貢永樂十年遣中官鄭和使焉其國土田沃氣候常溫米粟饒足煮海爲鹽釀椰漿爲酒上下親狎無寇賊然惑於鬼神刻香木爲像殺人祭賽以禳災祈福所貢有象牙片腦乳香速香檀香胡椒蘇木之屬

又曰舊柔佛在彭亨之後陸路約四五日可到疆域亦數百里民情風俗略與上同土番爲無來由種類本柔佛舊都後徙去故名舊柔佛嘉慶間英吉利以此爲海道四達之區墾闢土地招集商民貿易耕種而薄其賦稅數年來舟船輻輳樓閣連亘遂爲勝地番人稱其地爲息辣閩粵人謂之新州府亦或作新嘉坡土產胡椒檳榔膏沙藤紫菜檳榔膏即甘瀝可入藥

（明史）柔佛近彭亨一名烏丁礁林永樂中鄭和遍歷西洋無柔佛名或言和曾經東西竺山今此山正在其地疑即東西竺萬曆間其酋好構兵鄰國丁機宜彭亨屢被其患華人販他國者其人多就之貿易時或邀至其國國中覆茅爲屋列木爲城環以池無事通商于外有警則召募爲兵稱強國焉地不產穀常易米于鄰壤字用茭蔁葉以刀刺之見星方食節序以四月爲歲首居喪婦人薙髮男子則重薙死者皆火葬所產有犀象玳瑁片腦沒藥血竭錫蠟嘉文簟木棉花檳榔海菜燕窩西國米冰片吉柿之屬

（皇清通考四裔門）柔佛在西南海中背山而國前臨大海歷海洋九千里達廣東界經七洲大洋到魯萬山由虎門入口國中無城郭宮室王府即建於海濱支以竹木蓋以茅葉民皆環山而居崇山峻嶺樹木叢雜野獸縱橫天時雖秋冬亦煖王以椰葉爲衣左衽下裳密綴小花爲之佩刀首蓄髮長二三寸裳以金花帕跣足民人冠用銅綫爲胎幔以白布衣短衫或裸而以裳圍其下體婦女織席挽椎髻肩披錦父母喪則薙髮衣黑衣爲喪服夫皆贅於婦相見以合掌拱上爲禮俗輕生好殺尚佛教喜鬥雞伐鳥木拾海菜時出海劫掠飲食用手忌豬肉嗜煙歲齋一月舉國絕食見星乃食歷三十日始止土產降香烏木西國米冰片海參胡椒燕窩之屬亦產沙金鑄花小金錢爲幣康熙初嚴南洋諸國商販之禁故閩粵無柔佛之船而內地商船亦無往其國者迨雍正七年弛禁後其國通市不絕距廈門水程一百八十更七洲洋中有神鳥狀如海雁而小長喙色紅脚短而綠尾羽如箭長二尺許能導人水程呼是則飛去曰否則仍飛而來獻紙謝神翱翔不知所之矣柔佛屬國有丁葛奴單咀彭亨皆雍正七年後通市丁葛奴亦瀕南海四時皆暖無霜雪崇山峻嶺蜿蟺相望風俗略同柔佛土產胡椒之美甲於他番餘則沙金冰片沙藤速香等物其國人終身不出境無航海而來中國者每歲冬春間粵東本港商人以茶葉甆器色紙諸物往其國互市乾隆二十九年以兩廣總督蘇昌奏准帶土絲及二蠶湖絲浙閩人亦間有往者及夏秋乃歸必經

七洲大洋至魯萬山由虎門入口達廣東界計程九千里單咀距廈門水程一百三十更風俗衣服飲食土產與柔佛同彭亨國與柔佛連山相枕內地商民往柔佛國有轉附番船至其地貿易者（陳倫炯海國聞見錄）柔佛國山雖聯於彭亨其勢在下水路應到崑崙用未針取茶盤轉西至柔佛計廈門水程一百七十三更番情與上諸國相似所產亦相同惟較之略美而倍多每年經商可容三四船就舟交易產沙金國以鑄花小金錢爲幣重四五分銀幣不行

又曰麻六甲一作滿剌加在舊柔佛西少北東北與彭亨後山毗連陸路通行由舊柔佛水路順東南風半日過琴山徑口又日餘到此土番亦無來由種類疆域數百里崇山峻嶺樹木叢雜民情兇惡風俗詭異屬荷蘭

管轄初小西洋各國番舶往來中國經此必停泊採買貨物木爲繁庶之區自英吉利開新嘉坡而此處浸衰息矣土產錫金冰片沙藤胡椒沙穀米檳榔燕窩犀角水鹿玳瑁翡翠降速伽楠各香閩粵人至此採錫及貿易者甚衆（陳倫炯海國聞見錄）由柔佛而西麻喇甲亦無來由族類官屬名曰亞耶國王彷暹羅用漢人理國事掌財賦產金銀西洋布犀角象牙鉛錫胡椒降香蘇木燕窩翠毛佳文蓆等類金錢銀幣皆互用中國洋艘到此而止距厦門水程二百六十更（海錄）

又曰沙剌我國在麻六甲西北由麻六甲海道順東南風二三日經紅毛淺下有浮沙其水不深此國在紅毛淺東北岸疆域數百里民頗稠密性情兇獷後山與丁加羅吉蘭丹相連山中土番名𢕟（麻讀）㓞子裸體跣足鳩形鵠面自爲一類亦服國王管轄但與無來由不相爲

婚嘗取蜜蠟沙藤沉香速香降香犀角山馬鹿脯虎皮等物出與國人交易閩粵人亦有到此者其產錫冰片椰子沙藤　又曰吉德國在新埠西北又名計達由新埠順東南風日餘可到後山與宋卡相連疆域風俗亦與宋卡略同土曠民稀米價平減土產錫胡椒椰子閩粵人亦有至此貿易者由此陸路西北行二三日海道日餘到養西嶺陸路又行三四日水路約一日到蓬呀俱暹羅所轄地自宋卡至此皆無來由種類性多兇暴出入必懷短刀以花鐵爲之長六寸有奇鑲以金海馬牙爲柄其刀末有花紋者持以相鬬刀頭有紋者則佩之以爲吉慶王及酋長皆然

（每月統紀傳）曰麻剌甲地方毘連于柔佛丁葛奴大年吉連丹宋腳諸國沿大山相續土番爲無來由族類不識義理裸體挾刀下圍幅幔檳榔夾煙嚼貿易難容多艘土產鉛錫翠毛佳紋蓆燕窩海參藤胡椒等貨諸國相似所產相同麻剌甲在明朝時有馬萊由之王（馬萊由一作無來由）因暹羅侵地麻剌甲遣貢使至北京控訴永樂三年詔暹羅國王勿開兵隙暹羅王遣使謝罪然陽遵陰違竟侵服之嘉靖年間葡萄牙兵船往麻剌甲盡力征服設官治之天啟崇禎年間荷蘭又戰勝葡萄牙而有其地至嘉慶年間英吉利以萬古累易之于是麻剌甲爲英吉利新藩開英華院以敎唐人與士人且義學甚多男女不論土番漢人皆知讀書故廣東與福建人居

此種園耕田與實力嶼檳榔嶼貿易柔佛爲阿細亞大山諸國極南入海之山副馬萊酉王管之彭亨有金沙錫甚盛福建船希往彼以柔佛彭亨姓悍好鬬正是馬萊酉族類之習此外海濱國屬于暹羅者皆地小不足比數

（顏斯綜南洋蠡測）曰南洋之間有萬里石塘俗名萬里長沙向無人居塘之南爲外大洋塘之東爲閩洋夷船由外大洋向東望見臺灣山轉而北入粵洋歷老萬山由澳門入虎門皆以此塘分華夷中外之界唐船單薄

舵工不諳天文惟還甲鉈驗海底泥色定爲何地故不能走外大洋塘之北爲七洲洋東人知七洲多暗石雖小船亦不樂走塘之西爲白石口附近有一阜四面皆山一峽通進平原曠野頗有土人並無酋長產胡椒沙藤有唐人墳墓碑記梁朝年號及宋代咸淳或云此暹羅極東邊境十餘年前英吉利據此島名之曰星忌利坡召募開墾近聞已聚唐人雜番數萬閩粵之輕生往海外者冒風濤蹈覆溺而不顧良由生齒日衆地狹民稠故無室無家之人一往海外鮮回鄉者此島由外洋

至粵十餘日由七洲洋至粵僅七八日近來英吉利甘心留粵一則恃南洋港腳諸番沿途俱有停泊二則恃星忌利坡離粵不遠彼國雖隔數萬里之遥今則無異鄰境此外海岸土瘠産稀如飛頭蠻等處雖常到不屑顧其志蓋欲扼此東西要津獨擅中華之利而制諸國之咽喉古今以兵力行商賈以割據爲壟斷未有如英夷之甚者

貿易通志東南洋貿易之盛者莫如暹羅及新嘉坡暹羅與安南緬甸相接而通商最廣中國買米買貨之船赴其國者歲百餘號所駐中國人五萬有餘英吉利亞默利加等國互市每年貨價約銀五百萬餘員新嘉坡本非國乃斗入南海中一大峽地方二千里距澳門水程十更向爲閩廣客民流寓約二萬餘人英吉利屢以兵船爭奪嘉慶二十三年襲而據之置城戍兵營肆貨招商賈設英華書院凡國中書籍皆鏤板翻譯延華人教其子弟屹然爲巨鎮計閩廣船歲往者八九十艘安南三十六艘暹羅四十艘各南洋小船千三百餘艘夾板船四百七十四艘貨物出入約計銀各八百餘萬員

其地近中國故凡紅毛船之自澳門歸與自西洋至者均以此爲總滙此外麻剌甲檳榔嶼等處亦英吉利公司所據而貿易有限不及新嘉坡三分之一

梁書南夷傳扶南國在日南郡之南海西大灣中去日南可七千里在林邑西南三千餘里城去海五百里有大江廣十里西北流東入於海其國輪廣三千餘里土地洿下而平博氣厚風俗大較與林邑同出金銀銅錫沈水香象牙孔翠五色鸚鵡其南界三千餘里有頓遜國在海崎上地方千里城去海十里有五王並羈屬扶

南頓遜之東界通交州其西界接天竺安息徼外諸國往還交市所以然者頓遜迴入海中千餘里漲海無崖岸船舶未曾得逕過也其市東西交會日有萬餘人珍物寶貨無所不有又有酒樹似安石榴采其花汁停甕中數日成酒頓遜之外大海洲中又有毘騫國去扶南八千里傳其王身長丈二頭長三尺自古來不死莫知其年王神聖國中人善惡及將來事王皆知之是以無敢欺者南方號曰長頸王國俗有室屋衣服噉秔米其人言語小異扶南有山出金金露生石上無所限也國

法刑罪人並於王前噉其肉國內不受估客有往者亦殺而噉之是以商旅不敢至王長樓居不血食不事鬼神其子孫生死如常人唯王不死扶南王數遣使與書相報達常遺扶南王純金五十人食器形如圓盤又如尾甌名為多羅受五升又如椀者受一升王亦能作天竺書書可三千言說其宿命所由與佛經相似並論善事又傳扶南東界即大漲海海中有大洲洲上有諸薄國國東有馬五洲復東行漲海千餘里至自然大洲其上有樹生火中洲左近人剝取其皮紡績作布極得數尺以為手巾與焦麻無異而色微青黑若小垢汚則投火中復更精潔或作燈炷用之不知盡

案扶南為今暹羅國其南界三千餘里有頓遜國在海崎上斗入海中三千餘里則今之柔佛新甲埔也頓遜之外大海州中又有毘騫國去扶南八千里則未知為今之婆羅小瓜哇島歟抑小瓜島歟至其東方連漲海中有諸薄州再東有自然大洲則南洋諸嶠叢峙固難一一指實之矣

每月統紀傳曰廣南沿山海至占城祿賴繞西而至東

埔寨東埔寨雖別自一國界在越暹二國之間東貢越南西貢暹羅土番為馬萊酉裸體居多以布幅帷下身自東埔寨大山繞至西南為暹羅沿山海而南為斜仔邑六坤邑麻剌甲地方與柔佛丁機宜或丁葛奴大年吉連丹宋腳諸國沿大山相續土番為馬萊酉族類不識義理裸體挾刀下圍幅幔檳榔夾烟嚼貿易難容多艘土產鉛錫翠毛佳紋席燕窩海參藤胡椒等貨麻剌甲向來有馬萊酉土君因暹羅王於明朝時侵伐其國服之嘉靖年間葡萄牙人往麻剌甲盡力征服設官治

之天啓崇禎時爲荷蘭所奪自是荷蘭管其國至道光年間英吉利以萬古累島易之英人因於麻剌甲開新藩立英華院教唐人在其土所生之子兼通中西文藝且多設義學無論男女土番漢人皆令讀書故閩廣人居此種耕與息力檳榔嶼生理甚旺柔佛爲亞西亞諸國極南入海之大山馬萊酉王管之又彭亨有金沙錫礦福建船希往彼永樂年間二王遣公使朝貢益柔佛與彭亨王兩國好關正是馬萊酉各族之性情也此外各島在東海濱朝貢暹羅王奉金葉表諸方物都是小

地方居民甚懶惰又曰新甲埔一名息力此小島舊是馬萊酉土君所轄爲海賊之藪近歸英國所管地雖極小其生理爲南海至盛不但西洋夾板斷續往來且武吉及馬萊酉之船安南暹羅各國之船皆無數出入英國之官不納餉稅任人貿易商賈輻輳福建廣東人住此爲商匠士農者無數英吉利有營汎炮臺

地里備考曰馬拉加國在亞細亞州之南北極出地一度二十二分起至九度三十分止經線自東九十六度二十分起至一百零二度止東西南三面枕海北界暹羅國長約二千餘里寬約五百里地面積方約十萬里人烟希疎地勢嶄巖岡陵綿亘叢林廣布水澤瘴癘島嶼充斥樹木蔚茂湖河稀小貫徹其地田土頗瘠果實畧多禽獸蕃衍魚鹽豐盈土產金鐵錫蜜蠟珠珍燕窩豆蔻檳榔血竭兒茶象牙牛皮甘蔗木料沙穀米巴馬藤油各等物地氣温和王位世襲所奉之敎乃回教也貿易興隆商賈輻輳國內地方里哥爾等處現歸暹羅國兼攝一北剌克部一薩靈哥爾部一惹何爾部一巴杭部一隆波部各處自爲立主不相統屬國人號曰馬

來由然猶有薩忙的公北奴之目焉

又新埠島一名布路檳榔在馬拉加海峽之間長六十里寬三十里地多肥饒菓木茂盛

又息辣島一名新嘉坡在馬拉加海峽口田土膴腴菓木豐茂貿易昌盛商賈雲集其馬拉加舊國近日人烟反少貿易蕭疎以上各處于道光十年皆受駐榜加剌之兵帥節制

外國史畧曰亞西亞地嘴西出蘇門馬六加二地中間爲海峽各島散布如星棋最大者檳榔嶼在西邊距對

面貴他大山不遠北極出地五度二十五分偏東一百度九分廣袤方圓五百里居民五萬一千嶼有高山有溪地氣和暖山水甚美前本荒島乾隆五十年英國公班牙買爲船廠開墾豐盛每年出胡椒二萬石丁香豆蔲價値銀十萬員對面之貴他島亦種甘蔗產物三萬石日增月盛四方雲集福建人尤多居然都會國家所費有限而收餉過之○新嘉坡或稱新實力坡或稱新埠頭海峽中之嶼北極出地一度十五分偏東一百零四度土甚磽大林多虎出胡椒檳榔膏爲印度遶至中

國之路海由西轉東此峽爲所必經故英國公班衙于嘉慶二十三年買以開埠其始居民僅百五十口頓增至二萬餘中多唐人盡免稅餉道光十四年各西國及他國之甲板四百七十二船中國之商二十七船越南四十九船暹羅二十四船蕪來由七十二船婆羅島一百三十八船西里白島五十五船巴里嶼六十三船牙瓦島七十二船蘇門他拉島五百一十四船檳榔嶼八船馬六加六十船西邊蕪來由族類四十六船料嶼二百五十一船附近之列嶼二百二十船各國所運入貨物約共一千萬員而還出之物有加于此各方雲集遂爲亞西亞之大市○新嘉坡賓當島荷蘭在此築炮臺開市稱曰料嶼出胡椒檳榔膏土民所食者參葽葉檳榔子製造物件多潮州人通商不廣收餉甚微設兵守島有巡船捕海盜有蕪來由土酋代辦島務○賓當島所屬令音嶼蕪來由以刦盜爲務荷蘭與約給俸祿令其毋爲海賊有犯即刑其地磽出錫無他產亦不出五穀○此島之北向有亞南巴邦土那等荒島爲海賊所潛匿

外國史畧曰馬六加古國也北極出地二度及十度長二百六十五里闊四十里其地半蕪來由族類中間黑山遍延內多支溪下流入海有沙線入海口居民甚罕惟伐木搭棚而已山內盡黑面人無衣服居處舊屬暹羅管轄其馬六加之君于宋德祐二年始創立國明武宗正德五年暹羅大軍攻其城敗退葡萄亞水師攻陷其地自後歸葡萄亞順治元年荷蘭又降其城邑嘉慶間英人又破之是時有耶穌門徒開學館敎化其俗當此際有英官管理埠頭但通商甚微物產不多如金沙

錫南果胡椒五穀悉由外國運入天氣清爽無瘴氣居民罕少亦有蕪來由並印度人其山水特美麗

又曰蕪來由列國沿南洋海斗出甚長其中多山草木茂盛多檀香沉香沙藤山多錫礦溪有金沙海邊多椰子民惰地荒獨海邊有數屋皆竹葵爲之附近種蕉樹食其果終日嚼檳榔青烟以水和飯日用不多故頗自足每日多眠睡間出爲海盜乃盡力刦掠體矮而帶喜色若激其怒則憤烈如虎然無膽畧易奔潰沿海各處有土酋皆甚貧乏賴中國人代理其貿易最多者厦門

等處之人其餘若蕪來由之列地由暹羅而南斜行到六坤宋腳此地之民半暹羅語音喜拜佛像半蕪來由各類並回回人拜天地眞主暹羅之官在此者每酷虐蕪族其大尼車丹丁葛奴等地沿山陸續皆以金銀樹貢暹羅且准貢使買五穀而回南連此地者曰彭亨南方之極南者爲柔佛另有微地難細述風俗多相似所產亦相同中國閩廣人至此貿易每獲厚利民以金錢爲幣重四五分不用銀惟用番頭以爲通行之寶經商每年僅可容三四舶所市者金沙胡椒沙藤冰片海參燕窩翠毛佳文蓆亦以鴉片布疋易胡椒等物

萬國地理全圖集曰麻海陝之東口有新嘉坡埠北極出地一度十五分偏東一百零四度嶼地不大獨出胡椒檳榔膏嘉慶二十三年英國官憲買其嶼以後廣開商路不論何國船隻赴市槩免稅餉遂爲南海各島貿易之中市中國船隻每年幾十巨艦常駕閩粤客數十人到此買賣耕作所居漢人共一萬有餘丁此外列西國夾板每年幾百隻運進布帛器皿以南洋物產易之居民早夜奔馳日無寧晷蕪吉蕪來由等人住其海濱

皆屬英人管轄每年運進載出之貨價共計銀八千九百萬員○又曰檳榔嶼在西北有高峯其土種植玉菓胡椒所出不少山水甚美居民五萬四千丁其中有一萬係漢人對面沿海地方又歸英國轄故立總文官兼攝檳馬新等處○又曰南洋島之沿海蕪來由族居之身體弱矮面紫髮黎甚長纏頭赤腳腰圍紋布穿裩各帶短刀怒即刺人時喫檳榔遊玩並不務工駕船捕魚爲海賊奉回回教往其教主葬處燒香歸則庶民敬仰其人內地居民不同面有紫黑二類黑面者寓山穴叢

林爲其原土人智量有限是以中國人乘機取利廣州府與嘉應州人爲工潮州府人爲農福建人爲商最獲利者乃廈門漳州之商大半留住不歸每年一次寄信及銀以補親戚之用一歸故鄉盡皆耗費仍返棹尋利矣凡出外國之人多係內地棍徒離家庭走絕域但不帶婦女與土女結親生子而自新者鮮遍地吃鴉片賭錢澆風日熾至西國之人荷蘭操權尤廣此國之商賈少皆屬文武與土人來往溫良不驕是班牙國人好逸避勞土人但崇天主教有大權者乃僧也其商賈甚少並不出其本屬之島英人惟據三島以通商爲重故開港免餉以招四方之商賈然與土人仍無往來之理蓋教門語言嗜尚各不相通也

魏源曰英夷開闢新嘉坡富庶聞於中國已數十年皆不知爲古時何國閱海錄及英夷海圖始知即柔佛滿剌加故墟蓋明以前滿剌加爲南洋之都會英夷始移其貿易于柔佛新嘉坡有堅夏書院彌利堅國人所建麻六甲有英華書院英吉利所建皆外夷習學漢文及翻刻漢字書籍之所故所刻書皆署此兩書院藏板皆暹羅之東南境海岸相連並非島嶼距大嶼山僅五六日程平衍數百里斗出海中形如箕舌扼南洋之要衝乾隆以前多爲閩粵人流寓自英夷以兵奪據建洋樓廣衢市又多選國中良工技藝徙實其中有鑄礮之局有造船之廠並建英華書院延華人爲師教漢文漢語刊中國經史子集圖經地志更無語言文字之隔故洞悉中國情形虛實而中國反無一人瞭彼情僞無一事師彼長技喟矣哉方康熙初定臺灣時廷議欲遷其人棄其地專守彭湖獨施琅力爭之謂不歸中國必歸于荷蘭　聖祖從之設官置戍海外有截使當日執捐珠厓之議臺灣今日不爲新嘉坡者幾希使後世有人焉日翻夷書刺夷事籌夷情如外夷之偵我虛實其不轉罪以多事甚坐以通番者幾希彭亨柔佛等國明以前不見于史蓋即梁書之丹丹廣書作單單在振州東南而隋唐書並言往婆利州者先由赤土丹丹而至其國赤土爲扶南則丹丹必其相連之東南境故有唐人墓及梁宋碑記云

海國圖志卷十

歐羅巴人原譔

東南洋五海岸之國

侯官林則徐譯

邵陽魏源重輯

緬甸

緬甸與暹羅安南三國在阿細亞洲南洋歐羅巴人以
其與印度交界統謂之爲印度外前代歐羅巴人罕至
其地所知者不過孟阿臘安治市河之東岸而已伊揖
畫師比多里彌所繪地理圖其圖內大海灣之西岸有

梯泥城卽緬甸之底泥色領城也意大里亞人曾至中
國海岸而所繪之國亦未詳確佛蘭西國當日攻取麻
六甲地所考察者僅附近一隅佛蘭西又曾遣羅比里
至暹羅國欲行教化始略知暹羅國大概近日英吉利
已得印度之地多與三國交界故所說此方之事雖不
詳備較前代歐羅巴人則所得爲多緬甸國建都阿瓦
又謂之馬臘麻原是三國一曰阿瓦一曰阿臘干一曰
秘古各不相統恒相爭奪惟緬甸當衝受害尤重千有
六百年明萬歷二十八年緬甸興兵攻服秘古迨千有七百年

康熙三十九年秘古復約荷蘭西洋兩國之兵同攻緬甸屢戰
屢勝直抵阿瓦擒獲緬甸之底布里王維時緬甸反屬
于秘古然緬人強悍奚有阿羅般部落招集士兵恢復
阿瓦國都自立爲王盡收緬甸舊地遂出師攻滅秘古
國其子山巴領嗣位後秘古復叛山巴領又攻勝之遂
乘勝並取暹羅久仍爲暹羅所敗僅存麻六甲以西沿
海之麻爾古底呢色領等城耳山巴領歿其弟皿底臘
疑勃老嗣位又並合阿臘干爲一國此外尚有攻取加
渣爾加色等處軍威可謂勍矣然以麻爾古之地皆與

孟阿臘接壤孟阿臘屬于英吉利兩國接壤日久復起
兵爭千有八百二十六年道光六年英吉利遂起印度之兵
攻緬緬恃其習戰視英寇蔑如也然緬軍紀律不嚴進
銳退速以此爲英軍所挫英軍亦不習其水土地險餉
艱瘴惡多疾難以深入本欲退師反聲言直取阿瓦長
驅而進緬軍屢衂氣阻遂卑辭求和乃割阿臘干麻爾
古達阿依底尼色領沿海之地復償英吉利兵餉始罷
兵然緬甸陸戰仝恃竪銳木柵環遶重濠有時英吉利
兵馬亦爲其所拒其國賦稅如東方中國之法以田地

錢糧爲正供此外征收外國貿易稅餉不作正項別貯內庫緬甸暹羅安南皆然傳聞緬甸國王與西洋搆衅講和津貼英軍兵餉咄嗟立辦可見其國之富緬甸暹羅安南政事大略與東方各國相同權柄專制于王百官不得專擅所用律例皆合中國印度兩國之律參酌損益而行如緬甸之職官若翁疑士若敬翁多士若阿達翁士皆在國都助王理政並有律官出外分轄各部征收賦稅解都供餉部民有事先赴訴麥翁衙門次始上控于羅都衙門由羅都而達于王以判斷之有烙鐵

之刑有咒詛之法斟酌施用與印度略同印度外咸知文字惟緬甸語音龐雜有用佛語有用韃韃里音語有用中國音語參雜而成歐羅巴人不能分其句讀望之如一長句說寫俱難書籍皆編貝葉國王則以象牙爲篇頁以金飾邊貯以插金盒並有雕刻成字而金飾之者藏書雖富專以講論神明爲主而史記音樂醫學畫譜謂之雜說小書惟安南文學獨遲中國較緬甸暹羅爲深奧緬甸屋舍最陋以竹插地用籐繫架用蓆作牆而苫覆之即謂落成大者不日可完小者頃刻立就雖

潦草而使易風雨坍塌既無推壓之虞回祿偶遭亦無蕩貲之戚伊底河發源西藏南流經緬甸之麻羅城而入海案伊底河謂雅魯藏布江即大金沙江也

緬甸國東界南掌暹羅西界孟阿臘南界海北界西藏雲南以阿瓦爲國都領部落四十有八戶口約四百萬名原本

阿瓦國都　門額爾

西際　哥里布

江墩　湅米

拉比那古　巴爾麻

芝補　窮皿

打梗　翁蔑拉布拉

光墩　邦布

磨觀　邊定

拉公厘　高梗

蒙厘布　郎欲河

班沙　巴宕謬

麻拉　西格呀都

麻渣布　阿拉十
渣岩　特曩休
茂都　皿特
新達　比衣謬
呢特　濟騷
麻欲疎　蘭棰
皿巴　麻爾打曼
東俄　底奴彪
波丹謬　哥士皿

衣岩　知那麻幾爾
巴三　西利喽
麻羅大金沙江由此城西入東印度　毋哇原本止此

沿革原無今補○止取其涉海國者

新唐書驃古朱波也自號突羅朱闍婆國人曰徒里拙在永昌南二千里去京師萬四百里東陸眞臘西接東天竺西南墮和羅南屬海北南詔地長三千里廣五千里東北袤長屬羊苴咩城凡屬國十八曰迦羅婆提曰摩禮烏特曰迦黎迦曰半地曰爾臣曰坤朗曰偈奴曰羅聿曰佛代曰渠論曰婆梨曰偈陀曰多歸曰摩曳曰即舍衛瞻婆闍婆也彌臣至坤朗又有小崑崙部王名茫悉越俗與彌臣同由坤朗至祿羽有大崑崙王大於彌臣由崑崙小王所居半日行至磨地勃柵海行五月至佛代國有江支流三百六十案此當即大金沙江有川名思毗離芮土名異香北有市諸國估舶所湊越海即闍婆也十五日行踰二大山一曰正迷一曰射鞮有國俗與佛代同經多茸補邏川至闍婆八日行至婆賄伽盧國土熱衢路植椰子檳榔仰不見日王居以金爲甓廚覆銀

瓦爨香木堂飾明珠有二池以金爲隄舟檝皆飾金寶驃王出輿以金繩床遠則乘象嬪史數百人靑甓爲圓城周百六十里有十二門四隅作浮圖民居皆鉛錫爲瓦荔支爲材俗惡殺拜以手抱臂稽顙爲恭明天文喜佛法有百寺琉璃爲甓錯以金銀丹彩紫鑛塗地覆以錦罽王居亦如之民七歲祝髮至寺至二十有不達其法復爲民衣用白氎朝霞以蠶帛傷生不敢衣戴金花冠翠冒絡以雜珠王宮設金銀二鐘寇至焚香擊之以占吉凶有巨白象高百尺訟者焚香跽象前自思是非

而退有災疫王亦焚香對象跽自咎無桎梏有罪者策五竹捶背重者五輕者三殺人則死土宜菽粟稻粱蔗大若脛無麻麥以金銀爲錢形如半月號登伽佗亦曰足彈佗無油以臘雜香代炷與諸蠻市以江豬白氎琉璃甖缶相易婦人當項作高髻飾金珠琲衣青娑裙披羅段行持扇貴家者傍至五六近城有沙山不毛地亦與波斯羅門接距西舍利城二十日行西舍利者中天竺也南詔以兵強地接常羈制之案緬甸與東印度接壤惟唐書畧見端倪故節錄之元明與中國搆兵皆于海國印度無涉故不錄

謝清高海錄曰烏土國在暹羅蓬牙西北疆域較暹羅更大由蓬牙陸路行四五日水路順風約二日到佗歪爲烏土屬邑廣州人有客于此者又北行百餘里到媚麗居又西北行二百餘里到營工又西行二百餘里到備姑俱烏土屬邑王都在盎畫盎畫即阿瓦之音轉由備姑入內河水行約四十日方至國都有城郭宮室備姑鄉中有孔明城周圍皆女牆參伍錯綜莫知其數相傳爲武侯南征時所築入者往往迷路不知所出云北境與雲南接壤雲南人多在此貿易衣服飲食大畧與暹羅同而樸實仁厚獨有大古風民居多板屋夜不閉戶無盜賊爭鬬由備姑西北行沿海數千里重山複嶺并無居人奇禽怪獸出沒號呌崇巖峭壁間多古木奇花所未經覩舟行約半月方盡亦海外奇觀也徹第缸在烏土國大山之北數十年來英吉利新闢土地未有商賈其風俗土產未詳

國史館郭世勳傳乾隆五十五年暹羅國王鄭華表稱乾隆三十六年被烏土國搆兵圍城國君被陷其父鄭昭克復舊基僅十分之六其舊地丹著氏麻叨塗懷三

城尚被占踞請詔敕令烏土國割回三城詔以烏土國即緬甸別名前此緬酋孟駁與暹羅紹氏搆兵非新酋孟隕之事今緬國已易姓何得上煩中朝追索侵地命兩廣總督郭世勳檄諭止之按暹羅國別號赤土國則緬之號烏土均以墳壤異色得名

地球圖說曰阿瓦國東界暹羅南界旁葛剌海并印度洋西界天竺國并旁剌葛海北界西藏國又內有三小國即阿瓦皮球馬搭班是也其百姓約有二百七十萬數都城名阿瓦城內民五萬民矮小而健不辭勞瘁善

經營巧勝暹民但貪心太重一若以天下與之而猶未足也首不戴帽身穿夏布女裙而不褲廉恥全無好佛教日以花果食物供養其僧僧皆黃衣遊食近有耶蘇門徒傳授聖教焉刑政與他國迥異君之名固不敢呼君之姓亦毋題說有觸即加大辟又男至二十歲以上者三年內必以一年供王事或佃或兵有至大之江名伊犂瓦地產金寶石大樹土油鹽硝象鹿牛馬等所貨物茶葉布帛等

地理備考曰阿瓦國在亞細亞州之南北極出地六度

至二十七度十分止經線自東八十九度四十五分起至九十八度五十分止東至中國雲南暨暹羅國西連印度國南接榜加剌海灣北界亞桑國南北相距五千五百里東西相去二千里地面積方約四十萬零五千里烟戶七兆餘口本國地勢北方則岡嶺層疊迤邐綿亘中央則邱陵稀疎峻峭無幾南方則平原坦闊恆遭淹浸其伊拉瓦的西當薩巒德那塞靈亞剌干等乃本國最長之河縱橫貫徹田畝甚腴穀果極豐禽獸草木靡弗繁衍土產金銀銅鐵錫鉛鑽石琥珀紅玉窩宅碧玉琉璃花石信石緜花烟葉甘蔗藍靛木料等物地氣溫和非雨則熱每歲如常王位世襲所奉之敎乃釋教也其貿易通市與印度中華居多本國初為北古國管轄迨既自異別為一國乾隆五年國變亂賊寇猖獗越十二載北古國人復行攻奪時本國人亞隆巴拉卒眾逐之大獲全勝與國立業踐祚為君其後歷代嗣君開闢疆域將國內外為十有一部一名阿瓦乃本國都也建于伊拉瓦的河左茅舍居多木室亦有至若磚瓦屋宇為數無幾一名亞拉于部一名加賽部一名仍塞蘭

部一名馬爾達般部一名美爾固宜部一名北古部一名達歪部一名德那塞靈部一名雲山部其通商衝繁之地曰郎昆曰波羅美曰業能軍此外又有進貢屬地一名加星安一名薩巴音一名見一名達翁蘇一名遙一名巴剌安一名森一名拉稜一名達撓一名薩拉翁

外國史畧曰緬甸國北極出地自十五度四十五分及二十七度二十分長二百六十里闊一百里北連雲南南連暹羅並馬他班海隅東連老掌並雲南西連英吉利藩屬及旁甲拉海隅海濱甚低餘皆山產鐵銅錫紅

銅鉛金銀石油火硝食鹽紅藍寶石最多石油由深井汲出色青厚燒之出黑烟林有堅木宜造船亦出漆油並紫梗禾甘蔗粟米豆烟緜花青黛內多象虎豹熊野猫野雞鶴鶉金雞沙佳鴒居民約八百萬地多荒蕪罕耕種其人身高體健顏色黑紫雕題文皮男女多裸身耳穿孔掛金銀飾性貪不喜笑性詐而傲崇佛養僧其僧黃衣髡首乞食居寺多造塔以金鑲佛像民貧官富語多異音中多老掌文萊之民皆拜佛山內有野民族類愈不一緬甸人能織文花布亦能刻花木造奇巧金

飾惟不知天主教○人好武勇性酷虐寡慾而惰男逸女勤不濫飲食每飯恆嚼檳榔荖葉好飲酒不好殺獸不食牛肉牛嬭男女均以黑色染指甲口唇若敬人則坐不立男女往來不以苟合爲辱所立規矩法律俱由印度來亦多與中國合其始在周景王時距今二千三百九十一年前由印度遷至一千七百四十年前遷都於他處今日尚存其廟古蹟于元順帝三十一年始建今之阿瓦都城歷傳三百六十九年有文萊島之民與師敗緬後再戰敗而文萊反歸緬乾隆十四年文萊買

西洋火器并募荷蘭葡萄亞各國人協力攻緬陷其都逐其王虜其國有一小官起義兵百人抗拒既而國民雲集盡力恢復後中國兵兩侵其地多病瘴癘退師緬人掠其軍以配土女別居新城故今緬地尚有漢人苗裔又與暹羅屢交戰奪暹全境兵氣益驕後緬遂以兵侵印度英人擊退之道光四年國王再侵英之印度界時緬已東盟越南南服暹羅覬覦印度之富遂傾國而來英軍兩年鏖戰于東界不服水土斃者甚衆英終不退兵復添新軍水陸并進聲言將擣其國都緬王畏懼

乃求會于南海邊地前時戰費至九百萬兩後彼此息兵亦無侵暹羅之事但尚時與英人肇衅道光二十六年更立之君亦被其世子廢逐失位○居民各族類共約八百萬地分四千六百土司民貪財不善通商貿易皆在內河若米若魚鹽運出者若石油白餹蒜紙兒茶黃銅金等器其漆器綢緞皆由中國來由以拉瓦的江達班摩與雲南通商琥珀寶玉象牙檳榔燕窩等物所買者綢緞布匹金箔餹果紙等貨緬人亦與老掌交易老掌族類最樸實山內多寶玉虎象隨時進貢戰亦出

助陣焉○緬都曰阿瓦城瓦垣而竹屋街衢甚廣廟耀宮宏居民三萬北極出地自二十一度五十分偏東七十六度道光十九年地震安拉補臘爲唐人所居大鎮國之舊居也居民二萬蘭雲馬他萬巴心三城皆海口蘭雲城與印度貿易產堅木多運出造船每年價銀十五萬兩運入者多布匹附近城有大廟高塔愚民隨時赴之燒香拜佛用重金鑲塑木像前時之都屬文萊國者稱曰破米多古蹟○王操全權辦事不以律國中產業隨意奪給有事則征餉納稅無定則王所乘白象以

金鑲嵌以寶玉與宮無異履花氈食珍羞人敬象如大臣王戶俱會同操權有親政大臣一位輔政官一位副理政事通事官一位各部立帥各郡置官有土司調司皆世襲無俸祿故勒索爲常

地里備考曰英吉利在亞悉亞兼攝之地在印度緬甸之間者一曰亞桑緯度自北二十五度三十分起至二十七度四十五分止經度自東八十八度二十四分起至九十三度三十分止東北界西藏西連印度國南接阿瓦國長約一千一百餘里寬約五百里烟戶一兆餘口境內岡嶺絡繹河之長者曰的各隆曰矮斯曰的索也曰登塞里亞田土膴腴穀果豐茂土產金銀銅鐵茶烟綿花甘蔗胡椒香料材木煤炭等物地氣濕熱技藝精良貿易昌盛首郡名若爾合德昔自爲一國今爲英吉利所兼攝

阿剌干部在阿瓦國之西長約一千八百里寬約二百里烟戶二兆六億口境內岡陵平原兩相間隔田土肥饒穀果豐稔鳥獸草木靡弗充斥土產金銀鹽蠟象牙等物地氣濕熱技藝寡寡貿易興隆首郡亦名阿剌干

昔自爲一國今爲英吉利所兼攝

馬爾達般部東連暹羅國西枕大海南接業地北界北古地統計地面積方約一萬三千五百里烟戶五萬餘口境內岡陵絡繹田土膴厚穀果豐登土產米鹽藍靛綿花荳蔻烟葉象牙木料等物地氣溫和昔本阿瓦國一部今爲英吉利兼攝之地

達威部東接暹羅山西枕海南界巴展河北連馬爾達般部長一千一百五十里寬一百五十里地面積方約一萬七千里烟戶三萬口境內岡陵延袤田土膏腴穀

果豐稔鳥獸草木靡弗蕃衍土產錫蜜鹽靛象牙燕窩沙藤材木豆蔻香料等物地氣温和人安物阜其地分爲三大部一名業一名達威一名德那塞靈昔木阿瓦國之部今爲英吉利兼攝之地以上皆受東印度榜加剌兵帥節制

外國史畧曰緬甸內英吉利屬地皆緬甸讓出海邊地在緬南北極出地十一度及十八度長一百六十里闊十四里海邊別有多島或居民或荒蕪東界皆山高約三四百丈地亦豐盛林多堅木可建船屋所出之物如

蠟象牙兕角鹿肉燕窩海參胡椒檳榔蠔鱉山內出紅鉛錫居民多緬人時英人據其地共十一萬二千四百口因與暹羅交戰大半荒蕪英人招百姓以保護其地民數頓增民多文萊人流徙至海邊者山內有加連土蠻未向化却喜聽耶穌之教○別有英國所據之地曰馬他班在三支河間地豐盛北方歸緬甸天氣清爽不苦熱地荒蕪蓋緬甸暹羅兩國戰場也現已平靖而民未興復惟隣國之民及漢人咸遷其地爲氓英人築新城在港口曰安黑其土產木料胡椒緜花青黛烟象牙

檳榔荳蔻顏色等物多奉耶穌教敬事教主○他威部北極出地自十度三十五分及十五度三十分長百一十里闊十里沿海東連暹羅廣延皆山高四百丈其海邊多港汊其洲低其島皆石產錫多象牙木油紅木燕窩海參木料檳榔民性愚野奉天主教前緬甸官勒索居民有貲即奪故百姓婾惰今則各安其分又漢人多遷居之每年國所費銀五萬五千兩其護守兵千五百丁水師船三隻○地那悉林部地最窄在海邊南及燕來由地皆密林難通路其島繁多地甚磽瘠產檀香巴

馬油紫梗樹脂乳香南果尤香美在海邊燕窩海參珍珠皆斂之民其民無居處惟浮海面絕不耕田止以海味爲食其都會曰墨危英軍士常攻擊此地蓋阿瓦國都恃地險瘴惡爲負固其瀕海之地則暹羅英吉利常吞并之焉

附入緬路程見師範滇繫

由騰越州城南六十里爲蠻宋爲南甸土司故爲府由南甸左行六十里爲龍抅樹又五十里爲杉木籠山山之險者也又三十里爲蠻隴又六十里爲隴川土司又

四十里爲邦中山又一百里爲猛卯土司凡四百五十里自南甸右行二十里至沙沖二十里至猛宋五十里至黃陵岡五十里至千崖土司八十里至盞達土司三十里至太平街又自翁輸三十里至銅壁關凡三百五十里此自騰越州南分左右之里數也自隴川八十里至腊撒土司戶撒在其北三十里自腊撒至鐵壁關八十里由鐵壁而左二十里至蠻等七十里至虎踞關又五十里至南喜三十里至等拐又十里至天馬關此境內南行之里數也至於臨夷之路則有五一自騰北道

四程至茶山界自騰西道八程至里麻界十程抵孟養境一自州南一程至南甸二程至千崖四程盞達蠻哈山十程由蠻暮至猛密二十七程至緬甸三千里有奇至南海一自騰南一程至南甸四程至隴川西南又十程至猛密轉達緬自隴川東道又十程至木邦轉達景綫國一自騰東南道二程至蒲窩二程至芒市轉達鎮康舊謂古臨夷之路皆撫剿所必由惟茶山而西號野人境峭壁不可梯繩弱水難於舟筏而茶山里麻前明設有兩長官司明季時爲野人所驅奔入內地今尚有

早土司後裔已爲齊民其地閉塞不通久矣至阿瓦之道出銅壁鐵壁虎踞三關皆可乘船赴緬惟猛卯出天馬關陸路多於水道前用兵時密探其路自天馬關五十里而小瀧又五十里而蔥布三十里而猛卡四十里而蠻空四十五里而猛老四十里而猛勒四十五里而蠻黑六十里而猛密土司三十里而布亞七十里而章谷洞三十里而尼孤凡五百九十五里然後下船兩日即抵阿瓦歷彥得上漿謬直埂至阿瓦約三百里計天馬關至阿瓦水陸兼行不過九百里耳而明將軍征緬

由木邦出天生橋取宋寨其地散漫小徑叢出深入無繼必至潰散傳經略由萬仞關四十里歷猛弄蠻埋止丹來戛南盞河又三十里出戛鳩渡江十里蠻乃三十里蠻赧又三十里麻里而至猛拱百五十里南烏甕三十五里沙河三十里深溝又六十里而至孟養其地至阿瓦甚遠且路徑不熟炎天瘴盛因回師而駐老官屯其路則出鐵壁關五十里而至猛卡又五十里而至楞木又十里而至洗帕河歷猛允猛暎而至新街趙宏榜所敗績處也南行即爲老官屯臨大金沙江賊分扼江

之東西我軍偪其東寨而駐故造船之議謂元人征緬以此取勝也要在熟悉地勢多集兵力出其不意耳緬人善於操舟舟之頭尾多置西洋大礮旋轉如飛趙宏榜新街之敗爲其礮所擊潰又提督常青言三十四年駐兵江岸時月夜見江中出數象象背載十人逆流起伏甚捷水中用象載兵古所未聞并誌之以諗知兵者

附大金沙江考 魏源

緬甸之西與東印度國分壤以大金沙江爲界其源出于西藏卽雅魯藏布江也源出後藏西界之阿里達木

楚克喀巴布山會諸水東流二千五百餘里入中藏復會木倫江東南流千二百餘里經中藏之南界過緬甸之阿瓦都城轉西南流至東印度會恒河注南海其源流皆不入雲南境滇人謂之大金沙江對岷江所會之小金沙江而言小金沙江入東海大金沙由緬甸入南海故黃貞元謂此卽禹貢之黑水其說曰大金沙江瀾潞二水雖同出吐番同入南海然大小遠近迥殊潞四倍于瀾大金沙十倍於潞瀾潞所出源近而狹大金沙江上源相傳近于闐國自里麻茶山至孟養極北號赤

髮野人境峭壁不可梯繩弱水不任舟栰土人惟遠見川外隱隱有人馬形皆生番之域也今姑畧其源惟自經流支流入海可見者言之水流至孟養陸阻地合大居江檳榔江二水方名大金沙江蓋以別麗江北勝武定馬湖之小金沙江耳自此南流至猛掌有一江西來入之又南下經蠻莫有大盈江自騰越經鎮夷南甸干崖受展西茶山古湧諸水伏流南牙山麓出蠻莫來入之又經蠻法魯勒孟拱遮鼇管屯大小菖蒲峽至戛撒昔年緬人攻孟養以船運餉到戛撒爲孟養所敗者此

江也正統中蔣雄率兵追思機法爲緬人所壓殺於江中亦此江也江自蠻莫以上山聳水陡正統中郭登自貢章順流不十日至緬甸者亦此江也下流經溫板有龍川江自騰越經界尾高黎共山隴川猛乃猛密所部來入之下流又經猛吉準古溫板猛戛馬達剌至江頭江中有大山極秀聳山有大寺又有一江自猛辨洗戛冊南來入之又經止卽龍大馬革底馬撒躋馬入南海其江自蠻莫以下地勢平衍瀾可十五里有奇益南江益寬流益緩緬人操舟如涉平地至是江海之水潴爲

一色矣按此說所指大金沙江其上流即今雅魯藏布江在西南荒徼外其下流又逕緬甸始終不入雲南去禹貢雍梁二州甚遠因難指爲禹跡所導之黑水然此江中段則爲緬甸與東印度分界下游則金沙江會岡噶江全由東印度入海岡噶江即佛經之恒河其與金沙江會以後謂之安日得河又曰安治市河又作潡治斯河故坤輿全圖無大金沙江蓋統歸于安日得河也英夷所繪大清國圖有雅魯藏布江會恒河入海所繪印度圖則有蒲蘭蒲達江自東而西會潡治斯河入海即大金沙江西

會恒河之異名蓋圖中國則用中國之名圖外國則用外國名也榜葛剌跨恒河之東西兩岸惟以東距大金沙江與緬甸廓喀等國分界英吉利曾攻印度乘舟溯流直向阿瓦而澳夷新聞錄中又嘗恐中國兵假道緬甸攻東印度皆以此江下游直抵孟加臘之故一統志謂其西南流入厄訥特珂國亦指其下游入東印度之恒河而言第語之不詳故于坤輿圖說之安日得河欲指爲恒河則無大金沙指爲大金沙則無恒河不知二大水下游滙合爲一也大金江未會安日得河以前其

東岸爲緬甸西岸爲廓爾喀諸國及會安日得河以後東南岸下游爲英夷所奪緬地西南岸爲榜葛剌蓋古里地介金沙江及恒河之間而榜葛剌則在恒河入海口岸皆東印度境其緬甸雲南間尚有南掌胡盧景線景邁等國皆入貢中朝以非濱海不入是志

魏源曰乾隆三十四年緬甸老官屯之役賊樹柵固守官兵鏖戰彌月堅不可拔即四洲志所謂緬甸兵法專以大木立柵自環爲不可敗有時英吉利兵亦爲所遏蓋緬甸南瀕海嘗與英夷之印度交兵故英夷知其長

技也又考劉健庭聞錄順治十八年二月李定國白文選攻緬於阿瓦阿瓦城甚高大城外二江大曰蘭鳩小曰南葛臘環城三面皆水惟一面通陸自白文選師旋後並鑿之引水爲湖留堤三道置木城其上距城四里定國遣人索永歷不應而于木城之外更立木城出兵守之有間木城前復立一城步步前進既逼定國營始出兵大戰前隊皆象中有花象善突陣爲羣象先定國視戰地當象來處有石橋自持長刃迎待象鼻卷刃立斷負痛反奔羣象皆奔文選定國鼓噪乘之斬其大將

邊牙猓殺其兵萬緬收餘兵保栅固守此卽樹栅自固步步爲營之證其失在於出栅野戰反以象陣自挫前鋒故爲白李所敗惟敗後而木栅尚存退可以守故阿瓦終不得破所謂善戰者不敗善敗者不亡也明瑞哈國興皆嘗登山俯瞰破其一二栅而十餘栅皆潰及老官屯之役賊懲前失先據高立栅又固守不出戰我兵百計攻之終不能拔是緬兵短於野戰長於憑栅其徵四洲志所言之不妄故上兵之紀律敵莫能禦中兵之紀律敵莫能侮觀於緬栅之足拒夷兵而知我之所以守觀於安南札船之足懾夷艇則知我之所以攻

海國圖志卷十一

東南洋 海島之國○原本無皆今補　　邵陽魏源輯

呂宋夷所屬島一 原名蠻里喇島明季改名小呂宋

明史呂宋島居南海中去漳州甚近洪武五年正月使使偕瑣里諸國來貢永樂三年十月遣官齎詔撫諭其國八年與馮嘉施蘭入貢自後久不至萬歷四年官軍追海寇林道乾至其國國人助討有功復朝貢時佛郎機強與呂宋互市（源案呂宋島本名蠻里喇明季爲西洋呂宋夷船所據中國人因呼曰小呂宋蓋對其本國而稱之猶瓜哇島之稱改新荷蘭也明史誤以呂宋爲此島本名因妄謂呂宋島滅於佛郎機誤甚至今此島尚有呂宋鎭守之兵無佛郎機之兵）久之見其國弱可取乃奉厚賄遺王乞地如牛皮大建屋以居王不虞其詐而許之其人乃裂牛皮聯屬至數百丈圍呂宋地乞如約（案當云圍蠻里喇地乞如約）王大駭然業已許諾無可奈何遂聽之而稍徵其稅如國法其人既得地卽營室築城列火器設守禦具爲窺伺計已竟乘其無備襲殺其王逐其人民而據其國名仍呂宋實佛郎機也（案當云改名呂宋其實呂宋國自在西洋）也先是閩人以其地近且饒富商販者至數萬人往往久居不返至長子孫佛郎機既奪其國（案以後佛郎機字均當作呂宋）

其王遣一酋來鎮慮華人爲變多逐之歸留者悉被其侵奪萬歷二十一年八月酋郎雷敝裏係勝侵美洛居役華人二百五十助戰有潘和五者爲其哨官蠻人日酣臥而令華人操舟稍怠輒鞭打有至死者和五曰叛死箠死等死耳否亦且戰死曷若刺殺此酋以救死勝則揚帆歸不勝而見縛死未晚也衆然之乃夜刺殺其酋持酋首大呼諸蠻驚起不知所爲悉被刃或落水死和五等盡取其金寶甲仗駕舟以歸失路之安南爲其國人所掠惟郭惟太等三十二人附他舟獲返時酋子

郎雷猫吝駐朔霧聞之率衆馳至遣僧陳父冤乞還其戰艦金寶戮仇人以償父命巡撫許孚遠聞於朝檄兩廣督撫以禮遣僧置惟太於理和五竟留安南不敢返初酋之被戮也其部下居呂宋者盡逐華人於城外毀其廬及猫吝歸卽令城外築室以居會有傳日本來寇者猫吝懼交通爲患復議驅逐而孚遠適遣人招還蠻乃給行糧遣之然華商嗜利趨死不顧久之復成聚其時礦稅使者四出奸宄蠭起言利有閻應龍張嶷者言呂宋機易山素產金銀採之歲可得金十萬兩銀三十

萬兩萬歷三十年七月詣闕奏聞帝卽納之命下舉朝駭異言官金忠士曹於汴朱吾弼等連章力爭皆不聽事下福建守臣迫於朝命乃遣海澄王時和百戶于一成偕嶷往勘呂宋人聞之大駭華人流寓者謂之曰天朝無他意特奸徒橫生事端今遣使者按驗俾奸徒自窮便於還報耳其酋意稍解命諸僧散花道旁若敬朝使而盛陳兵衛迓之時和等入酋爲置宴問曰天朝欲遣人開山山各有主安得開譬中華有山可容我國開耶且言樹生金豆是何樹所生時和不能對數視嶷嶷

曰此地皆金何必問豆所自其上下皆大笑留嶷欲殺之諸華人其解乃獲釋歸時和還任卽病悸死守臣以聞請治嶷妄言罪事已止矣而呂宋人終自疑謂天朝將襲取其國諸流寓者爲內應潛謀殺之明年聲言發兵侵旁國厚價市鐵器華人貪利盡出而鬻之於是家無寸鐵酋乃下令錄華人姓名分三百人爲一院入卽殲之事稍露華人乃羣走菜園酋發兵攻衆無兵仗死無算奔大崙山蠻人復來攻衆殊死鬭蠻兵少挫酋旋悔遣使議和衆疑其僞撲殺之酋大怒斂衆入城設伏

城旁衆饑甚悉下山攻城伏發衆大敗先後死者二萬五千人酋尋出令諸所掠華人貲悉封識貯庫移書閩中守臣言華人將謀亂不得已先之請令死者家屬往取其孥與貯巡撫徐學聚等亟告變於朝京師驚悼下法司議奸徒罪萬曆三十二年十二月議上帝曰疑等欺誑朝廷生釁海外致二萬商民盡膏鋒刃損威辱國死有餘辜即梟首傳示海上并移檄呂宋數以擅殺罪令送死者妻子歸竟不能也其後華人復稍稍往而蠻人利中國互易亦不拒久之復成聚時佛郎機已併滿

剌加益以呂宋勢愈強橫行海外遂聚廣東香山澳築城以居與民互市而患復中於粵矣

明史沙瑶與吶嗶嘽連壤皆與呂宋近男女蓄髮椎結男子用履女子跣足以板爲城豎木覆茅爲室崇釋教多建禮拜寺男女之禁甚嚴盜不問大小輒論死孕婦將產以水灌之且以水滌其子置水中生而與水習究物產甚薄華人商其地所攜僅磁器鍋釜之類重者至布而止後佛郎機據呂宋多侵奪鄰境惟二國號令不能及

皇朝通考四裔門呂宋居南海中在臺灣鳳山沙馬崎東南本朝崇德中呂宋遣使進貢於明使臣留閩未還順治三年福建平守臣送其使入　都四年六月遣歸本國康熙五十六年以呂宋等國口岸多聚漢人禁止商船往南洋貿易雍正五年後通市如故十三年正月呂宋以麥收歉薄附洋船載穀二千石銀二千兩海參七百觔來廈門欲易麥二三千石時提臣王郡以例禁五穀出洋奏請　詔曰國家嚴禁五穀出洋者乃杜奸商匪類暗生事端若各國米糧缺少隨時奏聞朕尚酌量豐餘以濟之今載穀易麥更近情理著均平糶糴以濟其用

又曰干絲臘在西北海中與英吉利相近風俗與英吉

利同其國王姓名傳國世次無考每歲駕夾板船來廣東互市據呂宋速巫等處爲貿易之處干絲臘國常分遣小王鎮守呂宋云考佛郎機在明時既襲據呂宋今干絲臘亦分守呂宋蓋舊國已空島夷互踞難以實稽也源案干絲臘即大呂宋之屬國明時佛郎機亦無襲取呂宋島之事此沿明史之誤

漳州黃可垂呂宋紀略曰呂宋島爲干絲臘屬國干絲臘者西洋番國名也與和蘭勃蘭西紅毛相鼎峙俗呼爲宋仔又曰實班牙一作是班牙閩廣市所用銀餅肖其國主之貌而鑄者也海之東南數千里外即呂宋島

爲東界萬蘭淵仔低大海西界閩廣大海南界蘇祿大海北界萬水朝東大海計其地三千里有奇南北東西相去各千餘里與海相距亦數千里形勢負東向西內外中三湖各廣三百餘里土番戶口不下數萬餘金珠玳瑁冰片燕窩海參烏紅木魚鹽之利甲於海外前明時干絲臘據其國建甌豆城於外湖西海之濱鎮其邊嶼於城之西左角以控制邏邏土風最重番僧設巴禮院行禮拜之教巴禮者番僧也以濂水爲令將晝作夜院各擊鐘以定時子午爲中天初點未亥各十二點重

高聿不祀先祖所奉之神惟咗氏而已尤可怪者巴禮爲人敗罪人俱以爲榮濂水者以巴禮王之尸煎爲膏脂有教父掌之將奉教之時令人自誓其身爲咗氏所出誓畢巴禮將尸水滴其頭故曰濂水有女尼院專司財賄以供國用其院封鎖極嚴男子絕跡威望甚尊干絲臘所造甲板船極大帆檣甚固鎗礮畢備洋寇不得近往來呂宋間皆用量天尺照水鏡淺石沉礁無不洞悉其法更妙於指南車華人之客呂宋者恆樂其卅悍之利而喜其制度之巧焉其甲板船來呂宋計程行三

月迨其船回本國水性不同行須五月華人貿易往來相安數百年矣　國朝乾隆年間西北海之紅毛英圭黎番猝造甲板船十餘直偪呂宋欲踞其地化人巴禮願納幣請解英圭黎遂返余因經商呂宋爰紀其畧

陳倫炯海國聞見錄曰東南諸洋自臺灣而南臺灣居辰巽方北自雞籠山至南沙馬崎延袤二千八百里與福興泉漳對峙隔澎湖水程四更隔廈門水程十有一更西面一帶沃野東面俯臨大海崇禎間爲紅毛荷蘭人所據鄭成功奪之康熙二十二年鄭克塽歸順方入

版圖惟呂宋島至今爲西洋人所據其島在鳳山沙馬崎之東南居巽方距廈門水程七十二更北面高山一帶遠視若鋸齒俗名宰牛坑山有土番屬於呂宋與沙馬崎西北東南遠拱中有數島惟一島與臺灣稍近者名曰紅頭嶼有土番居住無舟楫往來語言不通食薯芋海族之類產沙金臺灣曾有舟到其處呂宋大山北從宰牛坑延繞東南昔爲大西洋干絲臘是班亞所據是班亞國亦名呂宋國故以名此島地宜粟米長者五六分漳泉人耕種營運者甚盛年輸丁票銀五六金方

許居住經商惟守一隅四方分定不許越界地原係土番今爲吕宋據轄爲東南洋貿易最盛之地因大西洋干絲臘是班亞番舶所聚立教寺建城池聚夷族漢人娶番婦者必入其教禮天主堂晨鳴鐘爲旦方許開市午鳴鐘爲夜闔市不敢往來昏鳴鐘爲日燈燭輝煌如晝營生夜半鳴鐘爲夜以閉市肆晝夜各以三時辰爲日爲夜傍午提夜禁闔地皆鬼市

謝清高海錄小吕宋島本名蠻里喇在蘇祿尖筆闌之北亦海中大島也周圍數千里今爲西洋吕宋國所轄

故改名小吕宋地宜五穀土番爲英酉鬼與西洋同俗性情強悍樂於戰鬭吕宋在此鎮守者有萬餘人中華亦多貿易於此者但各寓一方不能逾境欲通往來必請路票歲輸丁口銀甚重土產金及烏木蘇木海參所屬地有名伊祿古者小吕宋一大市鎮也米穀尤富其東北海中別峙一山名耶黎亦屬吕宋其人形似中國其地產海參千里石塘在是島西船由吕宋北行四五日可至臺灣若西北行五六日經東沙又日餘見擔干山又數十里卽入萬山到廣州矣東沙者海中浮沙也

在萬山東故呼爲東沙往吕宋蘇祿者所必經其沙有二一東一西中有小港可以通行西沙稍高然浮於水面者亦僅有丈許故海船至此遇風雨往往迷離至於破壞凡往潮閩江浙天津各船亦往往被風至此泊入港內可以避風掘井西沙亦可得水沙之正南是爲石塘

萬國地理全圖集曰小吕宋島在中國東南北極出地自十二度至十九度偏東自一百二十四度至一百二十八度長一千二百里闊三百四十五里居民六十萬

丁其內地甚高樹林稠叢有火山往往地震出白糖棉花麻加非煙柯柯子卽外國人等所用烹爲飲也泉州人年年駕船至吕宋港稱爲馬尼刺古時未屬是班牙國土蠻居之山內黑面之族鬈髮服樹皮棲茅屋土雖膏腴卻憚勞寧餓死不工作明永樂間國王遣臣進貢往往招漢人來居其國隆慶四年是班牙兵船取其地爲本國之藩屬開墾勤勞與澳門英吉利亞默利加各國通商馬尼刺城晨時鳴鐘爲日方許開市肆經營午亦鳴鐘夜時闔市其風俗與澳門西洋差不多父母已

聘僧決婚姻世務亦是僧所料理人死貯以布囊富者納資較多寡埋堂上基內貧者埋牆外三年一清棄骸骨於深澗其民大半奉天主教餘尚固執已見不肯向化其僧理其內地如官憲且百姓拜之如菩薩然

謝占壬曰寧波海商道光六年江蘇海運出力保奏巡檢呂宋距閩最近其疏濬海口之法中國似可仿行蓋二十年前呂宋內河入海之雞時口洋面計長三百六十里闊二百餘里因內河流沙入海口門淤淺舟行阻滯而汪洋一望難從水底施工會英吉利番船至彼不能進口英吉利人固多

巧技精於樞紐轉旋之法遂置轉盤器具設法疏濬縱橫數百里淺沙不半年悉皆通暢從此大船揚帆直入均無阻礙其法皆借轉輪之力以代人工所用器具以長方式船若干隻自船腰以至船頭分開兩叉如凹叉中橫插車盤一如水車式車邊離水底數寸深淺仍可伸縮船面橫眠轉輪一道若干人踏之使車盤轉動再用大播箕一可裝土數千觔箕底設車輪兩道箕口鑲鐵如耕田之犁再用兩鐵索長數丈一頭繫於車盤一頭縛於箕口車輪轉動則播箕拉近船邊鐵犁耕過則沙土捲入箕內面上別設鶯架車起播箕將沙傾入小船剝往他處其船四面拋定錨纜不令移動專在中洪逐節挑深使河溜奔激中洪自能逐漸深闊既省人力又易成功此某昔游閩中與呂宋舵工交好覽其所記海道鍼譜內附此法惜未目覩一切器具爲恨近在天津偶與海船舵工談及方知有鎮海王思高者昔爲呂宋舵工今因年老退歸曾親見此項工程言之尤備近聞南河舊有混江龍鐵篦箕用以疏刷河底迄今用之不效其故由於黃河屢次決口分洩河流溜緩沙停以

致海口河身一例平坦河面尚有溜勢河底卻同平水雖用鐵篦箕挑刷無奈隨刷隨停非如昔年河身高下懸殊溜勢徹底奔騰河底積沙稍爲挑動即能挾溜遠行也因憶昔年航海常遇泊船錨纜並無風浪忽然移動舟人亦不解其故今始悟及海口潮溜小則面溜底平大潮則徹底奔流要知錨齒插入沙中則錨柄錨纜皆能布水下趨冲開海底泥沙無怪錨齒露出因而移動勢使然也竊復進而思之方今河底溜勢平緩不能挾沙入海可否即仿布水冲沙之意用船千數隻舵尾

皆掛一披水板兩邊再加鑲板闊數尺長數丈以外洋硬木爲之加以石墜使一頭沉入水中其式如削瓜之鏁其板下置車輪一道使板離水一二尺輪在河底轉動水從板下布出涯冲河底再掛鐵篦箕於船腰且篦且冲自下而上逐節疏通船隻衆多乘風而上順流而下使河底沙水刻不停緩冀可挾沙入海或亦節省人工之一法歟布水冲沙之法如果試有成效可至浙江寧台兩府雇募釣船一二千隻航海入淮其船尖頭闊尾河海並行善於掉戧但非頂頭逆風稍得傍風便能逆流而上乘春夏東南風順利大小統計每船五人足以應用每日給與工食並船價銀二兩之數所費尚屬有限事非經驗不敢自信惟值當事大人念切河漕不揣鄙陋謹述所聞參以臆見用備芻採源案此說疏濬海口法專在中洪逐節濬深使河流奔激中洪自能逐漸深闊蓋先仿河工混江龍鐵掃帚之法以引水歸槽繼即用對填偪溜之意以水力攻沙非全恃船輪人力即能浚深數百里海口于半載之中也其船四面拋定錨纜不令移動亦非梭船來往梭織之謂

貿易通志曰西班牙所據之新地爲呂宋島近閩粵產米及白糖椰油珈琲麻煙等道光十二年甲板船百三十六隻入口出口貨各百三四十萬員居民二百餘萬納稅甚重然商賈趨之如鶩也其餘南海各洲若蕪萊西若丁葛盧若彭亨各爲番君所自治者稅餉皆苛故貿易不盛

地理備考曰呂宋島原名非里比納斯又名桑拉薩羅在南洋之西緯度自北五度起至二十度止經度自東一百十四度起至一百二十五度止統計千島大者名曰呂宋其明達撓蘇錄巴拉彎等則次之岡陵巍峩火山紛繁地震時作地氣炎熱飄風暴雨不時交作田土極腴穀果最豐叢林稠密木多上品土產金鐵鉛水銀硫磺朱砂寶石甘蔗桂皮加非胡椒等物各種禽獸靡弗蕃衍島列四名一名非里比納斯一名明達撓一名蘇錄一名巴拉彎序列於左〇一非里比納斯內島紛繁呂宋乃其大者也長約一千四百里寬約四百里境土兩屬一屬大呂宋國兼攝一自設酋長管轄其屬大呂宋兼攝者十有五部曰敦多部首郡名馬尼辣人烟稠密五方輻輳泊所穩闊帆檣如林曰加維德首郡亦名加維德曰瓦稜加斯首郡亦名瓦稜加斯曰不拉

干首郡亦名不拉干曰拉古納首郡名巴薩尼亞斯曰巴當阿首郡亦名巴當阿曰達亞巴首郡亦名達亞巴曰邦邦阿首郡波哥羅爾曰桑巴勒首郡名黎昆曰邦加西囊首郡名靈加言曰義羅各斯首郡名維安曰加加言首郡名義拉安曰新厄西乍首郡名巴勒爾德曰加馬里內斯首郡名那加曰阿爾白首郡亦名阿爾白其自設酋長管轄者東方海濱暨島中一帶地方皆各立酋長管理其桑馬爾島外屬大呂宋國兼攝中屬酋長管轄其勒德島西方海濱屬大呂宋國兼攝餘皆酋

長管屬曰塞布曰波和皆屬大呂國兼攝曰內哥羅斯其海濱係大呂宋國兼攝餘皆酋長管轄曰巴乃其海濱係大呂宋國兼攝內地爲酋長管轄曰加拉米亞那屬大呂宋國兼攝曰明多羅大呂宋國兼攝無幾酋長管轄居多○一明達撓島又名馬仁達撓長約一千里寬約五百里迴環約二千八百里地分三屬一屬大呂宋國兼攝一屬明達撓王統轄一係酋長自爲管屬其屬大呂宋國者分爲三部首郡曰桑波昂安在西南方曰迷薩米斯在北海濱曰加拉加在東海濱其屬明達

撓王者境土廣闊首郡名塞蘭安建於北蘭日河濱乃本國都也其酋長管屬者在西方內設三十三酋各霸一方互相結盟○一蘇祿島小島紛繁大者有三曰蘇祿曰達維曰巴黎蘭皆屬蘇祿王統攝首郡名北彎乃國都也土人多務刼掠海面尤爲滋擾○一巴拉彎島又名巴拉瓜長約九百五十里寬約一百二十里內地土人自理海濱大半爲蘇祿王兼攝東北海濱爲大呂宋國兼攝

萬國地里全圖集曰南海各島出北極自十二度至南

極十度偏東自八十五度至一百三十五度各出南地物產天氣雖熱然海風常吹霖雨時沛草木暢茂四時之景各極其佳○又曰南海各小島在小呂宋之南者有撒馬島馬鄰得島把剌灣島泥鄂巴島尼末巴地島西武島县坐島邦閔島多羅來地島天氣物產與呂宋不異大半歸是班牙所轄居民共計二百二十四萬丁○又曰小呂宋西蘇祿羣島雖小而物產甚多出珍珠玳瑁蘇木荳蔻鸚鵡降香藤福建廈門船屢赴其島互市居民爲海賊肆行刼掠與呂宋兵船交戰獲勝人戶

繁多五穀不足必買運別處
外國史畧曰小呂宋各島在中國之東南廣袤方圓四千七百里居民六百萬丁其島嶼洲甚多延自北極出五度及二十度多雨有火山常地震而土則豐盛出米烟糖加非蒔蒔甚盛米穀有餘皆運售中國有大樹可爲梔又出蠟蜜糖好馬野牛其土人體矮語音風俗各殊百姓順長敬尊然素性詭詐販賣人口爲奴今多歸天主敎固守禮儀其奉回回敎者以海盜爲業山內則皆黑面人未向化以草果爲食明朝時島君入貢中國

自明以來多福建泉州人每年商船大集亦多遭壞其羣島曰閔他那島撒馬島米地島巴尼島西布島閔多羅島其最大者惟呂宋爲是班亞國兵所駐於明嘉靖三十九年是班亞船始到此島隆慶二年調師船往據其地其土人多不服及今日尚有島不屬所轄者是班亞既與中國日本開通商之路貿易歲倍唐人來不勝數釀成巨釁爲是班亞所誘戮者幾萬人乃立法律惟准商賈居住船回商亦回惟入天主敎始准任意居住焉更兼管束其貿易禁例煩擾惟泉州船恒時來往乾隆二十六年是班亞國與英人戰英人將奪其地許以重賂始退兵焉然其銀今日尚拖欠也後與亞黙利加通商每年二三巨艦裝十五萬石價値約千二百萬員由亞黙利加所運出者多銀條或中途與他國交戰而失其船則所損重矣嘉慶年間亞黙利加藩屬地自立爲國不受是班管轄廣開港口所獲利漸微乃復調兵帥以代治其島會同土人護守之每年國帑所收銀百五十萬員所運入之貨約銀五百十五萬七千餘員所運出者約銀百四十三萬六千員其土產每年益增准

外國任意往來不復禁止故通商愈興旺惟國帑入空所收稅務未足償還本國欠項也○其都在呂宋島曰馬尼轍內多禮拜堂敎師甚盛○臺灣呂宋之中間尚有數島屬是班亞國者其居民不多出糧食與他國不往來惟有遭風船到彼尚蒙接濟其難民焉
瀛環志畧曰近年諸番來粵東者多聚於馬尼剌米利堅佛耶西遺酋來通市其船皆會集於此蓋其地爲七洲洋之東岸轉柁北行即入長沙頭門而抵粵東諸番徜爲東道之逆旅薪水糗糧皆取辦於此故近來小呂

宋之繁盛爲南洋諸島之最

又黃毅軒呂宋紀畧云乾隆年間西北海之英黎（即英吉利）猝造甲板船十餘直溯呂宋欲踞其地化人巴禮納幣請解英黎乃返余按化人巴禮即天主教之師泰西人皆奉天主教每用其人以解紛然英人之還肯收兵亦非信巴禮之說也西班牙之有呂宋已二三百年不特市舶流通資爲外府而國勢之所託儼然東西兩境若爲英人所奪則千絲臘亡其半矣彼即中衰究係西洋大國命脈所關勢且背城借一英國雖强豈遽能滅此

朝食割土於重譯之外延敵於門闥之間非計也故呂宋之不可奪英人亦明知之特脅之以威力待其哀請而罷兵使之畏我德我不敢抗我顏行然後我之市舶東來即以彼土爲東道主而彼不敢靳噶羅巴之已奪而復還亦同此意皆形勢之顯然可見者

呂宋羣島之西南婆羅洲之東北有小國曰蘇祿接連三島島俱褊小而戶口頗繁本巫來由番族悍勇善鬬民多習爲海盜西班牙既據呂宋欲以蘇祿爲屬國蘇祿不從西人以兵攻之反爲所敗其海產明珠玳瑁山產蘇木荳蔻降香籐條又產鸚鵡戶口繁多地磽瘠食不足糴於別島廈門商船時由呂宋往貿易由廈至蘇祿水程一百一十更（海國聞見錄謂蘇祿與吉里問文萊共一土係屬錯誤今更正之）

海國圖志卷十二

東南洋海島之國 原無今補

邵陽魏源輯

荷蘭所屬婆羅淳泥瓜哇大島相近之地問島喴門島附載此內原本無今補

萬國地理全圖集曰：婆羅島北極出地自五度半至南極四度半，偏東自一百零九度至一百十八度，廣袤方圓七十八萬七千方里。內有廣湖林樹，產金沙、錫、紅鉛、金鋼石、沙藤、胡椒、蘇木。沿海居民乃蕪來由、蕪吉等族類，搭草寮。土蠻食人之肉，若要娶女，預先埋伏，私殺鄰鄉人等，將首獻新婦，而後行房。各鄉里常互相抱恨報

仇。雖此等狠心，卻與外國交接溫良也。漢人自古以來與此洲交易。嘉應州人進山開礦，穿山開道，自立國家，擇其長老者稱爲公司，限一年二年辦國政。每年廣州、潮州船數隻到港開行貿易。其西邊則荷蘭國人開港口，在三八、本田、萬軋馬生等處。但因島之大半曠野，並無田畝，海賊劫掠，生意微矣。

西里百島在婆羅東，沿海港汊，形勢古怪。北極出地自一度四十分至南極五度三十分，偏東自一百十九度至一百二十五度，廣袤方圓二十二萬五千方里。產珈琲、蘇木、燕窩、海參、瑇瑁等貨。其居民勤勞，織布，駛船四方。其名稱曰蕪吉，曰蕪來由。常帶短刀，猛心報仇。內地惟務耕田，不肯出外。此地國君不自主，待居民集會公舉爲王。荷蘭國南北開港口，南曰馬甲撒，北稱馬孥多，築礮臺，調防兵。

巴布亞在西東，因內地土蠻無交通之理，尚未識此島。居民異類不同，尚有黑面之人，帶有騘卷頭髮，亦有如蕪來由之族，狡戾巧詐。樹高林叢，物產不多。其地雖廣，未知其形勢。道光十三年，荷蘭開港而調兵守地，自此

以後商船來往不絕。

陳倫炯海國聞見錄曰：由呂宋正南而視，有一大山名息利大山。山之東爲蘇祿，西鄰吉里門，又沿西文萊，即古婆羅國，再繞西朱葛礁喇。大山之正南爲馬神。其山之廣大長短，莫能度測，山中人跡不到，產野獸，亦莫能名。蘇祿、吉里門、文萊三國，皆從呂宋之南分籌，而朱葛礁喇必從粵南之七洲洋過崑崙、茶盤，向東而至朱葛礁喇，一百八十八更。馬神亦從七洲洋、茶盤、葛刺巴而往，水程三百四十更。廈門由呂宋至蘇祿，水程不過一

百一十更共在一山南北遠近相去懸殊矣又隔東海一帶爲芒佳瑟大山由馬神至芒佳瑟水程二十七更復繞而之東卽係丁機宜東北係萬老高而蘇祿吉里門文萊朱葛礁喇總名蕪來由繞阿番性喜銅鉦器皿皆銅沿溪箬屋爲居俗甚陋身不離刃精於標鎗見血卽斃以采色布帛成幅衣身經商其地往來乘小舟夥衆持利器相隨產珍珠冰片玳瑁海參燕窩烏木降香海菜藤等類而馬神番尤狡獪紅毛人曾據其港口欲踞其地番畏火礮避入山用毒草浸上流紅毛被毒皆

棄去產鋼鑽胡椒檀香降香料藤豆蔻冰片鉛錫燕窩翠羽海參等類鑽有五色金黑紅者爲貴置之暮夜密室光能透徹投之爛泥汚中上幔青布其光透出者每棋子大值價十萬餘兩西洋人購爲至寶呂宋至吉里門三十九更至文萊四十二更此皆東南洋番國而朱葛礁喇馬神皆非呂宋水程應入南洋各國因同蘇祿文萊南北大山是以彙載東南洋俾覽者識其形勢焉

謝淸高海錄古達國疑卽古志所稱爪哇也在尖筆蘭山東南海中別起一大山迤邐東南長數千里十數國環據之或謂之息利大山此其西北一國也由尖筆蘭東南行順風約二三日可到王居埔頭有荷蘭番鎭守由埔頭買小舟沿西北海順風約一日到山狗灣爲粤人貿易耕種之所由此登陸東南行一日入山其山皆產金而息利山金爲佳皆古達所轄地

又曰巴薩國一名南巴哇在古達東南沿海順風約日餘可到地不產金中國人居此者唯以耕種爲生所轄地有名松柏港者產沙藤極佳亦有荷蘭鎭守

又曰昆甸國在巴薩東南沿海順風約日餘可到海口

有荷蘭番鎭守洋船俱灣泊於此由此買小舟入內港行五里許分爲南北二河國王都其中由北河東北行約一日至萬喇港口萬喇水自東南來會之又行一日至東萬力其東北數十里爲沙喇蠻皆華人淘金之所乾隆中有粤人羅芳伯者貿易於此豪俠善技擊頗得衆心時土番竊發商賈不安芳伯屢率衆平之又鱷魚爲害芳伯爲壇於海旁陳列犧牲取韓昌黎祭文宣讀而焚之鱷魚遁去華人敬畏尊爲客長死而祀之至今血食不衰

又曰萬喇國在崑甸東山中由崑甸北河入萬喇港口舟行八九日可至山多鑽石亦有荷蘭番鎮守

又曰戴燕國在崑甸東南由崑甸南河向東南遡洄而上約七八日至雙文肚即戴燕所轄地又行數日至國都乾隆末國王暴亂粵人吳元盛因民怨而殺之國人奉以爲主華夷皆取決焉元盛死子幼妻襲其位至今猶存

又曰卸敖國在戴燕東南由戴燕內河逆流而上約七八日可至

又曰新當國在卸敖東南由卸敖至此亦由內河行約五六日程聞由此再上將至息力山頂有野人皆鳥首人身云自戴燕至山頂皆產金山愈高金亦愈佳特道遠罕至故其金歲不多得自古達至萬喇連山相屬陸路通行閩粵人流寓淘金沙鑽石及貿易耕種者常有數萬戴燕卸敖新當各國亦有數百人皆任意往來不分疆域唯視本年所居何處則將應納丁口稅餉交該處客長轉輸荷蘭而已其洋船梵頭金亦荷蘭征收本國王祇聽荷蘭給發不敢私征客商也華人居此多娶妻生子傳至數世婦女不知廉恥唯衣服飲食稍學中國云土番皆無來由種類奉回教禮拜誦經約束女子極嚴出海貿易必盡載資財而行妻妾子女在家止少留糧食而已船回則使人告知其家必其妻親到船接引然後回否則以爲妻妾棄之即復張帆而去終身不歸矣所穿沙即水幔貧者以布富者則用中國絲綢織爲文彩以精細單薄爲貴王女不下嫁臣庶唯同族相爲婚其民尚利好殺雖國王亦嘗南塘一出王薨則以布束屍棺擇地爲園陵以得水爲吉不封不樹山中獠

子極盛唯各據一方不敢逾越稍有遷徙輒相殘滅故雖强盛而見無來由荷蘭及中華人皆畏懼不敢與爭恐大兵動無所逃遁也中華人初到彼所娶妻妾皆獠子女其後生齒日繁始自相婚配鮮有妻獠女者矣獠性兇暴喜殺得首級則歸懸諸門以多爲能各國俱產冰片燕窩沙藤香木胡椒椰子藤席

又曰馬神在崑甸南少東由崑甸沿海順風東南行約二日經戴燕國境又行二三日到此疆域風俗與上畧同土產鑽石金藤席香木豆蔻冰片海參佳紋席猩猩

藤蓆極佳鑽石即金剛沙產此山者色多白產亞咩里隔者色具五采大者雖黑夜置之密室光能透徹諸番皆寶之一顆有值白金十餘萬兩者西洋人得極大者奉爲至寶雖竭資購之不惜也小者則以爲鑽用治玉石玻璃堅無不破獨畏羚羊角云山中有異獸不知其名狀似猴見人則自掩其面或以沙土自壅

又曰蔣里悶讀去聲在馬神東南沿海順風約二日可到疆域稍狹風俗土產與鄰國同案此即吉利門也

又曰三巴郎國在蔣里悶南少東海道順風約二三日

可到疆域頗大閩粵人至此者亦多土產沉香海參沙藤燕窩蜜臘冰片於以上三國皆無來由種類爲荷蘭所轄即在葛剌巴東北

又曰麻黎國在三巴郎東南疆域同三巴郎沿海順風約四五日可到土番名耀亞人多貧窮而甚勤儉風俗淳厚與於無來由男女俱穿彩衣無鈕以繩束之下體不穿褲圍以長幅布男戴帽平頂女人髻盤於左喜採各花以綫穿繫於頸如掛珠狀死則葬於土無棺槨每歲迎神賽會舉國若狂剪紙爲儀仗送至水邊盡棄之

急趨而散不知其何爲也娶妻亦童養夫死不再嫁年少者居夫喪亦穿吉服至二十五歲然後鬄髮而居二十五歲而後寡者當時即鬄髮既鬄髮出必以布蒙其頭衣不加彩有犯奸者事覺則衆人帶至廟中戒飭之以水灑其面謂之洗罪與明呀里俗畧同國王居山中土產珍珠海參燕窩魚翅沙藤胡椒沉香冰片

又曰茫加薩在麻黎東南沿海約四五日可到亦耀亞種類疆域風俗土產均與麻黎畧同二國俱用中國錢歷代制錢俱有存者

又曰細利窪在茫加薩東南由海道約行二三日可到沿海土番爲無來由種類內山土番爲耀亞種類耀亞王所居山名伯數奇風俗各從其類皆歸荷蘭管轄三國亦與噶剌巴鄰近其貨物多歸葛剌巴售賣自古達至此同據息力大山西南半面而各分港門其港皆口西向

又曰文來國在細利窪西北由細利窪東南入小港向西北行順風約五六日可至由地問北行順風七八日可至幅員甚長中多亂山絕無人居奇禽野獸莫能名

狀土番亦無來由種類害中國布帛土產燕窩冰片沙
藤胡椒
又曰蘇祿國在文來北少西舟由文來小港順東南風
約七八日可至風俗土產與文來同貨物多運往昆甸
馬神售賣二國同據息利大山東北半面山中絕巘崇
巖荆榛充塞重以野番占據不容假道故與西南諸國
陸路不通船由廣東往者出萬山後向東南行經東沙
過小呂宋又南行即至蘇祿海口由古達往則須向東
南行至細利窪入小港轉西北沿山行經文來然後可

至其國西北大海多亂石洪濤澎湃故雖與古達比鄰
舟楫亦不通也
海島逸志曰海上之虹遠者只見其半如常也近者
竟如環無端矣余初聞之巴人云吉理門之雹青而
不紅余未之信及往馬辰道經吉理門是晚有雹果
不紅而深青其光散漫無條緒東坡云天下奇觀到
海盡信哉是言也源案往馬辰道經吉理門即海錄所謂將里悶在馬神東南也海國
聞見錄言蘇祿吉利門等國相連確鑿可證吉里門在婆羅島而元兵往瓜哇師次吉里門者必非葛留
巴之小瓜哇矣

地理備考曰婆羅島又名文萊在南洋之西緯度自北
七度起至南四度二十分止經度自東一百零六度四
十分起至一百十六度四十三分止長約二千九百里
寬約二千五百里地面積方四十萬里烟戶約三兆餘
口重岡疊嶺逶邐延袤火山不一地震時作地氣各殊
穀果豐登禽獸蕃衍土產金銅鐵錫鉛鹽鑽石珍珠檀
香甘蔗胡椒鮮薑豆蔻丁香棉花樟腦木料等物島中
外人罕到迄今尚未詳悉海濱地勢廣闊人烟紛繁通
島分而為三一屬賀蘭國兼攝一歸蘇錄王兼攝一不

受別國管轄其屬賀蘭國兼攝者分為二大部一名西
部內地曰三巴斯曰蒙巴瓦曰崩的亞那曰蘭達曰疊
古曰星邦曰馬丹曰岡達瓦安一名東部內地曰哥麻
厄曰邦不安曰忙達瓦曰大達亞哥曰小達亞哥曰邦
日爾曰達那勞此外內地尚有數名曰達打斯曰馬爾
達不拉曰加郎音當曰都古加囊曰都古齊利曰都逕
至東北一帶地方仍歸蘇錄王兼攝其通商衝繁之地
曰馬盧都曰巴義丹曰阿自曰達拉般其不受別國管
轄者數國大者曰婆羅曰巴昔爾曰哥的曰蘇錄曰比

亞如

島之四面小島臚列大者曰那都納曰阿難巴曰加里馬達皆在西方曰索倫波曰不魯勞皆在南方曰馬拉都拉在東方曰加加言又名若羅曰巴郎般皆在北方

每月統紀傳曰波羅爲諸島之至大長二千二百五十里闊一千八百六十里其山內有大湖並多江溝渠沇茫山林其木可造船建屋產物又繁盛胡椒檀香安息香冰片燕窩海參烏木藤金沙鉛錫窩宅金剛寶石除山內之土蠻食人肉飲人血不守五倫其海濱居民是

武吉兼馬萊西則漸知敎化矣武吉者徧往各國覓利勤勞其馬萊西艮者懶惰惡者爲海賊各族各黨各州有其頭目頭目各遵土君之命時相鬬戰九死一生荷蘭已久開新蕃地建炮臺城池南方是馬神西方是阿吶三瓦城等但只管海邊不及山內廣東幾萬人往此湖之阿吶地方開金山採金沙因恐土番之狠設族黨頭目如土酋管治其民每年有廣東一二船隻往其洲貿易發財唐人若肯開此大洲之荒地而總統之其利益甚大蓋波羅洲比臺灣山十分更貴不但出白糖米穀等貨甚足且具各等寶貝如許大地方可養幾百萬飢民運出貨物利及國家

每月統紀傳曰近呂宋之蘇祿嶼小有巉巗之嶺其極南爲石崎山犀角嶼珠池其土產爲珍珠玳瑁蓽茇蘇木荳蔻鸚鵡降香類因島嶼繞環海內有珍珠商船至彼其土番探珠獲小者不計外獲巨珠則聽十倍福建人多住生理土番爲同回與婆羅洲芒佳瑟民結友爲海賊除非呂宋兵船無人管束之永樂十五年間其國王率妻子朝貢中國雍正六年間公使至閩貢獻呂宋

兵帥攻伐其嶼二次不能服之此與婆羅洲中之蘇祿地皆蘇祿國王所轄雖不同島而非二國也

每月統紀傳曰芒佳瑟洲之形勢嶇嶔巉嶮環去繞來一帶遠視若鋸齒無數海港內地之山嶺不勝數也其山之廣大長短莫能測度亦有火山亦有金山亦有硫磺山其產物玳瑁海參燕窩烏木蘇木降香海菜藤類丁香荳蔻緜花金等貨山內有樹名烏杷葉枝包甚毒故土番浸矢致害死敵天氣比廣東更熱其土番有回王管之皆回回之敎惟在山內有拜太陽之人南方有

五坭國在海濱是土番所管並荷蘭屬轄之地方向北名馬邪土向南名馬甲颯無甚土產

外國史畧曰婆羅島最廣之島也北極出地五度及南極四度半原名曰古曼坦長二千五百里闊千有百六十里其內地未及深入故未能知其底裏惟海濱之埠荷蘭人所開者在西北兩海邊蕪萊由民遷此地搭棚藏匿海盜者在東邊於布吉開埠貿易其奴卷髮黑面皆未向化之族類也古今唐人萃焉廣東嘉應州人最多或開肆或采金沙或販錫藤胡椒烏木別有一族專

以漁爲業居民甚罕共計不過四百萬而已內地多高山每年掘金沙者二十萬人所掘金沙約十萬兩有餘每月一人出金一兩有餘其中漢人自立長領不服他國亦有大富建廣屋者亦有務農者內河產金剛鑽石及他寶玉一塊價值三十萬兩爲列西國所貴亦產紅鉛珍珠海參獸則有象兕豹野猪牛其居民養水牛猪等畜山中有冰片桂皮○土蠻之中多蕪萊由族代之耕作頗安分但激其性則猛如虎常殺人取首掛之頸上以爲號否則無與婚焉各族互爲仇敵惟他押族力於耕樸實不詐蕪萊由土君駐邑曰埔尼前數年所屬地撒拉究給英人英國封之爲君教設律例彈遏海盜釋放他押奴可謂賢君矣後嗣無道私殺其善臣英人怒討之且盡力殄滅海盜○荷蘭國之埠共三所南曰班熱馬星西曰三巴曰本地亞納貿易皆不甚大昔時英國人亦於此間開埠後復失之旋復開埠於西北邊拉布安島與中國火輪船往來貿易雖產石炭其嶼尚荒蕪近婆羅島最著名者曰蘇祿洲共六十里北極出六度偏東百二十度以婆羅爲東北向與中國通

商亦入貢所居多漢人廣開墾出蠟玳瑁穀雲母殼珍珠每年值銀二萬五千兩海菜桂皮冰片烏木胡椒沙藤香料等貨其土民各異與蕪來由悉崇回回教與附近各島通商此時絕西洋甲板船之貿易居民悉海盜爲商船害尤與呂宋是班牙國爲仇二國調兵船以討之

外國史畧曰西里白島形勢千曲萬環北極出自二度及南極出六度偏東自百一十九度及百二十五度廣袤方圓二千五百五十萬里居民三百萬口多支港內

地溪河四流、多灣泊處、米穀罕、而珈琲豐盛、有金沙、亦產燕窩海參海菜玳瑁、魚翅等貨、賣於中國、族類不一言語風俗教門亦俱不同、最向化者居南方破尼海隅名曰布吉航駛南洋、開市貿易、設公會、其土君各有五爵襄治、亦有以妃及女爲君者、與歐羅巴不通往來、亦不遵他國之命、皆崇回回教、不畏死、內外之民稱曰馬加撒、多奉耶穌之教、荷蘭國在極南、開馬加撒埠、廣袤方圓三百七十五里、居民約五萬四千口、在東北地開默邦多口、二百五十里運出珈琲、每年約數五萬石居

民善經營但不敢航海、

瀛環志畧曰由呂宋西南視之、有大島居於午位、曰婆羅洲、一作浡泥又作蟠尼阿 其島周迴數千里、大山亘其中曰息力、由東北而西南、山之西畔極北曰文萊一作文來 極南曰吉里問、一作吉里門又作吉里地悶又作蔣里悶 山之東畔、極南曰馬神、一作馬辰 與吉里問接壤、馬神之北曰新當、再北曰卸敖、再北曰戴燕、再北曰萬喇、一作萬瀾又作萬郎又稱萬老高 再北曰崑甸、再北曰巴薩、極北曰古達、由古達逾山而西北、即文萊界矣、自古達至新當、舊皆馬神所屬、故諸書統稱馬神、而諸部之名不著、山之西廣莫荒涼、其海濤瀧壯猛、多礁石、舟楫不能近岸、故土番南惟吉里問、北惟文萊、餘皆人迹不到之穢墟、即兩國亦甚貧、多駛船海中爲盜、山之東、物產墳盈、海道通利、又產黃金銓石、攻鑛之工所萃、故丁戶殷盛、部落較多、諸番巫來由皆種類、沿溪籍屋爲居、身不離刃、精於標鎗、見血即鷙、性喜銅鉦、器皿皆用銅、上衣曰沙郎、下衣曰水幔、貧者以布、富者用中國雜色絲綢、裂條縫集、爲文采、俗從回教、七日禮拜、不食猪肉、巫來由皆從回回教、回教興於小西洋之亞剌伯、故傳染於南洋 山中別有獠人、

性凶頑、喜殺然不敢出山肆擾、諸部舊多噶羅巴屬國、荷蘭船初到此洲、入馬神內港、欲據其地、番畏炮火、避入深山、以毒草漬水上流、荷蘭受毒、狼狽去、後卒於海濱立埔頭四、曰八三、即巴薩 曰本田、即崑甸 曰萬郎、即萬喇 曰馬生、即馬神 繁盛遠遜噶羅巴、又海盜時時鈔掠、貿易益微、息力大山金礦極旺、別有銓山、產銓石、銓石即金剛石、俗名金剛鑽、有五色、金黑紅者爲貴、歐羅巴人以爲至寶、大如棊子者、値數萬金、細碎者、釘磁之工用之、近年粵之嘉應州人、入內山開礦、屯聚日多、遂成土著、初

娶貉女爲婦、（巫來由女不嫁唐人）生齒漸繁。乃自相婚配、迄已逾數萬人、擇長老爲公司理事。謂之客長。或一年或二年更易、丁口稅銀、由客長輸荷蘭。洋船覔頭金。（船稅也）亦荷蘭徵收。番酋聽荷蘭給發。不敢私徵。每歲廣潮二府有數船入港、貿易獲利甚厚。諸國土產。金與銓石之外。鉛錫冰片豆蔻胡椒海參燕窩玳瑁翠羽烏木檀香藤條。由廈門往文萊。取道呂宋。往吉里問馬神者。取道七洲洋、由茶盤轉而東向、

余按、婆羅洲爲南洋第一大島。西洋人稱爲蟠尼阿

卽浡泥之轉音、唐高宗總章二年。入貢。謂之婆羅國。宋太宗太平興國年間入貢。謂之浡泥國。明初入貢又分吉里地悶文萊浡泥等國。蓋浡泥爲此島總名。宋明之稱浡泥者、乃馬神疆域較大。力能駕諸部之上、故以全島之名爲國名。猶大亞齊之獨稱蘇門答臘耳、陳資齋海國見聞錄。謂息力大山踞其中。外吉里問文萊朱葛焦喇馬神蘇祿五國環而居之。今考蘇祿在馬神東方、乃海中三小島。與此土不連。朱葛焦喇、別書不見其名、惟王柳谷海島逸志云荷蘭所推甲必丹、（見噶喇巴說）有大雷珍蘭武直迷朱葛焦諸稱呼、似陳錄所云、誤以官名爲國名矣。又陳錄謂吉里問、在文萊之北、與諸書皆不合、自是舛誤。（海島逸志云、由噶羅巴往馬神道經吉里門、目睹電光青而不成條、噶羅巴在馬神之西南、往馬神而路經吉里門、其在馬神之西可知）謝清高海錄、紀此洲最詳。惟歷數諸國。俱云某國在某國東南、揆之西洋圖地形方向、尚有舛誤。今據圖稍更正之、荷蘭人於南洋各島遍設埔頭、諸番皆奉命惟謹、馬神獨能毒流退師。可云錚佼。然卒爲西人所制、番族固無遠謀也。息力大山。夙稱金穴。近

年粵東流寓、幾於成邑成都。倘有虬髯其人者。創定而墾拓之、亦海外之一奇歟。

又按由廈門放海、首小呂宋。次琉球。西則蘇祿。又南文萊馬辰等、又西南則婆羅大洲。又西南則大小瓜哇、又西南則蘇門荅臘亞齊等。已繞出西人新嘉坡之西、而近印度之錫蘭山矣。倘因諸華人流寓島上者、舉其雄桀、任以干城。沈思密謀。取醜夷聚而殲旃因以漳泉惠潮嘉人爲流官。雄長其土。破除陳例歸於簡要、自辟僚屬署等藩鎮。庶足爲南服鎖鑰與、

婆羅爪哇大島各國沿革考

婆羅國新唐書赤土西南入海得婆羅總章二年其王遣使者與環王使來朝。○明史婆羅又名文萊東洋盡處南洋所自起也唐時有婆羅國高宗時常入貢永樂三年遣使者齎璽書綵幣撫諭其王四年其國東西二王入貢其地負山海崇釋教惡殺喜施禁食豕肉王薙髮裹金繡巾佩雙劍出入徒步從者二百餘人有禮拜寺每祭用犧厥貢玳瑁瑪瑙車渠珠白焦花布焦布降眞香黃蠟黑小廝萬歷時爲王者閩人也或言鄭和使婆羅有閩人從之因留居其地其後人竟據其地而王之邸旁有中國碑王有金印一篆文上作獸形言永樂朝所賜民間嫁娶必請此印印背上以爲榮後佛郎機橫舉兵來擊王率國人走入山谷中放藥水流出毒殺其人無算王得返國佛郎機遂犯呂宋

浡泥國宋史浡泥在西南大海中去闍婆四十五日程去三佛齊四十日程去占城三十日程所統十四州前代不通中國宋太平興國中始遣使人貢其國以板爲

城王所居屋覆以貝多葉民舍覆以草王坐繩牀出即大布單坐其上衆舁之名曰阮囊戰鬭者則持刀披甲甲以銅鑄狀若大筒穿之於身護其腹背其國鄰底門國有藥樹取其根煎爲膏服之及塗其體兵刃所傷皆不死喪葬亦有棺斂以竹爲轝車載棄山中二月始耕則祀之踰七年則不復祀婚聘之禮先以椰子酒檳榔次之指環又次之然後以吉貝布或量出金銀成其禮國人以十二月七日爲歲節凡宴會鳴鼓吹笛擊板歌舞爲樂無器皿以竹編貝多葉爲器盛食食訖棄之

明史浡泥於古無所考宋太宗時始通中國太祖洪武三年遣使自泉州航海閱半年抵闍婆又踰月至其國王傲慢不爲禮責之始下坐拜受詔時其國爲蘇祿所侵頗衰耗又素屬闍婆闍婆人間之王意中沮使者折之曰闍婆久稱臣奉貢爾畏闍婆反不畏天朝耶乃遣使奉表箋貢鶴頂生玳瑁孔雀海參水片龍腦西洋布降眞諸香洪武八年命其國山川附祀福建山川之次永樂三年冬使使入貢遣官封爲國王賜印誥敕符王六年王率妃及弟妹子女陪臣泛海來朝十月王卒於館帝哀悼輟朝三日遣官致祭賻東宮親王皆遣祭有司官棺槨明器葬之安德門外石子岡樹碑建祠有司春秋祀以少牢諡曰恭順其子襲封國王上言臣國歲貢爪哇片腦四十斤乞敕爪哇罷供歲進天朝臣今歸國乞命官護送就留鎮一年慰國人之望并乞定朝貢期及傔從人數帝悉從之命三年一貢又乞封國之後山爲一方鎭乃封爲長寧鎭國之山御製碑文勒其上洪熙後貢使漸稀正德間佛郎機闌入爲寇諸番通貢概行屏絕嘉靖九年給事中王希文言暹羅占城琉球爪哇浡泥五國來貢並道東莞後因私攜賈客多絕其貢萬歷中其王卒無嗣族人爭立國中殺戮幾盡乃立其女爲王統十四洲在舊港之西自占城四十日可至初屬爪哇後屬暹羅改名大泥華人多流寓其地時紅毛番强商其境築土庫以居其入彭湖互市者所攜乃大泥國文也案此傳中闍婆當作婆羅又與暹羅所屬之大泥無涉

爪哇國元史爪哇在海外視占城益遠自泉南登舟海行者先至占城而後至其國其風俗土產不可考大率

海外諸番國多出奇寶取貴於中國而其人則醜怪情性語言與中國不能相通世祖撫有四夷其出師海外諸番者惟爪哇之役爲大至元二十九年以爪哇刺救使孟右丞之面聲罪致討詔福建行省除史弼亦黑彌失高興平章政事會福建江西湖廣三行省兵共二萬發舟千艘給糧一年十一月福建江西湖廣三省軍會泉州十二月自後渚啟行三十年正月至勾欄山議方略二月亦黑彌失孫參政先領本省幕官五百餘人船十艘先往招諭之大軍繼進於吉利門弼興進至爪哇之杜並足與亦黑彌失等議分軍下岸水陸並進水軍自杜並足由戎牙路港口至八節澗馬步軍自杜並足陸行以萬戶申元爲前鋒遣副元帥等乘鑽鋒船由戎牙路於麻喏巴歇浮梁前進赴八節澗期會招諭爪哇宣撫司官言爪哇主壻土罕必闍耶舉國納降土罕必闍耶不能離軍先令其宰相昔剌難答吒耶等五十餘人來迎三月一日會軍八節澗澗上接杜馬班王府下通莆奔大海乃爪哇咽喉必爭之地又其謀臣希寧官沿河泊艦觀望成敗再三招諭不降行省於澗邊設偃

月營留萬戶王天祥守河渡令水軍馬步軍水陸並進希寧官懼棄船青遁獲鬼頭大船百餘艘令都元帥那海等鎮八節澗海口大軍方進土罕必闍邪遣使來告葛郞王追殺至麻喏巴社請官軍救之亦黑彌失張參政先往安慰土罕必闍邪鄭鎮國引軍赴章孤接援七日葛郞兵三路攻土罕必闍邪八日黎明與賊軍由東南路遇賊戰殺數百人餘奔潰出谷日中西南路賊又至與再戰至晡又敗之十五日分軍爲三道伐葛郞期十九日會答哈聽礮聲接戰水軍泝流而上亦黑迷失等由西道與等由東道進土罕必闍邪軍繼其後十九日至答哈葛郞國主以兵十餘萬交戰自卯至未連三戰賊敗奔潰擁入河死者數萬殺五千餘人國主入內城拒守官軍圍之且招其降是夕國主哈只葛當出降撫諭令還四月二日遣土罕必闍邪還其地具入貢禮以兵二百護送十九日土罕必闍邪背叛逃去留軍拒戰二十四日我軍引還得哈只葛當妻子官屬百餘人及地圖戶籍所上金字表以還。元史史弼傳世祖欲征爪哇授弼尚書省左丞行浙東宣慰使旋拜福建

等處行中書省平章政事往征爪哇以亦黑彌失高興副之十二月弼以五千人合諸軍發泉州風急濤湧舟掀簸士卒皆數日不能食過七洲洋萬里石塘歷交趾占城界明年正月至東董西董山牛崎嶼入混沌大洋橄欖嶼假里馬答勾欄等山駐兵伐木造小舟以入時爪哇與鄰國葛郞構怨爪哇主已爲葛郞主所殺其壻土罕必闍邪攻葛郞不勝退保麻喏巴社聞弼等至遣使以其國山川戶口及葛郞國地圖迎降求救弼與諸將進擊葛郞兵大破之葛郞酋走歸國高興言爪哇雖降倘中變與葛郞合則孤軍懸絕事不可測弼遂分兵三道與興及亦黑彌失各將一道攻葛郞至答哈城葛郞兵十餘萬迎敵自旦至午葛郞兵敗入城自守遂圍之葛酋出降幷取其妻子官屬以歸土罕必闍邪乞歸易降表及所藏珍寶入朝弼與亦黑彌失許之遣萬戶二人以兵二百護之還國土罕必闍邪於道殺二人以叛乘軍還夾路攘奪弼自斷後且戰且行行三百里得登舟行六十八日夜達泉州士卒死者三千餘人有司數其俘獲金寶香布等直五十餘萬又以沒理國所上

金字表及金銀犀象等物進於是朝廷以其亡失多杖七十沒家貲三之一元貞元年起同知樞密院事月兒魯奏弼等以五千人渡海二十數萬里入近代未嘗至之國俘其王及諭降傍近小國宜加矜憐遂詔以所籍還之拜榮祿大夫江西等處行中書省右丞。明史爪哇國在占城西南洪武二年遣使以卽位詔諭其國其使臣先奉貢於元還至福建而元亡因入居京師是年二月太祖復遣使送之還且賜以大統歷三年六月以平定沙漠頒詔洪武十年其國王及東西二王各遣使朝貢洪武十三年遣使賜三佛齊王印綬爪哇怒其以屬國抗己誘而殺之天子怒留其使將加罪已遣還賜敕責之洪武十四年遣使貢黑奴三百人及方物明年又貢黑奴男女百人大珠八顆胡椒七萬五千斤永樂元年東西二王並貢三年遣中官鄭和使其國永樂四年西王與東王搆兵東王戰敗國被滅適朝使經東王地部卒入市西王國人殺之凡百七十人西王懼遣使謝罪帝賜敕切責之命輸黃金六萬兩以贖永樂六年再遣鄭和使其國西王獻黃金萬兩禮官以輸數不足

請下其使於獄帝曰朕於遠人欲其畏罪而已寧利其金耶悉捐之自後比年入貢或間歲一貢或一歲數貢中官吳濱鄭和復先後使其國時舊港地有爲爪哇侵據者滿剌加國王矯詔命索之帝乃賜敕令毋信滿剌加之言永樂十六年送還朝使遭風諸卒自是貢使歲一至正統元年閏六月遣古里蘇門答剌錫蘭山柯枝天方加異勒阿丹忽魯謨斯祖法兒甘巴里眞臘使臣偕爪哇使臣郭信等同往賜爪哇敕令其護送其國近占城二十晝夜可至元時遣師西征以至元二十九年十二月發泉州明年正月卽抵其國相去止月餘宣德七年入貢表書一千二百七十六年蓋漢宣帝元康元年乃其建國之始也地廣人稠性兇悍男子無少長貴賤皆佩刀稍忤輒相賊殺其甲兵爲諸番最字類瑣里無紙筆刻於茭章葉氣候常似夏稻歲二稔無几榻匕箸人有三種華人流寓者服食鮮華他國賈人居久者亦尚雅潔其本國人最汙穢狀黑猱頭赤腳崇信鬼道殺人者避之三日卽免罪父母死舁至野縱犬食之不盡則大戚燔其餘妻妾多燔以殉其國一名蒲家龍

又曰下港曰順塔萬歷時紅毛番築土庫於大澗東佛郎機築於大澗西歲歲互市中國商旅亦往來不絕其國有新村最號饒富中華及諸番商舶輻輳其地寶貨塡溢其村主卽廣東人永樂九年自遣使表貢方物案此傳下港順塔莆家龍皆與此瓜哇無涉○南懷仁坤輿圖說瓜哇大小有二俱在蘇門答剌東南海島各有主多象無馬騾產香料蘇木象牙不用錢以胡椒及布爲貨幣人奸宄急好作魘魅妖術諸國每治兵爭白象白象所在卽爲盟主

魏源曰中國東南海洋諸洲以是洲爲最大其疆域再倍日本四倍臺灣呂宋十倍琉球計環息利大山十餘國何國最强則諸小國皆役屬之故唐曰婆羅宋曰浡泥元曰瓜哇明曰蘇祿皆洲中雄長迭興之國而是洲反無一定之總名考息利大山爲一洲之主則宜名息利島而各國環錯聽其自爲沿革自史傳不知此法傅會蠭起重紕貤繆不可究詰或以浡泥爲大泥則移海島于海岸或以婆羅爲闍婆則移全洲于下港或以大瓜哇爲小瓜哇則移是洲于葛留巴誤始明張奕王圻之書而明史襲之諸志乘又襲之三人市虎積非勝是惟兩瓜哇之誤尤甚夫元史征瓜哇之軍先至吉利門正此洲東岸衝要而葛郎鄰國來拒卽此洲之朱葛焦喇國也元世祖用兵海夷惟日本與瓜哇之役最鉅苟

彈丸小嶼曷足遠怒戈船明太祖封三佛齊爲國王瓜哇怒其以屬國抗己殺使阻封而渤泥亦有歲供瓜哇片腦之奏若葛留巴尚不及浡泥三佛齊之大安能脅臣二國上抗　天朝今此洲各國已皆服於西洋號新荷蘭洲而以葛留巴爲小新荷蘭是大小瓜哇之又一變

英荷布路三夷分屬地問等島

海錄曰由細利窪東南行海中多亂山周圍或數百里或數十里各有山番占據多無來由耀亞二種別有一種名舞吉子富者攜眷經商所至即安無故土之思亦無一定之寓貧者則多爲盜劫其國名未能悉數也

又曰唵悶國即細利窪東南海中亂山之一也萬丹南火燄山在國之西北亦無來由種類而性稍善良土產丁香豆蔻有荷蘭番鎮守

又曰唵門國亦亂山之一風俗土名與唵悶同原歸

荷蘭管轄近爲英吉利所奪

又曰地問島一作地盆亦名茶盤在唵門東南海中則起一大島周圍數千里島之西南爲地問歸布路亞管轄島之東北爲故邦歸荷蘭管轄山中別分六國不知其名天氣炎熱男女俱裸體圍水幔而風俗湻厚不種稻粱多食包穀閩粵人亦有於此貿易者土產檀香蠟蜂蜜貨物亦運往葛剌巴售賣案此三島皆不與息利大洲相連且一爲英夷奪據一爲布路亞分據亦與大洲專屬荷蘭者有別蓋逼近大洲之附庸故附載於此

地理備考松巴瓦島在南洋之西隆波克島之東緯度自南八度十分起至九度七分止經度自東一百十四度二十二分起至一百十六度五十分止長約七百里寬約一百五十里田土肥饒穀果豐登土產金砂燕窩珍珠油木等物島中火山名當波羅火燄猛烈晝夜不熄通島分爲十數小國其畧大者六曰比麻曰當波曰松巴瓦曰當波羅曰卑加曰桑加爾各有酋長統攝其雄强者推比麻爲首

佛羅利斯島在南洋之西松巴瓦島之東緯度自南七

度五十三分起至九度三分止經度自東一百十七度三十七分起至一百二十度四十五分止長約七百里寬約二百里火山衆多大者名曰羅瓦的各晝夜吐火不熄土產穀果桂皮檀香緜花紅木等物島之西境屬比麻酋長兼攝餘俱各酋分攝不相統屬

蘇錄島在南洋之西佛羅利斯島之東非婆羅洲之蘇錄也長約一百里寬約五十里田土膴腴穀果豐茂土產與佛羅利斯島相同各酋分理俱屬布路亞國兼攝

薩波勞島在南洋之西蘇錄島之北長約一百四十里

寬約六十里田土產亦與前島相等

松巴島又名桑巴在南洋州之西佛羅利斯島之南長約三百四十里寬約一百里田土肥饒穀果豐稔島中土產檀香為最餘乃白蠟燕窩緜花等物各酋分攝不相統屬

地門島在南洋之西薩波勞島之東緯度自南八度三十分起至十度三十分止經度自東一百二十一度起至一百五十五度止長約八百里寬約一百五十里山陵綿亘川河紛繁土膏產饒叢林稠密木多上品地氣不馴有礙居棲土產金銀檀香木料等物闔島共六十三酋分理東偏屬布路亞國兼攝南偏屬賀蘭國兼攝隣近地門小島不一曰西毛曰羅的曰道曰薩烏各有酋長統攝

余按諸番通中國自漢始嶺南榷番稅自唐始其前求珍異唐後則榷貨稅益國用然明中葉閩廣猶不過南洋小西洋諸國無歐羅巴亦無所謂鴉片也南宋已憂錢幣漏泄明時亦有奸民假目之弊勢有必至理有固然聖人不寶遠物之意深矣

海錄又曰大西洋海船來中國皆南行過峽轉東南經地問葛剌巴置買雜貨北入葛剌巴峽過茶盤郎地盆經紅毛淺而來若不泊葛剌巴則由地問北經馬神崑甸西至茶盤北經紅毛淺而來九月以後北風急則由地問借風向文來蘇祿小呂宋東沙而來其往小西洋貿易者則由葛巴西北行經蘇祿之西尼是之東又西北經尼古巴臘而往由小西洋復來中國則東南行經亞齊東北麻六甲西南入白石口轉茶盤而來遇北風則由白石口東南行至細利窪入小港經蘇祿小呂宋東沙而來內港船來往則必乘南北風其蘇祿呂宋一道從未有能借風而行者

海國圖志卷十三

東南洋海島之國原無今補

邵陽魏源輯

英荷二夷所屬葛留巴島有二洲相接一下港即古闍婆亦曰訶陵一曰葛留巴即小瓜哇也一作交留巴一作加留巴

明張燮東西洋考下港一名順塔唐稱闍婆在南海中者也一名訶陵亦曰社婆元稱瓜哇一統志又名蒲家龍甲兵爲諸番之雄加留巴者下港屬國也半日程可到風土相類華船將到先以擂一籠小雨傘一柄送番目番目報國王比到港以果幣進王有華人爲財副者

四人番財副二人華人諳夷語夷書爲通事船各一人其貿易王置二澗城外設立舖舍凌晨各上澗貿易至午而罷王日徵其稅又有紅毛荷蘭番來下港者起土庫在大澗東佛郎機起土庫在大澗西二夷俱夾板船年年往來貿易其本地夷則用鉛錢鉛錢十當西洋一下港爲四通八達之衢華船與番船貿易盛甲諸島

皇清通考四裔門葛剌巴本瓜哇故地巫來由種也後屬荷蘭國在南海中距福建廈門水程二百八十更計萬六千八百里閩廣間人浮海爲業者利其土產率流寓不返康熙五十六年以葛剌巴口岸多聚漢人恐寖長海盜禁止南洋往來其從前出洋之人限三年回籍然亦尚有留者雍正五年弛洋禁嗣後通市不絕初葛剌巴自明季爲荷蘭人所據委夷目鎮守漢人居之者以數萬計生長其地曰土生仔司漢人貿易者曰甲必丹人有罪則流戍西隴西隴在西洋中距葛剌巴甚遠荷蘭舊國所屬地也六年閏六月爲羣番所擾荷蘭力不勝遣流人禦之許立功後令還葛剌巴諸流人奮勇効力戰屢捷羣番敗走荷蘭既有立功贖罪之令又慮

釋還流人則西隴孤弱一再令葛剌巴調無辜漢人往代時有甲必丹璉者以漢人在此貿易惟領票輸銀無調取之例不受命番目拘之被徙者先後不勝計於是漢人大恐鳴金罷市番目怒舉火鳴礮相攻殺傷頗多署福建總督策楞提督王郡以聞策楞又奏言被害漢人久居番地屢奉招徠而自棄王化今被其戕殺孽由自作但葛剌巴以地隔重洋恃其荒遠殘害罔忌恐嗣後擾及商船請禁止南洋商販俾知畏懼俟革心悔罪再請恩施廣東道監察御史李清芳奏言商人往東洋

者十之一往南洋者十之九一加禁遏則江浙閩廣海
關稅額必缺每年不下數十萬且民間貿易皆先時而
買及時而賣預爲蓄積以俟流通若一旦禁止商旅必
至大困應請止停葛剌巴一國貿易此外南洋不宜盡
禁旣而王大臣會同兵部奏言今聞葛剌巴已將夷目
黜責於我船返棹時加意撫慰護送囑令再往並無擾
及商客之意宜仍準其通商從之

陳炯海國聞見錄麻剌甲南隔海對峙大山爲亞齊係
紅毛人分駐凡紅毛甲板往小西洋等處貿易必由亞

齊經過添備水米自亞齊大山繞過東南爲萬古屢盡
處與葛剌巴隔洋對峙紅毛回大西洋者必從此洋出
然後向西南過烏鬼甲繞西至大西洋就中國往葛剌
巴厦門計水程二百八十更原係無來由地方爲紅毛
荷蘭所據分官屬名目甲必丹外統下港萬丹地問三
島下港產胡椒萬丹另埔頭地問產胡椒檀香而葛剌
巴盛甲諸島洋舶雲集中國大小西洋白頭烏鬼無來
由各番珍寶物食無所不有荷蘭建城池分埔頭中國
人在彼經商耕種者甚多年給丁票銀五六金方許居
住中國人口浩盛住此地何啻十餘萬近荷蘭亦以新
唐禁革不許居住令隨船回茶盤一島居崑崙之南毗
於萬古屢山之東皆南洋總路水程分途處鳥番捕海
爲生產佳文草項細而長者年僅足二蓆之用入王家
辟虫蟻值價四五十金次者二三十金最賤有一二金
者

謝淸高海錄葛剌巴在南海中爲荷蘭所轄地海船由
廣東往者走內溝則出萬山後向西南行經瓊州安南
至崑崙又南行三四日到地盆山萬里長沙在其東走

外溝則出萬山後向南行少西約四五日過紅毛淺有
沙坦在水中寬百餘里其極淺處止深四丈五尺過淺
又行三四日到草鞋石又四五日到地盆山與內溝道
合萬里長沙在其西溝之內外以沙分也萬里長沙者
海中浮沙長數千里爲安南外屏沙頭在陵水境沙尾
卽草鞋石船誤入其中必爲沙所壅不能復行多破壞
者遇此須取木板浮於沙面人臥其上數日內若有海
船經過放三板小舟拯救可望生還若直立沙中數
刻卽爲沙所掩沒矣七洲洋正南則爲千里石塘萬石林立洪濤
怒激船若誤經立見破碎故內溝外溝亦必沿西南從

無向正南行者由地盆山又南行約一日到網甲經葛刺巴峽出峽口又南行過三洲洋約三日到頭次山卽葛刺巴邊境也上有中華人所祀土地祠又行二十餘里到海次山有數島一以居中華之爲木工者一居瘋疾一爲罪人絞死之所其餘皆以囤積貨物過次山則至葛刺巴山山縱橫千里有城郭廠臺南海中一大都會也本荷蘭所轄地後英吉利師侵而奪之荷蘭行成仍命管理而歲分其貢稅焉荷蘭番鎮守此地者三四千人又有烏番兵數千凡荷蘭分守南洋及小西洋各

國者俱聽葛刺巴酋帥調遣土番亦無來由種類俗尚奢靡宮室衣服器用俱極華麗出入俱駕馬車與明呀喇新埠息辣各處相同而葛刺巴爲尤盛中華人在此貿易者不下數萬人有傳至十餘世者然各類自爲風氣不相混也民情兇暴用法嚴峻中華人有毆荷蘭番者法斬手戲其婦女者法絞烏番兵俱奉天主教死則葬於廟荷蘭番死則葬於墳園土番風俗與大泥吉蘭丹各國同土產落花生白糖丁香咖達子蔗燕窩帶子冰片麝香沉香又曰萬丹國在葛刺巴南疆域甚小與葛刺巴同一海島土產珍珠珪紋蓆極佳國南臨大海海中有山層巒疊巘峯兀峻嶒時有火燄引風飄忽入夏尤盛俗呼爲火燄山蓋南方離火之精蒸鬱發露西洋番船有至者上山探望攀危躡險有山番穴處遙見之羣噪而相逐逃稍後者輒爲所殺食自此無敢復至者

每月統紀傳曰三大島之至盛爲呀瓦卽葛刺巴也產米足敷本島之用胡椒燕窩翠羽白糖縣花咖啡蘇木木頭等貨各樣果實蕉子椰子檳榔柘榴柚子波蘿波蘿子芒菓橙桔等果可恨水多鱷魚亦有鱗蛇又有火山頻數地震火出燒樹屋土番名呀瓦回回種也案呀瓦卽瓜哇二字之音轉人甚樸實勤勞耕田性溫和戒爭鬭惟人觸

犯之則必雪怨乃已又好賭博輸田屋子婦賣身爲奴偷盜誆騙莫勝其害于呀瓦洲爲惡俗禮拜之時設虎與水牛相鬭場或死其一乃息山內多虎土番射獵向來數土酋分治此洲奉天竺國佛教明天順間回回兵征服之自後居民改奉穆罕默德教萬歷間荷蘭干其海口建葛刺巴城以爲市埠漸乃征其土產服其民人追令輸貢又別開砥利文蘇拉圭呀銰馬廊各埔頭並荷蘭公班衙主管貿易倉箱充實不知荒歉惟其分官窮極奢侈不顧貧窶自雍正以後尚無大釁隙間有土

番倍叛時煩征服康熙乾隆間荷蘭公使朝京都嘉慶間佛蘭西王勝服荷蘭祖家遂派人爲葛刺巴總管是時英國方與佛蘭西連年征戰故英國總管助荷蘭攻呀瓦洲獲勝其地仍歸荷蘭道光間土酋土匪謀廢荷蘭之公班衙荷蘭王遣將統領兵船大費財力始征服之唐人之到呀瓦大洲立埔頭者自明朝始及至順治年福建同安人多離本地往葛刺巴貿易耕種歲輸丁票銀五六金此後每有廈門巨艚船載萬餘石赴葛刺巴及鈒馬廊埔頭但因水程甚遠沙礁無數必有西洋

夥長用渾天儀量天尺較日出時刻離水分度用羅經刻漏沙以風大小順逆較更數始知爲某處近日中國人口浩盛住此地何啻十餘萬故荷蘭總管禁革新唐令隨船回然漢人流寓富貴者甚多荷蘭兼用漢人爲甲必丹理國政掌財賦此外毘於呀瓦之島多是馬萊西土番所居兼海賊無數若地本島及池門嶼皆有荷蘭與葡萄亞建城鎮守産檀木蜜蠟等貨（馬來西一作無來由）

島夷志瓜哇地平衍田膏腴五穀富饒倍於他國民不爲盜道不拾遺諺所謂太平闍婆者是也

萬國地理全圖集曰呀瓦島南極出自六度至九度偏西自一百度至一百九度異他海陝隔之故與蘇島不接廣袤方圓一十三萬七千方里民居六百萬丁內橫一帶山峯最高者一千二百丈原有火山地震果實繁多珈琲米穀白糖蕉子椰子檳榔柘榴柚子波羅蜜芒菓自然生茂衆地之中惟呀瓦乃樂土其土人甚老實溫和但人觸犯之埋恨必報猛如怒虎不論好惡觸輒刺殺最好賭博禮拜之時設虎與水牛相鬬之場衆民雲集土雖盛而農夫甚貧明朝年間漢人已到呀瓦地

經商獲利給丁票銀每年一名五六員至今中國人口浩盛住此地何啻十餘萬荷蘭人歷一百有餘年據住其地惟東方尚存土君毫無權勢荷蘭自取各物産而賣之每年將銀五百萬員歸國帑但內地民往往不悅肇釁交戰內海各處海賊肆劫而荷派巡船擒治之其都曰葛刺巴經商甚盛另有扎濱砥利文蘇拉圭呀鈒馬廊埔頭皆運出珈琲白糖米穀

海島逸志曰葛刺巴南洋一大島國也廈門揚帆過七洲從安南港口歷巨港麻六甲經三笠而入嶼城至其

澳計水程二百八十更每更五十里距泉州約一萬四千里可到其國面北背南後屏火煙山其外則南海也左萬丹右井裡汶前則嶼城羅列門戸堅固城池嚴峻地域雄闊街衢方廣貨物充盈百夷聚集之區誠一大都會也但其地勢卑下天氣炎熱四季皆如夏候炎風綦厲觸之生疾河水甘涼浴之卻病春雨秋旱歲只一收而田土肥沃耕種易熟米價平賤人民富庶貨物則皆各國輻輳以赴貿易非本島所産也其所統轄有北膠浪三寶壠竭力石四里猫馬辰望加錫安汶萬瀾澗

仔低萬丹麻六甲等處不下數十島閩廣之人揚帆而往者自明初迄今四百餘載留寓長子孫奚止十萬之衆巴地本爪亞國也荷蘭設計籠絡納其租稅施號令設法度盤踞海口征課餉給文憑愼出入嚴盜匪管束諸夷其人隆準赤髮沉潛善慮故能冠諸夷之上其官職皆稟命於祖家之國王巴酉不敢自專也酉有大王二王雙柄伽頭山海美色葛內外淡扳公杯突公勃壠諸名目其分鎮各處者以地之大小授職之尊卑瓜亞舊酋處於山中地名覽內稱巡欄如漢之稱單于唐之

稱可汗其餘各處並稱史丹俱尊覽內爲巡欄其官職有二把智淡扳公把低各有副如中軍以代行其事其陞降黜陟皆聽命於和蘭華人自明永樂時三寶太監鄭和等下西洋採買寶物至今通商來往不絶於冬至後廈島開棹廿餘日可達巴城連衢設肆與民互市貴賤交易所謂利盡南海者也富商大賈獲利無窮因而納賄和蘭其推舉有甲必丹大雷珍蘭武直迷朱葛礁諸名目俱通稱甲必丹華人或口角或毆鬭皆質之甲必丹長揖不跪自稱晚生其是非曲直無不立斷或拘

或撻無容三思至犯法大罪並嫁娶生死俱當申報和蘭水旱來往皆給與文憑不得濫相出入其用法之森嚴設稅之周密大約可見矣惟人命則不問鄰右而重見證見證必審訊斬雞發誓方敢畫押定案所以殺人或棄之道路或流之溝洫皆寘而不問者無敢作見證也至於和蘭風俗虛名鮮實揆之五常多無合者上賊其下肆行貪酷非仁也夫妻反目聽其改醮死未周月由其他適非義也長幼無序男女無別非禮也窮奢極欲以終其身不爲燕翼貽謀之計非智也惟貿易一事

然諸必信。其庶幾乎。至各島生番。怪形異狀。木處穴居。虬髮文身。露體血食。無足齒及。巴城地勢平坦。人居稠密。出鑒光城市以外。皆爲園地。而和蘭園林相接。聯絡數十里。樓閣亭臺橋梁花榭。窮工極巧。每七月一禮拜。於巳刻入禮拜寺。講經念咒。其拱聽者皆低首垂淚。似能感發人心也者。喧半時許。各自散去。入園林優宴。盡一日之歡。不理事。以供游玩。車塵馬跡。衣香鬢影。相望於道。亦一勝事也。余謂南洋之地。有可愛。亦有可惜。天氣不寒。頻年如夏。百花暢茂。四季俱開。冬春之際。夜雨朝晴。時景之艷陽可愛也。中華流寓既多。俗重風雅。喜逢派。善褒獎窮困相投。或通譜。或瓜葛。皆無異視。童子見客。揖讓爲禮。婢僕見主。屈膝爲敬。此人情之古厚可愛也。地土肥沃。日用平易。斗米二三十錢。雞鶩賤於蔬菜。緡錢便可納婢。此土產之便易可愛也。然去國離鄉。舉目異俗。無中華書籍以資流覽。無知己良朋以抒情懷。無幽巖古剎以肆遊玩。是爲可惜耳。余居巴城未及周歲。輒遷於三寶壠。復之北膠浪。巴中風土人情。未能盡悉。爰述大概。以資考鑒。且寄客中之岑寂云爾。

三寶壠。巴國所屬。形勝之區也。地方寥闊。物產繁多。賈帆湊集。甲於東南諸洲。北膠浪背森其左右翼也。劳再年其倉廩也。堤塒二胞緩其門戶也。所轄上下數千里。田土肥沃。人民殷富。爲諸邦之冠。天氣清涼。勝於巴城。人少疾病。種食賺於各處。世無飢苦。風俗質樸。道不拾遺。法度嚴峻。夜戶不閉。其所鎮之和蘭酋。職名鵞蠻律。又有杯葛大寫財副。新蟯州連等處。以分管各司其事。不相混雜。凡推華人爲甲必丹者。必申詳其祖家。甲必丹擇吉招集親友門客。及鄉里之投契者數十人。至期

和蘭一、人捧書而來。甲必丹及諸人出門迎接。和蘭之人入門。止於庭中。露立開書捧讀。上指天。下指地。云此人俊秀聰明。事理通曉。推爲甲必丹。汝等鄉耆以爲何如。諸人齊應曰。甚美甚善。和蘭俱與諸人握手爲禮。畢。諸人退。方與甲必丹攜手升階。至堂中。繾綣敘賓主禮。其籠絡人皆此類。巴中甲必丹之權分而利不專。三寶壠甲必丹之權專而利攸歸。煮海爲鹽。丈田爲租。皆甲必丹所有。得膺其職者。則富逾百萬矣。華人自相婚姻。不屑巴產。累得佳婿。蠟燭壹雙。即可爲聘。入贅以後。奉

養極侈婢僕百十人各執一事主僕分嚴見必屈膝人多懼內家事必由主裁婢妾必由管束防閑謹密其鋒不可犯夫婦攜手而行並肩而坐甚至攬臂狎抱不避左右婢妾持傘障日羽保扇風執帨捧盒而服事於前後者風俗恬然無足怪也國中惟重食與眠雖有急事不卽通報必俟其食畢眠起方敢以聞禮拜寺樓極高鐘聲四聞日夜撞擊子午爲一點鐘至十二點而止午後爲二點鐘則家家閉戶而臥路無行人是一日如兩日一世如兩世矣余謂西南洋爲極樂之地蓋中華有

禮義以自節制不敢恣其所欲洋夷則不知禮義廉恥爲何物惟窮奢極欲以自快其身心而已矣（王大海曾贅於三寶壠之甲必丹爲貴壻以親老辭歸此所言乃自道也南洋原本皆作西洋今俱改正）北膠浪爲巴國東南之區亞於三寶壠面山背海列屋而居可五六十家南北限以柵華人息居其中俗呼爲八芝蘭（謂街衢也）廈屋連綿危樓高聳西向者爲甲必丹第右有園一所可三四畝樹林陰翳亭名閒雲甲必丹公餘遊息之所亭東百卉俱備四時長放殆同仙景南有魚池柑園西有絲里園（絲里者荖葉也）兩園相接界以牆而門

通焉園後椰樹數十株亭亭淨直圍可合抱其葉類葵扇而長迎風瑟瑟由八芝蘭以北有廟爲澤海眞人祠柵門外爲泊面（餉館）以徵來往之賦稅隨河而北可半里爲外泊面所以稽察遺漏又四五里達於海口其地有聖墓極靈舟楫來往必具香楮拜禱由八芝蘭南至茵冬可三十里茵冬有蔗蔀二處舊分東西今合爲一至魯闍三十里其地產木片籬竹又五十里至海坡但見碧海漫漫白雲無際天長路遠頓起故鄉之思坡盡入林至四務灣館其地當萬山深翠之中寥寂異常晝則

猿吟虎嘯鴟鳴鶴唳行旅往來必結伴操戈方敢出入其間林可四五十里經藤橋至日踏館以上皆浪中統轄其下由岸呾葛里嶺峩至三寶壠不過百里出入芝蘭山西過河濟竹筏之渡卽嗑頭禮些有淡坂公（番官）居此處又二十里至羅冉年地沃土肥夷民星聚三寶壠之倉廩也自此由八馬壠至井裡汶計程六百里自汶至巴城各處禮些（鄉鎭）皆屬巴中統轄陸路十日可達巴城但皆險阻難行惟烏拔馬來往不絕浪中所鎭者爲杯突理刑者名曰大寫理錢穀者曰則副有城曰班有

兵丁日啫呀城與人芝蘭只隔一河城之南園林深邃傑閣巍峩者杯窔居焉巴減華夷聚會之區街衢方廣宮室華麗浪中山僻之地不假修飾自有山高水長天然景色至於夕陽在山漁人返棹行歌互答款乃相聞有似楚江竟節河水不深不淺菱芡縱橫其中彷彿蘇杭景象

萬丹在葛剌巴之西境古稱闍婆國瓜亞所居也地廣土沃貨繁人富所産經紋紡蔴爲西洋最和蘭輸其租稅據海口以聚集諸夷來往交易瓜亞之番四處星聚

雖有國王惟畏和蘭遵循維謹其史丹瓜亞之主處於山中所居王府極其壯麗王府之外築一小城和蘭十二人夷兵百人居小城中名曰護衛實所以挾制史丹也其史丹沒諸子非和蘭之命不得立瓜亞性愚蠢皆曰彼畏我所以輸我土地之稅彼敬我所以設城觀自護衛討瓜亞之人東自巴城井裡紋北膠浪三寶壠營森揭力石四里猫外南旺西自秃佛巨港占卑覽房等數十區皆其種類衆奚止百萬和蘭人數千不及其百一大抵懸絕而能以威脅之以利誘之足以懾服其心就我籠絡古人尚智不尚力信夫

葛剌巴古瓜亞之國和蘭所居沿海邊地未及十分之一瓜亞人數百倍於和蘭俗質實人愚蠢性柔怯皆懼和蘭聞其名則合掌居民雜處山谷間種田歲只一收於春雨後田水平滿散粟於田則自發生並無耘鋤根莠不生一穗數百粒故南洋米價平賤山陂斜處亦可種粟以錐鑿地眞粟數粒及時則自蕃茂其粟不用磨礱以長木槽數人用直杵舂之脫粟簸出乃再舂米粒長而娛內地不及也家計生産皆婦人主之生女爲貴

贅人於室生男則出贅於人其室如亭四面開窗無椅榻席地而坐房中地皆鋪席施帷幄牀亦不高坐褥茵軟枕疊如塔大小六七級坐則盤膝趺坐見客以握手爲禮以檳榔爲敬富者用金銀器盛之常人用銅唾壺大如花瓶用以盛吐檳榔之汁男女渾坐無禁忌也食不設筯以手掬之以牛爲烹不食犬豕女子腳不纏面不脂粉首不簪花衣不帶領裙而不袴男子則衣有領鬢簪花有袴可謂顛倒矣百花四季不凋開放無歇百果花實相續味皆美於閩廣然壤地既異物性亦遷黃

梨黃瓜之類性本淫熱乃竟以爲清涼之藥凡感觸暑氣及風邪者服之反能卻病蔬菜倍貴於雞鶩緣米糧反賤人皆不肯竭力灌種也巴國以風爲鬼以水爲藥凡有感冒風熱病作者浴於河則愈產婦及小兒出痘皆浴於河且以鍼挑破痘珠採出濃漿竟無害者不亦奇乎雖甚暑不敢露體扇風臥必密室施帷幄少冒風則病立作故樓房屋宇皆用玻璃爲窗戶取其不透風而內外明亮也歷覽野史所載皆豔僊家島嶼有四時不絕之花玻璃爲戶玳瑁爲梁南洋處處皆然無足怪

者華人呼和蘭通稱曰段和蘭呼華人爲秦通稱曰稽和蘭居於西北海其人隆準赤髮面粉眼綠不蓄髭鬚衣服精潔短身狹袖步履佻達與紅毛佛蘭西三國鼎峙紅毛國貧而強又居咽喉之地每被其欺凌和蘭占巴國二百餘年始因避風入巴地見其土地雄闊可建城池故假守風入萬丹卑辭厚幣求於史丹瓜亞渠魁鎮於萬丹以暫借海濱之地修理舟楫爲名未幾又以設立木柵蔽內外爲請增其歲幣瓜亞愚直無謀又貪其利遂被其

襲破萬丹并巴地萬丹者巴國門戶必爭之地也乃與巡欄瓜亞之國主處覽內盟約每年輸納地租而沿海之地盡歸和蘭統轄建立城池蠶食附近相傳至今武備嚴謹各城門鋪塘番語曰喏呀營卒羅守晝夜匪懈衣甲未常去身竟歲不聞盜賊創立美色近厝俗名病厝以收養貧病鰥寡之徒凡人臨危無至親者則喚梁礁和蘭代書作字一如病人之意鐵案不移付美色甘和蘭衙門收貯俟其親人來領并有逐年利息或有園宅婢僕以及交關欠賬俱付作字分文不苟稍有違約立致囹圄有只劥些里官和蘭專

管山上各地有沙萬達專管海洋關口事例有內外淡扳公分治城內外華人并各種番人皆設以甲必丹使其自申約束惟大罪及命案皆送付和蘭究治其創立法度謹慎嚴明所以能久遠也和蘭言其本國嚴寒九月則見霜雪草木凋零人多百歲及至巴國地氣蒸熱草木不凋頻年沐浴元氣發洩人多不壽五六十歲爲上壽矣其巴產者髮不紅而瞳亦黑地土使然也英圭黎華人呼爲紅毛居於西北海之隅與和蘭相鄰近其人類和蘭衣服制度與和蘭無異惟音語字跡各

別製作精巧其刀銃器皿爲西北諸國之冠在巴貿易者皆處以土庫巨第也其交關亦遵巴國約束而和蘭待之甚厚無敵有失近有新墾之地在麻六甲之西吉礁之南與大年相鄰地名檳榔嶼但其立法苛刻寡恩華人有在其地者皆遷徙他處不能堪焉

實班牙華人呼爲宋仔亦曰大呂宋居於西北海之隅國名千絲臘每發船往高奢國採買西洋布以販巴國資本極大華夷均負其債高奢國此白帽回國也高奢即包社二字轉音在巴國之西約水程二百餘更華人稱爲些逸其人高

大多鬚狀甚魁梧衣花錦襖白練裙以白布纏首手持念珠國甚富土產西洋幼布名絞只次名毛里上者每疋百餘金有袈裟薄如蟬翼中有紋絲極其精緻

明末和蘭據臺灣近鹿耳門築小城以居俗呼曰紅毛城實即和蘭也海寇鄭氏游颺海上自南京敗還遂攻臺灣爲負嵎之所和蘭礮銃雖精然孤城無援敗歸巴國其祖家國主怒即將敗歸之和蘭致死於巴國城樓上至今巴國之和蘭歷歷能道其詳

嗚呼天道循環無往不復原夫和蘭夷衆之據有巴地也以厚幣甘言與瓜亞土番暫稅其牛皮大之曠地以爲貿易詭計而得之數百年於茲堅固其城池嚴酷其法令遠近島嶼之番莫敢抗衡悉歸其賦可謂富強之邦矣瓜亞愚蠢既餌其利所受籠絡和蘭又設阿片黑煙以誑誘之使其衆爭服食自致疲弱至於絕嗣且使無志報仇復土我中華人亦受其欺一服此物遂忘故鄉之苦不以父母妻子爲念遺害不可勝言夫阿片煙乃房中之藥其性歛攝服者藉其火力取快一時不知元陽潛消貽害後日蓋人身之元陽元陰猶日月之有

光明萬物藉以健運生長阿片煙則如野火之燒山草木當之莫不焦枯故服之深者必瘦削軟弱振作無志容色青闇不能生育縱有生者旋致病死服之既久則欲罷不能破家蕩產蟲生髓枯怪病種種醫藥無功和蘭卻自禁其衆不得竊服犯者立置重刑何吾人之不悟同於瓜亞甘墮其術中耶和蘭據此將謂萬年不拔之基乃安不思危漸事剝削我華人遠販於此向來皆就所售貨之銀或置貨或攜銀回鄉各從其便今則嚴禁不許攜銀出口必令將銀轉置貨物方許揚帆而其

貨物又皆產於他處未到巴地以致唐船久候風汛過時年年不能抵廈甚遭夏秋風颶人船俱沒數十年如是商賈莫不嗟嘆國課亦因減額惟付之莫可如何豈意英圭黎紅毛久伺其利覬覦已久及嘉慶十四年秋遂與其甲板舟師數十往攻不克退回其國越年夏秋間仍備舟師再往以大礮環攻而克之和蘭不敢與敵逃回祖家今之巴地悉屬紅毛統轄除去和蘭酷法招商如故人皆悅服遠近商賈莫不交通紅毛此舉亦海洋之一快也案紅毛侵奪葛留巴之事或以爲英吉利或以爲佛蘭西要皆嘉慶初年之事其後荷蘭旋即奪回此島見前每月統紀傳此志刊於嘉慶初年尚未知也

葛留巴風土述

海島逸志曰巴國地在西南氣候迥異晝夜之短長潮汐之早晚皆與內地相反春雨夏旱歲以爲常風則朝南暮北來往乘之夜則北斗以下諸星沉沒不見而南方星宿倍明朔望不常緣不置閏月也其四時八節悉皆符同以冬至後十日爲歲首千百載如一

余於十二月廈島揚帆次年正月初間到巴國悉見諸處園林芙蕖菊花蜀葵茉莉鳳仙珠蘭草木諸花並開乍見駭異詢之巴人皆云頻年長放相續不絕然百卉之香皆濃濁不及中華之淸馥又百卉之種多傳自中華何至於此而紅者或化爲白白者或化成紅蓋地土變幻四時皆戾使之然也

島中有過渡之處不用舟楫皆用籬竹數十片編爲筏不用篙槳只用大藤一條長數十丈橫亘東西兩岸或立木爲竿以繫之或盤於大樹之身又以小藤數條結於筏環繫大藤之上欲渡時數人手挽大藤循藤而過焉

兩山相向中夾一溪而水深流急不能造橋兩岸大樹參天而樹杪交柯者用竹筏連綿糾結闊七八尺長十餘丈筏之兩邊以藤懸掛樹杪形如月橋浮空搖曳乍見駭人番衆過之如履平地余自壠至涢必由之徑無可奈何乃下輿戒僕人不得同過懼其搖曳也徐步輕涉而進至其半高處目不敢下視懼而躡足則其搖愈甚乃伏而坐番僕欲走進扶腋余愈懼急止之小停則其搖息乃徐起戰戰而下噫異域異途於茲僅見也

火煙山在巴城西南六百餘里其山極高人蹟罕到峯頂如竈上之突日夜不息晴明則其煙少減風雨晦暝則其煙愈熾或有時如鳴巨礮則天雨灰氣味如硫磺意者南海之極南乃地氣所發舒也錄之以備博物者採取

磁石洋在南旺之東山谷間及崖岸皆有磁石磁石性能引鐵故其處之船皆用竹釘爲之不敢用鐵釘也來往船楫悉當颶開不得相近或有被狂風驅近者則被其牽引不能解脫矣

海濱崖岸石齒嵯峨多洞壑海燕千百爲羣巢於洞中自萬丹巴城三寶壠竭力石南旺馬臣猫厘把實產燕窩者不下數十處皆和蘭之有力者掌握焉逐年稅息大者數千金小者數百金而富商大賈納其賦稅以採取焉燕窩者燕巢也燕食海菜吐而成窩歲冬夏兩收不敢多取譬如取蜂之蜜數斯敗矣每採取則結廬其處擇吉刑牲演唱弄迎番人百十用竹梯數十以布囊繫於竹竿之末而取焉逢其盛者利無數也遇其衰者則虧折矣

海馬產於望加錫島常登海岸逐牝馬故爲人所牢毛純黑而柔膩尾長掃地其陸行與凡馬無異甚馴日可行千里但不敢浴於河見水則舊性復起遊泳沉潛其力甚大不可復制矣

和蘭欲窮覽博物每聞有奇形異狀之事不惜重費必羅致以壯奇觀用火酒實以玻璃器而藏之廚中怪禽異獸毒蛇惡魚無所不有焉

葛留巴風俗述

海島逸志曰島中車四輪者駕兩馬兩輪者駕一馬四

輪者前輪小而後輪大用木爲之外鑲以鐵式如小亭大者可坐三四人小者可坐一二人雕花彩繪每輛數百金王坐鑲金者有官職及甲必丹皆坐彩繪者平人坐漆顏色者其座褥悉氈絨爲之華麗奢僭

國中設賭棚甲必丹主之歲納和蘭稅餉征其什一之利日日演戲甲必丹及富人蓄買番婢聘漳泉樂工教之以作錢樹子有官音亂彈泉腔下南二部其服色樂器悉內地運至歲臘無停所以雲集諸賭博之徒燈籠大書國課二字其賭之場帷幄皆書天下最樂不如賭博或寫樂在其中有巡賭者數十人來往稽察遺漏雖父子兄弟到其處不得相管束也倘欲管束有巡賭者聞之立拘其父兄見甲必丹責云教訓子弟當在家中此處國課所關何得浮言惑衆以亂人心使國課無徵罪何可恕即有立致囹圄之禍蓋荒服之國其背謬類此

番戲名曰濃迎番婦之頗有色者帶虬髮纏錦幔插金花搖紙箑裸衣跣足歌番歌舞番舞搖頭閃目鶴立鷺行演唱雜劇備諸醜態或兩婦對舞或三四婦共跳舞

聞人亦可入其中與之對舞名曰弄濃迎弄畢則酬以金每於清夜遠遠聽之其音淒切悲楚所謂異鄉之樂祇令人悲耳番社中最喜日夜演唱華人住居之地嚴拒不許入境焉又有花英者類影戲俗呼皮猴所演唱皆其瓜亞上古故事未全人形或飛或遁如稗官所載諸詭誕不經之事作木雞陳俚鄙不堪注目

和蘭每宴會必設長席可坐數十人名曰鐃實踏絲竹雜陳男女對舞名曰丹六其俗女子字人聽其自擇名曰思甲若兩相愛悅則對舞以定匹偶其樂有長如瑟者其音清朗有高如人者立而彈之其聲高曠有形如琴者其音鏗鏘可聽頗有大雅之風其樂具精妙工巧異常其最者一副價值千金

酬犢教名如　連尤溪之類非國名也瓜亞無來由里猫柔皆習之　教持經咒法語不論年月揣摩就則成爲銅身鐵骨刀鎗不能傷惟忌猪犬以猪油犬血塗刀鎗殺之則能飲刃也

西北和蘭之屬皆著襪履戴氈笠名曰三角帽東南瓜亞之類皆不冠不履者曰赤腳番赤腳番皆能製藥於山僻無人之處用毒蛇惡獸脂膏合藥以塗刀鎗之上製愈久則其毒愈烈傷人及禽獸見血立斃登時潰爛只存皮骨耳

暴暴島地土頗大物產繁多商船無敢交易其處者風俗狡獪如鬼如蜮懼其煙也不知何藥所製於上風高處焚之聞其煙則舉船之人皆立斃所以物產卑賤少有通往之船必自運出耳

有瘡發於背腐潰欲絕者或薦和蘭醫而病人畏其用刀宰割固卻之後痛楚不堪外科皆束手不得已乃聘和蘭醫入門一見則曰瘡劇矣何不早告自作之孽也急覓一豕乃喚其僕於車中攜小箱出藥酒一瓶斟以盞曰飲之則身麻不知痛癢也出銀刀割去瘡之腐潰者大如盤縛豕於庭生割其肉亦大如盤揉藥敷之時許棄其豕肉臭黑不堪其毒悉爲拔出矣如是者三日可矣乃敷以膏藥戒曰當慎房事節食酒匝月耳三日而平復我華人外科無其技也雖華陀扁鵲何以過焉葛喇巴流寓華人述

海島逸志曰陳豹卿名晒漳之石美人性機警能知人

其堂兄映爲三寶壠甲必丹豹卿往訪輒能佐理其事映卒遂襲其職賈帆數十發販州府所到則其利數倍不數年富甲一方歌童舞女食前方丈侍妾數百余始至壠見番官淡扳公往候豹卿隊馬數百整肅而來至柵外門則下騎入門則膝行而前豹卿危坐俟其至乃少欠身噫異鄉貴顯一至於是眞爲華人生色也巴中有大第一區名三寶壠土庫唐帆初到客有欲到三寶壠者則進其土庫並有船護送至壠或通譜或瓜葛或薦舉或投奔悉皆收錄因才委任各得其宜華夷均頌其賓本經商者不計其數壠地賈帆輻輳貨物充盈甲於南洋迨沒之日賈帆停泊生涯頓歇壠中爲之寂寞語云人傑地靈良有以也

許芳良漳郡人也爲巴城甲必丹性開擴有雅量蔡錫光時爲門下客每稱其氣量人所不可及聞果有棕梨者漳之佳果也亦不可多得唐帆或有攜一二枚至島大者百金小者數十金芳良市兩枚付錫光將以進之巴王而錫光誤以爲常果剖而供之芳良徐曰此誠故鄉中珍果也悉呼其客及家人共嘗之安汝有丁香油

用玻璃瓶寶之大者每瓶價百金錫光佛凡悮碎之者開遠近不可隱遂告之芳良曰生毁有數何必較也巴中宴貴客則用玻璃器杯盤茗椀俱係玻璃每副價值一二百金一日宴客婢失手盡碎之長跪請死芳良曰無須進內但云我悮碎可矣蓋巴中法度馭婢僕甚嚴僕則自行管束婢則細君主之不如是則婢殆矣有許姓者落魄爲傭時巴中諸許皆貴顯芳良每以自炫有云傭者姓許芳良即招之曰既係子姪行到巴當即見我何自苦爲也錄用之不數年竟成巨富其推量類如此不能畢舉焉

黃井公漳之漳浦人也性朴訥胷無宿物初爲三寶壠甲必丹以詩酒自豪不受約束遂遭遣謫又以課項未明竟至囹圄或爲井公謀以其所負於己者告之上臺使償己責井公曰緣我一人而累及衆人吾寧死不爲也衆甚其義願爲之地各歛金而出之長子綿光在巴奮志經營頗爲小康乃奉井公歸養巴中築園於清漪之沼日與二三遊侶嘯咏自適人皆以爲古厚之報

卿賓者三寶壠觀音亭之住持僧漳之漳浦人也能書

善畫出言滑稽公然娶婦育子女各一蓄婢僕客至喚婢烹茗誠可笑也蓋西洋僧家有妻有妾無足爲奇余有戲贈佛賓絕句云聞道金仙在此間禪家事事竟安閒袈裟自繡閨房裏待客烹茶喚小鬟

漳城東門外深青社有蘇某者經商南洋娶婦某氏數載以不獲利而歸遂卒於家南洋婦聞其訃且知其家貧親老子幼乃孑然帆海至閩養姑教子以終其身其節義求之中華婦女尚不多得況荒服僻壤哉惜未詳其姓氏爲可憾

附葛留巴所屬島

海島逸志曰葛剌巴國其地一綫之横背負南海左萬丹右井裏汶直葛北膠浪三寶壠二肥縿營森竭力石洄里猫至外南旺不過三四十日可以陸路相通其地與水鄉澤國入巴國經營者東至於萬瀾西至於把東南背於南海北蔽於狹巴國港口浮嶼羅布曰王嶼甲板嶼爆嫣嶼白嶼草嶼不可枚舉總而言之曰嶼城巴國統轄屬國東有望加錫安汶萬瀾澗仔低東北有馬辰西有把東西北有麻六甲柔佛其餘荒壤之國但入貢而已西北大海之中有澤國數處土地甚大皆屬和蘭統轄但華人未到其處不能盡詳其風土今述其就近屬島可知者于左

一瓜亞番其類甚多自萬丹巴城井裏汶北膠浪三寶

壠胥森竭力石洄里猫仔外南旺邊海一帶以及柔佛巨港占卑覽房之處皆其種類俱尊三寶壠覽內爲巡欄其餘各處但稱史丹而已其人粗蠢愚直胸無宿物怡然聽受不紀年歲以十二月爲一歲見月之日爲初一其字跡如蛇蚓音語則各處有同異然受制於和蘭役使如奴隸遵循維謹不敢少懈

一華人有數世不回中華者遂隔絕聲教語番語食番食衣番衣讀番書不屑爲瓜亞而自號曰息覽奉回教不食猪犬其制度與瓜亞無異日久類繁而和蘭授與

甲必丹使分管其屬焉。

一無來由番其種類甚多，散居四處，麻六甲、吉礁、把東、望久里、馬辰、里駡、知汶、把實之屬，皆其類也。性狡獪反覆，多有劫掠海洋中者，巢穴處於吉裏門、龍牙等處，內地所謂艇匪者是也。出沒無常，閩廣患之。其言語和蘭遵之，以通融華夷，如官音然。

一武乞氏島居於望加錫，其魁處於山中，自稱管㗰，如瓜亞之稱巡欄。南洋諸國皆習武藝，武乞氏爲最勇。武藝精者，父母榮之，鄉里敬之，尊之曰牛實地大好漢也。

能斷一鄉，無不服從者。所以不論男女，十歲以上則演習鎗刀、跳舞諸技。其鎗法、刀法皆有教師秘傳，其教之名色甚多，如太祖達尊、猴拳、鶴勢之類，故其武藝爲南洋之冠。每揚帆海上，賊船遇之，莫不辟易。不受和蘭節制，與盟約爲兄弟而已。土產幼布、海參，二者爲西洋最。

友人王砥候有僕數人，隨其駕舟往萬瀾，中途遇盜，舟師大懼。諸僕曰：我等武乞氏，武藝皆高強，此輩所懾服，無恐也。戒舟人勿言動，以示懦怯狀。盜見之曰：此必巴國唐人之船，畏怖如此。齊登船上，諸僕持刀以待，盜騃。一見皆錯愕曰：何得武乞氏之船？即欲遁去。僕大喝，盜長跪稱悞犯死罪，各獻所有，叩頭而去。又曰：武乞氏女子麗而乖巧，能識人意。余一婢名掌珠，隨往馬辰，中途遇賊，衆寡不敵，倉皇失措。婢云無恐，持鎗而出，守於樓門不動。賊登舟擁至，婢以鎗揮之，立傷數人。賊退而相謂曰：何得有武乞氏之鎗法？婢叱曰：我即武乞氏也。賊懼而盡披靡。

一苗厘島居於外南旺之東，狀類瓜亞，男女皆穿耳而大其洞。女子頗有色，性勤儉持家。不屬和蘭統轄。其地當巴國之極東，四面大海，浮嶼羅布，中多石洞。土產燕窩、海菜、魚翅、海參、翠羽。

一武敦島居於望加錫之南，與息營門相迎。狀貌醜黑，性強悍，視死如歸，諸番所畏。其剛猛不亞於武乞，而粗豪過之。不屬和蘭統轄。土產長藤、蘇木、海參、鶴頂、龍涎香。

一暴暴島居於安汶之東，狀如夜叉，渾身漆黑，毛髮螺拳如艾，醜惡不堪。手足敏捷，上樹如飛，多木處而穴居，不火食，血如濃墨，性多嗜酒。和蘭喜蓄此種爲僕，以其狀醜，便於出入。與西蘭吉寧比連而處，風俗亦畧相同，皆稱曰烏鬼仔。土產文煙、血結、香木、蘇木、海菜、西國米。

一知汶島在尾陳之極東，番語東曰知汶，故云。無來由所居，與猫厘相鄰。地方磽瘠，人物粗蠢，國貧。不屬和蘭統管。土產香木、丁香、木香、蘇木、海參、海菜。

一把實島在馬辰之東風土畧同馬辰而富裕不及坐地之番什籍無來由自有國土不屬和蘭管轄每年只納貢稅而已土産燕窩長藤沙金諸島稱爲富國

一色仔年島華人呼爲烏鬼無祖系如巴國設立禮拜寺於城中其年歲字跡音語俱遵和蘭衣服飲食器用宮室亦並相同人物清秀女子甚美惟與和蘭婚娶其他不屑也其屬多從寫字或從營伍性機警和蘭妬忌不出使之爲民上也

一里猫汞島居於馬辰之西處山中屬馬辰巡攔統轄

其狀貌畧似爪亞産沙金長藤鹿肉其類皆以抽藤打鹿淘洗沙金爲事馬辰之國甚富數處産金又産鉎石其性最堅磨之光耀如鏡可鑑毫髮閃爍奪目如日月之精華入火不滅磨之光彩依舊大者無價小者用米粒兌之以米十六粒爲一葛力每葛力價二三十金和蘭不貴珠玉以鉎石爲至寶鈕扣領袖皆用以爲飾或云重至十葛力以上者佩之可辟內邪鉎石即金剛鑽

一里罵島在望加錫之東無來由所居不屬和蘭經管地里偏僻風俗貪暴土産良馬鮮有經商之舟每年惟載良馬入貢巴國而已

一安汶島在巴國之東南與萬瀾澗仔低相鼎峙色仔年息覽無來由什處其地其屬國浮嶼有些罷賴余晉亞哥晉里哥務里萬里罷土産海參丁香老茅鸚哥霧島花油盒蜜

一萬瀾島在巴國極東南之地與蘇洛宿務相近相傳從此回廈較之巴國爲近但未有行之者土産海參玳瑁沙金珍珠其浮嶼屬國尚多

一西壠島在西北海之隅地極廣大距葛留巴極遠和

蘭紅毛佛蘭西呂宋諸國錯處其間産金銀寶石五色俱備光彩奪目地屬和蘭管轄徙葛留巴之犯流罪者悉寘於此華人之犯罪者亦寘於此餘則不能到也

一軀蔚島在西北海之濱與壠西壠三處鼎峙地方甚大和蘭聚集居處其間人煙稠密不亞葛留巴但華人未有到其地者

海國圖志卷之十四

東南洋 海島之國原無今補

葛留巴所屬島

邵陽魏源輯

地里備考瓜哇島在蘇麻答剌東南長約二千四百里寬約五百里岡陵層疊峯之峻者曰巴拉呼曰巴囊古撓曰巴薩彎曰拉的科麻曰壘爾巴布曰松兵曰新多羅河之長曰若阿那曰塞達尼田腴產豐穀果備具林密獸蕃地氣熇烈歸賀蘭兼攝分二十部設總兵駐劄五方輻輳其通商衝繁之地曰薩麻郎曰蘇拉巴亞曰

巴薩盧昂曰蘇拉加爾大

其餘各島一名馬都拉在瓜哇島之東北長約三百里寬約六十里地面積方一千八百里五穀之中秔稻爲最三酋分攝各據一方一名巴利又曰小瓜哇在瓜哇島之東長約二百七十里寬約一百六十里地面積方二千六百一十里田土肥饒地氣不馴土產金鹽稻粟綿花烟葉等物八酋分攝不相統屬一名隆波克在巴利島之東長約一百八十里寬約一百五十里崇山峻嶺峯巒參天田土膏腴五穀豐登一名君島在瓜哇島之西北長約五十里寬約四十里田土低陷叢林稠密此二島皆屬一酋統攝

每月統紀傳曰三大州之至盛爲呀瓦米勝用胡椒燕窩翠羽白鍚綿花加非蘇木木頭等貨各樣果實蕉子椰子檳榔石榴柚子波羅柑子芒果橙橘等無所不備恨水多鱷魚地有火山頻數地震火出燒樹屋居者皆以炎暑爲患

土番皆回回甚老實勤勞耕田其本性温和惟人觸犯之內恨不釋一定雪怨瞋怒之際如虎遇人就殺不論

好歹倘不觸其怒安然秩然甚惡相鬭但因賭博之好輸田屋子女至賣身爲奴偷盜哄騙皆生于此最爲呀瓦洲風俗之害禮日之時設虎與牛相鬭之場或虎牛死就息止又山內多虎土番打圍射獵

向來土番王世管此洲守天竺國之佛教天順年間回回伐國征服之令居民改崇回教萬歷年間荷蘭建葛剌巴城以爲海船聚集貿易之大埠番人饕珍寶物食無所不至漸漸征土酋而服之令其人進貢遵總兵之命別開砥利文島蘇拉圭呀島緻馬廊島各埔頭並荷

蘭公班衙爲主治管貿易倉貯充實任意奢侈不顧貧窶結黨打仗自雍正年以後未有大釁隙即有土番背叛一霎時可服之乾隆年間荷蘭公使朝京都嘉慶年間佛蘭西國勝服荷蘭祖家遂奪據葛剌巴是時英國與佛蘭西方連年攻戰故英軍助荷蘭伐征呀瓦洲獲勝數年後結平盟復以呀瓦地歸荷蘭道光年間土番君題坡那哦羅者與土人謀廢荷蘭之權時荷蘭公班衙已廢荷蘭王遣兵船戰鬬不息畢竟仍爲荷蘭所有明朝年間唐人已到呀瓦大洲赴埔頭順治年福建同

安人離本地往駐葛剌巴經商耕種年結丁票銀五六金此後每每有廈門巨艚船載萬餘石赴葛剌巴兼級馬廊埔頭但因水程甚遠沙礁無數必有西洋夥長其用混天儀量天尺較日所出刻量時辰離水分度用羅經刻漏沙以風大小順逆較更數即知爲某處近因中國人口浩盛往此地何啻十餘萬歸家鮮矣作家業娶土女故荷蘭總兵禁革新唐不許居住令隨船而回然唐人土著生長富貴人甚多與荷蘭友睦交接兼荷蘭亦用唐人爲官屬爲保甲名甲必丹理國政掌財賦毗

於呀瓦之島等是巫來酉族類土番所居兼蠻海賊無數在地木嶼或地門嶼荷蘭與葡萄亞建城產檀木蜜蠟等貨

葛留巴土番有曰武吉族類者極勇猛飲血結盟死不爽信好行船往四方生理措置新民極聰明又勤勞纏綿補葺之武吉人恭敬婦女不以婢妾待之故其女秉心貞靜有大用因芒佳瑟之土君甚多頻數爭鬬不息蓋囘囘之敎不澤洽於兆民不酌定律例委曲詳明昭示致相戕不息也

每月統紀傳曰葛剌巴地山嶺高千有餘丈别有火焰山發火焰硫磺似大砲之轟是時山內之石鎔如水流下凡所遇物即燒滅之亦有大山頂上有穴隙周三四里深十餘丈底有熱水滚下滚上色如牛乳臭如硫磺所圍之孔噴出白烟終不可近自巴城而東隔三百餘里有大火山向來多次發火焰忽一日白雲覆山地震霹靂如萬炮齊轟居民猝然驚起天無門地無路要避又辟不得火山發煉石火灰滿田盈谷草木房屋皆火盡燒民三千人及十鄉毀盡大山沉陷斯災禍格外稀

奇一如天地之末刼然且離巴嶼千有餘里有三巴哇
海嶼嘉慶二十年三月其地火山忽然發焰冲天大石
飛起燒煉溶流房屋倒塌五穀盡壞萬有餘人滅亡也
巴城之中白日變暗火灰下如雨雪遮蓋房屋塡塞街
路耳聽如雷響葛剌巴地不比中國之蕃庶雖田之廣
大有餘糧可多養幾萬人惟其居民生齒不繁且巴人
不建城而居鄉里或百人或五十人合住一村茅舍四
圍作園栽樹摘其果享其蔭因樹木茂盛遠望不見房
舍春季大雨淋漓水漲漫屋諸村如海嶼一村之居民

漸增日多必挪移別所又開墾焉初建之時新村屬舊
村所管漸設保長每村內有鄉長數人亦有公所會集
商事之所別建禮拜寺及請教師掌理之臣見王不穿
袖裕而着緞褲圍長布其瓜亞王之宮殿尤四方端正
闊十有餘里萬人可居城牆溝池周之大火砲防之殿
前大門外有空院籬笆圍四方有榕樹甚古爲御所之
記號前門有階可登座位到內門透過裡院行中道至
朝廷羣臣來此朝見後有王宮皆甚雅麗內地之居民
在本鄉保管下樸實謙遜相友相助孝順父母愛惜妻

子非邪僻非驕傲秩然藹然惟大邑與埠市之民則不
然因與匪徒往來放僻邪侈不依古執迷能倣法外國
之文藝亦輕信人言之哄騙甚執妖鬼之誕守邪術之
法富貴人爲世爵非常暴虐惟知積累財帛勒索百姓
海口之人斷非儉吝賺錢即費買馬車器服倘旅客到
萬厚待守賓主之禮沽名邀譽是瓜亞人所悅雖不大
膽却許多忍耐磨難還怨欺負一轉眼發怒報仇不顧
關係矣內山虎甚多鄉人聽有虎各持鎗圍虎穴打鼓
放火以激之虎出衆人殺之亦有王家養虎囚於大籠

招民聚集放火焚籠虎走出之時諸人攻擊昔有犯死
罪之人但其所供犯法無實憑據使之與虎相鬭若殺
虎無罪被虎殺即正罪也王家戲玩好將水牛與虎相
鬭牛觸虎斃旁人或灑沸水或以荆棘激怒之水牛因
力大常勝因被虎傷亦數日後而死巴民心性輕浮最
喜小說甚悅虛談故本地史記粧飾參假漢朝光武帝
時有五印度國人坐船到巴地交易貨物恆常往來因
土番蠢蠻印度人教之建屋耕田傳佛教印度人漸富
專權侵地土番甘心媚服雕刻石像建廟奉佛其跡處

處尙在元朝時有國曰摩瓜巴佚盛興征伐鄰民收服回教以後回回力强令土番進教去除佛像奉事眞主一位佛教日衰巴地之列王皆喪氣棄舊從新不敢抗違老幼俱奉回回之教嗣後荷蘭人到洲爭據其地萬歴二十年間回回百姓與兵如蟻集各國之人協力助陣終無如荷蘭之火銃何土番四散奔逃自斯以後荷蘭遂永管其地矣

外國史畧曰衆島之中牙瓦最貴古名小瓜哇今名葛留巴南極出自五度三十八分至六度四十分偏東自

一百零五度十一分及一百一十四度三十二分廣袤二千七百四十五方圓里居民七百萬中地山高自五百丈至一千二百丈其東方之山高於海面一千六十一丈此山多峯有若火山近日火滅大半尙有數處出硫磺氣牙瓦地多支溪當霖雨時可舟行者數十處餘皆供灌漑田南北均有海灣可泊南有高磐北多低澤甚烟瘴有泥火山恆流鹹水冲出黑泥其天氣谷熱而山涼多大雷電地震天氣有六變故所產物亦殊異牙瓦土肥出穀米又出白糖加非黛青胡椒胭脂八角馬

芹蓽澄茄椰子茶葉及各種嘉果多蛇虎而水牛極高有力不獨耕田亦可推車此島有八分之七未墾且不善務農又官吏迫納餉賦故無餘蓄其土民大半紫黑色樸實耐勞但不甚聰明惟上命是聽受虐不怨本奉印度佛教明永樂三年有回回教師領大軍强服其土民使棄偶像而拜回回教主元時亦入貢中國葡萄亞船於萬歴間到此島與土民交易荷蘭與英人繼之嗣後兩不相合荷蘭立城爲藩屬國之都力戰土酋服之教種甘蔗加非等貨其利甚厚嘉慶十五年佛蘭西欲

據此島英人調兵先取之立法律力保土民通商旅二十年復以此地再還荷蘭當今居民五百有餘萬服荷蘭所轄者五分之三其餘屬土酋道光五年有土民糾海邊蕪來由族類起兵攻荷蘭連兩年不能克且頭目被擄荷蘭王益調兵帥掌全島之政每三年與議士斟酌法令所派各大官皆由荷蘭國至其餘小官皆生長此地且於僑寓唐人中擇立首領按本律例以管所屬之人又立各族類頭目使管本地之民惟聽荷蘭大帥之命所傳之兩舊土酋在內地安逸度生而已各島稅

賦每年銀一千八百萬兩除給各公費尚存庫百萬兩調水師船數十巡葺島以遏海賊調兵守各埠約二萬丁○運出之貨道光十六年加非六十二萬二千五百九十七石白糖六十三萬六千八百九十一石米一百九十萬二千九百石黛青四千零七十八石錫五萬九千六百七十四石道光十八年加非七十三萬七千五百石白糖九十一萬八千七百五十石米一百一十八萬七千五百石黛青七千四百三十石錫五萬一千九百六十六石其貿易可謂甚廣因多立禁諭商不得任

意運貨往來故有阻礙包攬之弊○荷蘭駐札之都曰巴他威城在西南海邊居民六萬二千族類不一種北面海口曰穌拉拜居民五萬丁撒馬郎居民三萬八千丁皆與他島貿易惟外國之船獨於巴他威或甲拉巴通商焉內地土酋所駐之大城曰穌拉甲他居民十萬五千口儒約甲他十萬口其殿延極廣大

馬土拉在牙瓦之東北邊隔以海峽居民二十二萬丁崇印度佛教居民猛勇陣則爲荷蘭之助島長三里闊約六里多出米穀以補他島在牙瓦各海口亦有唐人

經商致富○巴里島在牙瓦之東南隔以同名之海峽南極出八度四十一分偏東一百一十四度二十五分岸高難泊其居民尚執印度佛教屍皆焚葬其前君卒妃妾七十二人皆願自焚土人不善駕船出米油檳榔燕窩等貨居民八十萬口鄉里長領之外餘悉貧乏自道光十七年以來土酋各結黨互戰○屬此島之淪泊有峯高八百丈南極八度二十一分偏東百一十六度二十六分長十六里闊約十四里米穀豐盛每年三萬有餘石載甲板賣與中國居民崇印度佛教頗勤勞安

分用中國之通寶錢歷來小土酋結黨相殺荷蘭人排兵船以定其爭然終未太平○距此島不遠爲孫巴瓦長六百里闊十三里出堅木駿馬金沙居民鮮少未向化罕與外國往來有火山出火石烟火漿令四方震動○弗力島在八九經度間偏東自百二十至百二十三度出金沙椰油檀香蠟燕窩玳瑁等貨前此荷蘭據其東方今又有布吉據其地與外國無往來葡萄牙人在此傳天主教築禮拜堂土民面黑喜鬭有所獲則販賣爲奴○地門島闊八百里長約十三里皆山地出檀香

每年約一萬石有金沙禁不准掘荷蘭人於此開礦土人殺之亦出銅蠟椰子椰油等貨崇耶穌教各鄉設學館此島分二分西分歸荷蘭其港口曰古邦東方歸葡萄牙築炮臺曰和睦每年由澳門開船前往買黑奴蠟檀香等貨雖設嚴禁犯者益多祇以人口爲買賣之物甚可恨矣其居民不似蕪來人髮鬈面黑皆土著不樂航船○外此尚多嶼洲如鹿地檀香勒地等嶼皆小而微

葛留巴島舊爲狼牙修沿革

梁書扶南以南入海中爲頓遜國其西爲盤盤國又西南爲丹丹國海中有毘騫國去扶南八千里又西南爲干陁利干陁利國在南海洲上其俗與林邑扶南畧同出班布吉貝檳榔天監中其王遣使貢獻方物干陀利之西南爲狼牙修島又西南爲婆利島國再西南則中天竺再西南爲海中獅子國

按頓遜在扶南三千里斗入海中爲柔佛等地無疑毘騫去扶南八千里當是婆羅大洲干陁利在其西南當爲今下港而狼牙修又在其西南當爲今葛留巴之小瓜哇則正與婆利之爲蘇門島相接地勢無一不合矣明史以狼牙修爲印度南之師子國合爲一島又以干陁利爲三佛齊與婆利合爲一島皆與史不合甚至以蘇門答剌爲條支大食波斯之地則更無足辯矣

梁書狼牙修國在南海中其界東西三十日行南北二十日行去廣州二萬四千里地氣物產與扶南同偏多䉼沈婆律香等其俗男女皆袒而被髮以吉貝爲干縵王及貴臣乃加雲霞布覆胛金繩爲絡金環貫耳女子

被布以纓絡繞身其國累塼爲城重門樓閣王乘象有幡毦旗鼓罩台蓋兵衛甚設國人說立國以來四百餘年後嗣衰弱王族有賢者國人歸之王聞之乃加囚執其鏁無故自斷王以爲神不敢害斥逐出境遂奔天竺天竺妻以長女俄而狼牙王死大臣迎還爲王二十餘年死子婆伽達多立天監十四年遣使阿撒多奉表

葛留巴島舊爲闍婆小瓜哇沿革

唐書訶陵亦曰杜婆曰闍婆在南海中東距婆利西墮婆登南瀕海北眞臘木爲城雖屋以栟櫚象牙爲床席出毒瑁黃白金犀象國最富有穴自湧鹽以柳花椰子爲酒有文字知星歷王居闍婆城其祖吉延東遷于婆

露伽斯城旁小國二十八莫不臣服其官有三十二大夫而大坐敢兒爲最貴山上有郎卑野州王常登以望海夏至立八尺表景在表南二尺四寸貞觀中與墮和羅墮婆登皆遣使入貢太宗以璽詔優答墮和羅丐良馬帝與之上元間國人推女子爲王號悉莫威令整肅道不拾遺大食君聞之齎金一囊置其郊行者輒避如是三年王世子過以足躪金悉莫怒將斬之羣臣固請悉莫曰而罪實本於足可斷趾羣臣復爲請乃斬指以徇大食聞而畏之不敢加兵大歷元和太和中皆入貢

宋史闍婆國在南海中其國東至海一月汎海半月至崑崙國西至海四十五日南至海三日汎海五日至大食國北至海四日西北汎海十五日至勃泥國又十五日至三佛齊國又七日至古邏國又七日至柴歷亭抵交阯達廣州其地平坦宜種植產稻麻粟豆無麥民輸十一之租煑海爲鹽多魚鱉雞鴨山羊兼椎牛以食果實有木瓜椰子蕉子蔗芋出金銀犀牙箋沉檀香茴香胡椒檳榔硫磺紅花蘇木亦務蠶織有薄絹絲絞吉貝布剪銀葉爲錢博易官以粟一斛二斗博金一錢室宇

壯麗飾以金碧中國賈人至者待以賓館飲食豐潔地不產茶其酒出於椰子及蝦蝚丹樹華人未嘗見或以桄榔檳榔釀成亦甚香美不設刑禁雜犯罪者隨輕重出黃金以贖惟寇盜者殺之其王椎髻戴金鈴衣錦袍躡革履坐方牀官吏日謁三拜而退出入乘象或腰輿壯士五七百人執兵器以從國人見王皆坐俟其過乃起以王子三人爲副王官有落佶連四人共治國事如中國宰相無月奉隨時量給土產諸物次有文吏三百餘員目爲秀才掌文簿總計財貨又有卑官殆千員分主城池帑廩及軍卒其領兵者每半歲給金十兩勝兵三萬每半歲亦給金有差土俗婚聘無媒妁但納黃金於女家以娶之五月遊船十月遊山樂有橫笛鼓板亦能舞士人被髮其衣裝纏胸以下至於膝疾病不服藥但禱神求佛其俗有名而無姓先是宋元嘉十二年遣使朝貢後絕淳化三年貢象牙真珠繡花銷金及繡絲絞雜色絲絞吉貝織雜色絞布檀香玳瑁檳榔盤犀裝劍金銀裝劍藤花簟白鸚鵡七寶飾檀香亭子其使別貢玳瑁龍腦丁香藤織花簟至明州定海縣其使飾服

與嘗來入貢波斯相類其國與三佛齊有仇怨互相攻戰本國山多猴不畏人呼以霄霄之聲即出或投以果實則其大猴二先至土人謂之猴王猴夫人食畢羣猴食其餘使既至上令有司優待久之使還賜金帛甚厚仍賜良馬戎具以從其請其言鄰國名婆羅門云大觀三年六月遣使入貢詔禮之如交阯又有摩國太平興國七年載寶貨至廣州海岸南毘國在大海之西南由三佛齊風颿月餘可至其國王每巡行先期遣兵百餘人持水灑地上以防颶風揚沙塵列鼎百以進食日一易之置翰林官供王飲食俗喜戰鬭習刀矟善射鑿雉白銀爲錢產珍珠番布其國最遠番舶罕到時羅巴智力干父子其種類也居泉之城南自是舶舟多至其國矣

廣東通志瓜哇國古訶陵也一曰闍婆又名莆家龍在眞臘之南海中洲上東與婆利西與情婆登北接眞臘國南臨大海自占城起程順風二十晝夜可至其國地廣人稠甲兵藥銃爲東洋諸番之雄其港口入去馬頭曰新村屋店連行爲市買賣商旅最衆三佛齊國爲其

所并改名舊港以別於新村源按并三佛齊者乃大瓜哇非此小瓜哇也

明史闍婆宋元嘉時始朝中國唐曰訶陵又曰社婆其王居闍婆城唐宋皆入貢洪武十一年遣使表貢其後不復至或曰瓜哇即闍婆然元史瓜哇傳不言且曰其風俗物產無可考而太祖時兩國並時入貢其王之名不同或本爲二國其後爲瓜哇所滅然不可考源案闍婆爲下港小瓜哇爲葛留巴諸書皆以瓜哇即闍婆獨此分之然尚與大瓜哇相混

魏源曰葛留巴昔爲小瓜哇今爲小新荷蘭其與下港僅隔一峽凡西洋南洋之番船必遠過峽中而後分赴各國故帆檣屢市雄甲南海視婆羅洲之大瓜哇尤繁盛荷蘭之有小瓜哇猶英吉利之有東印度凡各島駐

防之兵均皆聽號令受節制焉其并于天方也在明天順吞于荷蘭也在明萬歷交鬨于佛蘭西英吉利也在嘉慶之初天方之服之也以回教荷蘭之蠱之也以鴉煙皆陰謀潛伏于無形而奪人家國氣運所遷機智所闢烏乎安所極哉諸書或以闍婆卽瓜哇或以噶留巴卽大瓜哇而下港爲小瓜哇甚至謂瓜哇疆域南抵大食而以西南之蘇門答剌當之不知唐書大食王遣人囊金闍婆之郊陰試女王之令者蓋商船往來速郵傳命詎眞謂萬里波斯之國雜大相聞明洪武中命外夷

山川附祭各省安南占城眞臘暹羅鎖里附祭廣西三佛齊小瓜哇附祭廣東日本琉球浡泥附祭福建今則大半歸于西洋

海國圖志卷十五

邵陽魏源輯

東南洋海島之國原無今補

英荷二夷所屬亞齊及三佛齊島三國同島卽唐以前婆利洲地

蘇門答剌今名亞齊　三佛齊今名舊港

謝清高海錄曰三佛齊及蘇門答剌島在新柔佛島對渡舊柔佛爲英吉利所據其土番徙新島周圍數百里由柔佛島對渡西南海中別峙一大洲九國環之曰齧里曰錫里曰大亞齊曰小亞齊曰尼古巴拉曰蘇蘇曰叭當曰尼是曰茫古嚕曰舊港曰龍牙九國同此一山

亞齊及蘇蘇皆蘇門答剌故地舊港則三佛齊故地也

齧里國在柔佛西南不與柔佛相連由柔佛渡海而南行約月餘可到疆域約數百里風俗土產與柔佛同土番較強盛潮州人多貿易於此海東北爲琴山徑

錫里國在齧里西北疆域風俗與齧里同由齧里買小舟沿海行約四日可到海東爲麻六甲由此又西北行約二日仍經紅毛淺土產魚肚冰片椰子胡椒

大亞齊國在錫里西北疆域稍大由紅毛淺外海西北行日餘卽到由國都向西北陸行五六日水路順風一

二日則至山盡處俱屬大亞齊風俗與無來由各國同海東北岸爲沙喇我國山盡處則與新埠斜對土產金冰片沙藤椰子香木海菜

尼古巴拉西南海中孤島也由亞齊山盡處北行少西順風約十二日可到土番俱野人性情湻良日食椰子熟魚不食五穀閩人居吉德者常偕吉德土番到此採海參及龍涎香與海道亦向西北約旬日可到由此又北行約半日許有牛頭馬面山其人多人身馬面是食人海艘經過俱不敢近望之但見雲氣屯積天日晴

朗遙見山頂似有火燄焉又北行旬日即到明牙喇海口若向北少西行順風六七日可到曼達喇薩

小亞齊國一名孫支在大亞齊西由大亞齊西北行經山盡處轉東南行約日餘可到疆域亦數百里風俗與大亞齊同土產金沙藤胡椒椰子冰片

蘇蘇國在小亞齊南水路順風約二日可到疆域風俗土產與小亞齊同

叭當國在蘇蘇東南水路順風亦二日可到疆域風俗與上畧同海西別有一島爲呢是國

呢是國又名哇德在蘇蘇叭當二國之西海中獨峙一山民似中國而小常相擄掠販賣出入必持標鎗慣礮火不食五穀惟以西穀米合香蕉煎食年老者子孫則抱置樹杪環其下而搖之俟跌死而後已其滅倫理至於此極自此以西海中多大石風濤險阻故大西洋海船往小西洋者必由叭當之西呢是之東茫古魯在巴當東水路順風約五六日可到陸路亦通但山僻多盜賊故鮮有行者沿海都邑近爲英吉利所奪國王移居山內然英吉利居此者不過數十人領跛兵數百而已土產海參丁香豆蔻胡椒椰子檳榔

舊港國即三佛齊也在茫古魯東疆域稍大由古東南行約三四日轉北入蔦剌巴峽口順風行半日方出峽峽東西皆舊港國疆土峽西大山名網甲別峙海中山麓有文都上盧寮下盧寮新港等處山南復有二小島一名空殼檳榔一名朱麻里皆產錫閩粵人到此採錫者甚衆文都有英吉利鎮守而榷錫稅凡採者俱向借資斧得錫則償之每百斤止給洋銀八枚無敢私賣國王所都在峽西由文都對海入小港西行四五日方至

亦有荷蘭鎮守兩岸居民俱臨水起屋頗稱富庶國王殿廷爲三級每日聽政王坐于上次列各酋長庶民爭訟者俱俯伏於下體制嚴肅而民性兇惡多爲盜賊不知尊中國而畏荷蘭英吉利如虎凡有誅求無敢違抗巫來由番皆然不獨此國也土産金錫沙藤速香降香胡椒椰子檳榔水鹿

龍牙國在舊港北由峽口水路到此順風約三日由此北行日餘則爲柔佛西北行日餘則至雷里此山多木大者數十圍中華洋船至此多換桅柁凡雷里錫里大

抵皆巫來由種類唯大亞齊及蘇蘇民稍淳良餘俱兇惡盜劫爲生凡巫來由各國俱産黑燕窩速香降香雞骨香檳榔椰子海菜

地理備考曰蘇麻答剌島亦曰蘇門答剌在南洋之極西緯度自北五度起至南五度止經度自東九十三度起至一百零三度止長約三千五百里寬約五百五十里烟戶六兆餘口本島地勢重岡叠嶺迤邐延袤其最大者曰柯非爾山曰古農哥孫巴拉山火山不一地震時作田土膴腴穀果豐稔叢林稠密禽獸蕃衍土産金銀銅鐵錫硝磺冰片胡椒椰子甘蔗藥材沙谷米等物地氣互異每多陰雨商賈雲集本島疆域不屬別國管轄惟一處歸賀蘭國兼攝其自爲國者三曰亞齊在島之北疆域狹窄人烟稀疎都城建於西北屋宇樸陋街衢灣曲曰西亞哥在島東之西亞哥河兩岸數酋分攝各霸一方海濱之人多務刼掠都城貿易蕭條曰巴達斯在島西海濱與亞齊毗連數酋分攝不相統屬其歸賀蘭攝者一名巴當在島之西地勢褊小貿易則盛一名美囊加布在島之中一名巴稜邦在島之東田土肥

饒稼穡豐茂一名檳榔在島之南地多涔澤人烟稀疎島之東西小島臚列各設酋長東島一名盧巴一名邦八爾一名靈安長約一百八十里寬約一百里一名兵當長約一百里寬約四十里一名當容比囊內有里約城商賈輻輳一名邦加長約五百四十里寬約一百五十里人烟寥落錫磺繁衍一名比猺敦多産黑金西島一名英加諾迴環約一百里田土膴腴地氣嚴寒一名波日又曰那搔島嶼甚多不産秔稻椰竹沙谷米等甚屬蕃衍一名波拉又曰細波拉島嶼不一大者長約三

百里寬約六十里一名細比盧長約二百七十里寬約四十里內有火山晝夜吐燄不熄一名巴都一名尼亞斯長約一百八十里寬約六十里田土膏腴穀菓豐稔一名巴比一名巴比亞哥長約六十里寬約二十里

每月統紀傳曰蘇門答剌大州嶼一帶皆山於其州中間分州兩分瘦嶺磽地只產錫金沙藤胡椒檳榔椰子冰片等貨英吉利人又種豆蔻丁香樹其金鳳有大聲名不勝其美土番皆馬萊酉族類不勝數回民居住由來已久强悍刁頑肆爲不法年年往黙底那國弃其聖

人穆罕黙德鐵棺椁各處皆有小土酋沿溪居茅不善生理故上下窮苦唐時爲亞齊國權勢甚大今則西洋藩屬

外國史畧曰蘇門他拉此爲長島與牙瓦島以孫他海峽相隔長約三千五百里闊約五百五十里地分三分東北甚低有血蝎產沙米穀米安息香大河由此入海海濱出胡椒地雖低無大澤西北高多出檳榔中多高山有千三百八十四丈山下廣坦暑月亦凉土人樂之亦多湖澤西則溪川四處灌溉地常震火山出火漿又多金銅鐵硫磺等礦石炭石油硝等物但居民未悉采取之法金礦每年可出三萬兩游山者或偶遇之有一塊重九兩者其穀僅足居民食用惜地未開墾草木暢茂爲野獸之藪產胡椒檳榔及冰片之樹計冰片數斤必伐木三百株惟中國貴之每年運出六千六百五十斤耕田以水牛林多象犀虎猴狒狒水中多蝦蟆蛤蜆蟒蝮林中有金雞神鷹鶴鴞鸚鵡運出之物如安息香桂皮緜花加非等貨計萬萬石又有乳香楠沉紅木烏木等料居民多蕪來由族類崇回回教其教師嚴禁

鴉片及各葷物民色紫尊貴人以金鑲齒居民恆帶短刀有要事則誓諸墓以舊器爲盟在海口販人爲奴百姓不好城居自建鄉里竹葵爲寮食不用箸以手搏之飯惟魚蝦花椒等物以老男女爲醫生不必通其藝隨意令病者服藥敎外之人皆好賭博食鴉片海邊居民以搶劫商船爲事其內地民則樸實有大城曰黑裴茄報城亦蕪來由族類此族人在元以前獨住穌門他拉一島後散布羣島不啻千萬仍以此城爲聖域赴其廟以祀神地多產金居民皆造金器亦善造火器火藥短

刀乾隆間土酋互相戰鬭嘉慶間請荷蘭兵助逐其敎師荷蘭遂據其地○穌島有名之國曰亞珍或曰亞齊昔與中國通其君任草舍道甚微居民憚勞苦○此國之南方有巴苔蠻者雖向化辯字務農郝食人肉戰則虜人爲糧或父母老邁卽食其肉昔耶穌教師至此欲化之爲土民所殺後遂無入境者在南方有離利讓等族類崇佛教其民情貧○明萬歷間葡萄亞船到此島通商與海賊孽衅英人隨之在西南海邊開賓古林埠二百餘年以胡椒貿易乾隆年間始種丁香豆蔻後以

此地讓荷蘭順治年間在西海邊間巴當海口亦在東邊占巴林邦所據之地道光年間始爲全島之主由此衅起與土人久戰亡其軍再戰始勝之然耗兵糜餉始令民種加非樹土產日增惟西北各金山歸荷蘭唐船每年有一二到巴林邦口買沙藤錫胡椒等貨海邊又任漢人開市百姓爲荷蘭管束不敢遠出

附近此島各地一曰岡加島在蘇門之東其地磽產紅石錫礦甚盛每年出六十萬餘石爲荷蘭所轄廣東嘉應州人多在此開錫山收餉頗重一曰北里屯島距岡加不遠多海號航船者難之○又穌門西爲尼押羣島居民愚蠢蕪來由虜賣之爲奴地亦豐盛惜無人開墾

亞齊舊港卽古婆利沿革考

梁書曰婆利國在廣州廣南海州上去廣州二月日行國界東西五十日行南北二十日行有一百三十六聚氣暑如盛夏穀一歲再熟草木常榮海出文螺紫貝有石名蚶貝羅初采柔輭刻削爲物乾之遂堅國人披吉貝如帊及爲都縵王乃用班絲布以瓔珞繞身頭著金冠高尺餘形如弁綴以七寶帶金裝劍偏踞金高坐銀

蹬支足侍女皆爲金花雜寶之飾持白毦拂及孔雀扇王以象駕輿輿以雜香爲之上施羽蓋珠簾導從吹螺擊鼓王姓陳憍如自古未通中國言白淨王夫人卽其國女天監十六年入貢

明史蘇門劄剌在滿剌加之西順風九晝夜可至或言卽漢條枝唐波斯大食二國地西洋要會也成祖初遣使以卽位詔諭其國永樂元年遣使賜其酋織金文綺中官尹慶使爪哇便道復使其國其酋遣使朝獻詔封爲國王遂比年入貢而鄭和凡三使其國先是王之父與鄰國花面王戰中矢死王子年幼有漁翁率國人往擊馘其王而還王妻遂與之合稱爲老王既而王子年長復殺老王而襲其位及是鄭和至其國老王弟蘇幹剌共頒賜不及己怒統數萬人邀擊和勒步卒及國人禦之大破賊衆追至南渤利國俘以歸宣德五年帝以

外番貢使多不至遣和及王景宏遍歷諸國頒詔凡歷
二十餘國明年遣使入貢者再八年貢麒麟九年王弟
哈利之漢來朝卒於京成化二十二年其使者至廣東
有司驗無印信勘合乃藏其表於庫卻還其使別遣番
人輸貢物京師稍有給賜自後貢使不至迨萬歷間國
兩易姓初其國有大臣握兵權大臣有奴桀黠出謂其
主曰國王左右侍衛少主擁重兵出鎮必入辭請以奴
從主言有機事乞屏左右奴乘間刺殺之大呼曰王不
道吾殺之吾主即王矣敢異議者血此刃衆懾服不敢
動其主遂篡位任奴為心腹委以兵柄未幾奴復弒主
而代之乃大為防衛拓其宮建六門不得闌入雖勳貴
不得帶刀上殿出乘象象駕亭而帷其外如是者百餘
俾人莫測王所在其國俗頗淳出言柔順惟王好殺歲
殺十餘人取其血浴身謂可除疾貢物有寶石瑪瑙水
晶石青回回青善馬犀牛龍涎香沉香速香木香丁香
降眞香刀弓錫鎖服胡椒蘇木硫黄之屬貨舶至貿易
稱平地本瘠無麥有禾禾一歲二稔四方商賈輻輳華
人往者以地遠價高獲利倍他國其氣候朝如夏暮如

秋夏有瘴氣婦人裸體惟腰圍一布其他風俗類滿剌
加篡弒後易國名曰亞齊又有須文達那者古不知何
國洪武十六年來貢或言須文達那即蘇門答剌洪武
時初更然其貢物與王之名皆不同無可考
皇清通考四裔門亞齊在西南海中相傳舊為蘇門答
剌國名萬歷中乃易今稱其王嚴防衛拓宮殿建六門
雖勳貴不得帶刀上殿出乘象象駕亭而帷其外如是
者百餘俾人莫測王所在云風俗男女穿長衣頭纏白
布土產西洋布丁香肉果水安息蘇合油之屬地本瘠
無麥有禾一歲二稔市道稱平內地商船常往其地貿
易宋史三佛齊國蓋南蠻之別種與占城為隣居眞臘
闍婆之間所管十五州土產紅藤紫礦箋沉香檳榔子
無緡錢土俗以金銀貿易諸物四時之氣多熱少寒冬
無霜雪人用香油塗身其地無木有米及青白豆雞魚
鵞鴨頗類中土有花酒椰子酒檳榔酒蜜酒皆非麴蘗
所醖飲之亦醉樂有小琴小鼓崑崙奴踏曲為樂國中
文字用梵書以其王指環為印亦有中國文字上章表
即用焉累甓為城周數十里用椰葉覆屋人民散居城

外不輸租賦有所征伐隨時調發立集酋長率領皆自
備兵器糧糗泛海使風二十日至廣州其王號詹卑其
國居人多蒲姓唐天祐元年宋建隆
元年皆來朝貢終宋世職貢不絕
明史三佛齊傳三佛齊古名干陀利宋孝武帝時嘗遣
使奉貢梁武帝時數至宋名三佛齊修貢不絕洪武三
年太祖遣行人趙述詔諭其國明年遣使奉表隨入朝
貢方物詔賜大統歷及綿綺有差其貨舶至泉州者命
勿徵稅時其國有三王八年九月遣使隨招諭拂林國
朝使入貢洪武九年遣使貢犀牛黑熊火雞白猿紅綠
鸚鵡龜筒及丁香冰腦諸物其使者言先王歿嗣子不
敢擅立請命于朝詔遣使齎印敕封為三佛齊國王是
時爪哇強已威服三佛齊而役屬之聞天朝封為國王
與己埒大怒遣人誘朝使邀殺之天子亦不能問罪自
是其國益衰貢使遂絕洪武三十年八月禮官以諸番
久缺貢奏聞帝曰洪武初諸番貢使不絕邇者安南占
城眞臘暹羅爪哇大琉球三佛齊渤泥彭亨百花蘇門
答剌西洋等三十國以胡惟庸作亂三佛齊乃生閒諜

紿我使臣至彼爪哇王聞知遣人戒飭禮送還朝由是
商旅阻遏諸國之意不通惟安南占城眞臘暹羅大琉
球朝貢如故大琉球且遣子弟入學凡諸番國使臣來
者皆以禮待之我視諸國不薄未知諸國心若何今欲
遣使爪哇恐三佛齊中途阻之聞三佛齊本爪哇屬國
可述朕意移咨暹羅俾轉達爪哇然是時爪哇已破三
佛齊據其國改其名曰舊港三佛齊遂亡國中大亂爪
哇亦不能盡有其地華人流寓者往往起而據之有梁
道明者廣州南海縣人久居其國閩粵軍民泛海從之
者數千家遂推道明為首雄視一方會指揮孫鉉使海
外遇其子挾與俱來永樂三年遣使齎敕招之隨使入
朝四年舊港頭目陳祖義梁道明各遣其子來朝祖義
亦廣東人雖朝貢而為盜海上貢使往來者苦之五年
鄭和自西洋還遣人招諭之祖義詐降而潛謀邀劫有
施晉卿者告於和祖義來襲被擒獻於朝伏誅命設舊
港宣慰司以晉卿為使賜誥印及冠帶自是屢入貢然
進卿雖受朝命猶服屬爪哇其地狹小非故時三佛齊
比也嘉靖末廣東大盜張璉作亂官軍已報克獲萬歷

五年商人詣舊港者見璉列肆爲番舶長漳泉人多附之猶中國市舶官云其地爲諸番要會在爪哇之西順風八晝夜可至轄十五洲土沃宜稼語云一年種穀三年生金言收穫盛而貿金多也俗富好淫習于水戰隣國畏之地多水惟部領陸居庶民皆水居編筏築室繫之于椿水漲則筏浮無沉溺患欲徙則拔椿去之不費財力下稱其上曰詹卑猶國君也後大酋所居卽號詹卑國而故都則改爲舊港初本富饒自爲爪哇破滅後漸至蕭索商舶亦鮮至其地風俗物產俱詳宋史

瀛涯勝覽舊港古號三佛齊曰渤淋邦隸爪哇東距爪哇西距滿剌加南距大山自西北濱海船入淡港入彭家裏舍易小舟入港達其國國人多廣東漳泉人流寓土沃人稠宜稼穡俗好賭博如把龜奕棋鬭雞皆索錢具也市亦用中國銅錢布帛之類厥產鶴頂黃連降眞沉水香黃蠟食炭神鹿秖啖草木不近腥物雖繫之不死牛羊猪犬雞鴨蔬果之類與爪哇同

明張奕東西洋考舊港古三佛齊國也初名于陀利又名渤淋在東南海中本南蠻別種居眞臘爪哇之間王號詹卑故今王所部爲詹卑國而故都爲爪哇所破更名舊港以別于彼之新村云諮船其地故稱沃土商舟至獻果幣有成數居人商量物價雖議償金多少然非償金實償椒也如値金二兩則償椒百石其大較云喜買夷婦他國多載女子易其椒以歸舊港則用銅錢矣三佛齊夙稱蕃盛國破以後滿目蕭條賈人亦希造

魏源曰三佛齊國自宋以來臣服中國蘇門答剌亦終明世職貢不衰　國朝獨不列王會之圖則知爲西夷竄宄久矣其地自宋以前則爲婆利洲梁隋唐皆入貢而隋唐書言婆利國自交趾浮海南過赤土丹丹乃至其國國界東西四月行南北四十五日行赤土卽古扶南今暹羅而丹丹卽今柔佛等國地望相準且唐以後無婆利宋以前無三佛齊今此昔彼亦沿革相承又史言婆利東西南北數千里爲海南大國舍是島外更無大洲足當婆利故壤者斷非明史南渤利南巫里梨我阿魯那孤兒等小嶼居民千餘家之倫至明史沿王圻之謬以蘇門答剌爲古大食波斯等國烏乎何以至是

荷佛二夷所屬美洛居島（一作馬路古一作木路作摩鹿加各原無今補）

明史美洛居俗訛爲米六合居東海中頗稱饒富酋出威儀甚備所部合掌伏道旁男子削髮女椎結地有香山雨後香墮沿流滿地居民拾取不竭其酋委積充棟以待商舶之售東洋不產丁香獨此地有之可以辟邪故華人多市易萬歷時佛郎機來攻其酋戰敗請降歲以丁香充貢不設戍兵而去已紅毛番橫海上知佛郎機兵已退乘虛直抵城下執其酋語之曰若善事我我爲若主殊勝佛郎機也酋不得已復聽命佛郎機酋聞

之大怒率兵來攻值紅毛番已去遂破美洛居殺其酋立己所親信主之無何紅毛番至又破其城逐佛郎機所立酋亡立美洛居故王之子自是歲歲構兵人不堪命華人流寓者游說兩國令各罷兵分國萬老高山爲界山以北屬紅毛番南屬佛郎機始稍休息而美洛居竟爲兩國所分

南懷仁坤輿圖說呂宋之南有木路各島無五穀出沙谷米是一木磨粉而成產丁香胡椒二樹天下所無惟本處折枝插地即活性最熱祛溼氣與水酒同貯即吸乾樹旁不生草土人欲除草折其枝插地草即立槁又產異羊牝牡皆有乳有大龜一殼可容一人或用爲盾以禦敵

地理備考曰美洛居島亦號米六合亦號麽魯加斯在南洋之西塞勒卑斯島之東緯度自北三度起至南十度止經度自東一百十七度起至一百三十度止島嶼紛繁火山不一地震時作每有不虞地氣溼熱不便居棲田土互異土產各殊島中或設酋長管理或附賀蘭總兵統攝島之大者曰安波義那長約二百里寬約三十里田地肥饒地氣炎熱土產硫磺丁香加非藍靛沙谷米等物樹木充斥東方爲最禽獸蕃衍鱗介庶衆曰塞郎長約七百五十里寬約一百五十里山勢峻峭出土膴腴五穀百果靡弗豐登諸酋分攝各據一方曰布盧迴環約一百七十里地面積方約二千六百里岡陵巍峩川河紛繁土肥穀豐毛羽鱗介充斥諸酋分攝各霸一方曰邪達內計十島皆有火山地震時作地氣不馴有礙居棲其內義辣郎多義爾古農阿比不盧阿義乃十島中之大者皆屬賀蘭國兼攝曰濟羅洛又名阿拉馬厄辣長約八百里寬約一百五十里境土錯落不相聯絡田土膴厚物產豐饒地氣炎熱不便居棲島分三屬北屬德爾那的島酋長兼攝南屬的德爾島酋長

兼攝中爲本島諸酋分轄不相統屬其南北二處於道光四年有賀蘭國總兵駐劄於此始爲兼攝曰德爾那的迴環約九十里內有火山晝夜吐燄田土膏腴金砂實繁島中一酋統攝亦歸賀蘭兼轄曰的德爾長約十里寬約八里本島較德爾那的雖小而庶民則過之一酋統攝亦屬賀蘭兼轄曰巴將長約二百里寬約四十里田土肥饒穀果豐茂金礦蕃衍一酋管理曰大科比長約二百五十里寬約四十里田地土產與巴將島相等諸酋分攝各霸一方曰迷索爾長約一百七十里寬約五十里諸酋分攝不相統屬曰波波乃衆島總名也大者亦名波波迴環約百七十里一酋管屬曰麽爾帶長約二百二十里寬約六十里田土膴腴人烟寥落歸于德爾那的島酋長兼攝不相通屬曰門日斯乃衆島總名也大者三島皆歸明達撓島酋長兼攝

外國史略曰東南各嶼曰摩鹿加島一作美洛居地磽出粟蕃薯並無米多火山多地震山爲谷谷爲湖所常見也居民樸實出丁香玉果出售遠商與荷蘭往來多奉耶穌之教亦有回回族自爲教門明萬歷間葡萄亞

初到閒埠與土君戰是班亞兵船亦爭此地荷蘭遂乘
間而據是嶼後各島歸荷蘭包攬丁香玉果之貿易且
諭土民盡伐其樹令他國無可買處如結果太過恐以
是減其價即燒此果每年出丁香約六千石玉果約七
千石豆蔻花約二千石大半售於歐羅巴各國他島近
亦種是樹價終減焉荷蘭調軍士數千駐安本島築礮
臺其班他悉蘭在北方黃道之內特那地乃火山島義
籮羅大嶼大半荒蕪主拉島地哭島摩得島馬善布羅
島出好檀香並花木○荷蘭各藩屬在羣島之中廣袤
方圓共萬六千四百里居民千四百六十四萬四千俱
聽荷蘭之命各島廣袤方圓七千九百
五十五里居民三百八十五萬一千口
萬國地理全圖集曰摩鹿加羣島在小呂宋之南全歸
荷蘭轄居民大半奉耶蘇教地出丁香玉果豆蔻蘇木
等貨各島總帥駐在安門北極出三度四十分偏東一
百二十八度海口建礮臺有萬他不離地內有火山常
地震玉果豐結足以補列國之用西蘭長嶼出沙穀米
但民不耕田故由他嶼運買其居民尚野未向化德拿

地小嶼稱樂土周年天氣和暖但內地火山一動鄰地
遍焚燬提讀島上有土君亦管義羅羅島也出丁香玉
果但荷蘭人不準運賣巴治安島又歸同同土君所治
明隆慶年間葡萄牙人之船始到德島不期是班牙人
亦至與葡接戰泰昌年間惟荷蘭乘機力攻兩國驅其
駐防兵嚴守其權歷二百年不廢但所發賣丁香豆蔻
等物不足以資國費又絕他國船隻往來買賣是以生
意不盛○又曰摩鹿加之西至牙瓦島一帶嶼曰亞羅
地門律兩島土蠻人居住不與外國交通武羅乃荷蘭
埔頭少民人少物產地門出臘檀香東方葡萄牙居之
西則荷蘭之埔頭曰古邦西南曰檀香嶼北係佛理嶼
西曰遜巴瓦倫泊巴理等島皆出米居民尚奉佛教未
向化
每月統紀傳曰美洛居嶼等與巴布阿大洲皆荷蘭管
下本產豆蔻丁香每年數萬石惟荷蘭可載運出之谷
島等因山嶺多石故無米土番食沙穀米即是樹髓居
民事救世主耶穌崇拜上帝與荷蘭交友只恨人都安

逸偷閒其都會為安門是荷蘭總管所治又有那巴布
阿之土番欲娶妻必以人顱為聘故好殺人而寶其顱
面黑性蠻有鸚鵡言鳥各類果食數種蓋土番可畏商
舟往貿易者鮮矣道光十年荷蘭王差人建礮臺城池
以防海口教習土番耕田作工以調理之又曰萬古累
巴當二島西南海濱巴鄰綱甲二島在東北海濱為荷
蘭所管建礮臺開埔頭因良久與山內之自頭囘囘僧
戰鬭不息故其地官府時時防範巴鄰綱甲沿溪樓閣
羣居廣東船進江買胡椒藤錫等貨勒索太甚萬古累
先為英國藩屬地因公費過于稅人故以麻剌甲邑易
之萬古累地丁香樹胡椒園不勝數惟種之者無利綱
甲嶼附蘇門答剌洲歲出錫幾萬石故荷蘭設官發賣
且廣東人開錫山甚難米食物都
由外國運出蓋其地為石山而已
又曰檳榔嶼亦是英國所管附大山乾隆年間英國人
開此地方並作胡椒丁香園故息力檳榔嶼之屋不勝
光耀○島之南北大島六曰桑濟爾曰西昂
曰邦加曰書拉曰布敦曰薩拉夜爾餘不記

又曰閩堂嶼是荷蘭所管有礮臺在山嶺及大營汎其
產物為胡椒等貨潮州府人耕田買賣向有幾萬今其
數漸減馬萊酉君惟治各小嶼因馬
萊酉之族類懶惰窮苦并米皆無
地理備考曰塞勒卑斯島在南洋之西婆羅美洛居二
島之間緯度自北二度起至南六度止經度自東一百
十七度起至一百二十三度止南北相距約一千七百
里東西相去約七百里烟戶三兆餘口本島地勢錯落
不相聯絡田土極腴穀果最豐叢林稠密木多上品地
氣熇烈海風清涼土產金鐵硫磺水晶秔稻緜花丁香
豆蔻烏木檀香椰子沙穀米各等物島中朝綱兩端一
係賀蘭派官鎮守一係自設土酋仍附賀蘭其賀蘭派
官者有四一名馬加薩又名茫加薩在島之西南貿易
興隆商賈雲集一名賓達音在島之南去馬加薩二百
五十里一名馬羅斯在島之北去馬加薩一百二十里
一名馬那多在島之東北諸貨駢臻其自設土酋者數
國互相結盟曰波尼曰瓦八曰盧呼曰馬加薩爾曰曼
達爾曰達內德曰索兵曰昔德靈曰翁古宜辣曰哥阿

明史：丁機宜爪哇屬國也，幅員甚狹，僅千餘家，柔佛黠
而雄，丁機宜與接壤，時被其患，後以厚幣求婚，稍獲寧
處。民俗類爪哇，物產悉如柔佛，華人往商交易甚平。自
爲柔佛所破，往者亦鮮。又蘇吉丹，爪哇屬國，後訛爲思
吉港，國在山中，止數聚落。又有碟里國
日羅夏治國，皆近爪哇，於永樂初入貢。
明史：合苗里，海中小國也，土瘠多山，山外大海饒魚
蟲，人知耕稼。永樂三年，遣使附爪哇使臣朝貢，其國又
名苗里務，近呂宋，商舶往來，漸成富壤，華人入其國，不
敢欺淩，市法最平，故華人爲之語曰：若要富，須往苗里
務。有綱巾礁腦者，最兇悍，海上行劫，
因是苗里務商船亦稀，地漸貧困。
海國聞見錄曰：呂宋下接利仔戈，水程十二更至甘馬
力，水程二十一更，二處漢人從呂宋舟楫往彼貿易。利
仔戈之東南隔海對峙，有五島，曰班愛，曰惡黨，曰宿務，
曰苗務煙，曰綱巾礁腦，均土番族類，山海所產與呂宋
同，水程必由呂宋之利仔戈海而南。呂宋至班愛十更，
至惡黨二十三更，至宿務二十四更，至綱巾礁腦五十
八更，八愚罔知識，國各有酋，惟謹守國土。其東南又有
萬老高、丁機宜二島，居於巳方，國土人物產類相似，水
程呂宋至萬老高一百七十
四更，至丁機宜二百一十更。
魏源曰：坤輿圖說、職方外紀述阿細亞洲海中鉅島，曰
日本，曰呂宋，曰浡泥，曰小爪哇，曰蘇門答剌，曰則意蘭，
曰馬路古，一作木路各。皆西洋市舶所盛之區，而馬路古不
見於史，史言美洛居爲佛郎機、荷蘭共據，又不見於圖
說、外紀，其爲音譯相互無疑。丁機宜合苗里又小不足
道矣，乃明史此外尚有覽邦、淡巴、南巫里、白葛達、古里
班卒等數十國，僅謂在東南海中，初無疆里沿革，不過

漁獠蛋户，西洋所不屑顧，而鄭和徧致諸王會，史乘概
列諸職方，何足算哉！何足算哉！　國朝互市諸番，在
西北洋者皆東船來市，惟南洋則華船往市，以冬春往，
夏秋歸。康熙初，開東洋海禁，尚未許赴南洋，雍正、乾隆
海禁大弛，甕帆鷁舶，萬里遄征，然內地商船遠極印度
南洋而止，無至小西洋者，明太監鄭和亦僅遠至小西
洋，無至大西洋者，故今志海國以東南洋冠諸首，而盡
删明史諸小島。

英夷所屬新埠島 疑即明史之交欄山原無今補

謝清高海錄新埠海中島嶼也一名布路檳榔又名檳榔士英吉利于乾隆年間開闢者在沙剌我西北大海中一山獨峙周圍約百餘里由紅毛淺順東南風約三日可到西南風亦可行土番甚稀本巫來由種類英吉利招集商賈遂漸富庶衣食房屋俱極華麗出入悉用馬車有英吉利駐防番二三百又有敘跛兵千餘閩粵到此種胡椒者萬餘人每歲釀酒販鴉片及開賭場者榷稅銀十餘萬兩然地無別產恐難持久也

何大庚英夷說英吉利者昔以其國在西北數萬里外距粵海極遠似非中國切膚之患今則駸駸移兵而南凡南洋瀕海各國遠若明呀喇曼噠喇薩孟買等國近若吉蘭丹丁加羅柔佛烏土國以及海中三佛齊葛留巴婆羅諸島皆爲其所脅服而供其賦稅其勢日盛其心日侈豈有厭足之日哉近粵洋海島有名新埠者距大嶼山僅十日程沃土三百里閩粵人在彼種植以盡地利者不啻數萬阡陌田園一歲再熟即粵人所謂洋米是也英夷以強力據之撥敘跛兵二千駐防其地與新嘉坡相犄角居然又一大鎮矣

明史麻葉甕在西南海中永樂三年十月遣使齎璽書賜物招諭其國其酋長迄不朝貢自占城靈山放舟順風十晝夜至交欄山其西南即麻葉甕山峻地平田膏腴收穫倍他國交欄山甚高廣饒竹木元史弼高興伐爪哇遭風至此山下舟多壞乃登山伐木重造遂破爪哇其病卒百餘留養不歸後益蕃衍故其地多華人

元汪大淵島夷志畧勾欄山嶺高而林密田瘠穀少氣候熱俗射獵爲事至元初軍士征闍婆遭風於山輒損舟一舟幸免見此山多木故於其地造舟十餘隻飄然長往有病卒百餘人不能去遂留山中今唐番雜居

源案交欄山爲往大瓜哇婆羅洲必由之地又山高壤沃似即新埠之地

海國圖志卷之十六

東南洋 海島之國原無今補　　邵陽魏源輯

英夷所屬外新阿蘭島、即阿塞亞尼洲、一名澳大利亞洲、但與歐羅巴之奧地利亞國同名、若但呼新荷蘭、又與爪哇相混、故今從地里備考阿塞亞尼洲之名、其實音近字殊、猶之奧地利亞國、一作歐塞特釐國也。盖地理備考以此洲爲南洋諸島之統領、故以島名爲州名、其實亞細亞等皆夷人以意命名、非有故實、六合之外、聖人不論、既放觀宇宙之大、不得不名從主人也。

地里備考曰、阿塞亞尼洲、又名奧斯達拉里、亦名大新

阿蘭、在南洋之中、緯度自南十度起至二十九度止、經度自東一百十度起至一百五十二度止、南北相距約七千五百里、東西相去約九千五百里、地面積方三百八十五萬里。

又曰、阿塞亞尼州、即南洋諸島、今合稱爲五州之一也、重洋疊嶼、地狹國多、而以中央之最大奧斯達里亞島爲主、其餘各島、土產豐饒、黎庶不一、政治各殊、緯度距赤道自北三十五度起至南五十六度止、經度巴黎斯午線東九十一度起至一百零五度止。

本州東枕大海、西接印度海、南連南大海、北界北大海、暨亞細亞美里加二州。

本州四面皆海、衆島散布于中、合計衆島南北相距約二萬二千七百五十里、東西相去約四萬一千里、統計地面積方約四百二十萬零五千五百里。

本州地分三域、一名西亞塞亞尼、緯度自北十二度起至二十一度止、經度自東九十三度起至一百三十二度止、島嶼紛繁、散布其中、曰蘇麻答剌、曰爪哇、曰松巴瓦地門、曰美洛居、曰塞勒卑斯、曰婆羅、曰呂宋、此西方

諸島國也、一名中阿塞亞尼、又名奧斯達里、即本州之主島、所謂大新阿蘭者也、緯度自北一度起至南五十五度止、經度自東七十六度起至一百八十一度止、其諸島曰新爲義亞、曰盧義西阿達、曰新北勒達尼、曰薩羅蒙、曰北盧斯、曰基羅斯、曰新加勒達尼、曰諸爾佛爾克、曰新塞蘭地、曰疊門尼、此中央諸島國也、一名東阿塞亞尼、緯度自北三十五度起至南六十五度止、經度自東一百二十五度起至一百零五度止、各島曰日本、曰馬黎亞納、曰巴勞、曰加羅黎訥、曰慕爾加拉威、曰維

的曰當加曰花和爾尼曰合歷阿曰給爾馬的曰古名曰都浪哀曰達義的曰包歷度曰門達那曰合威曰斯波拉大此東方諸島國也三域紛布而以中央之奧斯達里洲爲主故得阿塞亞尼州之名

本州各島人民約計二京零三億餘口風教不一曰回教曰釋教曰諸神教曰耶蘇公教曰加爾威諸教各從所尚

本州各島朝綱視別州無異其中稱王稱漢稱酋稱長或歷代相傳或庶民自立稱謂各殊彼此不同

本州各島人民不一技藝各殊視他州迥別其黑人惟林是居無所事事凡日用器物槩不知造其馬來人稍爲辛勤或佃或漁或駕舟或開礦以爲養生之計至若陶器多造于巴布阿西亞人簟席多編于羅馬都人其塞勒卑斯布甚斯勒及爪哇等各島織紡最優工作細緻其維的當加達義的都波哀等各島工作製造亦屬精良凡鎔造金銀琢磨玉石刋斷竹木雕刻牙角在在不乏其最精者乃婆羅爪哇及布里內西亞各島之人外人罕到迄今尚莫能悉至于海濱亦未甚詳其岡陵重疊人迹罕至河之長者曰好給斯巴黎曰馬加里曰拉支蘭皆在東方其白礬煤炭生鐵等物多產于南方之中草木花卉靡弗充斥叢林稠密禽獸蕃衍地氣互異各有不同北方酷熱人莫能堪中央温和甚便居棲南方或寒或暑與歐羅巴州相等技藝缺乏土人愚魯明朝末年有荷蘭人始尋得此地旋以其荒蕪棄去近數十年英國復徙流民開墾創造故猶存新阿蘭之名示別于葛留巴也通島各地有屬英吉利兼攝有爲酋長管理海濱有東西南北之號其東方又名南新牙利

斯乃酋所屬地方人民鄙陋居無廬舍遷徙靡常蓋洪荒甫闢榛狉之象也東南洋各島林立然至大如婆羅爪哇日本皆不過長二三千里止獨此島長將萬里廣七千餘里如星中之月且寒暑適平物產繁殖非南極北極下冰海不毛之比故當命爲一州與歐羅巴亞悉亞等並峙焉其屬英吉利者曰昔德內屋宇壯麗貿易日盛曰波德尼卑曰女加斯德爾曰巴拉馬大曰日爾非斯曰馬加利曰非里卑西方曰留温曰厄德黎曰音達拉至南方皆屬英吉利兼攝地分四曰奴宜德斯曰

非奔德爾曰波定曰加蘭北方皆屬英吉利兼攝地分四曰維德曰彎疊門曰阿爾內音曰加爾奔達里

外國史畧曰南洋羣島最多形勢最大南極出地十二度四十分及北極二十度偏東自九十二度至一百三十四度各相連皆在南北黃道帶內故其天氣物產情形皆相似大山茂蓁並多古蹟產物甚貴由此而西各島分峙第一帶爲蘇門他拉島牙瓦島巴里島倫薄島偏東一百一十六度土地豐盛居民務農第二帶爲西里白在羣島之中東界係補東島撒剌葢等島皆延偏

東一百一十六度及一百二十四度婆羅島亦在此度內所居族類不一第三帶島自偏東一百二十四度及一百三十度北極出自二度及南極十度大半皆蠻其中有向化者亦奉耶蘇之教食物係沙穀米產丁香玉果等物第四帶係呂宋羣島出米穀居民頗向化多地震第五帶係錫蘭山並五印度羣島族內有兩種其一居各海邊身短色紫髮長其二係土民黑面髮卷而長體短且蠻居林內總計東南島嶼棋布星羅其中央大地無如奧大利亞洲者廣袤方圓約十五萬里南極出

地自十度至四十度偏東自一百一十二度及一百五十四度此地支港不多江河亦少海邊有山嶺其地平坦廣有草場巡遊者雖多終不知其內地形勢之詳其北方近黃道天氣甚熱南方則冷水凝冰結內地低夏時多東北東南等風冬時多西北西南等風天氣之寒燠與別國不同往往冬夏相反雖長亢旱而其露如滴且無烟瘴故外人至者皆服水土樹木約四千二百種高約五十丈便於建船屋數年前其地惟出莠後英人種蔬菜南果葡萄荔枝等樹皆蕃盛尤美花卉因缺水

灌溉惟可植麥不宜禾多野獸無牲畜英船載牛馬羊豕至日加蕃殖鳥多鸚鵡翠翎之屬海族多蛤蜆螺螃而少魚鼈土人極卑陋無衣無宇奔走林內遇外國人惟求酒食醉卽安睡雖耶蘇門徒教化終無改變明萬歷三十三年荷蘭初到此因其荒蕪不足開埠遂去故其島至今尙有新荷蘭之稱非婆羅爪哇之新荷蘭也迨乾隆四十二年英國水師官遠尋至此徧覽情形乾隆五十二年議將徒流之人押配海邊之陂他七港自後土民始同開墾道光年間四方徧建城邑開港口築

草場闢田畝事勤作不惜耗費更察內地有壤土招農工年年增益其最重之地曰新瓦里士係東海邊之部中間磽山而四面平坦牧場甚廣足養牲畜每年剪羊毛運回本國織造呢羽約七萬石并翦用其油道光十八年墾田五千四百頃出粟米大麥燕麥莜麥荷蘭薯共三十四萬一千石遇亢旱則居民食物不足必由他地運入道光十九年居民共十一萬四千三百口道光十八年運入之貨値銀四百五十萬兩運出之羊毛鯨魚油等値銀二百二十萬兩船二百九十二隻道光十

九年運進貨價値銀六百六十九萬兩運出者銀二百八十二萬兩船五百六十三隻其後商賈不誠實外人濫賒濫賣諸行忽倒銀局不能守舊物價皆落商廢民貧賴英國才人設法整頓補救漸復如舊○英人調兵帥管理此地其戍兵三年一易所派文官不多其鄉紳公會皆良民所擇道光四年餉銀十五萬兩二十年二百零四萬兩今又消滅矣新瓦里士形勢似北亞默利加足爲大國此時開墾創建料百年後當爲東南洋第一廣大繁盛之地矣都會曰悉尼城南極出地三十三度五十一分偏東百五十一度十六分居民二萬六千城美街廣海隅水深可泊船巴拉馬他海港居民三千默布尼所屬之菲立港山水四周景尤清妙道光十七年甫建此邑已廣築屋宇○南邊藩屬地偏東自百三十二度及百四十一度廣袤方圓千一百五十萬頃平坦不生草木近地開埠民不過萬此時開墾產物日增會城曰亞得害

西邊藩屬地南極出三十一度及三十五度偏東自百一十五度及百二十九度於道光十九年始開此地瀕

海多沙並無產物居民數千口在鴻鵠河邊○北方藩屬地在甲賓他海隅乃道光十八年所開之埠天氣物產俱與南海島無異多產海參山內出丁香土蠻面黑港曰益生頓居民少地面島南極出地四十一度二十分至四十三度四十分偏東一百四十四度四十分及一百四十八度二十分廣袤方圓一千一百五十五里係豐盛灌溉之地所出木料五穀甚多每年出麥二萬一千餘石所養之馬共二千零三十四匹牛八萬四千四百七十六頭羊百二十三萬二千五百一十一頭居

民四萬五千道光十八年運入之貨共計銀二百一十萬兩運出者百七十四萬兩船三百七十隻運出之鯨魚油價值銀二十六萬兩緜羊毛五十一萬三千兩惜僅開闢中央未能偏墾中央都會曰何巴邑居民萬四千三百八十二口老新屯邑居民六千口亦繁盛之港英國新到之氓大半無銀因在兩邑開銀局隨時借貸以扶其民焉○所附之那里佛嶼係流徒所集地出麻

萬國地理全圖集曰南亞齊亞地分荷蘭大山與大海洋之羣島繁絮如微塵之數至其列地方西國船戶首

先尋得者呂宋荷蘭等國爲首前百有餘年無人知此等地迨及英國船隻詢問風土人情形勢察出新地無數則將其罪犯徒流之新荷蘭亦有閭閻之民在本地無食物甘心涉重海來此開荒地辟草萊後又異國之民願受一廛而爲氓別有教師離本地以傳耶穌福音之理又有補鯨魚之船隻巡駛往來與該嶼結交於今通知其形勢而識其地理矣○新荷蘭南極出自十度至三十八度偏東自一百十五度至一百五十度延袤方圓九百萬方里惟知其海邊但其中地無人蹟到也

其江河不多兩邊乾涸之土所有山嶺最高者三十丈天氣暴燥赤地窮髮所有禽獸與北地毫無同形焉其土民素性近於禽獸惟以草果爲食以樹枝爲棲但與白面人往來之際則飲酒醉輾轉泥潴內不穿衣服男用其女若畜生痛打惡待怒則殺之英國之新民到此地者種麥粟米牧緜羊生意日廣日盛毳毛最細以織呢絨居民得其奶而賣其毛所運出者每歲價銀二百八十萬兩所運進之物每年四百萬兩其居民在各新處不上十萬其都乃悉尼在廣海門係屬大地之港口

通商不少但其流徙之匪風俗奢囂居民亦染其毒而離道遠焉有時浩蕩虛費揮金如土有時行鋪閉歇銀錢缺乏海口居民二萬丁大半務商內地部落雖多人戶有限務農者鮮以放牧爲要年年搬進新民則六十年後此地乃大國彼時全南海之地必遵其命而服其權焉其船隻現赴到廣州府貿易矣○南海邊所闢之處尚新建屋數間而謂之邑所移人戶漸增又與外國經商故未久而成大國在西邊之新地惟江邊一處初到之民行事不如願現時失望並不得使費以開阡陌

也其北界近於黃道天氣暴熱但其土能產物故英國調勁兵駐劄此時遍地荒蕪但海濱之石中出海參海菜燕窩等物件其土人野心不馴焉○地問島海東南形勢南極出四十度四十二分至四十三度四十三分偏東自一百四十八度二十二分袤延方圓八萬一千方里出五穀及薯及各項蔬菜其居民不獨務農乃以捕鯨爲重沿海港口多不勝數貿易富庶○新荷蘭乃南方兩島隔以海陝南極出自三十四度偏東自一百六十度至一百七十八度袤延方圓一十八萬六千方

里峯高及雲雪疊環繞水澤涌泊其土民很心好殺與異族常結仇報復猖獗放蕩令衆人驚畏此時耶蘇之門徒進其地以教化之將福音傳其老幼又令此野人務農作工以除其食人肉之弊○其地豐盛出麻穀菜等物是以英國遷移人口向其土君買田遍開新地佛蘭西亦效法而占據此方○所有捕鯨之船節次赴此港口包兌包送以鳥鎗絨氈易各項食物其土人亦登其船而爲水手但性悍難近也○前所言之各地方全數歸英國調兵派官彼土君所管治者泯泯棼棼綱紀

摧殘其中亦有蠻無主皆散林內如獸結羣東南海之島如新危尼新耳蘭新撒羅門希伯等羣島繁不勝數其山高亦有出火之峯但其居民黑面短身倚强恃暴無交通之理只知此島之形勢而已○其大洋海茫茫一望無涯所有各羣島疏散不密大半褊小之地四圍有珊瑚石盤近之甚難其山出椰子芋薯餅果居民以逸待勞晴朗和暢衣服不多旣無務事惟取樂而已其風俗未向化但其中有族循良諫行言聽耶蘇學生又至其島敎以天道開其茅塞發光其心而引向福音不

期土人自將其菩薩一切捨棄眞可謂神力無窮蠻心感化也○其羣島最大之嶼稱曰阿他害地風景清美居民與所屬各嶼欽奉耶穌向風慕義增設學校阿歪希乃繁多羣島之最廣亦歸正敎嘉慶十七年奉敎主耶穌棄邪歸正畫一無異今時此島之居民大興但人戶漸減其王養弁兵操演練習亦有師船遍海巡駛學校遍地開論敎蒙○其羣島之居民形體正端但心內埋毒很加羅林羣島最多中有族頗會技藝偶有船隻與之通商○其賊羣島被是班牙所占據者强其居民

奉敎效死不從此外尙有多嶼大半所出物件椰子而已居民最少與外國絕交〇佛蘭西國於道光二十二年占據馬耳其沙之羣島以爲新地但未知其情形何如付之數年後可也

瀛環志畧曰澳大利亞一名新荷蘭在亞細亞東南洋巴布亞島之南周迴約萬餘里由此島泛大洋海東行卽抵南北亞墨利加之西界其地亘古窮荒未通別土前明時西班牙王遣使臣墨瓦蘭由亞墨利加之南西駛再尋新地舟行數月忽見大地以爲別一乾坤地荒

穢無人迹入夜燒火亂飛命名曰火地又以使臣之名名之曰墨瓦蠟尼加西班牙人以此侈航海之能亦未嘗經營其地也後荷蘭人東來建置南洋諸島展轉畧地遂抵於海濱乃建設埔頭名之曰澳大利亞又稱新荷蘭旋爲佛郎西所奪佛人每棄去最後英吉利得之因其土地之廣堅意墾闢先流徙罪人於此爲屯田計本國無業貧民願往謀食者亦載以來他國之民願受一廛者聽之地在赤道之南天氣炎燥海濱多平土山嶺高者不過三十丈江河絕少雜樹荒草灌莽無根島獸形狀詭譎與別土異土番黑面披髮裸體食草根山果結巢於樹子之酒一飲卽醉臥泥中如豕負塗男役女若畜怒輒殺之英人流寓者墾海濱濕土種麥與粟草肥茂牧羊孳乳甚速毛毳細軟可織呢絨現居民不足十萬每年運出之羊毛値銀二百餘萬兩百物未備日用之需皆從別土運往英人於東海口建會城曰悉尼居民二萬捕鯨之船時時收泊貿易頗盛而流徙之戸本莠民飲博蕩侈相習成風流寓良民亦頗染其俗南境濱大南海英人新徙人戸已成聚落西境亦創置

一廛在江河之濱北境近赤道天氣酷熱產海參海菜燕窩英人派陸兵駐守以防侵奪計澳大利亞一土英人四境所耕收僅海濱片土不過百之一二其腹地則奧草叢林深昧不測土番如獸老死無往來不特風土無從探訪卽山川形勢亦無由乘軺歷覽英人謂此土雖荒曠而百餘年後當成大國南海諸番島當聽役屬如附庸也近命名曰南亞細亞

案此卽職方外紀所云第五大洲陳資齋所謂人跡不到處也野番獸處亘古昏蒙西班牙搜奇天外荷

佛蠻觸海隅英人極意經營可謂好勤遠畧矣

附近此洲各島

外國史畧曰新危尼島一作新爲匿一作新義內在東南廣袤方圓萬三千里居民五十萬山甚高峯積雪海中可遙見之亦有火山火漿民不知耕皆黑面鬈髮不著衣性如禽獸有人上岸即殺之其內地不知何產荷蘭人於此開埠不服水土守兵多殞於煙瘴甲販船過此島時即有土蠻來以玳瑁金沙易布匹衣服然所給之衣裳亦不穿用好裸身巡遊尚有多嶼悉荒蕪無人

外國史畧曰新阿蘭島南極出地自三十四度二十五分至四十七度十九分偏東自百六十六度及百七十九度廣袤方圓四千二百九十一里居民約十五萬島南多山天氣冷產物少萬歷間荷蘭水手初到此島乾隆間英人駛船始抵此鯨魚雲集洋人所捕而市皆無果田皆無穀獸無羊豕牛民食草根樹葉於是伐木構屋墾田治圃種果樹蕃薯麥穀蔬菜置牲畜土民始火

食山高千四百七十五丈土蠻力健勇於作爲形貌平正性亦良善附近羣嶼尚多皆荒地不毛土蠻如野獸

〔地理備考〕曰新義內島一作巴布阿西島在南洋之中新阿蘭島之北緯度自南一度起至十度止經度自東一百二十八度起至一百四十七度止長約三千六百里寬約九百里山勢峻峭叢林稠密島外人罕到迄今尚莫能悉至於海濱亦未甚詳土產椰蕉沙穀米等物人民樸陋逐日建篷造船營生謀食通島分爲四酋管轄其餘各島曰閣必曰薩爾瓦地曰加門曰巴定打曰非里威里曰當必曰書敦曰阿路內有一島曰外去歸于的德爾酋長統轄

〔地里備考〕曰盧義西阿達島在南洋之中新義內島之東緯度自南八度起至十二度止經度自東一百四十八度二十分起至一百五十二度十分止地勢錯落不相聯絡居民皆食人肉島中備細外人尚莫悉其詳島之巨者曰羅塞爾曰聖挨南曰音德里加斯德曰雖斯地曰多羅皮安

〔地里備考〕曰新北勒達尼島在南洋之中盧義西阿達島之北緯度自南四度起至六度二十五分止經度自東一百四十六度起至一百五十度止地勢錯落不相聯絡火山不一晝夜吐燄叢林稠密禽獸充斥人民紛繁性兇猛島之大者曰新北勒達尼又名北拉拉曰新義爾蘭達又名當巴拉曰約爾各又名亞加馬大曰新阿語威爾其餘頗小茲不悉載

〔地理備考〕曰薩羅蒙島又名新日爾治在南洋之中新義內島之東緯度自南四度起至十二度止經度自東一百五十二度起至一百六十一度止島嶼臚列樹木稠密人烟紛繁遷徙無常島之巨者曰布加曰布加音威里曰三大義薩白爾曰日爾日亞曰瓜達爾加納爾曰三幾里斯多望其西薩爾加島雖小火山吐燄猛烈

〔地理備考〕曰北盧斯島又名三達古盧斯在南洋之中薩羅蒙島之南緯度自南八度三十分起至十二度十五分止經度自東一百六十三度二十分起至一百六十七度四十分止地氣錯落不相聯絡島之大者七內有火山一座吐燄猛烈又曰基羅斯島又名新里比里大亦號大西加拉德在

南洋之中新阿蘭島之東緯度自南十四度二十九分起至二十度四分止經度自東一百六十五度起至一百六十八度止中有二十一島大者九曰斯必里多曰馬里哥羅曰三都義至曰義諾忙各曰達納曰三巴爾多羅阿曰澳羅拉曰本德哥斯的曰義羅忙加

〔地理備考〕曰新加勒德尼亞島在南洋之中新基羅斯島之西南緯度自南十九度三十七分起至二十二度三十分止經度自東一百六十一度十七分起至一百六十三度五十三分止長約八百里寬一百五十里烟戶一萬五千口地瘠不毛不宜種植人民鄙陋遷徙無常四面小島不一大者曰阿塞爾瓦多畧曰羅牙爾地曰波大尼加曰阿奴諾

〔地理備考〕曰諾爾弗克島在南洋之中新加勒德尼亞島之南緯度在南二十九度經度在東一百六十五度四十九分甚屬細小田土肥饒果穀豐登地氣溫和中有三島曰諾爾弗克曰尼比安曰非里卑

〔地理備考〕曰新塞蘭地島又名達斯馬尼在南洋之南緯度自南三十四度起至四十七度止經度自東一百

六十四度起至一百七十八度止分爲二曰義加邸馬惟又名北達斯馬尼曰達爲不那邪亦號南達斯馬尼其北達斯馬尼長一千八百里寬五百七十里人烟紛繁頗屬强大田土膏腴樹林稠密地氣酷熱海風清涼諸酋分據不相統屬其南達斯馬尼長二千里寬五百餘里人烟稀少田土較瘠南北居民性甚凶很互相殘殺風俗鄙陋禮法全無四面島嶼甚多大者曰布路敦曰半的曰金卑里曰阿加冷曰馬加里

地理備考曰疊捫尼島在南洋新阿蘭之南緯度自南四十度四十二分起至四十三度三十八分止經度自東一百四十二度二十二分起至一百四十六度五分止南北相去六百三十里東西相距五百五十里田土肥饒穀果豐登叢林稠密禽獸充斥土產銅鐵礬玉雲石煤炭等物地氣溫和其島爲英吉利兼攝分列九屬大者曰何罷爾其利至蒙老者斯敦二處則次之本島所屬島嶼不一曰布路尼曰馬里亞曰沙刺曰付爾諸曰經乃其大者也

海國圖志卷十七

東南洋海島之國 原無今補

邵陽魏源輯

日本島國 凡前史無關海防者不錄

明史日本古倭奴國唐咸亨中改日本以近東海日出而名也地環海惟東北隅大山有五畿七道三島其百十五洲統五百八十七郡其小國皆服屬焉國小者百里大不過五百里戶小者千多不過一二萬國主世以王爲姓羣臣亦世官宋以前皆通中國朝貢不絕惟元世祖數遣使招之不至乃命范文虎等帥舟師十萬征之至五龍山遭暴風軍盡沒終元世未相通也明興乘中國用兵屢寇海濱州縣洪武二年遣使頒詔書且詰其入寇之故日本不奉命侵掠如故屢入貢皆無表卻之二十年命江夏侯周德興往福建信國公湯和往浙江整飭海防命福建備海舟百艘廣東倍之會胡惟庸謀逆藉日本爲助其王遣僧如瑤率兵卒四百餘人詐稱入貢且獻巨燭藏火藥刀劍其中既至而惟庸敗事露乃決意絕日本專務防海後著祖訓不征之國十五日本與焉永樂初始通表貢時對馬臺岐諸島賊掠濱海居民諭其王捕之王發兵捕其衆縶其魁二十人以獻自是頻入貢亦頻獻所獲海寇且表言島上無賴鼠竊者實非臣所知願貸罪然海寇猶不絕十七年遼東總兵官劉江大破之于望海堝自是寇掠爲稀貢使亦不至正統四年八年倭船四十艘連寇台州海寧先是洪熙時黃巖龍巖民二人因徭役叛入倭爲之鄉導倭性黠時載方物戎器出沒海濱得間則張其戎器肆侵掠不得則陳其方物稱朝貢東南海濱患之其貢使亦屢殺人犯法其來貢者皆利互市交通沿海奸豪故且貢且寇嘉靖二十七年巡撫朱紈乃嚴爲申禁斬其交通者由是浙閩大姓素爲倭內主者失利而怨紈又數騰疏于朝顯言大姓通倭狀以故閩浙人咸惡之巡撫御史周亮閩產也上疏詆紈請改巡撫爲巡視以殺其權其黨在朝者左右之竟如其請後又奪紈官羅織其擅殺罪紈自殺自是不罷巡撫者四年海禁復弛亂益

滋甚祖制浙江設市舶提舉司以中官主之駐寧波海舶至則平其直制馭之權在上及世宗盡撤天下鎮守中官并撤市舶而濱海奸人遂操其利初猶市商人爲之主已而嚴通番之禁遂移之貴官家而負其直者愈甚索之急則以危言嚇將吏俾之勦兵將出又以好言紿之走謂吾終不負若直倭喪其貲不得返已大恨而大奸若汪直徐海陳東麻葉輩素窟穴其中者以內地不得逞悉逸出海島中爲倭謀主誘之入寇而海中巨盜遂襲倭服飾旗號并分艘掠內地倭患日劇於是廷議復設巡撫三十一年七月乃以僉都御史王忬任之董以都司巡視副使等官控制周密及承平久船敝伍虛及遇警乃募漁船以資哨守兵非素練船非專業見寇船至輒望風逃匿而上又無統帥御之以故賊帆所指無不殘破三十二年三月汪直勾諸倭大舉入寇連艦數百蔽海而至浙東西江南北濱海數千里同時告警破昌國衛四月犯太倉破上海縣掠江陰攻乍浦八月劫金山衛犯崇明及常熟嘉定三十三年正月自太

倉掠蘇州攻松江復趨江北薄通泰四月陷嘉善破崇明復薄蘇州入崇德縣六月由吳江掠嘉興還屯柘林縱橫來往若入無人之境忬亦不能有所爲未幾忬改撫大同以李天寵代之又命兵部尚書張經總督軍務乃大徵兵四方協力進勦是時倭以川沙窪柘林爲巢抄掠四出明年正月賊奪舟犯乍浦海寧陷崇德轉掠塘棲新市橫塘雙林等處攻德清縣五月復合新倭突犯嘉興至王江涇乃爲經擊斬一千九百餘級餘奔柘林其他倭復肆掠蘇州境延及江陰無錫出入太湖莫有禦之者大抵眞倭十之三從倭者十之七倭戰則驅其所掠之人爲軍鋒法嚴人皆致死而官軍素懦怯所至潰奔帝乃遣工部侍郎趙文華督察軍情文華顛倒功罪諸軍益解體經天寵并被逮代以周琬胡宗憲踰月琬罷代以楊宜時賊勢蔓延江南北浙東西既無不遭其蹂躪新倭來益衆每自焚其舟登岸劫掠自杭州西剽淳安突徽州歙縣至績溪旌德過涇縣趨南陵遂達蕪湖燒南岸奔太平府犯江寧鎮徑侵南京倭紅衣黃蓋率衆犯大安德門及夾岡乃趨秣陵關而去由

溧水流劫溧陽宜興聞官兵自太湖出遂越武進抵無錫駐惠山一晝夜奔一百八十餘里抵滸墅爲官軍所圍追及於楊林橋殲之是役也賊不過六七十人而經行數千里殺戮戰傷者幾四千人歷八十餘日始滅此三十四年九月事也應天巡撫曹邦輔以捷聞文華忌其功以倭之巢於陶宅也乃大集浙直兵與宗憲親將之又約邦輔合勦分道並進營於松江之甎橋倭悉銳來衝遂大敗文華氣奪賊益熾十月倭自樂清登岸流劫黃巖仙居奉化餘姚上虞被殺擄者無算至嵊縣乃殲之亦不滿二百人顧深入三府歷五十日始平其先一枝自山東日照流劫東安衛至淮安贛榆沭陽桃源至清河阻雨爲徐邳官兵所殲亦不過數十人流害千里殺戮千餘其悍如此而文華自甎橋之敗見倭寇勢甚其自柘林移於周浦與泊於川沙舊巢及嘉定高橋者自如他倭犯者無虛日文華乃以寇息請還朝明年二月罷楊宜代以宗憲以阮鶚巡撫浙江於是宗憲乃請遣使諭日本國王禁戢島寇招還通番奸商許立功免罪既得旨遂遣寧波諸生蔣洲陳可願往及是可願

還言至其國五島遇汪直毛海峯謂日本內亂王與其相俱死諸島不相統攝須徧諭乃可杜其入犯又言薩摩洲者雖已揚帆入寇非其本心乞通貢互市願殺賊自效乃留洲傳諭各島而送可願還宗憲以聞兵部言直等本編民既稱効順卽當釋兵乃絕不言及第求開市通貢隱若屬國然其奸叵測宜令督臣振揚國威嚴加備禦移檄直等俾勦除舟山諸賊巢以自明果海疆廓清自有恩賞從之時兩浙皆被倭而慈谿焚殺多慘餘姚次之浙江柘林乍浦烏鎮皂林間又皆爲賊巢前後至者二萬餘人命宗憲亟圖方畧七月宗憲言賊首毛海峯自陳可願還一敗倭寇於舟山再敗之瀝表又遣其黨招諭各島相率効順乞加重賞部令宗憲以便宜行是時徐海陳東麻葉方連兵攻圍桐鄉宗憲設計間之海遂擒東葉以降盡殲其餘衆於乍浦未幾復蹴海於梁莊海亦授首餘黨盡滅江南浙西諸寇畧平而江北倭則犯丹陽及掠瓜洲燒漕艘者明春復犯如皋海門攻通州掠揚州高郵入寶應遂侵淮安府集于廟灣逾年乃克其浙東之倭則盤踞於舟山亦先後爲官

軍所襲先是蔣洲宣諭諸島至豐後被留轉令僧人往山口等島傳諭禁戢于是山口都督源義長具咨送還被掠人口而咨乃用國王印豐後太守源義鎮遣僧德陽等具方物奉表謝罪請頒勘合修貢送洲還前楊宜所遣鄭舜功出海哨探者行至豐後島島主亦遣僧清授附舟來謝罪言前後侵犯皆中國奸商潛引諸島夷衆義鎮等實不知於是宗憲疏陳其事言洲奉使二年止歷豐後山口二島或有貢物而無印信勘合或有印信而非國王名稱皆違朝典然彼既以貢來又送還被掠人口實有畏罪乞恩意宜禮遣其使令傳諭義鎮義長轉諭日本王擒獻倡亂諸渠及中國奸宄方許通貢詔可汪直之踞海島也與其黨王滶葉宗滿謝和王清溪等各擁衆誘挾倭寇爲雄朝廷至懸伯爵萬金之賞以購之迄不能致及是內地官軍頗有備倭雖橫亦多被剿戮有全島無一人歸者往往多尤直直漸不自安宗憲與直同郡館直母與其妻孥于杭州遣蔣洲齎其家書招之直知家屬固無恙頗心動義鎮等以中國許互市亦喜乃裝巨舟遣其屬善妙等四十餘人隨直等

來貢市於三十六年十月初抵舟山之岑港將吏以爲入寇也陳兵備直乃遣王滶入見宗憲立遣之直又邀一貴官爲質即命指揮夏正往直以爲信遂與宗滿清溪偕來宗憲大喜禮接之甚厚令謁巡按御史王本固于杭州本固以屬吏滶等聞大恨支解夏正焚舟登山據岑港堅守逾年新倭大至屢寇浙東三郡其在岑港者徐移之柯梅造新舟出海宗憲不之追十一月賊揚帆南去泊泉州之浯嶼掠同安惠安南安諸縣攻福寧州破福安寧德明年四月遂圍福州經月不解福清永福諸城皆被攻燬蔓延于興化奔突于漳州其患盡移于福建而潮廣間亦紛紛以倭警聞矣至四十年浙東江北諸寇以次平宗憲尋坐罪被逮明年十一月陷興化府大殺掠以據平海衛不去初倭之犯浙江也破州縣衛所城以百數然未有破府城者至是遠近震動亟徵俞大猷戚繼光劉顯諸將合擊破之其侵犯他州縣者亦爲諸將所破福建亦平其後廣東巨寇曾一本黄朝太等無不引倭爲助隆慶時破碣石甲子諸衛所已犯化州石城縣陷錦囊所神電衛吳川陽江茂名海豐

新寧惠來諸縣悉遭焚掠轉入雷廉瓊三郡境亦被其患萬歷二年犯浙東寧紹台溫四郡又陷廣東銅鼓衛雙魚所三年犯電白四年犯定海八年犯浙江韭山及福建彭湖東湧十年犯溫州又犯廣東十六年犯浙江然是時疆吏懲嘉靖之禍海防頗飭賊來輒失利其犯廣東者爲蜑賊梁本豪勾引勢尤猖獗總督陳瑞集衆軍擊之斬首千六百餘級沉其船百餘艘本豪亦授首帝爲告謝郊廟宣捷受賀云日本故有王其下稱關白者最尊顯時山城州渠信長爲此職偶出獵遇一人臥樹下驚起衝突執而詰之自言爲平秀吉沙摩洲人之奴雄健蹻捷有口辯信長見而悅之令牧馬名曰木下人後漸用事爲信長畫策奪并二十餘州遂爲攝津鎮守大將有參謀阿奇支者得罪信長命秀吉統兵討之俄信長爲其下明智所殺秀吉方攻滅阿奇支聞變與部將行長等乘勝還兵誅之威名益振尋廢信長三子僭稱關白盡有其衆時爲萬歷十四年於是益治兵征服六十六州又以威脅琉球呂宋暹羅佛郎機諸國皆使奉貢乃改國王所居山城爲大閣廣築城郭建宮殿

其樓閣有至九重者實婦女珍寶其中其用法嚴軍行有進無退違者雖子壻必誅以故所向無敵乃改元文祿並欲侵中國滅朝鮮而有之召問故時汪直遺黨知唐人畏倭如虎氣益驕益大治甲兵繕舟艦與其下謀入中國北京者用朝鮮人爲導入浙閩沿海郡縣者即用唐人爲導慮琉球洩其情使毋入貢同安人陳甲者商於琉球懼其爲中國害也與琉球長史鄭迥謀因進貢請封之使具以其情來告甲又旋故鄉陳其事于巡撫趙參魯參魯以聞下兵部部移咨朝鮮王王但深辨鄉導之誣亦不自知其謀己也初秀吉廣徵諸鎮兵儲三歲糧欲自將以犯中國會其子死旁無兄弟前奪豐後島主妻爲妾慮其爲後患而諸鎮怨秀吉之虐己也咸曰此舉非侵大唐乃襲我耳各懷異志由是秀吉不敢親行二十年四月遣其將清正行長義智僧元蘇宗逸等將舟師數百艘由對馬島渡海陷朝鮮之金山乘勝長驅以五月渡臨津掠開城分陷豐德諸郡朝鮮望風潰清正等遂逼王京朝鮮王李昖棄城奔平壤又奔義州遣使絡繹告急倭遂入王京執其王妃王子追奔

至平壤放兵淫掠七月命副總兵祖承訓赴援與倭戰
于平壤城外大敗承訓僅以身免八月中朝乃以兵部
侍郎宋應昌爲經畧都督李如松爲提督統兵討之當
是時寧夏未平朝鮮事起兵部尚書石星計無所出募
能說倭者偵之於是嘉興人沈惟敬應募星即假遊擊
將軍銜送之如松麾下明年如松師大捷于平壤朝鮮
所失四道並復如松乘勝趨碧蹄館敗而退師於是封
貢之議起中朝彌縫惟敬以成款局事詳朝鮮傳久之
秀吉死諸倭揚帆盡歸朝鮮患亦平然自關白侵東國
前後七載喪師數十萬糜餉數百萬中朝與朝鮮迄無
勝算至關白死兵禍始休諸倭亦皆退守島巢東南稍
有安枕之日矣秀吉凡再傳而亡終明之世通倭之禁
甚嚴而閭巷小民至指倭爲詈罵甚以噤其小兒女云
武備志倭夷慣爲蝴蝶陣臨陣以揮扇爲號一人揮扇
衆皆舞刀而起向空揮霍我兵倉皇仰首則從下砍來
又爲長蛇陣前躍百腳旗以次魚貫而行最強爲鋒最
強爲殿中皆勇怯相間每日雞鳴起蟠地會食食畢夷
酋據高坐衆皆聽令挾冊展視今日劫某處某爲長某

爲隊隊不過三十人每隊相去一二里吹海螺爲號相
聞即合救援亦有二三人一隊者舞刀橫行薄暮即返
各獻其所劫財物毋敢匿夷酋較其多寡而嬴縮之每
擄婦女夜必酒色酣睡劫掠將終縱火以焚煙焰燭天
人方畏其酷烈而賊則抽去矣愚紿我民勿使邀擊專
用此術賊至民間遇酒饌先令我民嘗之然後飲食恐
設毒也行衢陌間不入委巷恐設伏也不沿城而行恐
城上拋磚石也其行必單列而長緩步而整故占數十
里莫能近馳數十日不爲勞布陣必四分五裂故不能
圍對營必先遣一二人跳躍而蹲伏故能空竭吾之矢
石火礮衝陣必伺人先動動而後突入故乘勝長驅戰
酣必四面伏起突遶陣後故令我軍驚潰每用怪術若
結羊驅婦之類常先以駭觀故吾目眩而彼械乘慣僂
刀上詐而下反掠故難格鈀鎗不露竿突忽而擲故不
測弓長矢巨近人則發之故射命中斂跡者其進取也
張揚者其逃遁也故常橫破舟以示遁而突出金山之
圍造竹梯以示攻而旋有勝山之去將野逸則逼城欲
墮若則取棹或爲穽以詐坑或結稻桿以絆奔或種竹
簽以刺逸常以玉帛金銀婦女爲餌故能誘引吾軍之
進陷而樂爲吾軍之邀追俘虜必開塘而結舌莫辨其
非倭故歸路絕恩施附巢之居民故虛實洞知豈賞降
虜之工匠故器械易具細作用吾人故盤詰難向導用
吾人故進退熟宿食必破壁而處乘高而瞭故襲取無
機間常一被重圍矣餌以僞緘而逸之或披黃貝笠沮
溺於田畝或雲巾紵履蕩遊於都市故使我軍士或愚
而殺賊或疑而殺良江海之戰本非其長亦能聯虛舟
張弱篷以空發吾之先鋒捐婦女遺金帛以餌退吾之
後逐凡舟之桅檣左右悉裹布帛被褥而溼之以拒焚
擊交鬨間或附蓬而飛越即雷震而風靡矣寇擄我民
引路取水早暮出入按籍呼名每處爲簿一扇登寫姓
氏分班點閘眞倭甚少不過數十人爲前鋒寇還島皆
云做客回矣凡被我兵擒殺者隱而不宣其隣不知猶然
稱賀

又曰日本造船與中國異必用大木取方相思合縫不
使鐵釘惟聯鐵片不使麻筋桐油惟以短水草塞罅漏
而已費功甚多費材甚大非大力量未易造也凡寇中

國者皆其島貧人向來所傳倭國造船千百隻皆虛誑
耳其大者容三百人中者一二百人小者四五十人或
七八十人其形卑隘遇巨艦難于仰攻若于泥沉故廣
福船皆其所畏而廣船旁陡如垣尤其所畏者也其底
平不能破浪其布帆懸于桅之正中不似中國之偏桅
帆常活不似中國之定惟使順風若遇無風逆風皆倒
桅盪櫓不能轉戧故倭船過洋非月餘不可今若易然
者乃福海沿海奸民買舟于外海貼造重底渡之而來
其船底尖能破浪不畏橫風鬭風行使便易數日即至
也

俞正燮癸巳類藁萬歷中台灣爲日本倭所據末年荷
蘭紅毛人自西洋來欲據香山不可則據澎湖又不可
乃南據美洛居及葛留巴以鴉片煙誘葛留巴葛留巴
人俱臃腫不能動役於荷蘭既而荷蘭聚集精銳攻香
山戰敗揚帆東走至澎湖使人行重賄於福建巡撫援
意大里亞人居香山故事以求澎湖必得巡撫使人善
諭之則投日本於臺灣歲納鹿皮三萬求臺灣互市也
適日本倭居臺灣者新奉天主教遂許之築亦嵌城以

居今安平鎮是也。荷蘭既得地，即數數與日本倭搆爭。倭既染其教，爭不勝，盡屬東去，憤甚，盡誅其人之習天主教者，並約束琉球。而荷蘭據有臺灣，胥撲一王，亦不後。東鄭芝龍者，閩人也，爲日本婿，家于臺灣。日本之東歸也，芝龍以舟楫人衆橫於海。大清順治二年，芝龍自安平奉表降，其子成功逃入海。晚年率舟師數百艘攻臺灣，荷蘭寡不敵衆，遂去而伺於葛留巴。臺灣人猶有習其教者，曰教册，成功則盡除之。康熙初，鄭克塽降，廷議棄臺灣，施琅力爭，曰是資荷蘭也，卒置郡縣，功施至今。

陳倫炯《海國聞見錄》曰：朝鮮居天地之艮方，其南隔一洋，日本國屬之對馬島，順風一夜可抵。自對馬島而南，寅甲卯東方一帶七十二島，皆日本倭奴之地，而與中國通貿易者，惟長崎一島。長崎產乏粟菽，難供食指，開貿易入公家，通計歲終所獲利，就長崎按戶口均分。國王居長崎之東北，陸程近一月，地名彌耶穀，譯曰京。王服中國冠裳，國習中華文字，讀以倭音，予奪之權，軍國政事，柄於上將軍，王不干預，僅食俸米，受山海貢獻。上

將軍有時朝見而已。易代爭奪，不爭王而爭上將軍。倭人記載，自開國以來，世守爲王，昔時上將軍曾篡奪之，山海之物不產，五穀不登，陰陽不順，退居臣位，然後順若如故，至今無敢妄冀者。官皆世官世祿，遵漢制以刺史千石爲名，祿厚足以養廉，故少犯法。即如年僉舉一街官，街官者，鄉保也，歲給養贍五十金，事簡而閒。通文藝者爲高士，優以禮，免以徭。俗尚潔淨，街衢時爲拭滌。夫妻不共湯羹，飲餘婢僕尚棄之。富者履坐絮席，貧者履坐荐席，各家計攤毯踏棉之多寡爲戶口。男女衣服大領濶袖，女加長以曳地，畫染花卉文采，褌用帛幅裹繞足，著短襪以曳履。男束帶以插刀，髡鬚而薙頂，額留鬢髮，至後枕闊寸餘，向後一挽而繫結，髮長者修之。女不施脂而傅粉，不帶鮮花，剪綵簪珥而插玳瑁，緣髮如雲，日加滌洗，薰灼楠沉，髻挽前後，爪甲無痕，惟恐納垢。其男女眉目肌理，亦非諸番所能擬。人皆覆姓，其單姓者，徐福配合之童男女也。徐福所居之地，名曰徐家村，其塚在熊指山下。俗尊佛，尚中國僧，敬祖先，時掃墳廬。然所云熊指山者，亦未知其所在，則猶或出於附會也。

法最嚴，人無爭鬬，語言寂寂，呼童僕鳴掌，則然諾。無售買人口，傭工期滿即歸。所統屬國二，北對馬島，與朝鮮爲界，朝鮮貢於對馬，而對馬貢於日本；南薩峒馬，與琉球爲界，琉球貢於薩峒馬，而薩峒馬貢於日本。二島之王，俱聽指揮。氣候與山東、江浙齊。長崎於普陀東西對峙，水程四十更。廈門至長崎七十二更。北風從五島門進，南風從天堂門進。對馬島坐向登州，薩峒馬坐向溫台。地產金、銀、銅、漆器、磁器、紙箋、花卉、染印，海產龍涎香、鰒魚、海參、佳蔬等類。薩峒馬山高巉巖，溪深水寒，故刀最利，兼又產馬，人壯健，嘉靖間倭寇者，薩峒馬是也。日本原市舶，永嘉以倭之漁者十八人，被風入中國，奸人引之爲亂，髡鬚薙額，雜以遠處土語，遞相擾掠，羣稱倭奴。及就擒，僅十八人，隨禁市舶，中國聽我往彼，至今無敢來者。普陀往長崎，雖東西正向，直販而渡橫洋，風浪巨險，諺云：日本好貨，五島難過。廈門往長崎，乘南風，見臺灣雞籠山北，至米糠洋、香蕈洋，再見薩峒馬大山、天堂，方合正針。糠、蕈二洋者，洋中水面若糠粃，水泡若蕈菌，呼之爲米糠洋、香蕈洋。薩峒馬而南爲琉球，居於乙

方，計水程六十八更，中山國是也。習中國字，人弱而國貧，產銅器、紙、螺甸、玳瑁，無可交易。至日本、琉球而東，水皆東流，所謂尾閭也。

南懷仁《坤輿圖說》：日本乃海內一大島，長三千二百里，寬不過六百里。今有六十六州，各有國主。俗尚強力，雖有總王，權常在強臣。其民多習武，少習文。土產銀、鐵、好漆。其王生子，年二十以上，以王讓之。其國不重寶石，惟重金銀及古窰器。

《皇清通考·四裔門》：日本古倭奴國，唐咸亨初更號日本。或云日本乃小國，爲倭所併，故冒其號。國在東海中，東北限大山，其地東高西下，勢若蜻蜓，古亦曰蜻蜓國。有五畿、七道、三島，一百十五州，統五百八十七郡，皆依水嶼，大者不過中國一村落而已。屬國凡數十國。有天皇者，自開闢以來，相傳弗易，不與國事，不轄兵馬，惟世享國王供奉。有國王者，受國事，掌兵馬，盛衰強弱，更替不常。有官名關白者，如中國丞相職，代相更替，專國政兵馬。平、原、滕、橘四姓，爲日本巨族，相竊據爲國王。然君長授受次序，僅見於日本僧奝然所紀，有《吾妻鏡》一書，五

十二卷始安德天皇治承四年訖龜山院天皇文永三年凡八十七年事識其小而畧其大李言恭撰日本紀國書土俗頗詳而世系弗晰相傳國王以王爲姓居長崎島之東北地名彌耶穀譯曰京從長崎至彌耶穀陸行近一月去遼東遠而閩浙邇史稱從帶方至倭國循海水行歷朝鮮國乍南乍東渡三海歷七國凡一萬二千里然後至其國又言去樂浪郡及帶方郡並一萬二千里在會稽東與儋耳相近就至其國都而言故紆迴如此若日本所屬之對馬島與朝鮮僅隔一洋順風一宿可抵昔朝鮮國王李昖時關白興師七載不解八道幾沒沓屢矣自內附　本朝倭人震慴帖息崇德四年日本島主令平智連滕智繩等致書朝鮮云去年大君有疾久不聽政今春始瘳大君左右用事之人需索貴國土產甚多近來貴國土產數少且虜代交易之路又絕大君左右所求無以應之望將貴國乙亥以後未給之物一一補給然後兩國可保無虞矣薩摩洲太宗主和琉球肥前州太守主和南蠻每歲所得不貲島主主和貴國而所得零星以視二州爲何如哉朝鮮國王奏其書言倭情叵測應令邊臣戒飭防守以備不虞是時日本雖覬釁而動而朝鮮究未被兵者皆震讋

天威所致七年二月日本君以生子故建祠祈福索助祭器於朝鮮八年三月日本復遣告朝鮮令致書所生之子如君例並索朝鮮國王空白印紙傢請遣使往日本致賀儀藉覘形勢許之順治以後惟通市不入貢其市亦惟中國商船往無倭船來也其與中國貿易在長崎島百貨所聚商旅通焉外此有七十一島自對馬島而南而東皆日本地也國饒銅　我朝鼓鑄所資自滇銅而外兼市洋銅安徽江西江蘇浙江等省每年額匹百四十三萬餘斤設官商額船十六隻皆以內地紬緞絲棉糖藥往易商辦銅斤必藉倭照以爲憑驗又有額外浮給之小照數止一二百箱用二三年即廢其攝摩依勢若佐博多之民相矜以賈積貲或百萬和泉一州鼎食擊鐘有中國風薩摩之鷃哥里其民知禮義重犯法備伊紀之頭陀僧三千八百房頗獷狹嗜殺諸州郡統於山口豐後出雲三軍門三軍門相擁割國分爲三而豐後獨強總屬於山城君明代入寇者薩摩肥後

長門之人居多市舶所集內奸勾引故也人物秀麗氣候與江浙齊產五色磁器漆器金文紙馬薩摩州者良地產銅鍛工所聚刀最利故倭人好以爲佩龍涎香及海參鰒魚之屬皆海中產所統屬國北爲對馬島與朝鮮接南爲薩摩州與琉球接對馬島與登州直薩摩州與溫台直長崎與普陀東西對峙由此達彼水程四十更厦門至長崎北風由五島入南風由天堂入水程七十二更以海道不可以里計舟人率分一晝夜爲十更故以更記里云

澳門紀畧曰日本國禁天主教最嚴其海口葛羅巴馬頭石鑿十字架於路口武士露刃夾路立商其國者必踐十字路入如回避者立斬之又揑耶蘇石像於城閾以踏踐之故西洋夷舶不敢往商其國

萬國地理全國集曰日本國本係三嶼而中山最廣大其內亦有王都海邊港汊遍有埠頭其內地多山出金銅然其土不腴土人不好食肉不畜雞豕惟農是務山巖出各礦國民掘地道甚巧日本人與漢人不同其面貌話音亦異雖然藉中國之字學唐人之禮但其意見迥異身體不高眼深鼻扁只剃前首其後髮生長縛札短編安於頭上其衣長袍並不着褲足躡革履其食物惟米飯蔬菜魚鼈而已惟食酒過量醬醉姦淫最甚娼妓滿地尊貴賤卑國民承父之職歷來不變其世爵蒙王之封各帶刀劍自治列邦但必在京都或親朗爲質或調子孫爲質也自王至于庶子各遵定例即王者亦不得任意侈用遊玩有大臣管束之故國主在其宮中爲虜也其內閣大學士亦不自主乃服律例之約束其諸侯之動止寢食惟禮是定獨准小民任意行爲倘若犯法置之重典稍不寬貸惟知義並不知仁故百姓畏懼並不敬愛也自古以來有兩王治國古時眞王現操神權在殿內如僧度生無殊木偶其次王操武權兼攝政務士民其共計二千萬丁至于士農匠商種種過八三嶼大半磽地非勤耕即餓死匠作漆器細綢中國所罕得者其商遍遊經營本國沿海明朝年間廣開通商之路但緣天主教肇釁失和與葡萄爭戰而賴荷蘭獲勝是以滅教門驅逐外人無所不至自斯以後衆民歸佛惟准荷蘭與大清乍浦來之船隻在長崎貿易嚴行管

東所有居民繁多不勝數不幸屢次被火燒或地震之時至守顛倒遍爲瓦壘神王駐在京都此乃廟寺之地僧道僧數沿海馬頭不少最廣大者係大枝

尊鄉贅筆曰僧監國航海時其臣阮進欲乞師日本遣使齎補陀藏經以往有僧湛微者前自日本來因與同載阮抵日本其國初聞有藏經往甚喜及聞湛微名大驚曰此僧復來則速死耳因不受救護經而歸叩其故則以湛微曾入天主教逋逃回也先是西洋人以天主教誘其國人各授以秘術民間閭閻多爲所亂一入其教死生不易主者遂肆奸術糾衆怙亂其國大發兵撲滅之自是痛絶西人以銅板鏤天主形置通衢凡各國人往者必使踐踏而過衣囊或携西洋一物或西洋畫册搜得一船皆誅見張遴白奉使日本紀畧

地理備考曰日本國在亞細亞州之東北極出地二十九起至四十七度止經線自東一百二十六度起至一百四十八度止四面枕海東北西南相距約五千八百里東西相去約九百里地面積方約二十八萬里烟戶

三京餘口地勢嶄巖峯巒叠起衆山之中有晝夜吐火不熄有冰雪凝積不化有樹木叢密風景遍殊湖河甚多地方沃潤河之長者有五一名約多一名等畧一名亞拉一名多内一名伊哥湖之大者有四一名疴宜的斯一名蘇韃一名加斯迷架島刺一名伊那巴田土膴腴花木充斥土産金銀銅鐵錫鉛絲茶漆竹樟腦緜花紋石瑪瑙磁器等物地氣屢更寒暑俱甚風暴地震不時交作王位惟男繼立所奉之教乃新德釋儒三教其奉儒教者爲數無幾技藝精巧工肆林立惟與中華高麗賀蘭等國通市埠頭不一惟有屈許島可泊客船通國分爲七十二部首郡名多乃國都也在慕許部此外又有耶索海島及古里利亞斯島大拉該島之南方皆屬本國

兼攝

地理備考曰南洋北有慕寧高爾加尼島分爲四一名慕寧西麻中有八十九島一名富加尼各中有火山一名東島一名西島田土膴瘠地氣寒燠俱似日本自爲部落不受管轄馬黎亞納島在小呂宋島東北緯度自北十二度三十分起至二十度十三分止經度自東一百四十一度起至一百四十三度止田土肥饒穀果豐登地氣温和海風清涼中有十七島大半爲呂宋管轄各島惟五島有居民俱在南方曰礦又名聖若望日的尼安曰塞半曰亞基到于曰亞宋桑

外國史畧曰大清國東爲日本國北極出地自三十度至四十二度偏東自一百二十度至一百四十三度廣袤方圓一萬二千五百里居民三千五百萬分五十三郡九州此外尚多島嶼日本之國隔以海峽古里利羣嶼亦歸日本權轄日本山高而磽豐田不多常地震傑峯積雪四面環繞冬夏不消産金銅多寶玉出米穀蘿葡茶葉緜花胡絲樟腦但不足用耳百姓罕食肉牲畜甚少惟准唐人於港口養豕山内有野豬鹿麂熊狼等獸山水甚濱日本在上古時本中國之氓往開墾與土人相參各地有土君操權時時爭鬬百姓不安日本與中國往來不多元世祖怨日本不入貢調戰船攻擊狂風忽起到岸者皆被殺後日本海盜據掠浙江江蘇界侵高麗以雪怨連二百年有世襲將軍專權於是日本

之君徒存虛名明世宗嘉靖二十年有西洋數船到日本岸與士民貿易有傳天主教之師教其民人幾及數萬後是班牙船亦開通商之路貿易不久時荷蘭亦到日本通商甚盛適日本將軍曰平秀吉者侵朝鮮地大勝輒自驕盡服各島主而操全權忽領軍回國禁其君只准在宫内與嬪妃往來不許外接且立令列國諸侯每年六月携家往都中同時留妻孥爲質又下令嚴禁奉天主教之民所殺數萬天主教遂止明懷宗十九年將軍永禁西洋商船不許赴本港後有澳門之公使來議和即殺之僅歸其水手大呂宋有商船到日本國連人貨盡沒入之一切船戶有奉天主教者立治以死罪又嚴禁國人不准出入他國違者死遇有難民被風漂到異國者同時即監禁不准與其親戚骨肉往來免染異俗有荷蘭並中國往商之漢人及水手亦嚴禁在小洲不與土人交接每三年一次准荷蘭公使赴其都朝見沿途嚴防不容散步若遇他國船到即盡力絶之或未速退即放炮轟擊道光十七年有花旗國船載送日本被風難民七人回國尚幾至被害道光二十六年有

花旗佛蘭西大尼等國之公使赴其港議和睦章程亦被拒雖在對馬島與高麗人貿易不久亦絶往來日本東方地甚磽不多產物惟出黄金紅銅民習於勤而性固執每因細故輕生其君亦視民如草芥見人貧苦亦不援手娼妓甚盛婚姻喪祭與中國相似尊長常帶劍二三口起居不舍有痛於心則剖腹而斃其人樸實不詐若委以事不成不止手藝巧捷最美者花布漆器綢緞等貨物薙頭惟留頂髮衫長及腳貧者不褲夏則身裸女裳與男不異面目多同呂宋而異中國多食菜魚不養牲畜時時食茶然不及中國茶葉語音雖異中國而用中國文字書册以教人除漢人文字外兼學荷蘭各藝術是以醫術天文地理無不通習其聰明過於漢士尚有用字母者智士便寫之以合土音日本國重文墨但官多世襲通習文字者或反無俸祿不甚與外國貿易每年惟荷蘭船一唐船五琉球船亦不過十百姓沿海惟以本地之貨交易或載列島主所進貢將軍之物最大之港曰大坂然每年飄所失之舟亦有五分之一蓋所造之舟本不固難冒風水其君恐商人遠離本

地故禁造堅船寧見本民之陷沒不肯立法保救瀕海民多業漁日用所常食也捕鯨魚食其肉而用其油除佛教外則崇尚古時所傳之神道僧最多官府惟執法律不稍寬貸罪犯一聞擬罪輒願自盡不欲受辱全國分七道六十八國六百有四郡萬有三千邑九十萬零九千八百五十八鄉百有四十六炮台神廟二萬七千七百間佛廟二萬二千五百八十間其北面山與滿州對峙多未開墾者土民愚魯與黑龍江之魚皮部同類近日耕地漸廣產物漸多矣另開一連嶼與土人貿易亦設官理之國之將軍所駐在江戸海隅居民百餘萬其宮殿周二三里妃嬪婢倖無數其街直恐地震以木造屋多火災廟甚壯麗居民五十萬巧于造物又多著書邑僧約八千名貴賤遠赴寺廟燒香者不勝數大坂港係國之大海口商賈雲集長峙港荷蘭唐人所集之處尤便通商因禁例嚴酷年年消減○國自昔王操全權生殺必按法律有大臣六執法管東君上若會議不合理欣且反之則必自刎以抵其罪其國王名爲全國之主實不得自專王妃極多以九百九十名爲率但不

得出宮恐人見又不得踏地恐污身磁器衣服一用必盡棄之將軍每年進貢敬之如神第利少權微僅如偶像將軍之腹心探何者常在君左右若有不合例之事即告將軍動受其制男女皆可爲君必素性謙謹方可即位諸侯各轄其地將軍察出有失即劾奏之其海口俱將軍派官掌政責成甚重若不晝夜盡心防範即多昭罪諸侯多管褊小之地但在都使費浩大公項不敷又恐其富而背叛故妻子時留都中拘在本宮犯法即死然諸侯勤明政事而將軍有意枉屈之國人亦不服即將軍亦遭廢害各諸侯每年必赴都遠覲受擾無窮然民亦安其法制之峻軍士約十萬步兵三萬騎兵三千但不習武有戰則諸侯可募三十六萬八千丁其師船半爛半漏僅恃刀劍之利軍令之嚴庶民分四五品以衣褲刀劍若干分别各品最卑者爲皮匠不准與他人來往總之日本武勇在亞西亞州超越衆國但禁例過嚴其君五爵視以下各品人等有若奴隸焉

（外國史略）曰琉球島在日本南共三十七所其中八所在臺灣之東北出蕃薯米白餹等貨其山磽居民形體

與日本同但多悅色好交接遠施厚量慈惠尊貴者識漢字學中國語由福州入貢京都日本薩摩君頗雜之且重征稅每年必貢餹幾萬石若有西洋甲板船至其國國王優待之若失船則補修而押送之居民約六十萬多務農貧者業漁貴賤不帶兵器惟立法律以束其衆屋宇甚美甚窄船多渡大海到福州亦與日本通商猶朝鮮之兼貢日本也

（黄宗羲行朝錄）曰明季海盜有周崔芝者福清人也少讀書不成去而爲盜於海其人饒機智嘗往來日本以善射名與日本之薩摩島主結爲父子日本三十六島每島各有王統之其所謂東京者乃國主也國主曰京主擁虛位而已一國之權則大將軍掌之其三十六國王則如諸侯之職薩摩王於諸島爲最强王與大將軍爲首尾崔芝既熟日本故在海中無不如意久之招撫以黄華關把總稽察商船乙酉秋唐王隆武加水軍都督副黄斌卿駐舟山其冬崔芝遣人至薩摩島訴中國喪亂願假一旅以齊之存衛秦之存楚故事望之將軍

慨然約明年四月發兵三萬一切戰艦軍資器械自取其國之餘資供大兵中華數年之用自長琦島至東京三千餘里馳道橋梁驛遞公館重爲修輯以待中國使臣之至崔芝大喜益備珠璣玩好之物以悅之參謀林籥學作舞爲使明以四月十一東行籥舞將解維而斌卿止之曰大司馬余煌書來曰此吳三桂乞師之續也崔芝怒而入閩福州既破鄭芝龍降丁亥三月崔芝克海口鎮東二城遣其義子林皋隨安昌王至日本乞師不得要領而還戊子御史馮京第謀于黃斌卿偕其弟黃孝卿往日本至長琦島其王不聽登陸始有西洋人爲天主教者入日本作亂於其國日本勒兵盡誅教人焚其船於島口絕西洋人往來於中衢置銅板刻天主教像於其上以踐踏之囊橐有西洋一物搜得必殺無赦西洋人復以大舶載砲來與日本爲難日本拒之甫退一日而京第至故戒嚴同於外國京第效包胥故事於舟中朝服拜哭不已會東京遣官行部如中國巡方御史禿項坐藍輿京第因致其血書薩摩王聞長琦王之拒中國也曰中國喪亂我不遑恤而使其使臣哭於

我國我國之恥也與大將軍言之議發各島罪人出師京第還日本致洪武錢數十萬蓋其國不自鼓鑄但用中國古錢舟山之用洪武錢由此也而黃孝卿假商舶留長琦島長琦島多宮妓皆居大宅無壁落以綾幔分爲私室當月夜每室懸各色琉璃燈諸妓各賽琵琶中國之所未有孝卿樂之忘其爲乞師而來者見輕於其國其國發師之意益荒矣己丑冬有僧湛微自日本來爲盪胡伯阮進述請兵不允之故且言金帛不足以動之日本最敬佛經誠得普陀山藏經爲贄則兵必發矣進與定西侯張名振上疏監國以澄波將軍阮美爲使王親賜宴十一月朔出普陀十月至五島山與長琦相去一程是夜大風黑浪兼天雨紅魚乘空上下船不知所往十二日見山舵工驚曰此高麗界也轉帆而南又明日乃進長琦凡商舶至國例撥小船譏出入名曰班船阮美喻以梵篋乞師其王聞之大喜已知船中有湛微者則大駭初湛微之在日本也長琦島有三大寺一曰南京寺中國北僧居之一曰福州寺閩浙廣僧居之一曰日本寺本國人居之南京寺住持名如定頗通文

墨國人重之湛微拜爲師湛微所能不若師而彼僧多變乃之一島名腰泉者其島無中國人往來不辨詩字之好醜湛微得妄自高大惡札村謠自署金獅子尊者流傳至東京大將軍見之曰此必西洋人之爲天主教者潛入吾國急捕之既知其爲江西僧逐之過海日本不殺大唐僧有犯法者止於逐再往則幾及同舟湛微欲以此舉自結於日本於是阮美始知爲其所賣也遂載經而返然日本自寬永享國三十餘年母后承之其子復辟改元義明承平久矣其人多好詩書法帖名畫古奇器十三經十七史異日價千金者捆載既多不過一二百金故老不見兵革之事本國且忘豈能渡海爲人復仇乎即無西洋之事亦未必能行也

瀛環志畧曰自澳大利亞迤東迤北抵南北亞墨利加之西界謂之大洋海水程數萬里島嶼甚稀間數千里乃一遇其島四圍多盤石亦生珊瑚海船近輒擱淺故

不能遍及大洋海風浪最恬泰西人稱爲太平海各島天氣晴和水土平淑產椰子芋薯果實足供採食土人織草爲衣以蔽形性馴而慧異於迤西島番之悍獷近年耶蘇教之徒遊其地而誘進之多有信從易俗者島名不能盡悉英人因教事而命以名○一曰會羣島言其人耶蘇之會也島之大者曰阿他害地附近羣島甚多以此島爲綱領其地山水秀淑風景宜人土人篤信耶蘇教廣設學館又阿歪希者亦大島屬島甚多有國王嘉慶年間舉國奉耶蘇教學館尤繁其王頗諳武備

常有師船巡海、一曰友羣島、言與耶穌教爲友也、土人形貌端正有心計、耶穌教之徒時遊其地誘化之、有加羅林者屬島最多、內有一族頗通藝術、商船偶過其地亦停泊貿易。一曰賊羣島、言其非善類也、各島多西班牙所據、西人以天主教誘勸之、土人不肯從、遂至互相攻擊、交鬨不已。此外小島尚多、名不盡著、土產惟椰子、人戶甚少、未與他國往來。道光二十二年、佛郎西新開馬耳其殺羣島、風土未詳。

按四海之中、惟大洋海最大、即中國之東海、直抵亞墨

利加之西境、四萬里茫茫巨浸、別無廣土、即島嶼亦晨星落落、據泰西人所傳述各島風土、人類遠勝於亞細亞南洋諸島、然帆檣偶涉、率畧未詳、蓋由東道往、水程當十餘萬里、由西道往、須歷南亞墨利加之鉄耳聶離、途既險遠、又無利可牟、故商船罕有至者、惟捕鯨之船、專騖大洋、無所不到、於諸島數數遇之、乃得稍通聲聞耳。

坤輿四大土、皆周迴數萬里、惟中國之南洋、萬島環列、星羅棊布、或斷或續、大者數千里、小者數百里、或數十里、野番生聚其間、榛狉相仍、自爲部落、其種人統名巫來由、（一作無來由）又有稱爲繞阿、（即爪亞）武吃者、（一作無吉）西漢時諸番始通貢獻、唐以後市舶麕集於粵東、明初遣太監鄭和等航海招致之、來者益衆、迨中葉以後、歐羅巴諸國東來、據各島口岸、建立埔頭、流通百貨、於是諸島之物產、充溢中華、而閩廣之民造舟涉海、趨之如騖、或竟有買田娶婦、留而不歸者、如呂宋、噶羅巴諸島、閩廣流寓殆不下數十萬人、則南洋者亦七鯤珠崖之餘壤、而歐羅巴之東道主也。

顧亭林天下郡國利病書云、倭奴鄰三韓、而國故名韓中、倭後自惡其名、更號日本、在東南大海中、依山島而居、地方數千里、爲畿五、曰山城、曰太和、曰河內、曰攝津、曰和泉、共統五十三郡、爲道七、曰東海、統一百十六郡、曰南海、統四十八郡、（嘗見日本所刻和漢紀年者、其國本名曰和、而華人稱曰倭、至日本亦華人所稱、其國至今自稱大和、不云日本也）曰西海、統九十三郡、曰東山、統一百二十二郡、曰北陸、統三十郡、曰山陽、統六十九郡、曰山陰、統五十二郡、爲島三、曰伊岐、曰對馬、（按海國聞見錄稱日本平列三大島、其迤北者名對馬島、而此所云對馬島止統兩郡、蓋對馬本北境小島之名、後來遂以爲

北境總名余嘗見日本人所作廣對馬島賦倣選體極瑰麗自注云島小不足賦故廣言之亦一證也日多礮各統二郡皆依水附嶼郡之大者不過中國之村落戶可七萬課丁八十萬奇國王一姓歷世不易初號天御中主居築紫宮其子號大材雲尊自後皆以尊為號傳世三十二至彥瀲尊第四子號神武天皇徙太和州强元宮傳至守平天皇凡四十一世復徙都山城國其國文武僚吏皆世官自兩漢時始通中國魏晉以後得五經佛教於中土於是沙門之教盛行唐貞觀間嘗遣使往諭宋初遣國僧奝然浮海貢獻太宗賜紫衣厚存撫之其傳國已六十四世矣按後漢書倭在韓東南大海中依山島為居凡百餘國自武帝滅朝鮮後通漢者三十許國大倭王居邪馬臺國男子皆黥面文身男女無別飲食以手俗徒跣云云是日本在漢時并非一國土俗與諸番島無異其文字官制自是兩漢通中國後始學得之此所云六十四世溯之當在商周其國王一切名號當係通華文後增飾為之耳元王惲汎海小錄云由對馬島六百里踰一歧島又四百里入容浦口又二百七十里至三神山其山峻削羣峯環繞海心望之鬱然為碧芙蓉也上無雜木惟梅竹靈藥松檜桫羅等樹其居民多徐姓自云皆徐福之後海中諸嶼此最秀麗方廣十洲記所云海東北岸扶桑蓬邱瀛州周方千

里余按三神山本方士夸誕之說用以欺誑人主果即係日本附近小島則當日船交海中何為求之不得後漢書倭國傳稱會稽海外有東洲及澶洲秦始皇遣方士徐福將童男女數千人入海求蓬萊神仙不得徐福畏誅不敢還遂止此洲世世相承有數萬家人民時至會稽市王惲小錄所云或即東洲澶洲之類至三神山之名其為傅會無疑也泉州陳資齋提軍倫炯少時嘗附商船遊日本言其風土甚悉云日本人皆覆姓單姓者徐福配合之童男女也徐福所居之地名徐家村其冢在熊指山下云徐家村熊指山不知在日本何地蓋華人入倭自徐福始其遺民年久繁衍遂散布於通國倭人通中國文字當係君房教之特海外遠夷軺車罕至往來者皆商賈之流無由探悉其原委耳

案日本三島香港英夷圖薩摩島於對馬島西居長崎大島西北此大誤也夷人未至日本故東洋形勢未能瞭如而以不知為知此亦其一蓋薩摩即薩峒島居日本之南明季倭寇此島人也其北長崎長崎西北王京在焉又北曰對馬其北朝鮮

附東南洋諸島形勢上

明史賓龍童國與占城接壤氣候風土大類占城有崑崙山節然大海中與占城東西竺鼎峙相望其山方廣而高其海卽曰崑崙洋往諸西洋者必待順風七晝夜始得過故舟人爲之諺曰上怕七州下怕崑崙針迷舵失人船莫存此山無異產人皆穴居巢處食果實魚蝦無室廬井竈

源案賓龍童乃占城海岸之國崑崙島則在其南海中非地相連也大小崑崙卽東西竺山宋史天竺注輦國來朝行二百餘晝夜至三佛齊國又行十八晝夜度蠻山水口歷天竺山至賓頭狼山又行二十晝夜至廣州是也明史沿王圻續通考之誤分崑崙竺山爲二謬一又望文生義謂東西竺山爲柔佛國謬二旣以柔佛爲佛國竺山爲天竺因并以其對岸之賓龍童卽舍衛城然則佛國近在占城而大秦當近在長安乎崑崙嶼中當有河源乎謬甚

海國聞見錄崑崙島七洲洋之南大小二山屹立澎湃呼爲大崑崙小崑崙山尤甚異土產佳果無人蹟神龍盤踞昔荷蘭失臺灣邊海界禁未復因金廈二島平荷蘭掠普陀毀銅像銅鐘萬歷間宮塑脫紗佛像刀刃不能傷駕火礮壞之取裏所貫金銀財寶見像必剖以取藏寶悉收而去至崑崙意欲居之龍與爲患藉火礮與龍鬬相持有日後荷蘭狀若顛狂自相戲以曲腕擊背心日益斃揚帆而去將至噶喇巴船擊碎存活者可十人雍正丁未歲夏噶喇巴海面立一中國人輩相棹舟往視惟浮一銅鐘上鐫普陀白華庵知爲昔荷蘭掠沉者回浙洋艘互相爭載公議求筊有黃彥者得筊載回通港惟此舟小而舊敝順帆不及月抵南澳後轉運至普陀別船有被劫紅毛者有失風水者佛力如此前惟付之劫數耳康熙四十五六年間紅毛又圖崑崙不敢近山居住就海旁立埔頭以崑崙介各洋四通之所嗜涎不休而中國洋艘亦多載磚瓦往易紅毛洋貨以其本廉而利大夜圍宿沙洲多爲鱷魚步岸所吞伐木圍栅稍夜聞山中話語促歸紅毛爲水土不服斃者甚多又爲廣西番劫殺殆盡乃虛其地凡中國洋艘由崑崙者備雞鶩毛鱟殼到崑崙洋天時極晴霽見黑雲一點隨化爲煙蜿蜒搖尾卽如江浙夏月湖中雲龍下逢惟恐不及狂風立至幸不及時而霽俗呼鼠尾龍風白雲者其風尤甚日過二三次或四五次間或不遇者少故焚翎毛鱟殼取穢氣觸遠過崑崙則無

海國聞見錄南澳氣島居南澳之東南嶼小而平四面挂腳皆礁古石底生水草長丈餘灣有沙洲吸四面之流船不可到入溜則吸閣不能返隔南澳水程七更古爲落漈北浮沉皆沙垠約長二百里計水程三更餘盡北處有兩山名曰東獅象與臺灣沙馬崎對峙隔洋闊四更洋名沙馬崎頭門氣懸海中南屬沙垠至粵海爲萬里長沙頭南隔斷一洋名曰長沙門又從南首復生沙垠至瓊海萬州曰萬里長沙沙之南又生礁古石至七州洋名曰千里石塘長沙一門西北與南澳西南與平海之大星鼎足三峙長沙門南北約闊五更廣之番舶洋艘往東南洋呂宋文萊蘇祿等國者皆從長沙門而出北風以南澳爲準南風以大星爲準惟江浙閩省往東南洋者從臺灣沙馬崎頭門過而至呂宋諸國西

洋里板從崑崙七州洋東萬里長沙外過沙馬崎頭門而至閩浙日本以取弓弦直洋中國往南洋者以萬里長沙之外渺茫無所取準皆從沙內越洋而至七州洋此亦山川地脈聯續之氣而於汪洋之中以限海國也沙有海鳥大小不同少見人遇舟飛宿人捉不識懼搏其背吐魚蝦以爲羹余在臺丙午年時有閩船在澎湖南大嶼被風折桅飄沙壞有二十人駕一三板腳舟用被作布帆回臺餓斃五人余詢以何處擊碎彼僅以沙中爲言不識地方又云潮水溜入不得開出余語之曰此萬里長沙頭也尚有舊時擊壞一甲板潮雖溜入汝等若以南風棹長潮再不得歸矣大洋之水爲沙兩隔節次斷續南北沙頭爲潮汐臨頭四面合流外長而內退外退而內長須沿沙節次撐上斷續沙頭夾退潮爭南風東向盡流南退雖欲北上求生而南下者正所以生也何也南風夾退潮方能出溜雖溜下然而歸於大海不入下溜方得乘南風而歸舟人聞余語羣起驚呼曰亦曾到此地乎不則何爲知之詳確如目覩耶裹甲板尚存爲飛沙汙沒僅抱海鳥爲餐渴飲其血駕長潮

爲溜所吸不得開動三四日無柰禱筊棹退潮溜入大洋飄十二日到臺余又語之曰潮水分合退爲長長爲退夾流雙開臨頭涯足南澳氣受四面流水吸入而不出古爲落漈試問入而不出歸於何處豈氣下另有一海以收納乎四入者從上而入必從下而出如溪流湧急投以草薦入而出於他處此理甚明並以誌之

明黃衷海語崑崙山在大佛靈南凡七嶼七港是謂七門其旁洲嶼皆翼然環列適諸國者此其標也其山多兕犀野馬巨鷹異蛇大木復平川沃壤數百頃椰樹駢生墮實彌谷冬瓜延蔓蒼藤徑寸實長三四尺大腧一圍海上無人之境產物皆碩大予客朱巖令人採取何首烏天南星二藥皆三倍於常品氣味自别固知有棗如瓜非誕語也糜腐若泥淖然船欲樵蘇非百人不能卽往日老估嘗鐫崖壁識險以示防云

又曰分水在占城之外羅海中涉嶼隱隱如門限延綿橫亘不知其幾百里巨浪拍天異於常海由馬鞍山抵舊港東注爲諸番之路西注爲朱崖儋耳之路天地設險以限華夷者也由外羅歷大佛靈以至崑崙山自朔

至望潮東旋而西既望至晦卽西旋而東此又海中潮汐之變也惟於操舟者乃能察而慎之

又曰萬里石塘在烏豬二洋之東陰風晦景不類人世其產多硨磲其鳥多鬼車九首者三四首者漫散海際悲號聒耳慘顏愴神舵師脫小失勢誤落石汊百無一免

又曰萬里長沙在萬里石塘東南卽西南夷之流沙河也弱水出其南風沙獵獵晴日望之如盛雪船誤衝其際卽膠不可脫必幸東南風勁乃免陷溺

又曰鐵板沙所在有之舟觸卽敗成化二十一年憲廟遣給事中林榮行人黃乾亨封占城官治大艘凡大船之行必選熟於洋道者駕小艚船先行探水大船後復繫二小船以便樵汲且防不虞是役也軍民千人物貨太重而火長又疏於徑路次交趾之占城羅誤觸鐵板沙船壞二使溺焉軍民死者十九予里中有麥福者同七十餘人奪一腳艇棹至崖側巨浪簸蕩捨舟登山回望大船覆處近如席前洪濤瀾汗惟敗篋破甑出沒其間數百人湮滅無跡衆皆長慟晝行夜伏捕蛇鼠拾草

木之實而啖風雨晦冥石妖木魅怪侮萬狀凡已忘甲子惟視月弦望以驗時日脅未浹旬死者強半存者二十四人復已缺食二日蹣跚冥行偎入空谷石竇寬坦如堂有草葉如廣之水蕉掘之根類蹲鴟而大競取以食喉間微覺苦澀餘味如葛識者曰此非惡草也第未經風日水土氣作苦澁味耳乃曝之日中偃息酣寢比寤曉星煌煌矣遲明敲火燃草取所曝者煨而食之味轉香滑晨進一枚饑渴俱弭相率肆力搜採頃之根裔都盡寄居二日體力完建乃人負數枚復沿水際而行俄聞谿中人語至見島夷數輩乘三小船循谿搜撈緞帛器物有諳夷語者詢之乃交阯占城界之巡徼船也其載以歸二國夷王聞是天朝人民館穀如禮於是占城遣人以二使來訃廣中始知大船汩沒守臣以聞二使均荷恤蔭又踰年二國始具海舟送回中國

王圻續文獻通考龍牙犀角島地內平而外尖民皆蟻附而居之氣候常熱以親戚尊長爲重一日不見則持酒肴問安地產沉速降香等

又龍涎嶼浮海內波擊雲騰每至春間羣龍來集交戲

遺涎番人乃駕獨木舟登嶼採歸設遇風波則人俱下海旋卽至岸其涎初若脂膠黑色有魚腥氣久則成大塊或大魚腹中割出亦覺腥氣迫焚之其香清遠貨於蘇門官秤一斤金錢一百九十二准中國銅錢四萬九千文

又龍牙門在三佛齊之西北山門相對若龍牙狀中通船山塗田瘠氣候常熱四五月間淫雨人以擄掠爲豪遇有番船則駕小舟迎敵若得順風則倖脫否則被其截劫泛海者宜慎焉

又吉里地悶島地在連迦羅之東滿山茂林皆檀香樹無别種商販聚十二所有尊長田肥穀茂朝熱暮寒商船染病十死八九蓋其地多瘴氣也

謝清高海錄曰東洋諸島曾歷其地者曰哇大島哇希島匪支島唵呢島千尼島蔦格是島那韋巴島亞哆歪島以上八島俱在東海由地問正東行約二月可到每島周圍十餘里各有土番數百其地多豕西洋船經此取鐵釘四枚卽易豕一頭可三十斤人性渾龐地氣炎熱土番不穿布帛惟取鳥衣或木皮圍下體能終日在

水中有婦妓見海船來俱赤身落水取大木一段承其頷浮游水面海船人招呼之至聽其調謔與之鐵釘二枚則喜躍而去不知其何所用也有花旗番寓居亞哆歪島採買貨物土產珍珠海參檀香薯芋無五穀牛馬雞鴨有果形似柚而小熟時人取歸火煨而食之味如饅頭不食鹽由此又東行二三月海中有三山西洋人呼其一爲努玉一爲衫里一爲亞剌德反並無居人惟有鳥獸聞過此以東則南針不定番船亦不敢復往云又曰開於島在東北海由哇夫島北行約三月可到謝清高昔隨西洋海船至此採買海虎灰鼠狐狸各皮天氣凝寒雪花徧地船初至海口有冰塊流出大者尋丈未敢遽進鳴大礮有土人搖小船來引其船皆刳獨木爲之船中有通其語者故得與交易其人甚稀而形似中國食乾魚每日見太陽在南方高僅數丈一二時即落而未甚昏黑惟戌亥二時始晦餘時俱可見人每月唯望前後數日可見月光星光則未見也初到時手足皆凍裂而土人無恙唯來往手中皆執大木葉二坐則以足踏之知必有取也亦效之果愈不知爲何木土人極喜中國皮箱見則以皮交易而去偶上岸步行入一土窟土人外出見藏皮箱十餘開看皆裝人頭怖而返由此復北行二十餘日至一海港復鳴礮不見人來遂不敢進問其北是爲冰海云其東洋諸國清高所未至故皆不錄

海國圖志卷十八

邵陽魏源輯

東南洋諸島形勢下

琉球、一作流虬、古未通中國、隨時有海船望見之、唐宋後、漸通中土、明初入貢、太祖賜以閩人善操舟者三十六姓、修職貢甚謹、後爲日本所滅、不通音問者數十年、已而王被執不屈、倭送還國、國在日本薩峒馬島之南、周環三十六島、南北四百餘里、東西不足百里、舊分山南山北中山三國、後并入中山爲一、故稱中山王、王尚姓、自記載以來一姓相傳、無改步、國小而貧、屬役日本、惟賴貢舟販鬻、稍得餘資以自給、由福州五虎門放洋、用卯鍼四十餘更、至姑米山、其國大島也、再東即至其國、收泊於那霸港、國分三路、曰首里、王居之、曰久米、曰那霸、用中國文字、入　本朝更恭順、修職貢、其官之最尊者、爲金紫大夫、守土之官曰按司、一按司所轄約六七里、土磽瘠、產米絕少、以地瓜爲食、即番薯　非官與耆老不食米、無麻絮、以蕉爲布、負戴者圍下體、餘皆裸露

附南洋各島

〔地里備考〕曰、巴勞島在南洋之北、加羅棃那島之西、緯

度自北六度五十三分起至八度九分止經度自東一百二十七度三十九分起至一百三十三度四十分止中有十八島人烟稠密物產豐阜人民良善作事勤勞島之大者曰渡卑都狎曰卧羅曰尼利斯黎都

又曰加羅黎那島在南洋之北馬黎亞納島之南緯度自北六度起至十二度止經度自東一百三十三度起至一百六十七度止中有三十島地勢錯落不相聯絡人烟紛繁樹林稠密地氣温和風雨不時島之大者曰亞巴曰我里曰麽結母曰係利亞威內曰五亞蘭

又曰慕爾加拉威島在南洋之中馬黎亞納島之東南緯度自北一度起至十度止經度自東一百六十八度起至一百七十一度止田土瘠薄物產不阜島之大者曰布路尼曰剌達各曰剌利客曰斯加波路曰京師米爾

又曰維的島在南洋之中慕爾加拉威島之南緯度自南十五度四十五分起至十九度四十三分止經度自東一百七十四度四十分起至一百七十九度四十分

止長一千二百五十里寬一千一百里地勢錯落不相聯絡田土膴厚物產豐饒諸酋分轄不相統屬島之大者曰維的黎勿曰千打本曰華闌黎勿曰羅斯曰當基

又曰當加島又名亞米在南洋之中維的島之東南緯度自南十三度二十分起至二十五度三十分止經度自西一百七十三度十八分起至一百七十八度三十八分止中有一百五十島大者維三曰嘗加曰瓦瓦阿曰意五亞田土肥饒物產豐厚地氣酷熱海風清涼人民壯健作事勤勞諸酋分轄不相統屬

又曰花和爾尼島在阿塞亞尼亞州之中地勢錯落不相聯絡島之大者曰亞瓦曰好望島曰何爾尼

又曰麽阿島在南洋之中緯度自南五度三十分經度自東一百五十二度十七分中有七島諸酋分轄島之大者曰波剌曰阿牙剌瓦曰茂拿曰羅沙

又曰給爾焉的島在南洋之中維的島之南緯度自南三十度三十六分經度自東一百七十八度五十分中有三島曰剌五耳曰馬告來曰姑爾的斯

又曰古各島在南洋之中緯度自南十八度四十五分起至二十一度二十六分止經度自西一百五十九度四十五分起至一百六十二度十五分止地氣錯落不相聯絡島之大者曰馬拿牙曰亞的五

〔地理備考〕都波哀島在南洋之中緯度自南二十三度三十分經度自西一百五十二度地勢錯落不相聯絡島之大者曰都波哀曰魯都曰黎馬打剌曰來瓦外曰魯都意

又曰達義的島在南洋之東緯度自南十七度二十九分經度自西一百五十一度田土肥饒穀果豐登多上品樹木地氣温和島嶼不一諸酋分轄島之大者曰達義的曰弟都羅亞曰母勒亞曰買弟亞曰化衣尼曰剌牙的亞曰打下曰波波剌曰茂卑的曰都拜

〔地里備考〕色麽度島在南洋之東緯度自南十四度起至二十三度止經度自西一百五十二度起至一百四十度止島嶼紛繁地勢低陷島之大者曰剌沙勒曰蠅島曰澳羅鋍曰巴黎射

又曰門達那島在南洋之東緯度自南七度五十分起至十度三分止經度自西一百四十度起至一百四十三度止島嶼紛繁分爲兩區在南東者曰馬爾給沙山勢峻峭峯巒參天在西北者曰窩神敦地氣高燥層巒聳峙其餘各島曰達度意瓦曰達盧亞大曰瓦波亞曰瓦盧加

又曰合威島其地在南洋之東北緯度自南十九度起至三十三度止經度自西一百五十六度起至一百六十四度止田土肥饒穀果豐登地氣温和諸酋分轄不相統屬中有十三島大者曰合歪曰茂維曰窩亞盧曰亞堆

又曰斯波拉大島在南洋之南北其南之大島有六曰本林曰巴給斯曰沙剌曰阿賒亞郎曰亞爾都耳曰聖自爾那都其北之大島有五曰巴剌打曰羅卑斯曰聖巴爾多羅麽曰聖巴多羅曰羅也斯各島人民稀乏物產不阜

〔外國史略〕曰東洋島三種一曰山地山高自二百丈及一千丈各有火内產石蠔蜆等物山腳草木茂盛二曰

珊瑚嶼乃沙地有珊瑚礬四圍係珊瑚內之蟲負土積累致成高石三曰邱地產物豐盛出椰子甘蔗有餅樹其果如饅味甘美並各蕉大薯番薯獸只犬豕鼠今則五畜資養焉居民之狀與蕪來由相似衆尚蠻拜偶像厚接外客日捕魚其頭目時時交戰遠駛海隅坐小船以攻大敵惡僧弄權甚至殺人祭鬼衣甚少僅以葉束腰而已男女苟合近日天主教于各島開學館以教化之○羣嶼太多今述其最廣者無人嶼在日本東南係荒島乃外國水手所開人少物稀惟捕鯨之船隨時到此與居民往來買蔬菜牲畜北向一帶島嶼皆屬日本○側嶼在臺灣東北極出地自十二度及二十一度偏東自一百四十四度至一百四十八度其南向之嶼有居民歸是班牙權轄林甚密牛羊豕滿野○加羅林羣島北極出地自三度至十六度偏東自百三十三度至百七十三度共四十六州皆有居民好航海地惟有鼠無他牲畜居人以芋番薯魚鼈爲食裸身草舍屢相爭鬭所往之船惟有海參檀香等貿易○此州之南曰菲治羣嶼居民墨面性凶殘各酋互相交戰虜敵即吞食之亦有時屠宰人一日至二百餘出檀香、商人之船至今罕犯、○東牙、羣嶼最大者、周三十里、其、地豐盛、居民稠密、互相交鬭、○航海羣島、在菲治島東北、共八島、最廣者周六十里有火山多火漿地豐甚出樹木居民健身高體色白○谷羣嶼南極出地自十八度至二十三度偏東百五十七度及百六十度、係茅塞之地、居民多奉耶穌教、○會黨險海羣嶼、南極出地自十四度至二十五度、偏西自一百二十四度、及一百五十七度、其嶼繁多、最大者曰他希地、出木甚美居民昔時仇恨相殺以血歃神像、今奉耶穌教改過向化、○馬其羣嶼、多沙而低、居民彫題甚醜、俱出海參珍珠、土人寐水中、彝出之、外國水手至此貿易、多爲人所殺、○阿盛希等嶼共八所、五州、北極出地自十九度及二十三度、偏西自百五十五度、及百六十度、居民十萬八千三百九十三、但今人戶日消滅、地繁盛、中有佳果蔬菜檀香甘蔗緜花有火山恆出火漿乾隆間此嶼尚荒無居民、以芋魚爲飯後英國水師到此、導以風化嘉慶二十三年、居民皆去塑像而拜上帝、其都曰、阿那羅路、居民六千、各國之

船所集○東洋之竟嶼雖多但褊小居民罕少除椰子等貨別無產物

附東南洋道路

東西洋考南洋鍼路自七州山七州洋始瓊州志曰在文昌東一百里海中有山連起七峯內有泉甘洌可食船過用牲粥祭海厲不則爲祟舟過此極險稍貪東便是萬里石塘即瓊州所謂萬州東之石塘海也舟犯石塘希脫者七州洋打水一百三十托若往交阯東京用單申針五更取黎母山黎母山在瓊州定安縣南四百里廣東通志曰五指山一名黎毋生黎峒中五峯如八指屹立每辰巳後雲霧收斂則一峯聳翠插天申酉間復蔽不見用庚卯針十五更取海寶山海寶山用單亥針及乾亥由塗山海口五更取雞唱門即安南雲屯海門也交阯東京一統志曰東至海西至老檛南至占城北至思明府又從七州洋用坤未針三更取銅鼓山銅鼓山廣東通志曰在文昌東北銅鼓海極深險用坤未針四更取獨珠山獨珠山山在萬州

東南海中峯勢高峻周圍五六十里南國諸番修貢水道視此爲準其洋爲獨珠洋船人云有靈伯廟往來祭獻打水六十五托用坤未針十更取交阯洋交阯洋打水七十托用坤未針取占筆羅山是廣東港口廣南漢爲日南郡隋唐爲驩州國朝爲乂安府又從交阯洋用未申針三更取望瀛海口入清華港清華港漢爲九眞郡隋唐爲愛州交阯爲西京國朝爲清化府又從交阯洋取小長沙海口入順化港順化港國朝爲順化府又從交阯洋用坤未針十一更取外羅山外羅山遠望城門近看東高西低北有椰子塘西有古老石船傍西行打水四十五托用丙午針三更取馬陵橋其內爲提夷是交阯屬縣提夷馬陵橋打水二十五托內外俱可過船南邊有橋出水用丙十針四更至交杯嶼即新州港口新州港國朝爲新安府新州交杯嶼兩嶼相對故名內打水十八托用丙午針三更

取羊嶼羊嶼有小石塔好拋錨內打水八九托外二十托南有羊角礁不可近用丙午針三更取煙筒山煙筒山此交阯占城分界處也用丙午針三更取靈山靈山與占城山連接峻嶺而方山頂一石塊似佛頭故名靈山往來販舶於此樵汲崇佛誦經祈禳開打水六十托用單午針取伽南貌伽南貌山港內有三嶼潮漲則不見山遠過打水十五托用坤未針五更由圭龍嶼取羅灣頭即占城港口占城國一統志曰東距海西抵雲南南接眞臘北連安東南北至廣東舟行可半月程至崖州可十日程占城國羅灣頭打水五十托用坤申針五更取赤坎山赤坎山宋時占城王常避交人徙居茲山近打水二十托外十八托用單申針四更取鶴頂山鶴頂山打水二十五托洋中國玳瑁洲宜防若往東埔寨由此分路用單庚針四更取柯任山柯任山自赤坎沿山而行因風應變外任尋港用庚申針開有石爛礁在西南若行船放落嶼下開頭用單庚及庚申針看風讓高收

毛蟹州毛蟹州打水六七托船頭對洲收拾有三托水在淺內船恐犯洲尾淺要認毛蠏州須見兩邊坤身頭崎便是大罟晴明潮水曉退在外任開船東風小午到淺至午進港爲妙東埔寨即古眞臘地也又名占臘將至港俱是泥地故名占臘泥國人自呼甘孛智後訛爲甘破蔗船人又訛爲東埔寨又從赤坎山單未針十五更取崑崙山崑崙山屹然海中山高而方基盤廣遠俗云上怕七州下怕崑崙針迷舵失人船莫存用單庚及庚酉針三更取小崑崙小崑崙兩邊有礁出水用庚酉及單酉針八更取眞嶼眞嶼看成三山內過打水十四托泥地外過打水十八托沙地遠過只七八托便是假嶼水淺不可行直從眞嶼東北邊出水礁南邊過船用庚戌針五更取大橫山大橫山到此是暹羅界外過南邊打水二十五托爲止路北邊水淺只五托水船在南邊見小橫山小橫山其山多樹打水十四托用辛戌針十更單戌針十更乾戌針十更取筆架山

筆架山遠望形如筆架故云山下打水十四托開打水二十托壬亥針五更取陳公嶼及黎頭山。黎頭山西邊高大東南稍低其內有嶼西北一派是石排山用壬子針五更取圭頭淺。圭頭淺打水四十托單用乾針二更取竹嶼。竹嶼淺口打水四五托用壬子針及乾亥沒山坤申尾即暹羅。暹羅乃古赤土及婆羅剎地至本朝合暹與羅斛二國名暹羅一統志曰在占城極南。又從崑崙山用坤申及庚酉針三十更取吉蘭丹。吉蘭丹即大嶼港口用坤申針七更入港是大泥國。大泥國貢道由福建入。又從崑崙山取眞嶼用辛酉針二十八更取六坤。六坤暹羅屬國也其地與大泥相連。又從崑崙山用坤未針三十更取斗嶼。斗嶼用丁午針五更取彭亨國。彭亨國一名彭坑單午針五更取地盤山。地盤山在彭亨港外打水二十八托內四十四托三更至東西竺。東西竺此柔佛地界也用丁

未針十更取羅漢嶼即柔佛港口。柔佛國一名烏丁樵林。羅漢嶼水淺宜防往來尋白礁爲準往滿剌加從北邊過船用庚酉針五更入龍牙門。龍牙門山門相對如龍牙狀中通船田疇穀薄擄掠爲豪番舶於此防之夜不敢行以其多盜且南有涼傘礁也中打水三十托北二十托南八九托又過淡馬錫門用庚酉及辛戌針三更取吉里問山。吉里問山打水二十七托兩邊有淺用乾亥針三更取崑宋嶼。崑宋嶼打水二十五托用單亥針五更取箭嶼。箭嶼打水三十四托用乾戌針五更取五嶼。五嶼先時酋門鎮於此此中有眞五嶼假五嶼沿山而入爲麻六甲。麻六甲即滿剌加國也船人音訛耳在古爲歌羅富沙地。又從東西竺用丙午針十更取長腰嶼。長腰嶼北邊汚路打水二十六托若往丁機宜用坤申針四更取獨石門。獨石門出門用單酉針過鐵釘嶼。鐵釘嶼其外水流急甚用單庚及庚申針四更至鱷魚嶼。鱷魚嶼西是坤身

晝南流而夜北流再進由第二港入是丁機宜國。丁機宜瓜哇屬國。又從長腰嶼用丁午針十更取龍雅大山。龍雅山在馬戶邊過用單午針三更取饅頭嶼。饅頭嶼收入即是詹卑七更可到。詹卑三佛齊人稱其國王爲詹卑其國既爲瓜哇所破故王徙居於此因以名地。七嶼從饅頭嶼駕開用丁午針三更到此又用丁未針七更取彭家山。彭家山用坤申針　更取西南第二山有沉礁用坤申針收舊港。舊港即三佛齊故都也其先爲干陁利國初時爲瓜哇所并改名舊港以別於彼之新村。又從彭家山用辰巽針十更取進峽門。進峽門用丙巳針巡坤身七更見三麥嶼。三麥嶼過嶼用單丁及丁午針五更單未針五更取都麻橫港口。都麻橫港口中望一山名眞不眞假不假正路打水十七托用單午針十更取覽邦港口。覽邦港口覽邦夷人好食人故船無維纜者外有小嶼名奴沙剌近嶼打水八九托用丁午針三更

取奴沙刺打水十四托又用丁午針三更遠望錫蘭山。錫蘭山港口即梁時所謂狼牙修也今訛爲石旦夷言高山爲錫蘭因名此瓜哇地而稱錫蘭港口者亦就望見言之其實去彼尚遠地廣人稠亞於瓜哇。海邊有一盤石上印足跡長三尺許常有水不乾稱先世釋迦從翠藍嶼來登此足躡迹至今尚存永樂間其王來貢旋復負固不恭鄭中貴和虜其王歸上命釋之。洋中凡五嶼正門打水四五托用丙巳針六更至下港。下港即古闍婆在南海中者也亦名社婆至元始稱瓜哇今下港正彼國一巨鎮耳船入亦名順塔再進入爲咖嚠吧。又從滿剌加國五嶼分路入蘇門答剌用單乾針五更取綿花嶼。綿花嶼第三灣正好過船打水七八托外二十托用單戌針過淺辛戌針四更取雞骨嶼。雞骨嶼對開打水六十六托有淺船宜遠過用乾戌針十更取雙嶼。雙嶼對開打水三十五托門中十托即正路所經也用乾戌針辛戌四更取單嶼。單嶼內打水十六托外四十托用辛戌針十更

謎亞亞路坤身打水三托洋中二十托用壬亥及乾亥
路針若雞山用乾戌針十五更取巴祿頭
巴祿頭其旁爲九州山林木叢生永樂間鄭和遣人
入山採香有長六七丈者數株香味清遠黑花
細紋山人張目吐舌言天朝威力若西邊有灣
神用單亥及乾戌針五更取急水灣急水灣沉礁打浪
對開水二十五托用啞齊國即蘇文答剌國也一名蘇
辛酉針五更取亞齊文達那廣東通志曰自滿
剌加九晝又從珻瑁洲用丁未針三東西董從西董過
夜可至更取東西董船遠似石
礁狀用單丁針五更丁失力大山近山用坤未針
未三十更取失力大山五更取馬鞍嶼
馬鞍嶼用巽巳五更塔林嶼山尖有老古石正路在西
取塔林嶼用辰巽針三十更取吉寧
馬吉寧馬哪山山上有池池上石壁有古篆用單巳
哪針七更單丙針六更取勿里洞山
勿里洞山丙午十五更取吉里問大山西面坤身拖尾
吉里問大山甚長有老古淺

離山宜防用辰巽針保老岸山山與吉里問相對俗訛
四更取保老岸山呼巴哪大山番船未到
先見此山頂聳五峯雲覆其椒山即猪蠻地沿山取磨
上用巽巳針四更取椒山嶼七更收入饒洞
思吉港饒洞即蘇吉丹國與瓜哇國
相近而吉力石爲之主
又從保老山用乙辰針五更吉力石港即瓜哇之杜板
取吉力石港村史所謂通蒲
奔大海者也打水八九托用丁未針五
用乙辰針一更取雙銀塔雙銀塔更取磨里山
磨里山即星槎勝覽所謂彭里者也俗尚
寇掠用單乙針三更取郎木山
郎木山山下有三吧哇嶼嶼前有老古重迦羅船人訛
淺用單卯針五更取重迦羅呼高羅
地與瓜哇界相接高山奇秀內一石洞前火山內是毘
後三門可容萬人用單卯針五更取火山馬山有
眞里馬假里馬過火山門大急水一名雙牌水深流急
用辰巽針二更取火急水出門用乙辰針三更

至髻髻嶼用乙卯針十更取大小雲螺用乙卯針六更
嶼大雲螺小雲螺單卯針七更取
蘇律蘓律山有紅毛番居此不宜進船用印嶼用單卯
山乙辰針三更收山取印嶼針二更
至美羅港池悶即吉里地悶是
即是池悶諸國最遠處也
又從吉寧馬礁往文郎馬耶分路用丙巳及
巽巳針五更取吧哩馬閣
吧哩馬閣即白水打水八托是正路近嶼有淺可防用
乙卯針五更甲卯針五更單卯針五更即取
三密三密港用乙卯針二更取龜稍開有石六七
港嶼打水六托是正路龜嶼塊名猫着萬里
淺用單巳針三更單戎世力山有淺宜防打水五托是
取單戎世力山正路用單巳針及巽巳
四更又辰巽美啞柔港口是處多盜好夜殺人
針收美啞柔前有大山是馬神國
文郎馬神國古稱文狼

東洋鍼路

太武山用辰巽針七彭湖嶼是漳泉間一要害地也多
更取彭湖嶼置遊兵防倭於此用丙巳
針五更取虎頭山用丙巳針七更沙馬頭澳用辰巽針
虎頭山取沙馬頭澳十五更取
筆架筆架山遠望紅豆嶼并浮大港用辛酉針三
山甲山進入爲大港更取哪哦山
哪哦山再過爲白土山用辛密雁港南是淡水港水下
西針十更取密雁一灣有小港是米
呂蓬下一老古灣是磨
力目再過山頭爲岸塘
又從密雁港嘆頭門用丙午單午六藐山下有四嶼用
針十更取六藐山單巳針五更
取郎單午針四更用丁午針五更取
梅嶼郎梅嶼取麻里荖嶼麻里荖嶼蘇安山及珻瑁港
珻瑁嶼東是傍杜旋欄用壬子針四表山山甚高爲濤
更及癸丑針五更取表山門之望故名

用丙午針及單午針五更取里銀中邦里銀中邦用丙巳針五更取頭巾礁頭巾礁用單午針五更取呂宋國呂宋國國初貢路由福建入用丙巳針及乙辰針十更取沙塘淺開是猫里務猫里務國即今猫里國也永樂時與呂宋貢使偕來

又從呂宋取猪未山入磨荖央港

又從呂宋過文武樓沿山至龍隱大山爲以寧港以寧港山尾十更西邊取里攞翰至高藥港

又從以寧港用丙巳針取漢澤山即屋黨港口漢澤山用單巽針取海山海山用單巳針五更取吶嗶其丙爲沙瑤

又從漢澤山用丙午針二十更取交溢一名班溢交溢稍下爲逐奇馬山用乙辰針七更取

魍根礁老港魍根礁老港用乙辰針七更見紹山紹山又用乙辰針十更入千子智港是米洛居地今佛郎機駐此千子智港對面是直羅里稍上是紹武淡水港紅毛夷駐此紹武淡水港此處大山凡四進入即美洛居舶人稱米六合

又從交溢對西開船取犀角嶼犀角嶼外有三四白礁南勢開船用單申針入蘇祿國蘇祿國國初朝貢有東王西王峒王其後惟東王來貢不絕疑是爲東王所并矣商舶所至則峒王地

又從呂蓬用坤未針五更取芒煙山芒煙山用丁亥針十更取磨葉洋磨葉洋用單未針并丁未取小煙山小煙山其上有仙人掌用丁未針五更取七峯山七峯山用單丁針五更取巴荖圓巴荖圓用丁未針五更取羅葍山羅葍山用丁未針三更取聖山聖山自聖山東去突出二十尖兩傍皆老古石中只一溝舟行甚險用單未及坤未針五更取崑崙山

崑崙山此又別一崑崙是舶人強名之耳用坤未針取長腰嶼長腰嶼船過嶼門用單午針五更取鯉魚塘鯉魚塘取毛花蠟即文萊港口文萊國即婆羅國此東洋最盡頭西洋所自起處也故以婆羅終焉

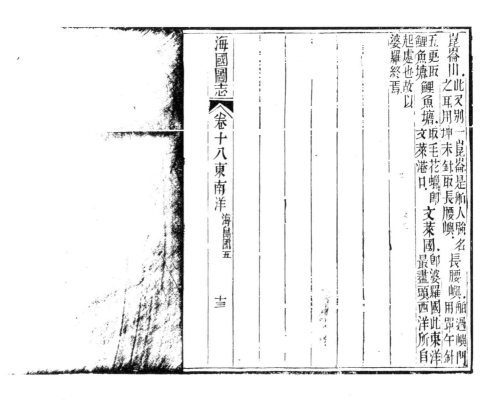

西南洋五印度國志

敘曰西南洋爲印度海惟西北二印度尙各自爲國其中南東三印度並據於西洋東印度爲英夷駐防重鎭凡用兵各國皆調諸孟加臘每卒月餉銀約三十員又與我屬國緬甸廓爾喀鄰近世仇故英夷之偪中國與中國之籌制英夷其樞紐皆在東印度南印度斗出南海有佛蘭西彌利堅葡萄亞荷蘭呂宋各國市埠環列而英夷之市埠曰曼達薩喇曰孟邁皆產鴉片煙與孟加臘埒各國不得分其利恒外睦內猜故我之聯絡佛

蘭西彌利堅及購買船礮其樞紐皆在澳門與南印度中印度爲英夷與俄羅斯相拒之所中惟隔一興都哥士大山俄羅斯踰山則可攻取溫都斯坦英夷設重兵扼守之故我之聯絡俄羅斯其樞紐在中印度不悉東印度之形勢則不知用廓夷雖有犄角擣批之策而不敢信也不知南印度之形勢則不知用佛蘭西彌利堅欲行講造兵船之策而末由決也不知中印度北印度之情形則不知聯俄羅斯方詢俄羅斯國都與英夷國都遠近不知其相近者在印度邊境而不在國都也昔唐太宗貞觀中王元策用吐番之兵以擣印度卽廓爾喀攻孟加臘之路元太祖兵至北中二印度而返及憲宗命諸王旭烈先攻取西印度而後回取五印度卽今俄羅斯侵偪溫都斯坦之路明三寶太監鄭和以舟師破錫蘭山俘其國王歸獻諸朝卽今粵夷兵船赴南印度之路具載往牒近徵商船事異鑿空形同肘腋指示發蹤誰端銜策志西南洋實所以志西洋也故以東南中三印度冠其前而以西印度之天方教天主教附其後五印度沿革又附其後

海國圖志目錄

海國圖志卷十九

歐羅巴人原譔
侯官林則徐譯
邵陽魏源重輯

西南洋

五印度國（東南中三印度今皆屬英吉利惟西北二印度各自爲國）

印度國即興都斯頓也一作痕都斯坦一作溫都亦有作軒都斯丹者地隸阿細亞洲西南地廣壤沃產豐甲於諸國其國如何創治諸記未詳查探險寶記僅云爲數小國而西流古士記又云大國以巴利摩刺臘爲國都仍未載及主國者爲誰（竟不知印度爲古佛國蓋由西洋人奉天主教不覽佛書而近日印度又爲回教久據力泯佛教踪跡也然志中東南中三印度諸部落尚奉佛教又似未盡改回教者未詳其故）大西洋有公記始云壯麻墨合印度可臘山達達里共爲一國後被俄利所滅俄利傳至巴旦王耶蘇紀歲千三百九十八年（明建文二年）又爲底摩阿所滅底摩阿傳百餘年後悉歸蒙古（此蒙古謂賽馬爾罕之王）嗣各部落隔大山之險不服蒙古統轄各自立主各部中又以馬拉他爲最強（此南印度主國非東印度之孟加臘也）至西北溫大壓山麻臘耨特爾希阿俄臘等部均歸馬拉他所轄南隅麻疏一部爲哈達阿里所據加補爾

部爲阿密沙所據阿密沙與馬拉他交戰時各部互相攻擊英吉利乘隙征服東隅遣賀威廉駐防孟阿臘遣賀族乞駐防遂於曼達拉薩孟買兩處開埠貿易貨物充牣各國商舟雲集是時惟哈達阿里尚強不服英吉利于是印度之蘇拉扎道臘統兵與英人爭鬬收賀威廉部衆置之黑獄英吉利遂遣律記利付奪復其地別置頭目後至千七百六十五年（乾隆三十年）復又背叛全滅英吉利之人英吉利王復遣薩依姑底奪復疆域自此印度地屬于英國者十三部曰孟阿臘曰曼達臘薩曰孟買曰彌那曰歐尼曰瀝部曰麻疏曰薩達臘曰稔哇曰特那灣戈曰果眞曰那治勃曰西倫島其各自爲主者曰新低曰阿魯斯曰尼保爾曰新尼曰即茅爾旦數部而已（此數部乃中印度南印度之邊境未盡屬英吉利者若西北二印度又不在此數部之內觀英夷所繪印度圖印度河東岸尚係青色不盡在所保黃色各國之內可證即此數部也）孟阿臘以加爾格達爲首部計幅員二十二萬零三百十二萬方里戶口六千九百七十一萬名外有八萬五千七百方里未計戶口英吉利派加稔那一人（加稔那官名也）駐劄孟阿臘理糧餉鹽法貿易鴉片兵丁醫館等事隨員四人分

理各事曼達那薩幅員十四萬一千九百二十三方里戶口千三百五十萬八千五百三十五名英吉利派加稔那一人駐劄曼達那薩理糧餉鹽法貿易鴉片兵丁醫館等事孟買幅員五萬九千四百三十八方里戶口六百二十五萬一千五百四十六名外有五千五百五十方里未計戶口英吉利派加稔那一人駐劄孟買理糧餉鹽法貿易鴉片兵丁醫館等事定例曼達那薩孟買兩處加溫那仍歸孟阿臘統轄此外別設靡宿各一人執連共七十六人統設敘坡兵十八萬一千五百一

十七名英吉利兵八百名蘭頓王家兵二萬名曰王家兵者雙分口糧也嬭那幅員九萬六千方里戶口一千萬名歐尼幅員二萬方里戶口三百萬名薩達臘幅員一萬四千方里戶口百五十名特臘彎戈果眞幅員八千方里戶口一百萬名那治勃幅員二十八萬三千方里戶口千六百五十萬名西倫島幅員二萬四千六百六十方里戶口百萬名俱英吉利統轄而各部頭目則由部民公舉尚有新低阿幅員四萬方里戶口四百萬占魯斯幅員五萬方里戶口三百萬名所屬加斯彌野

幅員一萬方里戶口百萬名尼保爾幅員五萬三千方里戶口二百萬名新尼郎茅爾旦幅員二萬二千方里戶口百萬名此皆自主之部落不屬英國所轄河道三安治士河即恒河發源謙麻那壓山布臘特河發源阿山俱至孟阿臘出海新地河又名興都士河發源西藏經歷數千里至達岱入海產棉花胡椒檳榔檀香蘇木糖洋靛牙硝絹紗羊毛鑽石金沙猫兒眼石碧玉水晶寶石銀鐵硫黃硃霜洋參鉛椰子象虎地毯氈緞布姜黃荳蔻肉桂鴉片鴉片爲最鉅之貿易英吉利獨擅其利

初時尚稀近則徧地皆種以麻尼哇所產爲最每年出港其六千五百滿六百斤爲一滿每滿價約百二十五員以上原本○案此所述鴉片專指麻尼哇一處非全數麻尼哇一作麻爾洼乃自主部落非英夷所轄

重輯原無今補

貿易通志曰印度之地距大西洋數萬里自古不相通其通商自荷蘭始萬歷二十二年荷蘭商船駛至南海五印度市胡椒返棹大獲利於是設公班衙僅洋銀三萬圓積久增至三百萬員主其事者六十五商及明泰昌間僅二十年公班衙所贏銀已千有四百萬員每歲

大舶四十旋據南海葛留巴洲建總埠順治四年遂與佛蘭西國分擅其利於是荷蘭公班衙大興東通暹羅日本又據臺灣雄長南洋諸島間每年文武使費銀百五十萬員其後雖失臺灣仍踞暹羅東南方地與各國互市康熙三十八年再稟求其國王賜敕書定歲貢額銀九十萬員每歲別獻賚賻儀銀十五萬員公班衙即公司之異名也方荷蘭之立公班衙於南洋英吉利商慕之於萬歷二十七年糾國人合貲本且稟求國王設立公司嚴禁本國散商之赴南洋者其始國人尚憚險遠僅合貲十五萬員次年增至二十六萬員獲利皆三倍且途刼荷蘭國葡萄牙國之商船以歸於是英吉利公司漸興與荷蘭公班牙據地爭權英吉利乘機於印度海濱開新地立商埠其印度國民尚外視而輕忽之時商船僅三十五隻貲本僅三十五萬員國人屢稟求散公司之局於是國王令他商於印度西方孟買嶼立新公司兩公司相傾軋康熙四十年始合兩公司爲一并借國王帑銀一千萬員歲息八十萬員其後復貸五百萬員免其利息於是英吉利南洋公司大盛乾隆

四年東印度兵爲北印度侵偪且臣下自相割據結荷蘭佛蘭西公班衙之兵爲助於是英吉利公司兵船乘機取印度海南地印度國王求援于荷蘭佛蘭西并力拒敗英吉利之兵乾隆二十四年後英吉利復興兵與戰荷蘭及佛蘭西連年軍旅供億浩繁雖歲稅四百餘萬入不贍出非惟盡逋本國之貢款反借其國帑數百萬生計日耗至乾隆五十年遂敗於英吉利嘉慶十六年英吉利遂據公班衙之地佛蘭西公班衙散局惟與各國分市南印度其東中兩印度大半歸英吉利道光十三年國中會計公司貿易無利且虧空公項以鉅萬計始散公司局聽散商自運人人皆悅

每月統紀傳曰明宏治年間葡萄亞人精神湧發營大圖艱始尋水路到五印度國歐羅巴沿海各邦聞知之皆乘船踵至其地葡萄亞官禁之令師艦縱橫洋面截劫商船各國商船不敢孤行故各人出錢或千員或萬員或三萬員積藏公帑備船礮募弁兵遇葡艦海賊則決戰保貨返國則以所載之貨發賣各捐戶公分其利由此立商會曰公班衙公班衙者爲羣商捐貲本錢

具作貿易也荷蘭公班衙爲首始出公銀二百五十萬員赴牙瓦洲摩鹿羣島買丁香胡椒等貨歸國獲益一倍年年續駛南海利路大開始則向土酋買地開新埠後則開釁戰鬭而奪其旁地兵盛勢強兩攻澳門敗退因據臺灣之港口與福建沿海居民貿易開墾愈廣錢貨益增船舶滿海築城建邑商變爲君後有爲福建鄭成功所攻時荷蘭公班衙通事何斌知港路深淺說成功聯檣並進荷蘭嚴守安平大港成功從鹿耳門進水漲三丈餘入據臺灣與荷蘭相持甚久圍其堡臺屢戰

不息鎮守官乞盟返棹回國康熙二年公班衙雖失此地別奪他島建城立埠復興貿易自東自西自南自北每年奉本國王銀十五萬員別納一百萬員以答國恩嘉慶年間與英吉利國搆兵攻伐忽然公班衙不幸其船或沉淪或被奪英總兵乘機取其新地荷蘭公司散局將所據之地奉歸本國英吉利公班衙始與荷蘭相合但每開釁隙屢次交鋒於是公班衙密合防禦其本錢八百萬員爭鬭良久後再立公班衙於五印度國建兩城東邊曰馬大剌西邊曰孟買其時彼國土官貪賄篡勢私取陋規其土君復倚自公司之利誓逐英軍而奪其業乾隆十七年奮力攻戰交鋒未及十餘合土君皆敗散自後英吉利特命總理官兼攝五印度國大半之權佛蘭西人恨之費力費帑圖勝英軍英兵冒火突鋒塵戰佛蘭西兵終敗于是土君割地求利不敢強逼自三印度國屬英公班衙之後所據地廣不盡貿易惟務治國而已向來所赴廣東商船致載茶葉自道光十四年不利於市公司雖散掌握尚存每年所收國帑之銀共計一千五百萬員但使費亦繁所餘者無幾以上原本無皆今補

海島逸志曰明絞骨即孟加臘譯音之殊在葛留巴之西土地亦甚寬大和蘭色仔年紆毛雜處其地四夷雲集交商之所百物俱備貨賄流通土産大呢羽緞嗶支

案道光二十二年四月靖逆將軍奕山奏風聞暎逆所屬之孟阿剌地方向有英夷兵目帶領黑白夷兵各數百名駐守因黑夷出兵在外多有傷亡僅剩白夷兵不敷駐守該逆兵目於去冬勒派土夷商民充當兵役因而搆怨聚起刺殺夷目並將白夷兵數百名焚斃殆盡嗣又據香港探報英逆前估孟阿喇埠頭藉産鴉片厚利得充兵餉因被孟阿喇麼老鬼子將八顛之弟殺死奪回鴉片埠以至兵餉不繼等語又訪聞得英國之東另有思田國相距約三月水程英夷欲奪其地被思田國設計誘騙於本年正月內

殺斃英兵萬餘名。現在干戈仍未止息等語。又傳聞逆夷先與喀布爾打仗。現在又與治拉拉拔打仗。有地名古斯尼。仍被治拉拉拔奪回。該逆夷深恐喀布爾與治拉拉拔和好。又訪聞喀布爾與孟阿喇各處總名印度等語。○案喀布爾。即加布爾。乃阿付顏尼國之部落。在中印度西境。詳見於下。

每月統紀傳曰。孟買部。在痕都斯坦西南方。其會部城建於嶼。其嶼初爲葡萄亞所屬地。後讓與英國。至順治二年間。英國王以此嶼賜公班衙治理。當時嶼甚荒杳。潮漲水溢巨浸地也。英人駐三年。水土不服。染病多死。英人勉築隄防。火烈山澤。建磚屋。開衢衕。招徠流寓。戶口繁滋。其嶼雖磽瘦。終年之產。不足一月之用。郤煙戶

十六萬餘。皆恃貿易爲業。洋艘七百餘隻。皆往印度西北。及法耳西阿拉比。及中國各處。所載出藥材棉花瑪瑙石等貨。除英國商賈外。有白頭回及法耳西商賈。白頭人本法耳西國之士民。當回教始興。盡力征服四方。不順奉者。必遭刑戮。致令多人往印度避害。其人皆儉約勤作。善貿易。惟崇拜陰陽。每當日出日入之際。叩首敬奉。然其俗好善施濟。扶困持危。惜無人告以福音之眞道也。英國在孟買建造戰船。其匠皆白頭人。手藝甚巧。

塔喇瓦府。每年納餉七十萬員。昔屬瑪哈喇塔國。其國本有大權勢。因與回回戰鬬不息。而後衰敗。民遂任意作亂。諸侯操權。戰鬬爲務。自王達於庶民。俱刦奪爲業。婆羅門僧。狡獪巧捷。煽惑民人。恐嚇取財。既貯藏銀。王郎革頂。奪其不義之利。嘉慶二十年間。瑪哈喇塔王攻孟買。肆焚掠。與英軍交鋒。瑪哈喇塔兵敗走。諸侯皆服。百姓甘順。自從英人操權。匪徒安分。其王除位而安享空祿。

乾底土府。屬省治不久。其郡係盜藪。農廢田荒。獨守堡

臺。土人只捕野獸。故甚猛烈。捐軀而戰。風俗甚蠻。且不守婆羅門教。乃供奉汚鬼塑偶。近于禽獸。

君乾分作南北兩府。皆豐腴地。出米糖等貨。亞美塔拔府。先爲回回之國。徵斂朘削。百姓盡窮。後已復興。惟嘉慶二十四年。遭地震敗廢。該喇府之士人。崇婆羅門邪教。常殺怨敵以獻神贖罪。英國律例嚴禁。然作亂不已。當用軍防範。

蘇喇府。在大南洋北方。昔海賊之藪。故公班衙立一幇師船。巡海勦賊。今始安靜。地產棉花。織布精工。府城郎

印度國當回教興旺時戶口有八十萬人現在減少十五萬口建放生院養各禽獸不論犬馬鳥蟲諸類皆養之不殺布羅者府陸海地方久歸英國掌管

北方各府其名吉斯喇地方居民皆印度國之土人俗尚火葬婦與夫屍同燒嬖妾爭先蹈焰貴家恐養女厚門輒殺之無惻隱之心而婆羅門僧亦無警醒之言反礪磨愚民行溺女之罪近日英國嚴禁此弊以上原本無皆今補

五印度東界西藏緬甸西南界海北界韃韃里近日東南中三印度皆屬英吉利其自主之國惟西北二印度

耳孟阿臘孟買曼達那薩均濱海大市埠以下又原本

孟阿臘東印度部落東界緬甸西界麻哈南界海北界西藏廓爾喀領小部落二十一俗奉墨那敏教郎古時佛教也首部落曰噶里噶達重兵駐防商民環處樓閣園亭街衢廛市盛甲南海設有鴉片公司凡巴達那默那出產鴉片均歸入公司由公司發售出口

麻哈東印度部落東界孟阿臘西界阿臘哈墨北界尼保爾南界尼路阿那領小部落十俗奉墨那敏佛教而尼達那出產鴉片曰黑土又曰公班

尼路阿那東印度部落東界麻哈孟阿臘西界彌里阿南界那特蘭北界阿臘哈墨領小部落三十俗奉墨那敏佛教

阿蘭牙墨南印度部落東界彌那南界龐渣布西界海北界堪力市領小部落九俗奉墨那敏佛教海錄謂居斯士者爲巴史種類顏色稍皙即今來粵貿易之白頭夷也家居溫厚人習商賈所屬孟買爲麻爾洼鴉片出口之埠頭

厘加那特南印度部落東南俱界海北界麻臘耦西界特臘彎戈在孟阿臘西少南陸行二十餘日水路順風五六日領小部落二十有一俗奉墨那敏佛教海錄謂之曼達喇薩居斯士者爲孛那里種類出產鴉片一曰金花紅一曰油紅以金花紅爲最

阿那哈默南印度部落東界麻哈西界麻爾洼南界尼路阿那北界歐尼領小部落十有二俗奉墨那敏佛教產鴉片曰黑土遜于巴達那

麻爾洼南印度部落東界阿臘哈墨西界吾治湎甸

界堪力市北界臘赤布達那領小部落十有二俗奉墨那敏佛教產鴉片中國謂之白皮

君治瀝南印度部落東界麻爾洼西界刮治南界海北界臘赤布撻那領小部落十有六俗奉墨那敏佛教

特那彎戈南印度部落東界厘加那特西界海南界海北界果眞領小部落二俗奉墨那敏佛教

果眞南印度部落海錄作固眞東界戈彎都西界海南界特那彎戈北界馬那麻領小部落二俗奉墨那

敏佛教

彌那南印度部落東界尼路阿那西界阿蘭牙墨南界海里那墨北界摩那領小部落六俗奉墨那敏佛教

歐尼南印度部落東界麻哈西界阿尼那南界阿那哈默北界尼保爾領小部落六俗奉墨那敏佛教

西倫島在黎加那特之東南領小部落九俗奉墨那敏佛教

靡渣部南印度部落東界海里那墨南界麻疏西界

海北界阿蘭牙墨領小部落十有五俗奉墨那敏佛教

麻疏南印度部落東界麻那耦南界歌壬麻都西界加那臘北界麻臘耦領小部落十俗奉墨那敏佛教

馬拉他南印度部落東界歌壬麻都西界海南界果眞北界加那臘領小部落四俗奉墨那敏佛教產鴉片

加士敏耶中印度部落東北俱界西藏西南俱界臘和爾領小部落一俗奉墨那敏佛教

臘和爾中印度部落東北俱界西藏南界特爾希西界牙爾士丹領小部落十有五俗奉墨那敏佛教

俄爾洼中印度部落東界西藏西界特爾希南界尼保爾北界西藏領小部落二俗奉墨那敏佛教

特爾希中印度部落東界俄爾洼西界臘赤布達那南界阿厄臘北界臘和爾領小部落十俗奉墨那敏佛教

臘赤布達那南印度部落東界阿厄臘西界茅爾旦南界麻爾洼北界臘和爾領小部落十有八俗奉墨

那敏佛教

茅爾卩即新地南印度部落東界臘赤布達那西界麻凝士丹北界臘和爾領小部落七俗奉墨那敏佛教

刮治南印度部落東界吾治瀝西界海南界海北界茅爾旦領小部落四俗奉墨那敏佛教

阿厄臘南印度部落東界歐尼南界阿臘哈墨西界臘赤布達那北界特爾希領小部落五俗奉墨那敏佛教

尼保爾中印度部落東界西藏西界俄厲洼南界孟阿臘北界西藏領小部落四俗奉墨那敏佛教

阿里沙東印度部落東界孟阿臘南界海西界特蘭沙加爾司北界尼路阿那領小部落五俗奉墨那敏佛教

特蘭沙加爾司東印度部落東界阿里沙西界麻那耦南界海北界尼路阿那領小部落十有二俗奉墨那敏佛教

海里臘墨東印度部落東界尼路阿那西界靡札布南界麻那耦北界彌那領小部落六俗奉墨那敏佛教

靡臘東印度部落東界尼路阿那南界彌那西北界堪力市領小部落三俗奉墨那敏佛教

堪力市東印度部落東界尼路阿那南界靡臘西界吾治瀝北界麻爾洼領小部落三俗奉墨那敏佛教

麻那耦南印度部落東界特蘭沙加爾司西界麻疏南界里加那特北界海里那墨領小部落五俗奉墨那敏佛教

加那臘南印度部落東界麻疏南界馬拉他西界海北界靡查布領小部落五俗奉墨那敏佛教

歌王麻都南印度部落東界西林西界馬拉他南界里加那特北界麻疏領小部落一俗奉墨那敏佛教

西林南印度部落東界乇加那特西界歌王麻都南界里加那特北界麻那耦領小部落一俗奉墨那敏佛教原本止此

五印度補輯原無今補○此專取本朝近日情形其歷代沿革別見後卷不入此內

高宗御製文集五天竺說曰昆侖居大地之中天下萬

國環之昆侖以東。我大清國最大。昆侖以西南。五天竺
國最大。昆侖以西。鄂羅斯國最大。今回疆與痕都斯坦
相接。其國即印度故境。以中國之力。欲通五天竺國何
難。但出于招致。非彼之慕德嚮化而來。故不爲耳。
又御製詩集題大西天草書普吉祥玉印序曰。痕都去
衛藏甚遠。道里莫得而詳。即古五印度也。相傳彼處有
佛遺跡。而今彼處佛教乃式微。外道轉盛。俗稱爲大西
天。若回人之痕都斯坦。蓋印度之一耳。茲得玉印二方
體近天竺。因令侍衛巴忠持詢章嘉胡土克圖。據稱是

大西天草書。一曰薩爾瓦。漢語普也。一曰莽噶拉穆。漢
語吉祥也。首歲得此。實爲兆庶錫福之徵。
海國聞見錄小西洋居於丙午丁未方。按此沿俗稱西南洋爲小西洋。與今志例不合。從麻剌甲暹羅繞西。沿山而至於白頭。番國人
即西域之狀。捲鬚環耳。衣西洋布。大領小袖。纏腰。頭裹
白布。故以白頭呼之。國有二。東爲小白頭。國名莫臥爾。即痕都斯坦。
西爲包社大白頭。即伯爾西亞。二國北接噶爾丹國。而噶爾
丹爲之北。案噶爾丹乃準部。在蔥嶺東。與小西洋包社等國不相接。當作賽馬爾罕。在蔥嶺西。此誤混爲一國。
鄰細密里亞國。細密里亞國之西。爲俄羅斯國。案細密里亞。即悉畢厘阿。乃俄羅斯東藩。與中國新疆喀部黑龍江連界者皆是也。原圖誤析俄羅斯與細密里亞爲二國。故滋閱者之疑。今仍原文而附訂於此。小白頭東隣民呀國。即孟牙臘。小白
頭北與大白頭。皆聯賽馬爾丹。西北枕裏海。西鄰東多
爾其。西南鄰阿黎米亞。即天方阿丹回國。南臨大海。○多爾其
分東西二國。皆回回。東多爾其。機洼回國。國不通海。東鄰大
白頭。東北傍裏海。北接惹鹿惹亞。即南都魯機。西鄰西多爾
其。即如德亞。今并入天方回國。南接阿黎米亞。回教祖國。○裏海者。諸國
環而繞之。東北細密里亞。即哈薩克。西北俄羅斯。東賽馬爾
丹。賽馬爾丹者。明代國名也。今則爲敖罕布哈爾愛烏罕等國。西惹鹿惹亞。南都魯機。西

南東多爾其。即機洼回國。南包社大白頭。內瀦大泊。不通海
棹。其水惟從包社出海。故爲裏海。○惹鹿惹亞一國。亦
不通海。東傍裏海。西傍死海。北聯俄羅斯。南接東西多
爾其。女人姿色美。而毛髮紅。氣味臭。即古之西女國故地。衣着同
白頭。貢於包社。○死海者。即黑海。源從地中。北俄羅斯。
南西多爾其。東惹鹿惹亞。西珉年呷。即北都魯機。四面環繞。
不通大海。故爲死海。而西多爾其珉年呷二國。不通小
西洋之海。而濱於中海之東北。中海從大西洋之海而
入。語附大西洋記。○阿黎米亞。即阿丹天方回回祖國。東鄰包社

大白頭北接東西多爾其西北濱於大西洋之中海西
聯烏鬼國陸地一隅自西至西南與烏鬼之地隔對一
海南臨大洋國爲多爾其所屬貢男女於多爾其爲奴
婢今天方之默德那阿丹國亦臣服于包社也
萬國地理全圖集曰五印度國亦稱忻都士但北極出
地自六度三十分至三十五度偏東自六十五度至九
十五度東西南三方環海北至西藏東北連亞三西北
接加布此邦自古有名產玉金香珠萬國會聚壯市廣
袤方圓三百八十四萬方里居民萬三千四百萬丁北

方各地高山插天四面積雪與西藏交界其國中間山
峯相接自北至南半之二分北至高之山二千五百丈
西方惟有三百丈而已安額爲聖河自北山流出其雪
穴闖入印度地方東南流入旁葛剌海隅即東恒河也
印度河由西藏出至五印度西北疆入印度海即西恒
河也又東北方有巴馬埔他江自雲南流入亞三境入
旁葛剌海隅即大金沙江也西尚有逆埔他答地等河
南有峩他惟利吉那加惟剌等江山內及沿河出鋼鑽
紅寶石石榴珠嫩黃玉金色玉珊瑚靑碧瑪瑙其國豐
盛惟西北沙漠乃游牧之地印度所出棉花最盛每年
運出十八萬九千七百石靑黛一十萬石檀香蘇木胡
椒水菓各項其五爵君王皆騎象造金鞍美麗光彩其
鷹甚怪鷙則高飛呑臭屍骸飛及高山山內金銀不多
但有鐵如石其北方出硝甚多而最惡之鴉片亦此國
所出

又曰自古以來五印度國大有聲名因離中國不遠數
次梵僧流布其教令中華固執奉事菩薩周烈顯等王
年間西國有希臘王率其軍士所向無敵攻取印度各

國旋即退敗嗣後與大秦各國總無交通惟其商賈貿
物西往但不進內地又不採風俗故迷怪誕以招人耳
目宋朝年間回回旋自北侵國自崇獨一眞主上帝不
奉事菩薩併力攻擊拆其廟壞其像掃蕩全地強其士
民服其權轄及元朝始衰之年有蒙古兵犯界剿滅地
方開基創業四方強服其居民算各戶共計八千萬丁
忽於明宏治八年葡萄亞船隻不遠數萬里來到印度
西邊即時開港墾地貿易豐盛強據沿海多日築城建
邑並立總帥代王理藩荷蘭佛之亦來兵船與葡接戰

百攻百勝。是時英商來國請士君建館。亦築礮臺又有公班衙總官操權。乾隆二十年。旁葛剌總帥肇釁。執英人付囚獄。暴虐之甚。英官力擊士人。厚施賄賂教其將帥奸計投降。士軍即時四散。而英官操權。於是其士君皆怨結納。合軍南北兩邊力戰而究敗走。惟英官施政行義。故其士民仰之不敢背亂。英國現今所據之地。北有旁葛剌省。方圓九十八萬四千方里。居民五千七百萬丁。其廣大雲南省三倍半。馬塔剌省方圓四十六萬二千方里。居民一千五百萬丁。網買方圓二十一萬一千方里。居民一千萬丁。所屬權轄居民共計八千三百萬丁。別有列國歸英轄。方圓八十四萬九千方里。居民一千五百萬丁。所有自主之國不服英者。方圓五十六萬一千方里。居民一千一百萬丁。

又曰。印度人身體懦弱。四肢百體相稱。面黑容溫。其女不美。穿鼻掛環。天氣甚熱。男惟着圍涼。時將花帕包肩胸。女則渾身加衣。所食淡薄。庶民各分品等。上品者稱曰巴悶。爲國之儒。又有戰品。乃兵弁之類。自幼讀兵書。習武藝。各匠自爲一品。子接父業。否則父母棄之。親友

疎之。餧蠻溝洫。固執已見。不向教化。仍蹈前轍。習惡。所拜之菩薩神像千萬。節期相接無已。其僧大有權勢。教其愚民將嬰兒投河。或飼鱷魚。如有僧將死。寡婦於其墓堆薪自焚。英官禁其弊而罰之。印度之行外屈節從權。內巧猾詭譎。說謊騙人。現開通商之路。每年所運之貨共計銀二千四百萬兩。所運出之物銀三千五百萬兩。

又曰。印度各國貢于英吉利者。一曰尼散國。在印度內地。廣袤方圓二十八萬八千方里。居民一千丁。其地山峯不高。天暑物阜。國王好戰。募兵與鄰國結釁。兄弟離散。四方仇敵並起。英人助之。始免亡失。王交接匪類。習變幸。英國始派大臣駐都理國。所有軍士皆歸英國將弁督率彈壓。都城最大。居民二十萬丁。國衆淫邪無度。王常避宮不出。

一曰納不邦者。廣袤方圓二十一萬方里。居民三百四十七萬丁。古王以剽掠鄰邦爲生。往往犯英藩屬。是以伐其王。別遣大臣代辦國事。

一曰澳地。廣袤方圓六萬方里。居民三百萬丁。田地甚

豐江河灌漑土民健強好鬬恒結釁隙近招英官辦事
其王甚富府庫充溢賴英大臣代理國政故百姓樂業
一曰巴羅他乃賊匪之國本地暨破報兩國因都敵逼
迫並無攻戰之法故招英官而服其權
一曰買素在印度南方廣袤方圓八萬一千方里古時
農務甚興但王好戰連年英官効死力戰全取其地而
此外別有列國小邦如中國之諸侯皆以英爲其地主
隨時進貢而拜其大臣如辦政之宰相
印度自主各國一曰廓爾喀國南東西三方皆連印度

北蓮西藏遍地高山穿谷產大麥王麥棉花甘蔗荳丹
參肉荳蔻土地廣袤方圓一十五萬九千方里居民二
百萬丁如西藏土人崇佛教信喇嘛山內民人身矮力
大乾隆年間侵西藏劫廟宇被天軍追勦嗣嘉慶二十
一年與英結釁隙戰敗議和其都稱爲甲曼士
一曰悉國在西藏西南形勢廣袤方圓一十五萬方里
民八三百萬丁田地沙多農夫力耕居民獨拜上帝一
位不崇菩薩力戰回回教門自創立新國道光年間明
君操權百攻百勝請西洋國將軍率兵講求武藝精熟

縚畧故此鄰國畏之道光十九年沒宗孫攝政讒佞在
朝權奸營私國不如舊其都稱爲刺合
一曰新地亞地廣袤方圓一十二萬方里居民四百萬
丁國雖廣大然諸侯甚多各係自主好擄掠攻擊爲英
軍力戰擊退只待機會再可征伐土產鴉片每年運出
二萬餘箱銷賣四方其都稱曰烏忽多有古蹟
一曰甲布國南連英藩屬國北至新疆東接後衛西及
白西國其地廣大但居民不多部落土酋各據其邦大
半爲回回教門勇猛好戰以騎射爲業地內沙漠狂風

四起道路崎嶇人馬難行故敵難攻擊況山洞路窄分
口難通道光十九年峩羅斯國私差奸人挑攬事情滋
滋事端英國興師望甲而進跋涉勞頓不勝卒擊其敵
逐其王而防範其國其王今貢於英案甲布一名河付干即愛烏罕國
英吉利在印度國權力勢重始係商賈結夥爲公班衙
其貿易人等到印度沿海各口建立商館買賣因土君
力索磨難必須防範是以操演軍法逐一過人百擊百
勝雖本國距印度幾萬里能遙制之也所養騎步皦手
各等兵其計三十萬其中僅十分之一爲英人恒布眞

教勸人棄菩薩而崇拜眞主上帝又引導各民悅服救世主耶穌故上帝增廣其土地而堅其國家矣

海國圖志卷之二十

邵陽魏源重輯

地球圖說　天竺國東界阿瓦國西藏國并旁葛剌海南界印度洋并旁葛剌海西界亞拉比亞海并皮路直坦國亞加業坦國北界西藏國其百姓約有十四千萬之數都城地名甲谷他城內民六十五萬大半釋教小半回回教現有花旗國并英吉利國人在是國傳耶穌教人民聰明能織羊毛布匹體弱面黑含笑溫和南方最熱不見冰雪東南北三方俱有高山中央平坦惟北方之山更高上有積雪國內分列三部曰旁葛剌曰馬搭剌曰綳買現屬英國管轄故英官長教其庶民各歸四業一僧二兵三商四役各傳其業無相奪倫不許互相婣好一出其類父母惡之衆民棄之親友疎之有三大江曰鉛絕斯江印度江布蘭布塔江其鉛絕斯江僧人愚其國人以爲聖江能投赤子以飼鱷魚則神佛護佑遇大偶像乘車而來凡所過境民爭以子及身投於輪下男或病亡則其婦與其夫之屍　齊焚化誠可傷矣旁葛剌之城名比拿力內有高樓五六層僧[illegible]古昔替

薩親手創造妄稱聖域人能至此燒香即免地獄之苦有河一帶能入河洗滌則罪惡俱淨以此取人之利國內有極大之榕樹其枝倒垂於地則枝復生根綿延不絕故一樹根株遠約二里其下可容二四千人國西有曠野沙漠物產全無禽獸繁殖又一城名俄亞現係葡萄牙國人管轄逼令土人入天主之教不從則鞭責甚至火焚何其忍也大小書院學習文藝處處皆有不計其數土產五穀白糖胡椒果品檀香蘇木青黛鰵花鴉片金鋼鑽紅寶石石榴珠嫩黃玉金色玉珊瑚瑪瑙鐵

硝象虎豹熊鹿水牛鷹鷲各大鳥又有最毒之大蛇等物再南有一島名錫蘭洲現與英吉利管轄耶穌門徒亦在此傳教是洲土產與天竺國無異但另有桂皮香料象土人用之如牛馬山內多寶玉海濱多珍珠至于架非近亦栽種不少

地里備考曰印度國又名天竺在亞細亞州之南北極出地七度起至三十六度止經線自東六十五度起至九十三度止東至阿瓦國暨榜加剌海灣西連阿付干國暨科曼海灣南枕印度海北界西藏長七千五百里

寬五千五百里地面積方約一百六十六萬里烟戶一垓三京四兆餘口本國地勢東南北三方重岡疊嶺逶邐延袤中央平原坦闊風景幽雅湖河甚多地方沃潤河之長者有九一名安日一名印度一名巴刺迷尼一名瑪合奴的一名哥達威黎一名基斯德那一名加威利一名內爾布達一名達布的湖之大者有四一名幾爾架一名郭拉伊爾一名林一名達爾田土膏腴生殖蕃衍土產金銀銅鐵錫鉛珍珠水晶磁砂鑽石花石鴉片鰵花藍靛木料香料等物地氣酷熱海風清涼南方

高山峻嶺南北綿亘迤邐冬夏互異冷熱懸殊每十二時風色兩轉由子至午風向海去則酷熱異常由午至子風向岸來則清涼復生國制名位不一或爲王或爲酋或自設官長或他國兵帥兼轄所奉之教或巴拉馬或邪內克或回回或天主或釋各教紛紛趣向不一技藝精巧工肆林立五方輻輳史書紀載淵源从遠年歲迢遞耶蘇未誕之前全奉釋教耶穌降生之後一千年間回王肇居北偏始創回教明孝宗宏治十年布路亞國人航海訪護水路遂至其地而賀蘭英吉利佛蘭西

三國次第接踵而至所得境土惟英吉利國人居多通國之地約分爲三一屬於別國管轄一不屬於別國管轄一進貢於英吉利國自是天主教大興

其一分內建四國一名新的亞一名塞哥一名信地一名尼巴爾其新的亞國在印度之中東西南北四至皆英國兼攝之地土地版圖不相聯絡錯落別國疆域之中統計地面積方約有四萬一千三百餘里烟戶四百萬口通國分爲三方一名亞加拉首城瓜利爾乃國都也建于平原之中屋宇峻麗人烟稠密百貨駢集一名于德宜至一名馬盧礮其塞哥國在印度西北中爲隆德勒至河分歧在河左者爲英國兼攝別序于後在河右者東界西藏西界北羅吉斯丹阿付千二國南界信地國北界西藏阿付千二國長約二千五百里寬約一千里地面積方約十八萬零五百五十里烟戶八百萬口昔則列君分據各霸一方彼此結盟不相統屬今則一君統攝世襲王位通國分爲十二部一名本若首部曰勞爾乃本國都也建于拉維河岸昔繁華今蕭條貿易仍盛技藝猶巧一名岡宜斯丹一名加支迷爾一名

着者一名亞薩勒一名北朝威爾一名幾爾加布一名木爾丹一名勒亞一名德拉義斯馬伊汗一名德拉合西汗一名巴合瓦爾布其信地國在印度之西東界亞日迷爾加支二部西界北羅吉斯丹國南界加支部暨科曼海灣北界北羅吉斯丹塞哥二國長約一千餘里寬約五百里地面積方約五萬五千五百五十里烟戶一百萬口至于朝綱王位歷代相傳首域名海德拉巴乃本國都也其通商衝繁之地一名達大一名哥拉齊一名給伊布耳一名拉爾加納一名奴沙辣其尼巴爾國在印度之北東界布丹國西界德列部南界烏德國暨阿爾部北界西藏長一千六百里寬四百里地面積方約五萬五千五百六十里烟戶二百五十萬口王位歷代相傳通國分爲九邑一名尼巴爾首城曰加德滿都乃國都也一名念四汗一名念二汗一名馬各王布爾一名幾拉德斯其中各汗分據首城非一一名加當一名札言布爾一名薩巴帶一名麼隆

其一分內建十二國一名烏德一名德于一名那哥布爾一名曷爾加耳一名賨索耳一名日瓜爾一名刺日

布德一名西林德一名邦德爾干一名波保爾一名薩達拉一名達拉王哥爾其烏德國在印度之北東界巴阿爾西界德列暨亞加拉南界亞拉合巴爾德北界呢巴爾國長約九百里寬約三百五十里地面積方約二萬三千三百三十里烟戶三百萬餘口朝綱王位歷代相傳首城名盧各腦乃本國都也建于高翁的河岸其通商衝繁之地一名非薩巴爾一名幾拉巴一名巴來支一名丹達其德干國又名尼桑在印度之南東界那哥布爾國西界薩達拉國南界加爾那德部北界馬爾

薇部長約三千七百五十里寬約三千三百里至于朝綱王位歷代相傳通國分為五部一名海德拉巴乃本國都也一名比德爾一名北拉爾一名亞瓦即加巴一名北乍布爾其那哥布爾國在印度西南東界阿利薩部西界尼桑國南界西爾加部北界亞拉把部國境長約一千五百里寬約一千里地面積方約八萬里烟戶二百四十七萬口王位歷代相傳首城亦名那哥布爾乃本國都也其通商衝繁之地一名霸架爾一名郎德各一名昭布爾一名拉登布爾一名馬合龍一名列布

爾一名古達一名威拉合爾其曷爾加耳國在印度之西東界新的亞國西界古薩拉的部南界干的是部北界剌日布德國地面積方約一萬五千里烟戶一百二十萬口王位歷代相傳首郡亦名曷爾加耳乃本國都也其賣索爾國在印度之南東南二方界加爾那德部西界加那剌部北界貝查布爾部長約七百五十里寬約六百里地面積方約四萬五千里烟戶二百二十七萬口王位歷代相傳首郡亦名賣索爾乃國都也其通商衝繁之地一名邦加羅爾一名幾那巴登一名幾德

拉克一名賽拉一名哥剌爾其日瓜爾國又名古宜加瓦爾在印度之西東界亞美大巴府西南北三方皆界痾曼海灣長約五百五十里寬約四百餘里地面積方約二萬三千五百里烟戶二百萬口王位歷代相傳首郡名巴羅達乃本國都也其剌日布德國在印度西北東界亞哥拉部西界附付千國南界古斯拉德部北界塞哥國長約一千二百六十里寬約七百二十里地面積方約九萬里烟戶三百餘萬口侯位相傳各分部落通國分為九部一名日宜布爾一名哥達一名奔的一

名柯代布爾一名八德布爾一名當克一名日薩迷耳內有諸酋分部一名比加尼爾一名巴的內有諸酋分部其西林德國卽薩德勒至河左之塞哥國也在印度之北東界德列部西北界塞哥國南界剌日布德國長約八百餘里寬約四百里地面積方約三萬餘里至于朝綱諸酋統轄各分部落首郡一名巴的亞拉一名達內薩爾一名拉的亞納一名翁巴拉其邦德爾千國在印度之中東界烏德國西界新的亞國南界亞拉合巴部北界德列部長約六百里寬約五百餘里地面積方

約三萬里諸酋統轄各分部落首郡一名札德爾布一名某一名布那其波保爾國在印度之中東南界亞拉合巴部西北界新的亞國長寬皆約三百里地面積方約九千里至于朝綱王位臨御首郡亦名波保爾乃本國都也其薩達拉國在印度之西周圍四方皆英國屬地北惹布爾部包括長約五百里寬約四百里地面積方約一萬餘里王位臨御首郡亦名薩達拉乃國都也其通商衝繁之地一名馬合比里昔爾一名美黎至一名般德爾布一名合達尼其達拉王哥爾國在印度之

南東北界加爾那德部西南界海長約五百餘里寬約二百餘里地面積方約一萬里王位臨御首郡名的里灣德稜乃本國都也其通商衝繁之地一名達拉王哥爾一名波爾架一名固蘭一名安任加

地理備考曰本州之地隸英吉利者實多有國君專管之地卽錫蘭海島有印度公司兼管之地卽印度之榜加剌等十九部暨亞桑阿剌干馬爾達般達威新埠息辣馬拉加各等處分四兵帥管轄一在榜加剌駐劄一在亞加剌駐劄一在馬達拉斯駐劄一在孟買駐劄

錫蘭海島在印度之南緯度自北五度五十分起至九度五十二分止經度自東七十七度三十分起至七十九度止長約一千里寬約四百里烟戶一兆五億口田土肥饒穀果豐登土產稻烟絲麻椰子檳榔胡椒桂皮緜花木料金石之類禽獸充牣鱗介紛繁地近赤道暑多寒少貿易昌盛商舟絡繹首郡名哥倫波有國君所派總兵一員駐札

榜加剌部東界阿瓦國西界阿拉合巴暨巴合爾二部南界印度海北界布丹國長寬皆約一千二百五十里

地面積方十五萬六千二百五十里烟戶二京五兆三億口地勢土產已詳印度國志貿易興降五方輻輳總領十八府首府名加爾古達乃都會也建于烏給黎河之左地勢平坦澤隰間隔屋宇峻麗巴合爾部東界榜加剌部西界烏德國暨阿拉合巴部南界岡都亞那部北界尼巴爾國長一千里寬七百五十里烟戶一京餘口總領六府首府名巴達那乃都會也

科黎薩部東界榜加剌海灣西界岡都亞那部南界哥達威利河北界榜加剌部長寬皆約三百里總領六府

首府名古達克乃都會也

岡都亞那部東界科黎薩部西界北拉爾根的土二部南界義德拉巴北西爾加耳二部北界馬爾襪阿拉合巴二部長二千里寬一千八百里地面積方十五萬四千四百里烟戶三兆口為英國兼攝者只東北二方首府名倭巴爾布以上四部皆屬駐榜加剌之兵帥管轄

亞加拉部東界烏德國暨阿拉合巴部西界亞日迷爾部南界馬爾襪部北界德列部長九百里寬六百里烟戶六兆口總領五府首府亦名亞加拉乃都會也

阿拉合巴部東界皁合爾榜加剌二部西界馬爾襪亞加拉二部南界岡都亞那部北界亞加拉部暨烏德國長九百七十里寬四百三十里烟戶七億口總領六府首府亦名阿拉合巴乃都會也

德列部東界烏德國西界亞日迷爾部南界亞加拉部北界古爾瓦勒部長寬皆約五百里烟戶八兆口總領六府首府亦名德列乃都會也

古爾瓦勒部東界尼巴爾國西界勞爾府南界德列部北界西藏長約一千里寬約八百里烟戶五億口總領

三府首府名西里那都乃都會也

亞日迷爾部東界亞加拉部西界附付干國南界古塞拉德部北界勞爾府長一千二百六十里寬七百二十里烟戶三兆口此部惟首府亞日迷爾為英國兼攝以上五部皆屬駐東方亞加拉之兵帥管轄案克什彌爾惟首郡屬英則北印度未全為英夷有也

加爾那的部東南界榜加剌海灣西界達拉王哥爾暨賁索爾二國北界北日布爾部長二千里寬約三百里總領十府首府名馬達拉斯大乃都會也

哥英巴都爾部東界加爾那的部西界馬拉巴爾部南界丁的古爾府北界加的山長約五百里寬三百里烟戸六億口總領二府首府亦名哥英巴都爾乃都會也

馬拉巴爾部東界哥英巴都爾部西界海南界達拉王哥爾國北界加那拉部長七百里寬二百里烟戸九億口總領一府首府多加里古都

加那拉部東界賣索爾國西界大海南界馬拉巴爾部北界北日布爾部長七百里寬約二千里烟戸三億九萬口總領五府首府名蒙加羅爾乃都會也

巴拉加部東界加爾那的部西界加那拉部南界薩靈部北界義德拉巴部長一千里寬八百里烟戸二兆口總領二府首府名北拉利乃都會也

北西爾加部東南界榜加剌海灣西北界窩黎薩部長一千二百五十里寬約二百里烟戸五兆五億口總領五府首府名干都爾乃都會也以上五部皆屬駐南方馬達拉斯大之兵帥管轄

科隆加巴部東界德干國之東比德爾府西界科曼海灣南界北日布爾部北界根的土部長約六百里寬約五百五十里總領十府首府名孟買乃都會也

北日布爾部東界義德拉巴部西界印度海南界賣索爾國暨加那拉部北界科隆加巴部長一千三百里寬七百五十里烟戸七兆口總領五府首府亦名北日布爾乃都會也

根的土部東界北拉爾部西界古塞拉德部南界科隆加巴部北界馬爾薇部長六百五十里寬約五百里總領三府首府名高爾那乃都會也

古塞拉德部東西南界海北界亞日迷爾部長一千四

百里寬六百五十里地面積方約四萬四千里烟戸二兆一億六萬口總領四府首府名蘇拉的乃都會也以上四部皆屬駐孟買之兵帥管轄

地里備考曰本州之地爲葡萄亞兼攝者曰科襪又名小西洋在印度之西緯度自北十四度五十四分起至十五度五十三分止經度自東七十一度三十分起至七十二度五分止東南至加那拉部西枕阿曼海灣北界北日布爾部長二百五十里寬一百二十里地面積方約一千五百里烟戸三億一萬餘口内有一十九島

岡陵發起絡繹迴環田土肥饒穀果茂盛土產鹽麻絲花豆蔻胡椒椰子檳榔等物禽獸草木靡弗蕃衍地氣炎熱夏多颶風技藝平常貿易清淡其地分爲三部一名痾薇首府邦靖設有總管衙門一名薩爾塞的首府馬爾岡一名巴爾德斯首府馬布薩此外又有新疆之地內分十部一名奔達一名加那哥納一名比吉靈一名薩達利一名北爾寧一名阿斯德拉加一名巴黎一名英巴爾巴丹一名順達拉瓦的一名加哥剌

達裳在印度國古塞拉的部內其地甚小長寬不過數

十里烟戶約一萬五千口在昔貿易興隆今甚淩替

的玉在印度國內地方狹窄人烟稀疎海口深闊泊舟便利

地里備考曰佛蘭西國兼攝之地皆在印度國內分爲五府一名奔的支黎府在加爾那的部內于北極出地十一度五十五分經線自東七十七度三十一分烟戶四萬口土產米餹藍靛鴉片藥材等物設有總管衙門一名加黎架爾府亦在加爾那的部內于北極出地十度五十五分經線自東七十七度二十八分烟戶一萬五千口土產絲花一牙那安府在北西爾加耳部內其北極出地十六度五十五分經線偏東七十九度五十分烟戶一萬八千口土產木料一名商德爾那哥府在榜加剌部內其北極出地二十二度五十五分經線偏東八十六度九分烟戶一萬五千口土產鴉片一名馬黒府在馬拉巴爾部內其北極出地十一度四十二分經線偏東七十三度十六分烟戶一萬口土產胡椒

地里備考曰大尼國兼攝之地俱在印度國內一名西稜布爾府在榜加剌部內烏給黎河之右其北極出地

二十二度四十五分經線偏東八十六度六分烟戶一萬三千口設有總管衙門一名達郎給巴爾府在加爾那的部內其北極出地十一度十五分經線偏東七十七度三十四分烟戶一萬二千口

外國史畧曰五印度國爲亞悉亞熱帶地北極出地自七度至三十五度偏東自六十七度至九十七度廣袤方圓四十一萬六千里其東印度海邊一千二百里自南至北一帶六千二百三十里最闊之地約六千里若論其交界北連雪山稱曰希馬拉雅山與西藏交界及

大印度海東及旁甲拉海隅與緬甸交界西及印度海西北與押安比路治等交界則以印度江盡其疆也北方之山高聳二百六十丈四時積雪不見巉巖由此河流直下岸谷蕃昌終年花開樹木蕃盛然多瘴癘無居人入夏則禽獸俱不得生自此南向漸有廣坦當河之支流分爲三條曰布蘭補答曰恆額曰印度其水皆來自西藏東西兩岸皆山連山皆密林延及南方海濱所謂哥摩林也印度西北有曠野廣袤方圓五萬里夏無草木飛塵蔽空惟於深谷內掘井以飲產水瓜止渴西

北海邊甚低有二海港一曰屈治一曰千拜內有鹹澤衆水所入所謂裏海也印度之南有錫蘭島島間有馬那爾海港其水淺大抵錫蘭島之間與巴勒海相隔無多港支海舶不至其印度河自西藏涌出初西北流後轉西南入五印度地衆水之所滙也至一處有五支河入之五印度之所以名者或亦以此在新絺地亦有海口其水淺大船不能入恆額河所流出之地在印度之北界其地高於海面者九百丈南流入印度國又多分支入旁甲拉海隅卽印度人所稱聖江者是也流傳謂能浴此河內卽洗滌諸大罪過故自遠來溺死河邊者不少榜甲拉有石岸在南地之河產金沙金剛石紅青藍等玉巴勒海產珍珠其北方產米鴉片罌花青靛餹南方產胡椒檀香各項香木樹膏椰子桂皮各項材木獸有象兕豹虎駱駝野驢鹿惟牛最鮮有則民稱爲神禽翎羽甚美但無能鳴者昆蟲多如海沙而白蟻最狠又多青蛇

印度國自古有名所出寶物不可勝數人皆視爲樂土故凡稱他國最美之區則曰猶五印度云自古與東洋

西洋各國無往來其書冊所錄惟述佛菩薩神明之異衆民各分品類各守戒律有犯必逐惟聽第一品婆羅門輩之命其君大國者皆出此族周赧王年間有希臘國王者侵五印度自後遂由紅海通商貿易旣而佛教之僧遍往四方傳其敎竟至中國中國百姓亦盛奉此敎卽日本暹羅緬甸各國皆設其像而建其廟至漢時始與中國交接自耶穌升天後數十年其門徒亦至此國傳福音之理所立聖會至今尙存後五印度各國多年釁亙相爭戰及宋靖康年間有回回族由白西爾

亞伐五印度據其地創立大國富强寖盛於是西域押安之游牧部落皆貪其富而攻伐之始於元初創國時爭據其地壞佛菩薩像强百姓入教門不從則斬亂久不息明建文元年西域蒙古撒馬爾罕王諦毋爾强服印度國創立大蒙古號管理五印度大半各國皆震慄及明世宗嘉靖八年蒙古王全操印度之權建立法度歷十五年其國廣袤方圓至七萬餘里居民四百萬名歲收餉銀二萬二千四百萬各國皆景仰焉時葡萄亞人於明武宗正德七年初到五印度海西邊通貿易後

占其海口稱曰峩亞復於他海口開埠而荷蘭人亦於嘉靖年間至此國造船奪葡萄國所據之錫蘭島開港通市然必奉大蒙古之諭後英吉利佛蘭西大尼三國亦乘機往租地通商皆在偏隅未開廣市於時大蒙古之君威權重大人皆畏之其後叔子爭權內亂並起各部酋皆乘間自王其地遂四分五裂

英吉利國於萬歷二十六年在印度創立公班衙與各國貿易得利甚微萬歷三十八年又在印度西北蘇拉地方開埠順治十年始於馬答拉貿易康熙二年葡萄牙國以絅買島讓英國正在印度之西數年後大蒙古王肇衅商人有見殺者康熙三十八年後英吉利與佛蘭西肇衅即在印度之礮臺互相攻擊前則英失後則佛奔於是鄰國皆動干戈或助英或從佛屢有戰爭歐羅巴公使出為兩國議平乾隆二十年佛國官蠱惑蒙古所駐榜甲拉之兵帥將所轄之英商弁盡行禁錮斃其大半英人欲雪此仇調傾國之師駛入恆額河與其土酋盟自逐其蒙古酷主佛蘭西乘隙復率荷蘭師船入內河力拒英人英人中有才能者曰加里威集衆聚

議與其蒙古土君背城一戰竟獲全盛於是東印度各君長皆以其地讓給旁甲拉以為英人之藩屬其南方地或買或和得之於是英國調兵帥代理其全地又擇其年少聰明者使之學而後執政恐其受賄賂則給厚俸以養其廉乾隆六十年間有蒙古土酋與英人交鋒招佛蘭西助之英軍盡力攻守至嘉慶四年土酋父子悉降其地大半歸英嘉慶十年盡驅佛蘭西駐印度之兵以據其地又在南方占荷蘭國所據之牙瓦等島也時英人在此地尚與印度為對待既而大蒙古國漸微

其外部盡背叛自立於是英人入其都其蒙古王曰得希者反賴英官賙濟之其初財積如山竟成窮乏此以知大國之不可恃也嘉慶十六年各土君在五印度者皆服惟有耶加之族類越境侵擾英人討之西北有新起教門其首領係西剌人甚勇猛土君惴惴求英人保護而納貢焉緬甸王亦與英人爭鋒且殺其兵將入旁甲拉地攻英藩屬連年不解後英軍擊敗緬甸入其都緬王求和讓北方並南海口且償其兵費於是各國皆畏英兵之强五印度國賴以少安歷數百年或同盟之

土君有叛者必除其位是以農力於田匠勤於肆商則遍出於其途皆歸英權轄忽峩羅斯國使與甲布君盟合白西國攻擊黑臘城道光十八年英軍克甲布地復立其舊主二十一年甲布人又生異心英人募兵侵甲布仍復前王之位此時西剌地之主復募兵侵英境英軍旋剿滅以峩拉昇王此國於是加治彌耳地亦歸英國自是五印度皆安堵矣五印度人固執教門不論佛教婆羅門回回皆一心堅守民多紫黑色有面白者有正黑者身體高大行不能速髮長而黎身多瘦貌圓扁

頷大而高女多美男女以白布繞身好潔勤洗常以布纏頭即纏頭回回也百姓畏熱少衣好以金銀器飾手足耳鼻常赤足不用履其教門古分四品即婆羅門等是也僧長領軍士商匠農工各分品類等級世守其業不得互相婚姻一出其品類即謂忘本原不得比于人數是以上品世貴下品世賤婆羅門爲上品門第最重婆羅門之巧猾者藉經術以漁利濟私此外尙有各國族類與本土人相雜歐羅巴巾維葡萄亞人甚多計約六十萬皆執天主教與土人未通往來英人苗裔在此

者文武兵丁六萬工商等人四萬亞拉人亦有來此充兵立業各類參雜統計約二十萬萬口大半服英國權轄土音係梵語所撰書冊詩本惟僧能講其民土音有三十餘種今則多習英語譯各藝術之書以資日用城內大開書院廣教學士崇婆羅門佛教者居十之九尤異者數年前教門之寡婦必同夫屍自焚爭赴禮佛菩薩之像致車輪壓斃者不勝數此眞婆羅酷虐之門迷惑不悟大可哀哉其回回教之人約千五百萬口崇耶穌教者亦幾十萬人又北印度國錫蘭島等處皆確守

釋迦之教

英國據印度地大半分四部東北方曰榜甲拉部方圓萬有二百四十八里居民六千六百九十四萬二千口中央曰亞加拉部廣袤方圓四千一百九十六里居民二千二百一十四萬六千七百口東南曰馬答拉部廣袤方圓六千七百里居民六千四百八十七萬六千口西方曰網買部方圓三千六十五里居民六百八十八萬七千口北界廓爾加地南界同名之海隅東至亞散緬甸等地西至巴哈部經度自二十一度至二十七度

平坦豐盛恆河東南流之所在也海邊有潴澤二十四分之中三分河湖四分荒蕪一分鄉城三分牧場九分田四分未墾之地徧地皆支江可以灌溉其水時漲壞田夏旱又易淺涸稍雨則水驟長江河遷變無常滄桑陵谷盈涸時有春夏之交雷雨連月不勝蒸熱秋則無雨零露瀼瀼天氣苦冷北方則近雪山寒凍更甚中央地勢卑濕平地皆水家家以小舟通來往鄉村廣大皆築高阜以居生齒浩繁榜甲拉爲米穀所出夏禾冬麥兼產豆粟黍薑并出鴉片青黛烟糖油在印度首推

沃饒之地田歲收二次一穀一菜但民不善耕且多貧不能具農器男美體段女好染指甲作赤色平居亦喜爭訟當步兵者四分之三奉婆羅門教甚謹出蠶絲善造紬緞織縐紗布亦出硝磺砂并各藥材富者開肆兌換金寶貸銀取利不好遠出榜甲拉西連巴哈亦屬此部在廓耳加之南經度自二十二度至二十六度出鴉片緜花穀餹黛青油檳榔玫瑰花露榜甲拉之南曰阿勒撒部地瀕海未開墾多山林密箐山民聽本宗長領不服他人其性蠻其地磽江中多毒蟲鱷魚〇榜甲拉

之都會曰甲谷他城在胡義利河邊恆額河之支流也北極出地二十二度三十三分偏東八十八度二十八分爲榜甲拉之大海口統印度大兵帥所駐各文武官商皆居于此地甚遼闊城池高固四方置大礮臺居民甚雜乃各國所集之大市舟車輻輳每年運出貨價約三千六百萬兩其軍士則屯于巴拉破利礮臺距荷蘭破利城不遠其城前屬大尼國亦美邑也居民萬三千口內多回回人造縐絮裟布毋耳士他城城在河邊屋宇三萬間居民十六萬五千口多富饒巴那城居民三

十萬種嬰衆其土人大半回回性多傲○半古答城壯
屋美民多長壽距此地不遠曰若尼宇城有佛菩薩廟
印度四方之人每歲來禮拜者約十萬人道斃者不少
而僧則愈富足○東連榜甲拉之亞山地在雲南交界
亦屬榜甲拉長一千二百里闊自六百里及百二十里
不等地平坦巴馬布他河支流之下游也多礦沿河有
金沙山內產石炭出米穀田未開墾者十之八九多瘴
癘居民由中國遷來者建屋築城其古蹟至今尚存後
被緬甸掃蕩而其地難以復興居民約三十萬崇佛敎

山民尢樸實與人無詐騙其居民大半老掌之族守分
務業藉英國人為保護○榜甲拉海隅之東為亞拉干
地廣袤方圓千八百里東連緬甸以高山為界內多廣
谷支溪遇雨漲溢遍地成湖澤土極豐腴宜果木而多
瘴異方人不服水土海口處處可泊其魚繁林內多象
虎居民二十一萬六千名會城曰亞拉千古極興旺今
又有海口之邑曰脚地亦通商之處○亞山之南尚有
各地草木叢茂人蹟罕到然居民健勇可用此地當東
印度緬甸之交界乃毋尼補甲治加特比拉可西亞各

土酋所轄其民野性不馴統歸英人羈縻○亞甲部在
榜甲拉西北廣袤方圓四千一百八十七里居民二十
萬當諸河下游西南其山漸高布那出金剛石西方多
牧場與高山相連天氣與江浙無異居民健壯產物多
猛獸東連榜甲拉西南抵網買列酋境北及雪山西刻
之地北極出自二十五及二十八度內河甚淺未足灌
漑盛出者爲花青黛白餹居民織粗布僅足用此地昔
爲大蒙古之都尚有古蹟居民多回回是爲印度之聖
城其都會曰亞拉哈巴城在恆額河閏那河會滙之處

居民六萬餘口印度人在此集會燒香城爲蒙古所造
甚堅固有大軍局又有比那勒城亦五印度之聖城四
方雲集以拜佛像婆羅門僧多若蜂聚其街甚狹居民
二十餘萬每年自遠方來敬佛者不下十萬爭向恆額
河浴身回回五分之一與土民分黨不居城內○亞用
居民九萬六千昔係大城今漸衰矣內多宮殿古蹟有
昔時王后之陵最壯麗廣通商又德希城大蒙古之故
都也居民十五萬舊國王苗裔在此賴英人之祿以
生○巴勒里城居民七萬回回居三分之一屬地曰古

摩雲與西藏不遠山林深邃冬甚冷物產茂盛居民不多田亦褊少前婆羅門僧再據此地與西藏通廓爾加國君于嘉慶十九年據之後讓地于英人英國貴人多每歲從印度來此作銷夏之會所駐之地曰新拉乃印度統帥行館納涼之所且登山以獵熊虎夏後仍還印度平坦之地○尼布他地在尼布地河之兩岸其民未向化惟伐林木爲材料不用銀錢只以鹽餹交易其平地及谷內亦有印度人但地未開墾所交界之雲他瓦地間有向化之士人與中國苗蠻無異○馬他

拉部在印度南廣袤方圓六千七百里居民千四百八十七萬海邊有輕沙如鹽鹵天氣長熱雨則全地皆漲旱則野無青草南方高山深林下滙溪澗可灌全地山頂結氷而谷中暑燠難堪海邊出椰子緜花內地產米稻甘蔗芝蔴西邊地最低出胡椒肉豆蔻米山溪內多產金沙其會城同名馬答拉計屋二萬七千間居民四十二萬雖瀕海口而無泊處船難到岸各礮臺內文官日間務事晚則歸莊園水樹以度良夜其士民所住稱黑城爲數甚繁旁牙羅利城在內地高原英軍屯駐焉

西令牙巴城高而堅固居民三萬英軍前此力攻克者也君巴歌倫居民三萬有大池云浴之者可滌諸罪各信士雲集以祈清潔亦恆額河所分滙也○特治那破里城居民八萬乃土君所駐之都四方豐盛多奉耶穌教曼牙羅利海口在西方居民三萬加里屈海口居民數同葡萄牙人初到印度時即抵此港在西邊爲海灣最深入之地東邊無灣可泊○綱買部廣袤方圓三千六百六十五里居民六百八十八萬七千屬此部者非一處山多而地磽五穀不足惟產緜花每年四分之一運進中國又出檀香等貨居民多回回會城與部同名

北極出地十八度五十六分偏東七十二度五十七分昔葡萄亞國以此島讓英人遂建城邑初不服水土今已天氣清爽居民二十三萬住屋二萬七百八十六間中多白頭回人有豪氣博濟好施專務通商其民皆能講十九種語音尤樂與中國人交易亦與亞拉白西等國貿易英國船廠在焉能造最大戰艦商船蘇拉城亦在海隅居民六十萬口大半崇印度婆羅門之教其愚人或以獸牲爲聖畜養之誠謹古時此處爲通商之埠

但海口潮溜甚急船難近岸布那乃內地之城居民七萬有大書館焉此外城邑尚多

五印度土君藩屬國

此外尚有土君之國雖未設英官而係為英國藩屬者今別敘於左內地有希荅巴地廣袤方圓一萬零五百里地高坦出好麥因其國官吏朘削其農故民甚貧之又罕通商歲費重餉約七百萬兩地大半為爵士所據其土君昔與英對敵募兵約八千丁此嘉慶年間之事但君既無智能其臣又奸宄惟利是圖故英人時時討

議欲取其國焉其都城居民八萬口內多匪惡雖有一萬二千之英兵屯此尚時時反側不安其附近之峩干他邑昔曾出珍玉琥為寶庫茲已盡矣又有壓龍牙巴居民六萬昔盛今衰土雖豐產僅足食用前代后妃之陵惟在此者最壯麗○其毗連此部者為納布里廣袤方圓約六千里多出豆烟麥粟米其土君無大權常以千騎自衛其都城居民八萬地頗廣屋則土寮附近此城有英人礮臺○薩他拉等部土君係馬拉他種類好騎好虜掠自英人攝權後悉順服地無高山其民好獵

古城廣大居民罕少中有聖城遠方雲集焚香禮佛不遠千里○荅文可利部在南方海邊山水極佳果木尤可珍海口古時被荷蘭所據居民一萬大半遷徙別處內地之米所地昔有土君近歸英國亦廣大之邦但居民屢遭困迫不足以獲其益○西金地在西藏旁褊地也天氣甚冷土酋轄之○烏地在榜甲拉之北土雖豐產居民甚貧惟土君之帑常充都城曰鹿那居民五十萬英國屯兵在此時遣大官涖辦政務○本得君地在西北半歸英權轄半為各土酋所管其土無所出○布

陂城小而固英人嘗再攻不破三次乃陷○破巴係山地在匪彌他河邊民不勤作惟以武藝為重○突鹿小地英人所立在馬拉他族類之中間○哈甲係馬拉他種類古時廣大屢擾印度各界英人降其桀驁而民以靖○巴羅他廣地在西北千拜海隅民以劫盜為生英人調重兵征服道光二十四年復抗拒再擊敗之多印度國之聖蹟居民焚香處也此際歸英國者已大半○古治在西北之極形勢斗出常懼地震逼近火山故其地磽不甚產物民多野心約三十五萬惟水手不憚死

會城曰威城居民三萬丁英軍屯駐焉○拉補坦亦列君之地居民有膽畧遇險不懼印度列國之兵惟此稱武勇○新帶地在印度河邊多叢林列君射獵處也道光二十三年悉爲英人所滅地豐沃全賴印度河灌漑一遇亢旱五穀遂不登其都曰希答巴居民二萬屋則土察城之固者曰答他城在平原列土君藏所刼奪之財帛約數千萬兩今已罄矣○西刻地在後藏南嘉慶年間倫亞升王所立國也此君之祖曾取印度及回教二者參合爲一以宇宙萬物之主宰爲萬士之王盡絶

神佛自爲一教至倫亞升王募兵攻伐甲布居民奪加治彌耳等地且招西國之武官操練兵法鄰國畏之於道光十九年倫甍干戈並起其子孫越英藩屬境大肆擄掠道光二十二年復侵英藩屬地乘英人不備一戰而勝英人死者甚多英軍士力拒旬月始破西刻之軍直入其國都於是割地請盟焉其地長七百六十里闊百三十里居民四百萬地多鹽可爲藥材每年所掘約八百萬石南地多鹵不產物北方豐盛因官吏勒迫民甚貧乏惟專意于武戰與後藏交界多山嶺遍地江流

乃印度五支江所派也其都曰拉合居民八萬內有回回廟其君常至此縱樂又有雲勒悉城王所藏庫處莫但城乃製造絲緞之處居民四萬五千所屬之谷曰加治彌耳高於海面五百八十丈所環之峯最高者約千七百丈冬夏積雪不消物產甚多甲於南北奈國主酷待其民故地雖腴無能興焉前時居民八十萬今僅二十萬而已昔大蒙古之君夏時於此納涼爲加治彌耳國之名勝地居民多爲商與後藏西藏多年貿易其都會同名居民四萬

各國民經營不一惟英國所營者爲富庶旁甲拉貨物共價銀七十萬萬圓衆務事所收銀一千九百萬亞甲貨物共價銀三十五萬萬圓每年衆務事所收者七萬萬圓馬答拉銀十四萬萬圓衆務事所收者共二萬三千六百萬圓網買部貨物價値銀萬五百萬圓衆務事所收者萬七千五百萬圓貿易甚大任百姓自作生計無苛政管束故民甘出力宜其旺相也人皆善積各安分樂業印度地豐盛但不善灌漑一旱亢則無禾麥除五穀豆菜外遍地種青黛約五十餘萬頃亦產湖絲種

罌粟每年出鴉片約四萬箱榜甲拉所出者五穀每年價值銀三千三百萬兩蜀黍九百萬兩豆千六百萬兩種子千四百萬兩白糖烟絲花等貨二千七百餘萬兩共九千七百七十三萬兩合五印度各國所陳田產統計四萬萬兩百姓以製造物件爲重不出運賣外國其細布綢緞之美者惟西洋每歲買之外有加治彌耳人織造搭膊布悉不得運出外國印度人不知掘礦故鐵銅金玉必由外國入道光十七年運入之貨三千四百六十餘兩運出者五千三百八十有餘萬兩現掘河以

運貨立銀局以便貿易百姓向愚蠢英人于此設學館教民於是印度人皆事天主

五印度各屬地有大事必問本國公班衙乃與英國公同會議復立議士會同斟酌在馬各利綱買兩部各調兵帥共同議士商辦聽大帥之命惟英人能務大事其士人只任下職而已若征田賦亦立鄉紳總理錢糧○國費出入榜甲拉部入八千一百七十萬圓經費銀七千六十二萬五千九百圓所調之軍十一萬六千馬答拉入銀三千一十二萬四千圓經費二千四百二十二萬六千圓軍士七萬綱買收銀千四百萬圓經費千九百七十三萬二千圓軍士四萬在旁綱兩部調水師戰艦火輪船防範其火輪大船二十隻另建鐵船小火輪船其守五印度三營者大半土人

西洋各國所據五印度地葡萄牙屬地曰哦亞在西南方海邊港口嘉邑也地多山無通路其田大半能耕居民五十萬崇天主教三分之二地門亦海口昔與中國通商撒米居民十萬○佛蘭西所據東南之偏地居民二十一萬其都曰本得識理海邊種青黛甘蔗桑亦開

學院以教其民焉

印度各土君之國

新地亞附近之亞甲即所稱馬臘地也廣袤方圓四千七百里居民四百萬有餘口每年所出之餉約四百二十萬兩其都爲與亞未鹿居民五萬口鳥音之城亦堅固步兵萬四千騎兵一萬有大礟二百五十門常與英坑○尼報里國亦曰廓爾加印度之北地也與西藏交界山峯插天居民專務佛教多拉麻僧惟念經好靜不養父母一女配數男山内之民甚勇猛曾入貢中國嘉

慶十七年攻及英界英人攻戰始讓地議和此時英人尙駐其都所稱甲曼士居民二萬四千其民互仇戰鬭山內各有酋長自專其地不聽其王之命產鐵鉛銅等多印度人亦有回回族居住此地其廓爾加族即由北方所來之矮人攻服此地種類語音不同教門互異今尙占據。布但地與尼報里皆西藏所連之微地山上雪冰恆積多烟瘴平地出蔬菜果麥居民善灌漑敬其老猿爲仙獸百姓面貌似中國而剛健習勞信佛敬僧多修寺院其轉世剌麻號爲活佛與西藏同俗亦與旁

甲拉通商其都曰他西蘇屯城此兩國均未信救主耶穌之教

瀛環志畧曰余嘗見米利堅人所刊地圖五印度共二十餘國在東者曰孟加拉曰麥哈爾曰尼泊爾曰阿力邑在北者曰克什米爾曰勒懷曰威耶曰烏訥曰聶離在中者曰阿爾各拉阿拉哈板特曰工窪納曰馬爾窪在南者曰甘勒士曰彌勒爾曰海特爾拉蠻曰麻打薩曰噶納的曰孟買在西者曰爾勒士布他拉曰阿布爾信據米人雅裨理云此係五印度舊部落之名自英吉利據印度後有分析有改革與此圖不同後見英人所刊五印度圖與米利堅圖全不同地名繁簡亦異地既屬英當就英圖立說以資考核

塞哥（一作悉國又作西刻）北印度大國西域稱爲克什米爾（一作加治彌爾又作加支迷爾又作夾氏米理里）乃其別部之名（其國自古以此部爲國名新唐書謂之箇失密又謂之迦溼彌羅宋史謂之迦溼彌勒元人謂之乞石迷耳皆克什米爾之轉音也）猶尼泊爾之稱廓爾喀浩罕之稱安集延也東北雪山環抱與後藏西徼昆連西北隅接西域之札布西界阿富汗俾路芝西南界信地東西約千里南北約二千五百里其

地時序和平山水明秀沙磧雖多而土田極沃農功甚勤戶口約三百萬商賈善於行遠西域回疆後藏處處有之國舊分左右部以隆德勤至河爲界河左之西林德部已降英吉利爲屬國餘諸部皆在河右各有酋長不相統屬乾隆末勞爾（即剌合）酋長林日星兼并河右諸部爲一又逾印度河割阿富汗數城繼立之王尤雄武以歐羅巴人爲將戰勝攻取四鄰畏服道光十九年王卒宗孫嗣立信任讒佞大柄旁落國勢頓衰先是英吉利攻滅孟加拉乘勝脅降諸部值塞哥爾世得賢主國

治兵強故英人止戈修好未嘗措意至昬庸在位問隙可乘遂連年大舉深入侵割其疆土過半其所失爲何部尚未得其詳也國分九部首曰本若都城建於拉維河岸曰勞爾（一作剌合米圖作勒褱）貿易繁盛爲通國大都會曰固宜斯丹首城名拉德如爾曰克什米爾首城同名曰着這首城名亞德各曰亞薩勒曰北朝威爾曰幾爾加爾不耳曰木耳丹曰勒亞曰德勒義斯馬伊爾汗曰德拉合西汗曰巴合瓦爾不耳首城皆同名（道光二十年粵東譯出英人新聞紙有英軍攻阿付顏尼哀羅斯約木哈臘欲取阿付顏尼之說意在爭北印度也二十六年傳聞

英人用兵於北印度有取得西刻之加治彌爾與後藏接壤欲赴藏通市之說西刻卽塞哥加治彌爾卽克什米爾據西人所刻地圖克什米爾在塞哥極北界英人果割地至此則已拊塞哥之背不止𧗾地實多抑且危如朝露矣）英吉利印度埔頭孟加拉最盛孟買次之麻打拉薩又次之英吉利本國商船與歐羅巴諸國之船每歲往來以數千百計其稅銀每歲得千餘萬養兵太多支銷之外所餘亦無幾

中國之布從前皆以麻織自元太祖征印度乃得緜花之種（棉花初稱吉貝）流傳中土至今衣被九州功駕桑麻之上其利溥矣乃鴉片之毒亦出於此五印度諸部皆産此物而最多者爲馬剌他（川南滇西地近印度故有栽種鶯粟者）鴉片分兩種成團者爲大土其價昂聚於孟加拉麻打拉薩成片者爲小土其價廉聚於孟買五印度貨物惟緜花鴉片最多近年竟以鴉片爲主每歲出運數萬餘箱宇宙浮孽之氣乃獨鍾於佛國何其怪也

回疆葉爾羌等城時有克什米爾溫都斯坦兩處之人往來貿易西域聞見錄謂兩部皆回部大國由葉爾羌南行六十餘程至克什米爾又四十餘程至溫都斯坦以今攷之克什米爾卽塞哥爲北印度大國溫都斯坦

則五印度總名部落既多西域不能辨識自克什米爾之外概稱爲溫都斯坦耳又云兩廣福建之物往往由溫都斯坦販至回疆此無足怪溫都斯坦之孟加拉孟買皆英吉利大埔頭閩粵之貨山積由兩處至回疆皆商賈通行之熟路轉運固甚便矣

案由回疆之葉爾羌南越博羅可達後藏由後藏越廓爾喀可達印度英夷果由印度轉販回疆未知此以北大雪山葱嶺以及葉爾羌南之大戈壁皆屬陸路何由得至豈泝印度河逆流而上與然究在雪山

南也若用駝馬轉運。或由岡噶江。逆折而西而北。以達回疆與。然不可考矣。

海國圖志卷二十一目錄

東阿未利加洲各國目錄

海國圖志卷之二十一

邵陽魏源重輯

中印度各國

（西域聞見錄）溫都斯坦亦西域回國之大者也。葉爾羌西南馬行六十餘日至克食米爾。克食米爾復西南行四十餘日至溫都斯坦。水亦可通。兩地貿易之人多資舟楫。往來不絕。稱其王曰汗。其都城雄壯。周圍六十餘里。轄大小回城三百七十餘。其人深目高鼻多鬚。目睛黑白光如琉璃。面黑唇青。言語類鳥鳴。回子亦不能辨。

衣做前襟。頭纏花布。厥土黑墳。地極濕。暑瘴癘為害。人有頭面生贅疣。引之而長。放之而縮者。地以象耕。服車致遠。皆取給於象。有牛馬。無駝羊騾驢。不解游牧之事。梗糯秔稻及瓜果蔬菜。靡不繁植。檳榔桄榔椶櫚橘柚。在在成林。冬不凋葉。人習技巧。金漆雕鏤。制作精奇。所製玉器。薄如蟬翼。文成如髮。抽金銀為絲。織綢緞氈布。遍貨於西域各國及各回城。所居穴地深數丈。旁掘土洞為室。室亦絕精。飾以金玉。從無地上起屋並園亭之事。其城村似曠貌無人煙處也。郭外大澤一。山水秀麗。花木蔚然。居人多攜眷乘舟。累月經旬。游於其內。多美釀。尚宴會。必費數百金。亦多載酒泛舟於澤中者。凡其地之公私事務。及一切農工商旅操作交易。皆於夜間為之。日出則伏。國既富庶。風俗奢靡。其地亦有玉山。獨少白金。價過黃金也。最貴中國磁器。或有攜至其國者。爭以白玉盤椀交易而去。惟恐失之。而大黃尤為至寶。以黃金數十倍兌換。蓋其地之一切疾病瘡瘍。得大黃即愈。百不失一。貴客來及大筵宴。皆以大黃代茶。人若經年不服大黃則必死。故雖貧苦小回。亦必有一半兩

大黃囊胸前。舌舐而鼻嗅之。其地之江河。皆通海洋。時有閩廣海航到彼停泊。多有以大黃漁利者。兩廣福建之物。往往有之。或重販至葉爾羌。轉入中國矣。哈什噶爾回子。貿得漳絨一端。上有天順字號。固閩貨也。其國西隅有巨澤。圍數千里。澤中有山。圍踰千里。萬峰聳峙。高入雲天。或曰人間第一高山也。名曰韋各里麻膽達喇斯。山中產獅子。于秋月皎潔。輒負雛于山中往來。頭大而毛虬。尾形如帚。黃質黑章如虎皮。長六七丈。時登山絕頂。望月垂涎。咆哮跳擲。猛飛吞月。有飛去八九里

十餘里而墜死山谷中者其國人以豢養獅子爲上戶每當秋月其汗使人取獅以金鐵作柱大如甕密布層遮圍畜之於其中飼以牛時而吼如雷霆滿城震動人畜不寧椿園氏曰乾隆四十年有溫都斯坦之海門達爾遊至回疆予晤其人面黑唇青睛如琉璃據云彼乃其地之白皙者耳又云其國之西南數萬里有黑白之人白者如雪黑者如漆國在大海之中得毋即東粵之所謂黑鬼白鬼者歟因細談其地之事甚詳與予向所聞無異而牽各里麻膽搭拉斯之山高聳至極靈蹟最著其即古人所言日繞之峯歟顧山雖至高無出沒日月之理四圍皆水舟楫可通亦無所謂弱水焉案溫都一作痕都一作興都即印度身毒之轉音也坤輿圖職方圖皆作莫卧爾國蓋中印度也其西北大澤即所謂裏海也裏海中高山而疑爲須彌陋不足辨其地暑而多瘴多雨類閩廣水土惡劣之鄉而山有寶地生毛故人繁而殷富惜乎象胥通言不能盡解其說所得考核存據者亦僅參半焉爾

萬國地理全圖集曰亞加者古時中印度之省會係蒙古印度王之都殿宇官衙光曜燦輝形勢在北極出地二十七度十一分偏東七十七度五十三分有塔建在

平坦周視九十里所有居民大半崇回回教並不崇拜菩薩其廟內無偶像並無燒香惟念經叩頭而已回回教門之人數百萬在五印度各處居住昔蒙古軍侵國强令士人棄絕佛像否則誅死故此印度多奉其教至今不絕其近城有古王之墓高如疊塔一周幾十丈煥然齊整其礮臺四面險固此際鄰國咸寧毫無戰鬭故生意復興道光十三年以此地爲省會又亞北得希者古回回王之京明嘉靖五年蒙古汗乘機侵奪創立大國歷二百三十五年令五印度列國進貢乃佞臣結黨變詐蜂出乾隆二十五年王懦無能投降英人蒙其俸祿安居本都但戰鬭不息爲敵國侵擄于是英官征逆靖國宣威回回王現時駐宮無權惟享虛榮受英俸祿足以養宗室而已其都廣大其殿璧闊其民各服英權歷年泰平

東印度各國

海錄烏土國在暹羅蓬牙西北疆域較暹羅更大由蓬牙陸路行四五日水路順風約二日到佗歪爲烏土屬邑廣州人有客於此者又北行百餘里到媚麗居又西

北行二百餘里到營工又西行二百餘里到備姑俱烏土屬邑王部在盎畫由備姑入內河內河即恒河會水大金沙江海口行約四十日方至國都有城郭宮室備姑鄉中有孔明城周圍皆女牆參伍錯綜莫知其數相傳爲武侯南征時所築入者往往迷路不知所出云北境與雲南緬甸接壤雲南人多在此貿易衣服飲食大約與暹羅同而樸實仁厚獨有太古風民居多板屋夜不閉戶無盜賊爭鬬國法極寬有過犯者罰之而已重則圈禁旬日而釋無殺戮撲楚之刑實南洋中樂國也男女俱椎髻婚

嫁畧同中國死葬於山不封不樹土產玉寶石銀燕窩魚翅犀角泥油紫景兒茶寶石藍者爲貴以其難得也泥油出土中可以燃燈紫景亦土中所出可代印色自安南至此及南洋諸國沿海俱有鱷魚形如壁虎嗜食人土番有被鱷吞者延番僧咒之乘釣于海食人者即吞鈎而出其餘則不可得也由備姑西北行沿海數千里重山複嶺並無居人奇禽怪獸出沒號叫崇巖峭壁間多古木奇花所未經觀舟行約半月方盡亦海外奇觀也○徹第岡在烏土國木山之北數十年來英吉利新闢之地未有商賈其風俗土產未詳案此皆印度之東境即古柯枝國也

又曰明呀喇即孟加臘英吉利所轄地周圍數千里西南諸番一大都會也在徹第岡海西岸由徹第岡渡海順東南風約二日夜可到陸路則初沿海北行至海角轉西又南行然後可至爲日較遲故來往都由海道其港口名葛支里港外沿海千餘里海水渾濁淺深叵測外國船至此不能遽進必先鳴礮使土番聞之請於英吉利命熟水道者操小舟到船爲之指示然後可土番亦必

預度其深淺以泡志之泡者截大木數尺製爲欖形空其中繫之以繩墜之以鐵隨水道曲折浮之水面以爲之志土番謂之泡每一望遠及轉折處則置一泡然外人終不能測是殆天險也港口有礮臺進入內港行二日許到交牙礮臺又三四日到古里噶達英吉利官軍鎮明呀喇者治此有小城城內唯住官軍商民環處城外英吉利官吏及富商家屬俱住漲浪居漲浪居者城外地名也樓閣連雲園亭綺布甲于一國英吉利居此者萬餘人又有敘跛兵五六萬即明呀里土番也酋長

有三其大者曰郎攸士第其次曰尼里又次曰集景皆命于其王數年則代國有大政大訟大獄必三人會議小事則聽屬吏處分其統屬文武總理糧餉一人謂之辣亦數年而代其出入儀仗較三酋長特甚前有騎士六人後有四人左右各一人俱穿大紅衣左右二人裝束俱同辣唯辣所穿衣當胸繡八卦文爲異耳凡鞫訟上下俱青衣唯三酋長兩肩有白絨絲頭戴白帽酋長上坐客長十人旁坐客長客商之長也每會鞫必延客長十人旁坐欲與衆共之也其獄必僉曰是然後定讞

有一不合則復鞫雖再三不以爲煩然恬奢尙利賄賂公行徒事文飾無財不可以爲說也其土番有數種一明呀理一夏里一巴藍美明呀里種較多而巴藍美種特富厚明呀里食牛不食豕夏里食豕不食牛巴藍美則俱不食富者衣食居處頗似英吉利以華麗相尙貧者家居俱裸體以小幅布圍其腰臍以掩下體男女皆然謂之水幔無來由番亦多如此有吉慶則穿長衣窄袖其長曳地用白布二丈纏其頭以油徧塗其身所居屋盡塗以牛糞交易以文螺殼爲貨貝娶妻皆童養夫

死髡髮而居各種不相爲婚男子胸蓋數小印額刺紋女皆穿鼻帶環巴藍美死則葬于土餘俱棄諸水明呀里間有以火化者更有伉儷敦篤夫死躍入火中以殉者自此以西地氣漸寒中華人居此者可穿夾衣非若東南洋諸國四時俱單衣也土產鴉片煙硝牛黃白糖棉花海參瑇瑁訶子檀香鴉片有二種一爲公班皮色黑最上一名巴第古喇皮色赤稍次之皆中華人所謂烏土也出於明呀喇屬邑地名巴旦拏其出曼達喇薩者亦有二種一名金花紅爲上一名油紅次之出馬喇他及盎几里者爲紅皮出孟買及郎杜者則爲白皮近

時入中華最多其木似罌粟葉如靛青子如茄每根僅結子二三顆熟時夜以刀微劃其皮膏液流出凌晨收之而浸諸水數刻然後取出以物盛之再取其葉曝乾末之雜揉其中視葉末多少以定其成色葉末半則得膏半然後揑爲團以葉裹之子出膏盡則拔其根次年再種。案明呀喇海國聞見錄作珉呀或人又作孟阿拉或作孟加臘實皆一地

海國聞見錄

小白頭國東鄰珉呀國一作明呀喇即珉今孟加臘也呀人黑穿着皆白類似白頭英機黎荷蘭佛蘭西聚此

貿易珉呀天竺佛國也珉呀之東南遶及暹羅珉呀之南臨海珉呀之北接剌麻西藏及賽馬爾丹國屬粤商回述孟阿拉地宜種植百物叢生終歲南風並無冬夏每洋銀一圓值彼處銅錢一百文白米一升值彼處銅錢一文其鴉片煙四季種收周流不息各國夷人均向彼處收買每公土一件價銀一圓白土一包價銀六錢國王所抽稅每土一件約銀二圓運至中國每碼土計成本銀四圓有奇從前可賣至八九圓聞去年中國功令森嚴彼處夷發售甚艱價亦太賤每船煙土所

售銀兩僅敷來往盤費所獲既無大利各夷均不願作此鴉片生理本年夏間由彼處起程聞英吉利國王以中國嚴禁有傳令停止製造之說

萬國地理全圖集曰榜葛剌國東印度也海口河流疏派田畝豐盛物産如山如糖硝棉花鴉片靛餅胡絲五穀等貨其省會曰甲谷他在安額河之濱於北極二十二度二十三分偏東八十八度二十八分天下互市之處康熙七年英商始建市館築小礮臺屋宇僅七十間乾隆十七年土君擅壞其房囚其人當時英官報仇用兵驅逐虐土總歸其管轄焉都邑廣大居屋如殿其街直而廣兩面高樓粉白如雪內有學校文院各等文藝之館男女讀書務學勉爲良善全印度之總帥劄駐甲谷他管下英國軍士三萬丁土軍二十三萬丁文官俱幼時來自英國學習土話自下升擢俸祿甚厚以理地方各事所建礮臺四圍廣大敵軍斷難取據深溝高壘金城湯池四面險固水路可通內地各大邑若水淺流急用火輪船牽其河舟不待風潮上下不絶城內財帛不勝數凡他省及內地富商皆雲赴甲城以包兌包送

○甲部東勢他加城居民二萬丁百姓立機房造織細幼布帛昔總帥劄駐之省會此時惟見頽牆壞壁○甲部之西八孥邑居民稠密造硝種罌粟靑黛田種玫瑰酴醿摘花葉造花露居民好香撲鼻常用以調飯洗身○甲部西南北孥力邑印度教門中著名之區謂是地之中心街衢甚窄房屋瓦造高五六層衆生奔馳如影不絶居民計六十萬丁據印度人說菩薩造成其城以爲聖處信其教者詣邑燒香奉拜偶像以免地獄之罪又言沐浴其河內者諸罪一概洗滌直上天堂此印度

佛敎中之恆河也東印度之東爲緬甸北印度之東爲廓爾喀及西刻等國此數國皆近西藏貢於中國近日西刻及廓爾亦爲英吉利駐印度之兵所攻服故東印度孟加臘已與西藏通互市惟北印度與鄂羅斯國游牧部相接壤至今爭戰未息葢鄂羅斯亦貪印度鴉片之利爾

魏源西藏後記曰滇南師範有言中國赴天竺佛國亦有兩道一自雲南騰越州而南由緬甸城轉西以至東天竺凡三千五百里再至中天竺又千有六百里共五

千有百里一自雲南麗江而西進藏至東天竺北界二千里又千有二百里而至中天竺僅三千有二百里視南道徑千有九百里以地望準之雲南之騰越州正與天竺東南相値止因其間赤髮野人隔之故一則迂道南行千有七百里至緬甸然後轉西至東天竺又西北至中天竺檀那國計三千八百里一則迂道西行入藏然後轉南亦至檀那計三千二百里使能取道野人逕直西上則免由緬由藏兩迂途而自騰越達天竺不過千有九百里野夷若入版圖則與天竺境壤相接昔漢

武開西南夷欲由梁州達大夏偉矣哉西藏記曰由後藏塞爾地方西南十八程至宗里又八日至白木戎部落其地北接後藏西接白布南至小西天北界至小西天界南行十日至其國都布爾牙部落始上海船行半月至大西天小西天爲東天竺大西天爲中天竺又曰後藏札什倫布西南與布魯克及白布等部交界白布卽賛普取白布國王女之地布魯克卽往天竺之路也又一路由阿里西南二千餘里入厄納特珂克卽中天竺其中藏前藏東南則以怒江爲界江以南卽狢㺄野

人每藏中有死罪則驅之過江聽野人殘之（以上西藏記）然則怒江南岸逾野夷西境卽布魯克部與東天竺近而怒夷自雍正中內附歲輸皮貢於騰越界非不可闢之區則天竺與中國亦非不可接之境惟是東天竺卽今南洋孟加臘地久爲西洋英吉利所據專產鴉片煙流毒中國誠能募騰越士勇萬人渡江而西南長驅擣其背腋通絕域爲鄰壤實制西夷之一奇或曰大金沙江自藏經緬其入海之口卽東天竺界其水闊於大江造舟藏地順流建瓴尤倍捷于陸然有舟師之便而又有

緬夷之梗利害亦適相當也
又乾隆征廓爾喀記四川雲南之西爲烏斯藏烏斯藏
之西南爲廓爾喀廓爾喀之西南爲五印度印度古佛
國在葱嶺西南瀕大海去烏斯藏尚遠或以烏斯藏即
古佛國者非也自四川打箭爐西行二十餘驛至前藏
四十二驛至中藏又十二驛至後藏又十二驛至濟隴
又三十驛至石宿堡爲後藏極邊地踰橋而西則廓爾
喀矣廓爾喀本巴勒布國舊分葉楞部布顏部庫木部
于雍正九年各奉金葉表文貢方物後三部并吞爲一

遂與後藏鄰自古不通中國其與中國搆兵則自乾隆
五十五年內犯西藏始初後藏班禪剌麻以四十六年
來朝祝
高宗七旬嘏中外施舍海溢山積及班禪
卒于
京師資送歸藏其財皆爲兄仲巴呼圖克圖
所有既不布施各寺廟與唐古特之兵又擯其弟舍瑪
爾巴爲紅教不使分惠于是舍瑪爾巴憤愬廓爾喀藉
商稅增額食鹽糅土爲詞興兵闖邊唐古特兵不能禦
而
朝廷所遣援剿之侍衛巴忠將軍鄂輝成德等
復調兵賄和陰令西藏堪布等私許歲幣萬五千金按

兵不戰遽以賊毚乞降飾奏而諷廓爾喀酋入貢受封
國王廓爾喀既侮藐內地次年藏中歲幣復爽約于是
廓爾喀以責負爲名再舉深入後藏札什倫布西南左
有曲多江聳右有彭錯嶺峭壁連岡咽喉天險賊步卒
數千自聶拉木入其時蕃漢官兵若分兩路一扼曲多
江聳遏其前一繞赴彭錯嶺截其後則廓爾喀深入無
援可不戰潰也駐藏大臣保泰一聞賊至則移班禪于
前藏并請移達賴班禪于西寧欲以藏地委賊且札什
倫布寺負山面江形勢犖峻剌麻數千乘墉可守以待

援而仲巴呼圖克圖挈資先逸剌麻濟仲札蒼等復託
言卜諸吉祥天母不宜戰衆遂潰賊大掠札什倫布全
藏大震爾大喇麻飛章告急侍衛巴忠扈
駕熱河
聞變畏罪自沉水死時鄂輝爲四川總督成德爲四川
將軍因盡以罪委之謂巴忠解唐古特語故私議皆其
一人所爲已二人不知也及奉命赴藏剿禦又按程緩
進
上知二人不足恃乃
命嘉勇公福康安爲
將軍超勇公海蘭察參贊調索倫滿兵及屯練土兵進
討其軍餉則藏以東川督孫士毅主之藏以西駐藏大

臣和琳主之濟隴邊外則前川督惠齡主之賊狃于上
年賄和之役半運所掠歸國半屯界不去鄂輝成德等
遂奏賊退欲即以蕆事　上切責不許明年二月將
軍參贊由青海至後藏四月連敗其屯界之賊盡復藏
地六月遂大舉深入恐賊繞襲後路遣領隊大臣成德
岱森保及總兵諸神保各出左右一路以分賊勢而大
軍出中路海蘭察將三隊爲前軍福康安將二隊繼之
賊據木古拉山阻水拒險將軍議令護軍統領台斐英
阿與賊相持而大軍別趨間道海蘭察繞山後出賊營

之上福康安由間道合衝賊營克其木柵石卡數十追
奔至雍野雅而成德諸神保亦克鐵索橋進會利底廓
夷舉國震懾遣使詣軍前乞降將軍參贊嚴檄斥之七
月再進六戰六捷殺賊四千涉賊境七百餘里將近其
國都陽布之地隔河大山賊以十營踞山嚴守水深山
斗絕山後即其國都也福康安欲逾橋攻之海蘭察力
持不可福康安自引兵渡橋仰攻果不利賴海蘭察接
應退賊方是時其國境南鄰印度之地久爲英吉利屬
國與廓夷積釁聞廓夷受兵於中國則亦出兵攻其邊

鄙廓夷兩支強大敵洶懼無計且恐我軍聞而氣奮也
再遣人詣軍卑詞哀乞將軍參贊議以賊境益險而踰
八月即大雪封山不可老師乃允其降盡獻還所掠藏
中財寶及塔頂金冊印歸前被執之丹津班珠爾等并
獻沙瑪爾巴之尸貢馴象番馬工樂請永遵約束班師
　上本欲俟事平裂其土授諸土司而酬福康安以
郡王爵及聞已受降乃允其請留番兵三千漢蒙古兵
一千戍藏是爲官兵駐藏之始後藏至廓爾喀故有孔
道賊嚴守之故我師覓間道入其峭絕處左壁右湍不

容一騎將軍參贊亦時步進故所貢象竟不能達而烏
拉嶺上下百二十里必窮一日之力踰之稍昏黑即不
能覓路且有雪城若門洞深數十丈人往來者不敢語
否輒有雪大如屋壓而殛之廓爾喀寇藏時運貲歸國
者二千人過嶺凍死殆盡蓋葱嶺之南脊天所以限中
西也險倍金川遠踰回部爲漢唐兵力所未至幸其士
卒皆跣足每戰仿古法先約期而後交綏我軍不顧輒
先發掩襲往往猝爲我乘自大創以後至今貢獻不絕
其國西南與五印度相鄰其南海號印度海近日印度

之孟加臘及孟買等國為西洋英吉利所據乾隆六十年英吉利使臣入貢自言前歲大將軍率兵至西藏西南之的密部落時彼國兵船亦曾相助倘嗣後有需用西洋兵者情願効力　朝廷始知前此廓爾喀之役其南界亦有邊警外患也道光二十年英吉利夷人入寇粵浙廓爾喀亦遣人稟駐藏大臣言小國與里底所屬披楞相鄰每受其侮今聞里底與京屬構兵京屬屢勝臣願率所部往攻底里屬地以助天討時駐藏大臣未知所稱里底即英吉利所稱京屬即謂中國之廣東

省所稱披楞屬地即印度苔以蠻觸相攻　天朝向不過問郤之蓋英吉利國都雖遠在大西洋而其屬國印度則與廓爾喀接壤世仇搆釁故我攻廓則英夷乘之我攻英則廓夷亦願助之云

臣源曰廓爾喀界西藏及東印度攝兩強敵之間然內貢中國而不貢印度夷近日英夷西與鄂羅斯搆兵東與中國結釁故廓爾喀欲乘兩大國之勢以攻印度云印度地產鴉片煙英吉利關稅歲入千萬計其兵船入犯中國者十九皆孟加臘之人誠能聽廓夷出兵之請

獎其忠順擾彼腹疆擣其空虛牽其內顧使西夷失富疆之業成狼狽之勢亦海內奇烈也鄂羅斯地袤二萬里與中國首尾相接地大兵強西洋所畏其與我互市之地則有陸而無海英夷之與我互市則又有海而無陸近日鄂羅斯屢與英夷爭韃韃里之地其地橫互南洋鄂羅斯得之則可以圖并印度故與英夷連年血戰（雍正五年俄羅斯攻取西藏西南五千里之務魯木以地向佛教遣人至中國學剌麻當即與廓爾喀相近之地）若能許鄂羅斯海舶赴粵貿易連絡彌利堅佛蘭西等國皆英夷仇敵則英夷之兵艘不敢舍其境而

遠犯中國（英夷在印度大兵船止百艘以其半入寇中國其餘皆分守各境不敢遠離恐他國乘其虛也）夫以夷攻夷之效咫見者視為迂圖乾隆嘉慶間一封暹羅遂牙以西制緬甸東制安南善奕者或一閒著而全局皆生況以宅中馭外之勢制仇釁四結之夷哉